Clemens Thoma
Das Messiasprojekt

Clemens Thoma

Das Messiasprojekt

Theologie
Jüdisch-christlicher
Begegnung

Pattloch

Die Deutsche Bibliothek – CIP-Einheitsaufnahme
Thoma, Clemens:
Das Messiasprojekt : Theologie jüdisch-christlicher Begegnung
/ Clemens Thoma. – Augsburg : Pattloch, 1994
ISBN 3-629-00626-4

Pattloch Verlag, Augsburg
© Weltbild Verlag GmbH, 1994
Satz: Gesetzt aus der 10½/11½ Aldus von der Utesch Satztechnik GmbH, Hamburg
Umschlaggestaltung: Peter Engel, Grünwald
Druck und Bindung: Andersen Nexö, Leipzig
Printed in Germany
ISBN 3-629-00626-4

Vorwort

Dieses Buch hätte nicht geschrieben werden können ohne viele Begegnungen mit Juden, Christen und Menschen säkularer Gesinnung. Ebenso notwendig für das Zustandekommen waren Einblicke in alte hebräische, aramäische, griechische und lateinische Texte, sowie in noch *mehr* neue Literatur. Das Buch ist ein Zeugnis für ein vorläufig abschließendes Urteil über wissenschaftliche, kirchliche, jüdische, jüdisch-christliche und emotional-humane Details, die mir im Verlauf der letzten Jahre zugekommen sind, und deren Deutungen sich als notwendig erwiesen haben. Es ist gleichzeitig ein Ansatz zur Hoffnung, daß viele bleierne Gewichte, die sich bei Juden und Christen angesammelt und sich zwischen sie geschoben haben, entfernt werden können.

Ich habe vielen vieles zu verdanken: Kollegen, Schülern, Schülerinnen. Ein spezieller Dank gebührt meinem jüdischen Kollegen Dr. Simon Lauer, mit dem ich seit 1981 intensiven geistigen und fachlichen Austausch pflegen durfte. Dankbar erwähne ich auch Frau Rosmarie Isaak, die als Sekretärin im Institut für jüdisch-christliche Forschung alle Entwürfe, die zu diesem Buch geführt haben, mit Akribie abgeschrieben und unermüdlich verbessert hat.

Das Buch ist zwei Frauen gewidmet, die sich große Verdienste um die Ausbildung der Judaistik-Studierenden erworben haben: Frau Gerda Herz-Schoeps (Unterägeri) und Frau Irene Meyer-Herz (Wien). Im Gedenken an ihren verstorbenen Mann bzw. Bruder, Otto Herz, errichteten sie im letzten Jahr am Institut der jüdisch-christlichen Forschung an der Hochschule Luzern die „Otto Herz-Studienstiftung", die es fortgeschrittenen Studentinnen und Studenten ermöglicht, einige Zeit in Israel Studien zu betreiben, damit sie fähig werden, über ein richtiges Verhältnis zwischen Judentum und Christentum zu urteilen und die durch Antisemitismus verwirrten Menschen zu unterweisen.

Luzern, am Versöhnungstag 5754, 25. September 1993

Clemens Thoma

Inhaltsverzeichnis

Einführung: Wenn ihr wollt, ist es kein Märchen

Judentum und Christentum sind Zwillinge, deren Jahre mit Feindschaft gegeneinander gefüllt sind, für deren kommende Lebensabschnitte sich aber eine Aussöhnung abzuzeichnen beginnt. Einwände gegen Ton und Intention dieser Aussage sind gleich zur Hand: Die Metapher ist undeutlich, die Prognose zu optimistisch und die durch viele Jahrhunderte durchgeschleppte Realität nach wie vor dunkel und schwarz. Besitzer von Betonblöcken reagieren aufgeregt, sobald sich vereinzelte Sprayer in ihrem Gebiet herumtreiben und ihre rätselhaften (oder nicht rätselhaften) Farbzeichen an die öden Wände sprühen. Sie rufen gleich nach der ersten „Schmiererei" nach der Polizei, weil sie mit Nachahmungstätern rechnen. Wer den Anfängen nicht wehre, liefere sich den Beschmutzern und Zerstörern aus. Mit diesen Verteidigern sauberer Betonwände sind Menschen gemeint – Juden und Nichtjuden-, denen die Angst vor dem wiederkehrenden und in die Judenvernichtung ausmündenden Antisemitismus in den Gliedern sitzt, und die sich lieber zur Verteidigung rüsten als in das Licht neuer, vielleicht trügerischer Hoffnung hineinzublicken. Dem Verfasser dieses Buchs geht es weder um Abbruch noch um Angst, noch um ein konfessionalistisches Positionsdenken, sondern um ein Ringen um bessere Antworten und um stärkere Grundlegungen in einem möglichst großen Zusammenhang der Geschichte und des Glaubens. Die Mischna, das Grundwerk jüdischer Traditionstheologie, schreibt dem traditionsverbundenen jüdischen Gläubigen vor: „Er soll einen Lobspruch sprechen, sowohl wegen des Bösen, das eine Quelle für das Gute ist, als auch wegen des Guten, das eine Quelle für das Böse ist" (mBer 9,3). Wir Menschen – auch die Wissenschaftler und Wissenschaftlerinnen – schaffen Gutes und Böses; Gutes und Böses kommt auch auf uns zu. Das Gute, das wir empfangen und schaffen, wird sehr leicht und sehr oft zum Bösen abgebogen und pervertiert. Aber auch das Böse ist kein absoluter Tiefpunkt. Es kann Nährboden für Gutes sein: Nach rabbinischer Auffassung ist Gott nicht nur für das Gute und das Böse zu preisen, sondern auch für alle Entwicklungen aus diesen beiden Polen heraus und für alle verbindenden Linien zwischen beiden Polen. Das neutestamentliche Gleichnis vom Unkraut im Weizen (Mt 13,24–30) weist in dieselbe Richtung.

Hier will nicht lähmender Furchtsamkeit das Wort geredet werden. Der Verfasser weiß um gefährliche jüdische, jüdisch-christliche und christliche Utopien; er will aber kein Irrealist, Utopist oder Phantast sein. Nach langjähriger Erfahrung in der Wissenschaft der Judaistik und im praktischen jüdisch-christlichen Dialog ist in ihm die Erkenntnis herangereift, daß es Zeit ist, nicht nur feindschaftliche, sondern auch freundschaftliche Konventionen und Mentalitäten in Frage zu stellen und einen tiefschürfenden Neubruch zu versuchen. Da er sich um eine christliche Haltung und Denkart bemüht, muß er zum vornherein ein mit dem Christsein verbundenes Mißverständnis zurückweisen: Es geht ihm ganz und gar nicht und nirgends darum, Grundlagen für die Konversion von Juden zum Katholizismus, Protestantismus etc. oder für die Konversion von Christen zum Judentum zu legen. Ebensowenig geht es ihm um eine christliche Rückkehr zum Judenchristentum, um die Propagierung eines Judentums für Nichtjuden oder um die Wiederherstellung eines integralistischen Corpus Christianum. Es geht ihm vielmehr darum, die geistig-religiösen Grundlagen dafür freizulegen, daß Juden und Christen friedlich nebeneinander, miteinander, füreinander und für andere leben können: als offene Solidaritätsgemeinschaften ohne Vermischungs- und Verwirrungstendenzen. Eine „versöhnte Verschiedenheit" soll entstehen. Mit ihr ist nicht nur ein friedliches Nebeneinander verschiedener Glaubensbezüge und Glaubensinhalte gemeint, sondern auch ein ungestörtes Nebeneinander verschiedener Lebensordnungen. Ideologische Dunkelheiten und Topoi der Verdrängung sollen in der heutigen säkulären und religiösen Welt nicht mehr unbemerkt auftauchen und sich verheerend auswirken können.

Das mit dem festen Willen verbundene Denken, durch alle Wirrnisse hindurch eine Zukunft der Humanität und des Glaubens aufzuzeigen, hat bereits Geschichte. Bekannt ist der diesem Denken zugrunde liegende Spruch des Vaters des modernen politischen Zionismus, Theodor Herzl (1860–1904): „Wenn ihr wollt, ist es kein Märchen." Wenn wirklich alle Anstrengungen unternommen und harmonisiert werden, dann wird „der Judenstaat" bald – Herzl meinte zur Zeit der Wende vom 19. zum 20. Jh.: etwa in 50 Jahren – Wirklichkeit werden. Man mag ein solches Denken als voluntaristisch abqualifizieren. In der Tat kommt im Herzl-Spruch der Vergangenheitsbezug und das *Risiko* allen Zukunftsdenkens und aller Zukunftsvorbereitungen nicht zum Durchscheinen. Rund sechzehn Jahrhunderte vor ihm hat der unbekannte Rabbi Chinena bar Papa ein Gleichnis im Zusammenhang mit der von ihm geglaubten und erwarteten Auferstehung der Toten formuliert, in dem die aller Hoffnung inhärente Überraschung, Gefährdung und Mehrdeutigkeit voll zum Tragen kommt:

„Gleich einem Vogel, der von einem Jäger gefangen worden war. Der Jäger traf jemanden und fragte diesen: Was soll ich mit diesem Vogel machen? Soll er am Leben bleiben oder sterben? Jener antwortete: Wenn du willst, lebt er, und wenn du willst, stirbt er!" [1]

Ein Vogelfänger kann den gefangenen Vogel töten oder wieder davonfliegen lassen. Ein Fischer kann den gefangenen Fisch ausnehmen oder das fleißig zappelnde Wesen zum weiteren Wachstum nochmals den Wasserfluten anvertrauen! Es hängt ganz vom Willen, von der Einsicht oder von der Tierfreundlichkeit der beiden Fänger ab, ob das gefangene Tier am Ende seines Weges angekommen ist oder nicht. Rabbi Chinena bar Papa gebrauchte das Bild vom Vogelfänger und vom Vogel, um die von ihm erhoffte Auferstehung der Toten als ganz und gar und allein von der Macht und dem Willen Gottes abhängig darzustellen. Sie sei kein Naturereignis und beruhe auf keiner Notwendigkeit. Sie sei aber trotzdem sicher zu erwarten, weil Gott kein tötender Vogelfänger sei, sondern einer, der die im Netz des Todes gefangenen Menschen dann wieder frei lasse. Die Motivation für diesen unbedingten Glauben in aller Bedingtheit entnimmt er der mystischen Zwiesprache zwischen Gott und dem Propheten Ezechiel in Ez 37,1–14. Gott fragt den Propheten in V3, ob er sich vorstellen könne, daß die in einer großen Ebene herumliegenden Totengebeine wieder lebendig werden können. Der Prophet antwortet ihm darauf gläubig und zurückhaltend: „ Herr und Gott, das weißt nur du." Dieses Gleichnis mit seiner Spannung zwischen Tod und Leben und zwischen täuschender Rede und hintergründigem Sachverhalt läßt sich auch auf das zukünftige Verhältnis zwischen Christen und Juden und ihren gegenseitigen Gefährdungen und Chancen anwenden. Dies tat in einer Weise bereits der Apostel Paulus. Er stellte sich gläubig vor, Israel werde nach allem Versagen vor Gott endgültig zur Rettung angenommen werden. Diese Annahme (proslêmpsis) werde – gerade für die Christusgläubigen – eine so unerwartet große und wunderbare Überraschung sein, daß sie nur mit dem „Leben aus dem Tod" verglichen werden könne (Röm 11,15). Wir haben damit zu rechnen, daß es eine jüdi-

---

[1] Das Gleichnis steht in Thoma/Lauer, Gleichnisse II 180f. Die Primär- und Sekundärwerke werden in den Anmerkungen im allgemeinen verkürzt zitiert; die vollständigen bibliographischen Angaben finden sich hinten im Literaturverzeichnis. Artikel aus Sammelwerken oder Zeitschriften werden jedoch vollständig zitiert, da sie meistens nicht im Literaturverzeichnis aufscheinen. Die Abkürzungen der Primär- und der Sekundärquellen richten sich nach Schwertners Abkürzungsverzeichnis, 2. Auflage.

sche und eine christliche Offenbarung gibt, daß beide aufeinander und auf die Zukunft hin bezogen sind, daß das jüdische Volk auch nach christlicher Glaubensüberzeugung nicht verstoßen ist (Röm 11,1–12. 28f), und daß Gott alle – Juden und Nichtjuden – „im Ungehorsam eingeschlossen hat, um sich aller zu erbarmen" (Röm 11,32).

Juden und Christen – und das verbindet sie – schauen aus nach diesem endgültigen rettenden Erbarmen Gottes. Unter Berufung auf Paulus darf man soviel Kühnheit an den Tag legen, die geschichtlichen Entwürfe Christentum und Judentum in einem einzigen Projekt vereinigt zu sehen: im „Messiasprojekt". Damit will der Verfasser durchaus keine messianischen Utopien erwecken. Aber es soll damit auch nicht weniger gesagt werden, als daß die unbedingte Forderung nach Verständigung zwischen Juden und Christen eine Zukunftsdimension hat, für die das Wort „messianisch" das zuletzt einzig angemessene ist. Juden und Christen sind von der Hoffnung geprägt, daß das Gottesvolk Israel und die Kirchen den Auftrag haben, an der Heilung der zwischen ihnen klaffenden Risse mitzuarbeiten. Diese Mitarbeit wird einmal von unerwartetem Erfolg gekrönt werden (nach Röm 1–11). Das hat aber nichts mit Schwärmerei zu tun. In mSot 9,15 steht ein mehrsinniger Spruch, der zur messianischen Situation zwischen Juden und Christen paßt:

In den Fußspuren des Messias (be-ᶜiqebôt ham-Maschiach) wird die Frechheit groß werden und die Inflation steigen. Der Weinstock wird zwar seine Frucht bringen, aber der Wein wird zu teuer sein. Die Regierung wird ketzerisch sein, und es wird keine Zurechtweisung geben… „

„In den Fußspuren des Messias" kann sinngemäß entweder mit: „unmittelbar vor dem Kommen des Messias" oder mit „in der Folgezeit nach dem Kommen des Messias" übersetzt werden. Im ersten Fall geht die Mischnastelle mit damaligen apokalyptischen Vorstellungen einig, unmittelbar vor dem Kommen des Messias und dem Anbrechen des Reiches Gottes werde die Situation in Israel und in der Welt besonders schwer und verwirrt sein. Falls aber in mSot 9,15 die Zeit nach dem Auftreten eines Messias angetippt wird, dann bezeugt diese Mischna Stelle eine ahnende Befürchtung vor den schweren Verhängnissen, die über das jüdische Volk und auch über die Kirche und die Welt in der Zeit nach dem Auftreten Jesu hereingebrochen sind. Wenn also hier – nicht zum erstenmal – versucht wird, einiges geistig-religiös wieder ins Lot zu bringen, dann hat dieses Projekt, eine messianische Perspektive. Aber für endzeitliche Enthusiasmen ist kein Raum.

Der damit zu einem ersten Abschluß gelangte einleitende „Beweisgang"

zur Stützung einer auf geschichtlichen Zeugnissen beruhenden Glaubens-
mentalität des Zutrauens zu neuen Wegen und Kehren für Juden, Christen
und andere soll für das ganze Buch exemplarisch sein. Es geht stets um eine
Synopse, um eine Zusammenschau, Vergewisserung in der christlichen *und*
in der jüdischen Tradition.Es geht nie um eine bloß christliche oder bloß
jüdische Argumentation, sondern immer um eine jüdische und christliche.
Damit werden die Beweisgänge allerdings auch verwundbar, und eine Verteidigung eigener Positionen kann sich unversehens einschleichen. Jüdische Fachleute werden auf die Diskrepanzen zwischen Ideen und Wirklichkeit hinweisen können. Mit Recht werden sie sehr viel nicht Aufgenomme-
nes aus der jüdischen Glaubenstradition bedauern. Christliche Interessierte
werden Bedenken äußern wegen vieler abgeschliffener christlicher Glaubensaussagen. Die Rechtfertigung der hier vorgelegten Methoden und Vorstellungen wird sich hoffentlich am Schluß des Buches abzeichnen. Unab-
weisbar dürfte aber bereits jetzt die pragmatische Feststellung sein, daß die
Kirche und das jüdische Volk in ihrem Gesamt und in ihrem Gegenüber
neue Profile erhalten müssen, wenn nicht neue häßliche Zusammenstöße
zwischen beiden riskiert werden wollen.

I. Der Stand der Dinge

1. Von der Sache und ihren Sprachregelungen

Der Verfasser hat im Jahre 1978 eine „Christliche Theologie des Judentums" (im Pattloch Verlag, Aschaffenburg) herausgegeben. Darin ging es um einen Versuch der Darstellung einer antisemitismusfreien christlichen Theologie und darum, das Judentum im Zusammenhang mit dem Christentum voll zur Geltung und zur Eigenständigkeit kommen zu lassen. Das Werk erhielt viel Aufmerksamkeit, fand aber auch seine Kritiker. Peter von der Osten-Sacken beurteilte es als zu statisch und zu thetisch. Es teile die Schwächen aller Genitiv-Theologien: Theologie der Arbeit, des Feierns, der Zärtlichkeit, des Judentums, der Frauen, der Religion etc. Mit dem Judentum müsse aber ein partnerschaftliches Gespräch über eine „Existenz des Miteinander" geführt werden[1]. „So wird auf diesem Wege die traditionelle Antistruktur des Verhältnisses von Christen und Juden, soweit es das Verständnis Jesu betrifft, in eine Sinnstruktur verwandelt, ohne die Gefahr eines beziehungslosen Nebeneinanders beider herbeizuführen" (93).

In der Tat steht (m)eine „Christliche Theologie des Judentums" in der Gefahr, das Judentum als ein abstraktes – wenn auch freundlich angemaltes – Gegenüber darzustellen. Das vorliegende Buch will demgegenüber eine Art Leitfaden für einen sozial und bekenntnismäßig getrennten, geistig-religiösen Verband sein, in dem volles Christusbekenntnis einerseits und volle Beheimatung im jüdischen Volk und in der jüdischen Religion anderseits möglich sind. Der Begriff „Christliche Theologie des Judentums" verdient jedoch eine wohlwollende Zensur. Er war ursprünglich eine geistreiche Vorwort-Bemerkung des 1991 verstorbenen Rabbiners, Wissenschaftlers und Freundes Jakob J. Petuchowski, mit der er den christlichen Vorkämpfer jüdisch-christlicher Verständigung, Johannes Oesterreicher, zum Weitermachen aufmuntern wollte. Petuchowskis Formulierung lautete: „Was uns also nottut, ist eine jüdische Theologie des Christentums und eine christli-

---

[1] von der Osten-Sacken, Grundzüge einer Theologie, 168 u. ö.

che Theologie des Judentums"[2]. Diese Formulierung verdient besondere Beachtung wegen ihres Hinweises auf *gegenseitige* Notwendigkeiten. Die Christen müssen ihre theologisch-ideologischen Grundlagen in Rücksicht auf das Judentum und auf alles, was den Juden im Namen der christlichen Theologie angetan wurde, radikal neu überdenken und entsprechend korrigieren. Ein Überdenken und Neuansetzen scheint aber auch auf jüdischer Seite notwendig zu sein, wiewohl dies die christliche Seite nicht einfordern kann. Ideologische Verhärtungen die – sei es auch aufgrund von schlechten Erfahrungen mit Christen – zu abwertenden Haltungen und Verhaltensweisen führen, sind auch bei verschiedenen jüdischen Gruppen zu erkennen. Keine Religion, keine Gesellschaft und kein Volk kann sich den Luxus der Unbeweglichkeit, der Nicht-Reform und des Weiterschleppens von religiös-giftigen Altlasten leisten.

Das bisher „umfassendste theologische Modell für das jüdisch-christliche Verhältnis" wird derzeit von A. Paul van Buren entwickelt[3]. Drei Bände seines auf vier Bände geplanten Werkes „A Theology of the Jewish-Christian Reality" sind bereits erschienen; der erste Band ist auch auf deutsch greifbar[4]. Paul van Buren redet nicht von einer christlichen Theologie des Judentums, sondern – In Part 2 - von einer „christlichen Theologie des Volkes Israel". Mit „Volk Israel" meint er das heutige jüdische Volk, das vom israelitischen Bibelvolk herkommt, das nach wie vor das verantwortliche Bundesvolk Gottes ist und das endlich „ernsthaft in die kirchlichen Reflexionen und Agenden hineingenommen werden muß" (Part 2,8). Damit erhebt sich die Frage, ob der Begriff „Judentum" oder der Begriff „Israel" bzw. „Volk Israel" vorzuziehen sei. Judentum ist ein abstrakter Begriff; es gibt viele gelebte „Judentümer" und innerhalb dieser recht verschieden strukturierte Menschen. Das gilt aber auch für den Israelbegriff: Es gibt „mehrere Israels", und ebenfalls auch kollektive und individuelle religiöse Israeliten. Bei beiden Begriffen sind leicht Mißverständnisse einzuführen. Die Entscheidung über Mißbrauch oder sach- und menschengerechte Anwendung fällt immer bei der Behandlung von Einzelproblemen. Der von van Buren gebrauchte Begriff „Volk Israel" steht zwar eindeutiger und konstanter auf der theologischen Ebene als „Judentum". Aber auch

---

2   Jakob J. Petuchowski, in: Johannes Oesterreicher, Die Wiederentdeckung des Judentums durch die Kirche, Freising 1971, 17.

3   So das Urteil von John T. Pawlikowski, Judentum und Christentum, TRE XVII, Berlin 1988, 395.

4   van Buren, A Theology of the Jewish-Christian Reality; deutsch: Theologie des jüd.-christl. Diskurses.

dieser soll nicht verdrängt werden. Die frühen Zionisten des 19. Jahrhunderts wollten in ihrer Mehrheit nicht als Israeliten bezeichnet werden, sondern als Juden, um in imponierendem Stolz und in großer Hoffnung zu demonstrieren, daß sie mit diesem Schimpfnamen, mit dem sie von Christen und Völkern gedemütigt und getötet worden waren, auch in Zukunft identifiziert zu werden wünschen.

Der Berliner Theologe Friedrich-W. Marquardt arbeitet ebenfalls an einer christlichen Theologie des Judentums bzw. an einer jüdisch-christlichen Theologie. Meiner Einschätzung nach wird er bezüglich Ernsthaftigkeit und Konsequenz bisher von keinem andern Autor übertroffen. Sein Titelwort „Von Elend und Heimsuchung der Theologie"[5] will ein christliches Denken „aus der Umkehr (heraus)" sein[6]. Dasselbe gilt von Marquardt's Christologie[7]. Sie macht theologischen Ernst mit dem Judesein Jesu, mit dem immer noch in Konnex mit dem Volke Israel stehenden Christus und mit der notwendigen Israelzugewandtheit der Christusgläubigen. Paul van Buren gibt folgende Definition seiner christlichen Theologie des Volkes Israel: „Eine christliche Theologie des Volkes Israel ist ein integraler Teil der selbstkritischen Reflexion der Kirche. Sie frägt nach Pflicht und Fähigkeit der Kirche, das Zeugnis des jüdischen Volkes zu hören. Ihre Notwendigkeit liegt in Israels Erwählung und in der sich daraus ergebenden Abhängigkeit des christlichen Zeugnisses von jenem Israels über den Schöpfer und Erlöser, den Gott und Vater Jesu Christi. Ihre Grundlagen sind die Schriften des Judentums, wie sie bekräftigt wurden, sowohl durch die Apostolischen Schriften und das Leben der christlichen Kirche als auch durch die rabbinischen Schriften und das Leben des jüdischen Volkes, einschließlich dessen Zurückweisung der Kirche mit ihrem Glauben an Jesus Christus. Ihr Ziel ist die Umschreibung von Israels Beitrag zum Dienst der Kirche vor Gott und, als Teil davon, ihres Dienstes an Israel"[8].

---

[5] Marquardt, Von Elend und Heimsuchung der Theologie.

[6] Die Wendung „Denken aus der Umkehr heraus" stammt von Hans Iwand. Marquardt begnügt sich meistens mit „Denken aus der Umkehr".

[7] Marquardt, Das christliche Bekenntnis zu Jesus dem Juden.

[8] van Buren, A Christian Theology of the People of Israel, Part 2,1; van Buren gebraucht „Apostolische Schriften" anstelle von „Neues Testament", um dem ideologischen Streit um das geringere „Alte" und das vollkommenere „Neue" auszuweichen. Marquardt gebraucht oft den Ausdruck „Jesus-Schriften" anstelle von „Neues Testament". Die Bezeichnung „Hebräische Bibel" oder „Erstes Testament" (Zenger, Das Erste Testament), statt „Altes Testament" ist dem von van Buren bisweilen gebrauchten Term, „Schriften des Judentums" vorzuziehen. Entsprechend der Diktion der Qumranleute (CD 6,2–19) müßte man eigentlich sagen: „Der Bund mit den

Paul van Buren konkretisiert diese Definition noch dadurch, daß er Theologie als „Reflexion" nicht als Prophetie bezeichnet. Das nähere Kriterium für ihre kritische Arbeit sei nicht die Bibel, sondern „always and only the interpreted Bible" (Part 2,3). Die kirchlich-antijüdische Tradition habe nur ein negatives Sprechen über die Juden gepflegt; wir müßten nun aber sensitiv auf die Stimmen der Juden und ihrer Tradition hören, auch wenn diese Kirche und Christusglauben nach wie vor zurückweisen. Eine christliche Theologie des Volkes Israel sei kein Report über jüdisches Lehren und keine jüdische Theologie. Vielmehr habe sie Israel „als das eine Volk Gottes – beginnend mit Abraham über Moses bis zu allen in Israel, von denen wir in den Schriften lesen" (Part 2,17) – in großer Hör- und Umkehrbereitschaft ernst zu nehmen. Sie habe Israel also zu fragen, es um Hilfe zu bitten, damit wir Christen aus unseren judenfeindlichen Traditionen herausfinden. Die neue Sichtweise einer christlichen Theologie des Volkes Israel bestehe vor allem darin, daß Gott der Kirche heute Wichtiges zu sagen habe: „through the testimony and life of the Jewish people" (Part 2,21).

In der allgemeinen Umschreibung unseres neuen theologischen Zweiges der Theologie des Volkes Israel bzw. der jüdisch-christlichen Theologie stimme ich mit Paul van Buren weitgehend überein. Ich weiß auch, daß man nicht alles in eine Definition einpacken kann. Im Detail werden sich allerdings mehrere Akzentverschiebungen zeigen. Diese betreffen vor allem das Verhältnis zwischen der Offenbarung auf dem Berg Sinai und auf dem Golgotha-Hügel und das Ziel einer jüdisch-christlichen Theologie. Es dürfte schwierig sein, die „Apostolischen Schriften" (das Neue Testament) mit dem Leben der Kirche, den rabbinischen Schriften und dem Leben des jüdischen Volkes auf einen Nenner zu bringen. Ferner ist die Kirche zwar wesentlich

---

Ersten (berît riᵓschonîm)" statt „Altes Testament" und „der neue Bund (berît hachadascha)" statt „Neues Testament". Der israelische Bibel- und Qumranforscher Jacob Licht betonte immer wieder, es bringe weder dem Judentum noch dem Christentum etwas ein, wenn die Ausdrücke Altes Testament – Neues Testament in jüdisch-christlicher Wohlmeinigkeit verdrängt werden. Ich neige dieser Ansicht auch zu. Zwar verwende ich vorzugsweise „Hebräische Bibel" oder „Erstes Testament" statt „Altes Testament". Wir dürfen aber der ohnehin im sozialen und im theologischen Bereich stets drohenden Verachtung des „Alten" keine Unterstützung gewähren. Auch wenn „alt" teilweise mit „abgeschafft" (nach Hebr 8,13) gleichgesetzt wurde, darf das gute Wort „alt" deshalb nicht verpönt oder gar tabuisiert werden. Außerdem haben weder die Abkürzung Tanakh noch das hebräische Wort Mikra (die zu lesende heilige Schrift) irgendwelche Chancen, den populären Begriff „Altes Testament" zu verdrängen. Ähnliches gilt für die Ausdrücke „Apostolische Schriften" und „Jesus-Schriften" anstelle von „Neues Testament".

und unverdrängbar auf das jüdische Volk bezogen. Ihr tiefster und längster Sündenfall fand dem jüdischen Volk gegenüber statt. Sie muß daher in erster Linie auf die Stimme dieses Volkes und seines Zeugnisses vor Gott gegen sich hören. Sonst kann sie nicht aus ihrer antijüdischen und menschenfeindlichen Sünde herauskommen. Ein Denken aus der Umkehr (Marquardt) ist also unverzichtbar. Dies darf aber nicht darüber hinwegtäuschen, daß die Kirche nicht *nur* auf das jüdische Volk bezogen ist, und daß das jüdische Volk erst recht nicht *nur* kirchenbezogen ist – weder in seiner eventuellen schmalen Zustimmung noch in seinem unüberhörbaren Widerspruch. Die Bezüge zu den Weltvölkern müssen in einer christlichen Theologie des Judentums aus der jüdischen und christlichen Tradition heraus ebenfalls neu gewertet oder wenigstens anvisiert werden. Dabei darf aber die Kirche-Israel-Beziehung nicht ins zweite Glied zurückgedrängt werden. In den jüdisch-traditionellen Begriff „Weltvölker" (ʾummôt ha-ʿôlam) sind heute auch die säkularnachchristlichen und nachreligiös lebenden Menschen einzubeziehen. Niemand kann sich darüber hinwegtäuschen, daß die Weltbevölkerung sich nicht nach der Religionszugehörigkeit einteilen läßt. Wer theologisch nichts mit der modern-säkulären (oder postmodernen) Menschheit anzufangen weiß, kann nicht als Ökumeniker bezeichnet werden. Er soll am besten auch seine interreligiösen Gedankenspiele beiseite lassen. Im Zusammenhang mit mehreren christlichen Theologen und Theologinnen des Judentums ist schließlich auch noch ein Verdacht zu äußern. Teilweise hypostasieren sie das jüdische Volk und seine Geschichte. Gewiß ist das jüdische Volk das exemplarische Volk Gottes und das ebenso exemplarische Volk des Leidens. Und ebenso gewiß hat das Christentum ihm gegenüber Schuld auf sich geladen. Das darf aber nicht dazu führen, alles Jüdische pauschal zu verherrlichen. In einer Israel besonders beachtenden christlichen Theologie geht es zwar um den Aufweis, was die Christen den Juden gegenüber falsch gemacht haben. Aber auch partnerschaftlich-kritische Wege sind einzuschlagen. Auch das jüdische Volk will nicht auf den Präsentierteller gelegt werden. Es verträgt auch kritische Töne, wenn sie begründet und auf sein Wohl hin abgestimmt sind. Die Kritik am Christentum und am Judentum ist eines der vielen Aufbauelemente einer solchen Theologie.

Ich wähle „Theologie jüdisch-christlicher Begegnung" zum Symbolausdruck für alles, was im Zusammenhang mit Juden, Christen und den andern Menschen heute von innen her zu bedenken ist. Ich sehe darin eine auf die Zukunft, die messianische Zeit, bezogene Aufgabe. Damit will ich weder Peter von der Osten Sacken mit seiner „Theologie im christlich-jüdischen Gepräch" oder seiner „Christlichen Theologie im (steten) Gespräch mit dem jüdischen Volk", noch Paul van Buren mit seiner „Christlichen Theo-

logie des Volkes Israel", noch Friedrich-W. Marquardt mit seinem „Denken
aus der Umkehr heraus" widersprechen oder diese Kollegen gar über-
trumpfen. Ich wähle mein Symbolwort im Anklang an das „Lexikon der
jüdisch-christlichen Begegnung", das ich 1989 zusammen mit Jakob J. Petuchowski im Herder Verlag herausgegeben habe. Es geht letztlich aber
nicht um Titel, sondern um Inhalte. Wie ich meine „Theologie jüdisch-
christlicher Begegnung" fülle, zeigt sich in den vielen folgenden Seiten
dieses Buches. Auf *einen* wichtigen Punkt muß ich aber jetzt schon hinweisen. In einem ziemlich weitreichenden Gegensatz zu den meisten christlichen Kollegen stütze ich mich in meinen Argumentationsreihen weit
mehr auf jüdische Texte und Erfahrungen als auf christliche. Die jüdische
Geschichtserfahrung sind mir stärkere Stützen für meine hoffentlich
brauchbaren Schlußfolgerungen als die christliche Geschichts- und Glaubenstradition. Diese setze ich mehr voraus, als daß ich sie zum Leuchten
bringe. Es geht mir darum, möglichst viel Jüdisches in christliche Glaubensaussagen hineinzutragen, um das Jüdische im Christlichen und das Christliche im Jüdischen zur Transparenz bringen zu können. Mein spezieller
Akzent liegt im Herholen jüdischer Motive, nicht um sie christlich umzu-
drehen, sondern um sie den Christen zu zeigen und um ihre Phantasie für
das Betreten neuer Pfade anzuregen.

2. Schuldzuweisungen und Schwarzmalerei

Es gibt kein einheitliches Judentum und kein einheitliches Christentum. Es
gibt auch keine heutige Lebens- und Glaubensform von Judentum, die man
nahtlos mit einer Form von gestern zusammenbringen könnte. Dasselbe
gilt vom Christentum. Es geht darum, alle Richtungen und Verwirklichun-
gen von Judentum und Christentum im Heute nicht als lästige Hypothek
aus der Vergangenheit zu werten, sondern als bereichernde Vielfalt, aus der
heraus viele Möglichkeiten zur Verständigung erwachsen können. Offenheit und Disponibilität gegenüber allen Formen, Gruppen und Einzelnen ist
gefordert. Wir können geistig-religiös nicht atmen, wenn wir uns nicht in
der frischen Luft der andern bewegen. Der Fehler der prinzipiellen Judenfeinde besteht darin, alle Juden als eine geschlossene feindliche Gesellschaft
zu betrachten und dazu noch zu meinen, man könne ihr durch repressives
Denken und Handeln beikommen. Im Sinne der vom Unbewußten und der
Absurdität geprägten Gedankenwelt von Franz Kafka (1883–1942) könnte
man den Antijudaismus definieren als eine von Nichtjuden inszenierte magische Einsperrung von Juden in ein imaginäres, fensterloses Verließ. Die-

ses von Hirngespinsten gespeiste Unterfangen bewirkt zwar nicht, daß auch nur ein einziger Jude seine Identität von Gefangenschaft und Isolation bestimmt sieht. Wohl aber entstehen daraus für Juden bedrohliche Situtationen trotz ihres freiheitlichen Bewußtseins und trotz ihres normalen Umgangs mit Nichtjuden. Umgekehrt könnte man auch die Feindschaft gegen die Völker (den Antigoyismus) als absurden ideologischen Einsperrungsversuch werten. Ob Fremdenhaß, Asylantenhaß und Rassenhaß von Juden oder von Nichtjuden betrieben wird – er ist eine disqualifizierende Etikettierung der betroffenen Menschen als Delinquenten, Frevler, Gottlose, Verführer, Bedroher, Vergewaltiger, Götzendiener, Ketzer, Zauberer, Krankheitsüberträger etc. Die Antisemiten und die Antigoyisten huldigen dem Irrwahn, daß die von ihnen eingeteilten und eingestuften Menschen wirklich in die ihnen zugedachten Kerker geraten und ihnen so keine Unannehmlichkeiten mehr bereiten können.

Apriorisches Gegen-Denken gibt es auch bei theologischen und historischen Wiedergutmachungsversuchen. Im Jahre 1974 veröffentlichte die zornige USA-Katholikin Rosemarie R. Ruether ein Buch über die inneren Zusammenhänge zwischen der Verkündigung über Jesus Christus und dem durch die Jahrhunderte schleichenden und immer wieder virulent gewordenen Antisemitismus[9]. Darin stellt Frau Ruether mit viel Kenntnis und methodischem Geschick folgende These auf: „Der Antijudaismus entstand in seinem theologischen Aspekt im Christentum als die linke Hand der Christologie. Das heißt: Der Antijudaismus war die negative Seite des christlichen Anspruchs, daß Jesus der Christus war. Die Christenheit sah sich selber als die Erbin der jüdisch-messianischen Hoffnung und glaubte, daß diese Hoffnung auf den kommenden Messias durch Jesus erfüllt sei. Da aber die jüdische Tradition diesen Anspruch zurückwies, entwickelte die Kirche eine Polemik gegen die Juden und die jüdisch-religiöse Tradition, um zu erklären, wie die Kirche die Erfüllung einer jüdischen Tradition gegen den jüdischen Widerspruch sein könnte. An der Wurzel dieses Streits liegt eine fundamental verschiedene Interpretation der Bedeutung des Wortes Messias (Christus) innerhalb des Christentums, die dieses Wort so radikal von seiner Bedeutung im Alten Testament und in der jüdischen Tradition abhob, daß die christliche und die jüdische Tradition unfähig wurden, miteinander zu kommunizieren[10]. Diese These wurde sehr folgenreich. Wenn

---

9 Faith and Fratricide.
10 So Rosemary R. Ruether in einer Zusammenfaßung ihres Buches Faith and Fratricide, in: Eva Fleischner, (Hg.), Auschwitz: Beginning of a New Era? New York 1977, 79f.

der theologische Antijudaismus im Herzen des christlichen Glaubens – im
Bekenntnis zu Jesus Christus – schlägt und wuchert, dann steht das Christentum von seiner innersten Konstitution her auf der Anklagebank. Ju-
den- und Menschenfeindlichkeit sind dann seine notwendigen und ab-
scheulichen Früchte. Wenn es diese Früchte nicht wegwirft, verdient es
keine moralische Glaubwürdigkeit mehr. Das Christentum muß in einem
revolutionären Akt neu aufgezogen werden. Das Christusbekenntnis ist in
der traditionellen Form zurückzunehmen. Jesus muß zum jüdischen Rabbi
zurückgebunden werden. Seine einzigartige Sohnschaft und seine Messianität sind zu verdrängen. Sonst besteht keine Chance, daß der Antisemitismus je beseitigt werden kann. In der Tat denken viele Antijudaismus- und
Holocaust-Bedenker im Anschluß an das Ruether-Buch in dieser Richtung.
„Faith and Fratricide" wurde vor allem mit Hilfe der jüdisch-amerikani-
schen Anti-Defamation League unter die Leute gebracht. Hier werde, so
sagten jüdische Propagandaleute, der katholischen Kirche von einer Katho-
likin gründlich die Leviten gelesen. Die katholische Kirche sei ja so reform-
träge, daß zentrale Angriffe aus dem eigenen Lager nur gut tun könnten.
Im Jahre 1989 wartete aber Frau Ruether zusammen mit ihrem Mann,
einem Islam-Spezialisten, mit einem neuen Buch über den israelisch-palä-
stinensischen Konflikt auf[11]. Das 1989er Buch ist ebenso schneidend anti-
israelisch und antizionistisch wie „Faith and Fratricide" gegen christliche
Tradition gerichtet war. Den meisten christlichen Holocaust-Bedenkern
wirft das Ehepaar Ruether im neuen Buch vor, sie seien aus schlechtem
christlichen Gewissen heraus blind oder zu feige geworden, den Israelis die
Wahrheit über deren ungerechte antipalästinensische Politik zu sagen. Wegen des von Christen mitverantworteten Holocaust und aus geistiger Unbeweglichkeit heraus, seien sie zu profillosen Jasagern eines unsinnigen
israelischen Militarismus geworden. Der Staat Israel schaue „außerdem
auch für Juden immer weniger nach Erlösung aus" („Moreover the State
of Israel is looking more and more unredemptive for Jews": 199). In der
ersten Zeit des Erscheinens dieses zweiten Ruether-Buches veranlaßte die
Anti-Defamation-League mehrere negative Rezensionen, damit das Buch
nicht eine neue judenfeindliche Stimmung hochpeitsche. Im Buch der beiden Ruethers zeige sich wieder einmal „das philosemitische Gesicht des
christlichen Antisemitismus" (The Philo-Semitic face of Christian Anti-Semitism)[12].

---

[11] Rosemary und Hermann J. Ruether, The Wrath of Jonah.
[12] So in einer längeren Rezension von „The Wrath of Jonah", in der jüdischen Zeit-
       schrift „Tikkun" Mai/Juni 1989, 99.

Die beiden Ruethers schreiben politisch und religiös gezielte und damit den Nerv vieler Leute treffende Bücher. Es bleibt aber auch der Anti-Defamation League unbenommen, propagandistische Mittel für und gegen ein Buch einzusetzen. Kirche und /oder Judentum aufzuschrecken ist ein verdienstvolles Werk. Die Ruether-Publikationen und die sie umgebenden Polemiken drängen aber zu einigen Überlegungen: Das jüdisch-christliche und das israelisch-palästinensisch-arabische Beziehungsgeflecht ist so vielfältig und heikel, es birgt soviele historische und zeitgenössische, politische und religiöse Ungerechtigkeiten in sich, daß nur solche Publikationen gestützt und propagiert werden sollten, in denen auch der jeweiligen Gegenseite einigermaßen Gerechtigkeit widerfährt. In ihrem Buch „Faith and Fratricide" attackiert Frau Ruether Dogmen und Traditionen der Kirche wegen deren essentiellem und unbekämpftem Antijudaismus. Aber nirgends wird die Frage nach historischen Entlastungszeugen aufgeworfen. Dadurch wird das Buch zur einseitigen ungeschichtlichen Polemik. Den Lesern werden gerade die erregendsten Faktoren der jüdisch-christlichen Entzweiungsgeschichte vorenthalten. Allzu oft verhielten sich Christen den Juden gegenüber als Mörder, Verfolger, Verleumder. Die Juden waren die Gemordeten, Verfolgten, Verleumdeten. Dieser grausame Antijudaismus-Strang war aber nicht das einzige Konstitutivum der Geschichte. Es gab auch jüdische kulturelle und religiöse Großleistungen im Rahmen der abendländischen Gesellschaft. Ebenso gab es jüdische Polemiken gegen Christus, Christentum und Christen, die an beißender Schärfe dem kirchlichen Antijudaismus in nichts nachstehen. In „Faith and Fratricide" kommen primärliterarische jüdisch-christliche Abwägungen nur am äußersten Rande vor. Dasselbe gilt anders herum für „The Wrath of Jonah". In ihm wird gegen den Zionismus als einer bourgeoisen absolutistischen und demokratie-unfähigen Bewegung gewettert, ohne daß die vielen Formen des Zionismus in ihren eigenen Intentionen zur Geltung kämen. Auch der Zionismus zeichnet sich durch politische, soziale und religiöse Vielfalt aus.

Dem „Tatfall" Ruether haftet eine gewisse Typik an. Verschiedene christliche Theologen und Theologinnen äußern sich z. B. bestürzt über den neutestamentlichen Antijudaismus. Die neutestamentlichen Texte können sich ihnen gegenüber nicht wehren! Aber diese Autoren und Autorinnen studieren kaum frühjüdische und frührabbinische Texte und befragen kaum jüdische Fachleute. Damit denken und schreiben sie nur von außen her. Sie denken weder zusammen mit dem jüdischen noch zusammen mit dem christlichen Volk. Ihre Urteile sind daher pessimistisch und polemisch. Keine Exegese, keine Geschichtsschreibung und kein theologisches Urteil darf darauf hinaus laufen, daß alle „anderen" außerhalb einer bevorzugten (christlichen, jüdischen oder palästinensischen) Gruppe zu Verbrechern oder Narren gestempelt werden. Jede von einem einzigen (Stand-) Punkt her unternommene Mobilisierung gegen andere wirkt sich früher oder später verheerend aus.

3. Eine Zeit des Umbruchs

Nicht nur vor einem Abgleiten in einsinnige Polemik oder Selbst- und Fremdbemitleidung müssen wir auf der Hut sein, sondern auch vor dem Verschlafen von fortlaufenden, mit stets neuen Überraschungen und Gefährdungen voll gespickten Entwicklungen. Die schlagartigen Veränderungen der politischen und geistigen Landschaft Osteuropas im Jahre 1989 haben die westlichen und östlichen Politiker zu einem radikalen Umdenken gezwungen. Wer im Jahre 1990 noch in den Kategorien und Strategien von 1988 dachte, disqualifizierte sich selbst und konnte nicht mehr ernst genommen werden. Auch auf der Ebene Judentum – Christentum – Staat Israel sind seit den 50er Jahren unseres Jahrhunderts bedeutsame Veränderungen geschehen. Zwar geht es nach wie vor um die Abwehr des bis heute resistent gebliebenen Antijudaismus, um das Bedenken des Holocausts, um Aufarbeitungen der Vergangenheit, um Reformtheologien, um Solidarität zum Staat Israel und allen seinen Bewohnern und um eine gerechte Friedensordnung im Nahen Osten. Diese Anliegen sind aber komplexer geworden, sie erheischen größere Differenzierungen. Der Antisemitismus trägt nur noch selten eine kirchliche Maske. Bald trägt er das Gewand eines Terroristen, bald das eines Diplomaten, bald das eines rechtsextremistischen Jugendlichen, bald das eines unverbesserlich Gestrigen. Man kann seiner nicht dadurch habhaft werden, daß man einzig über die judenfeindlichen Ideologien der Kirchenväter, Theologen, Bettelmönche, Reformatoren und Hierarchen herfährt. Dies wäre eine gefährliche Katastrophen-Nostalgie. In den 80er Jahren entbrannte der sogenannte Historikerstreit, in dem versucht wurde, die Ungeheuerlichkeit der mehrmillionenhaften Vernichtung von Juden in Auschwitz und anderswo im Nazireich hinunterzuschrauben – bis hinunter zum Slogan von der „Auschwitzlüge". Auch in diesem Mord- und Todesbereich wird man jetzt nicht mehr nur schweigen, trauern und verfluchen dürfen. Vielmehr geht es vor allem um die Erinnerung an den Holocaust als Impuls für neues Denken und Tun und auch als Basis für energische Manöverkritiken an bisherigen Ideologien, religiösen Praktiken und Machtstrukturen. Auch der Staat Israel lebt heute nicht mehr in seiner Heldenepoche. Er wird von schweren inneren und äußeren Krisen und Bedrohungen geschüttelt. Es handelt sich beim Nahostkonflikt – wie eine französische bischöfliche Kommission im Jahre 1973 schrieb – „politisch gesehen um ein Aufeinanderprallen mehrerer Forderungen der Gerechtigkeit"[13]. Die sich stürmisch wandelnden Themen Antijudaismus, Holocaust, Staat Israel und Naher Osten lassen sich nicht isolieren. Sie sind in die größere Gegenwart und in eine 3000jährige Vergangenheit hineinzustellen. Das erstaunliche Wiedererstarken des von Hitler zur totalen Vernichtung bestimmten Judentums trotz neuer radikaler Gefährdungen durch enttäuschte Abwanderung ist gewiß ein Zeichen unserer Zeit, das höchste Beachtung verdient. Aber auch fundamentalistisch-undialogische Kräfte in Islam, Judentum und Christentum sind in Erwägung zu ziehen, ferner schwere Krisen der traditionellen Kirchen, die schwierigen gesellschaftlichen Prozesse des Aussteigens aus verfahrenen Denk- und Handlungsschemen, repressive und autoritäre Verhaltensweisen in religiösen, wirtschaftlichen und politischen Spitzengremien und das unerwartet starke und eruptive Auftreten rassistischer Gewalttäter. In der verwirrend schwankenden Gegenwart leuchtet unübersehbar die Forderung auf, die ganze jüdische und christliche Vergangenheit, aber auch die Vergangenheit der andern Völker und Religionen mit neuen, besseren Brillen noch einmal zu lesen und zu deuten. Die Vergangenheit muß der Gegenwart dienen können, sonst ist sie unnütz, und die Gegenwart gerät aus den Fugen. Diese immense Arbeit ist von einem einzelnen nicht zu leisten. Nur einige wenige Schneisen können von jüdisch-christlich denkenden Theologen und von christlichen und jüdischen Völkertheologen ins Dickicht geschlagen werden. Als christlicher Völkertheologe wäre etwa Hans Küng zu bezeichnen, der mit großem Elan darum ringt, daß der ethisch bestimmte Monotheismus eine entscheidende Basis für einen zu erringenden Weltfrieden werden kann. Es gibt nach ihm keinen Weltfrieden ohne Frieden zwischen den Religionen. Wenn sich die Religionen erneuern, werden sie die entsprechenden Stützen des Weltfriedens sein. Daher betrachtet Küng es als seine Aufgabe, mit scharfer Kritik gegen alle Formen eines verschlossenen prinzipiell abweisenden Monotheismus aufzutreten. Er ist sich dabei bewußt, daß keine Analyse „der religiösen Situation der Zeit" möglich ist, „ohne eine Analyse des lebendigen Judentums...Wie in einem Brennglas spiegeln sich ja im Judentum, dieser ältesten der drei großen prophetischen Religionen, alle religiösen Probleme unserer Zeit an der Schwelle zum neuen Jahrtausend"[14].

---

[13] Rendtorff/Henrix, Die Kirche und das Judentum, 154. Zur Erklärung der französischen Bischofskonferenz vgl. auch Thoma, Die Theologischen Beziehungen..., 31f.
[14] Hans Küng, Das Judentum 13

Der Spruch des Rabbi Tarfon, eines einzelgängerischen Gelehrten aus
dem 1./2.Jh.n.Chr kann hier tröstlich sein: „Es liegt nicht in deiner Möglichkeit, das Werk zu vollenden, du darfst dich ihm aber auch nicht belie-
big entziehen. Wenn du viel Tora gelernt hast, werden sie (die Himmlischen) dir viel Lohn geben. Zuverläßig ist dein Arbeitgeber: er wird dir
den Lohn für deine Anstrengung geben. Wisse aber, daß den Bewährten
der Lohn in der Heilszukunft gegeben wird" (mAv 2,21).Es geht nicht um
ein Ausweichen ins Supernaturalistische mit Hilfe eines alten Spruchs.
Die jüdisch-christliche Theologie besitzt eine genügend starke ideelle und
gesellschaftliche Basis, so daß konkret gedacht, geplant und gearbeitet
werden kann. Die *ideelle Basis* wird von christlichen und von jüdischen
Glaubensüberzeugungen getragen. Nach der erst seit wenigen Jahren wieder zum Leuchten gebrachten christlichen Glaubensversion besteht der
Bund Gottes mit Israel von Gott her ungebrochen weiter (Röm 11,29). Die
sich um Christus herum sammelnden nichtjüdischen Völker sind in diesen
Bund Gottes unverdient hineingenommen (Röm 11,24; 1 Petr 2,4–10; Eph
2,11–24; Apk 7). Auch jüdische Gläubige arbeiten von verschiedenen Ek-
ken her der Endherrschaft Gottes und der vollkommenen Humanität zu[15].
Auch nach jüdischen Glaubensüberzeugungen, gibt es für Nichtjuden
Räume des Heiles und der Menschlichkeit. Die Anerkennung der Palästinensischen Befreiungsorganisation (PLO) durch die israelische Regierung
am 13. September 1993 ist ein großes Zeichen der Wachsamkeit und des
Gespürs für die Chancen auf Frieden. Durch bittere Erfahrung belehrt hat
die Mehrheit Israels erahnt, daß der Kompromiß eine letzte Möglichkeit
für ein friedliches Weiterleben „Israels mit den Weltvölkern" bietet. Auch
im palästinensischen Volk drängt die Hoffnung auf ein zu Hause auf ihre
Erfüllung.

Als *gesellschaftliche Basis* zur Verwirklichung einer Theologie jüdisch-
christlicher Begegnung kann die in den letzten Jahrzehnten stark ange-
wachsene jüdisch-christliche Bewegung gelten. Es ist beileibe nicht mehr
wahr, wenn von einzelnen „Rufern in der Wüste" geredet wird, die mitten
im jüdisch-christlichen Feindschaftsgeflecht nicht gehört würden. Wahr ist
vielmehr, daß in allen demokratischen Ländern Europas, Amerikas, Afrikas
und Asiens sich Arbeits- und Gesinnungskreise gebildet haben, in denen
christlich-jüdische-menschheitliche Probleme bedacht werden, und in denen weder den Juden noch den Christen etwas von ihrer eigenen Identität
bestritten, abgenommen oder gar verspottet wird. Es gibt schon viel jü-

---

15 Diese Punkte sind u.a. im Sinne des für das Christentum außerordentlich sensibili-
sierten jüdischen Autors Will Herberg, Faith Enacted in History.

disch-christliches Denken und Leben, obwohl dies Scharfmacher und Mau-
erbauer auf beiden Seiten nicht wahrhaben wollen[16].

4. Texte und Themen

Literatur ist Vergegenwärtigung und damit Eröffnung von Welt. Mit ihrer
Hilfe vermögen wir die Wahrheit zu sagen[17]. Eine jüdisch-christliche Theologie hat jüdisches und christliches Leben aus zwei bis vier Jahrtausenden
zu deuten. Spuren unzähliger Lebensvollzüge finden sich in Literaturen,
die sich insgesamt wie riesige, zerklüftete, wild aufgeschichtete Bergmassi-
ve ausnehmen, die niemand durchwandern, geschweige denn bis zuoberst
besteigen kann. Möglich sind einzig Begehungen auf präparierten und geschützten Wegen und Besteigungen verschiedener Gipfel, auf denen sich
prächtige und schaurige Ausblicke auf die höchsten Bergspitzen und die
tiefsten Schluchten eröffnen. Es kann hier nicht darum gehen, alle prominenten jüdischen und christlichen Schrifttümer und erst recht nicht alle
modernen Untersuchungen über sie aufzuzählen. Einige Hinweise auf her-
ausragende Fixpunkte sind aber nicht zu umgehen.

Die jüdische Primärliteratur beginnt mit der Tora, den Propheten und
Hagiographen (Hebräische Bibel, Altes Testament, Erstes Testament, Tanakh, Mikra, die Schrift). Sie setzt sich in frühjüdischer Zeit durch verschiedene hellenistische apokalyptische und sektiererische Schriften in der Zeit
der griechisch-römischen Herrschaft über Palästina fort und mündet in die
großen rabbinischen Traditionssammlungen ein: Mischna, Talmud, Midrasch, Targum, Gebetsliteratur. In Mittelalter, Neuzeit und Moderne zeigt
sie sich in religionsphilosophischen, halakhischen proto-zionistischen, zionistischen und mystischen Werken[18]. Eine aus aller Tradition herausfallen-
de, aus tiefstem Leid geborene und teilweise bereits primären Charakter
tragende Gattung der modernen Zeit ist die Holocaust-Literatur (Schoa-Literatur), die seit Ende des zweiten Weltkrieges in schnellen Schüben
wächst. Eine Ahnung von den eminenten Einwirkungen des Holocausts auf
das moderne jüdische und nichtjüdische Leben vermittelt das 3200seitige

---

[16] Dazu Clemens Thoma, Die Zukunft der jüdisch-christlichen Bewegung, Jud. 43
(1987) 161–170.
[17] Picht, Hier und jetzt, 278. 280.
[18] Überblicke über die jüdischen heiligen Schriften und Traditionsliteraturen u. a. bei
Günter Stemberger, Geschichte der jüdischen Literatur, München 1977; Clemens
Thoma, Literatur und Religion: Judentum TRE 21 (1991) 240–261.

dichtgeschriebene, großformatige Werk „Remembering for the Future[19].
Eine moderne jüdisch-christliche Theologie muß den Holocaust als er-
schütterndes Primärereignis und das meiste der Holocaust-Literatur als
jüdische Primärliteratur einstufen.

Die christliche Primärliteratur ist noch umfangreicher als die jüdische.
Auch sie beginnt mit Tora, Propheten, und Hagiographen. Die frühjüdische
Literatur gehört zu ihrem Grundbestand. Dann folgt das Neue Testament,
das zusammen mit dem Alten Testament das Grundzeugnis des christlichen
Glaubens ist. Die Literatur der Kirchenväter und die literarisch greifbaren
Ergebnisse frühchristlicher Konzilien sind Reflexe und Antworten auf
Glaubensstreitigkeiten und -unsicherheiten. Aus dem Mittelalter steht uns
eine reiche philosophisch-theologische, mystische und spirituelle Literatur
zur Verfügung. Am Beginn der Neuzeit stehen die Werke der Reformatoren
und Gegenreformatoren. Für die moderne Zeit sind vor allem Werke aus
christlich-ökumenischem, die Weltreligionen und den Atheismus einbezie-
hendem Geist charakteristisch. Als spezielle moderne Primärliteratur einer
jüdisch-christlichen Theologie sind die offiziellen Erklärungen der Kirchen
und Teilkirchen über die anzustrebende christliche Haltung gegenüber dem
Volk der Juden zu werten. Diese Erklärungen haben einen ähnlichen Rang
als Quellen für das Denken und Handeln aus der Umkehr heraus wie die
jüdische Holocaust-Literatur[20].

Besondere Aufmerksamkeit als Sekundärliteratur verdienen Bücher, die
neuralgische Punkte zwischen Judentum und Christentum berühren: Der
Jude Jesus, die Christusbotschaft und die judenkritischen Aussagen des
Neuen Testamentes, die Ursachen der Trennung von Judentum und Christentum, die judenfeindliche Einstellung von Vertretern der Kirchen, die
ideologischen und emotionalen Verkürzungen der christlichen Verkündigung zu Ungunsten der Juden, die christlichen Unterstützer der Rassenpo-
litik der Nazis, die verschiedenen Grade der jüdischen Absonderung, gegenseitige Polemiken und Anschwärzungen, jüdische und christliche Völkerfeindschaft, Ursachen und Verlauf von Pogromen etc. Eine Theologie
jüdisch-christlicher Begegnung hat viel Material zu sichten und kritische
Distanz und Stellung dazu zu nehmen. Daraus darf aber keine modern
verbrämte Disputationsliteratur und auch keine Apologetik entstehen.

---

[19] herausgegeben von Yehuda Bauer, u. a., Das Werk enthält Beiträge von 225 Autoren,
die alle möglichen Aspekte des Holocausts und seiner Auswirkungen untersuchen.

[20] vgl. besonders die Edition Rendtorff/Henrix, Kirche und Judentum. Andere Editionen kirchlicher Erklärungen zu Juden und Judentum sind: Croner, Stepping Stones;
Dies., More Stepping Stones; Hoch / Dupuy, Les Eglises devant le Judaisme.

Vielmehr müssen solche historisch und theologisch abgestützte Denksche-
mata herauskommen, die das zu vermeiden trachten, was der israelische
Dichter Yehuda Amichai beklagt: „Aus seiner Einsamkeit heraus spricht der
Tischler mit einem Brett, der Mann mit seiner Frau, der Mensch mit seinem
Freund oder mit seinem Gott. Alle führen Krieg gegen sich selber, so daß
sich die wirklichen Feinde ruhig entfernen können"[21].

Aber welche Themen und Aspekte aus der angedeuteten ungeheuren
Literatur und Tradition aus verschiedenen Zeiten und Kreisen sind für eine
Theologie jüdisch-christlicher Begegnung unverzichtbar? Dies ist leichter
im allgemeinen zu beantworten als im besonderen. Sicher ist all *das* Inhalt
einer Theologie jüdisch-christlicher Begegnung, *was* zur Trennung und
Feindschaft zwischen Juden und Christen geführt hat und bis heute Ursache und Symbol für gegenseitiges Mißtrauen und tiefsitzendes Vorurteil
ist. Es ist von der jüdischen und der christlichen Identität, vom Antisemitismus, von der Schoa, vom Ketzersegen und seinen Ursachen, von der
Kirche, von Jesus Christus, von der Tempelzerstörung des Jahres 70 n., vom
Monotheismus, von den verschiedenen Wegen der Mystik und von der
Judenmission zu reden. Bedacht werden müssen aber auch die Gemeinsamkeiten trotz aller Trennung, der sogenannte Konsens im Dissens: der jüdisch-christliche Glaube an den Schöpfer und Lenker der Welt, gewisse
positive Echos über Jesus vom Judentum her, die jüdisch-christliche Hoffnung auf die Endherrschaft Gottes und viele gemeinsame Errungenschaften zum Wohl der Menschheit inmitten aller Trennungen und trotz aller
Trennungen. Zwischen die Gemeinsamkeiten und die Gegnerschaften
schieben sich Themen und Gruppen, die zu behandeln sind, weil sich an
ihnen aufzeigen läßt, wie und weshalb die Geschichte zwischen dem jüdischen Volk und der christlichen Religion sich in die Feindschaft hinein ver-
bogen hat. Die Messiaserwartungen und die Bundesvorstellungen, die Apokalyptiker, die Qumranleute, die Pharisäer und das Land Israel stehen besonders in diesen Zusammenhängen zur Debatte. Themen der Feindschaft,
der Partnerschaft und der Verfälschung lassen sich in einer Theologie jüdisch-christlicher Begegnung nicht säuberlich voneinander trennen. Sie
überschneiden und überlappen sich in vieler Hinsicht und an vielen Orten.
Jesus etwa ist für die Mehrheit heutiger Juden nicht nur ein Topos der
Feindschaft. Er weist auch auf den weltgeschichtlichen Rang des jüdischen
Volkes hin, den dieses gerade in der seit bald 2000 Jahren eingehaltenen –
wenn auch beileibe nicht immer angenehmen – Nachbarschaft mit dem

---

[21] Yehuda Amichai, Schîrîm 91.

Christentum gewonnen hat. Ohne die stete gesellschaftliche Nähe zum Christentum und ohne die Bereitschaft, dafür notfalls auch einen hohen Blutzoll „zur Heiligung des Namens" in Kauf zu nehmen, wäre das Judentum wohl nicht zu jener imponierenden Größe herangereift, die ihm heute Freunde und Feinde zugestehen.

Weil also alle Themen der Theologie jüdisch-christlicher Begegnung ineinander übergreifen und dadurch kompliziert werden, ist eine systematische Darstellung kaum möglich. Daher wird hier eine ungefähr geschichtliche bzw. zeitliche Abfolge gewählt, obwohl auch eine solche angesichts des Hineinreichens der meisten Themen in überirdische und nachgeschichtliche Dimensionen äußerst fragwürdig und vor allem lückenhaft bleiben muß. Zuerst wird kurz die Frage nach der jüdischen und der christlichen Identität aufgeworfen, dann ist von Gott in jüdischer, christlicher und menschlicher Optik die Rede. In einem zweiten Themenverband wird der traditionelle Judenhaß und die jüdische und die christliche Messiaserwartung besprochen. Beide Themen haben ihre Kraft auch in der christlichen Zeit behalten und noch verstärken können. Der dritte Teil bringt drei Themen rund um das Neue Testament: Qumranleute, Apokalyptiker, Pharisäer, und den weit längeren Abschnitt über Jesus von Nazareth. In einem vierten Teil wird von der Trennung von Kirche und Judentum, von der jüdischen Kabbala, von den mörderischen Feindschaften im 20. Jh. und vom Geist eines künftigen Nebeneinanders bei aller Trennung geredet. In allen Themenkreisen sind verschiedene Einzelthemen eingestreut: Hellenistisches und rabbinisches Judentum, Auferstehung der Toten, Bund und Bundesbruch, Judenmission etc.

5. Standpunkte

5.1. Franz Rosenzweig (1886–1929) kann als ein jüdischer Vater der Theologie jüdisch-christlicher Begegnung bezeichnet werden. Er verhalf einem neuen Denken zum Durchbruch, das ganz auf Erfahrung, Tatsächlichkeit, Dialogik und Verfügbarkeit beruht, ohne daß daraus ein weltanschaulicher Relativismus ableitbar wäre. Als er seinen Vetter Rudolf Ehrenberg am 31. Oktober 1913 darüber informierte, daß er nicht Christ geworden, sondern aus innerer Überzeugung und innerem Erleben heraus Jude geblieben sei, fügte er hinzu: „Jeder Relativismus ist mir nun verboten"[22]. Einen Tag da-

---

[22] Der ganze Brief an Rudolf Ehrenberg findet sich in: Rosenzweig, Briefe und Tagebücher Bd 1, 132–134.

nach, am 1. November, setzte Rosenzweig seinen Brief fort mit jenem be-
rühmten Abschnitt, in dem seine neue jüdische Lebendigkeit aufscheint:

> *„Das Christentum erkennt den Gott des Judentums an, nicht als Gott, aber als Vater
> ‚Jesu Christi'. Es hält sich selbst an den ‚Herrn', aber weil es weiß, daß nur er der Weg
> zum Vater ist. Er bleibt bei seiner Kirche alle Tage bis an der Welten Ende. Dann aber
> hört er auf, Herr zu sein, und wird auch er dem Vater untertan sein, und dieser wird
> dann – Alles in Allem sein (1 Kor 15,28)… "*

Hier schimmert die Rosenzweigsche Vorstellung vom Christentum als ei-
nem „Zwischenreich", zwischen Jesus und dem Endreich Gottes, durch.
Aus der Fortsetzung des Briefes an Rudolf Ehrenberg wird deutlich, daß
Rosenzweig auch das Judentum als eine Vorstufe verstand, die auf die volle
Endherrschaft Gottes hinweise und zu ihr hinführe[23]. Dem christlichen
Zwischenreich brachte er nach seiner Rückkehr ins Judentum begreiflicherweise keine besonderen Sympathien entgegen. Aber er akzeptierte es immerhin als eine Gegebenheit, der nicht auszuweichen sei. Die Vorstellung
vom Christentum als Zwischenreich ermöglichte es Rosenzweig, das Christentum in den Zusammenhang des Judentums zu stellen und ihm einen
Rang zu geben, der diesem gerecht wird. Seinem andern Cousin, Hans Ehrenberg, von dem ihn nach dessen Konversion zum Christentum lange
Jahre der Entfremdung getrennt haben, schreibt er 1918:

> *„Da du Jesus für den Messias hältst und dich dem Zwischenreich zugehörig weißt,
> so ist Gott für dich bloß Wahrheit und Jesus allein Wirklichkeit…Für mich ist Gott
> allein Wirklichkeit, dem Zwischenreich gehöre ich nur durch den Zwang der Natur
> (=Geschichte) an, nicht mit Freiheit; Jesus gehört dem Zwischenreich an: ob er der
> Messias war, wird sich ausweisen, wenn der Messias kommt. Heute ist er mir so
> problematisch wie das ganze Zwischenreich, gewiß ist mir nur Gott und sein Reich,
> nicht das Zwischenreich[24]. "*

Die neutestamentlichen Grundstellen für die Vorstellung vom Christentum als einem Zwischenreich gibt Rosenzweig in seinem eben nur in

---

[23] Nach Hinweisen auf das christliche Verständnis von Christus als dem unumgängli-
chen Weg zum Vater fährt Rosenzweig fort: „Es *kommt* niemand zum Vater – anders
aber, wenn einer nicht mehr zum Vater kommen braucht, weil er schon beim Vater
ist. Dies ist nun der Fall des Volkes Israel (nicht des einzelnen Juden). Das Volk Israel,
erwählt von seinem Vater, blickt starr über Welt und Geschichte hinüber auf jenen
letzten, fernsten Punkt, wo dieser sein Vater, dieser selbe, der Eine und Einzige –
'Alles in Allem'! – sein wird.

[24] Rosenzweig, Briefe und Tagebücher Bd 2, 543f.

wenigen Sätzen zitierten Brief vom 1. Nov. 1913 an Rudolf Ehrenberg selbst an: 1 Kor 15,20–28 und Joh 14–17, bes. 14,6. Rosenzweig sieht richtig: Das Christentum ist ein Zwischenreich, ein Vorbereitungsreich, ein Wachstumsprozeß auf das volle Ausbrechen der Endherrschaft Gottes auf den „Gott Alles in Allem" hin. Gewiß können die Christen glauben, daß die Endherrschaft Gottes in der Kirche „subsistiert", aber diese gleicht eher einem wachsenden Schößling, nicht aber einer Pflanze in voller Blüte. Mag es auch zur jüdischen Identität im Sinne Rosenzweigs gehören, dem christlichen Zwischen- und Wachstumsreich mit Skepsis zu begegnen, so gehört es auch zu dieser Identität, im Gegenüber zu leben und zu wirken, ohne es dauernd herabsetzen oder dauernd bekämpfen zu müssen. Die großartige Leistung Franz Rosenzweigs besteht darin, daß er seine Theologie auf dem schmalen Grat der Nicht-Verfälschung des Christentums aufbaut. Dabei geht es ihm nicht um ein bloß akademisches Gedankenspiel. – Wie Gerschom Scholem aufgrund einer problematischen Begegnung mit Rosenzweig im Jahre 1922 bezeugt, suchte Rosenzweig „das deutsche Judentum von innen her zu, ich weiß nicht, ob ich sagen soll, reformieren oder revolutionieren…Soviel und so starke aufs Jüdische gerichtete Intensität eines Mannes hatte ich noch nie, und habe sie auch nie wieder getroffen'[25].

5.2. Für Franz Rosenzweig und für die Mehrzahl der modernen jüdischen Dialogiker ist das Judentum eine sichere Größe, an der nichts herumzudeuteln und herabzumindern ist. Demgegenüber versuchen christliche Dialogiker, das Christentum dem Judentum gegenüber einzudämmen und einzuschränken. Dies ist angesichts des immer wieder im Schoß des Christentums aufgebrochenen aggressiven-antijüdischen Verhaltens notwendig. Das Maß der Eingrenzung des Christentums ist aber umstritten. Peter von der Osten-Sacken hat die Forderung nach „theologischem Besitzverzicht" den Juden gegenüber aufgestellt[26]. Angesichts seiner Judenfeindschaft dürfe sich das Christentum nicht mehr in den Zusammenhang des erwählten Volkes Israel hineinstellen. Paul van Buren versucht aus ähnlichen Gründen ebenfalls, die Kirche aus einer allzu engen Verquickung mit dem Gottesvolk Israel und damit vom jüdischen Volk zu lösen. Die Kirche – so beginnt er seine Überlegungen – besteht im wesentlichen aus Gemeinschaften von Nichtjuden bzw. Heiden. Der Weg der Heidenkirche ist ein von den Juden getrennter Weg, wenn auch teilweise parallel verlaufend.

---

[25] Scholem, Von Berlin nach Jerusalem 178.
[26] In seinem Nachwort zu Ruethers „Nächstenliebe und Brudermord (deutsche Übers. von Faith and Fratricide).

Von einer gewissen Parallelität der beiden Wege kann vor allem deshalb gesprochen werden, weil die heidnische Kirche den HERRN Israel auch als ihren Gott beansprucht: „Die Geltendmachung dieses Anspruchs durch die Kirche, den HERRN Israels zu verehren, ist grundlegend für alle ihre Gespräche und ihre ganze Theologie"[27]. Für Paul van Buren könnte es „zu einer völlig neuartigen Beziehung zwischen der Kirche und dem jüdischen Volk führen, wenn wir sagten, daß die Kirche aus Israel erwachsen, aber nicht Israel ist, und das um eines Zweckes willen, der von größerer Bedeutung ist als Israel und die Kirche zusammen: die Erlösung der Welt"[28]. Die Kirche dürfe die Juden nicht missionieren, sonst würde sie ihren eigenen Weg verleugnen, sie dürfe die Juden nur über ihren eigenen Weg informieren und völlig säkularisierte Juden auffordern, dem Gang ihres eigenen Volkes treu zu sein (S.62). Die christliche Trinitätslehre sei der Ausdruck dafür, daß der HERR Israels sich den Heiden zugewandt habe, ohne Israel wegzuschieben. ‚Ein Gott, Vater, Sohn, Geist' sei Ausdruck des christlichen Glaubens an den einen Gott Israels, der die Heidenkirche durch seinen Sohn zu sich geführt habe. Dies sei für die heidnische Kirche „die einzig angemessene Art, den Gott Israels zu bekennen" (S.78). Jesus sei zwar als jüdischer Messias gekreuzigt worden. Er sei aber damals nicht der von den Juden erwartete Messias gewesen. Die seiner Person und Sendung angemessendste Bezeichnung sei vielmehr Sohn Gottes. Dieser Würdetitel drücke „die Intimität und Nähe zwischen Jesus und Gott aus". Es sei dies eine parallele Intimität und Nähe zu Gott wie Israel sie zu Gott habe. „In diesem Sinne wurde Jesus als echter Israelit, als Sohn, bezeichnet" (S.89). Der Sohn Gottes sei im Sprachgebrauch der Heiligen Schrift deutlich nicht Gott selbst. Seine Verbindung mit dem Vater sei eine genuin jüdische. Dazu komme eine Einzigartigkeit: Jesus sei der einmalige Jude gewesen, „durch den das Heil zu den Heiden kam, indem er ihnen Zugang zu Gottes Weg gab und sie in die Geschichte der Schöpfung hineinführte … Er eröffnete für uns Heiden einen Weg zum Vater und somit einen Weg in die Zukunft mit Gott" (S.91). Van Buren lehnt somit (S.93–95 ist das ganz deutlich) die Gottheit Christi, wie sie von den alten Konzilien umschrieben worden war, ab. Da Jesus nicht der von den Juden erwartete Messias gewesen sei, gehe es darum, sich der Hoffnung der Juden auf die Erlösung, die noch nicht stattgefunden habe, anzuschließen. Wir Heidenchristen seien aber im Gegensatz zu den Juden sicher, daß Jesus der kommende Messias sein wird.

---

[27] van Buren, Theologie des jüdisch-christl. Diskurses 40.
[28] Theologie des jüdisch-christl. Diskurses 42

„Wenn er erscheint, werden auch wir mit ihm in Herrlichkeit erschienen … Als
Heiden haben wir durch Jesus Christus an der Hoffnung des Judentums Anteil. Mit
ihnen hoffen wir auf eine Erlösung, die noch nicht stattgefunden hat" (210).

Paul van Buren versucht mit eindrucksvollem Denken eine Neugewichtung
aller christlichen Glaubensaussagen. Er ist dabei geleitet von höchster
Wertschätzung der Erwählung des jüdischen Volkes und von höchstem Er-
schrecken über den kirchlich-heidnischen Antijudaismus.

5.3. Ich selbst möchte nicht zum Frontalangriff – und auch nicht zum
Seitenangriff – gegen überkommene und in weitem Konsens akzeptierte
christliche Glaubensvorstellungen blasen. Ich halte es nicht für die vor-
dringlichste Aufgabe einer Theologie jüdisch-christlicher Begegnung,
möglichst fest an heiligen und von vielen Generationen und Völkern übernommenen Traditionen zu rütteln, seien sie nun jüdisch, protestantisch,
freikirchlich oder katholisch. In diesem Sinne stehe ich mehr auf der Seite
Franz Rosenzweigs und weniger auf jener von Paul van Buren, Peter von
der Osten-Sacken, Rosemary R. Ruether und anderer. Ich möchte mir den
Durchbruch zu einer Theologie jüdisch-christlicher Begegnung nicht
dadurch verbauen, daß ich mich in allzu vielen Schwierigkeiten und
Problemen verzettle. Freilich hoffe ich dabei, einigermaßen auf dem neue-
sten Stand der Forschung zu sein. Eine vorreformatorische oder vorkonzi-
liäre Theologie kann heutigen Bedürfnissen nicht mehr entsprechen. Wer
sich aber auf der theologischen und judaistischen Ebene bewegt, muß wissen, was möglich und was aussichtslos ist und was Chancen hat. Im Hebräerbrief (12,27) wird ein Vers aus dem Buch des Propheten Haggai (2,6)
aufgenommen: Gott werde Himmel und Erde nochmals (oder in kurzer
Zeit) erschüttern. Dazu meint der Verfasser des Hebräerbriefes: … „Das,
was erschüttert werden kann, weil es geschaffen ist, soll verwandelt werden,
damit allein das bleibe, was nicht erschüttert werden kann". Vieles kann
und soll nicht erschüttert werden. Auch theologische Dialektik bringt da
nichts zuwege; sie kann in bloßes Zerreden des Problems ausarten. Allerdings hat sich vieles, was bis dato als unerschütterlich gegolten hat, inzwischen als brüchig erwiesen. Eine judaistisch-theologische Betrachtungsweise kann Risse in der Wand der Traditionen finden. In den verschiedenen
Kapiteln dieses Buches wird mehrmals auf solche Bruchstellen – hauptsächlich im ideologischen Christentum, aber auch in der jüdischen Tradition –
hingewiesen. Von daher wird sich ein Um-Denken und Um-Handeln ergeben.

Ich halte mit dem Konzilstext Nostra aetate Nr.4 und mit Johannes Paul
II daran fest, „daß die Juden weiterhin von Gott geliebt werden", der sie mit

einer „unwiderruflichen Berufung erwählt hat"[29]. Mit den Vätern und
Müttern des Synodalbeschlußes der Evangelischen Kirche im Rheinland
vom 11. Januar 1980 bekenne ich mich zu Jesus Christus, dem Juden, der
als Messias Israels der Retter der Welt ist und die Völker der Welt mit dem
Volk Gottes verbindet[30]. Mit dem Verfasser von Ps 126,4 hoffe ich auf Gott,
daß er „versiegte Bäche wieder voll macht", d. h. daß all das, was zwischen
Christentum und jüdischem Volk ganz und gar verfahren ist, wieder ins
richtige Geleise kommen wird. Allerdings bedarf es dazu gewaltiger kon-
zentrierter Anstrengungen vieler Theologen, Judaisten, Kirchenmänner
und Kirchenfrauen, jüdischer Wissenschaftler, jüdischer Kulturschaffender
und vieler anderer mehr. Das volle Werk der Beseitigung aller unnötigen
Barrieren und Feindschaften muß von den Menschen unserer Generation
wenigstens fragmentarisch geleistet werden. Daraus ergibt sich als Grundsatz, daß es Juden und Christen verwehrt ist,

> „den anderen zur Untreue gegenüber dem an ihn ergangenen Ruf Gottes bewegen
> zu wollen. Dies verbietet sich nicht etwa aus taktischen Überlegungen. Auch Gründe
> humaner Toleranz sowie die Achtung der Religionsfreiheit sind dafür nicht allein
> ausschlaggebend. Der tiefste Grund liegt vielmehr darin, daß es derselbe Gott ist, von
> dem Juden und Christen sich berufen wissen. Christen können aus ihrem eigenen
> Glaubensverständnis nicht darauf verzichten, auch Juden gegenüber Jesus als den
> Christus zu bezeugen. Juden können aus ihrem Selbstverständnis nicht darauf ver-
> zichten, auch Christen gegenüber die Unüberholbarkeit der Torah zu betonen. Das
> schließt jeweils die Hoffnung ein: Durch dieses Zeugnis könne beim anderen die
> Treue zu dem an ihn ergangenen Ruf Gottes wachsen und das gegenseitige Verstehen
> vertieft werden. Hingegen soll nicht die Erwartung eingeschlossen sein: Der andere
> möge das Ja zu seiner Berufung zurücknehmen oder abschwächen"[31].

Diesem Geist kann und soll gewiß entsprochen werden. Es geht weder um
Destruktion noch um Überbietung des anderen, sondern um Anerkennung,
Gewährenlassen und Förderung. Damit wird nicht einem beziehungslosen
Pluralismus das Wort geredet. Damit wäre ja erneut die Gefahr einer Des-

---

[29] Ich gebe hier Sätze aus dem Wortlaut der Ansprache wieder, die Johannes Paul II in
der großen Synagoge Roms am 13. April 1986 unter Bezugnahme auf Nostra aetate
Nr.4 und das Konzilsdekret Lumen gentium gehalten hat. Die Ansprache findet sich
in Rentdorff / Henrix, Kirche und Judentum, 106–111.

[30] Zit. in Rendtorff/Henrix, Kirchen und Judentum 594.

[31] Rendtorff / Henrix, Kirchen und Judentum 257. Diese Sätze finden sich im Arbeits-
papier „Theologische Schwerpunkte des jüdisch-christlichen Gesprächs", das der Ge-
sprächskreis Juden und Christen beim Zentralkomitee der deutschen Katholiken am
8. Mai 1979 herausgegeben hat: Rendtorff / Henrix 252–260.

integration von Judentum und Christentum gegeben. Und damit wäre dem
Antijudaismus erneut eine Chance gegeben. Vielmehr weiß der von Geschichte, Theologie und Erfahrung belehrte Christ, daß er mit seinen jüdischen Partnern und Partnerinnen ein gemeinsames Wertbewußtsein und
Wertsystem teilt und deshalb mit ihnen in einer gemeinsamen Hoffnung
zusammenkommt und zusammenklingt. Der christlich gewordene Rudolf
Ehrenberg hat in diesem Sinne Franz Rosenzweig auf dessen oben erwähnten Brief zutreffend geantwortet. Wenn Rosenzweig Jude bleiben wolle,
dann liege dieser Entscheid ganz auf seinem Gewissen: „Freilich darfst Du
nicht Christ werden, wenn Du nicht mußt, aber Du darfst auch nur Jude
bleiben, wenn Du ,Volk Israel' werden und sein kannst"[32].

Der Prozeß des Heilens und gegenseitigen Verstehens läßt sich jedoch
nicht auf eine ekklesiale und synagogale Dimension reduzieren. Die Judaistik ist ein unabhängiger Wissenszweig, der u.a. die Aufgabe hat, den Kirchen und Christen aus historischen Gründen und Einsichten heraus den
Spiegel ihres judenfeindlichen Ideologisierens und Verhaltens zu zeigen.
Sie kann aber auch dem jüdischen Volk Hinweise auf dessen eigene Geschichte, eigenen Glauben und eigene Erfahrung geben. So leistet sie den
doppelten Dienst der Analyse und der Beratung gegenüber zwei verschiedenen und doch immer wieder aneinander geratenden Großgemeinschaf-
ten. Dieser Dienst ist wahrlich nur rudimentär und lückenhaft zu leisten!

---

[32] Rosenzweig, Briefe und Tagebücher Bd 1, 139.

II. Wer ist jüdisch, wer christlich?

Wenn ein tolerantes und dialogisches Nebeneinander, Füreinander und für andere erstrebt wird, dann sind sowohl die Kenntnis des Gegenübers als auch das Wissen um den Ort der eigenen Identität notwendig. Christen und Christinnen müssen wissen, wer und was ein Jude und eine Jüdin ist und in welchen Zusammenhängen sie sich befinden. Sie müssen auch wissen, in welchen Hinsichten sie mit jüdischen Einzelnen und Gemeinschaften geistig, religiös und gesellschaftlich verbunden und getrennt sind. Da dieses Buch in einem weitgehend christlich geprägten Zivilisationsraum herauskommt, stehen hauptsächlich die Fragen, wer Jude/Jüdin ist und wie Christen mit den Juden verbunden sind, zur Debatte. Das Christsein mit allen seinen Verzweigungen und Verästelungen wird damit vor allem als Kontaktphänomen vom Judentum her und zum Judentum hin berücksichtigt. Zunächst geht es um den gesetzlichen Rahmen, in dem sich Juden und Jüdinnen befinden. Dann werden die verschiedenen jüdischen Richtungen ins Bild gerückt. In einem dritten Abschnitt geht es um historische und prospektivische Betrachtungsweisen aus jüdischem Identitätsbewußtsein heraus. Aus diesen Bereichen ergeben sich einschlußweise auch einige Aspekte der christlichen Identität[1].

1. Gesetzlicher Rahmen

Nach der rabbinischen Halakha ist jüdisch, wer von jüdischen Eltern geboren worden ist oder wer in Übereinstimmung mit der Halakha zum Judentum übergetreten ist. Die Halakha in mQid 3,12 sagt zunächst, daß bei einer gültigen jüdischen Heirat (wörtl. „Anheiligung") der Mann für das Kind bestimmend ist („das Kind folgt dem Mann"). Wenn aber der Mann Nichtjude ist, dann wird die jüdische Mutter für das Kind identitätsbestimmend.

---

[1] Bezüglich jüdischer Identitätstermini halte ich mich u. a. an Katz, Exclusiveness; Leibowitz, On Just about Everything; Petuchowski/Thoma, Lexikon; Rosenbloom, Conversion; Newman/Sivan, Judaism A-Z.

Im babylonischen Talmud (bQid 68b) findet sich (mit Bezugnahme auf Ex 21,4 und Dtn 7,4), die klassisch gewordene Bestimmung: „Dein Sohn von einer Israelitin heißt dein Sohn, dein Sohn von einer Nichtjüdin (hannokhrît) heißt nicht *dein* Sohn, sondern *ihr* Sohn." Falls also mindestens die Mutter jüdisch ist, wird ihr Kind ein Israelit bzw. eine Israelitin, d. h. ein Mitglied des Volkes des Ewigen.

Wenn ein Israelit oder eine Israelitin aus dem jüdischen Religions- und Sozialverband austritt, ruht sein/ihr Israelsein, es wird aber nicht ausgelöscht. „Auch wenn er gesündigt hat, bleibt er Israel" heißt es dazu im Talmud (bSan 44a). In christlicher Diktion würde man etwa sagen: Dem Judesein ist ein sakramentaler Charakter inhärent: Wenn jemand herkunftsmäßig jüdisch ist, bleibt er/sie es auch durch Abirrung und Sünde hindurch. In diesem Sinn kennt das Judentum keinen Austritt aus seiner Glaubens- und Volksgemeinschaft und noch weniger einen Übertritt in eine andere Religionsgemeinschaft. Von daher ist es verständlich, daß sich die jüdische Gemeinschaften schwer mit „Aussteigern" (Apostaten) tun, und daß jene, die sich an den Rändern der jüdischen Möglichkeiten aufhalten, sich kaum des besonderen Wohlwollens jüdischer Autoritäten erfreuen können. Wer sich in aller Form vom fundamentalen Glauben der Juden distanziert und auch nicht mehr der jüdischen Kultur- und Volksgemeinschaft zugehörig sein will, wird mûmar/mûmarîm, wörtlich der Ausgewechselte/die Ausgewechselten, genannt. Mit dem Term mûmar will das (rabbinische) Judentum sagen, daß ein Apostat ein von der Halakha Abgelehnter, Versetzter, ist. Gleichsinnig mit mûmar ist poschea^c/posch^cîm: Abgebogener, Abgefallener. Es gibt verschiedengradige Apostaten. Als Apostat in *einer* Sache (mûmar le-davar echad) gilt, wer noch zum Judentum steht, aber sich z. B. nicht an die Speisegesetze hält. Demgegenüber ist jemand ein "Apostat bezüglich der ganzen Tora„ (mûmar lekhol hat-tôra kûlla) der nichts von der Glaubens- und Erfahrungssubstanz des jüdischen Volkes akzeptieren und weitertragen will (bHul 5a). Zwischen dem Teil-Apostat und dem Total-Apostat steht der apikoros (von Epikuräer: Bezweifler, nicht an die Vorsehung Gottes Glaubender). Dieser steht indifferent zwischen allen Bekenntnissen Israels, ohne sie mitzutragen. Er hält das besondere Wirken Gottes für das jüdische Volk für einen Mythos und könnte daher als *Deist* bezeichnet werden. Als besondere Ausprägung des Total-Apostaten gilt der meschummad (wörtlich der Verderbte): Gemeint ist ein Jude, der sich christlich hat taufen lassen und damit seine fundamentale Verneinung des Judentums kundgibt. Der meschûmmad wird seitens jener jüdischen Gruppen, die das Christentum als nicht mehr monotheistisch werten, kôfer ba ^cîqqar, „Verleugner (in) der Hauptsache", genannt.

Die Hauptsache im Judentum sei der Glaube an die Einheit Gottes. Noch häufiger taucht, besonders im Mittelalter, der Ausdruck mîn/mînîm für jüdische Abgefallene und auch für Christen im allgemeinen auf. Mit diesem Term wird einschlußweise gesagt, daß das Christentum ursprünglich eine jüdische Bewegung war und von daher auch als jüdische "Abart„ bzw. Häresie zu gelten habe. In rabbinischer Zeit waren mit mînîm nur in seltenen Fällen die Judenchristen gemeint. Meistens wurden andere mißliebige jüdische Abweichler als mîn/mînîm bezeichnet. Im bAZ 26a-b (und anderwärts) werden Sternen-Anbeter (ʿôvdê kokhavîm(, Häretiker (mînîm), Verräter (mesorôt) und Apostaten (mûmarîm) als gleichgestufte Feinde der jüdischen Religion und Kultur betrachtet.

2. Verschiedene Richtungen und Möglichkeiten

Mit dem abstrakten und daher auch nicht immer glücklichen Begriff Judentum ist im allgemeinen das gesamte politische, kulturelle, soziale und religiöse System des jüdischen Volkes gemeint. Oft wird Judentum auf den religiösen und glaubensgeschichtlichen Aspekt des jüdischen Volkes eingeschränkt. Im engeren Sinn versteht man daher unter Judentum den biblisch inspirierten Glauben an den einen Gott, den Schöpfer und Lenker des Universums, der in der Offenbarung auf dem Berg Sinai dem jüdischen Volk die Tora samt ihren Geboten gegeben hat. Dieser Glaube bzw. diese Religion verlangt von jedem Juden und von jeder Jüdin Gehorsam und Übereinstimmung mit einem weiten Bereich von Gesetzen, Bräuchen und Praktiken. Folgende zwei traditionelle hebräische Begriffe entsprechen dem Abstraktum Judentum: masoret Yisraʾel (Überlieferung, Tradition Israels), und dat Mosche we-Yisraʾel (das Gesetz Moses und Israels). In aschkenasischen Kreisen wird häufig der Ausdruck „Yiddischkeit" verwendet.

Die Eingrenzungen all dieser Begriffe auf die nur religiöse Seite entsprechen der jüdischen Wirklichkeit aber nicht vollumfänglich. Das vielzitierte und vielgedeutete Logion von Rabban Gamliel III, dem Sohn des Mischnaverfassers Jehuda Hannasi (um 200) weist in die Richtung eines weiteren Verständnisses von Judentum: „Schön ist das Studium der Tora, wenn es mit weltlicher Beschäftigung verbunden ist (talmûd tôra ʿîm derekh ʾerez) (mAv 2,2). Der Ausdruck derekh ʾerez ist nach dem Verständnis des Begründers der sogenannten Neu-Orthodoxie, Samson Raphael Hirsch (1808–1888), mit "weltliche Beschäftigung„ wiederzugeben. Der Ausdruck wurde in rabbinischer Zeit aus dem lateinischen Begriff via terrae abgeleitet und meinte eine Art zu leben, ein zivilisiertes Verhalten in der Gesellschaft und/oder einfach einen Beruf zum Broterwerb. Wie immer man derekh ʾerez̧ deutet – in allen Fällen weist der neben talmûd tôra stehende Ausdruck darauf hin, daß Judentum nicht nur Religion ist, sondern auch eine weltliche, zivilisatorische, kulturelle Seite hat. Dies wurde besonders seit dem Aufkommen der zionistischen Bewegung auf die Formel gebracht: das Judentum ist nicht nur Religion, sondern auch ein Volk mit einem Land. Daraus ergibt sich für viele Juden in der modernen und postmodernen Zeit ein Freiraum für ein familiäres, politisches und soziales jüdisches Leben ohne Religion. Auch so ergibt sich ein "Ausblick auf die Welt„ (haschqafat ᶜôlam), der von jüdischen Auffassungen von Gerechtigkeit, Wahrheit und Friede als den Fundamenten der menschlichen Gesellschaft getragen ist.

Im Staat Israel werden die religiös observanten Juden datî/datiîm, Religiöse, Fromme oder Orthodoxe genannt. Die sehr Frommen oder Ultra-Orthodoxen heißen charedîm, die Traditionellen oder konservativ Frommen werden als masortî/maśortiîm bezeichnet. Die Juden ohne religiöse Bindung werden entweder als chilloniîm (säkular) oder als chofschiîm (frei denkend) bezeichnet. Außerhalb Israels werden die Juden meistens nach ihrer Synagogenzugehörigkeit eingeteilt: als Chasidim, Orthodoxe, Konservative und Liberale (oder Reform-) Juden. Diese Einteilung hat ihre starken historischen Wurzeln im 18. und 19. Jh., als sich in Osteuropa das chasidische Judentum bildete und in Westeuropa im Gefolge der Aufklärung das liberale und das orthodoxe Judentum. Der osteuropäische Chasidismus (chasidût) wurde von Rabbi Yisraʾel ben Eliezer, bekannt als Baal Shem Tov bzw. Bescht (1700–1760), gegründet. Er und seine Nachfahren verstanden das Judentum weniger als bloß halakhisch-intellektuell geprägte Bewegung. Vielmehr sollten die mizwôt (Gebote, Verpflichtungen, Halakhot) mit Enthusiasmus (hitlahavût) erfüllt werden. Ekstatisches Beten, Bescheidenheit, Vereinigung mit Gott (devequt) wurden höher geschätzt als die dominante halakhische Interpretation des Judentums von Mischna und Talmud her. Für das *orthodoxe* Judentum ist demgegenüber die Tora in ihrer Zweigestalt als schriftliche und als mündliche Offenbarung (tôra schebikhtav, tôra schebeᶜal pe) verpflichtend. Dies schließt auch den Glauben an die uneingeschränkte Kontinuität und Unveränderlichkeit der Offenbarung in der Schrift, in der talmudischen und in der späteren Deutung ein. Es gibt keine historische Entwicklung der Botschaft der Tora. Auch die leibliche Auferstehung der Toten gehört zum Glaubensgut der jüdischen Orthodoxie. Demgegenüber hält das *liberale* Judentum bzw. das Reformjudentum die mündliche Tora nicht für verpflichtend. Es betrachtet das Judentum als Ergebnis geschichtlicher Entwicklung und hat eschatologische Vorstellungen – Messias, körperliche Auferstehung, Versammlung aller Juden im Land Israel – weitgehend aufgegeben. Es sieht sich im wesentlichen als einen von der Tora herkommenden *ethischen Monotheismus.*

Mit diesen gruppenmäßigen Zuordnungen ist aber noch lange nicht gesagt, welche menschlichen Möglichkeiten durch das Judesein gegeben sind. Es gab zu allen Zeiten verschiedene Judentümer[2] .Es ist weder diachron noch synchron möglich, alle Vertreter und Ausprägungen des jüdischen Volkes über einen einzigen Leisten zu schlagen oder auch nur nach den angegebenen Kategorien einzuordnen: „Wenn meine Mutter nicht gewesen wäre, wäre ich kein Jude, ich will aber kein Jude von Mutters Gnaden sein, sondern aus persönlichem Impuls (mit-toqef ᶜazmî). "Eine angesehene jüdische Persönlichkeit Israels sagte dies und beklagte sich dabei über den Druck, der seitens solcher Gruppen ausgeübt werde, die das jüdische Leben im Staat möglichst vollständig auf die rabbinische Gesetzgebung ausrichten möchten. „Der jüdische Staat, der entstanden ist, um für jeden Juden, der dies wollte, ein Zufluchtsort zu sein, … soll nach dem Willen dieser Gruppe nicht weiterhin ein jüdischer Staat sein, sondern ein rabbinischer"[3]. Diese Worte drücken die Erfahrung aus, daß das Judesein sich nicht in der Abstammung und in der Zugehörigkeit zu irgend einer Gruppe erschöpft. Diese Rahmenwerte vermögen vor allem nicht zu erklären, wie eng- und wie weitmaschig das Judentum aufzufassen ist. Eine Beschränkung auf das rabbinische Judentum wird außerhalb der Orthodoxie als zu enger Grenzzaun für das Judesein empfunden. Dadurch werde das jüdische Volk zu einer Art Konfession eingeengt, obwohl es ein *Volk* sei.

Franz Rosenzweig (1886–1929) hat in seinem Vortrag „Der jüdische Mensch"[4] darauf hingewiesen, daß das Judesein in jeder Generation etwas anderes bedeuten kann: Die Juden sind eine „Schicksalseinheit". Der jüdische „Schicksalsweg" hat bei der Toraverleihung am Sinai begonnen, und sich durch verschiedene judenfeindliche Perioden hindurchgewunden und hindurchgeschlängelt. Seit der Aufklärung und der Emanzipation im 19. Jh. ist das Schicksal der Juden durch das Fehlen aller abschirmenden Mauern und durch weit direktere Konfrontationen mit der Umwelt und mit den eigenen inneren Zweifeln gekennzeichnet. Aus allen Wurzeln und Widerfahrnissen hat sich der Habitus des Zusammenstehens ergeben, Rosenzweig zitiert dabei das alte jüdische Prinzip „ᶜarevîm ze laze": Sie stehen

---

2 Für das Frühjudentum wurde dies vor kurzem von Neusner/Green/Frerichs, Judaisms, aufgewiesen.
3 Der ehemalige Oberrichter Haim Cohn im Ha-Arez 15.1.93.
4 Gesammelte Schriften, Bd 3: Zweistromland 559–575.

füreinander ein, sie sind füreinander haftbar, sie hängen, bürgen füreinander. Das Bürgen füreinander wird besonders in Notzeiten und zu Zeiten harter Konkurrenzsituationen als typisch jüdisch empfunden. Der Gedanke gegenseitiger Verantwortlichkeit geht besonders auf ein Theologumenon in ShirR 1,4 zurück. Im Anschluß an Hl 1,4 ('Ziehe mich nach dir, und wir werden laufen') wird auf die Toraverleihung am Sinai hingewiesen: Gott habe die Tora den Israeliten nicht unverdient geben wollen. Das Volk habe vielmehr Gott glaubhafte Bürgen benennen müssen, Menschen, die dafür einstehen, daß die Tora stets befolgt werde. Das Zusammenhalten unbeachtet aller interner Differenzen, ist in der Tat oft ein auffallendes Identitätsmerkmal des jüdischen Volkes; Rosenzweig führt es auf die Toraverleihung zurück (S.560f).

Weil die jüdische Identität weitgehend situationsabhängig ist, sind sehr viele Definitionen des Judeseins möglich. Im Talmud, bMeg 13a, wird der Jude definiert als jemand, der dem Götzendienst, d.h. der Idolatrie (wörtl. Fremdkult) entsagt hat. Laut EstR 6,2 zu Est 2,5 gilt das Bezeugen der Einheit und Einzigkeit Gottes als jüdisches Distinktivum: „Weshalb wird Mordechai (in Est 2,5) Jude genannt? Er war doch ein Benjaminit!? Weil er den Namen des Heiligen, gelobt sei er, vor allen Menschen einzigartig gemacht hat". Der Midrasch benützt eine einprägsame hebräische Lautmalerei: yehûdî = yechîdî: Ein Jude ist ein Einzig-Macher (Gottes). Mordechai habe vor der persischen Welt das Bekenntnis abgelegt, daß Gott (im Sinne von Dtn 6,4) einer und einzig ist und daß er allein zu verehren ist. Judesein bedeutet demnach, Gott in seiner Einheit und Unvergleichlichkeit zu bezeugen und ihm allein zu dienen. Dies setzt die kompromißlose Ablehnung jeder Form von Idolatrie (Selbst- und Fremdvergötzung) voraus. Die geschichtlichen Erfahrungen haben uns aber belehrt, daß das Judesein nicht nur von einem richtigen Verständnis der jüdischen Religion und einem ganzheitlichen Eingehen auf sie abhängig ist. Juden und Jüdinnen sind nicht nur Verleugner des Götzendienstes und monolatrische Bekenner des einen und einzigen Gottes. Sie identifizieren sich auch mit den Ländern, in denen sie leben und mit deren Kultur. Dies hat in Deutschland des 19. und beginnenden 20. Jhs. dazu geführt, daß es schwierig wurde, „zwischen Juden als Juden und Juden als Deutschen zu unterscheiden"[5]. Sehr viele Juden erlebten ihre innere Geschichte als Teil der deutschen Geschichte. Hitler

---

5 Michael A. Meyer, Jews as Jews versus Jews as Germans, Two Historical Perspectives, Leo Baeck Institute, Year Book 36, London 1991 xv-xxii, zit xv vgl. auch Nahum Goldmann, Das jüd. Paradox; Mira Zussman, Jüdische Identität heute, Notizen aus Amerika, in: Nachama Andreas, Jüdische Lebenswelten 108–122.

setzte dem Bewußtsein, als Jude auch Deutscher sein zu können und zu sollen, ein jähes Ende.

3. Das Land und die Kultur

Der israelische Profeßor Daniel R. Schwartz, der vorzügliche Untersuchungen über das Judentum der ungefähren Zeit der Entstehung des Christentums vorgelegt hat, ist mit andern der Meinung, auch das *Land Israel* sei neben der Abstammung und der Verbundenheit mit Tora und Lebensweise als Volk ein bestimmender Faktor für das Judesein: „Daß die Juden mit Abraham, mit dem Land Israel und mit der vom jüdischen Gesetz vorgeschriebenen Lebensweise verbunden sind, diese Grundüberzeugungen befinden sich in der jüdischen Literatur stets beieinander"[6]. Man müsse daher die Juden auch im Zusammenhang mit ihrem von Gott verheißenen Land definieren. Diese Auffaßung hat sehr viel für sich, und es muß auf sie in einer Theologie jüdisch-christlicher Begegnung eingegangen werden. Der Staat Israel (medinat Israel) wird zwar meines Wissens von niemandem als deckungsgleich mit dem Land Israel (erez Israel) gleichgesetzt, aber – so die meisten – er befindet sich in einem nicht lösbaren Zusammenhang mit dem biblisch verheißenen Land Israel. Fast jeder Jude und fast jede Jüdin hat daher auch zum Staat Israel eine innere, existentiale Beziehung.

Das Land Israel – auch Land Kanaan, Juda, Palästina, heiliges Land etc. genannt – ist den Patriarchen und ihren Nachkommen als Heimat versprochen worden (z. B. Gen 13,14–17; 15,18; 17,8; 26,3f; 28,13; 35,12; 48,3f). In diesem Land gab es nach der allmählichen Besiedelung durch die israelitischen und judäischen Stämme „Bürger des Landes" (ʾezrach ha-ʾarez: Num 9,14), nämlich die Israeliten[7]. Dem Bürger stand der nokhrî, der Fremde, Ausländer gegenüber, der nicht zum Volk Israel zugehörig betrachtet wurde (Dtn 17,15; 23,20; 2Sam 15,19; 1Kön 8,41). Ein nokhrî, der sich den Israeliten sozial, wirtschaftlich oder religiös anschließen wollte, wurde ben hannekhar (Jes 56,3.6f) oder häufiger ger genannt (Lev 17–25; Dtn 18,6; Ri 7,7–13). Später wurden die Proselyten mit dem Begriff ger bezeichnet. Nach der rabbinischen Halakha ist das Wohnen im Land Israel ein besonders wichtiges Gebot. In SifDev 80 (zu Dtn 12,29) heißt es: „Das Wohnen im Land Israel wiegt alle Gebote auf". Laut mAZ 1,8 ist es (wegen der

---

[6] Schwartz, Studies in the Jewish Background 5.
[7] vgl. die Übersetzung von ʾezrachi in Ps 88,1 seitens der LXX durch israelitês.

Gefahr des Götzendienstes) verboten, Häuser und Felder des Landes Israel an Nichtjuden zu verkaufen. Heutige jüdische und jüdisch sensibilisierte Menschen sehen im Land Israel und im Staat Israel, dieser Teil-Verwirklichung des Landes Israel, vor allem das Signal der Rettung vieler Juden aus den Klauen ihrer Todfeinde, besonders der Nazis: „Die Geschichte hat uns gelehrt, daß wir, entgegen allen Hoffnungen, nicht nur fast nirgends auf der Welt ganz frei waren in der Stunde der größten Gefahr, sondern auch, daß wir nirgends wirklich zu Hause waren. Wir wissen also jetzt, daß das jüdische Volk ein Territorium besitzen muß, das ihm als spirituelle Heimstätte dienen und jene aufnehmen kann, die eine Zuflucht brauchen"[8]. Wer von der Notwendigkeit des Staates Israel als jüdischer Zufluchtsort überzeugt ist, pflegt im Zusammenhang damit auch Kontakt mit der Bibel und erinnert sich und seine Mitmenschen daran, daß die Tora immer wieder auf die Trias Gott-Land-Volk zu sprechen kommt, und daß von daher das Land Israel ein verheißenes, anvertrautes, ererbtes und geheiligtes Land ist (Lev 25,23; Num 35,34; Dtn 1,8.21; 3,18–20; 4,1 u.ö.).

Der orthodoxe israelische Politiker und Pädagoge Joseph Goldschmidt (1907–1981) liest aus den Worten der biblischen Propheten folgende Anzeichen der Enderlösung Israels heraus. „Heimführung Israels aus der Diaspora, Befreiung vom Joch der Fremdherrschaft, Errichtung eines eigenständigen politischen Gemeinwesens für denjenigen Teil des jüdischen Volkes, der im Lande sitzt, Anerkennung der Königsherrschaft Gottes über die ganze Erde"[9]. Der Staat Israel ist demnach ein wichtiges Anzeichen der Enderlösung. Goldschmidt warnt aber vor der Hoffnung, daß die Enderlösung, „im Handumdrehen" geschieht. Sie brauche noch viel Mitarbeit Israels. Die Anerkennung der Königsherrschaft Gottes über die ganze Erde sei noch kaum eine Wirklichkeit. „Die künftige Erlösung und ihre Vorboten, darunter die Entstehung des Staates, in dem sich Aufbau des Landes und Heimführung der Zerstreuten vollziehen" (163) sei aber ein Thema, dem sich alle bei ihrem Torastudium und bei ihren täglichen Pflichtgebeten besonders widmen sollten.

Diese endgeschichtliche Auffassung vom Staat Israel ist nicht unumstritten. Sie birgt in sich die Gefahr schwerer Enttäuschung und Resignation. Das haben bereits die Frommen von Qumran erkannt. In einer Deu-

---

[8] Jean Halpérin, Was bedeutet für mich der Staat Israel? Kirche und Israel 7 (1992) 119–126, zit. 120.

[9] Joseph Goldschmidt, Der Staat Israel im jüdisch-religiösen Bewußtsein, FrRu 37/38 (1985/86), 157–165, zit. 159.

tung von Hab 2,3 („Zu bestimmter Zeit tritt ein, was du siehst, es drängt zum Ende und ist keine Täuschung; wenn es sich verzögert, so warte darauf, denn es kommt ganz bestimmt und bleibt nicht aus") meinten sie: „Die letzte Zeit zieht sich in die Länge, und zwar weit über das hinaus, was die Propheten gesagt haben; die Geheimnisse Gottes sind nämlich wunderbar" (1QpHab 7,7). Nicht alles, was über diesen Staat und über dieses Land theologisch und heilsgeschichtlich gedacht und gesagt wird, kann volle Bejahung finden. Es ist aber zumindest der Auffaßung zuzustimmen, daß das Judesein auch mit dem Land und damit einschlußweise auch mit dem Staat Israel zusammenhängt und ihm zugeordnet ist. Das Land ist ein Integral des jüdischen Volkes, es bürgt für sein Weiterbestehen, es ist ein Zufluchtsort für Vertriebene und Verfolgte. Diese Hereinnahme des Landes Israel in die jüdische Existenz hinein darf aber nicht zu eng und nicht zu statisch geschehen. Weil es Juden gab und gibt, die statt des Landes Israel die Kultur, Schrift, Geschichte, Sprache und Zivilisation des jüdischen Volkes als Mit-Konstitutivum ihres Judeseins betrachten, ist eine Abwandlung der zu Beginn dieses Abschnittes zitierten Identitätsaussage von Daniel Schwartz möglich: „Daß die Juden mit Abraham, mit der Kultur (Sprache, Land, Geschichte, Zivilisation) des jüdischen Volkes und mit der vom jüdischen Gesetz vorgeschriebenen Lebensweise verbunden sind, läßt sich anhand von Zeugnissen aus vielen Jahrhunderten belegen". Diese Umschreibung des Judeseins trifft vor allem auf jene Juden zu, die nicht an eine Einwanderung nach Israel denken, sondern das Judentum als Religion und Lebensweise „mitten unter den Völkern" sehen möchten, und die trotzdem das Land Israel in ihrem Herzen tragen.

4. Erinnerung

Dem Gründer des Chasidismus, dem schon erwähnten Baal Schem Tov, wird von seinen Schülern der Satz zugeschrieben: Vergeßen (schikhecha) führt zum Exil, in der Erinnerung (zikkarôn) liegt das Geheimnis der Erlösung (ge'ûlla)„[10]. Mit diesem Satz wird heutzutage die Notwendigkeit, die Schoa nicht in Vergeßenheit geraten zu lassen, unterstrichen. Wenn sich

---

[10] Es existieren viele weit auseinanderliegende Versionen dieses Satzes. Ich halte mich an die Version, die Prof. Gedalia Nigal, ein Spezialist des Chasidismus, für richtig hält. Ora Alcalay, die Leiterin der Bibliothek von Yadwashem, Jerusalem, übermittelte die sich auf die Forschungen Nigals stützende Version in einem Brief vom 23. Dez. 1992 an den Zürcher Verleger Samuel Schmitt.

die Völker- und Israelgemeinschaften der Schoa nicht mehr wirkungsvoll erinnern, könne leicht eine neue Schoa über das jüdische Volk hereinbrechen! Erinnerung (zikkarôn, anamnêsis, memoria) ist darüber hinaus ein Grundzug des jüdischen Volkes. Die religiösen und die säkularen Juden wissen, daß ihnen und ihrem Volk viele Erinnerungen auferlegt worden sind, die in eigenem Interesse zu vergegenwärtigen sind. Immer wieder kommt in der Hebräischen Bibel das Wort zkr im Imperativ vor: „Denk daran, den Sabbat einzuhalten, indem du ihn heiligst" (Ex 20,8). „Denk daran, was dir Amalek unterwegs angetan hat, als ihr aus Ägypten ausgezogen seid, wie er unterwegs auf dich stieß und, als du müde und matt warst, ohne jede Gottesfurcht alle erschöpften Nachzügler von hinten niedermachte" (Dtn 25,17f). Im religiösen Judentum wird gewöhnlich betont, daß die Erinnerung an die Geschichte des Volkes Israel und des nachbiblischen Judentums ein göttliches Gebot sei. Die Stütze dafür bietet u. a. Dtn 32,7: „Denk an die früheren Zeiten und hab acht auf die Jahre von Geschlecht zu Geschlecht. Frage deinen Vater, der wird dir's verkünden, deine Ältesten, die werden dir's sagen!"

Kein anderes Buch der Bibel drückt die Erinnerung als Kennzeichen jüdischer Identität so treffend und markant aus wie das Esterbuch. Die Erzählung basiert nicht auf historischen Ereignissen, sondern ist eine gleichnishafte Erzählung, aus dem die Juden aller Zeiten lernen sollen, wie sie sich zu verhalten haben, um ihrer Sendung auch in größter Not treu zu bleiben.

Der Inhalt der fiktionalen Erzählung ist folgender: Der persische König Achaschwerosch verstößt die Königin Vaschti. Ester, die Cousine und Pflegetochter des Juden Mordechai wird anstelle von Vaschti zur Königin erhoben. Der Großvesir Haman erwirkt aus Zorn über die ihm von Mordechai verweigerte Huldigung von Achaschwerosch einen Vernichtungsbefehl gegen das ganze jüdische Volk (Est 3,8f). Auf nachhaltiges Drängen Mordechais hin taktiert und intrigiert die schöne Ester klug, ja raffiniert, gegen Haman, bis dieser samt seiner Klientel am Galgen endet und, das jüdische Volk vom Druck der Verfolgung befreit ist. Zur Erinnerung an die Bewahrung vor dem Genozid wird das Purimfest eingesetzt, das bis heute jeweils kurz vor dem Pesachfest in großer Freude vom ganzen jüdischen Volk gefeiert wird.

Vieles in dieser Erzählung ist Widerhall früherer Ereignisse. Der Judenhaßer Haman ist sowohl der wieder erstandene Pharao, der seinerzeit alle israelitischen Knäblein hat umbringen wollen, als auch der personifizierte, wiedererstandene Amalek, dieser Urfeind Israels (Ex 17). Mordechai und Ester gleichen dem Rettergespann Mose und Aaron. Es geht im Esterbuch aber nicht nur um ein Zurückrufen früherer Ereignisse ins Gedächtnis späterer Generationen. Es geht für Juden auch um ein Lernen aus der Geschichte, um alte Bedrohungen abwenden und zur Rettung gelangen zu können. Das Esterbuch zeigt auch exemplarisch, daß die israelitische Erinnerungsgemeinschaft nur funktioniert, wenn und insofern der Einzelne und die Einzelne sich für die Gesamtheit der Juden voll engagieren. Ester ist anfänglich die typische Vertreterin jener Schicht von Jüdinnen und Juden, die ihre Identität vor den Nichtjuden verstecken und damit auch zeigen, daß sie wohl um ihre eigene Karriere besorgt sind, nicht aber um das Wohl des Volkes. Das vierte Kapitel bildet in diesem Sinne die geistige Mitte des Esterbuches. Nachdem Mordechai vom Vernichtungsbefehl gegen die Juden gehört hat, erhebt er ein lautes und wildes Klagegeschrei. Ester, die im geschützten Königspalast wohnt, wird dadurch in ihrem Lebensrhythmus gestört (Est 4,4). Sie versucht zuerst, Mordechai zu beruhigen. Dieser läßt ihr aber den Vernichtungsbefehl überbringen und befiehlt ihr, „zum König zu gehen, um bei ihm inständig um Gunst zu bitten und vor ihm Fürsprache einzulegen für ihr Volk" (Est 4,8). Ester zögert aber weiter; eine Audienz beim König sei derzeit zu riskant. Jetzt zieht Mordechai seine lautesten und feierlichsten Register. Er läßt ausrichten, „man solle der Ester antworten: Wäge es in deinem Geist nicht so ab, daß allein die im Königshof weilenden Juden gerettet werden! Solltest du dich erfrechen, in dieser jetzigen Zeit zu schweigen, dann wird den Juden von einem andern Ort her Erleichterung und Rettung erstehen, du aber und dein Vaterhaus, ihr werdet zugrunde gehen. Und wer weiß, ob du nicht gerade in dieser Zeit zum Königtum gelangt bist" (Est 4,13f). Mordechai, der in der Erzählung die Stimme des jüdischen Volkes an die jüdischen Einzelnen ist, stellt der Ester also ihren eigenen Untergang vor Augen, um sie für das Wohl des jüdischen Volkes zu sensibilisieren. Vermutlich will der Verfasser der Erzählung mit dem „Ort", von dem eventuell Erleichterung und Rettung kommen könnte, nicht auf Gott hinweisen, sondern auf das jüdische Schicksal, dem ein Einzelner nicht dadurch entrinnen könne, daß er sich von der bedrohten Gemeinschaft absentiere.

Was am jüdischen Menschen immer wieder auffällt, ist seine Verbundenheit mit dem jüdischen Volk. Aus der Erinnerung weiß er, daß ihm seine Zugehörigkeit zum verfolgten und hochgeachteten Volk Rückendeckung vor Judenfeinden bietet. Er weiß auch, daß sein Schicksal mit jenem des Judenvolkes zusammenhängt. Oder er ist mindestens auf dem Weg, dies zu erkennen und zu lernen. Judesein/Jüdinsein heißt somit, Ja sagen zur jüdischen Geschichte, auch wenn man den Erfahrungen, Lehren und Imperativen dieser Geschichte nicht in allem zu folgen vermag. Wer auch kein resignierendes Ja zur jüdischen Geschichtserfahrung mehr sagen kann, der hat sein Judesein wohl bereits in einen Kühlschrank verpackt; es bleibt dann abzuwarten, ob sein Judentum eines Tages wieder zum Auftauen kommt. Viele harte Urteile jüdischer Persönlichkeiten über das Christentum entspringen dem stark ausgeprägten Vermögen der Erinnerung. Vor kurzem bekannte z. B. der jüdische Philosoph Yeshayahu Leibowitz, daß er „einen sehr tiefen Haß gegen das Christentum" hege. Als Begründung gab er an: „Das Christentum ist die Bösartigkeit der heidnischen Welt gegen das Judentum. Mit keinem Vergleich kann wiedergegeben werden, was die Christen alles gegen die Juden getan haben: begriffliche und gedankliche Bösartigkeiten"[11]. Bei derartig überscharfen Urteilen darf christlicherseits nicht mit bloßem Kopfschütteln reagiert werden. Es ist vielmehr genau hinzuschauen, welche jüdische memoria dahinter steckt. Der jahrhundertelange christliche Triumphalismus über das Judentum und die damit verbundenen Verfolgungen der Juden sind bis heute ein fast durchgehendes jüdisches Trauma geblieben, das nur schwer überwunden werden kann. Es gibt ja auch eine breite christliche Tradition, wonach es keine christliche Gemeinsamkeit mit dem Judentum geben darf. Schon zu Beginn des 2. Jhs.n. schreibt der Märtyrerbischof Ignatius von Antiochien in einem Brief an die Magnesier: „Wenn wir nämlich auch jetzt noch nach dem Judentum leben, bekennen wir, die Gnade nicht empfangen zu haben...Es ist nicht am Platze, Jesus Christus zu sagen und jüdisch zu leben" (Magn. 8,1; 10,3)[12].

5. Hoffnung

Im jüdischen Volk hat das Bewußtsein des Unfertigen, Unvollendeten und Unerhörten starke Wurzeln. Damit verbunden sind Hoffnungen auf Vollkommenheit, Vollendung und Erlösung. Davon ist in diesem Buch im Zusammenhang mit den jüdischen Messiaserwartungen noch zu reden. Hier soll das Thema nur angetippt werden.

In einer Antwort auf eine Rezension seines Buches „Königtum Gottes" seitens eines evangelischen Alttestamentlers gab Martin Buber im Jahre 1955/1956 seiner Freude darüber Ausdruck, daß er vom christlichen Fachkollegen richtig verstanden worden sei. Das biblische Richterbuch sei, wie der Rezensent richtig bemerke, „aus der Situation einer absoluten Gottesherrschaft" zu erklären. Der Gott Israels „allein ist souveräner Herr über

---

[11] On just about Everything, 61
[12] Fischer, Die apostolischen Väter, 166–169.

das Volk Israel ... ,Israel' – das heißt doch: ,Gott möge sich als Herr, Herrscher beweisen'! Darauf folgt Bubers Schluß-Satz: „Das ist es, worauf es ankommt: Die Verwirklichung der allumfaßenden Gottesherrschaft ist das Proton und Eschaton Israels"[13]. Diese Sätze sind als prospektivische jüdische Identitätsaussage deutbar. Jüdisch sein heißt, auf die seit der Schöpfung grundgelegte, durch die Erwählung Israels sichtbar gemachte, im Verlaufe der Geschichte vielfachen Gärungen unterworfene, aber am Ende der Geschichte voll aufleuchtende Ganz-Herrschaft Gottes hin zu wirken. Die vielen im Verlaufe der Geschichte aufgetauchten Formen des Judentums samt den unzählbaren Einzelverwirklichungen sind demnach Teile und Aspekte einer einzigen Sammlungsbewegung auf die Endherrschaft Gottes hin. Das jüdische Volk ist das exemplarische Volk, das der Vollendung der Geschichte durch Gott entgegengewandert. Alle messianischen Erwartungen des jüdischen Volkes, alle Rückkehrbewegungen im Verlaufe der jüdischen Geschichte und alle Einheitsbemühungen durch alle jüdischen Risse und Zerrissenheiten hindurch unterstützen eine solche Identitätsaussage.

Jüdische Sehnsüchte und Bemühungen um Wiederherstellung, Erlösung und Vollendung gehen oft Hand in Hand mit großen Anstrengungen, Freunde aus der nichtjüdischen Welt zu gewinnen und sie für das Judentum einzunehmen. Dem jüdischen Volk zugewandte Menschen aus den Völkern sollen die Vorhut dieses Volkes sein und ihm helfen, seine Aufgaben möglichst umfaßend erfüllen zu können. Entsprechend dem auch weltlich-politischen Charakter des Judentums dienen solche Werbungen unter Umständen auch politischen Zielen.

Im 1. Chronikbuch kommen sehr viele Namen in Stammbäumen vor. In der Abstammungsliste des Stammes Juda kommt zwischen fremdartigen Männernamen in 1Chr 4,18 eine namenlose „jüdische Frau" vor. Es ist grammatikalisch schwer zu entscheiden, wie sie in dem Kreis der sie umgebenden Männer (Söhne, Väter, Ehegatten) genau einzuordnen ist. Um die Verwirrung voll zu machen, kommt im gleichen Vers eine Zeile weiter unten „Bitja, die Tochter des Pharao" mitten unter der Nachkommenschaft des Stammes Juda vor. Die Reihe der Unklarheiten wird von Rabbi Schimᶜon ben Pazi in bMeg 13a bewußt benützt, um zu einer abstammungsgeschichtlichen und theologischen Aussage zu kommen. Die anonyme jüdische Frau sei mit der Tochter Pharaos identisch: „Weshalb wird sie (sc. die Tochter des Pharao) eine Jüdin (yehûdiya) genannt? Weil sie dem Götzendienst abgeschworen hat (schekafera ba-ᶜavôda zara). Es heißt näm-

---

[13] Buber, Königtum Gottes, Vorwort zur 3. Auflage lxiii f

lich: ‚Die Tochter des Pharao stieg zum Nil hinunter, um zu baden' (Ex 2,5). Rabbi Jochanan sagte: Sie stieg hinunter, um sich von den Götzen (gillûlîm) ihres Vaterhauses zu reinigen. Was bedeutet nun: ‚sie gebar' (1Chr 4,18)? Sie hat den Mose doch nur erzogen!? Dies besagt: Wenn jemand einen Waisenbub oder ein Waisenmädchen großzieht, rechnet es ihm die Schrift an, wie wenn er sie geboren hätte! Mit Jered (in 1Chr 4,18) ist Mose gemeint. Weshalb wird er Jered genannt? Weil durch ihn in seinen Tagen das Manna für die Israeliten herunterkam (yarad). Auch mit Gedod ist (in 1Chr 4,18) Mose gemeint, weil er die Risse rings um Israel einzäunte (gadad). Auch mit Cheber ist (in 1Chr 4,18) Mose gemeint, weil er die Israeliten mit seinem Vater im Himmel verband (chibber). Auch mit Sokho (1Chr 4,18) ist Mose gemeint, weil er für Israel zur (schützenden) Hütte (Sukka) wurde. Auch mit Jekutiel ist (1Chron 4,18) Mose gemeint, weil die Israeliten in seinen Tagen auf Gott hofften. Auch mit Zanoach ist (in 1Chr 4,18) Mose gemeint, weil er die Sünden Israels wegstieß (zanach). Dreimal kommt (in 1Chr 4,18) das Wort Vater vor. (Das heißt: Mose war ein Vater in der Tora, ein Vater in der Weisheit, ein Vater in der Prophetie. Was heißt: ‚Dies waren die Söhne der Bitya, der Tochter Pharaos, die Mered sich zur Frau nahm' (1Chr 4,18)? Mit Mered ist Kaleb gemeint... Der Heilige, gelobt sei er, sprach: Kommen möge Kaleb, der sich dem Rat der Kundschafter widersetzte (marad), und er möge die Tochter Pharaos heiraten, die sich den Götzen des Vaterhauses widersetzte". Hier wird die Tochter des Pharao, eine offensichtliche Nichtjüdin, ohne Wenn und Aber zur Jüdin erklärt, weil sie dem Götzendienst abgeschworen habe (der Beweis dafür ist recht vage) und weil sie dem Volk des Ewigen dadurch von großem Nutzen gewesen sei, daß sie Mose aus dem Schilfkorb im Nil errettet und ihn dann aufgezogen habe. Im gleichen Zusammenhang wird auch die Jüdischkeit des Mose gegen mögliche Zweifel wegen seiner ägyptischen Herkunft bekräftigt, weil er dem Volk Israel von ungeheurem Nutzen und Segen gewesen sei. Auch Kaleb wird durch seine (angebliche) Heirat mit der Pharao-Tochter Bitja (Batja) wegen seines Einsatzes für das Wohl des Volkes eindeutig ins Volk Gottes und in seinen sozialen Zusammenhang hineingebunden. Es liegt also in der Tendenz der jüdischen Religion und des jüdischen Sozialkörpers, Kontakt und Gemeinschaft mit solchen Menschen und Gruppen aufzunehmen, die auf jüdische Ideale und Interessen ansprechbar sind. *Menschen, die dem Volk der Juden Zukunft bringen, sind Juden, mögen sie auch nur den Stand der Tochter Pharaos einnehmen.*

6. Christliche Anknüpfungen

Unter Juden herrscht häufig die pauschale Vorstellung, alles Nichtjüdische in der westlichen Welt sei als das Christliche zu bezeichnen. Unter dem Christentum sei ein durch den Christusglauben geschwächter und verwirrter Monotheismus zu verstehen. Den Christen sei ein von ihrem Glauben geprägtes antisemitisches Grundgefühl inhärent; es sei für sie nicht möglich, das jüdische Volk als legitime und lebendige Größe anzuerkennen.

Eine Aufgabe des jüdisch-christlichen Dialogs besteht darin, dem jüdischen Volk glaubhaft zu machen, daß ihre Vorstellungen zum Teil nicht mehr der Wirklichkeit entsprechen. Die westliche Welt ist nicht mehr als christliche Welt anzusprechen. In Europa und Nordamerika geraten die Christinnen und Christen mehr und mehr in die Situation von Minderheiten hinein. Die traditionellen Kirchen – bzw. verschiedene „Christentümer" – haben inzwischen ihren Absolutheitsansprüchen weitgehend entsagt. Sie verstehen sich alle *relational* zum Judentum hin, dem sie Legitimität und Eigenständigkeit zuerkennen. Dies ist von fundamentaler Bedeutung für die Umschreibung einer christlichen Identität. Die Christen sind von ihrem Ursprung und ihren Zielsetzungen her in eine Beziehung zum Judentum hineingestellt. Sie können gar nicht anders als dies zu akzeptieren, da ja Jesus Jude war und als solcher die Kontaktperson zum Volk Gottes der Juden ist.

Das Christentum entdeckt derzeit seine vielen strukturalen Ähnlichkeiten mit dem Judentum: Es lebt ähnlich aus der Erinnerung und aus der Hoffnung wie das Judentum. Ähnlich wie das Judentum ist es eine Sammlungsbewegung auf die Endherrschaft Gottes hin (1Kor 20,28; Apk 7). Auch es muß seit Golgatha durch alle möglichen Gärungen, Verdorrungen, Oberflächlichkeiten und Verderbnisse hindurch (vgl. das Gleichnis vom Sämann Mk 4,1–9.13–20 par.), seiner Reife und seinem Ziel entgegenschreiten. Das Trachten nach dem Reich Gottes (Mt 6,33; Lk 12,31) und das Verkünden des Reiches Gottes (Mk 1,14f; Mt 12,28; Lk 8,1; 9,11.60) ist auch im Christentum wichtiger als einzelne Sonderlehren. Als Sammlungsbewegung auf das Ziel der Geschichte hin ist das Christentum aller Denominationen die große Partnerin des Judentums. Es kann dies allerdings nur in dem Maße bleiben, als es die Jüdischkeit Jesu, den es als Messias Gottes betrachtet, ernst nimmt. Jesus stand *im* Volk Gottes der Juden und wollte einen neuen Impuls zur Sammlung Israels auf das Reich Gottes hin geben. Seit seinem Tod, seiner Verherrlichung und der damit zusammenhängenden Konstituierung der Gemeinde der Völker steht das Christentum in *relationaler* Beziehung zum Judentum[14]. Diese Beziehung läuft stets über den Juden Jesus, der den Nichtjuden den Zugang zu den Gnaden des Volkes Gottes eröffnet. Als Sammlungsbewegung zusammen mit Jesus ist die Kirche stets darauf verwiesen, bei der jüdischen Sammlungsbewegung rückzufragen, um auch Umwege und Abirrungen erkennen und bewältigen zu können. Für einen christlichen Menschen ist die Religion des Juden Jesus vorbildhaft. Diese hatte sowohl im „Vater" seinen Bezugspunkt als auch in den Menschen und im geschichtlichen Prozeß[15]. Ein Jude, der von der Religion Jesu fasziniert ist[16], ist aber noch lange kein Krypto-Christ. Zum Christsein gehört auch der Glaube, daß Gott sich durch Christus den Menschen in besonderer Weise kundgetan hat. Nicht nur die Religion Christi steht also zwischen Judentum und Christentum zur Debatte, sondern auch der Glaube an Gott durch Christus oder ohne Christus. Damit wird das Christentum nicht nur zum einen Ableger des Judentums, sondern auch zum Ausdruck der Erfahrung der Völker mit der in Christus geschehenen Offenbarung Gottes. Bei aller Beziehung auf die Völker darf nicht vergessen werden, daß das jüdische Volk mit seiner Geschichte, seiner Tradition und seinem Glauben ein unentbehrliches Standbein jeder christlichen Identität ist und bleibt. Das Christentum hat einen jüdischen Charakter. „Hätte der Christ nicht in seinem Rücken den Juden stehen, er würde sich, wo er wäre, verlieren" meinte einmal Franz Rosenzweig[17]. Die stete Bezugnahme auf die jüdischen Wurzeln des Christentums ist ein unentbehrlicher Teil christlicher Identität.

---

[14] Daniel Kosch, Jesus – der Jude – Zen Thesen, Kirche und Israel 7(1992)
[15] Zur Religion Jesu vgl. bes. Mk 12,28–34 par., wo Jesus und ein Schriftgelehrter in ungetrübter Nachbarschaft die Gottes- und Nächstenliebe als die beiden Grundgebote Israels bejahen.
[16] Beispiele dafür sind etwa Martin Buber (1878–1965), der in Jesus seinen Bruder sah, und David Flusser (geb. 1917), der den historischen Jesus gegen verharmlosende Mißdeutungen christlicher Exegeten verteidigt. Der jüdische Holocaust-Theologe Irving Greenberg versuchte in den 80er Jahren, das Christentum trotz und nach der Schoa dadurch in ein besseres Licht zu tauchen, daß er auf die strukturalen Ähnlichkeiten von Judentum und Christentum sowie auf die genuin jüdische Religion Jesu hinwies. Vgl. seinen Aufsatz: The Relationship of Judaism and Christianity toward a New Organic Model, Perspectives (The National Jewish Center for Learning and Leadership) 4 (1984). *ohne Seitenzählung*
[17] Stern der Erlösung, III 3, 197 (Edition 1930).

III. Gott: Schöpfer, Erwähler, Richter und Retter

1. Unteilbare jüdische Gottesverehrung

Von Gott ist in allen Kapiteln dieses Buches die Rede. Unter wechselnden Voraussetzungen und Bedingungen wurde zu verschiedenen Zeiten je anders über ihn geredet, und es kamen wechselnde Verehrungsformen vor. Gott wurde auch in verschiedene Zusammenhänge – in theologische, philosophische, soziale und politische – hineingestellt und dann eventuell wieder daraus befreit. Es gibt vielfältige biblische und nachbiblische Entwicklungen und Veränderungen im jüdischen und im christlichen Gottesverständnis[1]. In diesem Kapitel geht es um solche israelitisch-jüdischen Ansätze des Redens und der Verehrung Gottes, die besonders starken Krisen und Mißverständnissen von außen und innen ausgesetzt waren und es noch sind. Es ist ja nicht so, daß der jüdische Monotheismus stets in gleicher Ausformung existiert hat und daß ihm von Juden und Nichtjuden stets Verständnis entgegengebracht worden ist. Abgesehen von der in der Hebräischen Bibel vielfach belegten Polemik gegen dualistische und polytheistische Gottesvorstellungen (z. B. Ps 115), verschloß sich der jüdisch-unitarische Monotheismus jeglichem Dialog mit dem christlich-trinitarischen Monotheismus. Eine tief verinnerlichte Abneigung gegen den christlichen Monotheismus herrscht bis heute bei Juden und Jüdinnen, die es mit der jüdischen Religion ernst meinen. Ähnliches gilt unter entgegengesetzten Vorzeichen für christliche Gläubige: Sie haben ihre spezifischen Reserven dem jüdischen Monotheismus gegenüber. Eines der grundlegenden, ganz offensichtlich nicht zu lösenden Probleme scheint dabei die Frage nach der Verfügbarkeit Gottes für die jeweilige Glaubensgemeinschaft zu sein. Wie weit können Glaubensüberzeugungen der Juden, Maßstab für

---

[1] Zu verschiedenen theologischen und philosophischen Ausformungen des *jüdischen* Gottesverständnisses und der jüdischen Frömmigkeit: Schubert, Die Religion des Judentums; Clemens Thoma, Gott: Judentum, TRE 13, Berlin 1984, 626–645. Zu *vorjüdischen* Entwicklungen des Gottesverständnisses: Keel / Uehlinger, Göttinnen, Götter und Gottessymbole; Koch, Gottlosigkeit oder Vergötterung.

andere Glaubensgemeinschaften sein? Wie weit soll der eine Gott und Schöpfer aller Menschen, aller Lebewesen und aller Dinge *als Gott Israels* Zielpunkt und Gesetzgeber *aller Menschen* sein? Wie weit ist die *christologische Zuspitzung* der christlichen Theologie eine Norm oder gar eine Warnung an die nicht christusgläubigen Juden? Wie weit kann die Gottesverehrung aus der Umklammerung durch die verschiedenen Konfessionen befreit werden?[2] – Anderseits geht es in diesem Kapitel auch um jene Punkte des Gottesverständnisses, die Juden und Christen gemeinsam oder teilweise gemeinsam haben. Beide bekennen Gott als Schöpfer, Erwähler, Verursacher von Leben und Tod und als endgültigen Retter. Die Frage nach der Erwählung ist für die jüdisch-christliche Gottesfrage fundamental. Nicht nur Menschengruppen werden in den Kreis der Erwählung hineingestellt, sondern auch Offenbarungsschriften, historische Ereignisse und Gott selbst. Nach einer talmudischen Überlieferung führte Gott die Tora allen Völkern und Sprachen vor, aber diese wollten sie nicht annehmen. Darauf habe Gott den Berg Sinai „wie einen Kübel über die Israeliten gestülpt" und zu ihnen gesagt: „Wenn ihr die Tora annehmt, so ist es recht, wenn aber nicht, dann ist hier euer Grab (bAZ 2b)". Populärer ist bei den traditionsverbundenen Juden die Auffassung geworden, wonach die Israeliten die Tora nicht wegen des Gotteszwanges angenommen haben, sondern aus eigener freier Motivation heraus. Gott habe die Tora zuerst allen Völkern angeboten. Jedes Volk habe aber seine Schwierigkeiten gegen die Tora angemeldet. Die Nachkommen Esaus seien nicht bereit gewesen, auf das Morden zu verzichten. Die Ammoniter und Moabiter hätten sich am Verbot der Unzucht gestoßen und die Ismaeliten am Verbot des Diebstahls. Kaum aber sei Gott zu den Israeliten mit dem Angebot der Tora gekommen, hätten alle wie aus einem Mund gesagt: „Alles was der Ewige gesagt hat, wollen wir tun und hören" (Ex 24,7) (Mekh Yitro 5, zu Ex 20,2; S. 221; Parallele: Sif Dev 349).

Die Gründe für viele Unvereinbarkeiten in der Gottesfrage, die einen Wall zwischen Judentum und Christentum aufwerfen, liegen also an vielen Orten. In theologischer Redeweise wird man – wenn man vom Geist der Furcht und der Apologetik angesteckt ist – etwa vorbringen, daß beide Religionen darauf bestehen, daß Gott mit ihnen einen exklusiven und alle

---

[2]   In der USA scheint diese Diskussion in der Theologie in vollem Gange zu sein. Hauptanlaß dafür ist das Bedenken des von den Nazis verursachten und von der christlichen Theologie ideologisch vorbereiteten Holocausts. Dazu u.a. Lodahl, Shekhinah/Spirit, New York 1992.

Menschen angehenden „Dialog des Heiles" (colloquium salutis) führe[3]. Damit vertrage sich kein Schielen zur Konkurrenz hinüber, die dasselbe von sich behaupte. Auf politischer und sozialer Ebene können sich aufgrund von Unvereinbarkeitsvorstellungen in der Gottesfrage schwere Konflikte ergeben. Eines unter vielen Beispielen ereignete sich in Judaea während der Regierungszeit des römischen Prokurators Pontius Pilatus (26–36). Josephus schreibt darüber in seinem Bellum Judaicum (Bell 2, 169–174):

> *„Als Pilatus von Tiberius nach Judaea gesandt worden war, ließ er Abbilder des Kaisers, die ‚Feldzeichen' genannt werden, nachts verhüllt nach Jerusalem hineinbringen. Dies rief tags darauf größte Aufregung bei den Juden hervor…Sie waren nämlich überzeugt, ihre Gesetze würden dadurch mit Füßen getreten. Diese dulden es nämlich nicht, daß in der Stadt (Jerusalem) ein Bildnis aufgestellt wird. Auf die Erbitterung der Stadtbevölkerung hin, strömten auch Leute vom Land scharenweise herbei. Eine Abordnung reiste nun nach Caesarea zu Pilatus und flehte ihn an, die Kaiserbilder aus Jerusalem zu entfernen und die väterlichen Gesetze der Juden unangetastet zu lassen. Pilatus weigerte sich. Darauf warfen sie sich auf den Boden und verharrten fünf Tage und fünf Nächte in dieser Haltung, ohne sich zurückzuziehen".*

Pilatus versuchte am folgenden Tag, die demonstrierenden Juden mit Waffengewalt einzuschüchtern. „Die Juden aber warfen sich wie auf Verabredung hin, dichtgedrängt auf den Boden, boten ihren Nacken dar und schrien, sie seien eher bereit zu sterben als die väterlichen Gesetze zu übertreten". Hocherstaunt über ihre heroische Gottesfurcht gab Pilatus den Befehl, die Feldzeichen sogleich aus Jerusalem zu entfernen[4]. Hinter dieser Geschichte steht das Bilderverbot (Ex 20,4), das im 1.Jh.n.Chr. offensichtlich in Judaea rigoros interpretiert worden ist. Da Gott nicht dargestellt werden darf, sind auch heidnische Kaiserbilder, die von den Römern mit einer göttlichen Aura umgeben werden, in Jerusalem nicht gestattet. Es muß daher unter Lebensgefahr gegen den Einbruch römisch-heidnischer Gottesvorstellungen im

---

3 Der Ausdruck colloquium salutis wurde u.a. von Paul VI im Jahre 1964 in seiner Enzyklika „Ecclesiam suam" verwendet, um im Zusammenhang mit dem Zweiten Vatikanischen Konzil die Notwendigkeit des Dialogs mit andern Religionen zu unterstreichen. Dazu Julie Kirchberg, Theo-Logie in der Anrede als Weg zur Verständigung, bes. 82–104.

4 Parallelstelle in Ant 18,55–62, sowie bei Philo Leg 298–308; Philo schildert das Ereignis in weit grelleren Farben, um homiletische Ziele zu erreichen vgl. Daniel R. Schwartz, Josephus and Philo on Pontius Pilate, in: Historia of Eretz-Israel in the Hellenistic-Roman Period, Jerusalem 1982, 217–236.

heiligen Bereich des Gottes Israels vorgegangen werden. Das Bilderverbot
bleibt damit keine innerjüdische Angelegenheit, sondern ist auch ein Politi-
kum ersten Ranges, das Juden und Völker betrifft und Anlaß zu brisanten
Konflikten wird. Der nicht darstellbare Gott ist auch ein eifersüchtiger Gott
(ʾel qana: Ex 20,5; 34,14; Dtn 4,24; 5,9; 6,15), der keine göttliche Konkurrenz
neben sich duldet und der seine Verehrer ganz auf sich verpflichtet. „Jeden,
der die Verehrung des Namens des Himmels mit etwas anderem verbindet,
wird aus der Welt ausgerottet werden" (bSan 63a). Es darf also keine Neben-
autoritäten und keinen geteilten Dienst geben. Im Neuen Testament wird
dem zugestimmt: „Ihr könnt nicht Gott und dem Mammon dienen" (Mt
6,24; Lk 16,13). Die Forderung nach ungeteiltem Dienst am Gott Israels hat
es in sich, daß fremde Liturgien, fremde Gottesvorstellungen zunächst einmal – und dann auf dauernd – abgelehnt werden müssen. In traditionellen
jüdischen Gebetstexten kommt der unvergleichliche, nicht darstellbare und
in keiner ökumenischen Verhandlung zu verschenkende Gott Israels immer
wieder zum Vorschein, verbunden mit der Ablehnung fremder Gottheiten.
Als Beispiel kann Ps 96 dienen, der ziemlich zu Beginn des vorabendlichen
Sabbatgottesdienstes gebetet wird. Die Verse 3–5 lauten:

> „Erzählt unter den Völkern von seiner Herrlichkeit, unter allen Nationen von seinen
> Wundertaten. Denn der Ewige[5] ist groß und hoch zu preisen; er ist mehr zu fürchten
> als alle Gottheiten. Denn alle Gottheiten der Völker sind nichtig. Der Ewige aber hat
> den Himmel geschaffen„ (Ps 96,3–5).

Diese drei Psalmverse verraten eine religiöse Haltung, die letztlich keinen
Ökumenismus in der Gottesfrage zuläßt. Als selbstverständlich wird vorausgesetzt, daß Vielgötterei und falsche Gottesverehrung rings um Israel
herum grassieren. Die Israeliten sollen zwar die Großtaten des Ewigen
überall erzählen, aber sie dürfen an fremden Gottheiten weder Gefallen
noch Interesse finden. Dies ist ganz in Übereinstimmung mit dem ersten
Gebot des Dekalogs: ‚Ich bin der Ewige, dein Gott, der dich aus Ägypten
herausgeführt hat, aus dem Sklavenhaus. Du sollst keine anderen Gottheiten neben mir haben' (Ex 20,4).

---

5   Der vierbuchstabige Gottesname wird in diesem Buch im allgemeinen (im Anschluß
    an Moses Mendelssohn) mit "der Ewige„ wiedergegeben. Dies geschieht hauptsäch-
    lich – um zu verhindern, daß christologische und theologische Konnotationen zu
    früh miteinander vermischt werden. Zum Problem der Wiedergabe des Tetragram-
    matons vgl. bes. Franz Rosenzweig, ‚Der Ewige', Kleinere Schriften, Berlin 1937,
    182–198.

In seinem Liturgiekommentar schreibt der Gründer der sogenannten jüdischen Neoorthodoxie, Samson R. Hirsch (1808–88) zu Ps 96 und dessen Stellung in der Sabbatliturgie: „Israels Aufgabe ist es, mit einem *neuen*, Gott schauenden Liede in den Kreis der Völker zu treten, und dieses *Neue* ist die Einladung *aller* Menschen auf Erden, sich zu *einer* Gott schauenden Begeisterung zu einen"[6]. Das jüdische Volk hat demnach einerseits die Aufgabe, den Gott Israels der ganzen Welt bekannt zu machen, damit sich diese Welt ihm annähert. Es hat aber nicht die Aufgabe, andere Glaubenssysteme in seine eigenen Glaubensbezüge hineinzunehmen. Bisweilen wird auch das Erzählen über Gott in Frage gestellt. Im nachtalmudischen Traktat Soferim 1,7 heißt es z.B.: „Es gibt eine Geschichte über fünf Älteste, die die Tora für den König Ptolemaios in griechischer Sprache geschrieben haben. Dieser Tag war für Israel so verhängnisvoll (qasche) wie der Tag, an dem das goldene Kalb verfertigt wurde. Die Tora wäre am besten überhaupt nicht übersetzt worden"[7]. In der Tora sind Gott und Israel die aufeinander bezogenen Partner und Akteure der Geschichte. Es wäre besser – so diese Tradition – wenn dies bei den Völkern nicht bekannt geworden wäre. Denn durch die Übersetzung der Tora ins Griechische habe - ähnlich wie bei der Anbetung des goldenen Kalbes (Ex 32) – eine verfälschte Gottesverehrung Auftrieb bekommen. Eine unbedingte Abwehr aller einebnenden, synkretistischen Tendenzen weht wie ein scharfer Wind durch die ganze jüdische Geschichte. Fremdkult, Götzendienst (ᶜavoda zara) Gottesmischung (Theokrasie) und Gotteslästerung (qillelaṯ hasch-schem) sind den Juden nicht gestattet. Diese Sünden zählen neben Mord und geschlechtlicher Perversion zu den Todsünden (mSan 7; bSan 56a–57a; AZ 8,4) Es geht also nicht an, daß sich Juden auf fremde Glaubensexperimente einlassen, es sei denn, daß diese eklatant zur wahren israelitischen Gottesverehrung hinführen. Damit ist aber bereits schwach angedeutet, daß der Weg zum Gott Israels nicht nur von Kanten und Vorsichtsmaßnahmen belegt ist, sondern daß über ihm auch ein mildes Morgenrot der Hoffnung aufleuchtet. Es geht darum, im Lichte des Morgenrots dem noch freundlicheren Licht der Morgensonne entgegenzugehen.

---

[6] Samson R. Hirsch, Israels Gebete, 240.
[7] Masekhet Soferîm, ed. Michael Higger, New York 1937, 101f.

2. Schöpfer und Schöpfung

2.1. Bund zwischen Gott und der Erde

In dem aus dem 4./5. Jh. n. Chr. stammenden, jedoch ältere Traditionen enthaltenden großen Genesismidrasch findet sich das von den Forschern und Dialogikern übersehene Gleichnis von der akklamierenden Legion. Außer in BerR 12,16, der Stelle, die hier zitiert wird, findet es sich noch an sechs anderen, samt und sonders späteren Stellen des rabbinischen Schrifttums[8]. Der anonyme Gleichniserzähler ist durch Gen 2,4b inspiriert worden: ‚...Als der Ewige, Gott, Erde und Himmel machte'. Ihm fiel auf, daß hier die Erde – im Gegensatz zu allen vorherigen Versen – v o r dem Himmel genannt wird. Er suchte nach einer Erklärung dafür. Er fand sie in Ps 104,5: „Er (Gott) hat festgegründet die Erde auf ihren Fundamenten; sie wird nicht wanken in alle Ewigkeit". Daß die Erde – so die weitere Folgerung – feste Fundamente hat und fundamental nicht wankt, kann nur darauf zurückgeführt werden, daß Gott seine Schöpfung als einen Bundesschluß aufgefaßt hat und daß die Erde – noch vor dem Himmel – im ersten Augenblick ihres Daseins dankbar und lobpreisend Ja zum Willen des Schöpfers gesagt hat. Der Gleichnistext lautet:

> *„Gleich einer Legion, die dem König als erste akklamiert hatte. Der König sagte: Weil mir diese Legion als erste akklamiert hat, verleihe ich ihr eine Stellung, aus der sie nie mehr verdrängt werden kann. – So sagte der Heilige, gelobt sei er: Weil die Erde als erste meinen Willen getan hat, verleihe ich ihr eine Stellung, aus der sie nie mehr verdrängt werden kann. Das ist es, was geschrieben steht: ‚Er hat festgegründet die Erde auf ihren Fundamenten; sie wird nicht wanken in alle Ewigkeit' (Ps 104,5)."*

Statt „Weil die Erde als erste meinen Willen getan hat"... kann man auch übersetzen: „Weil die Erde als erste mir Lust (zivyôn) bereitet hat"... Das primordiale Ja der Erde zu Gott löste das erste Lusterlebnis Gottes aus. Um dieses Erlebnis nicht zu verlieren, hat Gott die Fundamente der Erde ganz fest gemacht. Daß *die Erde* die erste Gotteslust verursachte, leitet der Gleichniserzähler aus dem Konsonantenbestand des hebräischen Wortes für Erde ab. Zwei der drei Buchstaben drücken (Gottes) Willen razah aus. Die Erde sprach demnach im ersten Augenblick ihres Daseins das Ja zu Gottes Willen aus, und Gott erhielt durch das erdliche Ja seine Lust.

---

[8]   Text und Interpretation in Thoma/Lauer, Gleichnisse II 154–156.

Ein den König Preisender kann im allgemeinen (wenn der König kein Bösewicht ist) auf den Dank des Königs hoffen. Weil die Erde im ersten Augenblick ihres Daseins ihrem Schöpfer als König akklamiert hatte, sicherte ihr dieser in einem Bundesschluß ewige Beständigkeit zu. Diese Beständigkeit gestand er dem Himmel nicht zu; der Himmel wurde der Erde nachgeordnet. Zwischen dem Schöpfer und der Erde besteht also ein besonderes, im Prinzip unauflösliches Bundesverhältnis. Vor dem Bund mit Noach (Gen 9) steht also schon der Bund mit der Erde, wobei die Gegenseitigkeit und Unwiderruflichkeit impliziert ist. Das Gleichnis ist antiapokalyptisch und antideistisch (antiepikuräisch?) und wohl auch antignostisch. Jedenfalls hat es Menschen zu Gegnern, die vom (baldigen) Untergang der verfallenen Welt oder von der widergöttlichen Welt reden. Es richtet sich aber auch gegen solche, die meinen, Gott sei das Lob der Kreatur gleichgültig. Hier ist nicht von der niemals (im philosophischen Sinn) untergehenden Welt die Rede und auch nicht von der ewig gleichbleibenden Welt, wohl aber von der stets im Bunde stehenden und von daher Bestand habenden Welt. *Alles, was im Bund ist, hat Bestand.* Die Welt ist demnach ewig *auf Zusehen hin.*

Das erfinderische Ja Gottes zum Schöpfungsplan ist der Anfang und der Ausgangspunkt aller Anfänge. Das Ja der Erde – d.h. der Trägerin aller anorganischen und organischen Kräfte und aller Stufen von Lebewesen bis zum Menschen hinauf – ist die wiederhallende Antwort auf das Ja des Schöpfers. Die Kreatur Erde besteht, weil sie das ursprüngliche Ja des Schöpfers zu ihr mit einem Ja zu ihm beantwortet hat. Gott ist das absolute Ja, die „absolute Tatsächlichkeit"[9]. Vom korrespondierenden Schöpfungs-Ja führt ein eindrücklicher Pfad auf ein christologisches Glaubensbekenntnis des Paulus. Er schildert Christus als bejahende Erde. Er sei das erste Ja zum Schöpfer. 2 Kor 1,18–20 lautet dementsprechend: „Gott ist treu. Er bürgt dafür, daß unser Wort euch gegenüber nicht Ja und Nein zugleich ist. Denn Gottes Sohn, Jesus Christus, der euch durch uns verkündet wurde… , ist

---

9 Der Ausdruck kommt in Franz Rosenzweigs „Stern der Erlösung" vor: in der Edition von Nahum N. Glatzer, Frankfurt, ²1930, I 33. Gott als „Nichtnichts" mit der Tendenz zum Ja, der durch den Niederstieg in seine eigene Tiefe zum Anfang von allem wird, stellt einen zentralen Gedanken Franz Rosenzweigs dar. Vgl. bes. Rosenzweigs ‚Urzelle' des ‚Stern der Erlösung', in: Franz Rosenzweig, Ges. Schriften Bd 3, Zweistromland, Kleinere Schriften zu Glauben und Denken, Dordrecht 1984, 125–138. Bezüglich der philosophischen Aufarbeitung vgl.: Hans M. Dober, Die Zeit ernst nehmen, Studien zu Franz Rosenzweigs ‚Der Stern der Erlösung', Würzburg 1990, bes. 66–75.

nicht als Ja und Nein zugleich gekommen. Er ist das Ja zu allem, was Gott verheißen hat. Darum rufen wir durch ihn zu Gottes Lobpreis auch das Amen."

Am zweistimmigen Ja – von Gott und von der Erde her – hängt nach rabbinischer Meinung nicht nur der Bestand der Welt, sondern auch – wenn es zu sagen erlaubt ist – der Bestand Gottes. In SifDev 346 wird Dtn 33,5 („Und er ward König in Jeschurun") kommentiert: „Wenn die Israeliten unten in einem Bund eins sind, dann wird sein großer Name oben gepriesen". Rabbi Schimon ben Jochai baute in diese Deutung noch Jes 43,12 ('Ihr seid meine Zeugen, Spruch des Ewigen, und ich bin Gott') ein. Er paraphrasierte die Jesajastelle so: „Wenn ihr meine Zeugen seid, bin ich Gott; wenn ihr aber nicht meine Zeugen seid, bin ich nicht Gott". Dies ist auf der Offenbarungs- und Erwählungsebene gesagt. Es gilt aber auch für die Ebene Schöpfer-Schöpfung: Durch sein Ja zur Erschaffung der Erde ist Gott in einen neuen Kontext hineingekommen. Durch ihr Ja zu Gottes „Es werde" ist die Erde mit allen ihren Schätzen, Entwicklungspotenzen und Bewohnern zur Partnerin Gottes geworden. Sie inthronisiert Gott als *ihren* Gott (vgl. Ps 23,4). Damit ist eine neue auf gegenseitigem Bund beruhende Entwicklung in Gang gekommen. Die Bestimmung und das Endziel dieses Bundes ist aber einzig Gott – nicht der Erde – bekannt. Trotz aller Vergänglichkeit, die nicht aufgehoben oder abgemildert wird, erhält die Erde aufgrund ihres Basis-Bundes einen Hauch von Dauer, von Unsterblichkeit. Dies meinten jene Rabbinen, die sagten: „Nichts von alledem, was Gott erschaffen hat, hat er in Leere, für das Umsonst, zur Vernichtung (le-battala) geschaffen (bShab 87b). In der neutestamentlichen Johannesapokalypse wird in der Mitte, d.h. im Höhepunktsbereich des Buches, gesagt, die größten Kostbarkeiten Gottes, die Gott der Erde vor Christus geschenkt habe, seien die Offenbarung am Sinai, das Bundeszelt in der Wüste und der Tempel in Jerusalem. Obwohl viele meinen, diese drei Kostbarkeiten Gottes – die instrumentalen Zeichen seines Ja's zur Erde und zur Geschichte – seien zerstört, verloren oder als veraltet abgeschafft, sei der Glaube aufrecht zu erhalten, daß sie am letzten Ende der Tage wieder aufscheinen werden – eben weil Gott nichts ins Leere schaffe: "Und der Tempel Gottes im Himmel wird geöffnet, und die Bundeslade wird in seinem Tempel sichtbar. Und es beginnt zu blitzen, zu dröhnen und zu donnern; es gibt Beben und schwere Hagel„ (Offb 11,19). Der Donner, die Blitze, der Hagel und das Erdbeben sind als Hinweis auf die Toraverleihung am Sinai zu verstehen. Am Ende der Tage wird eine neue Toraverleihung – ein neues Pfingsten – sein, wobei alle irdischen Kostbarkeiten und Höhepunkte, die auf den göttlich-menschlichen Bund hinweisen, auf neue Weise in der neuen Welt sichtbar und wirksam werden.

Im Achtzehngebet, dem jüdischen Haupt-Gemeindegebet, wird seit dem
2.Jh.n. Chr. in ähnlicher Sinnrichtung um das Wiedererstehen der früheren
Richter und Ratgeber gebetet: „Bring zurück unsere Richter wie zu Anfang
und unsere Ratgeber wie ehemals. Entferne Mängel von uns, und sei König
über uns, du allein: In Erbarmen, Gerechtigkeit und Recht" (elfte Berakha)!
Auch hier wird um Restitution von Bewährtem in verwandelter Weise gebetet. Alles Geschöpfliche, das dem Menschen Glück, Gerechtigkeit und
Frieden gebracht hat, alles, was die Menschen zum Ja zu Gott animiert hat,
soll zusammen mit den Ja-Menschen nicht verloren sein, sondern in neuer
Form zur Zeit der alleinigen Herrschaft Gottes wiederkehren (vgl. 2 Kor
1,19f)

Das Gleichnis von der akklamierenden Legion erweist sich somit als günstiger Basis-Text zur Eröffnung einer dynamischen jüdischen Schöpfungs-
lehre. Die Hauptstichworte dieser Reflexion sind das bundliche Ja Gottes
und der Geschöpfe, die Gemeinsamkeit des Weges des Schöpfers und der
Geschöpfe, soweit dies der qualitative Unterschied der beiden „Ichs" zuläßt,
und die Hereinnahme der verwandelten Geschöpfe in die Dauer Gottes
hinein.

2.2. Monolatrie

In seinem philosophischen Werk „De natura deorum" zitiert der römische
Redner, Politiker und Philosoph Cicero eine Ansicht, wonach „die Welt
selbst, mit Seele und Sinnen begabt, ein kugelförmiger, feuriger und krei-
sender Gott sei" (de nat. deorum I 18)[10]. Nach Cicero warfen bestimmte
Epikuräer den Platonikern vor, diese unmögliche Gottessicht zu haben. In
der Tat hat der Neuplatonismus ab der spätrabbinischen Zeit den theologischen Grundgedanken ins Judentum hineintragen können, die Welt sei
nichts anderes als eine Ausfaltung, eine Emanation Gottes, sie sei also Göttliches im geschöpflichen Gewand. Gegen diese Vorstellung, der auch die
mittelalterliche Kabbala stark erlegen ist, liefen frühere jüdische Traditions-
zeugen Sturm. Sie betonten demgegenüber, Schöpfer und Geschöpf dürften
nicht verwechselt werden. Es sei ein schweres Vergehen, etwa die Ebenbildlichkeit des Menschen dazu zu mißbrauchen, den Unterschied zwischen

---

[10] „...mundum ipsum animo et sensibus praeditum, rutundum, ardentem, volubilem
deum." Zit in: M. Tullius Cicero, Vom Wesen der Götter, 3 Bücher, Lateinisch und
deutsch, hgv. Wolfgang Gerlach/Karl Bayer, München, 3.Aufl.1990,26f.

Gott und Mensch zu nivellieren. In prägnanter Form streitet das Gleichnis vom hinausgeworfenen Gouverneur[11] gegen derlei monistische Tendenzen.

„Gleich einem König, der mit seinem Gouverneur in der Staatskarosse saß. Die Leute der Stadt wollten den König als ‚Herrn' akklamieren. Sie wußten aber nicht, welcher der König sei. Was tat der König? Er stieß ihn und warf ihn aus der Staats-karosse. Da erkannten sie den König. – So der Heilige, gelobt sei er: Als er den ersten Menschen erschaffen hatte, irrten sich die Engel in ihm. Was tat der Heilige, gelobt sei er? Er ließ ihn in Schlaf fallen. Da wußten alle, daß er ein Mensch war."

Das Gleichnis vom hinausgeworfenen Gouverneur ist ein Ausdruck des weitverzweigten Mythos von der Verwirrung im himmlischen Bereich als Folge der Erschaffung des Menschen und von der dadurch ausgelösten supramundanen Scheidung der Geister. Dieser Mythos war schon in früh-jüdisch-vorchristlicher Zeit voll entfaltet vorhanden. Nach VitAd 12–16 und vielen abhängigen Stellen wurden der Teufel und sein Anhang in die Hölle gestürzt, weil sie sich weigerten, vor dem neugeschaffenen Adam niederzufallen. Nach christlicher Variante war von den *Engeln* die Anbe-tung des menschgewordenen Christus als Prüfung ihrer Gottestreue gefor-dert worden (AscJes im Gefolge von Apk 12)[12]. Es kann hier nicht darum gehen, allen Varianten der Vorstellung von Engelprüfung, Engelbewährung und Teufelwerdung nachzusteigen. Das Gleichnis vom hinausgeworfenen Gouverneur schlägt jedenfalls einen eigenen Weg ein: Die Engel sind über Adam verwirrt, weil er als Abbild Gottes (vgl. Gen 1,26f) Gott zum Ver-wechseln ähnlich sieht. Gott straft die Engel wegen ihrer Verwirrung nicht. Sie haben ja ihre Verwirrung nicht verschuldet. Vielmehr korrigiert er sein Geschöpf Adam dadurch, daß er ihm ein Zeichen der eindeutigen Geschöpf-lichkeit gibt: Er läßt ihn (nach Gen 2,21) schlafbedürftig und damit schwach werden.Gott ist der stets Wachende, der nie schläft (1Reg 18,27; Jes 40,28; Ps 121, 4; bHag 15a), während der Mensch im Schlaf seine Schwäche be-kundet. In seiner Schwäche ist der Mensch Gott gegenüber unverwechsel-bar. Er kann Gott in dessen Wachsamkeit nie einholen. Es geht dem Gleich-nis aber nicht in erster Linie um diese Wesensdifferenz zwischen Gott und Mensch. Die Engel sollen vielmehr nicht mehr zwischen angeblich zwei Herren schwanken. Gott allein gebührt die Anbetung, nicht seinem Abbild. Es geht also um die Monolatrie, die hier nicht als jüdisches Spezifikum aufscheint, sondern die von jedem Menschen gefordert wird. Die exklusive

---

[11] Zit.in: Thoma/Lauer, Gleichnisse II 111–116.
[12] Dazu sind Kommentare zu Apk 12 beizuziehen.

Verehrung Gottes ist schöpfungstheologisch begründet. Auch die Engel müssen sie im himmlischen Gottesdienst, besonders bei der Qeduscha, dem Sanctus, strikt beachten (vgl. Jes 6,1–3). Gott allein darf angebetet werden; die Schwäche des Menschen von der Schöpfung her ist ein deutliches Indiz dafür.

2.3. Der dem Bösen überlegene Schöpfer

Das Gleichnis vom hinausgeworfenen Gouverneur hat eine antidualistische, vielleicht sogar eine antignostische Tendenz. Viele rabbinische Midraschim, Halakhot, Gleichnisse und Gebetstexte sind zusammen mit diesem Gleichnis Belege dafür, daß alle *verbindlichen* jüdischen Glaubensaussagen über den Schöpfer und die Schöpfung geläuterte Ergebnisse aus Auseinandersetzungen mit der gnostischen, apokalyptischen, dualistischen, philosophischen und theologischen Umwelt sind. Da die Tora mit ihrer „open textuality" vieles offen gelassen hat, wurden Glaubensaussagen erst in 2.– 6. Jh.n.Chr. möglich und notwendig. Besonders die Gnosis beeinflußte in den ersten Jahrhundert n.Chr. die Mentalität vieler Juden, die dem Schöpfergott dementsprechend nicht hold gesinnt waren[13] Der Schöpfer sei letztlich an den in der Schöpfung eingelagerten Übeln schuld. Er habe der Welt keine klare Zielrichtung zu geben vermocht. Er sei der Intrigant aller geschöpflichen Verderbtheit.[14] Für die Gnostiker waren die beiden ärgerlichsten Bibelstellen die ganz ähnlich klingenden Prophetenverse Jes 45,5 und Jes 46,9. Jes 45,5 lautet: „Ich bin der Ewige und keiner sonst. Außer mir gibt es keinen Gott." Jes 46,9: „Denn ich bin El und keiner sonst. Ich bin Gott, und nichts ist wie ich." Diese Worte habe – so die Gnostiker – der Weltenschöpfer aus Prahlsucht oder aus blinder Wut ausgerufen. Er habe dadurch den Fall des Menschen in Sünde und Verstrickung veranlaßt. (ApcAd; NHC V 5; 65, 10–67, 10; Iren. adv. haer. I 30,5f; HA II 4; 20–87,24)[15].

Im Judentum wurde zu allen Zeiten ablehnend – teilweise in gereizter

---

[13] Clemens Thoma, Rabbinische Reaktionen gegen die Gnosis, Jud. 44 (1988) 2–14.

[14] Unter der zahlreichen Literatur über die Gnosis vgl. Kurt Rudolph, Die Gnosis, Wesen und Geschichte einer spätantiken Religion; Gedalyahu Stroumsa, Savoir et salut.

[15] Die gnostischen Texte von Nag Hammadi finden sich in engl. Übersetzung bei James M. Robinson, The Nag Hammadi Library in English, Leiden 1977. Eine britisch-deutsche Gesamtübersetzung der Nag Hammadi Codices ist in Vorbereitung. Die Gnosis-Schilderungen des Irenäus von Lyon sind u.a. greifbar in: Irénéé de Lyon, Contre les Hérésies, SC 210.211.263.264.293.294, Paris 1974–1982.

Form – gegen Unterstellungen reagiert, wonach der Schöpfer *schuldhaft* Unheil in die Welt gebracht habe, nicht alles in seiner Hand habe, und überhaupt ziel- und planlos in seinem schöpferischen Tun gewesen sei. Als wichtigstes Anti-Wort galt meistens Jes 45,6f: Ich bin der Ewige und es gibt keinen andern; ich bilde das Licht und schaffe die Finsternis. Ich stifte Frieden und bewirke Übles. Ich, der Ewige, ich mache alles dies." Jes 45,6f hat Gegner im Visier, die an der Allursächlichkeit Gottes zweifelten. Um eindeutig gegen sie zu demonstrieren, bezeichnete Deuterojesaja Gott nicht nur als Ursache des Guten, sondern auch des Üblen, Bösen (ra^c). Vermutlich ließ er sich dabei auch von der Tradition Griechenlands beeinflußen. In "Der Staat" erwähnt Platon einen griechischen Dichter, der unbedachterweise Zeus als den "Spender des Guten und Schlimmen" bezeichnet habe. Dies sei aber eine für einen Staatsbürger gefährliche Auffassung. Das Böse müsse außergöttlich erklärt werden (Der Staat, 378B–381A)[16]. An der Allursächlichkeit Gottes wollte man im Judentum und im Christentum stets festhalten, aber mit der Frage nach der Herkunft des Bösen kam man in beiden Traditionen nie zu Rande, und zwar aus rationalen und ethischen Gründen. Wie Platon erfuhren auch die Meister der jüdischen und christlichen Spiritualität, daß ein Abschieben des Bösen zu Gott hin leicht in menschliches „Händewaschen in Unschuld" absinkt.

Der Verfasser des Jakobusbriefes nimmt aus ethischen Motiven prononciert Stellung gegen die Annahme, Gott sei die Ursache des Bösen: Nach Jak. 1,13–17 darf kein Versuchter sagen: „Ich werde von Gott versucht. Gott ist nämlich vom Bösen unversucht und er versucht niemanden. Vielmehr wird jeder von seiner eigenen Begierde versucht…. Wenn die Begierde dann schwanger ist, gebiert sie den Tod. Täuscht euch nicht, meine geliebten Brüder: Jede gute Gabe und jedes vollkommene Geschenk ist von oben. Es steigt herunter vom Vater der Gestirne, bei dem es keine Veränderung und keine Abschattung durch Wendung gibt". Daß sich der Verfaßer des Jakobusbriefes in der Frage nach dem Ursprung des Bösen im Dialog mit Deuterojesaja befindet, ergibt sich daraus, daß V 17 („Jede gute Gabe…") ein abgewandeltes Zitat (ein Hexameter) aus der Odyssee (6,153) ist. Jakobus will seine Adressaten darauf hinweisen, daß auch die griechische Tradition sich gegen die Vorstellung wehre, Gott sei die Ursache des Bösen. Dies sei ein Gegenargument gegen die Bezugnahme des Propheten Jesaja auf eine gegenteilige griechische Tradi-

---

16 Zitiert aus: Platon, Sämtliche Werke II, hgv. Erich Loewenthal, Heidelberg, achte Aufl.1982, 74–76.

tion[17]. Die Aussage, das Böse stamme allein vom Menschen, wiege deshalb so schwer, weil die ethische Tugend der Eigenverantwortlichkeit dadurch zum Tragen komme. Auch die jüdische Gebetstradition versucht Jes 45,6f abzumildern: In den Segenssprüchen rund um das „Höre Israel" (Dtn 6,4ff) heißt es u. a.: „Weltenherrscher, Bildner des Lichts, Schöpfer der Finsternis, Stifter des Friedens und Schöpfer des Alls, der in Barmherzigkeit das Licht leuchten läßt für die Erde und ihre Bewohner, und der in seiner Güte jeden Tag beständig das Werk der Schöpfung erneuert"[18].

Das harmlosere „Schöpfer der Finsternis" tritt hier an die Stelle des biblischen „ich bewirke Übles." Auch wenn also die Nuß der Herkunft des Bösen nicht geknackt werden konnte, blieb es eindeutig verboten, den Schöpfer auch nur andeutungsweise als Prinzip des Bösen zu bezeichnen. Der Schöpfer ist gut und seine Schöpfung ist gut, mag auch die Frage nach der Herkunft des Bösen kontrovers bleiben. und mag es auch schwierig sein, die Allursächlichkeit Gottes zu umschreiben. Die antidualistische und antignostische Tendenz hat sich im Judentum und im Christentum durchgesetzt.

Um die Gefahr der Beschimpfung des Schöpfers zu bannen, wird Gott in der Mekhilta folgender Satz zugeschrieben: „Mit Erbarmen habe ich meine Welt geschaffen" (MekhY zu 22,6; Horov. 317). Das Erbarmen Gottes steht stets siegreich über allem Bösen.

Gott handelte bei seinem Schöpfungswerk weise, vorausschauend und vorausbestimmend. Er hatte bei der Schöpfung alles zum voraus einkalkuliert und mitbedacht, auch die Gesetzgebung auf dem Berg Sinai und die Erwählung Israels. Man kann ihn also nicht als Schöpfer anerkennen, ohne ihn auch als vorsehenden Lenker und Herrn der Geschichte anzuerkennen. Dazu kommt noch die aus der Offenbarung gewonnene Überzeugung, daß Gott seine Geschöpfe an seiner kontinuierlichen, sich täglich erneuernden Schöpfer- und Regierungstätigkeit teilnehmen läßt. Der Mensch kann nur gut werden, wenn Gott als Schöpfer und Lenker der Geschichte allem Bösen überlegen ist. Er wird es zustande bringen, seine vollkommene Herrschaft zum Glück aller zu etablieren.

---

[17] So James B. Adamson, James, The Man and his Message, Grand Rapids 1989, zu Jak 1,17.

[18] Petuchowski, Gottesdienst des Herzens, 16f. 23f.

3. Erwählung Israels

3.1. Grundlagen vom Schöpfer her

Im rabbinischen Judentum ist die Vorstellung gängig, daß Gott die Tora 974 Generationen vor der Erschaffung der Welt und 1000 Generationen vor der Toraverleihung auf dem Berg Sinai erschaffen hat, und zwar als Schöpfungs- und als Erwählungsvorlage. Als der Heilige, gelobt sei er, die Welt erschuf, „blickte er in die (bereits erschaffene) Tora und schuf die Welt. Und die Tora sagt: ‚Mittels des Anfangs schuf Gott' (Gen 1,1). ‚Anfang' aber bedeutet nichts anderes als Tora"[19]. Die Welt ist demnach nach der Tora (und auf die Tora hin) geprägt. Die Tora, die Gott dem Mose auf dem Sinai verliehen hat, ist mit der Schöpfungstora identisch. Im Talmud (bShab 89a) wird geschildert, wie Gott und Mose einander auf dem Berge Sinai anläßlich der Toraverleihung begrüßt haben. Der Inhalt des Grußes des Mose sei der Wunsch nach Vermehrung und Ausfaltung von Gottes Schöpferkraft gewesen, während Gott den Mose als Mitarbeiter (chaver) begrüßt habe. Danach war der Sinn der Toraverleihung die Zusammenarbeit zwischen Gott und Israel zur Verwirklichung der in der Schöpfung grundgelegten Kräfte und Absichten. Die Schöpfung geschah im Hinblick auf die Tora, und die Tora wurde den Israeliten gegeben, damit die Schöpfung in gottmenschlicher Zusammenarbeit zu ihrer Vollendung gelange[20].

Mit der Einbindung Israels in die Tora und damit auch in die Schöpfung ist das Thema „Erwählung Israels" in seiner umfassendsten Dimension angetippt. Israel wird durch die Erwählung vor der Erschaffung der Welt zum mitverantwortlichen Träger und Erhalter der Schöpfung. In mYom 5,2 wird dies so ausgedrückt:

> „Zur Zeit, da die Bundeslade weggenommen war, wurde dort ein Stein aus den Tagen der frühen Propheten gefunden. Er wurde ʾeven schetiya (Grundstein) genannt und ragte drei Daumenbreiten aus der Erde hervor. Auf diesen setzte er (der Hohepriester) sie (die Schaufel) mit Räucherwerk zur Opferung)". Die Gemara (bYom 54b)

---

[19] Zum Gleichnis vom Bauplan (BerR 1,1), zu dem dieses Zitat gehört: Thoma/Lauer, Gleichnisse II 34–43.

[20] Vgl. dazu das Gleichnis vom Athleten, PesK 25,1: Thoma/Lauer, Gleichnisse I 289–291.

sagt dazu: „Von diesem Grundstein aus wurde die Welt grundgelegt. Wir lernen daraus von dem, der sagt: Vom Zion aus wurde die Welt erschaffen ... Rabbi Yizchaq Nappacha sagte: Der Heilige, gelobt sei er, warf einen Stein ins Meer, und aus ihm wurde die Welt grundgelegt. Es heißt nämlich: ‚Worauf sind ihre Pfeiler eingesenkt, oder wer hat ihren Eckstein hingeworfen?' Die Weisen sagen dagegen: Vom Zion her wurde die Welt erschaffen. Es heißt nämlich: ‚Ein Psalm Asaphs: Ein Gott der Götter ist der Ewige'. Und darauf folgt ... 'aus Zion, der Vollkommenheit Schönheit' Ps 50,1f): Vom Zion aus geschah die Vollendung der Schönheit."

Israel ist also eine erwählte heilige Institution, auf der Schöpfung und Menschheit in einem religiösen Sinne ruhen. Die religiös-israelitische Komponente von Schöpfung und Menschheit ergibt auf israelitischer Seite eine Mit-Verantwortung für das Gelingen aller Schöpfungspläne Gottes. Um dem Anliegen der kosmischen Mitverantwortung und Mitgestaltung Nachdruck zu verleihen, werden israelitische Gründer- und Leitgestalten in der rabbinischen Theologie immer wieder besonders ins Licht gestellt. Sie gelten als personale Zusammenfassungen, als Typen, Personalisierungen Israels. Zu nennen sind besonders Abraham, Isaak, Jakob, Mose, David, Esther und der Messias. An oberster Stelle stehen meistens Abraham und der Messias. Von Abraham handelt z. B. das erste Gleichnis der Gleichnisreihe von der Bedrängnis (BerR 41,3).

„Gleich dem Freund des Königs, der in einer Stadt wohnte. Seinetwegen besuchte der König die Stadt und fühlte sich für sie verantwortlich. Als Barbaren kamen und den Freund angriffen, sagten die Stadtbewohner: Weh uns! Der König fühlt sich für die Stadt nicht mehr verantwortlich! So wurde die ganze Welt nur um Abrahams willen erschaffen. Als die Chaldäer kamen und ihn angriffen, begannen alle zu rufen: Wehe!"[21].

Das Gleichnis meint tatsächlich, Gott hätte sich nicht mehr um die Welt gekümmert, wenn es den götzendienerischen Feinden Abrahams gelungen wäre, ihn im Feuerofen zu vernichten. Abraham wiegt demnach die ganze Schöpfung auf. Dementsprechend beinhaltet das Leben nach der Tora, das Abraham beispielhaft führte, obwohl die Tora zu seinen Lebzeiten noch nicht auf dem Sinai verliehen worden war, die höchste Würde des Geschöpfseins (vgl. bShab 88a–89a).

---

[21] Zur Deutung der ganzen Gleichnisreihe von der Bedrängnis: Thoma/Lauer, Gleichnisse II, 253f. Nach diesem Abrahamsgleichnis folgt ein Gleichnis über den Messias, der für Israel ebenso unentbehrlich geschildert wird wie Abraham für die Welt.

Solche Vorstellungen sind leicht zu depravieren, und man muß immer wieder ihren damals gemeinten Sinn bedenken, wenn man sich nicht von den sich an sie anschmiegenden Chauvinismen täuschen lassen will. Sie wurden geschaffen, um den fundamentalen Glaubenssatz zu schützen und auszuschmücken, daß Gott sein Schöpfungswerk zielbewußt und zielgerichtet und damit sehr gut geschaffen hat. Jeder Mensch und besonders jede Erwählungsgemeinschaft war von Anfang an im Blickpunkt des Schöpfers. Gott hat sich bei der Erschaffung der Welt - um mit Saadja Gaon (882–942) zu sprechen – als „lebend, mächtig und weise" erwiesen (Emunot wedeot II,1).

3.2. Hoffnung auf die Bestätigung am Ende

Israels Erwählung und Verantwortlichkeit wird nicht nur auf die Schöpfung zurückgeführt, sondern auch mit dem Ende der Zeiten in Zusammenhang gebracht. Im Verlaufe der Geschichte wird immer wieder betont, daß die letzte Rechtfertigung der Erwählung Israels vor den Augen aller Menschen in der Zukunft von Gott her erfolgen werde. Es ist lohnend, auf diese Vorstellung geschichtlich und erwählungstheologisch kurz einzugehen. In Mt 13,24–30. 36–43 wird das Gleichnis vom Unkraut mitten unter dem Weizen erzählt und gedeutet. Guter Weizen ist auf einen Acker gesät worden, der zum Wachsen und Reifen bestimmt gewesen ist. In einem unbewachten Moment säte ein Feind Unkraut mitten unter den Weizen. In der Reifezeit kam auch das Unkraut zum Vorschein. Die Knechte gingen deshalb zum Gutsherrn und fragten, ob sie nicht gleich das Unkraut ausreißen und das Feld reinigen sollten. Nein, dies sei zu gefährlich, weil mit dem Unkraut auch der Weizen ausgerissen würde, meinte der Gutsherr. Es solle vielmehr bis zur Erntezeit gewartet werden. Dann werde sich durch die Arbeit der Schnitter eine problemlose Scheidung zwischen Weizen und Unkraut ergeben. Der Weizen werde dann in die Scheunen eingefahren, das Unkraut aber verbrannt werden. Die Deutung dieses Gleichnisses lautet dann so: „So wird es am Ende der Welt sein: Der Menschensohn wird seine Engel aussenden, und sie werden aus seinem Reich alle zusammenholen, die andere verführt und Gottes Gesetz übertreten haben. Sie werden sie in den Ofen werfen, in dem das Feuer brennt. Dort werden sie heulen und mit den Zähnen knirschen. Dann werden die Gerechten im Reich des Vaters wie die Sonne leuchten" (VV 41–43).

Einige Züge aus der Jotamfabel (Ri 9,7–21) mögen mitgeholfen haben, dieses Gleichnis meisterhaft zu formulieren. In der überlieferten Form hat das Jesusgleichnis zweifellos eine antizelotische Tendenz: Es geht nicht an, die Bösewichte der Gesellschaft zu lynchen. Eine Scheidung zwischen gut und böse ist in der Geschichtszeit nicht möglich. Hier wird eine Toleranz gefordert und von der Zukunft her motiviert. Es muß eine Gesellschaft aufgebaut werden, in der Gute und Schlechte Platz haben. Es ist nicht Sache der menschlichen Mächte, über Gute und Böse zu bestimmen. Überdies ist alles im Wachsen und in der Entwicklung: der Weizen und das Unkraut. Erst in der metahistorischen Zeit wird die Scheidung zwischen gut und böse ein überzeugendes Geschehnis sein können.

Was wir zwischen Judentum und Christentum im Verlaufe der Geschichte oft wahrnehmen, scheint in einer Weise auch mit dem Gleichnis vom Unkraut im Weizen passiert zu sein. Es gab eine *gegenseitige uneingestandene Beobachtung*. Wenn der eine Konkurrent den Eindruck erhielt, der andere habe mit irgend etwas bei den Menschen Erfolg und dies sei eine Bedrohung der eigenen Identität und des eigenen Anhangs, dann schuf er ein Gegenbeispiel oder entwickelte Ideen und Strategien, die den Einfluß des Gegenübers immunisieren sollte. Das rabbinische Gleichnis vom Weizen und der Spreu, das sich in BerR 83,5 und anderswo findet, scheint als eine jüdische Reaktion gegen das populäre Jesusgleichnis vom Unkraut unter dem Weizen geschaffen worden zu sein. Die Abwandlung des Bildes sollte den Kontrapunkt deutlich machen. Das Gleichnis vom Weizen und vom Spreu knüpft nicht am Unkraut als Gegensatz zum Weizen an, sondern es wertet die einzelnen Teile der Weizenpflanze. Es berücksichtigt auch nicht das Wachsen und Reifen dieser edlen Frucht. Es setzt vielmehr voraus, daß das Feld bereits abgeerntet ist und die Weizenhalme samt ihrem Wurzelwerk (Stoppeln) zum Dreschen bereit liegen. Zwischen Ernte- und Dreschzeit habe es Streit gegeben zwischen den Stoppeln, dem Stroh (Halme) und der Spreu (das, was die Weizenkörner direkt umschließt). Jeder Teil der Weizenpflanzen habe gesagt: „Um meinetwillen ist die Welt geschaffen worden". Ihnen gegenüber hätten sich die reifen Weizenkörner in folgender Weise zu Wort gemeldet:

„Wartet bis die Dreschzeit kommt, dann werden wir wissen, um wessentwillen das Feld besät worden ist". Als dann die Dreschzeit kam und sie in die Scheune eingefahren wurden, kam der Hausherr, um zu worfeln. Die Spreu verflog im Wind. Er nahm die Stoppeln und warf sie auf den Boden. Er nahm den Weizen und häufte ihn auf. Die Leute gingen daran vorbei, und jeder, der ihn sah, küßte ihn.- So die Weltvölker. Ein jedes sagte zu Israel: Wir sind Israel, und unseretwegen ist die Welt erschaffen worden. Da sagte Israel zu ihnen: Wartet, bis der Tag des Heiligen, gelobt sei er, kommt! Dann werden wir wissen, um wessentwillen die Welt erschaffen worden ist…"

Nach dem jüdisch-rabbinischen Gleichnis ist die Geschichtszeit schon weiter fortgeschritten als nach der neutestamentlichen Parallele: Das Weizenfeld ist abgeerntet, die Weizenfrucht ist zusammengebündelt. Die Grundentscheidungen sind schon gefallen, es kommt nur noch auf die Promulgation des wahren Erwählungsträgers an. Auch das Neue Testament kennt an andern Stellen diese fortgeschrittene Zeit (z.B. Mt 3,12; 12,28; Lk 3,17; 11,20). Die Phase zwischen der Ernte und der Dreschzeit ist die Geschichtszeit, in der die feindlichen Weltvölker miteinander um den Erwählungsvorrang streiten. Alle sagen: „Wir sind Israel!" Israel (die Weizenkörner) hat zu diesem Streit nichts beizutragen. Es kann aber auf die Zukunft als Schiedsrichterin verweisen. Dann werde das wahre Israel von Gott enthüllt und die falschen, eingebildeten „Israels" werden verworfen, verbrannt und zerstampft werden. Das wahre Israel, der reine Weizen, werde dann von allen Engeln geliebt und geküßt werden.

Das neutestamentliche und das rabbinische Gleichnis hatten eine ins Judentum und Christentum und in den Islam hineinragende Wirkungsgeschichte. Es ging dabei immer um das Motiv der Rechtfertigung des Erwähltseins vor Gott und von der Zukunft her. Der prophetische Kabbalist Abraham Abulafia (1240–1291) erzählte bei seinen Versuchen, die Juden und die Christen messianisch zu beeinflussen, eine *Perlenparabel*, die mit Lessings späterer Ringparabel („Nathan der Weise") vergleichbar ist: Ein Mann (Gott) besaß eine kostbare Perle, die er seinem Sohn (=dem jüdischen Volk) nicht vererben konnte, weil dieser sich gegen ihn aufmüpfig benahm. Gleichzeitig behaupteten andere (die Christen und die Muslime), sie besäßen die wahre Perle und seien die wahren Erben des Vaters. Sie begannen, den wahren Sohn zu quälen. Da wurde dieser besinnlich und wandte sich seinem Vater wieder zu. Dieser verzieh ihm alles und schenkte ihm die Perle[22]. In irgendwelchen Abwandlungen taucht das Motiv der jetzigen Verwirrung zwischen den Religionen und Völkern und der Klärung der Lage von Eschaton her immer wieder auf: bei Bocaccio, Lessing, Nachman von Bratzlav. Josef Roth (1894–1939) hat den alten Vorstellungen nach Rechtfertigung und Bestätigung aller Sehnsüchte von der Zukunft und von der Unendlichkeit her in seiner Erzählung „Der Leviathan" starken Ausdruck gegeben[23]. Der jüdische Korallenhändler Nissen Piczenik verzehrt sich in Sehnsucht nach den Korallen des Meeres und nach deren mythischem Herrscher Leviathan, der im Grunde des Meeres wohnt. Nach vielen Irrwegen und seeli-

---

[22] nach Moshe Idel, Abulafia on the Jewish Messiah, Immanuel 11 (1980) 64–80.
[23] erschienen 1940 in Amsterdam.

schen Tragödien besteigt Nissen ein Schiff und geht mit diesem unter. Joseph Roth wünscht dem Korallenhändler abschließend, daß er „auf den Grund des Ozeans "in Frieden ruhe neben dem Leviathan bis zur Ankunft des Messias." Das Motiv der Bestätigung vom Ende her ist hier ins Persönliche und Individuelle gewendet. Es hat dabei nichts von der ursprünglichen Kraft der alten Gleichnisse verloren. Der Mensch kommt erst zur Ruhe, wenn er seiner Bestätigung am Ende seiner Wege gewiß ist, und wenn er sieht, daß seine ihn herabwürdigenden Konkurrenten zuschanden werden.

3.3. Zwischenzeitliche Gefahren

Erwählungsbegründungen vom Schöpfer und Endvollender her sind gewiß starke Motive, besonders dann, wenn sie miteinander verbunden werden. Sie bringen die jüdische Erwählungsgemeinschaft mit der außerjüdischen Wirklichkeit und mit dem geschichtlichen Wachsen auf die Vollendung hin zusammen. Aus diesen imponierenden Überzeugungen können aber auch ideologische Gefahren erwachsen. Die erwählte Gemeinschaft betrachtet sich als Mitte und Ziel aller Völker und Zeiten. Sie ordnet alles ihren Blickpunkten unter und unterschätzt das Geschehen außerhalb ihrer geistigen Mauern. Sie bleibt statisch als „Reich der Mitte" stehen und nimmt Entwicklungen rund herum nicht mehr wahr. Die Teleologie der Schöpfung auf Israel und dann auf das Eschaton hin will aber keine Stufung der Werte vornehmen, sondern in erster Linie die Weisheit und den Ordnungssinn des Schöpfers betonen. Er hat Israel in die Schöpfung und in die Geschichte eingereiht, ohne damit eine prinzipielle Hochstellung Israels zu verbinden. Die Propheten Israels sind daher immer wieder laut gegen Überschätzungstendenzen im Volk Gottes vorgegangen. Überheblichkeiten führen einzig zu Erwählungsverengungen.

Einen besonderen Grund zur Selbstbescheidung findet die erwählte Gemeinschaft in ihrer äußerst schwachen Position zwischen der Erschaffung und der Vollendung der Welt. Israel und die Kirche sind ihrer Verantwortlichkeit für das Schöpfungs- und Entwicklungsgeschehen stets nur lässig und mit Beimischung von Sünde nachgekommen. Der Verfasser des neutestamentlichen Jakobusbriefes ist sich mit Jesus darin einig, daß der Weg der Gläubigen durch die Umwälzungen der Zeit hindurch in Richtung auf die Endherrschaft Gottes keine gepflasterte Straße ist, sondern eine leicht zerstörbare Brücke. Die Unvollkommenheit des einzelnen Gläubigen verschüttet nicht nur den kleinen, eigenen Pfad, sondern gefährdet die von Gott geplante Brücke als solche. Dies etwa ist der Sinn von Jak 3,5f: „So ist auch die Zunge ein kleines Glied und rühmt sich großer Dinge. Siehe: ein Feuer, noch so klein, zündet einen Wald, wie groß auch immer, an. Auch die Zunge ist ein Feuer – die Welt der Ungerechtigkeit – die Zunge hat ihren festen Sitz unter unseren Gliedern; sie beschmutzt den ganzen Leib und steckt das Rad des Werdens in Brand und ist von der Hölle in Brand gesteckt" (vgl. Mt 11,12). Es geht bei allen Erwählungsspekulationen und religiösen Identitätsaussagen immer auch darum, die eigene Gefährdung, den eigenen Abfall und die eigene Fähigkeit, anderen Menschen und Gruppen physischen und moralischen Schaden zuzufügen, auf die Waagschale zu legen.

4. Herabneigung Gottes

Gott ist die höchste und innerste Bewegung zur Welt, zum Menschen und zu seinem Volk hin. Die Hebräische Bibel und das Neue Testament bezeugen dies auf Schritt und Tritt. Damit ist nicht gesagt, daß man den Gott Israels nicht auch mit statischen Metaphern feiern kann. Das Alte und das Neue Testament bezeichnen ihn als den auf dem Thron Sitzenden und die himmlische und die irdische Welt Regierenden (1 Kön 22,19; Jes 6,1; Ps 47,9; Apk 4 u.ö.). Dominant aber ist nicht die Statik, sondern die Dynamik Gottes: nicht der im Himmel Thronende, sondern der sich den Menschen Enthüllende, nicht der Unerreichbare und Unberührbare, sondern der Engagierte und Betroffene, nicht der Eigenschaftslose, sondern der auf die menschlichen Emotionen und Situationen Eingehende. Vor dem unter dem ersten Abschnitt angeführten Midrasch über die Erwählung Israels für die Tora (Mekh zu 20,2; Sif Dev 349) heißt es in einem weniger erwählungsexklusiven Midrasch:

„‚Der Ewige kam vom Sinai' (Dtn 33,2). Als Gott sich offenbarte, um Israel die Tora zu geben, da offenbarte er sich nicht aus einem Windsturm allein, sondern aus allen vier Winden (d.h. nicht Israel allein, sondern allen Völkern). Es heißt nämlich: ‚Der Ewige kam vom Sinai und glänzte ihnen auf von Seir, er strahlte auf vom Gebirge Paran' (Dtn 33,2). Und welches ist die vierte Windrichtung? ‚Gott kommt vom Theman her' (Hab 3,3). Eine andere Auslegung: Als Gott sich offenbarte, um Israel die Tora zu geben, da offenbarte er sich ihnen nicht nur in einer Sprache, sondern aus vier Sprachen. Es heißt nämlich: ‚Und er sprach: Der Ewige kam vom Sinai' – das ist die hebräische Sprache ‚Und glänzte ihnen auf von Seir' – das ist die römische Sprache. ‚Er strahlte auf vom Gebirge Paran' – das ist die arabische Sprache, ‚Und näherte sich vom Meribat Kadesch' – das ist die aramäische Sprache" (Sif Dev 349: S. 395).

Nach rabbinischer Auffaßung „kam" der sich offenbarende Gott vom Berge Sinai herunter, und von dort aus wehte er wie ein Wind über die ganze Welt. Nach dem Propheten Joel (Joel 3,1–5) und der neutestamentlichen Pfingsterzählung (Act 2) handelte es sich beim Kommen Gottes im Windes- oder Geistgebraus nicht nur um ein Urereignis, sondern um ein stetes, in der Endzeit sich noch intensivierendes Tun Gottes.

4.1. Der dialogische Gott

Die Bewegung Gottes, sein Wirken in Israel und unter den Völkern hat mehrere, nicht auslotbare Dimensionen. Zunächst läßt Gott mit sich reden. In dem ca. 130 v. von einem hellenistisch gesinnten Juden verfaßten *Aristeiasbrief* wird die in der Mitte des dritten vorchristlichen Jahrhunderts geschehene Übersetzung des Pentateuchs ins Griechische legendenhaft geschildert und gepriesen. Um den in Ägypten wohnenden Juden zu einer jüdischen Identitätsfindung mitten in der griechisch-heidnischen Kultur zu verhelfen, wird in dieser Schrift so getan, als würden sich jüdische Gottesauffassungen ziemlich problemlos mit griechischen vertragen. So heißt es im 17. Paragraph des Aristeiasbriefes: „Das Menschengeschlecht ist eine Schöpfung Gottes, und Gott kann immer wieder umgestimmt und gewandelt werden". Daraus wird dann die Möglichkeit des wirksamen Gebetes und des verdienstvollen Tuns abgeleitet. Daß Gott z.B: durch Gebet und gute Werke „immer wieder umgestimmt und gewandelt werden kann", ist jedoch in der damaligen griechisch-hellenistischen Welt kaum anzutreffen. Vielmehr dominierte der aristotelische „primus motor immobilis" und das platonische absolute Sein ohne Eigenschaften. Die platonischen Worte wurden tradiert, wonach Gott „ohne ein Wie" d.h. qualitätslos und nicht affizierbar ist[24]. Es handelt sich beim zitierten Satz aus dem Aristeiasbrief also um eine jüdische Auffassung, die den Griechen unbemerkt zugeschoben wird. Im Judentum kann seit biblischer Zeit mit Gott gemarktet und gerechtet werden (Gen 18,16–33; Hiob). Dem Judentum ist seit israelitischer Zeit ein großes Quantum an philosophisch nicht gestähltem Gottesverständnis eigen. Es interessiert sich vor allem an dem Gott, der seine eigene, ganz und gar unbestrittene Absolutheit aus Liebe einschränkt, der auf Erden wirkt, Partner Israels ist, die Not der Israeliten teilt, sich von

---

[24] Platon. De rep. I 509; dazu später Philon vitMos I 75; Leg I 47; Justin der Märtyrer, Apologia II 6; Augustinus, Civ. Dei VII 6.

seinem Zorn abwendet und sich von der Gerechtigkeit ab- und der Barmherzigkeit zuwendet. An die Stelle des unerreichbaren und unberührbaren
Gottes tritt im Judentum der Gott der Zwiesprache und der Zusammenarbeit. Die Pharisäer waren nach dem Bericht des Josephus Flavius jene frühjüdische Gruppe, die darauf pochte, daß man Gott durch Gebet und verant-
wortliches Handeln in die Veränderung hineinziehen kann. Sie wehrten
sich demnach gegen die allumfaßende und nicht eindämmbare Macht der
göttlichen Vorausverfügung (heimarmenê). Trotz der Wirksamkeit der
heimarmenê „kommt es uns selbst zu, ob sie wirksam wird oder nicht" (Ant
13,172). Sie anerkannten zwar, „daß alles durch die heimarmenê verfügt
wird, sie berauben aber den menschlichen Willen nicht der Möglichkeit, das
von ihm Erstrebte zu erreichen. Sie meinen, für Gott geschehe eine Ver-
schmelzung (tô theô krasin genesthai), indem sein Wille und die gute Absicht zusammen kommen". Den Pharisäern ging es demnach nicht um den
freien Willen, sondern um die Möglichkeit, daß das Gute – auch die Fürbitte
– bei Gott Auswirkungen hat und daß das Böse von ihm bestraft wird. Man
hat diese kombinierte kommunikative Gottesauffassung später unter den
Begriff Synergismus gebracht. Wenn man aber gegen wirkliche oder angeblich jüdische Mißbräuche polemisieren wolllte, redete man von der jüdischen Werkgerechtigkeit. Die Rabbinen haben diese pharisäische Konzeption vom Zusammenwirken von Gott und den Menschen im Zusammenhang von guten und bösen Taten weiter ausgefaltet. In bTaan 23a wird
gesagt: „Der Gerechte verfügt (gozer) und der Heilige, gelobt sei er, führt
aus (meqayyem)". Das Neue Testament lebt ebenfalls von dem Gedanken
des Zusammenwirkens von Gott und Mensch. Die berühmteste Stelle dafür
ist Mt 16,19: „Dir will ich die Schlüssel des Himmelreiches geben. Was du
auf Erden binden wirst, wird auch im Himmel gebunden sein". Die Auffassung von der Vollmacht des Petrus gründet sich auf dem theologischen
Synergismus in Sachen Glauben und Sitten, den schon die Pharisäer vertreten haben. Auch der vielzitierte Gebetsenthusiasmus des Neuen Testaments (Mt 6,7–13; 7,7–11; Jak 1,5–7) gehört in den Zusammenhang des
religiösen jüdischen Synergismus.

4.2. *Der sympathische und empathische Gott*

Durch das ganze rabbinische Schrifttum hindurch ziehen sich Auffassungen und Bekenntnisse, wonach der Gott Israels kein emotionsloser (apathi-
scher) Gott ist, sondern ein sympathischer und empathischer: Er hat ein
Sensorium für das Leid der Menschen (Sympathie) und begibt sich ins Leid

der Menschen hinein (Empathie). Freilich versinkt er dabei nicht in der Betroffenheit und in der Schicksalsverbundenheit mit den Menschen, sondern bleibt der souveräne Herr, Schöpfer und Erlöser. In einer besonders lapidaren Form wird uns die Sympathie und Empathie Gottes im Gleichnis von den Zwillingen (Pesk 5,6) vorgeführt[25].

> „Gleich Zwillingen: Einer hat Kopfweh, und der andere spürt es! So sagte der Heilige, gelobt sei er: ‚Ich bin bei ihm in der Not‘ (Ps 91,15). Und: ‚Denn mein Haupt ist voll Tau‘ (Cant 5,2)“.

Nach diesem Gleichnis ist Gott mit Israel innig verbunden, ja verschwistert; er spürt daher die Not Israels und teilt sie. Daß er als „Zwilling" Israels bezeichnet werden kann, wird aus der Gottebenbildlichkeit des Menschen (Gen 1,26f) abgeleitet. Die Leidensgemeinschaft gilt anderwärts als innerjüdisches Merkmal:

> „Wie das Schaf: Wenn es an einem seiner Glieder geschlagen wird, spüren es alle seine Glieder. So die Israeliten: Wenn einer von ihnen geschlagen wird, spüren es alle und leiden. Aber bei den Weltvölkern ist es nicht so. Vielmehr: Wenn einer von ihnen erschlagen wird, freuen sich alle an seinem Fall" (MekhY zu Ex 19,6: S.209; teilweise auch WaR 4,6: S.91).

Daß Gott sich der Leidensgemeinschaft Israels zugesellt, ist eine außerordentlich feinfühlige rabbinische Ableitung aus verschiedenen Bibeltexten, besonders aus Jes 63,9, eine Stelle, die folgendermaßen gelesen wird: ‚In all ihrer Not bin ich in Not‘. Man kann das rabbinische Reden vom sympathischen und empathischen Gott nicht als Anthropomorphismen oder Anthropopatismen abtun und damit als unerheblich erklären. Zuviele Stellen insistieren darauf, und es werden zuviele Schlüsse für eine Mitleidens- und Leidensspiritualität daraus gezogen! Eher wird man sagen können: Das rabbinische Judentum denkt ähnlich über die gott-menschliche Leidensgemeinschaft wie das Neue Testament, allerdings ohne die Person Christi dabei ins Spiel zu bringen[26].

---

[25] Thoma/Lauer, Gleichnisse I 139f. Illustrativ sind auch die Zwillingsgleichnisse vom dreinschlagenden König (BerR 28,6), Thoma/Lauer, Gleichnisse II 202–205.

[26] Dazu Peter Kuhn, Gottes Trauer und Klagen in der rabbinischen Überlieferung.

4.3. Die Schekhina

Wenn die Rabbinen von der Herabneigung Gottes und der Verbundenheit Gottes mit Israel reden, dann verwenden sie oft – nicht immer – den Term Schekhina[27]. Mit Schekhina ist von Wort (sch-k-n) und Inhalt her die „Einwohnung" Gottes im Volk Israel und in seinen Institutionen gemeint, d. h. die praesentia Dei specialis in Heiligtum und Gemeinschaft und die heilvolle Begleitung Israels durch die Geschichtszeit hindurch bis zur endzeitlichen Fülle von seiten des sich herabneigenden Gottes. Der Ausdruck Schekhina taucht erst nach der Tempelzerstörung (70 n. Chr.) auf und besagt die Fortdauer der Bundes-Treue Gottes bzw. der Erwählung Israels in der tempellosen Exilszeit. Die Schekhina-Traditionen stützen sich auf viele biblische Aussagen, wonach Gott sich stets zu Israel hin bewegt und im Bundeszelt, im Tempel und im Kreis der sündigen, bangenden und hoffenden Israeliten Wohnung nimmt. Franz Rosenzweig übersetzt daher Schekhina mit „Niederlassung Gottes auf die Menschen"[28]. Im Anschluß an den sich in Jes 7,14 findenden „Zeichen-Namen" ᶜimmanû-El (mit uns ist Gott) reden die Rabbinen von ᶜimmanû-Schekhina (mit uns ist die Schekhina). Sie verstehen also die Schekhina als den Israel zugewandten, mit Israel Gemeinschaft pflegenden und Israel ins Heil führenden Aspekt Gottes. Gott ist der Mit-Seiende, Mit-Gehende, Mit-Leidende, der relational Denkende und Handelnde, der Erlöser Israels. Im MekhY zu Ex 12,41 heißt es: „Immer wenn die Israeliten geknechtet wurden, wurde die Schekhina – wenn man so kühn reden darf – zusammen mit ihnen geknechtet. (Dann folgt eine Aufzählung der israelitischen Exile: Ägypten, Babylon, Elam, Edom = Rom; immer sei auch die Schekhina exiliert und geknechtet gewesen)…Und wenn die Israeliten am Ende der Tage zurückkehren werden, wird auch die Schekhina mit ihnen (aus dem Exil) zurückkehren". Die schekhinatische Gegenwart Gottes läßt sich auch durch die Sünde Israels nicht vertreiben: Im Zusammenhang mit Lev 16,16 wird in bYom 56b–57a gesagt: „Auch wenn die Israeliten verunreinigt sind, ist die Schekhina mit ihnen". Nach mAv 3,2 ist die Schekhina „zwischen" bzw. „mitten unter" jenen, die sich um die Tora bemühen; sie ist sogar anwesend, wenn sich

---

[27] Im Folgenden richte ich mich nach meinem Schekhina-Artikel in Petuchowski/Thoma, Lexikon, 352–356 und nach Ernst, Die Schekhina..

[28] Stern der Erlösung III 3 192; vgl.auch Arnold Goldberg, Untersuchungen über die Vorstellungen von der Schekhina; Peter Schäfer, Die Vorstellung vom heiligen Geist.

einer allein mit der Tora beschäftigt. Im Zusammenhang mit der Schekhina werden im allgemeinen keine Befürchtungen vor unziemlichen Anthropomorphismen laut. So ist vom Antlitz (yBer 5,1; yHag 1,1; bBB 10a), den Schwingen (bShab 31a) und den Füßen der Schekhina (bBer 43b; bHag 16a) die Rede. Da ja „die Hauptsache der Schekhina unten ist" (BerR 19,13; Tan nasso 12 zu Num 7,1), geht es den Rabbinen darum, Erd- und Israelzugewandheit auch plastisch zum Ausdruck zu bringen. Die Rabbinen warnen anderseits immer wieder vor gefährlichen, zur Überheblichkeit führenden Gottesspekulationen (mHag 2,1). Der Mensch soll auch vor der Schekhina Respekt und Abstand behalten und nicht hinter sie gelangen und in die Gottheit hineinschauen wollen. In bKet 111b wird warnend auf Dtn 4,24 hingewiesen: „Denn der Ewige, Dein Gott, ist ein verzehrendes Feuer". Dann wird gefragt: „Ist es denn möglich, der Schekhina anzuhangen (ledabbeq basch-schekhina)?" Statt einer Antwort wird gesagt, man solle jene Menschen fördern, die sich um die Tora bemühen. Dies werde einem angerechnet, „wie wenn man der Schekhina anhangen würde". Die rabbinische Scheu vor dem spekulativen Schauen hinter die Schekhina ins innergöttliche Leben hinein wird in der Kabbala vielfach fallengelassen. Die Schekhina wird nun zur untersten, erdnächsten Sefira. Sie wird auch „Herrschaft" genannt und mit David, dem Sabbat, dem Heiligen Geist und der mündlichen Tora verbunden. Der die Tora in ihrem zuinnerst gemeinten Sinn erfüllende Kabbalist pflanzt den Sefirôt-Baum in die Erde, wobei die Schekhina/Herrschaft als unterste Sefira zum Wurzelwerk wird. Diese Vorstellung kommt der Herrschaft-Gottes-Verkündigung Jesu nahe (vgl. Mk 4,26–29.30–32).

Die von den Rabbinen schekhinatisch gedeuteten Stellen der hebräischen Bibel weisen auf die Kondeszendenz Gottes hin. Damit wird Schekhina zu einem möglichen Interpretament der christlichen Theologie und Verkündigung. Num 11,17 und seine targumische Deutung können eine mögliche Adaption aufzeigen. Num 11,17 steht im Zusammenhang mit der Erwählung der 70 Ältesten zu Gehilfen des Mose. Gott befiehlt, sie vor das Bundeszelt zu bringen, und sagt dann zu Mose: „Dann werde ich herniedersteigen (yrd) und dort mit dir reden. Ich werde etwas vom Geist nehmen, der über dir ist, und werde ihn auf sie legen…" Der Targum PsJ aktualisiert dies so: „Dann werde ich mich offenbaren in der Pracht meiner Schekhina und dort mit dir reden. Ich werde den Geist der Prophetie vermehren und ihn auf sie legen…" Die Verwandtschaft zwischen Schekhina-Vorstellungen und Traditionen über den Heiligen Geist, die Gabe der Prophetie (teilweise auch mit dem „Wort" und der „Herrlichkeit" Gottes) sind auch an anderen Stellen belegt, besonders in Targum-Stellen über das Bundeszelt, dieses

„Haus der Schekhina" (so TPsJ zu Num 11,24 u.ö.). Aus diesen Voraussetzungen heraus kann man die Schilderung des urkirchlichen Pfingstfestes
(Apg 1,15–26: Wahl des Matthias; Apg 2,1–42: Herabkunft des Geistes, Predigt des Petrus) schekhinatisch deuten. Wo immer im Neuen Testament von
der Herabkunft oder dem Ruhen des Geistes Gottes die Rede ist, kann man
von Schekhina reden. Wenn Jesus sich in der Synagoge von Nazaret auf den
laut Jes 61,1f auf dem Gesalbten ruhenden Geist beruft, dann ist seine Predigt schekhinatisch interpretierbar. In 2 Kor 3,17 heißt es bezüglich des
erhöhten Christus: „Jetzt ist der Herr der Geist!" In targumische Diktion
würde der Vers lauten: „Jetzt ist der Herr die Schekhina, oder: Er ist in die
Schekhina hineingegangen, ist mit ihr identisch geworden". Damit ist der
Weg frei, die Christologie und Pneumatologie von den Schekhina-Traditionen der Rabbinen her zu deuten. Diese Zugänge vom rabbinischen Schek-
hina-Verständnis her müssen jedoch vorsichtig und ohne synkretistische
oder das jüdische Glaubensverständnis vereinnahmende Nebenabsichten
betreten werden.

5. Vernichtung von Gott her

Die Schöpfung und die geschichtliche Entwicklung der Geschöpfe sind
nicht ohne radikale Rückschläge vonstatten gegangen. Die bisher größte
Zerstörung der Schöpfungsordnung war nach jüdisch-traditioneller Auf-
fassung die Sintflut, von der in Gen 6–8 erzählt wird. Mit Ausnahme der
Noach-Sippe und erwählter Tierpaare wurde damals auf Befehl Gottes alles
Lebendige auf Erden durch Wasser vernichtet. Gott wollte mit wenigen
Ausnahmen „alle Wesen vom Erdboden vertilgen", die er erschaffen hatte
(besonders laut Gen 6,4).

Die Bibel verliert aber im Zusammenhang mit der Sintflut keinen einzigen Satz, in dem gegen den grausamen Verderber-Gott revoltiert würde. Ihr
sind die Geretteten und der Bund Gottes mit ihnen wichtiger als die Sintflut. Diese Gewichtung zugunsten der Geretteten wird geradezu zu einem
Topos, der sich auf vielen Seiten der Bibel findet: Die Geretteten preisen
Gott für ihre Rettung, und sie werden zu Helden und Vorbildern für andere
(z.B. Dan 3; 6). Nach neutestamentlicher Aussage haben nur acht Menschen die Sintflut überstanden. Diese acht seien aber wahre Urahnen der
Getauften (1 Petr 3,20f). Im rabbinischen Gleichnis vom Loch im Sandhau-
fen (PesK 2,9) wird auf die von König David veranstaltete gottwidrige
Volkszählung (2 Sam 24,15) hingewiesen, die die Ursache für den Tod von
70'000 Israeliten gewesen sei. David konnte diese Toten nicht mehr leben-

dig machen. Gott aber bewirkte, daß die Zahl der lebendigen Israeliten beim Regierungsantritt Salomos wieder so groß war wie vor der Sünde Davids: „Die Israeliten werden mit Sand verglichen. Wie du am Abend in diesen Sand ein Loch gräbst und es am Morgen aufgefüllt findest, so sind alle Tausende, die in den Tagen Davids gefehlt haben, in den Tagen Salomos aufgefüllt worden"[29]. In der jüdischen und in der urchristlichen Tradition sind fast alle Reflexionen über schwerste Heimsuchungen und Vernichtungen schließlich ins Lob Gottes eingemündet: nicht wegen der Toten, sondern wegen der Überlebenden! Die Sintflut war der Ur-Holocaust. Weshalb ließ Gott damals die Vernichtung der Menschheit zu? Dies ist ebenso unverständlich wie Gottes Zulassung des Holocausts des 20. Jahrhunderts am jüdischen Volk. Es bleibt zu hoffen, daß der Glaube an den mitbetroffenen und heilenden Gott eines Tages trotz allem wieder wachsen kann.

Die Sintflut hat später aber auch viel geistiges Kopfzerbrechen verursacht. Die Rabbinen haben sich mit der Sintflut schwer getan. Ihre Versuche, den Schöpfer trotz seines Vernichtungsbefehls zu verteidigen, sollten auch in der modernen Holocaust-Diskussion Gehör finden. Das Sintflutgeschehen zeigt, daß die Schöpfung Gottes versehrt ist und daß der Schöpfer und die Schöpfung in schwerster Weise davon betroffen sind. Auch der Aspekt des Mißlingens und der Zerstörung gehört zur jüdischen (und auch zur christlichen) Schöpfungstheologie. Drei Gleichnisse sollen die ganze Problematik beleuchten:

5.1. Theologisches Ausmaß der Sintflut

Im Gleichnis vom dreinschlagenden König (BerR 28,6) wird versucht, die Katastrophe der Sintflut in ihren geschöpflichen und göttlichen Ausmaßen zu schildern. Veranlaßung dazu bilden Gen 6,7 ('Ich werde vernichten...vom Menschen bis zum Vieh, zu den Kriechtieren und zu den Vögeln des Himmels') und Zef 1,2f ('Ich raffe alles vom Erdboden weg: Mensch und Vieh raffe ich weg, die Vögel des Himmels raffe ich weg und die Fische im Meer: alles, wodurch die Frevler zu Fall kommen'). Vermutlich wollte der das Gleichnis erzählende Rabbi Pinchas die Urkatastrophe der Sintflut (Gen 6,7) mit der Vorstellung von einer angedrohten Endkatastrophe (Zef 1,2f) verbinden. Das Gleichnis lautet:

---

[29] Thoma/Lauer, Gleichnisse I 117f

„Gleich einem König, der seinen Sohn verheiratete. Er machte ihm ein Brautgemach und ließ es tünchen, grundieren und bemalen. Der König zürnte seinem Sohn und erschlug ihn. Er betrat das Brautgemach und begann, die Stangen zu zerbrechen, die Tücher zu zerfasern und die Vorhänge zu zerreißen. Der König sagte: Habe ich dies denn nicht einzig für meinen Sohn gemacht? Mein Sohn ist zugrunde gegangen und dies soll bestehen bleiben?
Deshalb: ‚Vom Menschen bis zum Vieh, zu den Kriechtieren und zu den Vögeln des Himmels' (Gen 6,7). Siehe, es heißt auch: ‚Ich raffe alles vom Erdboden weg! Mensch und Vieh raffe ich weg, die Vögel des Himmels raffe ich weg und die Fische im Meer: alles wodurch die Frevler zu Fall kommen' (Zeph 1,2f)[30].

Der König (Gott) hat das Brautgemach (die auf den Menschen bezogene Natur) einzig für den Sohn (die Menschheit) gemacht. Wegen ihrer idolatrischen Neigungen und ihres gewalttätigen und überheblichen Benehmens geriet Gott in Zorn und vernichtete die Menschheit. Da die auf den Menschen hingeordnete Natur (Tiere, Ackerboden, Pflanzen) nun beziehungslos war, wurde auch sie in die Vernichtung hineingezogen. Diese lapidare Schilderung zeigt und erklärt ein Grundgesetz der Schöpfung: Alles Kreatürliche gehört zusammen – auf Heil und Verderben! Natur und Mensch können nicht gegeneinander ausgespielt und abgewogen werden. Ohne Menschen gibt es keine überlebende Natur, und ohne Natur gibt es keinen überlebenden Menschen! Der Mensch, dieser Herrscher über die Natur (Gen 1,26–30) muß also wissen, was er tut, wenn er sich frevlerisch verhält: er bedroht sich und die ganze Natur!

5.2. Betroffenheit des Schöpfers

In BerR 8,3 (und BerR 27,4) werden zwei Gleichnisse hintereinander erzählt, die von großer theologischer Dichte sind. Im Anschluß an die Zitierung von Gen 1,26 ('Laßt uns Menschen machen') und Gen 6,6 ('Er grämte sich über sein Herz'), wird im vorausgehenden Midrasch gefragt: „Mit wem hat er sich beraten?" und es folgt die Antwort: „Mit seinem Herzen hat er sich beraten". Die beiden Gleichnisse lauten:

1. „Ein Gleichnis. Gleich einem König, der einen Palast von einem Architekten bauen ließ. Er sah den Palast, und er gefiel ihm nicht. Wem wird er grollen? Etwa nicht dem Architekten? – So: ‚Er grämte sich über sein Herz' (Gen 6,6)".

---

30 Thoma/Lauer, Gleichnisse II 202–205

2. Gleich einem König, der durch einen Mittelsmann Handel trieb und zu Schaden kam. Wem wird er grollen? Etwa nicht dem Mittelsmann? So: ‚Er grämte sich über sein Herz' (Gen 6,6)[31].

Beide Gleichnisse drücken folgende Grundwahrheit aus: Wenn ein Beauftragter seinen Auftrag nicht zur Zufriedenheit des Auftraggebers ausführt, dann wird er zu Recht vom Auftraggeber beiseite geschoben oder bestraft. Gott aber gibt niemandem die Schuld für seine durch Sünde beschädigte Schöpfung, sondern erwägt und betrauert die von der Sünde des Menschen gezeichnete Schöpfung in seinem Herzen. Er kreiert keine Prügelknaben. Damit ist einschlußweise gesagt, daß die Schöpfung trotz der Sünde des Menschen ein dem guten Schöpfer adäquates, ganz auf ihn zurückgehendes Werk bleibt. Das „Sich Beraten" (nimlakh) in der Veranlaßung und im Nimschal wird mit dem „Grollen" bzw. „Sich Grämen" (le-hitraᶜem) im Maschal gleichgesetzt. Dahinter steht die Aussage, daß Gott beim Erschaffen und Vernichten keine Berater von außen hat. Sein eigenes Innenleben ist sein Berater und der Partner seiner Bedenken. Letztlich grollt Gott niemandem, sondern nur sich selbst. Gott trägt die ganze Schuld des Menschen und den damit gegebenen Zwiespalt in sich. Er führt ein Selbstgespräch, und dabei erhält auch die Sünde ihren Sinn und ihren Platz. Implizit heißt das: Gottes Innenleben ist allumfassend und unbegrenzt, so daß es auch Widersprüchliches, ja Sündiges in sich zu bergen vermag. Trotz ihrer Antithetik sind die Zwillingsgleichnisse also kein Ausdruck einer theologia negativa rabbinica. Vielmehr geben sie eine schöpfungstheologische Antwort auf die Sünde des Menschen. Beide Gleichnisse richten sich gegen Vorstellungen von einem fachlich unqualifizierten oder nachlässig arbeitenden Weltenbauer und gegen schlechte Zwischen-Verwalter der Schöpfung. In beiden kommt zum Ausdruck, daß große Heimsuchungen, Vernichtung und Tod von Schöpfer und Schöpfung her zu deuten sind, nicht etwa von einer Spezialerwählung (etwa des jüdischen Volkes) her. Beide Gleichnisse verlangen nicht, daß der Mensch so etwas wie die Sintflut begreife oder Gott noch dafür lobe. Es genügt ihnen, daß der Mensch anerkennt, daß Gott Prüfungen, Leiden und Tod nicht aufgrund einer bei ihm eingegangenen Intrige verfügt hat, sondern daß er dafür Gründe in seinem eigenen Innenleben gefunden hat. Daß dabei menschliche Schuld mitspielt, wird vorausgesetzt. Sie wird aber nicht näher qualifiziert. Es wird nur gesagt, sie stelle für den Schöpfer selbst ein inneres Problem dar. Über die Vernichtung und

---

[31] Thoma /Lauer, Gleichnisse II 105–108.

die damit gegebene Gottes- und Menschenproblematik wird im Zusammenhang mit dem Holocaust noch die Rede sein müssen[32].

6. Gericht und Rettung

Schöpfung, Vorsehung und menschlicher Untergang sind keine Endpunkte des Wirkens Gottes, sondern Anfänge und Etappen. Die ganze Schöpfung, besonders der Mensch, ist darüber hinaus gerichtsbezogen. Das Schöpfungs- und das Vorsehungswerk, Leben, Leiden und Tod werden vom Gericht Gottes begleitet und laufen auf das Gericht hinaus. Was immer der Mensch von seiner Schöpfungsbestimmung und von seinem Glauben an die Vorsehung her tut – nichts ist ohne mindestens einen Seitenblick auf das Gericht vollziehbar. Dies wird präzise in der Gleichnisreihe von der Unbedachtsamkeit ausgesprochen (PesK 24,14)[33]. Die drei ersten Kurzgleichnisse dieser fünffachen Gleichnisreihe sind besonders gut gelungen:

1. *„Gleich einem Räuber, der vor dem Untersuchungsrichter floh. Jemand sagte zu ihm: Lauf nicht zu weit weg, damit du nicht ermattest, wenn du abgeführt wirst! -'Und wisse, daß Gott dich wegen all dem vor Gericht ziehen wird' (Koh 11,9)".*

2. *„Gleich einem, der im Meer schwamm. Jemand sagte zu ihm: Schwimme nicht zu weit, damit du nicht übermüdet bist, wenn du zurück mußt!" – 'Und wisse, daß Gott dich wegen all dem vor Gericht ziehen wird' (Koh 11,9)".*

3. *„Gleich einem Zoll-Betrüger. Als er erwischt wurde, sagte jemand zu ihm: Zahle den Zoll! Er sagte zu ihnen: Nehmt! Sie sagten zu ihm: Meinst du etwa, daß wir den Zoll nur für dieses eine Mal verlangen? Wir verlangen ihn für alle Male, denn du bist ein gewohnheitsmäßiger Zollbetrüger: – 'Und wisse, daß Gott dich wegen all dem vor Gericht ziehen wird' (Koh 11,9)".*

Der Räuber in 1. hat keine Chance, der Verurteilung durch Flucht zu entkommen. Der Schwimmer in 2. kann höchstens erwarten, daß er bei der Verhaftung nicht übermüdet sein wird und so noch in der Lage sein wird, seinen Prozeß durchzustehen. Der Zollbetrüger in 3. erfährt bei seiner Verhaftung, daß sich die Beamten auch um seine früheren Betrügereien kümmern werden, und daß seine Strafe dementsprechend hoch sein wird. Die Veranlassung dieser Gleichnisreihe ist neben Koh 11,9 die verbindliche frü-

---

32 vgl. unter Kapitel XIII.
33 Thoma/Lauer, Gleichnisse I 281–286.

he jüdische Glaubensformel: „Es gibt einen Richter und es gibt ein Gericht." Ihr steht die den Auschluß aus dem religiösen Judentum anzeigende Formel gegenüber: „Es gibt kein Gericht und es gibt keinen Richter (TO und CN zu Gen 4,8; Ant 10, 278). Wer Gericht und Richter leugnet, ist kein gläubiger Jude. Für unseren Zusammenhang heißt das: Der Schöpfer ist erst dann in seiner vollen, unendlichen Würde, wenn er ein Vorsehender, die Geschöpfe in der Geschichtszeit Lenkender ist, und wenn er seine Geschöpfe auch als barmherziger Richter auf ihrem Weg begleitet und sie am Ende ihres Weges auffängt. Dies ist keine ganz neue rabbinisch-theologische Überlegung. Die vielen Gerichts-Stellen im Alten und im Neuen Testament zeigen in vielfacher Weise die Verzahnung vor allem zwischen Vorsehung und Gericht. Eine Schlüßelstelle ist 1 Petr 4,17, wo das Gericht Gottes bereits in die Gegenwart hinein verlegt wird:

„Denn jetzt ist die Zeit, in der das Gericht beim Haus Gottes beginnt; wenn es aber bei uns anfängt, was wird es dann für ein Ende nehmen mit denen, die dem Evangelium Gottes nicht glauben?"

Wenn man 1 Petr 4,17 mit verwandten biblischen und nichtbiblischen Stellen aus damaliger Zeit vergleicht[34], kann man die Stelle etwa folgendermaßen paraphrasieren: Jetzt ist die von Gott bestimmte letzte Zeit der Geschichte. Die christliche Gemeinde ist ein „Haus Gottes" und damit ein Zeichen der erneuerten Schöpfung. Sie wird durch Verfolgungen geläutert, damit sie im Gericht Gottes bestehen kann. Wenn aber sie, die den Bund Gottes mit der Erde und mit Israel bejaht, so schwer mit Leiden geprüft wird, wie können dann die Widersacher gegen Gott und seine Botschaft beim Gericht bestehen und gerettet werden?

Die moralische Bewährung beginnt also heute und strebt dem Endgericht entgegen. Die drei Gleichnisse im PesK 24,14 berücksichtigen auch noch das Spektrum der Schöpfung. Ausgangspunkt für das Endgericht ist das Geschöpf Mensch mit seinen physischen Notwendigkeiten: fliehen, schwimmen, in die Fänge geraten. Moralisches Tun hängt auch von der menschlichen Konstitution ab. Gericht und Rettung beginnen also schon beim einfachen Geschaffensein.

Bevor über Offenbarung und Erwählung meditiert wird, ist über die Schöpfung am Anfang, die Vorsehung in der Alltäglichkeit und die Erlö-

---

34 bes. mit Ez 9,6; Zef 2,15–3,2; Mal 3,1–5. 19f. 22; Mk 12.40 par.; 13,7.9.13.24–27; Mt 3,7f par.; 23.33; 25,31–34.41.46. Lk 21,20.23f.28; Joh 5,21f. 29f; 12,31f; 2Thess 1,3–10; Hebr 6,1f; 9,27f; 10,26f

sung am Ende der Geschichte zu sprechen. Der Schöpfungs- und Vorse-hungsglaube bildet zusammen mit der Hoffnung auf den erlösenden Gott einen wichtigeren Glaubensbezug als alles Reden von spezieller Bevorzu-gung eines Volkes, einer Religion oder einer Gesinnung. Die Überbetonung von Spezialerwählung gegenüber den geschöpflichen Gemeinsamkeiten ist eine Hauptursache dafür, daß Menschen verschiedener Glaubensrichtung einander so schlecht verstehen, ja einander denunzieren, degradieren und töten. Religiöser Fanatismus ist der größte Feind wahrer Religiosität, die immer zuerst und hauptsächlich auf Gemeinsames, von der Schöpfung her Kommendes schaut, und erst sekundär religiös Trennendes erwägt. Es ist unkreatürlicher Fanatismus, wenn heute noch solche biblischen, talmudi-schen und mittelalterlich-scholastischen Ideologien nachgebetet werden, wonach es dem „Herrn der ganzen Erde" (Sach 4,14; 6,5) einzig um *sein* Glaubensvolk gehe – bestehe dieses nun allein aus Juden, aus Juden und Christen, oder allein aus Christen. Es geht dem Schöpfer stets um *alle* Völ-ker der Welt. Wer die Nicht-Glaubensgefährten a priori zu gescheiterten Existenzen macht und dafür gleich noch Gott bemüht, verleugnet den Schöpfer, den Herrscher der Geschichte und den endgültigen Erlöser. Die jüdische und die christliche Tradition sind voll von Voreingenommenhei-ten, die auf der Überschätzung von Offenbarung und eigener Erwählung beruhen. Der Vorwurf des Erwählungsexklusivismus trifft daher beide Sei-ten. Der Dialog zwischen Christen, Juden und Muslimen wird erst dann glaubwürdig werden, wenn aufgehört wird, aus religiös hochstilisiertem Voreingenommenheitsdenken Gewinn für die eigene Gruppe herauszu-schlagen und die fremde Gruppe wegzustoßen.

IV. Der jüdische und der christliche Gott

Alles, was im vorangegangenen Kapitel als jüdische Glaubensaussage über Gott gesagt worden ist, kann problemlos christlich bejaht werden. Viel jüdische Glaubenssubstanz lebt im Christentum weiter. Im Grunde ist die Vorstellung absurd, daß der eine und einzige Gott, der Schöpfer Himmels und der Erde, der Lenker der Welt und der Richter und Retter der Lebenden und der Toten jüdisch anders aufgefaßt und angenommen würde, als dies auf christlicher Seite geschieht. Dies würde ja bedeuten, daß es trotz gemeinsamer Hebräischer Bibel und trotz der von Christen gläubig erhofften Bundesgemeinschaft mit den Juden zu keinem Kontakt und zu keinem Austausch mit der jüdischen Gottestradition gekommen wäre. Dies trifft weder historisch noch theologisch zu. Von allem Anfang an lebte das Christentum aus der jüdischen Gottestradition heraus, die ihm ursprünglich Jesus, die Evangelisten, Paulus und die judenchristlichen Gemeinden vermittelt haben. Im Verlauf der vielfältigen Geschichte gab es ferner eine Fülle von Auseinandersetzungen zwischen jüdischen und christlichen Autoritäten zu Fragen des Gottesverständnisses. Zwar spielten sie sich meistens in häßlicher Art ab, und gewöhnlich auch so, daß die Gegner sich nicht zu Gesicht bekamen. Das Ergebnis bleibt aber auch so eindeutig: Es gibt kaum ein spätantikes, mittelalterliches, neuzeitliches und modernes Ringen um das Gottesproblem, das sich nicht sowohl im Judentum als auch im Christentum – selbstverständlich unter verschobenen Aspekten – abgespielt hätte. Es wäre z. B. lohnend, eine jüdisch-christliche Geschichte der Theologia negativa zu schreiben: Gott ist jenes Absolutum, über das nichts Höheres gedacht werden kann, und er ist der ganz andere, den keine irdischen Analogien erreichen; nur Aussagen der Nichtvergleichbarkeit können im Zusammenhang mit Gott verwendet werden. Jüdischerseits waren vor allem Moses Maimonides (1138–1204) und Hermann Cohen (1842–1918) tonangebend in der negativen Theologie.

Juden und Christen (und Moslems, überhaupt der größte Teil der Menschheit) glauben alle an den einen und gleichen Gott, wenn sie auch verschiedene Ausdrücke dafür verwenden und verschiedene Gottesdienste feiern. Diese selbstverständliche Aussage gerät aber bei intensiverer Debatte in die Undeutlichkeit und Zwiespältigkeit hinein. Im Judentum und im

Christentum finden sich häufig Sätze, wonach der Glaube an den einen Gott von der jeweils anderen Gruppe bezweifelt wird. Es wird etwa gesagt, die andere Religion sei nur ein verdunkelter und verderbter Monotheismus. Es gebe daher von dieser Religion her keinen legitimen Zugang zu „unserem" Gott. Um die andere Religion von der Gemeinschaft mit dem einen und einzigen Gott auszuschließen, muß bisweilen auch die besondere Liebe Gottes zur eigenen Religion und zum eigenen Volk herhalten. Gott liebe die eigene Glaubensgemeinschaft derart exklusiv, daß für die andere Glaubensgemeinschaft höchstens noch ein unbestimmter Rest an göttlicher Liebe übrig bleibe. Beide Ausschluß-Ideen verraten einen *geschlossenen*, gruppenbezogenen Monotheismus, der gewiß keine starke Basis für einen Welt- und Religionsfrieden bilden kann. Man darf allerdings weder das Christentum noch das Judentum *pauschal* beschuldigen, als würden beide in einem geschlossenen und damit auch unduldsamen Monotheismus stehen bleiben. Beide Religionen wissen vielmehr, daß der jetzige, von Mißdeutung gekennzeichnete Zustand einem besseren, offeneren, gott- und menschengemäßeren zu weichen haben wird. Auf christlicher Seite ist 1 Kor 15,20–28 zum Signalwort für diese Hoffnung auf einen offenen, alle Menschen berücksichtigenden Monotheismus geworden. Ziel der Weltgeschichte ist über Christus hinaus die Herrschaft Gottes „alles in allem" (V 28). Die jüdische Tradition legt u. a. dadurch ein Zeugnis der Hoffnung auf Gottes allumfassende Herrschaft und damit auf einen vollkommenen Monotheismus ab, daß sie besonders in liturgischen Feiern (z. B. am Sabbatmorgen-Gottesdienst) immer wieder Dtn 6,4 mit Sach 14,9 zusammen erwägt. Damit wird das Bekenntnis Israels zum einen und einzigen Gott („Höre Israel") mit der Hoffnung verbunden, daß sich einmal alle Menschen unter dem einen Gott zusammenfinden. Sach 14,9 ist ein starker monotheistischer Hoffnungstext: ,An jenem Tag wird der Ewige einzig sein, und einzig wird auch sein Name sein.'

Seltsamerweise sind zwei besonders kostbare Edelsteine, die das Herz der jüdischen und der christlichen Religion schmücken, Ursachen dafür, daß Juden und Christen sich vorläufig im Bekenntnis und in der Anbetung des allen gemeinsamen Gottes nicht finden können. Der eine Edelstein ist das Glaubensbewußtsein, mit Gott in einem speziellen Bundesverhältnis zu stehen, der andere ist das jeweilige Verständnis der *Einheit* Gottes. Bund (berît, zikkaron, diathêkê, testamentum, foedus, memoria, Stiftung, eidliche Verpflichtung, Verfügung, Schwur, Bestimmung) ist ein Grundbegriff zur Charakterisierung Israels und seines Gottes. Als Bundespartner befinden sich Gott und Mensch auf dem Weg zueinander. *Letzte Voraussetzung allen Bundesdenkens ist der eine Gott, von dem alles herkommt, der sich Israel als den einen Bündnispartner auserwählt hat und der alles von ihm Geschaffene und Geliebte in seine Einheit zurückruft und zurückholt.* Der Bundesgedanke taucht nicht nur in der Bibel auf, sondern er durchzieht alle Perioden und Phasen der israelitisch-jüdischen Geschichte bis zum heutigen Tag. Er ist für die religiöse Charakterisierung des Judentums weithin unentbehrlich, bedarf aber steter Neuformulierung. Aber auch das Christentum findet ohne den Bundesgedanken kaum eine günstige Möglichkeit, sich von seinem Zentrum her verständlich zu machen. Christus ist für die Christen jene Bundes-Persönlichkeit, durch die sie unerwartet in den Bund Israels mit Gott und Gottes mit Israel hineingenommen worden sind (im Sinne von Röm 9–11;15; Eph 2,11–22). Das Judentum hat den christlichen Anspruch, durch Christus mit im Bunde zu sein, bis heute zurückgewiesen. Das Christentum sah sich trotzdem als Bundespartner Gottes, der das Judentum abgelöst und überboten habe. Damit wurde der Bundesgedanke zu einem für Judentum und Christentum aufreibenden Streitobjekt und die Einheit Gottes wurde zwischen Judentum und Christentum zerrissen.

1. Ideen vom Bund

Anhand von alten Ansichten über den Sinn des gott-israelitischen und/ oder gott-menschheitlichen Bundes[1] soll zunächst gezeigt werden, wo die großartige Botschaft vom sich verbündenden Gott zum Problem wird und in Streit ausarten kann.

Vor einigen Jahren hat der jüdische Theologe Michael Wyschogrod eine dezidierte und imponierende jüdische Bundesphilosophie vorgelegt[2]. Gottes Liebe zu den Menschen – so Wyschogrod – sei „keine undifferenzierte Liebe" und damit auch keine ideologische und keine platonische Liebe. Eine undifferenzierte Liebe ergieße sich über alle Menschen in gleicher Weise und treffe das Individuum in seiner Individualität nicht, sondern sehe es als ein Exemplar einer Spezies an, ohne zu berücksichtigen, ob dieses Exemplar arm oder reich, verzweifelt oder in Hochstimmung etc. sei. Demgegenüber „ist die göttliche Liebe konkret. Sie ist eine genuine Begegnung mit dem

---

[1] Unter den neuen Veröffentlichungen sind u.a. zur Sache: Kirchberg, Theo-logie in der Anrede; Lohfink, Der niemals gekündigte Bund; John T. Pawlikowski, Judentum und Christentum, TRE XVII, 1988, 386–403.

[2] Wyschogrod, The Body of Faith.

Menschen in seiner Individualität und muß daher ausschließlich sein"[3]. Man dürfe daher bei aller Beachtung der Andersheit Gottes[4] sagen, Gott habe sich in Abraham und in seine physischen Nachkommen, die Israeliten, verliebt (he has fallen in love with...). Auch Abraham und seine israelitischen Nachkommen verliebten sich laut Wyschogrod in Gott. Damit sei die Gott-(Abraham)-Israel-Beziehung von einer ausschließlichen Einzigartigkeit (uniqueness) geprägt, die in die innerste Personalität und „Natur" Gottes und Israels hineinreiche. Das Judentum könne daher als „körperliche Erwählungsgemeinschaft" definiert werden (vgl. Wyschogrods Untertitel: Judaism as Corporeal Election).

Bei einer so abrupt abgrenzenden Bundesauffassung erhebt sich die Frage, was denn mit den Nichtjuden sei. Sind sie bloße Außenseiter und von Gott nicht besonders geliebte Individuen und Gruppen? Wyschogrod beantwortet diese Frage so: Die Beziehung zwischen Gott und Mensch ist nie rein geistig, sondern sie ist abgestimmt auf die psychophysische Verfassung des Menschen. Sie ist von Gott her auch nie verpflichtend oder gar unfrei, sondern stets eine frei gewählte und auch für Abwandlungen und Überraschungen offen. Dann folgen Hauptsätze: „Das Geheimnis von Israels Erwählung weitet sich insofern aus, als es der Garant der Vaterschaft Gottes zu allen Völkern, Erwählten und Nichterwählten, Juden und Nichtjuden ist. Wenn wir begreifen, daß die Erwählung Israels aus der Vaterschaft Gottes hervorkommt, die alle umfaßt, die im Bild Gottes geschaffen sind, dann wissen wir (Juden) uns mit allen Menschen in Brüderlichkeit verbunden, so wie sich Josef, der von seinem Vater bevorzugt wurde, schließlich den Weg zu seinen Brüdern gefunden hat"[5].

Diese Bundesauffassung Wyschogrods läßt sich in der Hebräischen Bibel recht anschaulich belegen (bes. in Ez 16). Sie wirkt in der Endabrechnung dann aber doch zu statisch, zu ungeschichtlich und zu poetisch. Vor allem wird die Intentionalität des Gottesbundes mit Israel auf die Völker, also auf die Nichtjuden hin, zu vage einkalkuliert. Der Bund darf ja nicht *nur*, ja nicht einmal *primär* exklusiv gesehen werden; sein offener und vorläufiger Charakter sind noch entscheidendere Eigenschaften. Niemand – auch Israel nicht – wird um seiner selbst willen erwählt. Alle – auch Israel – stehen vielmehr als Bundesgenossen und Bundesgenossinnen Gottes im Dienstverhältnis Gottes zum Wohl und zur Hereinnahme, möglichst der ganzen

---

3   The Body of Faith, 61..
4   Wyschogrod ist ein Vertreter einer jüdischen Theologia negativa
5   The Body of Faith, 65.

irdischen Wirklichkeit in die Heilssphäre Gottes. Gott hat mit jedem Volk mit jeder Religion und mit jedem Menschen seine Liebesgeschichte.

Die Einseitigkeiten Wyschogrods wiegen wenig, ja sie sind immer noch ein Positivum, wenn die vielen Abbiegungen der Bundesvorstellung im Verlaufe der Geschichte erwogen werden. Nur eine Variante soll hier kurz erwähnt werden. Von der Zeit des Aufstandes des Mattatias und seiner Söhne (168 v.) bis 70 n. Chr. wurde das Bundesverhältnis Gottes mit Israel besonders häufig als eine Art „Waffenbrüderschaft" gedeutet und in den Dienst von politischen und revolutionären Zielen gestellt. In 1Makk 8,17, (vgl. 2Makk 7,11) ist von der Politik des Judas Makkabäus die Rede, mit den Römern einen Vertrag zu schließen bzw. in den Genuß der „philia kai symmachia" (Freundschaft und Kampfgemeinschaft) seitens der Römer zu kommen. Wer einen solchen Vertrag erreichte, war rechtlich gesichert, daß ihm die starken Römer beistehen würden, wenn ein dritter es wagen sollte, ihn anzugreifen. Es scheint dem Judas schlußendlich allerdings trotz seines intensiven Werbens nicht geglückt zu sein, die römische „philia kai symmachia" für die Juden zu erreichen. Umso stärker stellten sich die Makkabäer unter die symmachia Gottes: „Da der Allherrscher ihr symmachos (Mitkämpfer) war, töteten sie mehr als 9000 Feinde" (2Makk 8,24). „Judas und seine Mitstreiter hielten einen Bittgottesdienst ab und baten Gott, ihr symmachos zu werden" (2Makk 10,16). Wenn Gott der symmachos war, dann war den bedrängten Juden der Sieg gegen die übermächtigen Feinde sicher. Diese Vorstellungen reichen weit in die früh-israelitische Zeit zurück, besonders in die Zeit der Landnahme. Auch Philo von Alexandrien (gest.ca.41 n.) versteht Bund als eine Art philia kai symmachia. In Abr 225–244 deutet er Gen 14, wo vom Krieg der Könige des Südens gegeneinander die Rede ist, in dessen Verlauf auch Lot, der als Bruder bezeichnete Neffe Abrahams, gefangen genommen wurde. Abraham startete mit einer Schar seiner Getreuen einen Gegenangriff und befreite Lot. Dann kam es zu einer Begegnung mit Malkizedek, dem Priester von (Jeru)-Salem, der Abraham segnete, und dem Abraham den Zehnten aller Beute ablieferte. Zuerst paraphrasiert Philo Gen 14. Er betont, daß Abraham nur mit einer kleinen chancenlosen Schar Getreuer gegen die übermächtigen Könige angetreten sei. „Er vertraute aber nicht auf seine Männer…, sondern auf Gott, der von oben und als Anführer für den Gerechten kämpft" (232). So konnte Abraham dann sagen, daß sein Sieg über die Feinde „nicht ohne Vorsorge und Kampfesgemeinschaft möglich war" (235). Etwas später meinte dann Philo, daß die symmachia von oben nicht von selbst eintrete, sondern nur dann, wenn der Mensch „in Liebe mitkämpfend für die Bedrängten" sei (242). Dies habe Abraham getan.

Bund wäre demnach Freundschaft und Kampfesgemeinschaft zwischen Gott und den im Bunde mit ihm stehenden Menschen. Ähnlich wie die Römer jene Vasallen nicht untergehen ließen, mit denen sie als philoi kai symmachoi paktierten, so läßt auch Gott seine Bundesgenossen nicht im Stich. Gott läßt seine Bündnispartner aber nur dann nicht im Stich, wenn ihnen fundamentales Unrecht geschieht und wenn sie sich auch ihrerseits um die Not ihrer Mitmenschen kümmern.

Die Schwächen des symmachia-Bundesgedankens sind aber auch dann noch augenscheinlich. Was ist, wenn der Sieg nicht glückt oder die Religionsdiplomatie versagt? Was ist, wenn Juden einen nur vermeintlich gerechten Krieg beginnen? Ist in diesen Fällen kein Bund da? Ist er dann bei den Siegreichen oder Erfolgreichen? Josephus Flavius rang mit diesem Gedanken, als die Römer im Jahre 70 n. den Tempel in Jerusalem zerstörten. Er kam zum absurden Schluß, daß Bund und Erwählung wenigstens für einige Zeit zu den Römern übergegangen seien (Bell 5,19; 6,267; Ant 10,37). Eine weitere Absurdität kann im Gefolge der philia kai symmachia-Bundesvorstellung entstehen: Ein religiöser Militär-Triumphalismus: *Wir* sind die Starken, die Großen, weil Gott mit uns ist. Philon versuchte diesen Militärschritt-Bund dadurch zu humanisieren, daß er die gottverbündete Kriegsnation zum Beistand der Bedrängten verpflichtet. Die Geschichte schritt über solche humanen Rücksichten hinweg. Mit dem Motto „Gott mit uns!" wurden grausame Kriege geführt. Das Christentum war diesbezüglich blind und grausam. Der jüdische Zelotismus war dabei das uneingestandene Vorbild angeblich christlicher Bundeshorden: in der Kreuzzugszeit, in den nationalistischen Kriegen zwischen Deutschland und Frankreich etc. *Abbiegungen und Instrumentalisierungen des Bundes sind also keineswegs harmlos. Juden und Christen können nur mit Gedanken der offenen Solidarität füreinander und vor Gott die biblischen Bundesgedanken für heute und morgen aktualisieren.* Sie müssen gemeinsam all denen widersprechen, die mit Berufung auf Gott zur Vernichtung von Menschen ausrücken.

2. Pervertierung des Bundes

In frühjüdischer Zeit waren viele fromme Juden der Ansicht, die israelitische Gottesgeschichte vertrage sich nicht mit Freundschaften mit nichtjüdischen Völkern. Zur Zeit der radikalen Hellenisierung Jerusalems, der damit verbundenen Entweihung des Jerusalemer Tempels (168 v.) und des makkabäischen Aufstandes wurde das Bundesdenken stark in den Strudel der damaligen Religions- und Volksprobleme hineingerissen. Sowohl jene, die in den Augen der Glaubenstreuen vom Bunde abfielen, ja ihn pervertierten, als auch die Glaubenstreuen selbst, hatten ein polemisches, mit Gruppeninteressen verquicktes Bundesverständnis. Der rigoros klingende Schlüsseltext ist 1 Makk 1,11–15:

> *„In jenen Tagen gingen aus Israel widergesetzliche Männer hervor. Sie verführten viele, indem sie sagten: Laßt uns hingehen und einen Bund mit den Völkern rings um uns schließen. Denn seitdem wir uns von ihnen abgesondert haben, hat uns viel Schlechtes getroffen. Diese Rede gefiel ihnen. Und einige aus dem Volke gingen wirklich zum König. Dieser gab ihnen die Vollmacht, die Rechtssatzungen der Völker einzuführen. Sie begannen in Jerusalem entsprechend den Vorschriften der Völker ein Gymnasium zu bauen. Sie stellten ihre Vorhaut wieder her, fielen vom heiligen Bund ab, verheirateten sich mit den Völkern und verkauften sich, um das Schlechte zu tun".*

Die radikalen Hellenisierer, also die Hohenpriester Jason (175–172 v.) und Menelaos (172–162 v.) samt ihrem Anhang (2 Makk 4,7–17) werden nicht nur als nicht mehr im Bunde befindlich, sondern darüber hinaus als den Bund pervertierende Menschen (paranomoi) apostrophiert, weil sie mit den Völkern paktieren und damit die religiöse Nationalität des Judentums schwächen. Der Verfasser des ersten Makkabäerbuches lehnt sich bei dieser harten Klassifizierung besonders an Dan 11,32 an, wo solche Leute als „Pervertierer des Bundes" (marschi^{c}ê berît) bezeichnet werden. Sie werden nicht nur wegen ihrer hellenisierenden Tendenzen verurteilt, sondern auch wegen allen Folgeereignissen, die sie auslösten. Sie gaben Antiochos IV Epiphanes Geld für die Stärkung seiner Macht und für seine Kriegsführung und wurden dadurch mitschuldig an seinen Raubzügen gegen Tempel und Jerusalem (1 Makk 1,20f. 29–40). Auch die Verfolgung der Glaubenstreuen und die Politik der Seleukiden, den Juden die griechische Lebensart aufzuzwingen (1 Makk 1,44), gehörten in diesen gnadenlosen Zusammenhang. Als Tiefpunkt der widergesetzlichen Initiativen der „Widergesetzlichen" wird an anderer Stelle der „Greuel der Verwüstung an heiliger Stätte" (1 Makk 1,54) betrachtet: Gemeint ist die Pervertierung des jüdischen Tempelkultes zum Ort einer All-Religion bzw. zum religiös-gemischten Gebetsort, in dem mit dem syrischen Himmelsbaal und dem olympischen Zeus der gleiche Gott wie der Gott Israels gemeint wäre, ohne daß auf die israelitische Monolatrie Rücksicht genommen würde.

Für die Geschichte des Bundesdenkens ist zunächst wichtig, daß zur Zeit des Antiochos Epiphanes eine Gruppe von Juden als moralisch verwerfliche Antijuden bezeichnet werden. Damit nimmt das jüdische Ketzerdenken seinen wichtigsten Anfang. Ihm hat sich später das christliche Häretikerdenken angeschlossen. Ketzer = Apostaten = Widergesetzliche sind nicht einfach und nicht nur Bestreiter einer Glaubenswahrheit. Seit dem Verfasser der makkabäischen Teile des Danielbuches (bes. Dan 11,30–32) und den sich diesem anschließenden Verfassern der beiden ersten Makkabäerbücher sind mit Ketzer vielmehr einflußreiche Juden gemeint, die die Bundesgemeinschaft Israels mit seinem Gott aufzulösen versuchen und die dadurch ein politisch-geistig-religiöses Chaos im Judenvolk anrichten. Sie liefern die traditionstreuen Juden den mächtigen Judenfeinden unter den Völkern aus, schädigen und zerstören geheiligte jüdische Institutionen und machen sich zu Komplizen der Götzendienerei und der Judenverfolger aus den Völkern. Solche jüdische Antijuden verdienen ein schmachvolles Ende. Mit Genugtuung wird in 2Makk 5,8–10 registriert, daß der widergesetzliche Hohepriester Jason als rechtloser Flüchtling von Land zu Land fliehen mußte, unbetrauert in der Fremde umkam und kein jüdisches Begräbnis erhielt. Sein noch schlimmerer Nachfolger Menelaos wurde auf Befehl des Königs Antiochos V auf dem Scheiterhaufen hingerichtet. Der Verfasser des zweiten Makkabäerbuches meint dazu beinahe höhnisch: „Durch solches Geschick sollte der widergesetzliche Menelaos sterben, indem er nicht einmal der Erde teilhaftig wurde (2Makk 13,7).

Solche harten Urteile und Verurteilungen können selbstverständlich nicht leichtfertig mit einer ökumenischen Mentalität des zwanzigsten Jahrhunderts verurteilt werden. Die israelitische Bundesreligion muß vielmehr dann ihre scharfen Ecken und Kanten zeigen, wenn mit verunglimpfenden Ideologien und mit hinterhältigen Machinationen gegen sie angetreten wird, und besonders dann, wenn diese Attacken aus den eigenen Reihen kommen. Seit der Zeit der hellenistischen Radikalreformen (175–162), vielleicht schon seit dem Deuteronomium, ist im Judentum die Überzeugung gewachsen, daß der „Widergesetzliche (der Ketzer, der Mîn, der Häretiker) aus Israel" die größere Gefahr für das Volk Gottes darstellen kann, als der mächtige und böse Nichtjude. Dies hatte eine vielfältige jüdische und christliche Ausschluß- und Ketzergeschichte zur Folge.

In 1Makk 1,11–15 geht es hauptsächlich um das böse Wirken der „Widergesetzlichen". Sie verführten viele zu einem Bundesschluß mit der heidnisch-hellenistischen Okkupationsmacht. Dagegen meint der hasmonäische Verfasser, man dürfe einen Bund nur mit Gott schließen, nicht mit den Völkern. Wenn das Verhältnis zu den Völkern gleichrangig mit jenem zu Gott betrachtet werde, handle es sich um einen Abfall von Gott. Hier stoßen wir auf das bundestheologische Ideal der Absonderung Israels von den Völkern. Im Bileamspruch (Num 23,9) wird sie als Wesenszug Israels gewertet:

„Siehe ein Volk, in der Absonderung wohnt es, und zu den Völkern wird es nicht gezählt." Derselbe Gedankenduktus ist auch im Spruch des Judenfeindes Haman an König Artaxerxes enthalten: „Es gibt ein Volk: zerstreut und abgesondert (mefuzzar umeforad) zwischen den Völkern...Ihre Gesetze sind verschieden von denen aller andern Völker. Sie befolgen die Gesetze des Königs nicht. Und es ist nicht geziemend, daß ihnen der König dies durchgehen läßt" (Est 3,8).

Von Dauer ist im Rahmen der Bundesauffassungen der Hebräischen Bibel und des Neuen Testaments *weniger* die wegstoßende Unbedingtheit, sondern *mehr* die Barmherzigkeit. Bund ist letztlich kein Kampfes- und kein Verurteilungsbegriff. Röm 11,27, eine Stelle, die sich auf Jes 27,9; 59,20f; Jer 31,33f und Ps 14,7 stützt, weist da in die richtige Richtung: „Und das ist der von mir gestiftete Bund: wenn ich ihre Sünden wegnehme". Auch die vielen alt- und neutestamentlichen Stellen, die zur Humanität den Schwachen und Fremden gegenüber mahnen, weisen darauf hin, daß Bund nur in akuten Einzelfällen zur totalen Distanzierung auffordert, nicht aber im allgemeinen, nur in Bedrängniszeiten, nicht aber in Zeiten, da die meisten Menschen im gleichen Boot sitzen und nur überleben können, wenn sie mit vereinten Kräften weiterrudern.

3. Beheimatung im Bund

Es gibt mehrere Bundesschlüsse in der Bibel. Der erste (vom Blickpunkt der biblischen Menschheitsgeschichte her), ist der Bund Gottes mit Noah und mit der nachsintflutlichen Menschheit. Gott sichert den aus der Sintflut Geretteten anläßlich einer kosmischen „Zeremonie" (Regenbogen) zu, die Welt werde nicht erneut einer Sintflut zum Opfer fallen (Gen 9,8–17). Mehrere biblische Bünde beinhalten eine Land- und Nachkommenschaftszusage: an Abraham (Gen 12,1–3; 15 und 17) und an Jakob (Gen 35,1–15). In verwandter Weise ist die Verheißung an David, sein Thron und seine Dynastie werden immerdar bestehen (2Sam 7,16; 23,5; Ps 89,4f. 29–38), ein Bund für Land und Nachkommenschaft. Im Zentrum der Hebräischen Bibel stehen Bundesschlüsse mit dem Volk Israel. Die Bundesschlußzeremonie in Ex 24 ist dafür kennzeichnend. Es geht um die Verleihung der Tora, um mysteriale Kontaktnahmen von Gott, Mose und den Ältesten und um den Einbezug des Volkes als beauftragter Partner Gottes. Das Volk engagiert sich dabei sehr pronociert in das Bundesangebot hinein: „Wir wollen alles tun, was der Ewige gesagt hat" (Ex 24,4). Das Sinaiereignis wurde im Volk der Juden seit dem Ende des babylonischen Exils (596–539 v.) als grundstiftendes Geschehen aufgefaßt. Seit damals kam zwar häufig Niedergeschlagenheit über das Volk der Juden: wegen eigener Sünden und wegen Attacken von draußen. Aber nie – weder im Frühjudentum noch in der rabbinischen Zeit noch im Mittelalter – wird ein kollektiver Zweifel an dem Im-Bunde-Sein des jüdischen Volkes laut. Mochten auch Gnostiker und Christen dies bestreiten – das Judentum blieb sich seines Bundes gewiß.

4. Die relationale Einheit Gottes

Jüdisches Bundesdenken hat monolatrisch-monotheistisches Denken als festen Grund und als Umhüllung[6]. Nach Josephus Flavius war die Einheit von Gott, Kult, Jerusalem und Volk ein Vermächtnis des Mose an die Israeliten.

> „Eine *heilige Stadt soll sein am besten Ort des Landes Kanaan, die sich Gott für sich selbst mit Hilfe der Prophetie erwählen wird. In dieser Stadt soll nur ein Tempel stehen und nur ein Altar aus ungehauenen Steinen. Gott ist nämlich einer und das hebräische Volk ist eines" (Ant 4,200f).*

Die Einheit Gottes und des hebräischen Volkes sowie die Beziehungseinheit zwischen Gott und Volk, die durch den einen Kult in Jerusalem ausgedrückt wird, werden hier ohne Blick auf die ausserjüdische Welt und ohne Berücksichtigung innerjüdischer Uneinigkeiten ausgedrückt. Josephus muß sich bewußt gewesen sein, daß er idealtypisch redet. Nur die Einheit des Kultes und des Volkes war damals brüchig, nicht aber die Einheit Gottes, die als ein Absolutum galt und gilt. Um das Volk zur inneren und äußeren Einheit zusammenzurufen, und um diese Einheit auch als ein Ziel darzustellen, versuchten die späteren Rabbinen, in ihren Unterweisungen die Einheitsverhältnisse umzukehren. Sie hofften dem jüdischen Streben nach Einheit damit neue Impulse geben zu können: Die Einheit der Israeliten sei die Grundbedingung für die Existenz und Herrlichkeit des einen Gottes Israel. Im Gleichnis vom Palast und den Schiffen, BemR 15,18, wird diesem Gedanken kunstvoller Ausdruck verliehen:

---

6   Zum Problem der Einheit Gottes als das kennzeichnende Element jüdischer Theologie vgl. u.a.: Neusner, Understanding Jewish Theology; Michael Wyschogrod, Der eine Gott Abrahams und die Einheit Gottes in der jüdischen Philosophie, in: Thoma/Wyschogrod, Das Reden vom einen Gott, 29–48.

„Gleich einem Palast, der auf Schiffen gebaut ist. Wenn die Schiffe aneinander ge-
bunden sind, steht auch der Palast sicher darauf...Wenn es zu sagen erlaubt ist:
Gottes Thron steht fest im Himmel, wenn die Israeliten eine Gemeinschaft (agûdda
ʾachat) bilden".

Die Einheit wird hier von Israel her aufgebaut. Es sei irreal von *einem* Gott
und seiner Herrlichkeit zu sprechen, wenn die Israeliten nicht eins würden
und eins seien, und wenn sie nicht *einen* Gott verehrten. Dies Bild von den
zusammengebundenen Schiffen deutet an, daß die israelitische Einheit
nicht als eine kompakte Größe gedacht ist; sie läßt eine Vielfalt zu. Die für
ein Zusammenkommen wirkenden Israeliten sind laut diesem Gleichnis die
Basis des einen Gottes. Sie machen die Einheit Gottes von unten her sinnvoll und transparent. In den frühen Texten (vor dem Mittelalter) steht nie
der eine Gott *exklusiv* im Blickfeld, und auch nicht die eins gewordenen
Israeliten. Das Hauptinteresse richtet sich vielmehr auf die spirituelle Zu-
sammenkoppelung der Einheit Gottes mit dem *latent-einen* Israel. Die Einheit bildet stets die Spitze der gewagten gott-israelitischen Beziehungsaus-
sagen. Gott ist einer in seiner Beziehung zu Israel; seine Einheit ist ex
natura sua eine relationale.
   Um die Einheit theologisch und israelgeschichtlich möglichst fest zu ver-
ankern, versuchten einzelne Rabbinen, den Abstand zwischen den beiden
ungleichen Partnern gedanklich möglichst zu verringern. Israel sei durch
Gottes Willen eine kosmische und transkosmische Größe geworden; das
Volk Gottes überrage als mysteriale Größe alles Irdische. Dieses Israel stehe
dabei nicht nur dem je größeren Gott gegenüber; Gott habe sich vielmehr
in einem Akt der freiwilligen Selbstbeschränkung irgendwie in die Abhängigkeit von Israel und in die Angleichung an Israel begeben. Diese Vorstel-
lungsreihe findet sich z.B. in MekhY zu Ex 15,1 (S.121):

„,Denn er hat erhöht, er hat erhöht' (Ex 15,1)[7]. Er hat mich erhöht, und ich habe ihn
erhöht. Er hat mich in Ägypten erhöht; es heißt nämlich: „...So spricht der Ewige:
Israel ist mein erstgeborener Sohn' (Ex 4,22). Auch ich habe ihn in Ägypten erhöht;
es heißt nämlich: „...Ihr freut euch von Herzen wie die Pilger, die ... zum Berg des
Herrn hinaufziehen, zum Fels Israels' (Jes 30,29). Eine andere Auslegung: Er hat
mich erhöht, und ich habe ihn erhöht: Er hat mich am Schilfmeer erhöht; es heißt
nämlich: ,Und der Engel Gottes brach auf' (Ex 14,19). Und auch ich habe ihn am
Schilfmeer erhöht, indem ich das Lied vor ihm angestimmt habe: ,Singen will ich

---

7 Das zweimalige gaʾah wird gewöhnlich als Intensivform verstanden: ,Er (Gott) ist
   hoch erhoben (oder hoch erhaben)'. Hier aber wird gaʾah transitiv aufgefaßt, und
   zuerst auf Gott und dann auf Israel bezogen.

dem Ewigen, denn er hat erhöht, er hat erhöht'. Eine andere Auslegung: Er hat erhöht und er wird sich in der Endzukunft erhöhen[8]; es heißt nämlich:, Denn ein Tag für den Ewigen der Heerscharen. Er geht über alles Hohe und Stolze und über alles Ragende und Sinkende ... und über alle stolzen und ragenden Zedern des Libanon ... und die Menschheit muß sich ducken, die hochmütigen Menschen müssen sich beugen und die Götzen sinken allesamt dahin' (Jes 2,12–18). Eine andere Auslegung: Er erhöht sich über alle, die sich erhöhen. Er bestraft die Weltvölker in den Punkten, in denen sie sich vor ihm erhöhen..."

Das Nachdenken über das gegenseitige Erhöhen und über die Bestrafung der sich zu Unrecht Erhöhenden wird dann noch weitergeführt. Es handelt sich um eine theologisch-heilsgeschichtlich bestimmte Abhandlung. Der eine Gott neigt sich zu dem der Einheit entgegenwachsenden Volk Israel herab. Und um gleichsam schneller zur Vereinigung mit diesem Volk zu kommen, erhöht er es.

Hier ist über die idealtypisch aufgefaßte Figur des Patriarchen Jakob, der den Namen Israel trägt (Gen 32,29) zu sprechen. Im rabbinischen Schrifttum wird Jakob als vollkommener Ahnherr und als exemplarische personale Zusammenfassung des Volkes Israels gefeiert. An einer Stelle (BerR 68,12) wird er als durchschimmerndes Abbild Gottes bezeichnet. Als vollkommenes Abbild des Ewigen habe Jakob menschlich-göttliche Ausmaße. Diese verblüffende Aussage findet sich in einer Deutung von Gen 28,12f: „Jakob träumte, und siehe eine Leiter, die auf der Erde stand und bis zum Himmel reichte. Und siehe, Engel Gottes stiegen darauf auf und nieder. Und siehe, der Ewige stand oben..." Um den Sinn dieser Genesis-Stelle aufzufüllen, wird ihr in BerR 68,12 das Prophetenwort Jes 49,3 zugesellt: „Mein Knecht bist du, Israel, durch dich werde ich mich verherrlichen". Im Anschluß daran wird folgendes Kurz-Gleichnis erzählt:

„Gleich einem König, der saß und richtete. Sie steigen zum Königspalast hinauf und finden ihn richtend. Sie steigen zum Vorhof hinunter und finden ihn schlafend."

Der schlafende Jakob/Israel ist die Widerspiegelung Gottes, dem die Engel (=„Sie") die latente Gottgleichheit zuerkennen. Als Gottes Abbild ist Jakob auch der vollkommene, d.h. der mit Gott in Harmonie und Intimität verkehrende Mensch. Als personal zusammengefaßtes Volk Gottes ist Jakob die personifizierte Einheit Israels. Er schmiegt die zerstreuten Stämme Is-

---

[8] hitp. von gaᵓah. Möglich ist auch ein passives Verständnis: er (Gott) wird in der Endzukunft erhöht (oder groß gemacht) werden.

raels an sich und macht sie mit Gottes Hilfe zu seinem Abbild und damit auch zum Abbild des einen Gottes. Im Zusammenhang mit dem nächtlichen Traum Jakobs in Bet-El, der zur großen Gottesvision führt, findet sich in BerR 68,11 in einer Auslegung von Gen 28,11 ('Jakob nahm von den Steinen des Ortes') folgender Midrasch:

> *„Rabbi Jehuda sagte: Jakob nahm 12 Steine. Er sagte sich nämlich: So hat es der Heilige, gelobt sei er, verfügt, daß er (= Jakob) 12 Stämme aufstelle. Abraham hat sie nicht aufgestellt und Isaak hat sie nicht aufgestellt. Und wenn diese 12 Steine sich zu einem zusammenfügen, einer zum andern, dann weiß ich, daß ich 12 Stämme aufstellen werde. Als 12 Stämme zu einem zusammengefügt waren, einer zum andern, erkannte Jakob, daß er 12 Stämme aufstellen werde. Rabbi Nechemja sagte: Jakob nahm (nur) drei Steine und sagte: Der Heilige, gelobt sei er, hat seinen Namen mit Abraham eins gemacht. Der Heilige, gelobt sei er, hat seinen Namen mit Isaak eins gemacht. Und wenn diese 12 Steine sich zu einem zusammenfügen, einer zum andern, dann weiß ich, daß der Heilige, gelobt sei er, seinen Namen mit mir eins macht. Als die 12 Stämme zu einem zusammengefügt waren, erkannte Jakob, daß der Heilige, gelobt sei er, seinen Namen mit ihm eins macht."*

In und durch Jakob sind die Stämme Israels zusammengeschlossen und in Gott hineingenommen. Sie tragen alle durch Jakob göttliche Züge. Sie werden als einzelne „Steine" durch Jakob zu einem „Bau" nämlich zu seinem Nachtlager, das als Tempel Gottes gedeutet wird, zusammengebunden (vgl. 1 Petr 2,4–10). Daß Jakob am Ende des Einigungsprozeßes erkennt, daß Gottes Namen mit den Seinigen eins geworden ist, ist nicht nur ein Hinweis auf den theophoren Namen Jakobs, sondern Ausdruck vollkommener Gottverbundenheit und gottmenschlicher Zusammenfindung.

Die Einheit und innere Gemeinschaftlichkeit als Grundanliegen des Volkes Israel kann beim Bedenken der jüdisch-christlichen Begegnung nicht hoch genug veranschlagt werden. In geradezu hymnischer Weise wird dieses Anliegen in bBer 6a (bHag 3a) gefeiert:

> *„,Wer ist wie dein Volk Israel, ein Volk auf Erden?' (1 Chr 17,21). Rühmt sich denn der Heilige, gelobt sei er, wegen der Israeliten, wenn sie ihn rühmen? Ja! Es heißt nämlich: ,Den Herrn hast du heute beredet'. Und gleich darauf heißt es: ,Und er hat dich heute beredet' (Dtn 26,17f). Der Heilige, gelobt sei er, sagt zu den Israeliten: Ihr habt mich zu einer Verherrlichung in der Welt gemacht, und auch ich werde euch zu einer Verherrlichung in der Welt machen! Ihr habt mich zu einer Verherrlichung in der Welt gemacht! Es heißt nämlich: ,Höre Israel, der Ewige, unser Gott, ist der eine Herr' (Dtn 6,4). Und auch ich werde euch zu einer Verherrlichung in der Welt machen! Es heißt nämlich: ,Wer ist wie dein Volk Israel, ein Volk auf Erden?' (1 Chr 17,21)' ".*

Diese Wunsch-Einheit zwischen Gott und Israel will die konkrete Einheit im Judentum fördern; der Einsatz aller großen Meister des rabbinischen Judentums läuft darauf hinaus. Laut bBM 59b war Rabbi Akiba tief unglücklich darüber, daß er dem Rabbi Eliezer ben Hyrkanos die Mitteilung machen mußte, er sei gebannt worden. Akiba habe daher ein leidenschaftliches Gebet an Gott gerichtet mit der Hauptaussage, er habe nur deshalb für den Ausschluß Rabbi Eliezers aus der Synagogen- und Lehrgemeinschaft gestimmt, „damit sich die Streitigkeiten in Israel nicht mehren." Dieses Gebetsmotiv ist in rabbinischer Zeit sehr häufig.

Die sprachlichen Ausdrucksweisen über die Einheit und das Einswerden sind im rabbinischen Bereich und in der in rabbinischer Zeit aufblühenden Esoterik entsprechend der Wichtigkeit der Sache, sehr reichhaltig. Der aus der Tora übernommene Begriff ʾechad (einer) gilt als *die* Zahl Gottes. Die Zahl eins soll aber keine Quantität ausdrücken, sondern die Qualität der Nichteinreihbarkeit und der absoluten Schöpferkraft Gottes. Das ʾechad ist damit auch ein sprachliches Signal der Abwehr aller Formen des Dualismus[9]. ʾEchad ist aber auch die Zahl Israels. Sie drückt die Monolatrie gegenüber allen Formen von Polylatrie und damit auch die Einzigartigkeit des Verhältnisses Gott – Israel aus[10]. Neben ʾechad taucht im rabbinischen Bereich auch die Neubildung ʾachah auf. Von der Wurzel her wird mit diesem Term das Brudersein bzw. Brüderlichsein, das Schwestersein bzw. Schwesterlich sein, das Geschwisterlichsein, das Familiengemeinschaftlichsein ausgedrückt. Die Bedeutungen dieses Verbes in der Intensivform (jemanden verbrüdern, etwas verbrüdern, vereinen) und in der reflexiven Intensivform (eins werden, sich vereinigen, zusammengefügt werden) deuten schon an, daß ʾachah für hochtheologische Vorstellungen wie geschaffen ist[11].

Der um 130 v. Chr. schreibende Verfasser des Aristeasbriefes versuchte das Ansehen und die Akzeptanz der Juden in Alexandrien dadurch zu heben, daß er in Arist 16 betont, ihr Gott sei auch der Gott aller Menschen: „Als Beherrscher und Schöpfer der Welt verehren die Juden denselben Gott wie alle Menschen, und auch wir (= Alexandriner), o König, tun dies indem

---

9　vgl. dazu etwa bHag 3b; Sefer Jezira 1

10　Monolatrie meint die ausschließliche Verehrung des Ewigen. Dementsprechend kann der Kult Israels und andern Kulten keine Gemeinsamkeit bzw. Ökumene aufnehmen. Der israelitische Monotheismus ist als Monolatrie somit ein nach außen teilweise verschlossener; Nichtjuden können nicht repräsentativ daran teilnehmen.

11　z.B. BerR 39,3; 68,11–12; ShemR 39,4. Bei Auslegungen von Joh 17,21 sind diese und andere Stellen zur näheren Sinnfindung zu konsultieren.

wir ihm nur andere Namen, nämlich Zeus und Dis geben. Denn durch sie
(sc. die unterschiedlichen Namen) drückten die Alten treffend aus, daß der,
durch den alles belebt und erschaffen wird, auch alles leitet und be-
herrscht." Josephus greift dieses Wort in Ant 12,21f auf: Wir Juden verehren den Schöpfer des Himmels und der Erde, den Spender allen Seins und
Lebens, den auch die Griechen verehren! An andern Stellen besteht Josephus darauf, den Juden sei es von Gott verboten worden, die Gottheiten
anderer Völker zu schmähen: „Niemand soll die fremden Götter schmähen,
an die fremde Völker glauben. Auch ist die Beraubung fremder Heiligtümer
und die Wegnahme von Weihegeschenken, die für irgend ein Götterbild
bestimmt sind, verboten" (Ant 4,207; ähnlich Ap II 237, sowie Philo, vitMos
II 205). Josephus und seine Vorbilder und Gesinnungsgefährten erklären
das Verbot der Schmähung fremder Religionen und Gottheiten für jeden
Juden verpflichtend, obwohl sich dafür in der Tora kein Anhaltspunkt findet[12]. Es ging vielen damaligen Juden darum, das jüdische Volk in guten Ruf
zu bringen, und die Judenfeinde in die Ecke des Unrechts zu setzen. Der
gemeinsame Schöpfer eint uns, war damals ein wichtiger Friedensruf. In
rabbinischer Zeit geriet diese Auffassung in den Hintergrund. Den Rabbinen ging es vor allem darum, die Idolatrie in Israel und möglichst auch in
der Welt zu verunmöglichen. Ihnen schwebte die Errichtung einer von Götzendienst gereinigten Gottesprovinz auf Erden vor. Wenn ein Jude einen
Ort im Lande Israel bemerke, aus dem der Götzendienst verschwunden sei,
soll er dankbar folgende Berakha sprechen: „Gelobt sei, der den Götzendienst aus unserem Land ausgerottet hat" (mSan 9,1). Im Mischnatraktat
Avoda Zara wird eine ganze Kette von Maßnahmen gefordert, um den
Kampf gegen die Israel stets bedrohende Seuche des Götzendienstes zu
verstärken. Vor allem müsse beim täglichen Zusammenkommen mit
Nichtjuden und beim Handel mit ihnen darauf geachtet werden, daß Juden
nicht direkt oder indirekt zu Förderern des Götzendienstes werden: „Wenn
der Götzendienst sich in einer Stadt breit macht, dann soll der Handel außerhalb der Stadt abgeschlossen werden" (mAZ 1,4). Es kam schließlich
dazu, daß hinter jeder ausserjüdischen Religion eine Repräsentantin der
Idolatrie vorausgesetzt oder doch vermutet wurde. Besonders wenn aus der
nichtjüdischen Religion Judenfeindschaft, Anmaßung und Überheblichkeit
hervorsprudelte, war das jüdische Gegenurteil schnell perfekt: Dort drüben
treibt der Götzendienst sein Unwesen! Das Christentum ist im Verlaufe der

---

[12] Vgl. Karlheinz Müller, Das Judentum in der religionsgesch. Arbeit am Neuen Testament.

Jahrhunderte vor allem wegen seiner Judenfeindschaft in diese dunkle Ecke geraten.

Meistens aber urteilten nur Radikale unter den Juden so pauschal. Die übrigen gestanden dem Christentum einen ethischen Monotheismus zu, der jedoch geschwächt und verdunkelt sei. Dieser reichte aber nicht so weit, daß eine Erwählungsgemeinschaft mit den Christen möglich sei. Solomo ben Izchaq (Raschi: 1040–1105) schreibt in einer Deutung von Dtn 6,4:

> *„Er ist in der Jetztzeit unser Gott und nicht der Gott der Nichtjuden. Er wird aber in der Endzeit der Einzige aller Völker sein. Es heißt ja: ‚Ja, dann wandle ich den Völkern ihre Sprache zu einer lauteren um, daß sie alle den Namen des Ewigen anrufen und ihm einmütig dienen' (Zef 3,9). Ferner heißt es: ‚An jenem Tage wird der Ewige einzig sein und sein Name einzig' (Sach 14,9)".*

Momentan ist also keine Anerkennung einer nichtjüdischen Religion qua Religion möglich. Das wird sich in der letzten Periode der Weltgeschichte mit Gottes Wunderhilfe ändern. Sach 14,9 konnte deshalb für viele Juden zum Signal der Hoffnung auf Rettung der Völker werden, weil sie die Einheit des Namen Gottes nicht als etwas Starres betrachteten, sondern als einen in der Geschichte sich vollziehenden Prozeß der Sammlung und Einsammlung. Gott ist nicht isolierbar. *Er lebt im ständigen Austausch, im ständigen Dialog, in einer Relation mit sich selbst, mit Israel, mit der Tora, mit der Schekhina.* Als Dialogiker exponiert sich Gott in Israel und in die Welt hinein und sammelt anderseits Israel und die Welt in sich hinein. Israel spielt bei diesem heilsgeschichtlichen Einigungsprozeß eine dienend-mitbestimmende Rolle. Am Laubhüttenfest wird aus solchen Erwägungen heraus vor dem Nehmen des Palmenzweiges folgendes Gebet gesprochen:

> *„Es ist meine Intention, den Namen des Heiligen, gelobt sei er, mit seiner Schekhina zu vereinen: mit Angst und Furcht – zusammenzubringen den Namen YH mit WH in einer vollkommenen Einheit (beyichûda schelîm) im Namen von ganz Israel".*

5. Trinitarisches Denken im jüdischen Kontext

Die mittelalterlichen jüdischen Religionsphilosophen machten die Frage nach der Einheit Gottes zum Schibbolet jüdischer Theologie gegenüber der christlich-trinitarischen Theologie. Im 2. Teil seines Werkes „Glauben und Wissen" (Emunot wedeᶜôt) schlägt Saadja Gaon (882–942 n.) das Thema Einheit mit wuchtigen Tönen an:

„Unser Gott…hat uns durch seine Propheten kundgetan, daß er einer ist, lebendig,
mächtig, weise und einzigartig im Wirken … Er ist notwendig einer … Nur der Eine
ist ohne die Dinge möglich. Würde ich den Schöpfer unter die Quantität bringen,
dann bräuchte ihn die Schöpfung nicht" (II 1)…„Bezüglich der Einheit Gottes irren
sich die Christen… Der große Haufen der Christen weiß nur um die verkörperlichte
Dreiheit. Ich will mein Buch nicht mit einer Erwiderung gegen sie belasten…Meine
Absicht geht dahin, ihren hervorragenden Männern zu antworten, welche meinen,
daß sie mit Grund und Einsicht an die Dreifaltigkeit glauben können. Sie gelangen
zu einer Dreiheit von Eigenschaften. Sie sagen, der Schöpfer sei einzig derjenige, der
die lebendige Allwissenheit ist. Aber sie glauben, daß seine Lebendigkeit und Allwis-
senheit zwei Dinge ausserhalb seines Wesens sind. So machen sie bei sich drei. Das
erste, was man aufdecken und gegen sie erwidern muß, ist, daß sie dem Dilemma
nicht entgehen können, ob Gott ein Körper ist oder ob er kein Körper ist" (II 5)[13].

Besonders die neuplatonisch orientierten jüdischen Denker des Mittelalters, unter denen Salomo ibn Gabirol[14] und Bachja ben Josef ibn Paquda[15]
hervorragen, machten das Thema Einheit zu ihrem denkerischen Hauptthema. Ihnen und den andern jüdischen Theologen, Philosophen und My-
stikern ging es dabei ebensowenig allein um die Einheit an sich, als vielmehr
um die Beziehungseinheit bzw. Bundeseinheit Gottes. Dies wird aus den
verschiedenen Drei-Einheits-Formeln deutlich, die zur Basis jüdisch-theo-
logischen Denkens geworden sind: „Gott – Offenbarung – Vergeltung"[16],
„Gott – die Tora – Israel"[17], „Gott – Offenbarung – Erlösung"[18]. Diese und
ähnliche Formeln meinen alle eine Beziehungseinheit zwischen dem unendlichen Gott und Israel, deren Verwirklichung den innersten Sinn der
Israel- und Weltgeschichte ausmacht.

---

[13] Die Zitate finden sich hebr. in der Edition des Sefer han-nivchar be-ʾemûnôt uve-
deʿôt le-Rabbenû Saʿadja ben Josef von Fajjum, die Josef D. Kafach besorgte. Zu den
(jüdisch-gegenchristlichen) Gottesbeweisen vgl. Norbert Samuelson, Gottesbeweise,
TRE 13, Berlin, 1984, 708–724.

[14] Auch Avicebron genannt; lebte 1020–1095 in Spanien. Seine Königskrone (Keter
Malkhut) fand Eingang in die Liturgie des Versöhnungstages. Er denkt von der neu-
platonischen Formel hen kai pan her; vgl. T. Bargebuhr, Salomon ibn Gabirol, Wiesbaden 1977.

[15] lebte im 11./12. Jh. in Spanien. Wichtig ist bes. seine Schrift „Anleitung zu den
Herzenspflichten"; (ed. Hyanson)

[16] nach Joseph Albo (ca. 1380-ca. 1444) in seinem Werk: Iqqarim.

[17] nach dem kabbalistischen Hauptwerk „Zohar", Acharê moth, 73a (um 1300).

[18] nach Franz Rosenzweig, (1886–1929), Stern der Erlösung.

5.1. Die Entäußerung

Sieht man einmal von Christus, der zentralen Person des Glaubens der
Christen ab, dann haben die Christen *strukturell* dieselbe Gottessicht wie
die Juden. Der Glaube an die göttliche *Dreifaltigkeit* drückt tendenziell dasselbe aus, was das gegenseitige Bundesverhältnis und die gegenseitige Zusammenfindung von Gott, Israel und Tora meint. Ein christlicher Mensch
ist geneigt, auch in der Exponierung Gottes durch die Toraverleihung und
in der Sendung der Schekhina ins Volk Israel hinein, Spuren der struktural
gleichen Gottesvorstellung zu erblicken, wie sie sich in seinem Dreieinig-
keitsglauben kundtut. Er beobachtet solche strukturelle Übereinstimmung
zwischen Judentum und Christentum z. B. dann, wenn er targumischen
Deutungen von Bibeltexten begegnet. Ein Beispiel sei hier angeführt.

> *Der masoretische Bibeltext von Num 11,25 lautet: ‚Da stieg der Ewige in einer Wolke*
> *hernieder und redete mit Mose. Und er nahm etwas vom Geist, der in ihm war und*
> *gab ihn den siebzig Männern. Und siehe, als der Geist auf ihnen ruhte, gerieten sie*
> *in Verzückung'. Diese Stelle wird im Codex Neofiti so gedeutet: ‚Da offenbarte sich*
> *die Pracht der Schekhîna des Ewigen in der Wolke und redete mit Mose. Und viel*
> *vom heiligen Geist, der auf ihm lag, gab er seinen 70 weisen Männern. Und der*
> *heilige Geist ruhte auf ihnen. Sie gerieten in prophetische Verzückung, die kein Ende*
> *nahm'.*

Das hier Geschilderte und Gedeutete ist als ein reiner Akt der Herabneigung, der Begegnung, der Weitergabe und der Erhöhung zu verstehen.
Dann aber ist der eine Gott ein Sendender (der Ewige), ein dem Adressaten
angenäherter Gesandter (die Schekhina) und ein die Menschen gemeinschaftlich an sich Bindender (der heilige Geist). Gerade dies wollen Christen
ausdrücken, wenn sie vom dreifaltigen – nicht dreifachen – Gott reden:
Gott ist reiner Akt, reine Bewegung, reine Beziehung, reine Einwohnung
mitten unter den Menschen, reine Heimholung. An dieser Stelle würde
der jüdische Neukantianer Hermann Cohen seinen ergänzenden Diskurs
einbringen: Reiner Monotheismus ist nur dort gegeben, wenn Gottes Sein
und Handeln ohne „Vergesellschaftung" (Schittûf) vorgestellt wird.
Gott muß stets nicht nur der Eine, sondern auch der Einzige sein. Und
Cohen meint dann: „Der Unterschied der Einzigkeit von der Einheit begründet den Unterschied von allem Dualismus, und so auch von der Trinität"[19]. Es wäre – so könnte man Cohen antworten – auch gegen das Wesen

---

[19] Cohen, Religion der Vernunft 56.

der Trinität, wenn der eine Gott in seinem Handeln von außen her relativiert würde.

5.2. Unpräziser Monotheismus?

In biblischen Zeiten bis etwa zum Ende des 1. Jhs.n. habe es im frühen Judentum einen unpräzisen Monotheismus (imprecise monotheism) gegeben. Im Gefolge des frühen Christentums und des rabbinischen Judentums sei dann aber die große Wende in der Lehre über Gott gekommen: „Damals entwickelte sich der unpräzise Monotheismus in zwei irreversible Richtungen. Einerseits legten die judenchristlichen Apostel und Propheten...Wege an, die zum trinitarischen Monotheismus des späteren Christentums führten. Andererseits brachten die rabbinischen Schreiber mit ihrer exegetischen Emphase für die Einheit Gottes den unitarischen Monotheismus des talmudischen Judentums zu seiner vollen Ausgestaltung"[20]. Was hier nicht besonders glücklich als unpräziser Monotheismus bezeichnet wird, läßt sich im Frühjudentum, im Neuen Testament und bei Kirchenvätern irgendwie finden: Der eine Gott Israels wurde als ein korporatives Wesen begriffen, dessen Personalität in die Geschöpfe seiner besonderen Erwählung hinübergreift und diese in sich hineinnimmt. Ps 110,1 wurde in Qumran, im Neuen Testament und bei Kirchenvätern jedenfalls so verstanden: „So spricht der Herr zu meinem Herrn: Setze dich mir zur Rechten, und ich lege dir deine Feinde als Schemel unter die Füße". Dieses Psalmenwort (vgl. auch Ps 110,4) stand dem qumranischen Verfasser des Malkizedek-Midraschs Pate, als er in 11QMelch II 24 den Malkizedek als „Elohim" (Gott) bezeichnete, „der sie (die Gemeinschaft des Bundes) aus der Hand Belials erlösen wird"[21]. In Qumran wurde geglaubt, daß Malkizedek von Gott zum Himmel erhöht wurde und im eschatologischen Jubeljahr wieder auf die Erde gesandt werde zur Befreiung der Bundestreuen aus der Hand des Teufels und seiner Anhänger. In seiner Zwischenzeit im Himmel – so etwa wird man sich dies vorgestellt haben – wird Malkizedek von Gott in die innere Gemeinschaftlichkeit der himmlischen Mächte aufgenommen. Man kann

---

[20] E. Earle Ellis, Biblical Interpretation in the New Testament Church, in: Mikra, Text, Translation, Reading and Interpretation of the Hebrew Bible in Ancient Judaism and Early Christianity ed. Martin J.Mulder/Harry Sisling, CRI II 1, Assen 1988, 691–725, zit. 720.

[21] Vgl. Kobelski, Melchizedek.

Malkizedek deshalb mit dem Titel „Gott" bezeichnen. Dies war auch deshalb problemlos, weil in Ex 23,21 zur Ehrfurcht vor einem Engel aufgerufen wird, weil „der Name des Ewigen" im Engel ist. Der Engel repräsentiert also Gott, und Gott ist in ihm. Ähnlich wird Ps 110 im Neuen Testament in Dienst genommen, um die Messianität und die Verherrlichung von Jesus zu belegen (z. B. Mt 22,41–46; Act 2,34–36). Auch in dem um 140 n. verfaßten Barnabasbrief wird Ps 110 beigezogen, um die Gottessohnschaft Christi zu beweisen. Gottessohnschaft bedeutet das denkbar innigste Eingetauchtsein Christi in das Leben Gottes[22].

Neben der Wirkungsgeschichte von Ps 110 ist auch die weisheitliche Tradition Israels zu beachten. In Prov 8,22–36 ist von der Weisheit die Rede, die schon vor der Schöpfung da war, die bei der Schöpfung assistierte und die gleichsam die Spielgefährtin Gottes[23] ist. Diese Tradition, die sich bereits in Hi 28,20–28 findet, wird in Sir 24 und im Weish 6–8 weiter entfaltet. Man kann also von einer Tradition von erheblichem Gewicht sprechen, wonach Gott sich selbst in einer vor aller Zeit existenten Identität wiedergibt und widerspiegelt. *Der eine Gott trägt ein Du in sich. Seine Du-Bezogenheit bewegt ihn auch, in besonderer Weise an Israels Schicksal Anteil zu nehmen; Gott exponiert sein ureigenes Du.*[24] Jesus unterrichtete nach neutestamentlichem Bericht seine Jünger im Glauben an den einen Gott (Mk 10,17–27; 12,28–34 par.). Er und seine Jünger standen aber auch in der Tradition von Gottes Bezogenheit auf Israel und die Menschheit. Der „Jubelruf" Jesu (Mt 11,25–27 par.) ist ein Ausdruck des Bewußtseins Jesu von Gott ganz umfangen, durchdrungen und geliebt zu sein. Weder im Judentum noch im Christentum kann ein abstrakter Monotheismus auf die Dauer Platz finden. Es geht vielmehr um einen Monotheismus, der ins konkrete Leben und in die konkrete Geschichte hineinreicht. Der eine Gott ist Du-bezogen. Er besitzt sein Du nicht nur in sich, sondern sucht es auch im irdischen Bereich bei den Geringen und Verfolgten. Sein Suchen bedeutet für die Gesuchten einen Vorgang der Erlösung. Ob der Monotheismus nun als trinitarisch oder als unitarisch zu klassifizieren ist, ist in diesem Zusammenhang nicht von essentiellem Belang. Die Hauptsache ist, daß der gemeinte *eine* Gott in menschliche Gemeinschaften hin-

---

[22] Vgl. Wengst, Didache, 174–176.

[23] In Prov 8,30 wird die Weisheit als „Hätschelkind" Gottes (nach Martin Luthers Übersetzung) geschildert, das zu ihm gehört.

[24] Dazu Dietrich Wiederkehr, Christusglaube und Glaube an den einen Gott, Zum Spannungsverhältnis zwischen Monotheismus und Trinitätslehre, in: Thoma/Wyschogrod, Das Reden vom einen Gott bei Juden und Christen, 131–155.

einreicht, um diese Gemeinschaften in sich hineinzunehmen und sie so zu erlösen.

Der jüdische Monotheismus ist also aus christlicher Sicht eine Anfrage an den eigenen Monotheismus, eine teilweise Bestätigung des eigenen Monotheismus und eine Kritik an bestimmten Vorstellungsreihen des eigenen Monotheismus. Die Anhänger und Anhängerinnen beider Monotheismen richten sich an den gleichen konkreten, einzigen und unfaßbaren Gott; sie haben die gleiche Art, sich an diesen Gott zu wenden, und sie stehen auch weitgehend unter der gleichen Verpflichtung diesem Gott gegenüber. Die immer wieder vorgebrachte Meinung, wonach die Christen einen andern Gott verehren oder den gleichen Gott mit anderer Haltung, muß christlicherseits als gravierender Irrtum bezeichnet werden. Für die jüdische und für die christliche Spiritualität ist Gott als sich Herablassender und sich Einlassender unverzichtbar. Trotzdem gibt es Barrieren, die einer monotheistischen Umarmung hindernd im Wege stehen. Vor allem: Der christologische Charakter des christlichen Eingottglaubens stößt sich vorläufig am israelologischen Charakter des jüdischen Eingottglaubens. Das damit gebotene kritische Gegenüberstehen in der Gottesfrage hat aber den Sinn, daß beide Seiten ihre Gottesbeziehung unermüdlich von allen sich leicht einschleichenden Idolatrien, Verniedlichungen und Menschenfeindlichkeiten reinigen. Wenn sie das stets auch unter den Augen der andern tun, dann bildet die jetzige Situation des Wartens – auch im Sinne von Hans Küng – die Basis für das Anbrechen des Friedens bei vielen Menschen.

V. Messiaserwartungen: Suche nach Führung aus dem Dunkel zum Licht

1. Voraussetzungen und Ausgangspunkte

Bei jüdischen und bei christlichen Messiaserwartungen aller Zeiten geht es um erhoffte Wiederherstellungen alter und bewährter Offenbarungsinstitutionen und um Änderungen gegenwärtiger, als ungerecht, unbefriedigend, leidvoll und Gott mißfällig empfundener Zustände. Es soll wieder hell werden in der jetzigen Dunkelheit und Not, damit das Volk Gottes zu seiner Vollzahl und zum Ziel seiner Geschichte gelangt. Diese Sehnsüchte werden mit utopischen Vorstellungen von perfekter individueller, sozialer und ökologischer Harmonie und von vollkommenem, letztlich unbestreitbarem und unverlierbarem Glück ausgedrückt.[1] Messianische Gestalten spielen im Gesamt des endzeitlichen Verlaufs nur eine beschränkte Rolle. Sie stehen ganz in der Fluchtlinie *eschatologischer Gesamt-Szenarien*. Sie haben sowohl auf das Endglück und die Endvollendung Israels als auch auf das Hinzukommen weiterer Erwählter hin zu wirken. Messiasse, ihre Vorläufer und Verkünder können somit nicht als isolierte Größen betrachtet werden. Sie sind auch nicht immer unentbehrlich; sie fehlen z. B. in mehreren frühjüdischen Schrifttümern. Man hat daher vom Messianismus ohne Messias gesprochen, oder man hat zwischen messianischer (gemeint ist eschatologischer) Hoffnung und dem Glauben an den Messias unterschieden[2]. Im Christentum zeigte sich zeitweilig ein konträres Phänomen: Ein exklusiver Erfüllungsmessianismus verstellte die Sicht auf das noch Ausstehende,

---

[1] Sekundärliteratur zum Einlesen in die Messiasproblematik : Baras, Messianism and Eschatology; Buber, Zion als Ziel und als Aufgabe; Cohn, Das Ringen um das 1000jährige Reich; Flusser, Das Christentum – eine jüdische Religion, bes. 37–52; Nigg, Das ewige Reich; Scholem, The Messianic Idea; A. H. Silver, A History of Messianic Speculation; Ekkehard Stegemann, Welchen Sinn hat es, von Jesus als Messias zu reden? Kirche und Israel 7(1992) 28–44; Thoma Zukunft in der Gegenwart.

[2] Dazu Klausner, The Messianic Idea in Israel, bes. 9; Thoma, Theologie 87–95

noch Offene, noch Unerfüllte. Daher konnte mit den theologisch-eschato-
logischen Traktaten fast nichts mehr angefangen werden. Inzwischen ist
aber auch der christliche Erfüllungsmessianismus bzw. der messianische
Totalitarismus in die notwendige Krise geraten.

Bevor vom Messias gesprochen werden kann, wäre eigentlich immer
zuerst vom größeren Rahmen der Enderwartungen bzw. der Eschatologie
zu sprechen. Dabei geht es in erster Linie um den *jüdischen* Rahmen. Das
Christentum ist ja in bereits vorhandene Vorstellungskomplexe eingestiegen, hat sie modifiziert und auf seine Aufgaben unter den Völkern und
Zeiten zugeschnitten. Das Durchziehen einer sauberen Scheidung zwischen Eschatologie und Messianologie ist aber meistens wegen geschichtlicher Gegebenheiten kompliziert und beinahe unmöglich. Es geht weder
bei Endzeit- und Jenseitsvorstellungen *mit* messianischen Figuren, noch bei
solchen *ohne* Messias um bloße Schreibstubenliteratur, die man nur
sprachtheoretisch analysieren müßte. Alle Vorstellungen widerspiegeln
vielmehr *L e b e n s w e l t e n*. Soziale, ökonomische und politische Situationen, geistige Motivationshorizonte und religiöse Empfindungen und Verpflichtungen sind Konstituenten dieser Lebenswelten. Dabei zeigt sich, daß
eine postulierte oder auftretende Messiasgestalt vorhandene Vorstellungen
und Wünsche bündeln und radikalisieren kann. Einerseits sind die aus der
Lebenswelt herausgewachsenen, eschatologischen Vorstellungen der Nährboden für die Entfaltung und Akzeptanz messianischer Gestalten. Anderseits geben Messiasse ihrem eigenen „Umfeld", den Erwartungen des Volkes oder einzelner Teile des Volkes, verstärkte Konturen.

Im Gegensatz zu mehreren Forschern[3] wird hier bei der Frage nach der
Entwicklung des Messianismus nicht hauptsächlich von der Nathanspro-
phetie (2 Sam 7,8–16) und damit auch nicht nur von David / Salomon als
den messianischen Vorbild-Typen ausgegangen. Die davidisch-salomoni-
sche Linie bzw. die jüdische Königsideologie ist nur *ein* Strang, der in späteren messianischen Bewegungen zum Tragen kam. Der Patriarch Jakob hat
mindestens so stark prototypisch auf messianische Vorstellungen eingewirkt wie David. Auch der Term Maschiach meint selten einen endzeitlichen König einzig nach dem Vorbild Davids. Die ihm zugrunde liegende
Bedeutung „salben" hat auch priesterliche und prophetische Wurzeln, da
auch Hohepriester und (teilweise) Propheten durch Salbung für ihr Amt
geheiligt wurden. Im messianischen Zusammenhang bedeutet maschach

---

[3]   z.B. Ferdinand Dexinger, Die Entwicklung des jüdisch-christlichen Messianismus
     BiLi 47(1974) 5–31 (Lit.).

legitimiert, geheiligt, durch Gott in einem heilig-öffentlichen Akt bestätigt sein (wie etwa in Mk 1,9–11 par.). Die Forderung verschiedener Wissenschaftler, man müsse strikt zwischen dem messianischen Sohn Davids und andern Endheilsgestalten (Taheb, Menschensohn, Knecht Gottes, Prophet, Malkizedek, Jakob/Israel etc.) unterscheiden, erweist sich bei näherem Zusehen ebenfalls nur bis zu einem gewissen Grade durchführbar. Nicht nur die begrifflichen Variationen sind zu beachten, sondern auch die stete Austauschbarkeit der Heilsgestalten, ihrer Aufgaben und ihrer Würde. Keine erwartete Figur behielt ihre festen Konturen, jede lebte von ihrer Konvertibilität mit andern Idealgestalten.

Die Endzeitvorstellungen Israels sind in der Hebräischen Bibel vorgegeben, allerdings in ungeordneter, wenig verbundener und eklektischer Form. Die sich im Gefolge von Tora, Propheten und Schriften herauskristallisierenden Vorstellungseinheiten lassen sich zu fünf Grundtypen zusammenfassen:

1. *Rückführung, Zusammenführung und Vollendung,* des in alle Windrichtungen zerstreuten, teils unsichtbar gewordenen, israelitischen Volkes. Das zentrale Stichwort ist hier: „Einsammlung der Exile": *qibbûz galuyôt.* Die wichtigsten biblischen Stimuli finden sich in Ez 36–37 und in Jes 60–66. Dieser Endzeittyp betrifft ganz und gar das Schicksal des jüdischen Volkes, das sich seit den Deportationen der Nordstämme nach Neuassyrien (ab 722 v.) und der Südstämme nach Neubabylonien (586–539 v.) als interimistische Restgemeinde mit voller Verantwortung für die Weitergabe der Traditionen von „ganz Israel" verstand. Dieses Volk hoffte auf eine endgültig-endzeitliche Restitution und Auffüllung.

2. Die endgültige *Aufhebung der Unterdrückung* seitens der israelfeindlichen Weltvölker. Als Stichwort für diesen Typus kann der Ausdruck *schiᶜbûd malkhuyôt,* Unterdrückung durch feindliche Völkermächte, dienen. Die biblischen Haupt-Belegstellen finden sich im zweiten, siebten und zwölften Kapitel des Buches Daniel, wo von den vier dem Untergang geweihten judenfeindlichen Großreichen und dem von Gott geplanten Endreich der „Heiligen des Höchsten" die Rede ist. Das dauernde Unterdrücktsein evozierte die Vorstellung einer repressionsfreien Endzeit.

3. Die endgültige *Anerkennung des einen und einzigen Gottes Israels* durch Israel und durch möglichst viele Nichtisraeliten. Als Stichwort ist das Ende des Versteiles von Sach 14,9 geeignet: „Adonai echad ûschemô echad": „Der Ewige einer und sein Name einer!" Das Anliegen der endgültigen Anerkennung der Singularität und Einheit Gottes findet sich häufig in der Bibel (z. B. Jes 19,23–25; Dan 3,28f; 6,26–28). Dieser Vorstellungstypus ist in erster Linie theozentrisch. Das anthropozentrische Element kommt aber

dadurch zum Tragen, daß die absolute Anerkennung der Herrschaft des einen, einzigen und einzigartigen Gottes Israel auch den ungetrübten Frieden unter den Geschöpfen bringen wird. Dieser Friede wird in folgender Reihenfolge ausbrechen: „Zuerst muß sich das Volk Israel von der Sünde reinigen, zu Gott zurückkehren, und dann wird die Herrschaft der Weltvölker zerbröckeln. Die Fremdherrschaft über Israel ist ja die Folge seiner Sünde"[4].

4. *Bestätigung der singulären Erwählung Israels* allen anmaßenden Konkurrenten, Verdrängern und Unterdrückern gegenüber (Sach 1,14–16; 2,12f u.ö.). Der Ausdruck „Gerichtstypus" ist hier angebracht, weil die endgültige Rechtfertigung der Erwählung und Einzigkeit Israels nur durch Gottes wirkmächtigen Urteilsspruch geschehen kann. Von dieser Vorstellung ließen sich in frühjüdischer Zeit immer wieder apokalyptische und zelotische Gruppen faszinieren. Sie wollten die endgültige Bestätigung der singulären Erwählung Israels von Gott und den Menschen mit den ihnen zur Verfügung stehenden kriegerischen Mitteln radikal einfordern. Das Danielbuch und das äthiopische Henochbuch waren für Menschen, die dem Gericht Gottes durch Bekämpfung der Feinde Gottes und Israels zuarbeiten wollten, wichtige Referenzgrößen.

5. Die klare *Scheidung* innerhalb Israels zwischen rein und unrein, geistlichem und weltlichem Amt, kultischem und profanem Bereich. In allen Vorstellungen mit mehreren Messiasgestalten spielen diese Dualitäten eine Rolle. Das in frühjüdischer Zeit zu beobachtende Unvermögen, Kompetenzen abzugrenzen, und Übergriffe einzudämmen, führte zu Idealbildern, wonach in Zukunft klare Abgrenzungen zwischen weltlicher und geistlicher Herrschaft zur Beendigung von derlei Konflikten führen würden. Zum ersten Mal wird dies in Sach 4 mit Blick auf die Zukunft ausgedrückt. Protosacharja betrachtete die von einem Hohenpriester und einem Fürsten davidischer Abkunft, getragene Dyarchie (Doppelherrschaft) als Idealmodell einer Regentschaft in Israel. Die Trennung und Zusammenarbeit des hohenpriesterlichen und des königlichen Herrschers sollte nicht nur das Judentum innerlich befrieden, sondern sollte darüber hinaus auch das unter absolutistischer Herrschaft des einzigen Großkönigs stehende Perserreich vorbildhaft anstrahlen. Dies etwa ist der Sinn von Sach 4,14: „Das sind die beiden Gestalten, die vor dem Herrn der ganzen Erde stehen." Besonders deutlich stehen die Qumraner in dieser Tradition. Sie warten mit einem oder zwei Messiassen samt einem Vorläufer

---

4 Flusser, Das Christentum – eine jüdische Religion

auf[5]. Auch die von frühen Juden und von den Rabbinen (aufgrund von Mal 3,23f; Sir 48,10f) messianisch aufgefaßte Gestalt des zwischenzeitlich in den Himmel entrückten Propheten Elia gehört in diesen Zusammenhang. Dies wird etwa aus mEd 8,7 deutlich: „Rabbi Jehoschua sagte: Ich habe eine Überlieferung von Rabban Jochanan ben Zakkai empfangen, der sie von seinem Lehrer, und dessen Lehrer sie wiederum vom Vor-Lehrer empfangen hat: Es ist eine dem Mose auf dem Sinai gegebene Halakha, daß Elia nicht kommen wird, um im Streit zwischen „rein" und „unrein" Partei zu ergreifen, um auszuschließen und hereinzuholen. Vielmehr wird er die unter Zwang hereingeholten (Familien) wieder ausschließen und die mit Gewalt ausgeschlossenen wieder hereinholen."

2. Jüdischer versus christlicher Messianismus?

Im späten 2.Jh.n.Chr. verspottete der heidnische Philosph Kelsos die Christen und die Juden wegen ihres Streites um den Messias:

„In unsinnigster Weise streiten die Juden und die Christen gegeneinander. Ihr Disput über den Messias unterscheidet sich in nichts von dem sprichwörtlichen Kampf um des Esels Schatten. Nichts an diesem Disput hat einen Wert. Beide Kontrahenten glauben nämlich, daß vom göttlichen Geist her dem Menschengeschlecht ein Retter verheißen worden sei. Sie stimmen aber nicht miteinander überein, ob der Prophezeite bereits gekommen sei oder nicht". (c.C. III 1)[6].

Die traditionelle jüdisch-christliche Streitgeschichte zeigt demgegenüber, daß es bei den Fragen nach dem Messias gerade nicht um des Esels Schatten oder um des Kaisers Bart geht, sondern um konfessionelle Grundfragen

---

5   1QS 9,11: Zwei Messias und ein Vorläuferprophet: „... bis zum Kommen eines Propheten und der Messiasse aus Aaron und Israel."
    CD 20,1: Vermutlich zwei Messiasse: „... bis zum Auftreten eines Messias aus Aaron und Israel."
    4Qflor 11: Zwei Messiasse: „Das ist der Sproß Davids, der zusammen mit einem Erforscher der Tora auftreten wird."
    11QMelch 2,13–25: Malkizedek vom Himmel her und ein „Messias des Geistes" (bes. VV 13.18.25).
    4Qpatr 1: andauernde Herrschaft Davids: „Solange Israel Herrschaft hat, wird nicht ausgerottet sein einer, der darin thront und für David kommt.

6   Der Text samt engl. Übersetzung des Kirchenvaters Origenes „Contra Celsum" findet sich u.a. bei Stern II 232–305; deutsche Übersetzung: Klein, Celsus gegen die Christen; vgl. auch Pichler, Streit um das Christentum.

und gruppenpsychologische Projektionen, die sich geschichtsentscheidend ausgewirkt haben. Hier stoßen wir auf einen heiklen Punkt. Einerseits ist es ein falscher Forschungsweg, wenn gewisse Messianologen frühjüdische Idealgestalten voreilig in die zum Messias Jesus hinführenden Perspektiven hineinstellen und den nach-jesuanischen Messianismus der Juden als unerheblich beiseite schieben. Durch diese unadäquate Methode verfälschen sie die jüdischen und die christlichen Messiaserwartungen. Diese dürfen nicht nur biblisch und nicht nur vorchristlich abgehandelt werden. Anderseits ist auch der jüdische Messianismus nicht ohne seinen christlichen Widerpart zu verstehen. Es ist ein merkwürdig verschlungenes Spiel der Geschichte, seit dem ersten Jh.n.Chr., daß beide Messianismen einander immer wieder bekämpften, desavouierten und anstachelten. Es ist also von beiden Messianismen zu sprechen, ohne daß aber der eine gegen den anderen apologetisch ausgespielt werden dürfte. Um auch in der Messiasfrage dialogfähig zu bleiben, suchte z.B. Heinz Kremers mit großem Engagement *offene* Christologien aus dem Neuen Testament herauszulesen.

> *„Denn der, den das Neue Testament bezeugt als Heiland und Messias, ist ja noch nicht fertig mit uns und mit der Welt. Und darum muß eine Christologie offen sein. Jede Christologie steht unter dem eschatologischem Vorbehalt, daß die Zugehörigkeit zu Christus und das rechte Erkennen Jesu Christi erst offenbar wird in der Vollendung"[7].*

Wenn unhistorisches Positionsdenken abgestreift wird, dann werden Wege frei und Lichter leuchten auf, sodaß sich jüdische Aussagen weniger antichristlich und christliche Aussagen weniger antijüdisch ausnehmen. Zum vornherein aber ist die Notiz wichtig, daß heutige jüdische Messianismen nicht vollständig in die vorchristliche Zeit zurückreichen, sondern auch auf Reaktionen gegen das aufkommende Christentum basieren, d.h. der gegenchristliche Seitenblick ist immer dabei. Bei der Darstellung der Geschichte des Messianismus ist in Evidenz zu behalten, daß der vorchristlich-frühjüdische Messianismus keine eindeutige geistige Grundkraft damaliger jüdischer Lebensverwirklichungen war. Zu einer ziemlich allgemeinen Basis jüdischen Lebens und Denkens ist er erst später geworden.

---

7   Heinz Kremers, Der Beitrag des Neuen Testaments zu einer Christologie im Dialog zwischen Juden und Christen, Materialdienst des Evangelischen Arbeitskreises Kirche und Israel in Hessen und Nassau, Heppenheim 1990, 13–27; zit.21

3. Biblische Impulse

Als Vincent van Gogh seine Gemälde schuf, gab es noch keine van Gogh-Begeisterung. So ähnlich gab es noch keinen Messianismus im eigentlichen Sinn, als die Autoren der Hebräischen Bibel ihre zukunftsutopischen Gemälde verfertigten. Es ist heute nicht mehr genau auszumachen, wo in der Hebräischen Bibel die Haupt- und wo die Nebenwurzeln für die in nachbiblischer Zeit (im 2./1.Jh.v.Chr.) aufkommenden Messiaserwartungen lagen. Sicher ist aber, daß alle Wurzelfasern nach dem babylonischen Exil (586–538) zu wachsen begannen. Die Hauptimpulse für das Wurzelwachstum gaben die exilisch-nachexilischen Propheten Ezechiel, Deutero- und Tritojesaia, Haggai und Sacharja. Ihnen ging es darum, den von Entwurzelung, Gefangenschaft und Einkerkerung in Babylon gezeichneten judäisch-benjaminitischen Rückwanderern, die rat- und hilflos im zerfallenen Jerusalem und seiner Umgebung herumirrten, nicht nur einen Funken, sondern einen ganzen Feuerbrand von Hoffnung zu geben (vgl. Jes 61,1–3). Die Propheten waren durchglüht von der Einsicht, daß die Restgemeinde Israels eine große Vision zur Identitätsstärkung brauchte (Ez 37,1–14). Deshalb arbeiteten sie konkrete Programme des inneren und äußeren Aufbaus aus: Neubau Jerusalems, Verfassung einer gerechten, politischen und sozialen Ordnung, Stärkung des Selbstbewußtseins durch Neufassung des überkommenen Bundesdenkens (Hag; Sach 1–8).

Die vielfältigen Verquickungen von alten Traditionen mit Visionen und Programmen in nachexilischer Zeit können am besten aus dem großen Jesajabuch herausgelesen werden, in dem sich vorexilische Traditionen vermischt mit Neufassungen in nachexilischer Zeit (bis ins 3.Jh.v.Chr.) finden[8]. Jetzt, nach überstandenem Exil sei die Zeit des neuen Wohlgefallens, der Tröstung und des Erbarmens Gottes angebrochen, in der das Volk Israel mit Gottes kräftiger Hilfe neu konstituiert, wieder aufgefüllt und zu neuer Blüte geführt werde.Eine neue, unverlierbare Bundeszeit sei angebrochen (vgl. auch Jer 31;31–33; Sach 1,3). Im Endergebnis werde dieses Volk das exemplarische Volk Gottes für alle Völker werden. In ihm werde Gottes Wirken unter den Menschen offenbar (Jes 40,6; 54,7; 60,10; 62,11; vgl. Ez 37,15–28; 47,13f). Im Zentrum von Jerusalem, auf dem Zionshügel, nehme Gott – wenn das Volk mit-aufbauwillig sei – Wohnung und lenke von dort her das Volk Israel und

[8] Vgl. außer den Jesaja-Kommentaren auch Kilian, Jesaja 1–39; Langer, Von Gott erwählt – Jerusalem; H.O. Steck, Lumen gentium, Exeget. Bemerkungen zum Grundsinn von Jes 60,1–3; FS. J. Ratzinger, St. Ottilien 1987.

die Völker der Welt. Jerusalem erhalte, ähnlich wie das Volk Israel, eine universale Qualifikation. Was sich jetzt in Jerusalem vorbildhaft ereigne, sei ein Zeichen in Richtung auf die Völker hin. Der Zion sei die Drehachse, der Pivot, von dem aus das Heil Israels und dann der Völker eine beglückende Wirklichkeit werde (Jes 2,2–4; 60,1–3.5–7.11.13–17). Von besonderer Bedeutung wurde Jes 49,6 in späterer Zeit. Gott redet seinen Knecht in folgender Weise an: „Es ist zu wenig, daß du mein Knecht bist, nur um die Stämme Jakobs wieder aufzurichten und die Verschonten Israels heimzuführen. Ich mache dich zum Licht für die Völker, damit mein Heil bis an das Ende der Erde reicht".

Dieses Prophetenwort wurde schon bald in den Dienst einer Theologie der Erwählung gestellt. In Jes 49,6 sei gesagt, daß das Wirken Gottes an Israel sich universal auswirke; es mache vor keiner Grenze und keinem Volk halt. Ebenso stehe aber in Jes 49,6, daß sich das Wirken Gottes unter den Völkern nicht an Israel vorbei oder in Opposition gegen Israel ereigne. Die Völker hätten nur dann die Chance, vom Wirken Gottes angestrahlt zu werden, wenn sie in einer Kontinuität und Solidarität zu Israel stehen. In diesem Sinne wird in Jdt 9,14 folgendes Gebet an Gott gerichtet: „Breite über jedes Volk und jede Nation die Erkenntnis aus, daß du allein der wahre Gott bist, der Gott aller Macht und Stärke, und daß es für dein Volk Israel keinen anderen Beschützer gibt als dich allein!" (ähnlich z.B. schon in 2 Kön 19,19; Ps 83,19). Als Paulus die berühmt gewordenen Kapitel Röm 9–11 schrieb, hatte auch er Jes 49,6 im Sinn. Nach ihm muß das Heil Gottes durch Christus und seine Boten bis an die Enden der Erde gelangen. Dabei darf aber das Volk Israel nicht verachtet und nicht zertrampelt werden (Röm 11,14–18. 24,30–32). Erst die Israel-Völkergemeinschaft wird zum vollen Lobpreis Gottes und zur Vollendung der Geschichte führen (vgl. auch Apk 7).

Für den Propheten Sacharja ist die Gottesstadt als Ort aller Exemplarität für Israel und für die Völker erst dann vollkommen und religiös-sozial-gesichert, wenn es in ihr eine Regierung gibt, die allen absolutistisch-monarchischen Regierungsformen überlegen ist. Er verlangt daher die Installierung einer priesterlich-fürstlichen Doppelherrschaft, die vom Davidssohn Serubbabel und vom Hohenpriester Josua in ausgewogener Kompetenzabgrenzung wahrgenommen werden soll (Sach 4). Erst dann könne voller Jubel ausbrechen, wenn viele Völker von der Attraktivität Jerusalems angezogen würden (Sach 2,14f). Und erst dann werde die leidige Unterdrückung des Volkes Israel durch die mörderischen Völker aufhören (Sach 1,14f; 2,12)[9].

---

9 Zu Protosacharja (520–515 v.) vgl. Seybold, Bilder zum Tempelbau; zu den hinter-

Neben dem Volk Israel und der gottmenschlichen Stadt Jerusalem erhalten in nachexilischer Zeit auch Einzelpersonen eine israel- und völkergeschichtliche Signifikanz: der „Knecht Gottes" und der „Davidssohn", „Fürst" oder „Hirte". Dem als neuer Mose aufgefaßten „Knecht" (vgl. Num 12,6–8), der dem Volk neuen Mut und neue Weisung gibt, wird verheißen: „Ich mache dich zum Bund des Volkes und zum Licht der Völker" (Jes 42,6). Der Geist des Ewigen ruht auf ihm, so daß er dem Volk neue Wege der Hoffnung zu zeigen vermag (Jes 61,1–3). Ähnlich wird der Davidssohn in Jes 11 geschildert. Der aus der Davidssippe („Reis aus dem Baumstumpf Isais": V.1) stammende Herrscher ist vom Geist Gottes erfüllt und gibt seine Gaben und Erkenntnisse dem Volk weiter. Darüber hinaus wird er zum „Zeichen für die Völker" (V.10) – Die älteste Stelle für die Gleichsetzung von gottverbundenem Davidssohn, Knecht, Fürst und Hirte ist wohl Ez 34,23: „Ich setze für sie einen einzigen Hirten ein, der sie auf die Weide führt. Ich selbst, der Ewige, werde ihr Gott sein, und mein Knecht David wird in ihrer Mitte der Fürst sein". In Ez 37,15–18 wird der Davidssohn Knecht, Fürst und König genannt. Gott schließt mit ihm einen „andauernden Bund" (V.26). Der Davidssohn ist Repräsentant der Wiederaufrichtung und Einigung Israels, der Wächter der Wohnung Gottes und der Anlaß dafür, daß „die Völker erkennen werden, daß ich der Herr bin, der Israel heiligt" (V.36).

Mit diesen Vorstellungen von Neugestaltungen Israels im kultischen, religiösen, sozialen und politischen Bereich sind aber noch nicht alle biblischen Wurzeln der späteren Messiaserwartungen freigelegt. Daneben spielt auch der Umsturz- und Gerichtsgedanke eine formierende Rolle. Gott werde die alte, von Treulosigkeit und Frevel geprägte Welt- und Israelordnung umstürzen, zu Gericht erscheinen und – eventuell unter Zuhilfenahme eines auserwählten Menschen – alles neu ordnen. Der früheste biblische Text, der später Einfluß in messianischen Vorstellungen erhielt, ist Hag 2,21–23 (ca. 520 v.):

„Sprich zu Serubbabel, dem Statthalter von Juda: Ich lasse den Himmel und die Erde erbeben. Ich stürze die Throne der Könige und zerschlage die Macht der Königreiche der Völker. Ich stoße die Kriegswagen samt ihren Fahrern um; die Pferde sinken samt ihren Reitern zu Boden. An jenem Tage – Spruch des Ewigen der Heere – werde ich dich, Serubbabel, Sohn des Schealtiel, meinen Knecht, nehmen und dich als Siegelring gebrauchen; denn dich habe ich erwählt – Spruch des Ewigen der Heere".

---

gründigen Erzählungsauffaßungen: Schubert, Die Religion des Judentums, 56–63.

Der Davidssohn Serubbabel, der mit den Exulanten aus Baylon zurückge-
kehrt ist, wird hier als erwählter Umsturzzeuge Gottes eingeführt. Als Erwählter und Geliebter Gottes („Siegelring") ist er Zeuge des Zusammen-
sturzes der kriegslüsternen Völker. Den Fokus der Erzählung bildet die von
Gott verursachte Vernichtung des Krieges und die Erschütterung des Kosmos. Spätere Katastrophen- und Gerichtsschilderungen finden meist ohne
einen israelitischen Repräsentanten statt. Solche mehren sich ab dem
4./3.Jh.v.Chr. in auffallender Weise. Dies hängt vor allem damit zusammen,
daß nicht alle nachexilischen Blütenträume zur Reife gelangt sind. Israel-
und Völkersünden, sowie Katastrophen erstickten viele Entwicklungen. Die
Erkenntnis wuchs, daß Verheißungen Gottes durch Menschen blockiert
und ausgesetzt werden können. Eine von Resignation darüber ausgehende
Schilderung aus dem ausgehenden 4.Jh.v.Chr. findet sich in Sach 14,1–5.
Dort sind Völkerkampfmotive (vgl. auch Jes 8,9f; Joel 2,1–20) mit Vorstellungen verknüpft, wonach Gott gegen die Völker und gegen Jerusalem
kämpft (vgl. Ez 38–39; Jes 34,1–8; Mi 4,11–13; Zef 3,6–8; Jes 29,1–8). Eine
menschliche Heilsgestalt scheint nicht auf. Es geht um eine Parusie Gottes
zur Bereinigung der ganzen Kriegs- und Sündenverfallenheit. Den das ganze Drama voraussetzenden Kontext bildet Sach 12,2–4, wo Jerusalem als
„Taumelbecher" und „Stemmstein" aller Völker bezeichnet wird. Die Völker werden mit Jerusalem und der dort einwohnenden Gottheit nicht zu
Rande kommen. Sie werden mit aller Kraft und Raffinesse versuchen, Jerusalem aus den Angeln zu heben, und Gott selbst wird sie dabei teilweise
unterstützen. Aber letztlich wird der Tag Gottes alles klären. Jerusalem wird
in geläuterter Form weiter bestehen, und „der Ewige" wird darüber hinaus
„König über die ganze Erde sein. An jenem Tage wird der Ewige einer sein
und sein Name wird einer sein" (Sach 14,9). – Es läßt sich an vielen Stellen
verifizieren, daß solche wuchtige Theophanieschilderungen später zu endzeitlichen Gerichtsschilderungen umgestaltet wurden und daß auch
messianische Elemente dabei ein gewisses Gewicht erhielten (vgl. Dan 7).

Neben den Gerichts- und Heilsankündigungen sind auch Vorstellungen
von der Wiederkunft großer biblischer Leitgestalten zu erwähnen, Moses
(Dtn 18,15), Davids (2 Sam 7, 11–14; Ps 110) und Elias (Mal 3,23f; Sir
48,10f). Der Fülle von biblischen Gerichts-, Heils- und Wiederkunftserwar-
tungen entsprach in nachbiblischer Zeit eine bunte Palette von Messiasvorstellungen Aber wie gesagt, eine eigentliche messianische Bewegung ist zur
Zeit des Werdens der Hebräischen Bibel noch nicht auszumachen. Die Funken sprühen jedoch bereits, und das Feuer wird sehr bald da und dort zu
flackern beginnen.

4. Frühjüdisch-nachbiblischer Messianismus

4.1. *Ein herausforderndes Buch*

Die Endzeiterwartung mit einem Messias sei zur späteren Zeit des Bestandes des zweiten Tempels keine das Judentum als Ganzes prägende und vorantreibende, gar als zentral zu bezeichnende Grundkraft gewesen. Dies gelte (auch) für die beiden Jahrhunderte vor Christus, sowie für das erste und teilweise auch das zweite nachchristliche Jahrhundert. In der Schlüsselzeit von ca. 180 v. – ca. 135 n. seien weder ein einheitliches Judentum noch einheitliche oder gar lückenlose Messiaserwartungen vorhanden gewesen. Es hätten vielmehr verschiedene Judentümer mit verschiedenen personalen und strukturalen Idealvorstellungen existiert. Die Vorstellungen über messianische Gestalten seien recht inkonsistent gewesen. Ein großer Teil damaliger Schriften verraten Formen des Judentums ohne Messiasglauben; andere lassen auf öfteren Wechsel der Vorstellungsbilder schließen. Im Jahre 1987 meldeten sich zwölf jüdische und christliche Judaisten und Exegeten besonders nordamerikanischer Herkunft in diesem Sinn zu Wort. Sie gaben ihrem Sammelband den herausfordernden Titel: „Judentümer und ihre Messiasse an der Wende zur christlichen Zeit"[10]. Das Werk bietet reiche Anregung für die künftige Messiasforschung in vorchristlich-jüdischer Zeit. Es kann uns daher bei Rückfragen nach frühjüdischen messianischen Verhältnissen gute Dienste leisten.

Drei Jahre vor Erscheinen von „Judaisms and their Messiahs" brachte Jacob Neusner sein Buch „Messiah in Context" heraus. Die Autoren von „Judaisms" stehen unter dem Einfluß dieses Buches. Neusner habe damit „a long tradition of scholarship" herausgefordert[11]. Die Herausgeforderten sind zum einen Messianologen, die frühjüdische Idealgestalten in die zu Jesus hinführenden Fluchtlinien stellen und sie so teilweise messianisch verfälschen. Diese „inadequate method of Christian-Jewish comparison", die vom Verlangen diktiert sei, „to clarify Christian origins", müsse aufgegeben werden[12]. Attackiert werden zum andern solche Judaisten, die den frühjüdischen Messianismus durch Harmonisierung der Texte und durch

---

[10] Judaisms and their Messiahs at the Turn of the Christian Era.
[11] Burton L. Mack, 15; ähnlich Richard D. Hecht 193. Auch die folgenden Zitate und Hinweise beziehen sich auf „Judaisms and their Messiahs", wenn nichts anderes vermerkt wird.
[12] Burton L. Mack 15.17.

Erstellung von Entwicklungsschemata verschieben. Mehrmals wird „der neue Schürer" in diese Ecke gestellt; darin werde systematisch und quasi dogmengeschichtlich argumentiert[13]. Demgegenüber sei der Begriff Messias in frühjüdischen Schriften ein „term of disparity...and indeterminacy". Der Messias sei ein „signifier with no signified"; Er sei keine „centralizing native cultural category"[14]. Die lange israelitische-jüdische Tradition zeige, daß die Beschäftigung mit dem Messias zu keiner Zeit „a uniform or definitive trait " und auch kein „common reference point of early Jewish writings or the Jews who produced them" war[15]. Das frühjüdische Sozialgefüge zeige, daß einerseits bestimmte Formen von Religion „definitive for Israel" waren, und daß anderseits Machtausübung und Machterduldung zu divergenten ideologischen, sozialen und politischen Phänomenen führten. Hinter aller Instabilität sei aber bei allen Gruppierungen das Bemühen durchgehalten worden, das israelitische Glaubens- und Volksideal auf je eigene Weise zu verwirklichen und zu erneuern. Vorhandene und imaginäre Idealgestalten seien als Projektionen von sozialen und religiösen Vorstellungen benützt worden[16]. Der Messias sei nur *ein* möglicher Ausdruck von Vorstellungen über ideale Leitfiguren voll Weisheit und Tatkraft in Religion und jüdischer Gesellschaft.

4.2. Einige Bestätigungen und Entgegnungen

Es wäre töricht, dem Basisgedanken, der die Autoren des Buches zusammengebracht hat, zu widersprechen. Für die ganze Zeit von ca. 200 v. – ca. 150 n. gilt: „Wir haben es nicht mit *einer* normativen Struktur zu tun, sondern mit *vielen* Strukturen und Unterstrukturen, wobei jede dieser Strukturen in je eigener Weise für die eigene religiöse Gruppe als Norm aufgefaßt wurde; wir müssen daher dem früheren methodologischen Zugang entgegentreten, der eine zusammenhängende Messianologie im Frühjudentum voraussetzte"[17]. Michael Stone macht auf die unterschiedliche Messiasauffassung in 4Esr 7,28 und in 4Esr 11–12 aufmerk-

---

[13] Angriffe gegen die im neuen Schürer sich findenden Harmonisierungen und gegen das Aufstellen einer messianischen Entwicklungsgeschichte finden sich z. B. auf den Seiten 5.9f.98.233.
[14] William S. Green 4.
[15] William S. Green 10
[16] Burton L. Mack, bes. 19
[17] H.J. Charlesworth, 227

sam[18]; auf ähnliche Unterschiedlichkeiten kommt Shemaryahu Talmon im Zusammenhang mit Qumran zu sprechen[19]. Im 3./2. Jh.v. Chr. ist vermutlich in allen Schichten des jüdischen Volkes eine geistig-religiöse Verschnaufpause eingelegt worden. Es ging dabei um die Frage, ob und wie messianische oder messianisch aufgefaßte biblische Texte in der neuen, vom Hellenismus geprägten Zeit adaptiert werden sollen. Das messianische „Material" der Bibel lag damals disparat und mehrdeutig vor. Jedenfalls konnte die zwischen Altem und Neuem Testament liegende und sich in beide Schriftblöcke hineinverzahnende frühjüdische Zeit erst nach intensiven Reflexionen verschiedene Formen einer idealen, das Volk rettenden Figur entwickeln. Dabei wurde der Mangel an großen Gestalten früherer Zeiten beklagt (1Makk 4,46; 7,12–18; 14,41). Man fand aber doch Gestalten, die als Retter des Volkes gefeiert und offenbarungsgeschichtlich gedeutet werden konnten: Den Hohenpriester Simon den Gerechten (um 180 v.; Sir 50) und die Hasmonäerfamilie, besonders Judas (gest. 161), Simon (142–134) und Johannes Hyrkan I (134–104). Die Hasmonäer erzeugten bei ihren Anhängern ein neues Bewußtsein, das in 2Makk 2,17 so ausgedrückt wird: Gott, der sein ganzes Volk gerettet und das Erbteil für uns alle wiederhergestellt hat, wird auch das Königtum, das Priestertum und die Heiligung wiederherstellen[20]. *Hätten Antiochos IV Epiphanes (175–164) und seine seleukidischen Nachfolger in ihren Kriegen gegen die palästinischen Juden, die unter der Führung der Hasmonäer standen, gesiegt, dann wäre das palästinische Judentum in der Tat vermutlich im 2.Jh.v. Chr. zugrunde gegangen. Ihm wäre etwas später das Diaspora-Judentum in den Untergang gefolgt.* So wurden die Hasmonäer zu überragenden Leitfiguren. Aber nicht alle jüdischen Gruppen betrachteten die Hasmonäer als ihre Retter und als Förderer eines von Heiligkeit eingefaßten Lebens. Einige der Gegner verschrieben sich aus Opposition gegen den hasmonäischen Frevel (personale Kumulation des hohenpriesterlichen und fürstlich-königlichen Amtes) dem davidischen Messiasideal. Hier sind vor allem die Qumranleute (4Qpatr 1–4; 4Qflor u.ö.) und die Verfasser der zwischen 45–40 redigierten Psalmen Salomons zu nennen – wohl auch die Pharisäer[21]. Apokalyptische

---

[18] The Question of the Messiah in 4Ezra 209–224

[19] Waiting for the Messiah: The Spiritual Universe of the Qumran Covenanters 111–137.

[20] Dieser Vers wurde von Jonathan A. Goldstein (How the Authors of 1 and 2 Makkabees Treated the „Messianic" Promises: 69–96) in dieser Weise emendiert: S. 83.

[21] Ant 13, 288–296 scheint die antihasmonäische Haltung der Pharisäer – mindestens für die Zeit der hasmonäischen Ämterkumulation zu bestätigen.

Gruppen bauten Vorstellungen von rettenden und heiligenden Gestalten aus, die vom Himmel her kämen: besonders: Malkizedek, (11QMelch), Michael (Dan 7–12; 1QM), Mose (4Qtest) und Elia (Mal 3,23f; Sir 48,10f). Es ist ganz entscheidend, daß alle voneinander verschiedenen frühjüdischen Messianismen auseinandergehalten werden, und daß auch beachtet wird, daß da und dort im Frühjudentum *keine* Messiaserwartung vorkommt. Die Autoren von „Judaisms and their Messiahs" haben da gute Arbeit geleistet. Wünschenswert wäre nun ein zweites herausforderndes Werk, in dem untersucht wird, in welchen Schrifttümern der Messias nur innerjüdische Dimensionen hat und in welchen er auch zur Droh- oder Heilsfigur für die Völker wird. Das Interesse am Verhältnis der Völker zu Israel in der messianischen Zeit scheint in den verschiedenen jüdischen Gruppen unter der Herrschaft der Hasmonäer stark zurückgegangen zu sein. Entsprechende biblische Utopien werden kaum mehr zitiert.

4.3. Johannes Hyrkan I: eine modellhafte messianische Figur

In seinen Darlegungen über die jüdische Geschichte kommt Josephus Flavius u.a. auf den hasmonäischen Hohenpriester und Fürsten Johannes Hyrkan I (134–104 v.Chr.) zu sprechen (bes. Bell 1,54–69; Ant 13,230–300) In Bell 1,68f und Ant 13,299f preist Josephus Flavius die öffentliche und private Persönlichkeit Johannes Hyrkan I (134–104 v.Chr.) in höchsten Tönen. Hyrkan sei Hoherpriester, Fürst und Prophet in einem gewesen, und Gott habe mit ihm ein besonderes Vertrauensverhältnis gehabt. Josephus gibt keiner anderen Persönlichkeit ein so umfaßendes Attest der Vollkommenheit. Es gibt nur leichte stilistische Unterschiede zwischen den Texten in Bell und Ant; inhaltlich stimmen sie miteinander überein. Es ist daher möglich, einen Einheitstext zu erstellen, der Bell 1,68f und Ant 13,299f gerecht wird: „Hyrkan lebte (in seinen späten Jahren) in hohem Glück (eudaimonôs). Er starb nach einunddreißigjähriger ausgezeichneter Regierungstätigkeit. Er hinterließ fünf Söhne. Er ist wahrlich glücklich zu preisen, und es gibt in seinem Leben nichts, weswegen das Schicksal (hê tychê) getadelt werden dürfte (so nur in Bell 1,68). Er allein (monos) hatte die drei einflußreichsten Ämter inne (Ant 3,299: Er wurde von Gott der drei einflußreichsten Ämter für würdig erachtet): der Herrschaft über das Volk, der Hohenpriesterwürde und der Prophetie. Er hatte nämlich so vertrauten Umgang mit der Gottheit (Bell: hômilei autô to daimonion; Ant: synên autô to theîon), daß ihm nichts Zukünftiges verborgen blieb. So sagte er voraus, daß seine beiden ältesten Söhne nicht lange im Besitze der Macht sein werden. Es lohnt sich, von ihrem Niedergang zu reden, um zu zeigen, wie stark sich dieser vom Glück ihres Vaters unterschied".

Anhand weiterer Texte aus Josephus (bes. Ant 13,282f) und aus rabbinischen Traditionen (tSot 13,5f; ySot 24b; bSot 33a) läßt sich glaubhaft machen, daß Josephus in der Tradition Anhaltspunkte für dieses große Lob Hyrkans vorgefunden hat. Ebenso läßt sich zeigen, daß es ihm in der Hauptsache um die Hervorhebung des Charismas der Propheten und der damit zusammenhängenden innigen Verbundenheit mit Gott gegangen ist. Daß Johannes Hyrkan Hoherpriester und Fürst in Doppelfunktion war, konnte für Josephus nicht als etwas Außerordentliches gelten. Außerordentlich aber war seine Prophetengabe, mit deren Hilfe Hyrkan auch in die Zukunft hineinschauen konnte, sowie seine außergewöhnliche spirituelle Nähe zur Gottheit. Josephus selbst betrachtet sich nicht nur als physischen, sondern auch als geistigen Verwandten Hyrkans. Wie Hyrkan sah auch Josephus sich als fähigen „Deuter von Träumen und von zweideutigen Gottessprüchen", dem als einem „Priester und Nachkommen von Priestern ... die heiligen Bücher der Prophetie nicht unbekannt waren" (Bell 3,352). Aufgrund seines Vorauswissens verstand er sich als wahren Diener Gottes, der aus innerer Einsicht zu den von Gott bevorzugten Römern übergegangen sei (Bell 3,354). Darüber hinaus sagte er auch dem römischen Invasionsgeneral Vespasian die Kaiserwürde voraus (Bell 3,400–408). Die Prophezeiung bewahrheitete sich (Bell 4,622–628). So erlangte Josephus sein Ansehen aufs neue, „und er wurde im höchsten Maße glaubwürdig, wenn es um Zukünftiges ging" (Bell 4,629).

Ob die Hyrkan zuerkannten Vorzüge auch messianische Implikationen in sich tragen, muß im Zusammenhang mit Josephus Flavius verneint werden. Josephus macht ja in Bell 1,68f und Ant 13,299f nicht die leiseste Andeutung, die messianisch verstanden werden könnte. Überhaupt übt er in seinem opus äußerste Zurückhaltung bezüglich jüdischer Messiashoffnungen. Er mußte dies u. a. wegen seiner römischen Auftraggeber und Adressaten tun. Daß er selbst den Messiasglauben in eingeschränkter Weise bejahte, scheint sich fast nur aus Ant 10,203–215 zu ergeben (wenn das Testimonium Flavianum unberücksichtigt bleibt), wo Josephus das zweite Kapitel des Danielbuches auslegt. Im Zusammenhang mit dem in Dan 2,34.44 vorkommenden Felsblock, der sich ohne menschliches Zutun von einem Berge lösen wird, und der das Endreich Gottes symbolisiert, sagt Josephus in 10,210:

„Daniel offenbarte dem König auch die Bedeutung des Steines. Aber ich darf darüber nicht reden, weil ich Vergangenes, nicht Zukünftiges, aufzeichnen will. Wer aber aus Liebe zur Wahrheit die Mühe nicht scheut, gründlich nachzuforschen, um sich über

die ungewisse Zukunft zu unterrichten, der lese das Buch Daniel durch, das er in unsern heiligen Schriften finden wird".

Josephus kannte also messianische Spekulationen und bejahte sie mindestens teilweise; er brachte diese aber nicht mit Johannes Hyrkan in Verbindung[22]. Es ist aber nicht unwahrscheinlich, daß asidäische Kreise im Zusammenhang mit Leben und Wirken Johannes Hyrkans schon zu dessen Lebzeiten zu Vorstellungen animiert worden sind, die im weitesten Sinn als messianisch bezeichnet werden können. Das Testamentum Levi ist dafür ein Indiz[23]. Einzelne Passagen vermitteln den Eindruck, sie seien auf die Taten und Vorzüge des Johannes Hyrkan zugeschnitten. In TestLev 6,1–7,3 erzählt Levi, der Sohn Jakobs und ein Ahnvater der Tempelpriester, die in Gen 34 sich findende Geschichte über die Vergewaltigung seiner Schwester Dina durch Sichem, den Ahnvater der Samaritaner bzw. Sichemiten. Zusammen mit seinem Bruder Simeon habe er aus „Eifer" (zêlos: 6,3) blutige Rache an den Sichemiten genommen. Er sei dabei aber seiner selbst nicht sicher gewesen, weil sein Vater Jakob sich gegen die Lynchjustiz ausgesprochen habe. Schließlich habe er aber erkannt, daß sein und seines Bruders Vorgehen gegen die Sichemiten von Gott selbst verfügt worden sei (6,8), weil die Sichemiten sich schon zur Zeit Abrahams gegen Israel gestellt hätten: „Und sie benahmen sich gleicherweise übel gegen alle Fremden. Sie raubten ihre Frauen mit Gewalt und vertrieben sie dann wieder. Aber am Ende kam der Zorn Gottes über sie"(6,10f).

Gewiß ist diese Schilderung von Gen 34 her motiviert. Sie war aber zur Zeit Johannes Hyrkans, der zweimal gegen Samaria und den Garizimer Tempel Krieg führte, äußerst aktuell. Der Verfasser von TestLev könnte seine theologische Gewichtung der Erzählung von Gen 34 zur ideologischen Unterstützung der kultischen Operationen Hyrkans gegen den Tempel auf dem Garizim und seiner politischen Aktionen gegen die Samaritaner formuliert haben. Der Vers 6,11 könnte darauf anspielen. Diese Vermutung wächst aufgrund von TestLev 8,1–17 zu einer Wahrscheinlichkeit heran. In diesem 8. Kapitel findet eine Inthronisation eines Hohenpriesters statt, die

---

[22] Louis H. Feldman weist in seiner Introduction zu dem von ihm und Gohei Hata edierten Buch „Josephus, the Bible and History" 37 darauf hin, daß Ant 10,210 zeige, daß Josephus die messianische Hoffnung gehabt habe.

[23] Ich richte mich im folgenden nach der kritischen Edition der griech. Texte, des TestLev, die de Jonge besorgt hat: The Testaments of the Twelve Patriarchs, 24–50. Die Übersetzung folgt in den Hauptzügen ebenfalls jener von de Jonge, in: The Apocryphal Old Testament, ed. H.F.D. Sparks, 505–600, bes. 530f.

teilweise Sach 3–4 nachempfunden ist. Die Pointe von TestLev 8 gegenüber allen biblischen Vorlagen liegt darin, daß der Hohepriester neben hohenpriesterlichen auch fürstliche und prophetische Prärogativen empfängt oder schon besitzt. Der Text lautet in seinen wichtigsten Teilen:

(1) Und nachdem wir dort (sc. in Betel) siebzig Tage geweilt hatten, hatte ich eine weitere Vision, wie ich schon früher eine gehabt habe. (2) Ich sah sieben Männer in weißen Kleidern. Sie sagten zu mir: Steh auf, ziehe das Gewand des Priestertums an, dazu die Krone der Gerechtigkeit, den Brustschmuck der Einsicht, das Kleid der Wahrheit, das Diadem des Glaubens, den Kopfbund des Zeichens und das Schulterkleid der Prophetie. (3) Und einer nach dem andern brachte diese Dinge herbei; sie legten es mir an und sprachen: Von nun an sollst du Priester der Herrn sein, du und deine Nachkommen für immer! (4) Der erste salbte mich mit heiligem Öl und gab mir den Stab des Gerichtes. (5) Der zweite wusch mich mit reinem Wasser, nährte mich mit Brot und tränkte mich mit Wein, (dem heiligsten aller Dinge), und legte mir ein heiliges und herrliches Gewand an. (6) Der dritte gab mir ein Linnenkleid, dem Ephod ähnlich. (7) Der vierte legte mir einen purpurähnlichen Gürtel um. (8) Der fünfte gab mir einen Ölzweig von einem fetten Ölbaum. (9) Der sechste setzte eine Krone auf mein Haupt. (10) Der siebte setzte ein Diadem des Priestertums auf mein Haupt. Dann füllten sie meine Hände mit Weihrauch, damit ich vor dem Herrn als ein Priester .diene. (11) Und sie sagten zu mir: Levi, drei Ämter (archas) fallen deinem Stamm zu, als ein Zeichen für die Herrlichkeit des Herrn, der kommen wird. (12) Und der, welcher glaubt, wird der erste sein, es gibt kein größeres Amt als dieses! (13) Das zweite Amt wird im Priestertum bestehen. (14) Das dritte Amt trägt dann einen neuen Namen. Ein König wird nämlich aus Juda erstehen und ein neues Priestertum schaffen nach der Art der Völker für alle Völker. (15) Sein Kommen wird wunderbar sein wie das Kommen eines mächtigen Propheten vom Stamme unseres Vaters Abraham. (16) Alles was in Israel als begehrenswert gilt, wird dir und deinen Nachkommen gehören. Der Tisch des Herrn wird der Anteil deiner Nachkommenschaft sein. (17) Aus ihnen werden Hohepriester, Richter und Schriftgelehrte hervorgehen: Denn von ihnen wird das Heiligtum bewacht."

R.H.Charles schreibt das Testamentum Levi in seiner Edition (1908) der Epoche des Johannes Hyrkan zu. Es sei (als ältestes aller Testamente der zwölf Patriarchen) „in den späteren Jahren Johannes Hyrkans geschrieben worden (sehr wahrscheinlich zwischen 109 und 106 v. Chr.). Der Autor war ein Pharisäer, der von uneingeschränkter Bewunderung für Johannes Hyrkan erfüllt war; die pharisäische Partei sah in Hyrkan den aktuellen Messias"[24]. In diesen Urteilen sind mehrere Theorien enthalten, die es etwas zu entwirren gilt. Zunächst spricht Vers 17 des 8. Kapitels für einen

---

[24] Diese Zusammenfaßung der Ansicht von Charles findet sich in Sparks, The Apocryphal 508.

Schriftgelehrten (nicht notwendig einen Pharisäer) als Autor. Dieser Schriftgelehrte bejaht die hasmonäische Hohepriester-Fürst-Ideologie und verbindet auch Prophetisches damit. Der hier zum Hohenpriester Einge-setzte hat nicht nur priesterliche Befugnisse, sondern auch fürstliche (Stab des Gerichts: V 4; Krone: V 9; purpurähnlicher Gürtel: V 7). Auch prophe-tisch-weisheitliche Elemente schimmern durch: Die Krone der Gerechtig-keit, der Brustschmuck der Gerechtigkeit, das Kleid der Wahrheit, das Dia-dem des Glaubens, der Kopfbund des Zeichens und das Schulterkleid der Prophetie: V 2. Der Hohepriester wird aber vom Messias unterschieden, von dem in den VV 11 und 14f die Rede ist. Man wird also nicht exakt sagen können, hier seien die vier Charismen (oder Ämter), die Josephus dem Jo-hannes Hyrkan zuerkannte, voll enthalten. Wohl aber schimmern die vier Ämter hier durch, und sie werden dem Messias gegenübergestellt. Er wird darüber hinaus den Völkern den Weg zur wahren Gottesverehrung eröff-nen.

In den in der ersten und vierten Höhle von Qumran gefundenen Frag-menten eines älteren aramäischen Testamentum Levis wird die Frage nach dem priesterlich-königlichen Doppelamt ebenfalls mit Levi in Zusammen-hang gebracht. in L 32,1 wird gesagt: Das Amt des Priestertums ist höher als das Amt des Schwertes (malkhut kehunata raba min malkhut charaba). Prophetisch-messianische Elemente sind dagegen (in den bisher veröffent-lichten Fragmenten) kaum zu erkennen. Statt dessen stehen spirituelle Er-wägungen stark im Vordergrund. Der Hohepriester und Fürst, der eine abbildhafte Gestalt des Jakobsohnes Levi ist, steht in ausgeprägtem Intim-kontakt zu Gott. Er verrichtet lange Gebete. Und der Himmel antwortet ihm. In L 32,7 sagen himmlische Gestalten zu ihm: „Sieh her, wir haben dich größer gemacht als alles! (Sieh her:) Wie er (sc. Gott) für dich die vollkommene Fülle der Ewigkeit bereiten wird"[25].

Die Funde von Qumran sprechen erneut für das hohe Alter des TestLev. Eine Handschrift (4Q 213.14) stammt aus der 2. Hälfte des 2. Jhs.v. Chr. Klaus Beyer wagt deshalb (mit andern) die Schlußfolgerung, daß „das Werk spätestens für Johannes Hyrkan I. verfaßt " wurde, „sicher in Jerusalem"[26]. Für alle Versionen des TestLev ist charakteristisch, daß der Jakobssohn Levi die Vorschattengestalt (nicht der Vorläufer für) einen hasmonäischen Ho-henpriester-Fürsten mit intimer Gottesbeziehung darstellt. Diese mytholo-

---

[25] Die meisten Fragmente des qumranischen TestLev aram. finden sich samt Überset-zung in Beyer, Die aramäischen Texte vom Toten Meer, 188–209.

[26] Beyer, op.cit. (A 26) 189.

gisch-historische Doppelgestalt ist eine Gestalt für die Zukunft, also eine teleologische Figur. Er ist der Sproß, die Wurzel, der von der Vergangenheit herkommende Vater der Zukunft, der Typus des kommenden New Age. Er gibt durch seine sakralen und politischen Taten den entscheidenden Impuls für die Zukunft. Er befindet sich auf der Wegstrecke zum Messias hin, ist aber nicht selbst der Messias. Dieser wird im TestLev in die Sphäre des Geheimnisses eingehüllt. Nun sind wir soweit, daß die Aussagen des Josephus über das vierfache Amt oder Charisma (Priestertum, Königtum, Prophetentum, Vertrautheit mit Gott) des Johannes Hyrkan kontextuell angereichert werden können. Josephus verstand die Tradition darüber als Hinweis auf den glücklichsten, höchsten, mächtigsten, weisesten und frömmsten Hohenpriester, mit dem er sich physisch und geistig-religiös verwandt fühlte. Es gab aber bereits zur Zeit Hyrkans Gruppen mit endzeitlicher Erwartung, die in Hyrkan aufgrund seiner vier Vorzüge eine Art Vorgestalt des Messias, des mächtigsten, glücklichsten und weisesten Menschen der Endzeit sahen. Der Messias stehe zwar noch im Geheimnis, werde aber eine Gestalt im Anklang an Hyrkan sein.

Nachdem der geistige Horizont von endzeitlich ausgerichteten Juden sich einmal der Vorstellung von einer Vorgestalt vor dem Anbruch der messianischen Ära (vgl. dazu schon Mal 3,23f) geöffnet hatte, war der Weg zur Vorstellung, Johannes Hyrkan (oder eine andere prominente Figur) sei irgendwie messianisch zu verstehen, nur noch kurz. Im Buch der Traumvisionen des Henoch (äthHen 90,8–12) scheint diese kurze Wegstrecke zurückgelegt zu sein. Entweder Judas Makkabaeus oder sein Neffe Johannes Hyrkan wird dort als das „große Horn" bezeichnet, das von den endzeitlichen Feinden nicht besiegt werden kann. Daß aber eine solche Messianisierung oder Quasi-Messianisierung hasmonäischer Fürsten nicht unbestritten blieb, zeigen die Qumranschriften. In 1 QH 4,16 wird bittere Klage geführt über „Lügenpropheten, die durch Irrtum verführt sind". Es ist auch möglich, daß mit dem in den Qumran immer wieder denunzierten „Frevelpriester" (hak-kôhen ha-rascha^c) (1 QpHab 8,8; 9,9; 11,4 u.ö.) bisweilen Johannes Hyrkan gemeint war.

4.4. Messiaserwartungen im Stadium des Versuchs

Johannes Hyrkan wurde also von einzelnen als imponierende priesterlich-fürstliche Führergestalt, die mit dem Charisma der Prophetie und des mystischen Gebets ausgestattet war, verstanden. Andere sahen in ihm eine Modellgestalt, die Ahnungen aufkommen ließ, mit welchen Würden die für später erwarteten messianischen Gestalten ausgestattet sein werden. Wieder andere betrachteten sein Leben und Wirken selbst als messianisch. Immer spielten dabei seine Ämter – Hoherpriester, Fürst, Prophet, Gottvertrauter – eine prägende Rolle. Aus diesem Material und diesen Umständen lassen sich für die Zeit von ca. 100 v. Chr.–ca 150 n. Chr. Schlußfolgerungen ziehen, sowohl bezüglich der Ausstattung und der Aufgaben des Messias als auch bezüglich seines Selbstbewußtseins und seiner Akzeptanz durch seine Anhänger.

Im Qumranschrifttum, in weiten Teilen des äthiopischen Henoch, in der Testamentenliteratur, in den Psalmen Salomons, in der Himmelfahrt des Mose und wohl noch anderswo werden messianische Gestalten beschrieben, die in beachtenswerter Parallelität zu den Eigenschaften des Johannes Hyrkan stehen. Im Grunde kommen vier Kennzeichen des Messias (oder der Messiasse) mehr oder weniger ausgeglichen zum Tragen: Die messianischen Gestalten – teilweise auch schon ihre Vorgestalten – kommen 1. aus dem vertraulichen Umgang mit Gott her, und sie tragen 2. hohepriesterliche, 3. fürstliche und 4. prophetische Züge an sich. Die vier Charakteristiken können wörtlich/direkt oder metaphorisch/ allegorisch aufgefaßt werden. Für die messianischen Gestalten selbst steht weder ihr messianischer Anspruch fest noch die *definitive* messianische Akzeptanz durch ihre Anhänger. Am besten rechnet man mit *tentativen* messianischen Gestalten und mit einer ihnen *tentativ* zugeschriebenen Akzeptanz. Einzelne Gestalten umgaben sich selbst mit einer messianischen Aura und wurden von ihren Anhängern darin bestärkt. Sie sind mit Athleten Olympischer Spiele und mit ihren Fans zu vergleichen. Sie hoffen auf die goldene Medaille messianischer Würde; ihren Anhängern kommt dabei die emotional wichtige Rolle der Anstachelung zu noch größerer Anstrengung zur Erreichung des messianischen Zieles zu. Verpaßt ein solcher „messianischer Athlet" seine Medaille, dann können seine Anhänger relativ unbeschwert wieder zur Tagesordnung zurückkehren.

Der Messias ist eine aus vielen Traditionen sowie aus verschiedenen sozialen und religiösen Erfahrungen gewonnene, gleichsam synthetische Entwurfsgestalt für das endgültig neue, bessere und nicht zerbrechliche Zeitalter. Zu dieser mehrdeutigen und stets noch nicht abgerundeten Messiasauffassung werden wir durch die Hebräische Bibel und vor allem durch das nachbiblisch-frühjüdische Schrifttum hingeführt. Maschiach/Messias kommt im Alten Testament zwar 28mal vor; der Term bezeichnet aber in keinem einzigen Fall eine endgültig-endzeitliche Gründer-, Herrscher- und Entscheidungsgestalt. In den Bilderreden des Henoch (äth-Hen 37–71) dagegen – um nur *ein* nachalttestamentliches Beispiel herauszugreifen – werden aus verschiedenen Traditionen und Erfahrungen heraus neue Gestalt-Kombinationen geschaffen. Die Bilderreden sind vor dem Jahre 70 n. – wohl um das Jahr 1 herum – von einem Juden verfaßt worden[27]. Die Kapitel 46–49 bezeugen die Bemühungen, möglichst viele königliche, priesterliche, prophetische und himmlische Motive aufzuzeigen und „messianisch" zusammenzubringen. In äthHen 46 wird der Menschensohn des siebten Kapitels des Danielbuches überbietend interpretiert: Während er in Dan 7 nicht am Endgericht teilnimmt, ist er hier der erwählte Richter der Endzeit (bes. V.4). Während er in Dan 7 von unten her zum Thron Gottes gelangt, ist er nach äthHen 46 der höchste Funktionär des himmlischen Hofes, der – wie in äthHen 63 gesagt wird – alle Engel an Würde, Macht und Gerechtigkeit überragt. Im Danielbuch wird nichts über die Vorgeschichte des Menschensohnes vor seinem Kommen „mit den Wolken des Himmels" (Dan 7,13) gesagt. In äthHen 48,6 ist dagegen von seiner Erwählung vor der Erschaffung der Welt und von der anhaltenden Dauer dieser Erwählung die Rede (vgl. auch 49,4). Der Menschensohn der Bilderreden zieht auch königliche, priesterliche und prophetische Epitheta messianischer Gestalten sowie jene des Knechtes Gottes und des Gerechten in sich hinein. Dies ergibt sich aus den in den Bilderreden zitierten oder angetönten Bibelstellen, die auch in andern frühjüdischen Texten einen messianischen Klang besitzen. Hinter äthHen 46,3 sind Jes 9,6ff; 11,33ff und Sach 9,9 zu vermuten, und es gibt Ähnlichkeiten mit PsSal 17,29.35.37.40. In äthHen 48 wird der Menschensohn aufgrund von Jes 42,9; 49,6 „Licht der Völker" genannt, und damit mit der Knecht-Gottes-Vorstellung verbunden. Die Völker nehmen nach äthHen 48,5 huldigend am eschatologischen, durch den Menschensohn vermittelten Heil teil. Zusammen mit Dan 6,26–28; Tob 14,5f; TestNaft 8; PsSal 17,30f; äthHen 10,21; 90,30.38; 105,1f sind die Bilderreden ein Teil jener Traditionen, nach denen die Völker der Welt am Ende aller Endzeiten nicht zuschanden werden, sondern ihren Weg zur Anbetung des wahren Gottes finden, und zwar im Zusammenhang mit dem Messiasereignis.

---

[27] Vgl. J.H. Charlesworth, Judaisms, 237; Paolo Sacchi, Henochgestalt/Henochliteratur, TRE 15, Berlin 1986, 42–54.

5. Neutestamentliche Anknüpfungen und Eigenwege

5.1. Anknüpfungen

Die Verfasser des Neuen Testamentes haben die Bilderreden des Henoch (und wohl auch Teile des Qumranschrifttums) allem Anschein nach gekannt. Denn auch für das Neue Testament ist die Integration, Ausweitung und Ueberbietung königlicher, priesterlicher, prophetischer und himmlischer Messiastraditionen charakteristisch (vgl. Mt 12,5f,41f; Lk 3,21f; 11,31f; Joh 1,1–18.43–51 u.ö.). Wenn der Messias vielschichtig als eine von Gott in der Entscheidungszeit für die Endzukunft nach Israel gesandte Gestalt mit variierenden königlichen, priesterlichen, und prophetischen Eigenschaften ist, dann hat dies auch Auswirkungen auf das Reden über den Messias Jesus von Nazaret. Weil es vor dem Neuen Testament im Gesamtbereich des Frühjudentums keinen *typischen* Messias gegeben hat, kann man auch nicht von Jesus als einem *untypischen* Messias sprechen. Man kann ihn höchstens einen in dieser Konkretheit unerwarteten, *so* noch nicht entworfenen Messias nennen. Zusätzlich wird darauf hinzuweisen sein, daß die meisten Leute des 1.Jhs.n.Chr. angesichts divergierender messianischer Entwürfe kaum mehr klare Vorstellungen hatten, was ein Messias eigentlich sei. Die Unsicherheit wird z. B. im 7. Kapitel des Johannesevangeliums nachempfunden. Es entstand dort ein Streit zwischen der jüdischen Volksmenge und einigen Volks- und Religionsführern über die Messianität Jesu. Die Leute schwankten zwischen Akzeptanz und Ablehnung. Dabei kam es zum hilflosen Volksausruf über die Herkunft Jesu: „Von dem hier (= von Jesus) wissen wir, woher er stammt. Wenn aber der Messias kommt, weiß niemand, woher er stammt" (Joh 7,27). Die Leute wußten also um die familiengeschichtliche Verwurzelung Jesu im Judentum. Sie vermuteten aber, daß der Jesus-Clan doch ein zu banaler und ungenügender Hintergrund für das hohe messianische Amt sei. Sie stellten sich vor, der Messias müßte noch andere Ausweise seiner Echtheit und größere Dimensionen seiner Herkunft haben. Stammt der Messias von David ab, oder kommt er auch vom Himmel, vom Thron Gottes her? Ist er nur Wundertäter und Lehrer oder auch König, Priester, Prophet, Engel? Die messianische Unsicherheit der Leute war in der reichen Vielfalt frühjüdischer Messiasentwürfe begründet.

Der neutestamentliche Messiasglaube ist eine bestimmte Ausformung des frühjüdischen Messianismus. Er besteht aus mehreren auffallenden Steinen im frühjüdisch-messianischen Mosaik, macht aber nicht das ganze Mosaik aus. Im Sinne des Markusevangeliums etwa kann Jesus „only in

Christian terms" als Messias bezeichnet werden.[28] Der Evangelist Markus
war sich bewußt, daß Jesus eine originelle, unverwechselbare Person war,
auf die von einem christusgläubigen Standpunkt aus verschiedenste frühjüdische Messiasmotive angewendet werden konnten. Er wußte aber auch,
daß diese Zuschreibungen für nichtchristusgläubige Juden nicht ohne weiteres einsichtig waren. Einige Sätze aus dem 12. Kapitel des Matthäusevangeliums bestätigen die bisher aufgewiesenen „synthetischen" frühjüdischen Messiaserwartungen:

> *„Habt ihr nicht im Gesetz gelesen, daß am Sabbat die Priester im Tempel den Sabbat*
> *entweihen und (doch) schuldlos sind? Ich aber sage euch: hier ist mehr als der Tem-*
> *pel" (Mt 12,5f). „Die Männer von Ninive werden beim Gericht zusammen mit die-*
> *sem Geschlecht auftreten und es verurteilen. Denn sie haben auf die Predigt des Jona*
> *hin sich bekehrt, aber siehe, hier ist mehr als Jona. Die Königin des Südens wird beim*
> *Gericht zusammen mit diesem Geschlecht auftreten und es verurteilen. Denn sie*
> *kam von den Enden der Erde, um die Weisheit Salomos zu hören, aber siehe, hier ist*
> *mehr als Salomo" (Mt 12,41f; Lk 11,31f).*

Diese Sätze umschreiben die „tria munera" des Messias von Nazaret. Er ist
kultpriesterlich, indem er mehr als der Tempel ist (vgl. 2 Makk 5,19) und
indem er als verbindlicher und verläßlicher Ausleger der (Sabbat-) Tora
(dôresch hat-tora: CD 6,7) auftritt. Er übt das Amt des Propheten in der
Entscheidungszeit aus, indem er wie früher Jona zur Umkehr als der entscheidenden Abwehr gegen die Zerstörung aufruft. Er ist königlich, indem
er wie Salomo die Weisheit Gottes verkündet und repräsentiert. Die Formel
„hier ist mehr als..." ist ein geeigneter Ausdruck, um die Messianität Jesu
anzuzeigen. In frühjüdischer Zeit gehört es zum Um und Auf, daß die
messianische Figur mehr ist als die biblischen Gestalten und Vorstellungen.
Nirgends aber wird gefordert, daß der Messias auch *professionell* ein Kultpriester ist. Es genügt, daß er priesterlich denkt und priesterlichen Anliegen
(z. B. Sühne, Verzeihung) zum Durchbruch verhilft. Dasselbe gilt für die
herrscherlichen Vorstellungen. Der Messias muß nicht ein gesalbter und
inthronisierter König sein. Es genügt, wenn er herrscherliche Macht besitzt, sei sie politisch oder geistig-religiös. Wir haben im zwölften Kapitel
des Matthäusevangeliums Sätze vor uns, in denen Jesus als Messias
bezeichnet wird, wobei keinerlei Dissonanz gegenüber frühjüdischen Vorstellungen zutage tritt. Die vierte Komponente des Messias, sein ganz-von-
Gott-her-Sein, wird sozusagen auf allen Seiten des Neuen Testamentes ge-

---

[28] George McRae, Messiah and Gospels, Judaisms 169–185, zit. 176.

schildert. Eine Erörterung darüber ist hier nicht sinnvoll. Auf sie ist im Kapitel über Jesus von Nazaret zurückzukommen.

Zu den sich bruchlos in den frühjüdischen Kontext hineinfügenden neutestamentlichen Stellen gehören auch solche, in denen die tria munera nicht zusammen vorkommen, sondern in denen separat entweder das priesterliche, das herrscherliche oder das prophetische Element im Vordergrund steht. Bei Jesus fällt besonders das Königsamt auf, dessen Umschreibung von merkwürdigen Umständen begleitet ist. In Mt 2,2 fragen nichtjüdische Magier: „Wo ist der neugeborene König der Juden? Wir haben nämlich seinen Stern im Osten gesehen und sind gekommen, um ihm zu huldigen". Der Ausdruck „König der Juden" taucht dann in der Leidensgeschichte als Inquisitionsfrage und Spottbezeichnung wieder auf. Alle vier Evangelisten bringen die Verhörfrage des Nichtjuden Pilatus an Jesus: „Bist du der König der Juden?" (Mt 27,11; Mk 15,2; Lk 23,3; Joh 18,33). Jesus antwortet darauf mit einem Ja-Aber! Drei Evangelisten erzählen, die römischen Soldaten hätten bei der Folterung Jesu spöttisch gerufen: „Hoch mögest du leben, du König der Juden!" (Mt 27,29; Mk 15,18; Joh 19,3). Nach allen vier Evangelisten lautet ferner die von Pilatus verordnete Kreuzesinschrift: „(Jesus von Nazareth, dieser ist) der König der Juden" (Mt 27,37; Mk 15,26; Lk 23,88; Joh 19,19). Nichtjuden interessieren sich also für den König der Juden. Die Magier huldigen ihm, die römischen Soldaten verspotten ihn, Pilatus läßt ihn kreuzigen. Es gibt also Nichtjuden, die den Weg zu ihm finden, während ihn andere foltern und töten. Aus dem Einzug Jesu in Jerusalem vor seinem Leiden wird auch deutlich, daß der Königstitel Jesu nicht politisch gemeint ist, sondern aus Sach 9,9 abgeleitet (Mt 21,1–4 par.) und daher ein Bestätigungsausdruck für biblische Erwartungen ist. Die Verurteilung Jesu konnte nur geschehen, weil sich Jesus nicht von der Erfüllung des Willens des Vatergottes abbringen ließ, weil eine Scheidung im Volke für und gegen Jesus entstanden war, und vor allem, weil das ganze Geschehen zur brisanten politischen Frage zwischen Juden und Römern hochgepeitscht wurde. Aus politischen und religiös-politischen Gründen wurde Jesus zu einem gefährlichen Umsturz-Anführer gestempelt und konnte so erledigt werden. Seine Messiaswürde wurde verdreht. Die Kreuzestitulatur war böswillig karikierend gemeint.

Zur herrscherlichen Aufgabe Jesu gehört auch seine Vollmacht (exousia) und Kraft (dynamis) in seiner Lehre (Mt 7,29; 21,23–27; Mk 1,22.27; 11,27–33; Lk 4,32 u.ö.), im Vertreiben der Dämonen (Mk 3,15; Lk 4,36; 9,1 u.ö.), in der Sündenvergebung (Mt 9,6–8; Mk 2,10; Lk 5,24 u.ö.) und in der Übertragung seiner Vollmacht und Kraft an die Jünger (Mt 10,1; 28,18 u.ö.). Dabei spielen priesterliche (bes. bei der Sündenvergebung) und prophetische (besonders in der Lehre bzw. Toraauslegung) Aufgaben mit hinein.

5.2. Das eigene Profil

Nach der Überprüfung aller Anknüpfungen an das Frühjudentum (dies ist hier nur sporadisch möglich) ist das Augenmerk auf die Besonderheiten der neutestamentlichen Messiasaussagen zu werfen. Aber auch diese sind in stetem Gespräch mit frühjüdischen Messiashoffnungen und mit Pervertierungen dieser Hoffnungen herauszudestillieren.

Man kann im Neuen Testament keinerlei geistige Komplizenschaft mit damaligen anarchistisch-revolutionären Messiasbewegungen und auch keine Kompromisse mit triumphalistischen Umdeutungen der Messiaserwartungen finden; in dieser Beziehung ist die Frohbotschaft unbefleckt geblieben. Die klare antizelotische und antiimperialistische Lauterkeit der neutestamentlichen Botschaft kann als ein Echtheitszeichen betrachtet werden. Die ur- und frühchristlichen Verkünder wollten sich lieber den Vorwurf der Rückständigkeit einhandeln als jenen, ähnliche revolutionär-anarchistische Ziele wie die Zeloten oder wie römische Sklavenführer à la Spartacus zu verfolgen. Aus diesem Grunde redeten sie der politischen Sklavenbefreiung nicht das Wort. Statt dessen bevorzugten sie das Theologumenon, der Sklave sei ein Typus des Sklaven Christus. Man solle ihn deshalb gut behandeln. Der Sklave selbst solle seinen Dienst als Dienst Christi verstehen. Wahre Freiheit gebe es nur in Christus, nicht in der Revolution (Röm 13,1–7; 1Petr 2,18–25). Diese antirevolutionäre Haltung ist zweifellos ein Erbe Jesu selbst, dessen Gebot der Nächsten- und Feindesliebe auch antizelotisch interpretiert werden muß (Mt 5,10–12. 25f. 43–48. 26,52 par.). Weil Jesus dem stets krebsartigen Wachstum des Feindschaftsgefüges unter den Menschen keine Lebenschance zugestehen wollte (vgl. Mt 5,38–42 par.), war es ihm ferner wichtig, daß mit dem Messiastitel äußerst vorsichtig umgegangen werde. Nur im Glauben dürfe man ihn Messias nennen, und man dürfe dabei sein Schicksal zu Leid und Tod nicht auslassen (Mk 8,27–33 par.). Eine ähnlich abweisende Haltung nahm Jesus gegenüber triumphalistischen Verbiegungen seiner Messiaswürde ein. Als ihn die Leute nach dem Brotwunder partout zum König ausrufen wollten, versteckte er sich vor ihnen (Joh 6,14f).

Die Auferstehungszeugen sind der Haltung Jesu in ihrer Verkündigung treu geblieben: Von messianischer Würde darf nur gläubig im Zusammenhang mit Tod und Auferstehung Jesu gesprochen werden (Röm 1,1–6; Phil 2,5–11; redaktionelle Sätze in den Evangelien). Weil das Bekenntnis zum Messias Jesus nur aus einem unbedingte Zutrauen zum Gott Israels kommen kann, der durch Jesus heilsentscheidend gewirkt hat, zitiert Paulus in Röm 15,21 aus dem Buche des Propheten Jesaja folgende Stelle: „Sehen werden die, denen nichts verkündet wurde, und verstehen werden die, die nichts gehört haben" (Jes 52,15). Jedes Christusbekenntnis hängt an der göttlichen Gnade. Niemand ist davon ausgeschloßen und niemand besitzt ein Messias-Patent. Damit wird das Israel-Völker-Thema in neuer Weise eingeführt. Jesus ist Messias für Juden und Völker. Die ausgewogenste neutestamentliche Formulierung ist jene, die der greise Simeon im Tempel bei der Darstellung Jesu ausgesprochen hat: „Meine Augen haben das Heil gesehen, das du vor allen Völkern bereitet hast, ein Licht zur Erleuchtung der Völker und Herrlichkeit für dein Volk Israel" (Lk 2,30f). Die Evangelisten und die neutestamentlichen Brief-Autoren bemühen sich redlich, diesen Doppelaspekt der Messianität Jesu herauszuarbeiten:

> *„Setzt euch für einander ein, wie sich der Messias für euch eingesetzt hat, zur Ehre Gottes. Denn ich sage euch: Um der Lauterkeit Gottes willen ist der Messias Diener der Beschnittenen geworden, damit die Verheißungen an die Väter bestätigt werden. Die Völker aber rühmen Gott um seines Erbarmens willen"* (Röm 15,7–9)[29].

Und dann zitiert Paulus Ps 18,15; Dtn 32,43; Ps 117,1 und Jes 11,1.10, um das den Völkern durch den Messias Jesus zugekommene Heil zu feiern (Röm 15,9b–12). Jesus ist nach der Überzeugung des Paulus ein jüdischer Messias, der nach christlicher Glaubensüberzeugung das Fundament für die endgültige Rettung von Juden und Völkern ist.

5.3. Auswege nach der Ablehnung

Nach Mt 11,7–19 par. vertrat Jesus ein dreiteiliges Heilsgeschichtsschema. 1. Die Zeit von Beginn der Welt bis zum letzten Propheten Johannes dem Täufer ist die Vorbereitungszeit für den Anbruch der Endherrschaft Gottes. 2. Mit Jesus beginnt die Zeit der sich realisierenden Eschatologie bzw. der Realisierung der Endherrschaft Gottes, in der das Unkraut zusammen mit dem Weizen wächst und sich entfalten kann (Gleichnis vom Sämann: Mt 13,1–9. 18–23 par.; Gleichnis vom Unkraut im Weizen: Mt 13,24.30.36–43 par.). Jesus sagt nirgends, wann die Periode der Realisierung zu Ende geht. Er schildert sie als Zeit des inneren und äußeren Wachstums unter Bedrohungen (Gleichnis vom Feigenbaum: Mt 24,32–34 par.; Gleichnis von der selbstwachsenden Saat Mk 4,26–29; Gleichnis vom Sauerteig Mt 13,33

---

[29] Dazu bes. Josef Blank, Antijudaismus im Neuen Testament – die Kirche oder das jüdische Volk? in: Frohnhofen, Christlicher Antijudaismus, 50–63.

par.). In dieser Zeit findet auch sub contrario crucis die Einsammlung der Völker statt, die seinen Jüngern anvertraut ist (Mt 28,16–20). Der auferstandene Christus wehrt sich den Emmausjüngern gegenüber gegen die Auffassung, daß jetzt schon die Zeit angebrochen sei, „daß er Israel erlösen werde" (Lk 24,21). Irgendeinmal danach, in nichtgewußter Zeit (vgl. Mk 13,32f) beginnt nach Jesu Überzeugung die Zeit der Ernte, die Fülle der Zeiten (synteleia), die Wiederherstellung Israels, das Gericht und – so Paulus – die Herrschaft Gottes alles in allem (Röm 15,28), die vom richtenden Menschensohn eröffnet wird (Mt 25,31–46). Die urchristlichen Verkünder haben diese Dreiteilung der Heilsgeschichte beherzigt. Im Jakobusbrief wird die Jesusverkündigung: „Kehret um, das Reich der Himmel hat sich genaht" (Mt 3,2; 4,17 par.) der neuen Situation nach Christus angepaßt: „Die Parusie des Herrn hat sich genaht" (Jak 5,8). Damit wird – ganz im Geiste Jesu – eine Warnung vor überhitzter Naherwartung verbunden:

„Seid also geduldig, Brüder, bis zur Parusie des Herrn. Siehe, der Bauer nimmt die kostbare Frucht der Erde in Empfang. Er wartet geduldig auf sie, bis sie den Frühregen und den Spätregen erhält. Seid auch ihr geduldig und stärkt eure Herzen, denn die Parusie des Herrn hat sich genaht" (Jak 5,7f).

Die dreiteilige Heilsgeschichtsauffassung Jesu stimmt strukturell mit frühjüdischen und rabbinischen Auffassungen überein. Nirgends im Frühjudentum wird behauptet, der Messias komme in der allerletzten Szene des Weltendramas. Sein Kommen wird nirgends als Endpunkt der Geschichte gewertet. Der Messias ist vielmehr „der lebendige Grundstein", auf dem sich die auf ihn gelegten Steine „zu einem vom Geiste durchpulsten Haus auf die Erlösung hin" (oikos pneumatikos eis sôtêrian) formen können (1Petr 2,4f). Nach gängiger, rabbinischer Auffaßung vollendet sich die Weltgeschichte ebenfalls in drei Phasen: 1. Diese Welt, 2. Die Tage des Messias, 3. Die kommende Welt. Man kann also das Christentum mit Rosemary R. Ruether nicht ohne weiteres als einen „unerfüllten Messianismus" bezeichnen und damit die Ansicht verbinden, das Neue Testament habe sich mit seiner Aussage, Jesus sei der Messias gewesen, getäuscht. Mit dem Glauben an den Messias ist vielmehr der Glaube an eine auf den Messias folgende Epoche auf die Vollerfüllung hin mitgegeben. Der Messias legt den Grundstein für das vom Geist Gottes durchpulste Geschehen auf das volle Ende hin. In dieses Ende sind Israel und die Völker einbezogen.

Die Petrusrede im dritten Kapitel der Apostelgeschichte ist ein Beleg für die Überzeugung der Urgemeinden, Jesus habe den entscheidenden Anfang des Endheiles getan. Damit seien aber noch lange nicht alle Türen für jene geschlossen, die ihn nicht als Messias anerkannt haben oder anerkennen konnten. Zunächst wird in der Petrusrede bezeugt, Jesus sei der wahre Messias: Er sei aber weder von den Juden noch von den Völkern (Pilatus als Vertreter der Völkerwelt) akzeptiert worden. Zu den Juden sich wendend sagt Petrus dann:

> *„Ich weiß, Brüder, ihr habt aus Unwissenheit gehandelt, ebenso wie eure Vorsteher. Gott hat aber auf diese Weise erfüllt, was er durch den Mund seiner heiligen Propheten im voraus verkündet hat; daß sein Messias leiden und sterben werde. Kehret also um und tut Buße, damit eure Sünden getilgt werden. Dann wird Gott Zeiten des Aufatmens (kairoi anapsycheôs) kommen lassen und Jesus senden, den für euch bestimmten Messias. Ihn mußte freilich der Himmel aufnehmen bis zur Zeit der Wiederherstellung von allem (apokatastasis pantôn). Dies hat Gott von jeher durch den Mund seiner heiligen Propheten verkündet. Mose hat gesagt: "Einen Propheten wie mich wird der Herr, euer Gott, aus euren Brüdern erwecken. Auf ihn sollt ihr hören in allem was er euch sagt. Jeder, der auf jene Propheten nicht hört, wird aus dem Volk ausgemerzt werden" (Apg 3,17–23; vgl. Lev 23,29; Dtn 18,15–19).*

In diesem Text der Apostelgeschichte liegt die ganze Bandbreite der jüdisch-christlichen Möglichkeiten, die es heute neu zu bedenken gilt. Die Nicht-Akzeptanz Jesu als Messias durch Juden und Nichtjuden ist kein Endpunkt. Juden und Nichtjuden sollen ein Leben in Umkehr führen. Zeiten des Aufatmens sind verheißen. Das entscheidende Ende wird erst kommen, wenn der Messias wie Mose d. h. als der autoritative, endgültige, öffentliche, richterliche Gesetzgeber kommen wird, der von den Juden eher akzeptiert werden kann als der leidende und verspottete „König der Juden" Jesus von Nazareth. Es ist ziemlich allgemeine christliche Überzeugung, daß dies Jesus sein wird. Die Juden dürfen inzwischen auf einen andern warten, den sie als neuen Mose dankbar annehmen werden. Da aber Jesus nicht nur messianisch umschrieben werden kann, ist es denkbar, daß der jüdische Messias noch kommen wird. Als Gesetzeslehrer, als Entscheider über das Land Israel und seine Bewohner? Als Erlöser von Krieg und Uneinigkeit? Eine solche Vorstellung ist jedenfalls christlich nicht unmöglich. Es dürfte den Christen genügen, daß man Jesus als Messias bezeichnen kann (nicht muß!), und daß Jesus der vollkommene lebens- und geschichtsentscheidende Repräsentant Gottes ist. Paulus macht – das Problem erschwerend – darauf aufmerksam, daß der Glaube, daß der Messias am Ende der Tage Jesus sein könnte, für die Juden eine ungeheure Zumutung wäre. „Denn wenn schon ihre Ablehnung (Christi) Versöhnung für die Welt (für die Völker) gebracht hat, dann wird ihre Annahme nichts anderes sein als Leben aus dem Tod" (Röm 11,15). Die Annahme, Jesus werde der kommende

Messias Iudaeorum sein, ist nach Paulus also ein ähnliches Wunder wie die Auferstehung der Toten. Wir dürfen also den Juden unseren Messiasglauben nicht aufdrängen. Ihre Messiashoffnungen sind – nach alledem – legitim und dürfen auch von christlichen Nichtjuden aus den Völkern bekräftigt werden.

6. Gescheiterte messianische Versuche zwischen 40 v. – 140 n.

Im zweiten Jahrhundert v. Chr. sind außerhalb von Qumran nur sporadisch Spuren von messianischen Bewegungen zu entdecken. Vielleicht wurden Judas Makkabaeus und Johannes Hyrkan I von einzelnen Gruppen messianisch akklamiert. Wahrscheinlicher ist aber, daß beide (und vielleicht auch noch andere) nur teilweise messianisch betrachtet und anerkannt wurden. Sie besaßen in den Augen ihrer Anhänger eine der Messianität angenäherte Würde; sie waren Quasi-Messiasse oder Menschen mit einem messianischen Lichtschimmer. Auch im ersten vorchristlichen Jahrhundert kann nur von partiellen Anerkennungen der messianischen Würde bei nur wenigen Personen die Rede sein. Diese Einschränkung ist nicht zu umgehen, obwohl das messianische Fieber vom 1.Jh.v. bis zur Mitte des 2.Jhs.n. mächtig anstieg. Von der Mehrheit der als messianische Kandidaten in Frage kommenden Personen kann vermutet werden, daß sie von Anhängern mit einer messianischen Aura umgeben worden sind, daß aber der volle Glaube an sie und an den Anbruch der definitiv neuen Entscheidungszeit damit nicht Schritt gehalten hat. Meistens kann auch nicht entschieden werden, ob sich die einzelnen Personen die messianische oder halbmessianische Würde selbst zugeschrieben haben oder ob sie andere auf dieses Podest gehoben haben. Noch schwieriger ist die Unterscheidung, ob es sich bei den fraglichen Phänomenen um eine messianische oder „nur" um eine nationalistische oder revolutionäre Erregung gehandelt hat. Die nachfolgenden Deuteversuche bleiben damit mit vielen Unklarheiten belastet.

6.1. Der Eunuch Bagoas

In Ant 17,41–45 findet sich eine widersprüchliche Geschichte aus der Zeit der letzten Lebensjahre Herodes' I (gest. 4 v.), in der ein Mensch als Messias oder als messianische Figur in einem weiteren Sinn eine Rolle gespielt haben könnte:

„Es gab nun unter den Juden eine Gruppe, deren Angehörige sich auf die genaue
Befolgung der Tradition und der Gesetze etwas einbildeten. Sie sagten, die Gottheit
habe sie bevorzugt; sie zogen auch jene Frauen (zur Familie des Herodes gehörende
Adelige) auf ihre Seite. Sie werden Pharisäer genannt. Sie waren in der Lage, gegen
den König viel zu unternehmen; sie waren ebenso verschlagen, wie sie zu offener
Feindschaft bereit waren. Als das ganze Volk der Juden dem Cäsar und seinem König
(Herodes) schwur, in königlichen Belangen untertänig zu sein, da schwuren diese
Männer nicht - eine Anzahl von 6000! Und da sie deshalb vom König zu einer Geld-
strafe verurteilt wurden, bezahlte die Frau des Pheroras (= des Bruders des Herodes)
dieselbe an ihrer statt. Aus Erkenntlichkeit für diesen Dienst sagten sie, die ja im Rufe
standen, die göttliche Weissagegabe zu besitzen, ihr (= der Schwägerin des Herodes)
voraus, Herodes und dessen Nachkommenschaft würden nach Gottes Ratschluß die
Herrschaft verlieren, die dann an sie und ihre Kinder fallen werde. Auch dies blieb
der Salome (= der Schwester des Herodes) nicht verborgen. Sie meldete es dem König
mit dem Zusatz, einige seiner Höflinge seien bereits bestochen. Daher ließ der König
die meisten beteiligten Pharisäer, sowie den Eunuchen Bagoas und seinen Pagen
Carus, der damals als der schönste junge Mann galt, hinrichten. Ebenso wurden von
seiner Dienerschaft alle jene umgebracht, die den Worten der Pharisäer Glauben
geschenkt hatten. Dieselben hatten auch den Bagoas durch die Vorspiegelung über-
mütig gemacht, er werde noch der Vater und Wohltäter des von ihnen vorausgesag-
ten Königs genannt werden. Unter dessen Gewalt werde alles sein. Bagoas werde
heiraten können und die Kraft wieder erhalten, Kinder zu zeugen."

Aus der negativen Beurteilung der Pharisäer zu schließen, hat Josephus
diese Geschichte von Nikolaus von Damaskus übernommen. Auch die in
ihr stattfindende Verwirrung weist auf eine Übernahme hin. Es wird nicht
klar, ob dem Bagoas oder jemand anders die universale Herrschaft versprochen wird. Josephus gibt ein Gerücht wieder, das auch die Pharisäer betroffen hat[30]. Besonders die Schlußsätze (Ant 17,45) können Hinweise auf ein
mit einer bestimmten Person verbundenes messianisches Feuer in der Umgebung des Herodes sein. Dem vorausgesagten König wird universale
Macht zugeschrieben. Seinem Helfer und Vorläufer(?), dem hohen Königs-
beamten und Eunuchen Bagoas, wird die wunderbare Wiedergewinnung
der Manneskraft verheißen. Dies könnte eine messianische Deutung des
Eunuchenspruches in Jes 56,3–5 sein. Aus dem Neuen Testament wissen
wir, daß der jesajanische Eunuchenspruch im ersten Jh.n.Chr. in einem
messianischen Kontext verstanden worden ist (Mt 19,10–12). So könnte
das Wunder am zeugungsunfähigen Bagoas als ein Zeichen des Endes der
bösen Herrschaft des Herodes verstanden worden sein und als ein Vorzeichen des Kommens eines königlichen Herrschers von unbegrenzter Fülle.

---

[30] Dazu Schürer I 505

Leider wissen wir nichts weiteres über eine antiherodische Wende, denn Herodes sorgte für ein schnelles Ersticken aller messianischen Gluten. Von dieser Geschichte fällt aber ein leichter Lichtschein auf den von Herodes befohlenen Kindermord in Bethlehem zur Geburtszeit Jesu (Mt 2,16–18). Allgemein wird angenommen, daß der bethlehemische Kindermord Legende ist. Das wird auch so sein! Die Legende paßt aber zu Herodes. Wie die Bagoas-Geschichte andeutet, war er der einzige uns bekannte jüdische Herrscher, der beim Auftauchen messianischer oder halbmessianischer Tendenzen oder Verheißungen absolut keinen Spaß verstand.

6.2. Imperialistisch-messianische Propaganda

Es geht hier um Herodes I und die Flavier-Kaiser Vespasian und Titus. Selbstverständlich kommen diese drei Herrscher nicht als veritable messianische Figuren in Frage. Sie müssen aber behandelt werden wegen bestimmter Herrschaftsvorstellungen, die mit ihnen in Zusammenhang gebracht worden sind. Alle drei wurden in die Nähe eines imperialistischen Messianismus gestellt. Den ideologischen Hintergrund dieses Herrschaftsmessianismus bildete die alte Rivalität zwischen Orient und Okzident. Die Basisvorstellung wird von Josephus Flavius im Zusammenhang mit dem ersten jüdischen Aufstand gegen Rom und den daran schuldig gewordenen Zeloten vorgebracht:

> „Was sie aber am meisten zum Krieg trieb, war ein doppeldeutiges Orakel, das sich in ihren heiligen Schriften findet. In dieser Zeit werde in ihrem Land einer erstehen, der über die ganze Welt herrschen werde. Sie legten dies als Weissagung für einen der ihren aus. Und auch viele Weise wurden in ihrer Auslegung in die Irre geführt. Die Prophetie aber wies auf die Herrscherwürde des Vespasian hin, der in Judäa zum Kaiser ausgerufen wurde (Bell 6,312f)". Tacitus doppelt in seinen Historien (5,13) nach: „…Diese Vorzeichen legten viele als Drohzeichen aus. Viele aber besaßen das Wissen, das sie den alten Schriften ihrer Priester entnahmen, daß der Osten gerade zu jener Zeit erstarke und daß Männer, die aus Judäa aufbrechen, sich der Herrschaft bemächtigen werden. Dieses dunkle Wort hatte den Vespasian und den Titus vorausgesagt"[31].

Es ist schwierig, biblische Grundworte zu finden, die Josephus als Vorlage gedient haben könnten. In Frage kommen Versverbindungen z. B. zwischen Jes 10,34 (‚Der Libanon wird durch einen Mächtigen fallen') und Dan 9,26f

---

[31] Dazu: Schwier, Tempel und Tempelzerstörung, 238–247.

(‚Das Volk eines Fürsten, der kommen wird, bringt Verderben über die Stadt und das Heiligtum ... ')[32].
Auf besseren Boden gelangt man im dritten Buch der Sibyllinen (ca. 140 v.). Dort ist bereits eine synthetische Messianisierung verschiedener biblischer Herrschaftsvorstellungen bezeugt. Auch außerbiblische Ursprünge – die Rivalität zwischen Orient und Okzident – kommen zum Durchschimmern. In 3 Sib 276–281 wird Israel wegen seines Götzendienstes und wegen anderer Frevel getadelt, und ihm werden Heimsuchungen samt Beschädigungen des Tempelbereichs prophezeit. Dann fährt der Text fort:

> *„Aber am Ende erwartet dich (Israel) Gutes und herrliche Ehre, wie es dir erfüllt Gott und ein Sterblicher. Du aber warte vertrauend auf die heiligen Gesetze des mächtigen Gottes, wenn er dein müdes Knie aufrichtet zum strahlenden Licht. Und dann wird der im Himmel wohnende Gott einen König senden. Dieser wird jeden Menschen in Blut und Feuerglanz richten. Es gibt aber einen königlichen Stamm, dessen Geschlecht unversehrt bleiben wird. Und dieses Geschlecht wird bei den Umwälzungen der Zeiten (en chronois peritellomenoisin) herrschen und anfangen, ein neues Heiligtum Gottes zu bauen. Und alle Könige der Perser werden Erz und Gold und mühevoll bearbeitetes Eisen beisteuern. Denn Gott selbst wird einen heiligen nächtlichen Traum senden. Und dann wird der Tempel sein wie er früher war" (3 Sib 282–294).*

Das dritte Sibyllinenbuch hat auf Josephus, Tacitus und auf andere (z. B. Sueton) eingewirkt. Es ist aber nicht die gemeinsame literarische Vorlage von Geschichtsschreibern im 1./2. Jh. n.. Es stellt vielmehr eine Ausformung einer breiteren Tradition dar. Seltsamerweise sind die Sibyllinentexte eine judaisierte Variante der Okzidentideologie, wonach z. B. die Perser dem Westen untertan sein werden. Josephus dagegen bezieht sich in Bell 6,312f auf das Erstarken des Orients gegenüber dem Westen. Er judaisiert dieses Motiv, indem er Vespasian in Judäa zur Kaiserwürde aufsteigen läßt. In allen Stellen geht es nie nur um einen tüchtigen Herrscher. Vielmehr wird Wert auf dessen Verwurzelung im Westen, im Osten oder in Judäa gelegt. In den judaisierten Formen ist auch die Einbeziehung des Tempels und die Wiederherstellung des wahren Kults nicht zu übersehen.
  Im Schatten der Orient-Okzident-Herrschaftsideologie gab es also allem Anschein nach eine Art imperialistischen Messianismus. Herodes I, der sich als eine über Orient und Okzident hinausragende Herrschergestalt betrachtete, muß davon angesteckt gewesen sein. Möglicherweise hat er den Umbau des Tempels, die Bemühungen um besser legitimierte Hohepriester und die

---

[32] Weitere von der Forschung diskutierte Bibelstellen finden sich bei Schwier, 240.

sozialen und expansionistischen Tätigkeiten als eine quasi-messianische Tätigkeit verstanden. Sie sollten ihm zumindest eine größere Akzeptanz unter der jüdischen Bevölkerung einbringen[33]. Ähnliches ist von einem andern Blickpunkt über Vespasian und Titus zu vermuten. Sie ließen sich propagandistisch von Leuten vom Schlage eines Josephus Flavius mit einer imperialistisch-messianischen Gloriole umkränzen. Daß sie ihre Eroberungen und Zerstörungen gerade in Jerusalem vollbrachten, erleichterte ihrer jüdischen Klientel die Arbeit ihrer Verherrlichungen – dies umso mehr als die aufständischen Zeloten wohl auch mit dem Schlagwort des Sieges des Orients über den Okzident zum Krieg gegen Rom aufgerufen hatten.

6.3. *Judas Galilaeus*

In Act 5,37 läßt Lukas Gamliel den Älteren, den Zeitgenoßen Jesu und Lehrer des Paulus, mit folgenden Worten auftreten: ,Danach trat in den Tagen der Volkszählung Judas Galilaeus auf, brachte viel Volk hinter sich und verleitete es zum Aufruhr. Er ging zugrunde und alle seine Anhänger wurden zerstreut.' Lukas setzt den Judas zwar zeitlich nach dem gleich zu besprechenden Theudas an; er ist also chronologisch im Irrtum. Es besteht aber wenig Zweifel daran, daß Lukas den Zelotengründer Judas (6 n.Chr.) in einem pseudomessianischen Zusammenhang sieht: Die Urkirche trage aber, im Gegensatz zur zelotischen Aufstandsbewegung des Judas, das Gütesiegel einer wahren Messiasgemeinschaft an sich, weil sie sich nach dem Tod ihres Gründers nicht aufgelöst habe. Josephus Flavius weiß über Judas und seine Zeloten aber noch weit mehr zu berichten. In Ant 18,4–9 heißt es:

> *„Der Gaulaniter Judas aber, der aus der Stadt Gamla stammte, reizte zusammen mit dem Pharisäer Zaddok das Volk durch die Vorstellung zum Aufruhr, der Census ziehe nur Sklaverei nach sich. Und so forderten beide das Volk auf, seine Freiheit zu wahren. Am guten Erfolg könne es nicht fehlen, weil alle günstigen Umstände zusammenträfen. Und selbst wenn sie ihr Ziel nicht erreichten, werde ihre hochgemute Gesinnung ihnen ewigen Ruhm sichern. Die Gottheit aber werde nur dann bereit sein, mit ihnen zusammenwirken, wenn sie ihre Entschlüsse auch wacker zur Durchführung brächten, und dies umso mehr, je größer ihre Entschlüsse und je rüstiger ihre Ausführung sei. Durch diese Reden, die mit größtem Beifall aufgenommen wurden, erhielt das Unterfangen einen noch verwegeneren Charakter. Es gab kein Übel, von*

---

[33] So Abraham Schalit, König Herodes. Zum Herrschafts- und Zelotenproblem in den beiden Jh.v. und n.Chr. vgl. bes. Hengel, Die Zeloten.

dem das Volk durch diese beiden Unruhestifter nicht in härtestem Ausmaß heimgesucht worden wäre. Ein Krieg folgte nach dem andern. Und es konnte nicht ausbleiben, daß dies beständige Gewalt und Niederlagen verursachte. Zu allem Übermaß kam noch hinzu, daß das Volk die wahren Freunde, die den Kummer hätten lindern können, verlor, da durch das ungeheure Räuberunwesen das ganze Land in Schrecken versetzt wurde und da so viele der edelsten Männer ermordet wurden: angeblich zum Schutze der Freiheit, in Wirklichkeit aber nur der Beute wegen. Es kam zu mehreren Revolutionen und zu öffentlichem Blutvergießen...Bürger brachten ihre Landsleute um, damit ja keiner von der feindlichen Partei übrig bleibe. Aber auch die fremden Söldner sanken dahin. Zuletzt entstand eine Hungersnot, während der jede Scheu vor böser Tat abgelegt wurde. Städte wurden erobert und zerstört, bis schließlich sogar der Tempel Gottes im Gefolge des Aufruhrs von des Feindes Flammen verzehrt wurde. Solches Unheil bereitete der Frevel jener an den althergebrachten Einrichtungen, welche die Urheber des angerichteten Unheils sind: Judas und Zaddok nämlich, die eine vierte Philosophie im Lande gestiftet hatten und sehr viele Anhänger zählten. Sie brachten das Staatswesen nicht nur zeitweilig in Unordnung. Darüber hinaus säten sie Unheil für die Zukunft durch Lehren, die bis dahin noch nie gehört worden waren. Alles Unheil fing damals an, Wurzeln zu treiben".

Diese Schilderung des Judas ist gegenüber den an verschiedenen Stellen des „Jüdischen Krieges" sich findenden Bemerkungen noch eher zurückhaltend. In Bell 2,118 beginnt die Schilderung des Josephus so:

„Damals reizte ein Galiläer namens Judas seine Landsleute zum Abfall auf, indem er es als schmachvoll erklärte, wenn sie weiterhin den Römern Steuern entrichteten und außer Gott auch sterbliche Menschen als ihre Gebieter anerkännten. Er war der Begründer einer eigenen Sondergruppe, die mit der anderen nichts gemein hat"(ähnlich Bell 7,323).

Judas stellte also zwei aufeinander bezogene Grundforderungen auf: 1) Man dürfe neben Gott keine Menschen als gleichrangige Herrscher anerkennen. Man dürfe für menschliche Machtträger nicht Herrschertitel verwenden, die Gott zustehen. Man dürfe speziell keinen Menschen Kyrios oder Despotês nennen. 2) Man müsse für die Freiheit Israels kämpfen. Die Zelotenbewegung war gegen den römischen Kaiserkult und gegen jene gerichtet, die mit Rom irgendwie kollaborierten: die Nachfolger des Herodes und die jüdischen Oberpriester und Ratsherren. Hinter der ersten Forderung nach Anerkennung der absoluten Souveränität des Gottes Israels stehen besonders die zwei ersten Gebote des Dekalogs, wie sie damals verstanden wurden (vgl. Ex 20,1–7). Hinter der Forderung nach der Freiheit Israels stand ebenfalls ein zentrales Anliegen des Judentums. Das Judentum wußte sich von Gott zur Freiheit berufen. Freiheit habe es aber nicht nur in der Vergangenheit (Auszug aus Ägypten) gegeben; Freiheit sei auch eine Gabe der Endzeit. Man müsse mit Waffengewalt mitwirken, daß die Endzeit mit ihrer Freiheit und ihrem von Gott regierten Frieden hereinbrechen könne. Um die Freiheit zu erringen, müsse man zum Martyrium, ja sogar zum Selbstmord bereit sein (Ant 18,23).

Falls Judas ein messianisches Bewußtsein hatte, war dieses jenem des Herodes radikal entgegengesetzt. Ihm ging es von unten her um die Wiederherstellung der endzeitlichen Freiheit Israels, die sich toto coelo nicht mit der römischen Fremdherrschaft und den jüdischen Kollaborateuren vertrug. Die zelotische Bewegung wurde von Priestern, Leviten und von verschuldeten und arbeitslosen Schichten getragen. Sie arbeitete auch auf eine Neuordnung des Tempels und Kultes hin. Dies konnte damals wohl nur Erfolg haben, wenn messianische – nicht nur nationalistische – Ideen mitschwangen.

6.4. Theudas (um 44–46 n.)

Lukas bringt in Act 5,36 auch einen gewissen Theudas in einen pseudomessianischen Zusammenhang. Er läßt Gamliel den Älteren sagen: „Denn vor einiger Zeit stand Theudas auf und sagte, er sei jemand Bedeutsamer. Ihm hingen etwa 400 Männer an. Er wurde aber getötet, und alle die ihm nachfolgten, wurden zerstreut, und die Bewegung löste sich in nichts auf". Diese kurze Beschreibung des Theudas und seiner Aktivitäten ist bei Lukas ein Teil des Argumentationsweges, an dessen Ende die Verschonung der gefangenen Apostel stehen sollte (Act 5,38f). Lukas gerät bei seinen Schilderungen in zeitliche Konfusionen. Aus Josephus Flavius wird aber deutlich, daß Theudas seine Aktionen unter dem römischen Präfekten Fadus startete. Damals

> „verführte ein Betrüger namens Theudas eine riesige Menschenmenge, sodaß sie ihm mit all ihrer Habe bis an den Jordan nachzog. Er sagte, er sei ein Prophet, und auf seinen Befehl hin werde er die Wasser des Flusses teilen und ihnen einen gemächlichen Durchgang bahnen. Durch diese Worte verführte er viele. Aber dieses unvernünftige Treiben brachte diesen wenig Gewinn. Fadus sandte eine Reiterabteilung gegen sie; diese fiel plötzlich über sie her: viele wurden niedergemacht, viele wurden gefangen genommen. Theudas selbst wurde gefaßt und enthauptet und als Hingerichteter nach Jerusalem gebracht" (Ant 20,97f).*

Hier ist nicht ein messianischer *König* am Werk, sondern ein messianischer *Prophet*: ein messianischer Mose (vgl. Ex 14–15), ein messianischer Elia (vgl. 2 Kön 2,8). Auch in seinem Fall kennen die Römer kein Pardon. Ihre

Grausamkeit vermag die prophetisch-messianische Begegnung zu erstikken.

6.5. Eleazar ben Dinai (um 55 n.)

Der von Josephus als „*Räuberhauptmann*" betitelte Eleazar ben Dinai hielt sich mit seinen Anhängern viele Jahre lang im *Gebirge* auf. Als ein jüdischer Festpilger von Samaritanern gelyncht wurde, stellte er sich an die Spitze der Rächer, brachte viele Samaritaner um und verwüstete die samaritanischen Dörfer. Als die Römer eingriffen, zog er sich mit den Seinen wieder in die „Schlupfwinkel" zurück. Er wurde dann 55 n. in Rom öffentlich ingerichtet. Viele seiner Gefolgsleute wurden gekreuzigt (Ant 20,121.124.161; Bell 2,232–236.253; 4,512f). Die Mischna (mSot 9,9) bezeichnet Eleazar ben Dinai als einen Mörder-Sohn, der auch schuld an der Depravation des Jerusalemer Kults sei. In ShirR 2,7 wird er – u.a. neben Bar Kosiba – als jener bezeichnet, „der das Ende der Zeiten gewaltsam herbeidrängen wollte" (dachaqû ᶜal haq-qez). An seinem messianischen Anspruch ist kaum zu zweifeln. Das Herbeidrängen des Endes galt in rabbinischen Kreisen als zusammenfaßende Charakterisierung der Zeloten.

6.6. Menachem (66 n.)

Als eine römische Heeresabteilung im Jahre 66 n. unter Cestius Gallus gegen Jerusalem zog, um die begonnene Meuterei gegen die Herrschaft Roms niederzuschlagen, wurde sie in der Nähe von Jerusalem an der Steige von Bet Horon von Menachem, einem Nachkommen des Judas Galilaeus empfindlich geschlagen. Josephus schreibt dazu:

> „Die Niederlage des Cestius wurde zu einem Unglück für unser ganzes Volk. Die Kriegsfanatiker wurden dadurch noch mehr ermutigt; sie hofften auf ein siegreiches Ende, nachdem sie die Römer besiegt hätten" (vita 24).

Die Erkenntnis des Josephus, daß der kleine Anfangserfolg der jüdischen Aufständischen gegen die Römer sich für das jüdische Volk zum schweren Unglück auswuchs, entspricht der nachfolgenden Geschichte. Menachem konnte noch weitere kleinere Kriegserfolge verzeichnen (Bell 2,430–440). Josephus kommt dann auf seinen innerjüdischen Abstieg und Sturz zu sprechen:

„Die Zerstörung der Befestigungen und der Tod des Hohenpriesters Ananias trieb
den Menachem zu unsinniger Grausamkeit. Da er wähnte, keinen Nebenbuhler in
der Herrschaft zu haben, wurde er zum unerträglichen Tyrannen. Die Anhänger des
(Tempelhauptmanns) Eleazar erhoben sich gegen ihn, indem sie sich sagten, nach-
dem der Aufstand gegen die Römer aus Sehnsucht nach Freiheit ausgebrochen sei,
dürfe man die Freiheit nicht an einen Einheimischen verlieren und sich die Tyrannei
eines Menschen nicht gefallen lassen, der ... weit unter ihnen stehe ... Mit vereinten
Kräften griffen sie ihn dann im Tempel an, wohin er in prunkvoller Aufmachung,
bekleidet mit königlichem Gewand und gefolgt von einer Menge bewaffneter An-
hänger sich zur Verrichtung seiner Andacht begeben hatte ... Menachem selbst wur-
de (sc. nach einer Flucht im Gefolge einer blutigen Auseinandersetzung mit seinen
Gegnern) ... unter schlimmer Folterung ums Leben gebracht" (Bell 2,242–248).

Daß Menachem ein messianisches Gehabe zeigte, ist zu vermuten. Er erreichte immerhin, daß die Römer zurückgedrängt wurden, und daß er selbst
in königlichen Gewändern in den Tempel zum Gebet einziehen konnte.
Beide Taten konnten messianisch gedeutet werden. Dabei spielte viel endzeitliche Kriegsideologie mit. Nach der Kriegsrolle von Qumran (1QM), die
den jüdischen Aufständischen als eine Art Leitfaden für ihren anarchistischen Krieg gedient haben kann, gibt es mehrere endzeitliche (meistens 7)
Anstürme der Völker gegen Jerusalem. Der erste wird abgewehrt und beim
letzten werden die anstürmenden Völker vom endzeitlich erscheinenden
Gott (oder dem Messias) vernichtet. Der erste durch Menachem abgewen-
dete Ansturm deutete an, daß die End-Kriege begonnen hatten! In 4 QpJes
10,28f[34] wird der vor-messianisch aufgefaßte „Fürst der ganzen Gemeinde"
(naśiʾ kol ha-ʿeda) mit dem eschatologischen Entscheidungskampf verbunden. Dabei wird auch das feindliche Heer bei seinem Anmarsch gegen Jerusalem von Akko her geschildert. Vor den Toren Jerusalems kommt es zur
entscheidenden Schlacht, in der der Feind vernichtend geschlagen wird.
Dann folgt in diesem qumranischen Pescher eine Auslegung von Jes 11, wo
wieder der davidische Messias erscheint, der ‚die Völker mit seinem
Schwert richten wird'. Die Qumraner entwickelten also Anschauungen
über den endzeitlichen Krieg, die von den Zeloten und Sikariern in Dienst
genommen werden konnten. Es ist leicht vorstellbar, daß der Sikarierführer
Menachem durch seinen Sieg gegen die römische Kohorte gewaltig an
messianischem Prestige gewonnen hat. Mit seinem Tod zerfiel die sikari-
sche Bewegung.
    Das rabbinische Judentum bezeichnete Menachem als falschen Messias.

---

[34] DJD Bd 5, S.12; fragm. 5–6; vgl. die Komentierung durch Hengel, Zeloten S.
282 290f.

Seinetwegen sei der Tempel im Jahre 70 n. Chr. zerstört worden. Allerdings knüpften die Rabbinen an diesen Vorwurf auch eine Hoffnung an: „Wir glauben, daß der Tempel, der seinetwegen zerstört wurde, auch seinetwegen wieder aufgebaut werden wird" yBer 2,3 (5a). Menachems messianische Wirksamkeit erstreckte sich nur auf einige Monate. Er war also ein Blitz-Messias (vgl. Lk 17,24).

6.7. Pinchas ben Schemuel aus Chafta (67–70 n.)

Dieser letzte, von den Zeloten eingesetzte Hohepriester ist von besonderer religionsgeschichtlicher und theologischer Bedeutung, weil er mit einem „Wechsel" im Hohenpriesteramt und mit radikalen Enderwartungen im Zusammenhang steht. Die Schilderung über seine Erwählung findet sich nur bei Josephus, der als aristokratischer Priester keinerlei Sympathien für diesen in der Aufruhrzeit von den Zeloten hervorgeholten, ungebildeten Steinmetzen aus einem Dorfe haben konnte. Seine Schilderung in Bell 4,147–157 lautet so:

„Während nun das Volk immer mutloser und zaghafter wurde, steigerte sich der Wahnsinn jener Ruchlosen derart, daß sie sich sogar die Wahl der Hohenpriester anmaßten. Sie schafften die Vorrechte der Familien ab, aus denen die Hohenpriester nach bestimmter Reihenfolge bestimmt wurden. Sie stellten gewöhnliche Leute aus niederem Stand als Hohenpriester auf, um an ihnen Helfershelfer für ihre Schandtaten zu gewinnen. Jene nämlich, die diese Ehrenstellung ohne Verdienst erlangten, mußten denen willfährig sein, die ihnen dazu verholfen hatten. Die Frevler machten den Tempel Gottes zu einem Bollwerk gegen die unruhigen Bewegungen des Volkes, und das Heiligtum war ihnen Ausgangspunkt für ihre Tyrannei. Schließlich fügten sie zu ihren Schandtaten noch den Hohn hinzu, der schmerzlicher als jene empfunden wurde. Um die Reizbarkeit des Volkes zu testen und ihre eigene Stärke zu erproben, wagten sie es, die Hohenpriester durch das Los zu bestimmen, während doch das Anrecht auf diese Würde durch Abstammung erworben wird. Eine alte Sitte nahmen sie als Vorwand ihres Unterfangens: Auch in früheren Zeiten – behaupteten sie – sei das Hohepriesteramt durch das Los zugeteilt worden. In Wirklichkeit war ihr Vorhaben eine Auflösung (katalysis) des Gesetzes, ein Kunstgriff zur Stärkung ihrer Macht, weil sie eben diese höchsten Würden unter Kontrolle haben wollten. So ließen sie einen hohenpriesterlichen Stamm herbeiholen. Er wird Enjachin genannt. Das Los fiel auf einen gewissen Phannias, den Sohn Samuels aus dem Dorf Aphta, einen Menschen, an dem die Widergesetzlichkeit (paranomia) ihres Handelns offenkundig wurde. Dieser Mann stammte nicht nur nicht aus den Reihen der Hohenpriester, sondern er wußte darüber hinaus nicht einmal, was das Hohepriesteramt sei. Gegen seinen Willen schleppten sie ihn vom Lande herein... bekleideten ihn mit dem heili-

gen Gewand und unterwiesen ihn gelegentlich, was er zu tun habe. Ihnen freilich diente dieser ungeheure Frevel nur zu Scherz und Spott; den übrigen Priestern jedoch, die von ferne zusahen, wie mit dem Gesetz gespielt wurde, traten Tränen in die Augen, und sie seufzten schwer über die Auflösung der heiligen Würden."

Der Stamm Enjachin (Jakim) gehörte zu den vornehmen zadokidischen Priesterstämmen (1 Chr 24,12); die Wahl des Pinchas war damit nicht widergesetzlich, wie das der hasmonäerfreundliche Josephus Flavius behauptete. Daß Josephus die Verunglimpfung des Pinchas gegen besseres Wissen vornimmt, ergibt sich z. B. aus Ant 3,188–192; 4,57f, wo die Erwählung des Ur-Hohenpriesters Aaron (nach Ex 28; Lev 8; Num 14–16; vgl auch 1 Sam 10,20ff) geschildert wird: Aaron wurde durch das Los gegen die Ansprüche der Rotte Korach zum Hohenpriester bestimmt. Josephus selbst gibt zu diesem primizialen Losentscheid folgenden Kommentar: „Von nun an stand Aaron nicht mehr im Verdacht, seine Priesterwürde dem Mose zu verdanken. Gott selbst hatte ihn vielmehr dazu bestimmt" (Ant 4,58). Was im Falle Aarons, des ersten Hohenpriesters, recht war, sollte doch auch im Falle des Pinchas aus Chafta, des letzten Hohenpriesters, billig sein! Die Deutung der Wahl des Hohenpriesters Pinchas durch die Priesterzeloten ist nicht einfach. Sicher hat Joachim Jeremias recht, wenn er sagt, es habe sich bei dieser Wahl um die Wiederherstellung der Tempelreinheit durch Rückgriff auf ein legitimes zadokidisches Geschlecht gehandelt[35]. Darüber hinaus ist aber die Frage aufzuwerfen, ob die Wahl des Pinchas auch als ein eschatologisches Signal verstanden sein wollte. Sicher waren qumranisch-essenische Kreise darüber begeistert, daß die Aufständischen die zadokidische Legitimität im Hohenpriesteramt wieder herstellten und dabei jenen Wahlmodus anwandten, mit dem Aaron seinerzeit gewählt worden war. Aus ihrem Bewußtsein, daß sich das Hohepriesteramt nicht mit Weltlichkeit und schon gar nicht mit Blutvergießen im Krieg vertrage, hatten die Qumraner aus Gegnerschaft gegen die Hasmonäer eine Messianologie mit einem Hohenpriester und einem Laienmessias entworfen, wobei der Priestermessias samt seinen Priestergetreuen rangmäßig über dem Laienmessias stehen sollte: 1 QSa 2,12–22. Cecil Roth meinte deshalb, Pinchas aus Chafta sei „presumably" mit dem in den Qumranrollen genannten kohen ha-ʾacharon, dem letzten Hohenpriester (z. B. 4 QHosb 2,1.3), zu identifizieren[36]. Diese These kann vermutlich auch durch den ntl. Hebräerbrief indirekt bestätigt werden. Darin (bes. in

---

[35] Joachim Jeremias, Jerusalem zur Zeit Jesu, Göttingen 3. Auflage 1962, 216–223.
[36] Cecil Roth, The Constitution of the Jewish Republic of 66–70 (JSS 9(1964) 295–319, bes. 316.

Kap 7) wird Christus als letzter Hoherpriester geschildert, der den endzeitlichen Wechsel im Hohenpriesteramt repräsentiere. Die Spur des Pinchas verliert sich nach seiner Wahl. Er wird mit dem Tempel untergegangen bzw. von den Römern ermordet worden sein. Die Priester – sowohl die traditionellen Oberpriester als auch die radikal-reformerischen Zeloten – erfuhren bei der Zerstörung des Tempels durch die Römer keine Gnade. Dies war insofern begreiflich, als der jüdische Aufstand wesentlich von radikalen Priestern durchgestanden worden war. Josephus schreibt Bell 6,321–22:

> *„Am 5. Tage (sc. nach der Besetzung des Tempels durch die Römer) kamen die Priester, von Hunger getrieben herab (sc. von den Tempelmauern, in denen sie sich versteckt hatten). Sie wurden vor Titus geführt, den sie um Schonung des Lebens anflehten. Er aber erklärte ihnen, die Zeit der Gnade sei für sie vorbei; und da auch der Tempel um dessentwillen er wohl Grund gehabt hätte, sie zu schonen, zerstört sei, sei es geziemend, daß sie als Priester zusammen mit dem Tempel untergingen. Er befahl, sie alle hinzurichten."*

6.8. Simon bar Giora

Der charismatisch und strategisch begabte Sohn eines Konvertiten war der letzte Führer der Aufständischen in Jerusalem. Die Römer betrachteten ihn als Hauptträdelsführer, was noch aus seinem grauenhaften Ende herausgelesen werden kann. Nach der Tempelzerstörung wurde er von den Römern in unterirdischen Gängen Jerusalems aufgespürt, im Siegeszug in Rom vorgeführt und dann von der mamertinischen Felskuppe hinuntergeworfen (Bell 2,652ff; 4,515–544.573–584: 7,26–36.118.154).

Wenn Simon bar Giora in der heutigen Forschung als messianische Gestalt gedeutet wird, gelten Bell 4, 503–511.575 als literarische Hauptbelege. In diesen beiden Stellen wird nämlich gesagt, daß Simon in allen Volksgruppen viele Anhänger hatte, und daß diese ihn als einen Retter (sôtêr) und Beschützer (kêdemôn: so 575) bejubelten. Oft werden auch die Münzen mit der Aufschrift: „Zur Erlösung (Befreiung) Zions (li-geʾullat Zion)" mit Simon in Zusammenhang gebracht. Er habe sie zur Festigung seiner Herrschaft und zur Betonung seiner Identität als ein ‚kriegerischer Messias' prägen lassen. Aus allen diesen Indizien ergebe sich, daß sich an ihn ... auch die Erwartungen und Hoffnungen knüpften, er werde von der uneinnehmbaren Gottesstadt aus die anstürmenden Feinde vernichten"[37]. Falls sich

---

37 Schwier, Tempel und Tempelzerstörung 156, vgl. 152–156.

Simon wirklich als Messias verstand, dann zeigt sich an seinem Wirken und an seinem Schicksal, daß der Krieg nicht für eine messianische Sendung taugt.

6.9. Bar Kokhba

Daß „der Sternenensohn" Bar Kokhba sich und seinen Aufstand (132–135) messianisch verstanden hat, wird nur von wenigen Autoren bezweifelt. Es ranken sich aber um Person und Werk so viele Legenden und Theorien, daß es bis heute nicht gelungen ist, einen Konsens darüber zu erreichen, wer und wie Bar Kokhba war und welche Ausmaße sein Aufstand gegen die Römer hatte.

6.9.1. Name und Anspruch

Bar Kokhba hieß von Haus aus Simon ben Kosiba. Laut yTaan 4 (68d) deutete Rabbi Akiba Num 24,17 ('Ein Stern geht in Jakob auf, ein Zepter aus Israel') auf Ben Kosiba hin aus und formte dessen Namen messianisch um: „Bar Kokkba steigt aus Jakob auf" und er fügte hinzu: „Dieser ist der König Messias (dên hû malka³ meschîcha³)". Ihm antwortete Rabbi Jochanan ben Torta: „Akiba: Gras wird aus deinen Kinnbacken heranwachsen, und der Sohn Davids wird noch nicht kommen." Daß Simon ben Kosiba als „Sternensohn" bezeichnet wurde, bezeugt auch Eusebius h.e. IV 6,2:

> *„Führer der Juden war ein Mann namens Bar Kokhba, was ‚Stern' bedeutet. Er war zwar eine rechte Mörder- und Räubernatur, aber durch die Kraft seines Namens wurde er sklavisch als das Licht verehrt, das den Bedrängten vom Himmel herabgestiegen und ihnen aufgeleuchtet sei"*[38].

Nach dem Scheitern des Aufstandes wurde der Sternensohn als Lügensohn (Bar Kozîba„) bezeichnet. Eine kennzeichnende Stelle ist bSan 93b:

> *„Bar Kozîba" herrschte zweieinhalb Jahre und sagte zu den Rabbanen: Ich bin der Messias. Sie sagten zu ihm. Über den Messias steht geschrieben, er werde riechen und richten (im Anschluß an Jes 11,4). Und wir wollen sehen, ob du riechen und richten kannst. Als sie sahen, daß er nicht riechen und richten konnte, töteten sie ihn".*

---

[38] Übersetzung nach Schäfer, Der Bar Kokhba-Aufstand, 36.

Die Rabbanen haben Bar Kokhba sicher nicht umgebracht. Offenbar ist er in der Schlußphase des Kampfes gegen die Römer gefallen, aber es gibt nichts Verläßliches darüber. Es war aber im 1./2.Jh. zum Topos geworden, daß ein falscher Messias des Todes schuldig sei.

Außer zahlreichen Legenden stehen uns auch *Münzen* zur Verfügung, die während des Bar Kokhba-Aufstandes geprägt worden sind. Es lassen sich drei Gruppen von Münzen unterscheiden: 1. Münzen mit der Aufschrift „Jahr eins der Erlösung Israels" (schenat ᵓachat ligeᵓullat Israel). 2. Münzen mit der Aufschrift „Jahr zwei der Befreiung Israels" (schenat schetayim lacherût Israel) 3. Münzen mit der Aufschrift „für die Freiheit Jerusalems" (la cherût Jeruschalem)[39]. Vermutlich meinen cherût und geᵓulla auf den Münzen dasselbe: die messianisch-endzeitliche Befreiung von der Fremdherrschaft und von der Depravation der heiligen Institutionen Israels. Im Zusammenhang mit den Münzen und den talmudischen und römischen Berichten kann die Frage aufgeworfen werden, weshalb Bar Kokhba zum Aufstand aufgerufen hat. Drei Gründe werden namhaft gemacht: 1. Der Aufstand sollte die schon allzu weit fortgeschrittene Romanisierung des jüdischen Lebens stoppen; 2. Jerusalem sollte wieder als Stadt des Gottes Israels zuückerobert und der Tempel und sein Kult sollten neu gestaltet werden; 3. die römische Unterdrückung sollte beendet werden.

Wenn die Zeit des Makkabäeraufstandes als typische Basiszeit für messianisches Denken und Handeln verstanden wird – und sie wurde von messianisch gesinnten Juden sowohl zur Zeit des ersten jüdischen Aufstandes und zur Zeit des Bar Kokhba-Aufstandes so verstanden –, dann kann etwa gesagt werden: Nur wenn die genannten drei Gründe in irgend einer Weise zusammen existieren, kann ein messianischer Aufstand gewagt werden. Eine Zeit ist dann für eine messianische Aktivität reif, wenn nicht nur Unterdrückung durch „Edom" bzw. durch die Weltvölker da ist, sondern wenn darüber hinaus auch schwerste innerjüdische Schäden vorhanden sind: Pervertierung oder Zerstörung des Tempelkultes und Ausbrüche aus der jüdischen Sonderexistenz durch Mischehen und Assimilation an die griechisch-römische Kultur und Lebensweise. Der zweite Teil des Danielbuches zeigte vielen spätantiken Juden das Muster, wann die heidnischen und jüdischen Bosheiten an ihrem Tiefpunkt angelangt sein könnten (Dan 11,21–45). Historisch gesehen war es seit 70 n. Chr. augenscheinlich, daß Römer grausam über Israel herrschten, daß der Tempel zerstört war und daß viele enttäuschte Juden ihren religiösen Traditionen den Rücken kehr-

---

[39] Zu den Münzenfunden vgl. bes. A. Reifenberg, Ancient Jewish Coins.

ten und Anschluß an die Gnosis oder an die heidnisch-römische Kultur suchten. Bar Kokhbas Aufstand war damit kein Augenblickseinfall, sondern das Ergebnis von Einblicken in die Tradtitionen und in die eigene Zeit hinein[40].

Es sind auch *Briefe* Bar Kokhbas in der judäischen Wüste gefunden und veröffentlicht worden[41]. Diese Funde haben die Quellenlage um vieles verbessert, und es sind auch verläßliche Arbeiten über den Bar Kokhba-Aufstand herausgekommen[42]. Wie aus einem im Wadi Murabba'at gefundenen Brief hervorgeht, führte Bar Kokhba für sich selbst nicht den Titel Messias; er nannte sich „Nasî° Israel"[43]. Dieser Titel findet sich erstmals als Bezeichnung für einen zukünftigen Idealherrscher in Ez 37,19. In Qumran spielt der priesterliche „nasî (kol) ha-ᶜeda" der „Fürst der (ganzen) Gemeinde" eine wichtige Rolle (1QSb 5,20f; CD 7,20; 1QM 5,1; 1QpJesa). Er ist dort jene von Eifer für wahres Priestertum erfüllte messianische Herrschergestalt, die meist im Zusammenhang mit Num 24,17 (Jakobstradition!) erwähnt wird, die den Bund der Gemeinschaft erneuert und die Herrschaft seines Volkes auf ewig aufrichtet (vgl. 1QSb 5,21). In konkreto ist er der Anführer im endzeitlichen Krieg. Es ist anzunehmen, daß sich Bar Kokhba im Sinne von Ez 37 und im Sinne von Qumran als Nasî° verstand. Bei dieser Annahme wirtschaftet man sich aber Schwierigkeiten mit dem rabbinischen Nasî°-Amt ein. Verschiedene Führer des Hauses Hillel, besonders Gamliel II (um 90 n.), und sogar schon die „Paare" (mHag 2,2), werden im rabbinischen Schrifttum als Nasî° bezeichnet. Diese Zuschreibungen sind jedoch anachronistisch. Erst der Patriarch Jehuda Ha-Nasî° trug den Titel. Jehuda wird ihn nicht als Vorsitzender des Sanhedrin erhalten haben, sondern als beinahe-Fürst eines beinahe wieder unabhängig gewordenen Staatsgebildes.

---

[40] Zur Diskussion über die Ursachen des Bar Kokhba-Aufstandes vgl. Schäfer, Der Bar Kokhba-Aufstand, 29–52.

[41] Herausgegeben von J.T.Milik/Roland de Vaux, Les Grottes de Murabba'at, DJD II, Oxford 1961; sowie von Yigael Yadin, Expedition D – The Cave of the Letters, IEJ 12 (1962) 227–257; ders., Bar Kochba, Archäologen auf den Spuren des letzten Fürsten von Israel, Hamburg 1971.

[42] Schürer Bd 1 529–557. Aharon Oppenheimer, Meschichiûtô schel Bar Kokhba, in: Zvi Baras, Messianism and Eschatology, 153–165; Peter Schäfer, Der Bar Kokhba-Austand.

[43] Dazu J.T.Milik, Une lettre de Siméon Bar Kokhba RB 60 (1953) 276–294; A.S. van der Woude, Die messianischen Vorstellungen der Gemeinde von Qumran, 115f.134f.304f.

6.9.2. Messianischer Eifer

Nach dem Bericht des Eusebius KG IV,8 habe bereits Justin der Märtyrer, der Zeitgenoße Bar Kokhbas, folgendes gesagt:

> *„Denn in dem gegenwärtigen jüdischen Krieg waren es nur Christen, die Bar Kokhba, der Anführer des Aufstandes der Juden, streng zu bestrafen befahl, wenn sie nicht Jesus verleugneten und lästerten." Diese Bemerkung des Eusebius wird von der fast gleich lautenden Formulierung in Justins Apol I, 31,6 bestätigt.*

Historisch läßt sich diese Christenverfolgung durch Bar Kokhba kaum beweisen. Es mögen Christen umgebracht worden sein, weil sie sich weigerten am Bar Kokhba-Aufstand teilzunehmen. Die messianische Eifersucht scheint damals ein Topos der christlichen Geschichtsschreibung gewesen zu sein. Bar Kokhba wurde als zweiter Herodes charakterisiert. Herodes habe die Kinder von Bethlehem umbringen lassen und Bar Kokhba die Nachkommen Christi.

Bar Kokhba war ein imponierender, kompromißloser Aufstandsführer. Er versuchte, den Tempel und Jerusalem vom Südwesten her anzugreifen und zurückzuerobern, um des Tempels und der Umkehr des jüdischen Volkes willen. Aber einzig Priester, Rabbi Akiva und Restbestände früherer Aufständischer unterstützten ihn. Die Sache mußte fehlgehen. So ganz teilnahmslos scheinen aber auch rabbinische Kreise diesem Aufstand und dessen Führer gegenüber nicht gewesen zu sein. Laut yTaan 4,8 (68d–69b) habe Jehuda Hannasi die Jakob/Esau-Typologie auf Bar Kokhba angewandt, und zwar mit Bezug auf Gen 27,22: ‚Die Stimme ist die Stimme Jakobs, und die Hände sind Esaus Hände'. Bar Kokhba sei Jakob gewesen, der gegen Esau/Edom grausam verloren habe: „Die Stimme Jakobs schreit wegen der Untaten, die ihm die Hände Esaus in Betar angetan haben… "[44]. Die versuchte Wiedereroberung Jerusalems und die damit verbundene Chance, den Tempel wieder zu erbauen und das Volk neu zu einigen, hat damals wohl keinen mit seiner Tradition sich verbunden fühlenden Juden kalt lassen können.

---

[44] Dazu Schäfer, Der Bar Kokhba-Aufstand, 137.

7. Vorkehrungen gegen zerstörerische Messianismen

Die messianischen Auf- und Ausbruchsversuche im ersten Jahrhundert vor und in den zwei ersten Jahrhunderten nach Christus hatten verwirrende und zerstörerische Auswirkungen. Das rabbinische Judentum verstand sich von allem Anfang an als eine Reformbewegung. Dem Aufbau eines ruhigen Gemeindelebens sollte nichts anderes vorgezogen werden. Weder messianisches Drängen und Zwängen noch zelotischer Anarchismus sollten an den beraubten und versprengten Juden weiterhin herumzerren. Aber auch alle Formen von Libertinismus und Ökumenismus sollten im Judentum nach rabbinischem Willen keine Heimat haben. Messianische Bewegungen hatten sich bis zur Niederschlagung des Bar Kokhba-Aufstandes als gemeindeentzweiend, ja gemeindezerstörend erwiesen.

7.1. Weisheit und Kraft für das Leben der Gemeinde

Am Beispiel der Einstellung Rabban Gamliels des Älteren zum jungen Christentum (Act 5,34–40) wurde bereits deutlich, daß ein Messias nur dann als wahrer Messias taxiert werden kann, wenn seine frühen Gemeinden auch – und gerade – in schwerster Verfolgungszeit nach seinem Hinscheiden weiter zu leben und erfolgreich in seinem Geist zu wirken vermögen. Nur dann zeigt es sich, daß „diese Sache von Gott" ist. Ganz ähnlich klingt es aus bSan 93b im Zusammenhang mit Bar Kokhba: Der Messias muß „riechen und richten" können, sonst ist er nicht der Erste Israels, sondern ein des Todes würdiger Anmaßer. Er muß sein Werk so solide grundlegen können, daß daraus nicht Zerstörung erwächst, sondern ein friedliches Leben der jüdischen Gemeinschaften. Der Messias darf kein Heißsporn sein, sondern muß ein „Messias des Geistes" (11QMelch 1,18) sein. Nur dann kann er ein messianisches Volk für den Gott Israels bereiten. Der Messias wird damit als eine Person aufgefaßt, die ihre Gemeinde nachzuziehen versteht. Nach diesem Kriterium der Weisheit und Wirkkraft des Messias wäre das Christentum immer noch auf der Wagschale von wahrer und falscher Messianität. Betrachtet man seine Überlebenskraft, die der des Judentums ähnlich ist, kommt Jesus bis heute als wahrer Messias in Frage. Er könnte jüdischerseits als echter Messias erwogen werden – wenn nicht noch andere Kriterien in Augenschein zu nehmen wären, vor allem, wenn es nicht den christlichen Antijudaismus gäbe!

7.2. Erneuerung des Tempelkultes

Bereits in Qumran ist die Vorstellung belegt, daß der Gott mißfällig gewordene Tempel, sein Kult und seine Priesterschaft, in der Endzeit einer Totalrevision unterzogen werden müssen (CD 6,2–21; 1QH 3,6–8; TR 29,4–10; 11QMelch). Die Frage nach der Gottgefälligkeit und Erneuerungsbedürftigkeit des Tempels war im Judentum seit den Tagen der Hohepriester Jason (175–172 v.) und Menelaos (172–162 v.) eines der stechendsten Probleme. Umso überraschender ist es, daß die ersten rabbinischen Generationen schon bald nach der Tempelzerstörung mit äußerster Zurückhaltung auf die Liaison zwischen Messias und Tempelkulterneuerung reagierten. Die zwei sich in ARN B 31 (S.66f) findenden und aufeinander bezogenen Aussagen Rabban Jochanans ben Zakkai sind dafür typisch:

„Wenn du mit deiner Hand einen Schößling pflanzest und man sagt zu dir: Geh, der Messias ist da, dann pflanze den Schößling weiter und geh erst danach weg, um den Messias zu empfangen. Und wenn Kinder zu dir sagen: Laßt uns gehen, wir wollen den Tempel aufbauen! dann höre nicht auf sie. Und wenn Greise zu dir sagen: Komm, wir wollen den Tempel niederreißen! dann höre auf sie. Denn der Aufbau von Kindern ist ein Niederreißen, und das Niederreißen von Alten ist ein Aufbau."

Dieser Doppelspruch bildet eine Einheit, und er geht inhaltlich auf Rabban Jochanan ben Zakkai zurück. Messias und Tempelneugestaltung gehören demnach zusammen. Weil aber der Wiederaufbau des Tempels und die Erneuerung des Kults nach 70 n. nicht ohne Aufstand gegen die Römer zu haben war, warnte Jochanan vor jeglichem messianischen und kultischen Enthusiasmus und überhaupt vor jeglicher politisch-messianischen Agitation. Dasselbe tat laut BerR 64,10 der um 110/120 n. wirkende Rabbi Jehoschua ben Chananja. Es wird legendarisch erzählt, ganze Gruppen von Diasporajuden hätten in großer Erregung aus einer messianischen Grundstimmung heraus Vorkehrungen getroffen, um den Tempel wieder aufzubauen; sie hätten dabei politische Unterstützung seitens der römischen Regierung erhalten. Rabbi Jehoschua habe aber mit Hilfe einer Fabel versucht, ihren Eifer zurückzudämmen. Er begann so:

„Ein Löwe riß und riß, bis ein Knochen in seinem Halse stecken blieb. Da sagte er: Jedem, der kommt und mir den Knochen herauszieht, werde ich seinen Lohn geben. Da kam ein ägyptischer Reiher, der einen langen Schnabel hat. Er steckte seinen Schnabel in den Rachen des Löwen und zog den Knochen heraus. Dann sagte er zum Löwen: Gib mir meinen Lohn! Dieser antwortete: Du kannst dich freuen und lachen. Du bist nämlich in Frieden in den Rachen des Löwen eingedrungen und im Frieden

wieder herausgekommen! So sollen auch wir zufrieden sein, daß wir in Frieden in dieses Volk hineingekommen sind und in Frieden wieder davonkommen."

Rabbi Jehoschua mag mit der Fabel und ihrer Moral mitgeholfen haben, daß die Juden die Schwierigkeiten, in die Kaiser Trajan bei seinem Feldzug gegen die Parther (114–117) geriet, nicht ausnützten[45]. Vielleicht erzählte Jehoschua die Fabel gar anläßlich des Todes Trajans in Zilizien (117 n.). Es ist auch möglich, daß die Fabel und ihr midraschisches Umfeld in den Tagen des Kaisers Julian (361–363) aktualisiert wurden[46]. Die Fabel paßt nämlich auch auf Julian (Perserfeldzug), auf dessen Tempelbaupläne und auf die dadurch ausgelösten Aufregungen bei Juden, Samaritanern und Christen.

Aus dem Vorstellungskomplex Messias-Tempel ergibt sich aufgrund von Erfahrungen und Reflexionen über die Messiasse des 1./2.Jhs. folgendes Kriterium. *Wer sich überstürzt und hauptsächlich mit politischen Mitteln an die Tempelreform oder an den Tempelneubau heranmacht, ist kein wahrer Messias.* Vor allem: der Tempelneubau darf nicht in messianischem Eifer begonnen werden, solange daraus dem jüdischen Volk schwerer Schaden erwächst.

Von diesem Kriterium her fällt ein bezeichnendes Licht. auf die Tempelniederreißung und -wiederaufbauworte im Neuen Testament (Mk 14,57–59; Mt 26,59–61; Joh 2,18–21; Act 6,14). Sie spielten eine Rolle im Prozeß Jesu, wenn auch deren Ausmaß schwer abzuschätzen ist. Die von Markus im Zusammenhang mit dem Prozeß Jesu überlieferte und von den Leuten aufgegriffene Form des Spruchs Jesu über den Tempelabbruch und den Tempelneubau lautet:

„Da traten einige auf und machten folgende falsche Zeugenaussagen gegen ihn: Wir haben ihn sagen hören: Ich werde diesen mit Händen gemachten Tempel niederreißen und in drei Tagen einen andern, nicht mit Händen gemachten, erbauen. Aber auch in diesem Falle stimmte ihr Zeugnis nicht überein".

Markus stimmt mit Matthäus (Mt 26,59–61) und mit der Apostelgeschichte (Act 6,14) darin überein, daß der Sinngehalt eines angeblichen Jesuswortes im Munde der Gegner böswillig verfälscht worden ist. Matthäus 26,61 ist ferner gegenüber Markus deutlich entschärft: Das Futurische der Weis-

---

[45] Dies meint z. B. Schäfer, Bar Kokhba-Aufstand 31f
[46] Eine ausgewogene Darstellung der historischen Situation in den Jahren 361–363 bietet Stemberger, Juden und Christen im Heiligen Land, 151–174.

sagung wird zu einer bloßen Möglichkeit (dynamai katalysai) abge-
schwächt. Auch der wertungsmäßige Abstand zwischen dem Abbruch-
Tempel und dem Tempelneubau ist bei Matthäus kleiner. Markus bezeichnet den Abbruch-Tempel als „von Händen gemacht", d. h. als gottwidrig,
während Matthäus in ihm ein Heiligtum Gottes (naon tû theû) sieht, der
irgendwie mit dem neuen Tempel identisch sein bzw. in den neuen Tempel
übergehen könnte.

Die vielen Invarianten in allen Texten können hier nicht erörtert werden.
Sicher war es urgemeindliche Überzeugung, daß Jesus seine Messianität
auch in der Tempelfrage zum Ausdruck gebracht habe. Der historische Kern
mag bei Jesus etwa so ausgesehen haben:

*1) Er verkündete, daß der Tempel keinen Bestand haben könne, wenn innerhalb des
Volkes in sinnlosem Haß gegeneinander gehetzt und Revolution gegen die Römer
gemacht werde (zu eruieren u. a. aus Mk 13,1f.7–23; 15,37f par.; Lk 19,39–44; 21,5–
11.20–24 etc.) 2) Er war ferner der Meinung, daß sich viele Mißstände in den Tempelkult eingeschlichen haben, und daß der Tempelkult daher einer Reform unterzogen werden müsse (Mk 11,15–17 par.; Joh 2,14–16). 3) Mit allen jüdischen Gruppen,
zu deren Weltanschauung auch die Messiashoffnung gehörte, teilte Jesus die Vorstellung, daß am Ende der Geschichte eine Neuordnung des Kultes kommen werde
(vgl. Joh 4). 4) Jesus verband sein Schicksal irgendwie mit dem Schicksal des Tempels:
Wenn die überhitzte Stimmung nicht nachlasse, werde er und der Tempel zerstört
werden. Aber Gott werde ihn aus den Schlingen seiner Feinde retten[47]. Oder: Wenn
der Tempel verödet werden wird, dann ist es nicht meine Sendung, zelotisch dagegen
zu rebellieren, sondern Neuanfänge außerhalb des Tempels zu suchen. 5) Jesus verstand sich selbst metaphorisch als Tempel, d. h. als endzeitlichen, personalen Ort der
Gegenwart des Gottes Israels. Jedenfalls haben ihn die frühen Christen so gedeutet
(Joh 1,51; 4,19–24; 10,30; Phil 2,6–11 u.ö.).*

Alle fünf Punkte, die die Einstellung Jesu markieren, können außerneute-
stamentlich in irgendwelchen Abwandlungen verifiziert werden. Jesus war
nicht der einzige Warner vor innerjüdischen Streitigkeiten und der drohenden Tempelzerstörung. Jochanan ben Zakkai war da gleicher Meinung. Auf
die Mißstände im Tempelbereich wurde ebenfalls von fast allen Seiten her
(nicht nur von Qumran her) aufmerksam gemacht. Daß am Ende der Zeiten
eine Neuordnung des Tempelkultes kommen werde, war seit Tritojesaja
(bes. Jes 66) communis opinio im Volke.

---

47 In diesem Sinne könnte Joh 2,19–21 verstanden werden; besonders V21: „Er aber
meinte den Tempel seines Leibes".

8. Neue messianische Blickpunkte

In populären jüdisch-christlichen Auseinandersetzungen wird oft gesagt, die Wahrheit eines Messias erweise sich daran, ob durch ihn Leid und Ungerechtigkeit aus der Welt verbannt werden könnten oder nicht. Da Leid und Ungerechtigkeit von Jesus nicht aus der Welt geschafft worden seien, sei er als falscher Messias zu bezeichnen. Dieses Argument besitzt heute noch seine Kraft. Mit dem Slogan: „Wenn sie doch erlöster aussähen, diese Erlösten!" kann auch heute noch Unruhe in die Reihen der mit schlechtem Gewissen behafteten Christinnen und Christen hineingetragen werden. Bei dieser ganzen Beweiskette wird aber unhistorisch vorausgesetzt, daß es zur Zeit Jesu bereits als ausgemacht galt, daß in der Lebenszeit des Messias eine qualitative Veränderung der Welt , zu einer leid- und problemlosen Welt, mit einer gewissen Plötzlichkeit einsetze. Dieses Argument findet sich aber weder im Frühjudentum noch im Neuen Testament. Es taucht erst im rabbinischen Schrifttum der amoräischen Zeit auf und hat die Neigung sowohl zu minimaler als auch zu maximaler Aussage. Die minimale Verwirklichung des messianischen Sichtbarkeitsargumentes findet sich in einer Nebenbei-Formulierung in bBer 12b. Laut dieser Stelle wird sich Israel in den Tagen des Messias dankbar im Gebet daran erinnern, daß Gott es aus der Knechtung durch die Potentaten der Welt (schi^{c}bûd malkhuyôt) befreit hat. Mose ben Maimon (1135–1204) insistiert stark gerade auf dieses Argument, um messianische Phantastereien und Verwirrungen unter den Juden zu bekämpfen. Die messianische Zeit unterscheidet sich nach ihm in nichts anderem von der jetzigen Zeit, als daß dann keine politische und religiöse Unterdrückung der Juden mehr herrschen wird. Des Maimonides Formulierung in seiner Mischne Tora, Hilkhot Melakhim 12,1–2 lautet:

„Man soll nicht meinen, daß in den Tagen des Messias irgend etwas an der Ordnung der Welt aufgehoben wird, oder daß es irgend etwas Neues in der Schöpfungsordnung geben wird. Die Welt bleibt vielmehr in ihrer Ordnung weiter bestehen. In Jes 11,6 ist gesagt: ‚Der Wolf wohnt beim Lamm, der Panther liegt beim Böcklein'. Dies ist als Gleichnisrede (maschal wechîda) aufzufaßen. Der Satz meint: Die Israeliten werden dann in Sicherheit mit den götzendienerischen Bösewichten zusammenleben können; diese werden nämlich mit dem Wolf und dem Panther verglichen (Rückbezug auf Jer 5,6)... Alle werden zum Gesetz der Wahrheit (le-dat ha-ʾemet) zurückkehren und werden weder rauben noch morden. Sie werden entsprechend den Gebräuchen Israels nur das Erlaubte essen... Die Weisen haben gesagt, zwischen dieser Welt und den Tagen des Messias gibt es keinen andern Unterschied als die Knechtung durch die Königsreiche (schi^{c}bûd malkhuyôt bilevad)".

Neben dieser minimalen Aussage über nur *eine,*wenn auch entscheidende qualitative Veränderung der Weltordnung in der messianischen Zeit gibt es in rabbinischer Zeit auch hyperbolische Beschreibungen über alle möglichen kosmischen, sozialen und kreatürlichen Veränderungen. Noch relativ klein nimmt sich die Aussage in BerR 98,9 aus. Rabbi Jehuda habe im Anschluß an Gen 49,11 ('Er bindet seinen Esel an den Weinstock') gesagt: „In der messianischen Zeit bindet man einen starken Esel an einen schwachen Weinstock". Und zur zweiten Satzhälfte von Gen 49,11 ('…an die Edelrebe bindet er das Füllen von Eselinnen') habe er hinzugefügt: „Man bindet zwei Füllen an die Edelrebe." Offenbar werden entweder die Weinstöcke in der messianischen Zeit so stark sein, daß auch der störrische Esel sie nicht beschädigen kann. Oder die Esel werden so zahm sein, daß ein Tier-Pflanzenfriede ausbrechen wird. Vermutlich werden sich beide zum Besseren ändern: der Esel und der Weinstock! Beide stehen für die ganze Welt- und Lebensordnung. In bKet 111b wird Gen 49,11 geradezu exotisch im Hinblick auf die messianische Zeit ausgelegt. Eine ganze Stadtbevölkerung werde nötig sein, um mit der Ernte auch nur eines einzigen Weinstockes fertig zu werden. Der Wein werde in Superqualität überreichlich da sein und werde den Erwachsenen, den alten Leuten und den noch mit Milchzähnen herumlaufenden Kindern bekömmlich sein. In die phantastischen Schilderungen von der Fruchtbarkeit der messianischen Zeit mischen sich auch ernste Glaubens- und Hoffnungsthemen: In der messianischen Zeit finde die Zusammenführung der Israeliten und die Auferstehung der Toten statt (bKet 111a-b u.ö.). Auch die *Begleiterscheinungen* der messianischen Zeit werden immer wieder ausgemalt. Sogar Maimonides kann sich in Hikhot Melakhim 12,2–5 der Schilderung dieser Begleiterscheinungen nicht entziehen: Zu Beginn der Tage des Messias werden die Erzfeinde Gog und Magog (nach Ez 38–39) auftreten und das heilige Land mit Krieg überziehen. Noch vor ihnen werde der Prophet Elia kommen, um Israel (nach Mal 3,23f) auf den rechten Weg zurückführen und letztlich ‚um Frieden in die Welt zu bringen'. Es soll aber niemand – so Maimonides – auf sichere Anzeichen des Kommens des Elia warten, da sich nicht einmal die Weisen des Talmuds über die Art des Kommens des Messias hätten einigen können. Wichtiger als das Anstellen von derlei Spekulationen sei die Pflege jener Hoffnungen, denen die Israeliten selbst entgegengehen werden:

„In den Tagen des Messias werden alle – wenn sich seine Herrschaft konsolidiert haben wird, und wenn alle Israeliten bei ihm versammelt sein werden – miteinander im Heiligen Geist, der ihnen gegeben sein wird, Beziehungen haben… Die Weisen und die Propheten haben die Tage des Messias nicht begehrt, damit sie über die Welt

herrschen oder zu den Götzendienern herabschauen oder sich über die Völker erheben könnten, ... sondern damit sie sich in die Tora und in die Weisheit vertiefen. Sie werden aber keine Fronvögte und keinen Abschaffer (mevattel) haben.... In jener Zeit wird es weder Hunger noch Krieg noch Neid noch Konkurrenz geben. Das Gute wird sich reichlich ergießen ... Alle werden sich ausschließlich mit der Erkenntnis Gottes beschäftigen. Die Israeliten werden die großen Weisen sein; sie werden ein der menschlichen Auffaßungskraft entsprechendes geheimes Wissen über den Schöpfer besitzen... " (Hilkhot melakhim 12,2–5).

Im Grunde kommen viele dieser Vorstellungen in irgend einer Form auch im Neuen Testament vor. Aber das Aufhören der Judenfeindschaft fehlt, und ebenso ein Hinweis auf kommunale oder universale Wunder. Jesus wirkte kein die Verfaßtheit der Welt und der Gesellschaft veränderndes Wunder. Die Veränderung der Welt, ihrer Machtverhältnisse und ihrer Lebensformen war auch nicht der einzige Blickpunkt der Rabbinen und ihrer Nachfahren im Mittelalter. Es ging auch um die *Zeit,* und zwar nicht nur um die seit dem 2.Jh.v. (Danielbuch) virulente Frage, wie bald die Endzeit bzw. die Herrschaft Gottes anbrechen werde. Diese apokalyptische Frage blieb meistens im Allgemeinen stecken. Sie vermochte keine festen Zeiträume zu umschreiben. Dies zeigt sich z.B. im qumranischen Habakuk-Kommentar, wo Hab 2,2 („Denn noch ist eine Schau auf Frist; sie schnaubt dem Ende entgegen und lügt nicht") gedeutet wird. Der qumranische Aktualisierer deutet den Vers so, „daß sich die letzte Zeit in die Länge ziehen wird, weit über das hinaus, was die Propheten gesagt haben – denn die Geheimnisse Gottes sind wunderbar" (1QpHab 7,5–8). In rabbinischer Zeit aber ging es vielen Heißspornen um die konkrete Frage, ob ein Prätendent (Bar Kokhba) ein wahrer Messias sei und ob er zur rechten Zeit auftrete. Diese Frage wurde von mehreren Rabbinen bereits zur Zeit Bar Kokhbas als mit äußerst gefährlichen Konsequenzen verbunden erkannt (yTaan 4,7/68a; bSan 93b). Nach der Niederschlagung des Bar Kokhba-Aufstandes mußten die Rabbinen immer wieder aus gemeindepastoralen Gründen sich gegen messianische Zeitbestimmungen zu Wort melden. Der Termin, an dem „das Königstum des Hauses Davids wieder zurückkehren wird" bleibe den Menschen verborgen (MekhY zu 16,31; S. 171; bPes 54b). Rabbi Schmuel bar Nachman sagte im Namen des Rabbi Jonatan: „Ausfahren möge der Geist derer, die das Ende berechnen... " (bSan 97b). Solche Warnungen vermochten aber das messiasbegierige Herz vieler Juden auf die Dauer nicht abzuhalten, die Zeit der Ankunft des Messias zu berechnen. Dies geschah vor allem in Zeiten schwerer Verfolgungen. In der aus dem 12.Jh. stammenden "Chronik des Salomon bar Simson„ wird das Jahr 1096, das Jahr des ersten Kreuzzugs, als messianisches Jahr bezeichnet[48]. In den folgenden mittelalterlichen Jahrhunderten wird dann die Ungeduld größer und die Berechnungen noch zahlreicher.

9. Messiashoffnungen im Gebet und in der Spekulation

Nach der Niederschlagung des Bar Kokhba-Aufstandes ging es nicht nur um die Geistesarbeit, den Messianismus zu werten und Weizen von der Spreu zu scheiden. Die Rabbinen erkannten darüber hinaus, daß die wichtigste Konsolidierung aller Messiaserwartungen und aller Messiasirrungen im täglichen synagogalen Gebetsleben stattfinden konnte und mußte.Die Gebetsinhalte bestimmen die Glaubensinhalte und auch weitgehend die Verhaltensweisen: lex orandi lex credendi. Im täglich dreimal zu verrichtenden Achtzehngebet schufen die Rabbinen ein Instrument, das die Gemeinde vor überbordendem und allzu phantasievollem Messianismus bewahren, den messianischen Funken aber nicht auslöschen sollte. Die Berakhot 10–15 des Achtzehngebets (tefilla, ᶜamîda), enthalten messianische Erwartungen[49]. Dabei fällt auf, daß es nur nebenbei um den Messias geht, hauptsächlich aber um ein messianisches Szenarium, das sich vor allem in Jerusalem abspielen soll. Nicht zu Unrecht hat Elias Bickerman vom Achtzehngebet als „dem Bürgergebet für Jerusalem" (Civic Prayer for Jerusalem) gesprochen[50]. Das Szenarium soll sich entsprechend der Hoffnung der Beter des Achtzehngebets etwa in folgenden Etappen abspielen. 1. Der qibbûz galuyot (die Einsammlung der zerstreuten und verbannten Israeliten): zehnte Berakha. 2. Die Rückkehr der Richter: elfte Berakha. 3. Die Bestrafung der Judenfeinde und der Abgefallenen: zwölfte Berakha. 4. Die Belohnung der treu gebliebenen Juden: dreizehnte Berakha. 5. Der Wiederaufbau Jerusalems (mit erneuerter Einwohnung der Schekhina): vierzehnte Berakha. 6. Das Kommen als Messias nach Jerusalem: fünfzehnte Berakha.

Ganz im Sinne der im Achtzehngebet niedergelegten Messiaserwartungen äußerte sich vor einigen Jahren der ehemalige Oberrabbiner von Israel, Shlomo Goren. Nach ihm ist die Zeit der Enderlösung (geʾûlla, ᶜatîd lavô) seit der Gründung des Staates Israel bereits angebrochen: Der Staat Israel sei „der Beginn des Aufstrahlens der Erlösung". Die Enderlösung vollziehe sich

---

[48] Beleg in Eidelberg, The Jews and the Crusaders, 21.142.
[49] Ich richte mich hier nach der babylonischen Rezension des Achtzehngebets. Die verschiedenen abweichenden Versionen sind neuestens z.B: abgedruckt und kommentiert bei Kirchberg, Theo-logie, 178–295. 460–488.
[50] The Civic Prayer for Jerusalem, HThR 55 (1962) 524–532.

in zehn Stufen, die Rav Goren im Achtzehngebet vorgezeichnet fand, wobei er sich nicht nur auf die Berakhot zehn bis fünfzehn bezog. Die zehn Stufen seien folgende: 1. Wiederkehr der Fruchtbarkeit des Landes (nach der neunten Berakha des Achtzehngebets). 2. Eroberung des Landes. 3. Konstituierung einer jüdischen Regierung. 4. Beginn der Einsammlung der Zerstreuten (qibbûz galuyôt). 5. Wiedererrichtung des Sanhedrin. 6. Abschluß der Einsammlung der Zerstreuten. 7. Wiederaufbau des Tempels und Jerusalems. 8. Das Kommen des Messias. 9. Wiederherstellung des Opferdienstes. 10. Die Rückkehr der Schekhina. Der Staat Israel, so Rav Goren, sei in diese Stufen der Erlösung hineingelagert und könne daher trotz der Übermacht der Feinde nicht zugrunde gehen. Gott werde zu Ende führen, was er begonnen hat[51]. Auch radikalere Gegner von Rav Goren beziehen sich auf das Achtzehngebet, um ihre messianischen Ansichten wiederzugeben. Laut der New York Times vom 21. April 1990 (und anderer Quellen) lehnen die Satmarer Chasidim (Hauptsitz Williamsburg; Rebbe Moses Teitelbaum u. a.) den Staat Israel ab. Das Land Israel sollte erst dann von den Juden besetzt werden, nachdem sich der Messias geoffenbart haben wird. Offenbar spielt für diese chasidische Gruppe die fünfzehnte Berakha des Achtzehngebets eine pivotale Rolle. Man kann die Beispiele für jüdisch-messianische Auffassungen leicht vermehren. Es zeigt sich meistens dabei, daß das Achtzehngebet dem jüdisch-messianischen Denken deutliche Strukturen zu geben vermag.

Das Achtzehngebet vermochte aber nicht *alle* überbordenden messianischen Phantasien einzudämmen. Vor allem auf zwei messianischen Feldern wurde wild weitergespielt: auf dem Feld der messianischen Daten und auf jenem mit mehreren messianischen Gestalten. Saadja Gaon (882–942) berechnete das Kommen des Messias für das Jahr 964. Im 11. Jh. galt das Jahr 1096 als messianisches Jahr; statt dessen erwies sich dieses Datum als schreckliches Unheilsdatum (Judenverfolgung im Rheinland, 1. Kreuzzug)[52]. Mose ben Maimon (1135–1216) rechnete mit 1216 als dem messianischen Jahr. Abraham Abulafia (1240–1291) sah das Jahr 1300 als das Jahr der messianischen Chance. Abraham ben Samuel Zacuto (1452–1515) errechnete das Jahr 1524 als messianisches Jahr. Nach Isaak Abravanel (1437–1509) werde der Messias im Jahr 1503 kommen[53].

---

[51] Wiedergegeben nach W. Kickel, Das gelobte Land, Die religiöse Bedeutung des Staates Israel in jüd. und christl. Sicht, München 1984, 84f.

[52] Dazu Shlomo Eidelberg, The Jews and the Crusaders, The Hebrew Chronicles of the First and Second Crusades, Madison 1977, 21 142 (A 3)

[53] Zu diesem und andern messianischen Daten vgl. u. a. Sarachek, The Doctrine of the Messiah; Gerschom Scholem, The Messianic Idea in Judaism.

Diese Spekulationen entsprangen in nur wenigen Fällen der bloßen Gedankenwelt. Sie waren meistens eine Art Ventil mitten in der Verfolgungsnot der Juden. Die Hoffnung auf baldige Erlösung sollte Licht in das Dunkel bringen. Ähnliches gilt für die vielen Ausmalungen der messianischen Gestalten und Ereignisse. Daß es nicht nur *einen* Messias geben wird, sondern zwei bis drei bis vier, und daß die messianische Zeit nicht nur eintönig gut oder schlecht verlaufen wird, war schon ein altes jüdisches Erbe aus vorchristlicher Zeit (z. B. Qumran). In welche Richtungen die diesbezüglichen Spekulationen weiter entfaltet wurden, wird etwa in bSuk 52a-b veranschaulicht. Dort wird die Zwei-Messiaslehre entfaltet.

„ ,Das Land wird trauern, alle Familien für sich gesondert, auch die Familie des Hauses David für sich gesondert (levad) und seine Frauen für sich gesondert' (Sach 12,12)... Welche Bewandtnis hat es mit dieser Trauer? Darüber streiten Rabbi Dosa und die Rabbanen. Der eine sagt: Sie trauern um den Messias ben Joseph, der getötet wird. Ein anderer sagt: Sie trauern um den bösen Trieb, der getötet wird. Einleuchtend ist es nach dem, der sagt: um den Messias ben Joseph, der getötet wird; es steht nämlich geschrieben: ,Sie werden zu dem aufblicken, den sie durchbohrt haben, und sie werden um ihn trauern wie die Trauer um den Einzigartigen ist' (Sach 12,10)... Die Rabbanen tradierten: Zum Messias ben David, der in der Endzukunft ,schnell, in unsern Tagen' (bimehera beyamênu), enthüllt werden wird, wird der Heilige, gelobt sei er, sagen: Verlange etwas von mir, und ich will es dir geben; es heißt nämlich: ,...Heute habe ich dich gezeugt, verlange von mir, und ich werde die Völker zu deinem Erbe geben' (Ps 2,7f). Sobald er aber sehen wird, daß der Messias ben Joseph getötet worden ist, wird er vor dem Heiligen, gelobt sei er, sprechen: Herr der Welt: Ich verlange von dir nichts anderes als das Leben! Der Heilige, gelobt sei er, wird ihm antworten: Bevor du um das Leben gebeten hast, hat schon dein Vater David über dich geweissagt: ,Leben wird er von dir erbitten, und du wirst es ihm geben' (Ps 21,5)".

Nicht nur die Lehre vom sterbenden Messias ben Joseph wurde populär. Den Messiassen wurden noch zusätzliche Gefährten gegeben, die zum Teil als wiederkommende Gestalten aus der Urzeit gedeutet wurden. In bSuk 52b ist von solchen messianischen Gefährten die Rede:

„ ,Und der Ewige zeigte mir vier Schmiede' (Sach 2,4). Wer sind diese vier Schmiede. Rav Chana bar Bizna sagte im Namen des Rabbi Schimon Chasîda: Der Messias ben David, der Messias ben Joseph, Elia und der gerechte Priester (= Malkizedek). ... ,Und dies wird der Friede sein, wenn Assur in unser Land einfällt und in unsere Paläste eindringt, dann werden wir gegen ihn sieben Hirten aufstellen und acht fürstliche Männer' (Mi 5,4). Welches sind diese sieben Hirten? David in der Mitte, Adam, Seth und Metuschelach zu seiner Rechten, Abraham, Jakob und Mose zu seiner Linken! Und welches sind die acht fürstlichen Männer? Isai, Saul, Samuel, Amos, Zefanja, Zedekias, der Messias und Eliahu".

Die Palette der messianischen und quasimessianischen Gestalten konnte also im Judentum unter Umständen sehr bunt werden. Die Variationen werden noch reicher, wenn man beobachten kann, wie dazu noch die messianische Zeit - also die eigentliche End-Entscheidungszeit – bisweilen recht füllig ausgemalt wird. In bSan 99a wird die Dauer der messianischen Zeit teils mit 40 Jahren (Dauer der Wüstenwanderung) teils mit 7000 Jahren angegeben. In den messianischen Tagen befänden sich die Ketzer im Dunkel, während über Israel das Licht aufstrahle. Andere Texte, z. B. in Sota 9,15 und bSan 98, reden umgekehrt von der besonderen Not Israels in den Tagen des Messias und danach. – Es ist bei aller Beobachtung der vielfältigen Messiaserwartungen darauf zu achten, daß im Gesamten keine Einsinnigkeit vorherrscht. Vielmehr werden im Verlaufe der Geschichte stets neue Kontrapunkte gesetzt, die das Volk zu neuer Hoffnung aufwecken sollten.

10. Die Einsammlung der Exile

Die messianischen Bewegungen entstanden im Judentum nie in erster Linie aus einer bloßen Sehnsucht nach dem Erscheinen eines großen oder des größten Menschen. Das innerste Motiv für alle Aufbrüche war vielmehr das jüdische Volk selbst. Seit den Tagen, da der Verband der zwölf israelitischen Stämme von Feinden auseinandergerißen und dezimiert worden ist, drängt dieses Volk auf Wiederherstellung, Neuerrichtung und endgültige Auffüllung zur idealen Vollzahl. Der Fachausdruck dafür ist *qibbuz galuyôt*: die Einsammlung der Exile. Diese Vorstellung von einer Neusammlung bzw. Neuversammlung „ganz Israels" geht im Keim auf die Zeit unmittelbar nach dem babylonischen Exil zurück (586–639 v.). Nur die beiden Südstämme Juda und Benjamin konnten nach ihrer Exilierung ins Land Israel zurückkehren. Die zehn Nordstämme dagegen blieben in der assyrischen Zerstreuung hängen und wurden von dort aus noch weiter zerstreut. Das Judentum mußte sich nun mit der Identitätsaussage begnügen, es sei nur ein Torso-Israel, ein Rest-Israel. Kaum waren die ersten Südstämmegruppen im Land Israel eingetroffen, um den Tempel wieder aufzubauen, wurde in Ez 37,15–28 die Erwartung ausgesprochen, die zehn verlorenen Nordstämme würden sich einst mit den zwei Südstämmen zu „ganz Israel" vereinigen. Im Ezechiel-Abschnitt ist von zwei Holzstäben die Rede, dem Südstämme-Holz und dem Nordstämme-Holz. Beide Hölzer werden vom Propheten in einer Symbolhandlung aufeinandergelegt und zusammengebunden. Dann heißt es in dem VV.21 und 22: „Ich hole die Israeliten

(= die zehn Nordstämme) aus allen Völkern heraus, zu denen sie gehen mußten. Ich sammle sie von allen Seiten und bringe sie in ihr Land. Ich mache sie in meinem Land auf den Bergen Israels zu einem einzigen Volk. Sie werden nicht länger zwei Völker sein und sich nie mehr in zwei Reiche teilen". Diese enthusiastische Erwartung des Propheten Ezechiel verwirklichte sich aber in biblischer Zeit nicht. Die Nordstämme blieben zerstreut und verschollen. Viele begannen an der Wiederaufrichtung ganz Israels zu zweifeln. Typisch für das frühe 2.Jh.n.Chr. ist diesbezüglich mSan 10,3: „Die zehn Stämme (ᶜaseret hasch-schevatîm) werden nie zurückkehren (ᵓênam ᶜatîdîm lachazôr). Es heißt nämlich: ‚er warf sie in ein anderes Land wie am heutigen Tag' (Dtn 29,17).Wie ‚der heutige Tag' vergeht und nicht zurückkehrt, so gehen auch die zehn Stämme hin und kommen nicht zurück. So Rabbi Akiba. Rabbi Eliezer sagt: Nein anders: So wie ‚der heutige Tag dunkel und dann wieder hell wird' (maᶜapil/meᵓîr), so wird es auch für sie wieder hell werden." Das frühe Christentum hat den prophetischen Hoffnungsdrang von der Neusammlung bzw. Endsammlung ganz Israels mit Einbauung des christologischen Plus begeistert aufgegriffen und ihm eine zusätzliche Dimension gegeben Der auffallendste Textbeleg ist Apk 7. In Apk 7,4–8 wird zuerst von allen Stämmen Israels gesprochen. ‚Ganz Israel' wird besiegelt und als ‚Knechte Gottes' (V.3) bezeichnet. Das heißt: ganz Israel wird gerettet, verschont, zusammengeführt zur Auferstehung gebracht werden. Hier wird nicht von einer bloßen Restgemeinde (etwa den Judenchristen) gesprochen, sondern von einer umfaßenden Gemeinschaft der Fülle und der Vollkommenheit. Dann aber folgt in V.9 die Neuheit: Nachträglich (meta tauta) gesellt sich zu ‚ganz Israel' die riesige Zuzüglerschar aus allen Völkern, Stämmen, Nationen und Sprachen. Die Vielen aus den Völkern stehen ‚vor dem Thron und vor dem Lamm'. Sie sind nun das zweite Holz, das auf ganz Israel im Sinne Ezechiels geht und mit ihm zur Einheit zusammengebunden wird. Dieses Zusammenkommen von ganz Israel und der Zusatzschar wird dann als eigentliche Freude im Himmel und auf Erden geschildert. Für den christlichen Gedankenduktus, das zweite Holz Ezechiels seien die Völker, die sich am Ende der Tage zu ‚ganz Israel' hinzugesellen werden, finden sich bereits im Alten Testament und im außerbiblischen Frühjudentum Belege (Jes 49,6; 60; Sach 2,14f PsSal 17,44). Der Verfaßer des neutestamentlichen Jakobusbriefes hat vermutlich im Zusammenströmen vieler Juden aus der Diaspora in Jerusalem, in ihrer Konversion zum Christentum und im Zuzug von Menschen aus den Völkern Zeichen des anhebenden qibbuz galuyôt und damit auch einen Beweis für die Echtheit der Messianität Jesu gesehen. Das Grußwort seines Rundschreibens lautet dementsprechend: "Jakobus, Knecht Gottes und des Herrn

Jesus, des Messias, an die zwölf Stämme in der Zerstreuung: Seid voll Freude!„ (Jak 1,1).

Im 13. Kapitel des um 90 n. verfaßten vierten Esrabuches (bes. 4 Esr 13,1–13.25–53) wird ein Traum geschildert, den ein Apokalyptiker im Anschluß an Dan 2,29–44; 7,13 gehabt habe. Es geht im Danielbuch um die vier Weltreiche, die dem Reich Gottes, dem Ziel der Geschichte, vorangehen. Der Menschensohn wird nach Dan 7,13 im Zusammenhang mit dem Gericht Gottes „mit den Wolken des Himmels" auftreten. Dann wird den „Heiligen des Höchsten" die Herrschaft über die Völker, Nationen und Sprachen verliehen. An einem von Gott bestimmten Zeitpunkt werden die nichtisraelitischen Völker in äußerste Rage gegeneinander geraten und Kriege gegeneinander führen: Stadt gegen Stadt, Ort gegen Ort, Volk gegen Volk, Reich gegen Reich. In dieser Zeit der Völker- und Weltkriege wird Gott den Menschensohn senden, damit die Schöpfung durch ihn erlöst und eine neue Ordnung geschaffen wird. Sobald die Völker seiner gewahr werden, hören sie mit der gegenseitigen Vernichtung auf, organisieren ihre vereinigten Streitkräfte und ziehen gegen den Zionsberg in Jerusalem. Der Menschensohn aber besiegt sie, richtet sie und vernichtet sie. Gleichzeitig läßt Gott den Zion in strahlender Herrlichkeit erscheinen. Und ebenfalls gleichzeitig sammelt sich ein friedliches Heer: die zehn in alle Winde zerstreuten Stämme Israels. Ihre Geschichte wird in der Traumdeutung schematisch und mythologisch erzählt: Der assyrische König Sanherib hatte die zehn Nordstämme vor dem babylonischen Exil gefangen genommen und einen Teil von ihnen an den Euphrat gebracht. Dort faßten die Verstoßenen den Plan, noch weiter von diesen assyrischen Heiden weg, in ein Land an den Enden der Erde zu ziehen, ‚Wo noch kein menschliches Geschlecht gewohnt hat', damit sie wenigstens dort ihre Satzungen bewahrten, die sie in ihrem eigenen Land nicht gehalten haben (V.42). Mit Hilfe der Wunderkraft Gottes konnten sie mühelos den Euphrat überqueren. Anderthalb Jahre lang mußten sie dann wandern, bis sie in das Land Azeret (wohl erez acheret) gelangten. Wenn sich aber einmal die geschilderten Endereignisse in Zion abspielen werden, dann werden die Vertreter der zehn israelitischen Stämme – so der vierte Esra – zunächst zum Euphrat zurückkehren, wo Gott für sie wiederum die Wasser zurückhalten wird. Während ihrer weiteren Rückkehr ins Land Israel werden sich ihnen auch anderwärts zerstreut lebende Israeliten anschließen, sodaß das Heer immer größer werden wird. Die Zeit dieser Endereignisse, deren Ziel die Versammlung ganz Israels sein wird, weiß aber nur Gott allein, der alles wunderbar bewerkstelligt.

Es können hier nicht alle talmudischen und mittelalterlichen Anreicherung der qibbuz-galuyôṯ-Erwartungen angeführt werden. Zwei Beispiele sollen hier angeführt werden, ein kürzeres und ein längeres. Das kürzere betrifft die Zeit der Kreuzzüge, das längere die Mitte des 17. Jahrhunderts. In dem aus dem 11./12. Jh. stammenden Midraschwerk „Gebet des Rabbi Schim^côn ben Jochaj" findet sich eine Schilderung über die Endtage der Geschichte[54]. Der Midraschist kleidet seine Vorstellungen in einen Visions-bericht. Ein Engel habe ihn bzw. sein Vorbild Schim^con ben Jochaj vom Himmelstor aus ermuntert, Fragen an ihn zu richten. Der Midraschist habe dann folgende Fragen gestellt:

„,Wie wird sich ganz Israel am Ende der Tage von den vier Enden der Erde her zusammenfinden? Wie wird ihr Auszug aus der Hand der unterdrückerischen Reiche sein? Wenn sie dann ausziehen – wohin werden sie dann ziehen? Welche Route werden sie nehmen? Und was werden sie zustande bringen? Bitte sag mir alle diese Dinge und auch, was sich schlußendlich daraus ergibt. Der Engel antwortete mir von den Toren des Himmels aus und sagte mir: Am Ende wird das Reich der Ismaeliten bestehen. Da werden die Römer gegen Jerusalem ziehen und Krieg gegen die Ismaeliten führen. Das Land wird von ihnen erobert werden. Sie werden in es eindringen, viele Ismaeliten töten und viel Unrecht anrichten. Sie werden Ismaeliten gefangen nehmen. Aus Säuglingen werden sie das Gehirn herauspreßen. Viele Säuglinge werden sie für Jesus töten (leyeschû). Zu dieser Zeit werden die Israeliten in großer Not sein. Aber gerade zu dieser Zeit wird der Ewige die Stämme Israels aufwecken, und sie werden in die heilige Stadt Jerusalem ziehen. Und sie werden das Wort in der Tora finden: ,Der Ewige geht untertags in der Wolkensäule vor ihnen her' (Ex 13,21). Und ferner heißt es: ,Der Ewige geht vor euch her, und er, der Gott Israels, beschließt auch euren Zug' (Jes 52,12). Sie werden in dunklen Wolken und in der Finsternis einher-ziehen. Und sie werden Krieg gegen die Edomiten führen. Und sie werden viele von ihnen töten in einem großen Gemetzel. Das Gerücht wird in die ganze Welt dringen, daß die zwölf Stämme gekommen sind. Und in jener Zeit wird in Israel das Schrift-wort erfüllt werden: ,Es wird eine Notzeit da sein, wie sie so groß noch nie da war, seitdem es ein Volk gab, bis heute; und in jener Zeit wird dein Volk gerettet werden: jeder, der im Buche aufgeschrieben ist' (Dan 12,1). Und es werden die Völker gegen Israel aufstehen und viele in großem Gemetzel töten. Und viele aus dem Volk des Landes werden mit ihren Marterwerkzeugen viele Fromme bedrängen, um sie zum Abfall von der Tora zu bringen… "

Die weiteren Darlegungen zeigen dann, daß die Feinde die vereinigten zwölf Stämme letztlich nicht besiegen können, weil Gott ihnen mächtig zu Hilfe kommt. Nachdem die feindlichen Scharen mit ihren Anführern mit himmlischer Hilfe besiegt sein werden, wird der Messias an die Spitze der Israeliten treten, und das Endheil wird sich verwirklichen. Dieses Beispiel

---

[54] Eben-Schmû[?]el, Midreschê ge[?]ûlla, 268–286, zit. 281f.

zeigt erneut, wie wichtig die endzeitliche Einsammlung der verlorenen Stämme Israels (qibbuẓ galuyôt) genommen wurde. Sie ist das entscheidende Zeichen der Endzeit. Sie wird sich ähnlich vollziehen wie sich seiner Zeit der Auszug aus Ägypten vollzog. Gott wird mit starker Hand dabei sein. Der erste Kreuzzug wird vom apokalyptischen Midraschisten also als endzeitlicher Ansturm der Völker bzw. Edoms gegen Israel gedeutet. Er werde von der Bewegung des qibbûẓ galuyôt überwunden werden. Er sei nichts anderes als das schon im Buche Daniel vorausgeschaute Ereignis der unerhörten Endnot. Die in dieser Vollzahl versammelten Israeliten seien demgegenüber die Glieder im Endreich Gottes. Dunkler Hintergrund dieser utopischen Spekulation war die christliche Judenfeindschaft zur Zeit der Kreuzzüge.

In der Mitte des 17. Jh. ereigneten sich erneut auffallende Erfüllungen und Konvergenzen aller dieser Traditionen. Sie betrafen West-, Ost- und Nordeuropa, den Katholizismus, die christliche Orthodoxie und den Protestantismus, Juden und Christen in großer Zahl. Die Sache begann in der Ukraine und in Polen, setzte sich dann in Amsterdam, London und in Hamburg fort und erreichte ihren Höhepunkt in der Gegend von Konstantinopel/Byzanz: Der Kosakenführer Chmielnitzki inszenierte in der Ukraine im Jahre 1648 einen Aufstand mit Hilfe orthodoxer Christen der Ukraine, die aus sozialen und religiösen Gründen gegen die Katholiken und die Juden feindlich eingestellt waren. Er drang mit seinen Horden ins Polenreich ein und metzelte dort Katholiken und Juden erbarmungslos nieder. Trotz mehreren Ausgleichen gärte der Aufstand der Kosakenführer weiter. Die Schweden und Rußen griffen ins kriegerische Geschehen ein. Erst 1661 beruhigte sich die Lage wieder.

Das Jahr des beginnenden Chmielnitzki-Krieges 1648 galt als messianisches Datum. Um das Jahr 1648 ereigneten sich auch in Südamerika und im niederländischen Amsterdam seltsame Dinge. Ein Marrane, Aaron Levi (Antonio) Montesinus kam von einer abenteuerlichen Reise in die Berge Südamerikas nach Amsterdam zurück und setzte sich dort mit dem hochangesehenen Rabbi Menasse ben Israel (1602–1657) in Verbindung. Er erzählte dem Rabbi und der philosemitisch-antispanischen und damit antikatholischen Bevölkerung Amsterdams, er sei in Kolumbien, zwischen Bogota und Medellin auf Vertreter der zehn verlorenen Stämme Israels gestoßen, die sich darauf vorbereiten, nach Zion zurückzukehren[55]. Ungefähr gleichzeitig trafen enthusiastische Nachrichten aus Jerusalem, Smyrna, Kairo

---

[55] Vgl. Menasseh ben Israel, The Hope of Israel, bes. 105–111.

und Konstantinopel über den mystischen Messias Sabbetai Zwi (1626–
1676) und seinen Propheten Nathan von Gaza überall in Europa ein: Die
Messias-Zeit habe 1648 begonnen, die Juden Europas sollten sich bereit
machen, ins Heilige Land zu reisen. Das Jahr 1666 werde das messianische
Endjahr sein. Die zehn verlorenen Stämme seien drauf und dran, den Wun-
derfluß Sambation trockenen Fußes zu überqueren. Der Herrschaftsantritt
des Messias und damit die Neugestaltung Israels und der Welt stehe bevor[56]. Menasse ben Israel glaubte den Worten des Antonius Montezinus
und lieh auch den Nachrichten aus dem Orient ein aufmerksames Ohr. In
seinem Buch „The Hope of Israel" bzw. „Esperanca de Israel" griff er möglichst viele (jüdische, christliche und heidnische) Legenden über die Heim-
kehr der zehn Stämme auf. Er widmete dieses Buch dem obersten Gerichts-
hof und dem Staatsrat Englands. Er wollte damit und mit einer Petition im
Jahre 1656 vor allem Oliver Cromwell dazu bewegen, das gegen die Juden
in England gerichtete Vertreibungsdekret von 1290 aufzuheben und die
Juden wieder zurückzuholen. Denn – so die chiliastisch eingefärbte Argumentation Menasses – die messianische Erfüllung könne nur kommen,
wenn die Juden in allen wichtigen Punkten der Erde vorhanden seien und
sich in allen diesen Punkten wieder für die Rückkehr nach Zion sammeln
könnten. Das ganze jüdische und christliche Europa war damals von diesen
Erwartungen auf die Rückkehr der zehn verlorenen Stämme Israels bewegt.
Für Juden und Christen schienen uralte Träume wahr zu werden: Die Juden
wachsen zur Fülle heran, sie werden sich – so die Christen – zu Christus
bekehren, und dann folgt die Ankunft bzw. die Wiederkunft des Messias.

Die messianische Hoffnung der Juden und der Christen hat sich in den
Ländern Europas also zeitweilig gemeinsam niedergeschlagen. Im 17.Jh.
waren sich Juden und Christen sogar auf weiten Strecken einig, daß die
Einsammlung Israels eine Vorbedingung für die Vollendung der eigenen
Christlichkeit sei: Sammlung, Zusammenführung, Einheit und Fülle als
letzter Zielpunkt der Geschichte – auch davon ist Europa stets geprägt gewesen. Aber gerade dann, wenn man in europäischen Ländern meinte, man
sei nach jüdisch-christlicher Konvergenz am geöffneten Tor der absoluten
Zukunft angelangt – gerade dann zeigte sich die ganze Ohnmacht: Die Zukunft bleibt absolutes Reservat Gottes. Es ist keinem Menschen und keiner
Macht gegeben, die Endherrschaft Gottes in die jetzige Zeit hineinzuver-
setzen. Versucht dies jemand, dann steht sein Scheitern fest. Wichtiger als
das Kommen des Messias ist das Kommen des Friedens. Oder noch besser:

---

[56] Vgl. Gerschom Scholem, Sabbatai Sevi.

Nur wer den Frieden zu Israel und zu den Völkern bringt, kommt als Messias in Frage. Die Rabbinen sagten daher laut WaR 9,9: „Friede ist das höchste aller Dinge...Wenn der König Messias kommen wird, wird er mit dem Frieden beginnen"[57].

---

[57] Dazu Cheryl A. Brown, The Peace-Offerings and Pauline Soteriology, in: The New Testament and Christian-Jewish Dialogue, FS. David Flusser, Immanuel 24/25, Jerusalem 1990, 59–76.

VI. Judenhaß: Schicksal für Völker und Religionen

In den Preußischen Jahrbüchern, Jahrgang 1870, findet sich ein Artikel, verfaßt von Heinrich von Treitschke (1834–1896), einem damals angesehenen Historiker und Politiker. Der Artikel trägt den Titel: „Ein Wort über unser Judentum". Folgende Sätze und Ansichten sind bemerkenswert: „Was wir von unsern israelitischen Mitbürgern zu fordern haben, ist einfach: sie sollen Deutsche werden..., denn wir wollen nicht, daß auf die Jahrtausende germanischer Gesittung ein Zeitalter deutsch-jüdischer Mischkultur folge". Dann folgen Ausführungen über einen „gefährlichen Geist der Überhebung in jüdischen Kreisen", der darin bestehe, daß viele Juden sich mit dem Deutschtum nicht anfreunden könnten und wollten. Gegen solch stolzes jüdisches Getue formiere sich derzeit „die laute Agitation" d.h. verschiedene, nationalpolitisch und rassistisch motivierte, antisemitische Bewegungen. Über sie heißt es dann: „Täuschen wir uns nicht: die Bewegung ist sehr tief und stark...Bis in die Kreise der höchsten Bildung hinauf, unter Männern, die jeden Gedanken kirchlicher Unduldsamkeit oder nationalen Hochmuts mit Abscheu von sich weisen würden, ertönt es heute wie aus einem Munde: „Die Juden sind unser Unglück!"

Der letzte Satz wurde vom Hitler-Regime weidlich als Slogan benützt, um die „Endlösung" emotional vorzubereiten und zu verharmlosen. Es geht hier aber noch nicht darum, den judenmörderischen Naziterror samt seinen Voraussetzungen und Folgen zu beschreiben. Wohl aber geht es um den Hinweis, daß die Worte Treitschkes eine Momentaufnahme des negativen Stereotypen ist, mit dem die Juden nun schon seit mehr als 2000 Jahren bedacht worden sind. Nicht nur die Länge der Zeit ist frappierend, sondern auch die unerhörte Zähigkeit mit der das Klischee der Bösartigkeit alle möglichen kulturellen, religiösen, wirtschaftlichen, gesellschaftlichen und politischen Wechsel und Umstürze überdauerte, und stets am Volk der Juden kleben zu bleiben vermochte. Es gab schon in vorchristlicher Zeit antijüdische Schriften und Pogrome. Während der traditionellen christlichen Ära tauchten Judenverleumdungen, Judenhaß und Judenverfolgung wie Spitzen von Eisbergen aus dem Wasser hervor. Die Eisberge waren nur in Sichtweite voneinander entfernt, sodaß sich die Vermutung aufdrängen konnte, das Eis des Antisemitismus sei unter der Wasseroberfläche tief unten zusammenhängend. Die Eisberge seien nur Ausformungen eines unsichtbaren Eispanzers ungeheuren Ausmaßes. Jedenfalls hat der Judenhaß auch das Mittelalter und die christlich-traditionelle Zeit überdauert. Nach der Aufklärung im 18. Jahrhundert treffen wir Judenfeinde an, die auch mit dem Christentum nichts mehr zu tun haben wollen, denen es aber sehr zentral um Verunglimpfungen des jüdischen Volkes ging.

Die Zählebigkeit des judenfeindlichen Stereotyps, die Beteiligung des Christentums an seiner Förderung und sein Weiterwuchern in nichtchristlichen Kreisen bis hin zu Hitler und Saddam Hussein zwingen jede Theologie jüdisch-christlicher Begegnung, die Geschichte des Judenhasses zu studieren, damit im humanen und religiösen Interesse eine Beihilfe zur Wegoperierung dieser Metastase geleistet werden kann.

1. Klärung von Begriffen und Vorstellungen

Das Wort „Antisemitismus" kommt bei allen möglichen Gelegenheiten aus dem Munde aller möglichen Leute. Dabei wird der verschwommene Gebrauch dieses Wortes kaum wahrgenommen. Nur wenige scheinen noch zu wissen, daß Antisemitismus eine Wortbildung des 19. Jahrhunderts ist und daher zunächst nur für die modernen Formen der Judenfeindschaft gilt. Außerdem war dieser Begriff von allen Anfängen seiner Verwendung an von emotionalen und inhaltlichen Undeutlichkeiten geprägt. Als Schöpfer gilt hauptsächlich der deutsche Schriftsteller Wilhelm Marr (um 1879/80). Vermutlich hat Marr ihn bereits vorgefunden. Die Spuren verlieren sich aber in der Mitte des 19. Jahrhunderts.

Antisemitismus war in den Anfängen ein Gegen-Term zu Semitismus. Semitismus war ein sprachwissenschaftlicher und naturwissenschaftlich-anthropologischer Begriff. Den semitischen Sprachen standen die indoeuropäischen gegenüber, und den Semiten die Arier. Im Gefolge der Schriften von Joseph Arthur Graf von Gobineau wurden die im 19. Jahrhundert emanzipierten und sich im politischen und geschäftlichen Bereich als Konkurrenz bemerkbar machenden Juden als Rasse der minderwertigen Semiten festgeschrieben. Antisemitismus beinhaltete damit von Anfang an ein *Rassen-Denken* verbunden mit *politischen Ambitionen* der Germanen, Franzosen, Engländer, Ungarn usw. Der Begriff drückte die Superiorität vor allem der germanischen Rasse und der geschichtlichen Bestimmung der Germanen gegenüber den Juden und ihrer geschichtlich-weltlichen Rolle aus. Es blieb aber nicht bei dieser Spezifizierung. In das Gemeinte wurden schon im 19. Jh. frühere judenfeindliche Motive eingeschleust, so daß Antisemitismus ein Universalbegriff wurde, der rassische, religiöse, soziale, kulturelle und politische Judenfeindschaften ausdrückte[1].

Es wäre sachdienlich, wenn Antisemitismus nur im Zusammenhang mit modernen Formen der Judenfeindschaft verwendet würde, d. h. mit Formen, die gegen das moderne, von Emanzipation und Säkularität geprägte Judentum aufkamen und in denen die kaum definierbare „Rasse" der Juden und deren ebensowenig umschreibbare politische Rolle zum Hauptangriffspunkt wurden. Da aber „das Leben" längst alle Dämme der Abgrenzung durchbrochen hat, ist eine zeitliche und inhaltliche Einengung des Begriffs nicht mehr möglich. Antisemitismus kann daher als pars-pro-toto-Begriff für alle Formen von Judenfeindschaft aller Zeiten verwendet werden. Der Facetten-Reichtum des Terms „Antisemitismus" in der Moderne verführt zu universalem Gebrauch. Ähnliches gilt für die früheren Formen der Judenfeindschaft. Sie zeigen Aspekte, die auch im modernen Antisemitismus enthalten sind. Auch sie betreffen nicht nur *einen* Bereich, sondern *viele* Denk- und Lebensbereiche in der Antike, im Mittelalter und in der Neuzeit.

Es leuchtete daher der heutigen Forschung ein, daß alle jene Antijudaismus-Theorien ungenügend sind, die nur *eine einzige* Ursache für ihn annehmen, die Judenfeindschaft für ein in allen Jahrhunderten *gleich gebliebenes* Phänomen halten oder ihn nur auf *einem* Gebiet sein Unwesen treiben sehen. Solche *monokausalen Erklärungen* sind etwa die folgenden: 1.) Der Judenhaß ist *einzig* auf den ideologischen jüdisch-christlichen Gegensatz zurückzuführen. Er ist im Wesen ein theologischer Haß, Religionshaß, der verschwinden wird, sobald die christliche Religion ausgespielt haben wird. 2.) Der Antijudaismus ist *nur* politischer Kampf, *nur* Gruppenneid, *nur* Gesellschaftskampf oder *nur* Rassenhaß zwischen Juden und Nichtjuden[2]. Wenn ausgeglichene Wirtschaftsordnungen, politische Gerechtigkeit, richtige Aufklärung und gesellschaftlicher Ausgleich hergestellt würden, wäre es mit ihm automatisch vorbei. 3.) Der Antijudaismus ist *nur* Auswuchs einer

---

[1] Zur Begriffsgeschichte und der inhaltlichen Füllung in den letzten Dekaden des 19. Jhs. vgl. Nipperdey Thomas / Rürup Heinrich, Antisemitismus, in: Geschichtliche Grundbegriffe, Historisches Lexikon, Bd 1, Stuttgart 1972, 129–153.

[2] „Nichtjuden" ist kein glücklicher Term. Er umfaßt aber eine weit größere gesellschaftliche Realität als der Term „Christen". Die Judenfeindschaftsforschung leidet teilweise darunter, daß dauernd von Juden und Christen die Rede ist, obwohl der Antijudaismus z. B. auch von Anti-Christen getragen wird. Das Christentum war für diese Menschengruppe oft nur ein Alibi für ganz andere Gründe zur Ablehnung der Juden. Daher ist in diesem Buch oft von Nichtjuden die Rede.

individual- oder gruppenpsychischen *Krankheit* und Bosheit von Nichtjuden. Diese mit Bosheit durchwirkte psychische Krankheit besteht im wesentlichen darin, daß in den Köpfen wirre Fieberphantasien bzw. Feindbilder
produziert und auf die Juden bezogen werden, damit die eigenen individu-
ellen und sozialen Unsicherheiten und Schwierigkeiten erleichtert bzw. ver-
nebelt werden können (Sündenbock-Syndrom, Blutrausch-Antisemitis-
mus, intrinsic Antisemitism). 4.) Der Antijudaismus ist *nur* Rassismus, d. h.
Verachtung einer Rasse, die durch ihren völkischen Ursprung, ihre Haut-
farbe oder Sprache charakterisiert wird. Damit ist der Antijudaismus Ausdruck eines dualistischen Denkens und Handelns, in dem Licht- und Fin-
sternisgestalten (z. B. Arier gegen Juden) einander gegenübergestellt werden und das auf Kampf gegen das Finstere, Verderbenbringende, Minder-
wertige ausgerichtet ist. Die aufgezählten vier Blickrichtungen[3] führen alle
in die richtige Richtung zur Bestimmung dessen, was Judenfeindschaft in
ihrem Kern ist; sie alle müssen mitgesehen und hinterfragt werden. Es darf
aber nicht außer acht bleiben, daß der Antijudaismus nie *allein* und nie mit
demselben Gesicht auftritt. Daher kann er auch nicht isoliert untersucht
werden. Zu berücksichtigen ist z. B., daß spätestens seit dem 4./5. Jh.n. lebendige kulturelle, soziale und politische Beziehungen zwischen Juden und
Christen bestanden, zu deren Fruchtbarkeit und Scheitern nicht nur die
christliche, sondern teilweise auch die jüdische Seite beitrug.

Ein gültiger Überblick über den Judenhaß kann gewonnen werden, wenn
detaillierte historische Forschung als Grundlage für alle Urteile und Ab-
schätzungen dient. Historische Forschung meint einerseits die Erfassung
und Typisierung aller Judenfeindschaften im Verlaufe der Zeit und anderseits die Herstellung des Kontextes dieser Feindschaften. Der Kontext ist
aus der Sozialgeschichte, der Kunstgeschichte, der Theologiegeschichte, der
Kulturgeschichte, der Wirtschaftsgeschichte, der politischen Geschichte,
der Mentalitätsgeschichte und der Geschichte der religionspolitischen Vorkehrungen und Manipulationen zwischen Juden und Nichtjuden zu eruieren. Historische Analysen erhalten ihre Dringlichkeit und Schärfe auch von
heutigen neu-antisemitischen Tendenzen her, wenn diese auch nicht in allen Aspekten eine phänotypische Gleichheit mit spätantiken, mittelalterlichen und neuzeitlichen Ausbrüchen des Judenhasses haben. Sie müssen in
stetem Dialog mit der Judenvernichtung in der Nazizeit, aber auch mit der
Deklassierung, Vertreibung und Vernichtung anderer ethnischer und reli-

---

3   Zu den verschiedenen Antisemitismus-Theorien vgl. Almog, Antisemitism, bes.
    S.1–12 (Shmuel Ettinger) und S.279–289 (Jacob Katz).

giöser Gruppen im heutigen Jahrhundert angepackt und untersucht werden. Nie aber darf die kontextuelle Untersuchung übersprungen werden. Es ist der Aufdeckung des Antijudaismus z. B. nicht förderlich, wenn man antijüdische Zitate aus der Antike, dem Neuen Testament, den Kirchenvätern, mittelalterlichen Theologen und den Nazis kommentarlos nebeneinander stellt, um Entrüstungsschreie von Lesern zu provozieren, wie schlecht und antisemitismus-infiziert doch die nichtjüdische Welt zu allen Zeiten gewesen sei, und wie lückenlos die Blutspur von Golgatha bis zu Auschwitz zu verfolgen sei[4]. Der wirkliche Gehalt eines (antijüdischen) Satzes, der irgend einmal in der Antike und im Mittelalter formuliert worden ist, ergibt sich nicht aus der isolierten Satzanalyse, sondern erst nach der Überprüfung der historischen (sozialen, religiösen, kulturellen, rechtlichen etc.) Umstände. Dies kann etwa am Beispiel der Darstellung der „Ecclesia" und der „Synagoge" am Seitenportal des Straßburger Münsters (Anfang des 13. Jhs.) gezeigt werden. Immer wieder werden die beiden Statuen aus ästhetischen und ideologischen Rücksichten her angeschaut: die klar blickende Ecclesia und die Synagoge mit der Binde vor den Augen. Haben wir hier ein Beispiel von Kunst-Judenfeindschaft? Oder liebte der Künstler die umdunkelte und gebrochene Synagoge *mehr* als die behäbige Ecclesia? Schaut die Ecclesia verachtend, neugierig oder bewundernd zur Synagoge hinüber? Die Kunstanalyse *allein* bzw. die Ästhetik *allein* vermag darauf keine Antwort zu geben. Der Aufsatz von Otto von Simson über die beiden allegorischen Frauengestalten von Straßburg zeigt, daß ein heute unter dem Verdacht der Judenfeindlichkeit stehendes Kunstwerk erst bewertet werden kann, nachdem man sich erkundigt hat, wann die beiden allegorischen Statuen in Straßburg entstanden sind, weshalb sie am Domportal aufgestellt wurden und unter welchen Umständen sie zur Wirkung kommen sollten[5]. Es gibt literarische Deutungen der Typos-Personen Ecclesia und Synagoge aus dem

---

4 Der Gefahr gutgemeinter Einseitigkeit unterliegen verschiedene katechetische und kirchenreformerisch-kirchenkritische Publikationen in letzter Zeit. Die Provozierung von öffentlicher Entrüstung über die kriminelle Kirche vermag im allgemeinen die Kirchen nicht zur Umkehr zu bewegen und schon gar nicht, die Geschichte für heute aufzuhellen. Einseitig sind in diesem Sinn u.a.: Czermak, Christen gegen Juden; Eckardt, Long Nights; Miller, One by one; Neuzeit, Juden und Christen.

5 Otto von Simson, Ecclesia und Synagoge am südlichen Querhausportal des Straßburger Münsters, in: Kötsche/von der Osten-Sacken, Wenn der Messias kommt, 104–125. Anderseits war die christliche Ikonographie, wenn es um die Darstellung des Judentums ging, keineswegs harmlos; dazu z.B. Elisheva Revel-Neher, Das Bild des Juden in der christlichen Ikonographie des Mittelalters, Schalom, Das europäische Magazin 16 (1992) 55–61.

13. Jahrhundert. Man weiß einiges über den Status der Juden im damaligen Straßburg. Es herrschte dort zu Beginn des 13. Jhs. kein ausgesprochen judenfeindliches Klima. Es ist sogar möglich, den „Sitz im Leben" der beiden aufeinander bezogenen Statuen zu bestimmen. Sie bildeten den Hintergrund des Richtplatzes vor dem Südportal des Münsters. Die Synagoge war also nicht als antijüdisches Symbol gemeint, sondern hatte eine Mahnfunktion für delinquente Bürger und für die einen Richterspruch fällenden Autoritäten. Die hier verkürzt wiedergegebene historische Analyse vermag aber nicht alle antisemitischen Wolken vom Straßburger Kunstwerk wegzublasen. Es wäre ja noch die Suggestivkraft und die Wirkungsgeschichte von 2 Kor 3,12–16 zu untersuchen. Dort findet sich in religiös-literarischer Form das Bild von der Synagoge mit der Hülle vor den Augen. Die Straßburger Darstellung ist von diesem neutestamentlich-judenfeindlichen Bild inspiriert. Immerhin aber bietet die historische Aufhellung der Funktion von „Kirche" und „Synagoge" in Straßburg eine Möglichkeit zu einer vernünftigen Betrachtungsweise der verhüllten Synagoge und damit auch einen Weg zu einem überlegten, nicht von Impressionen und Emotionen geschüttelten Umgang mit Geschichte und Gegenwart. In diesem Kapitel können nicht alle Forschungsdesiderate ausgeführt werden. Es muß zum großen Teil genügen, auf Forschungen von hoher Qualität hinzuweisen[6]. Das weite Forschungsfeld des Antijudaismus ist aber so weit bearbeitet, daß es heute möglich ist, einführende Kurzdefinitionen zu geben, die auf verschiedene Zeiten und Formen mehr oder weniger anwendbar sind, und die eine Hilfestellung für nähere Studien bieten.

Judenfeindschaft (Judenhaß, Antijudaismus, Antisemitismus) im allgemeinen kann zunächst umschrieben werden als unkontrollierte, pauschale und moralisch nicht zu verantwortende *Voreingenommenheit* gegen das jüdische Volk als Ganzes mit seiner Geschichte und seiner religiösen, sozialen und kulturellen Identität und – im Schatten dieses Pauschalurteils – gegen einzelne Juden. Diese Umschreibung attackiert die Judenfeinde als Uninformierte und gegen sachdienliche Informationen über das jüdische Volk sich Sperrende, ferner als nicht dialogwillige, nicht dialogfähige und

---

[6] Von neueren Publikationen sind u. a. zu erwähnen: Almog, Antisemitismus; Bakkes/Jeße/Zitelmann, Schatten; Yehuda Bauer, Remembering; Bosch, Antisemitismus; Brakelmann/Rosowski, Antisemitismus; Erb/Schmidt, Antisemitismus; Flannery, Anguish; Ginzel, Auschwitz; Gotto/Repgen, Kirche; Greive, Geschichte; Kaiser/Gerschat, Der Holocaust; Katz, Destruction; Liebeschütz, Synagoge; Maccoby, Judaism on Trial; Memmi, Racisme; Roth/Berenbaum, Holocaust; Ruether, Theologische Wurzeln; Strauß/Kape, Antisemitismus.

nicht von ethischer Verantwortlichkeit geprägte Personen und Gruppen. Als Folgen dieser Voreingenommenheit haben sich im Verlaufe der Geschichte vor allem die Verhetzung der breiten Öffentlichkeit gegen die Juden in globo und Pogrome des Pöbels oder der Staatsmacht herausgestellt. Ebenso zeigte sich immer wieder die raffinierte Tätigkeit von „antisemitischen Klubs", die strategisch so auf die Schwächung oder gar Vernichtung von jüdischen Gruppen hinarbeiten konnten, daß ihre Manipulationen den Schein der Begreiflichkeit, der Opportunität und des Rechts erhielten[7]. Diese erste Definition berücksichtigt weder Empfindungen noch Reaktionen der Juden angesichts der gegen sie rollenden Feindschaftswoge. Sie ist auch kaum eine besonders praktische Hilfe zur Beurteilung antisemitischer Literatur und Kunst.

Eine die angedeuteten Mängel teilweise aufhebende Definition der Judenfeindschaft könnte so lauten: Antisemitismus ist ein ideologisch-starres Anrennen gegen die verzerrt aufgefaßte Erwählung, Absonderung, Geschichte und Einzigartigkeit des jüdischen Volkes samt ihren angeblichen Begleiterscheinungen: Verstocktheit, Unbelehrbarkeit, Superioritätsbewußtsein, Herrschaftspläne, Völkerfeindschaft u.ä. Diese Umschreibung macht deutlich, daß die religiöse Rivalität eine besonders tiefe und starke Wurzel des Antijudaismus ist. Die Religion übt diese Wurzelfunktion jedoch meistens nur als Alibi für Machtansprüche oder als schiefe Motivation für Denunzierungen, Abwehrmechanismen und Mordabsichten aus. Oft ist sie bloße rhetorische Floskel zur Verschleierung intrigierender oder vernichtender Absichten. In diesen Funktionen vermag sie aber nicht-religiöse (gesellschaftliche, politische, gruppenpsychologische, wirtschaftliche) Bereiche stark zu beeinflußen. Sie muß als Garant zur Rechtfertigung von judenfeindlichem Tun herhalten. Die Osmose zwischen religiöser Rückversicherung und den verschiedenen Denk- und Aktionsbereichen war in der Spätantike und im Mittelalter meistens augenfälliger als in der Neuzeit und in der Moderne. Anderseits ist zu erwägen, daß die christliche Botschaft zu allen Zeiten je verschiedene Veroberflächlichungen und Akzentverschiebungen erfuhr. In ihrer jeweils aktuellen Form (nie in ihrer „Unschuld") war sie eine bindende Instanz für das Denken und Handeln. Mit ihren dem

---

7 Verhetzung, Pogrom, Wühlarbeit der Klubs und erreichte scheinbare Rechtfertigung des Vorgehens gegen die Juden zeigt sich bereits in den judenfeindlichen Wirren in Alexandrien, an deren Ende sich ein Judenpogrom im Jahre 38 n.Chr. ereignete. Vgl. dazu Bergmann Werner/Hoffmann Christhard, Kalkül oder ‚Massenwahn', Eine soziologische Interpretation der antijüdischen Unruhen in Alexandria 38 n.Chr., in: Erb/Schmidt, FS für Herbert A. Strauß, 15–46.

Judentum teilweise abgeschauten Tendenzen zur Verfemung von Nonkonformisten, zur Ausgrenzung von Ketzern und zur Verdammung von Abgefallenen wirkte sie als Sauerteig des Übels auf dem gesellschaftlichen, sozialen und politisch-rassistischen Gebiet. In einem Artikel über den modernen Antisemitismus schreibt der jüdische Historiker Jakob Katz, weitgehend zu Recht:

> *„In der Antike waren weder das Judentum noch seine Opposition von großer Bedeutung. Die Gegnerschaft brach sporadisch aus und erhielt nie eine substantielle religiöse Sanktion. Es besteht ein großer Unterschied etwa zwischen den Anklagen des Historikers Tacitus oder des Staatsmanns und Rhetors Cicero gegen die Juden und dem die Juden und das Judentum erniedrigenden Material in den christlichen Schriften. Die Worte der Evangelien haben ein weit schwereres Gewicht als die Äußerungen eines säkularen Autors. Die religiöse Verbindung vertieft nicht nur psychologisch das Bewußtsein der Gegnerschaft, sondern sie verleiht ihr darüber hinaus eine ganz spezifische soziale Bedeutung. Die Opposition gegen das Judentum wurde zu einem Prinzip der Christenheit, das jährlich beim Vorlesen der heiligen Texte in den Gottesdiensten wiederholt und eingeschärft wurde. Dieses Prinzip wurde auch zu einem festen Bestandteil des Religionsunterrichts und der Erziehung. So durchtränkte die christliche Opposition gegen das Judentum die innersten Zellen der Gesellschaft, und so ist es nicht verwunderlich, daß die Juden am Ende des Mittelalters als eine diabolische und zweifelhaft menschliche Gruppe erschienen, mit der ohne Gewissensbisse ziemlich beliebig umgegangen werden konnte. Diese Art der Opposition fand mit Beginn der modernen Zeit ihr Ende. Sobald die Juden auf die Emanzipation hoffen konnten und diese dann auch erreichten, verlor die christliche Gesellschaft ihre Trümpfe für die Ablehnung der Juden... "[8].*

Das Verlieren der Trümpfe und der Verlust der vollen Einfluß-Macht des Christentums auf die moderne Gesellschaft bedeutete allerdings nicht den Tod der Antijudaismen. Neue Formen brachen vielmehr in reaktionären, revolutionären und nationalistischen Kreisen auf. Sie wirkten sich noch in der Nazizeit vor allem als lähmendes und gelähmtes Schweigen angesichts der Massenmorde an den Juden aus.

Mit den zwei vorgeschlagenen Judenfeindschafts-Definitionen werden die antijüdischen Strömungen bereits in einigen Aspekten erfaßt. Die noch verbleibende Unvollständigkeit bleibt aber auch dann noch zum großen Teil bestehen, wenn die Palette der Definitionen angereichert wird. „Judenfeindschaft ist Haß gegen die Juden, weil sie Juden sind". Oder: Judenhaß ist „eine zelotisch-ideologische Eifersucht gegen die antichristliche oder

---

[8]   Jacob Katz, The Preparatory Stage of the Modern Antisemitic Movement (1873–1879), in: Almog, Antisemitism 279–289, zit. 279f.

antimuslimische Verweigerung und den politischen, religiösen kulturellen und gesellschaftlichen Nonkonformismus des jüdischen Volkes". Oder: Antijudaismus ist „ein ideologischer Mißbrauch der christlichen bzw. jüdischen Identität" (nach Adorno). Oder: Er ist „ein Abwälzen eigener religiöser und gesellschaftlicher Identitätsschwäche und/oder des eigenen politisch-sozialen Machtverlustes auf das jüdische Volk und seine Religion, dessen Existenz, Einfluß, Wirken und Reputation als dafür geeignete „Sündenböcke" erachtet werden[9].

Der Antijudaismus ist nicht nur von den Tätern her zu beleuchten, sondern auch von den Opfern her. Es ist ferner zu fragen, wie die jüdischen Gemeinschaften auf die Anwürfe und Angriffe von judenfeindlichen Nichtjuden im Verlaufe der Jahrhunderte reagiert haben und was sie beigetragen haben, um die Streit- und Hetzsituation zu verschärfen. Damit stoßen wir aber auf ein äußerst heikles Gebiet. Ein jüdischer Autor schrieb vor kurzem: „Jude sein heißt – auch heute noch wie in den vergangenen Jahrhunderten – sich ständig der immer wieder aufbrechenden Judenfeindlichkeit, auch am unerwartetsten Ort, bewußt zu sein[10]. Daß der Antijudaismus in die Identität nicht nur der Judenfeinde hineinreicht, sondern auch in jene der Juden, ist ein durch alle Zeiten durchgehendes Bewußtsein. Als Reaktion kam aber nicht nur die Aufrechterhaltung eines wachen, mit dem Feind stets rechnenden Bewußtseins in Frage. In verschiedenen jüdischen Kreisen herrschte und herrscht z. B. Angst vor Mischehen und vor Religionsvermischung. Unter vorgehaltener Hand kann man daher bis heute hören, allzu viel Dialog zwischen Christen und Juden sei nicht von Gutem. Die Solidaritäts- und Versöhnungsversuche fördern einen jüdisch-christlichen Synkretismus und führen junge Männer und Frauen aus Judentum und Christentum in die Versuchung, eine jüdisch-christliche Ehegemeinschaft und ein jüdisch-christliches Religions-Amalgam zu begründen. Ein bißchen Antijudaismus könne die Distanznahme und die beidseitige Freiheit fördern. Er passe außerdem in die traditionell-jüdische Denkweise über die Völker der Welt hinein. Mit solchen Auffassungen sind die jüdischen Möglichkeiten noch nicht erschöpft. Im Verlauf der Zeiten wurden z. B. Selbst-Ghettoisierungen gewählt mit möglichst wenig sozialem Kontakt mit der feindlichen Umwelt. Damit wurde der Aufbau eigener Wirtschaftssysteme und eines betont anderen Lebensstils verbunden.

---

9 Zu weiteren Umschreibungsversuchen vgl. Baumbach u. a., Antisemitismus, TRE 3, 113–168.
10 Raffael Ullmann, Israelitisches Wochenblatt, Zürich Nr. 32, August 1990.

Auch die Schaffung antichristlicher Polemiken gehört in diesen Zusammenhang. Es gibt nicht nur eine christliche „Adversus Judaeos-Literatur", sondern auch eine jüdische „Adversus Christianos-Literatur". Es hat sich aber zu allen Zeiten gezeigt, daß der Antijudaismus nicht nur ein Ideologienstreit ist, sondern daß sich hinter ihm reale Interessenkonflikte verbergen. Auch hierin zeigten sich die jüdischen Gemeinschaften nicht nur reagierend, nicht nur in Verteidigungsstellung, sondern auch von sich aus opponierend. Verschiedene antike Schriftsteller ärgerten sich über die Eigenwege der Juden. Der im 1. Jh. v. Chr. lebende Geschichtsschreiber Diodorus motivierte damit seine Judenfeindschaft: Die Berater des syrischen Königs Antiochos IV hätten diesem geraten, „das ganze Geschlecht der Juden zu vernichten, da diese allein von allen Völkern verbindungslos gegen ein anderes Volk seien und da sie auch auf alle andern Menschen als auf ihre Feinde herabblickten. Sie wiesen den König auch darauf hin, daß die Vorfahren der Juden aus Ägypten als Leute vertrieben worden waren, die gottlos und von den Göttern verabscheut worden waren"[11]. Da der judenfeindliche Topos von der Götterverhaßtheit und der Menschenfeindlichkeit seit der Antike im Raum ist, kann der Antijudaismus zu einem Teil umschrieben werden als eine extrem aggressive Reaktion auf jüdische Sonderwege, Absonderungen und Vorkehrungen zur Aufrechterhaltung der jüdischen Identität. Hinter dieser Reaktion samt ihren ritualisierten Ausdrucksweisen verbergen sich Konkurrenzdenken, Machtinteressen und religiöse oder nationalistische Intoleranz.

Von einem geschichtlichen Überblick her wirkt es heute geradezu unheimlich, daß der Antijudaismus jahrhundertelang auch im Christentum nicht als moralisch-menschlich-perverse Haltung erkannt, enttarnt und verurteilt worden ist. Auch die ausgeklügelten scholastischen Moralsysteme des Mittelalters denunzieren und verbieten ihn m. W. nirgends. Das moralisch-christliche Aha-Erlebnis fand meistens erst nach dem Zweiten Weltkrieg statt. Ursachen für diese Wende zum Besseren innerhalb des Christentums waren der Auschwitz-Schock, die stark ramponierte moralische Autorität der Kirchen und die massenhaften Austrittsbewegungen aus den Kirchen[12]. Zur Besinnung beigetragen haben aber auch heutige gesellschaftliche Ideologien und Bewegungen, die als Nachfolgeerscheinungen von Antisemitismen zu charakterisieren sind: Fremdenfurcht (Xenopho-

---

11 Diodorus, Bibliotheca Historica, 35,1,2; zit. in Stern, Authors I 182.

12 Den Zusammenhang zwischen Auschwitz und Kirchenaustritten hat besonders Franklin H. Littel, Crucifixion, beschrieben und beschworen.

bie), Ausländerfeindlichkeit, Fremdarbeiterhaß, Denunzierung von Flüchtlingen und Randgruppen, Fundamentalismus und neuer Rassismus.
Besonders seitdem es wieder Unruhen gibt, die im äußeren Ablauf und
in der Geisteshaltung der Täter an die nazistischen Terrorakte der 30er und
40er Jahre erinnern, hat sich ein Konsens zwischen Juden und Nichtjuden
über den wahren Charakter des Antisemitismus entwickelt. Man kann heute den Antisemitismus nicht mehr als „unvergleichliches" Phänomen bezeichnen. Er steht in einem inneren Zusammenhang mit heutigen rassi-
stisch-fremdenfeindlichen Gewaltakten. Die Kirchen haben in letzter Zeit
diese Zusammenhänge in vorbildlicher (hoffentlich wirkungsvoller) Weise
angeleuchtet[13]. In der am 3. November 1988 von der Vatikanischen Kommission „Iustitia et Pax" herausgegebenen Erklärung *„Die Kirche und der
Rassismus, Für eine brüderliche Gesellschaft"* wird der Rassismus als tra-
ditioneller und moderner Ungeist bezeichnet, der „weiterhin die Beziehungen zwischen Personen, Gruppen und Völkern...beeinträchtigt" (Einleitung). Das rassistische Vorurteil besteht in der „Vorstellung von einer bio-
logisch bestimmten Überlegenheit der eigenen Rasse oder Volksgruppe
über andere" (I /2). Die Erklärung macht darauf aufmerksam, daß die rassistische Selbstüberhebung der euro-amerikanischen Gruppen und Völker
zu Versklavung und Unterdrückung besonders in der dritten Welt geführt
hat. An mehreren Stellen kommt das Dokument auf den Antisemitismus
zu sprechen, den es in seinen heutigen Formen als Ausdruck rassistischer
Voreingenommenheit brandmarkt: Der Antisemitismus ist die „tragischste
Form der rassistischen Ideologie in unserem Jahrhundert mit dem ganzen
Schrecken des ‚Holocaust'... Als hätten einige nichts aus den Verbrechen
der Vergangenheit gelernt, halten gewisse Organisationen, mit Zweigstel-
len in vielen Ländern, unterstützt von Veröffentlichungsorganen, den antisemitischen Rassenwahn am Leben. Auf jüdische Personen oder Symbole
zielende terroristische Handlungen haben sich in den letzten Jahren ver-
vielfacht und zeigen den ganzen Radikalismus derartiger Gruppen. Manch-
mal dient der Antizionismus – der nicht gleicher Art ist, da er den Staat
Israel und seine Politik in Frage stellt – als Mäntelchen für den Antisemitismus, nährt sich aus ihm oder führt zu ihm" (II/15)[14]. Im September 1990

---

[13] Vgl. das von der Schweizer Bischofskonferenz und der Leitung des Schweizerischen
Israelitischen Gemeindebundes am 31. März 1992 (Erinnerungstag an die Vertreibung der Juden aus Spanien 1492) in Bern herausgegebene Erklärung „Antisemitismus: Sünde gegen Gott und die Menschlichkeit".

[14] Herausgeber der deutschen Fassung des Vatikanischen Dokuments ist das Sekretari-
at der deutschen Bischofskonferenz, Kaiserstraße 163, W–5300 Bonn 1.

kam die „Vatikanische Kommission für die religiösen Beziehungen mit dem Judentum" mit dem „Internationalen Jüdischen Komitee für interreligiöse Konsultationen" in Prag zu einer längeren Begegnung zusammen. In der gemeinsamen Schlußerklärung werden Antisemitismus und Rassismus als „Sünde gegen Gott und gegen die Menschlichkeit"[15] bezeichnet. Jedes Feindschaftsdenken steht im Widerspruch zu christlichem Denken.

2. Antijudaismus in der vor- und nebenchristlichen Antike

Das derzeit beste Quellenwerk über den paganen Antijudaismus der Antike sind die drei Bände von Menahem Stern, Greek and Latin Authors on Jews and Judaism, Jerusalem 1976–1984. Aber auch viele hervorragende Sekundärwerke stehen zur Verfügung[16]. Die Deutung des reichen Materials bereitet erhebliche Schwierigkeiten. Ein Konsens ist vor allem in folgenden, die Anfänge des Antijudaismus betreffenden Punkten erreicht worden: 1. *Vor* ca. 150 v. Chr. ist kein deutlicher Antijudaismus greifbar. Er ist erst ab der Zeit feststellbar, als die Juden in das Endstadium der Rivalitätskämpfe zwischen Seleukiden und Ptolemäern verwickelt wurden, und als die Römer im östlichen Mittelmeer die bestimmende Macht wurden. 2. Der pagane Antijudaismus der Spätantike operierte zwar mit religiöser antijüdischer Propaganda. Seine Ziele waren aber primär machtpolitischer Natur. Zur Vermehrung der Macht wurde z. B. die Bekämpfung jüdischer Proselytenwerbung betrieben 3. Der pagane Antijudaismus ist in der Spätantike kein allgemeines, sondern ein sporadisches Phänomen. Die Beziehungen zwischen Juden und Nichtjuden waren *nicht vorwiegend* antijüdischen resp. antipaganen Charakters, sondern nur *temporär* und ort- und *situationsgebunden*. Im allgemeinen übte das Judentum eine große Anziehungskraft auf die nichtjüdische Welt aus. 4. In der Forschung ist darauf zu achten, daß die damalige Historiographie nicht mit exakter Historie verwechselt wird. Der historische Gehalt der Aussagen von Josephus Flavius, Tacitus usw. ist aus verschiedenen Zusammenhängen mit vorsichtiger Methodik abzuwägen.

Im Jahre 139 v. Chr. wurden die Juden zum ersten Mal aus Rom und Italien vertrieben. Mit ihnen wurden auch andere orientalische Gruppen verjagt. Dies wird vom Historiker Ptolemaios berichtet, der gegen Ende des

---

15 Nach KIPA; Ökumenische Informationen vom 29.9.1990, Nr. 40, S.10.

16 Baumann, Rom und die Juden; Gager Origins; Hadas-Lebel, L'évolution: Linder, The Jews; Momigliano, Ricerche; Smallwood, Jews: Sevenster, Roots; Stemberger Beurteilung u. a.

ersten vorchristlichen Jahrhunderts gelebt hat. Nach seinen Aussagen vertrieb der Konsul Cornelius Hispanus die Juden, weil sie „ihre heiligen Riten den Römern zu übermitteln gewagt hätten", bzw. weil sie „die römischen Sitten durch den Kult des Jupiter Sabazius zu infizieren gewagt hätten"[17]. Es ist nicht ganz sicher, ob in diesem Fall von Judenfeindschaft im strengen Sinn gesprochen werden kann. Die Vertreibung der Juden aus den Stadtgrenzen von Rom hinaus ist literarisch ziemlich spät und nur lückenhaft bezeugt. Ein Verdacht bleibt aber bestehen: Die Juden wurden vertrieben, weil ihre Proselytenwerbung in Rom als Gefährdung der eigenen Religion und der eigenen Macht taxiert wurde[18]. Dies hat mit Feindschaftsideologie zu tun, nicht etwa mit erwiesenen und daher abzuwehrenden Gefahren für den römischen Staat. Später (zu Beginn des 2. Jhs.n.) hat der römische Geschichtsschreiber Tacitus (56–120 n.) dem der jüdischen Religion anhaftenden Aggressions-Motiv eine zusätzliche antijüdische Spitze gegeben: Mose habe „neue Riten eingeführt, die denen der übrigen Sterblichen entgegengesetzt sind" (Tac. Hist 5,4)[19]. Mit der Feststellung der singulären Gegensätzlichkeit zwischen der Religion der Juden einerseits und jener aller übrigen Menschen anderseits wird eine prinzipielle Feindschaft ausgedrückt, die das Zusammenleben zwischen Juden und Nichtjuden unter das Zeichen des Mißtrauens setzt.

Noch bevor eindeutiger prinzipieller Judenhaß in der Antike auftaucht, wird die jüdische Sensitivität, ja Allergie, gegenüber vermuteten und befürchteten Antijudaismen greifbar. Ganze Schriften und Abhandlungen wurden jüdischerseits im 3./2. Jh.v.Chr. verfaßt, in denen traumatisch beschrieben und erzählt wird, daß und wie absolutistische Tyrannen mit gewaltigen Streitmächten nichts anderes und nicht weniger im Sinne hätten, als alle Juden mit Stumpf und Stiel auszurotten. Dies geschieht besonders im Estherbuch (vgl. Est 3,7–11 u.a.), im Judithbuch (Jdt 2; 4–5 u.a.) und im Danielbuch (Dan 3–6; 11). Der asidäische Verfasser des 11. Kapitels des Danielbuches, der wohl zu Lebzeiten des seleukidischen Königs Antiochos IV Epiphanes (175–164 v.) schrieb, war der Ansicht, Antiochos Epiphanes repräsentiere den letzten Tiefpunkt der Menschheitsgeschichte. Er habe nicht nur die größten Verbrechen begangen: Tempelraub und Tempelentweihung, sowie verschiedene Raub-Kriege (Dan 11,21–32). Darüber hinaus habe er einen Keil ins Judentum hinein getrieben. Er habe „die Frevler am Bunde"

---

[17] Romanis tradere sacra sua conati erant…Sabazi Iovis cultu Romanos inficere conati erant. Text und Deutung bei Stern, Authors I 358–360.

[18] Vgl. Michael A. Siegner, Art. Konversion, TRE 19, Berlin 1990, 563–566.

[19] Novos ritus contrarios ceteris mortalibus

bzw. „die den heiligen Bund Verlassenden" (Dan 11,30–32) gefördert und verführt, die traditionstreuen Juden aber grausam unterdrückt (11,33f). Es sei typisch für diesen judenfeindlichen Superfrevler – der Verfasser des ersten Makkabäerbuches nennt ihn etwa 50 Jahre später „die sündige Wurzel" (1 Makk 1,10) –, daß er auch den heidnischen Göttern gegenüber hochfahrend gewesen sei (11,37–39). Dagegen meinen die Geschichtsforscher meistens, daß Antiochos IV von jüdischer Seite ins Böse bzw. Antijüdische hinein überzeichnet worden sei. Jüdische Ängste hätten sich auf Antiochos konzentriert, so daß er zum Urtypus der Judenfeindschaft geworden sei.

Die übergroßen Befürchtungen und entsprechenden Schreckreaktionen der Juden auf feindliche Angriffsversuche blieben nicht im innerjüdischen Bereich stecken. Sie erwiesen sich im Verlaufe der Zeit in großem Ausmaße als berechtigt. Judenfeindliche Schriftsteller und Agitatoren heizten die antijüdische Stimmung in den Zivilisationen der antiken Welt – in Antiochien, Alexandrien, Rom, Athen, Rhodos – an, indem sie die Taten des Antiochos Epiphanes zum Guten und die Glaubenspraktiken der Juden zum Schlechten verdrehten. Ein typisches Beispiel ist der in der ersten Hälfte des 1. Jhs.n. lebende alexandrinische Schriftsteller Apion. Er kompilierte frühere ägyptische Quellen – z. B. die Werke des ägyptischen Priesters Manetho (3. Jh.v.) und des aus Apamea (Nordsyrien) stammenden Posidonius (ca. 135–51 v.), – und machte daraus eine Doppellegende über die Juden mit haarsträubenden Ingredienzen. Josephus Flavius gibt all das in seinem Werk, Contra Apionem mit entsprechenden Polemiken gegen Apion wieder. 1. Die Juden seien seit ihrem Auszug aus Ägypten Verehrer eines Esels, der sie durch die Wüste geführt habe. Im Jerusalemer Tempel habe sich der Kopf dieses Esels befunden, dem die Juden höchste Reverenz erwiesen hätten (Ap II 79–88). 2. Die Juden würden alljährlich einen griechischen Jüngling mästen und dann an Pesach schlachten und teils opfern und teils verzehren. Während der Opferung und Verzehrung ihres Opfers würden die Juden Eide schwören und Verwünschungen ausstoßen, um sich eine Feindschaftsmentalität gegen Griechen anzueignen[20]. Dann würden sie die Reste des Ermordeten in eine Grube werfen (Ap II 91–96).

Die Ritualmord-Beschuldigung, die im Mittelalter und in der Neuzeit eine so verhängnisvolle Rolle gespielt hat, ist also schon vorchristlich-pagan belegt. Dazu kommen noch die Motive der Menschenfresserei aus religiös-perversen Gründen (Anthropophagie) und der Feindschaftsver-

---

[20] Ap II 95: „et iusiurandum facere in immolatione Graeci, ut inimicitias contra Graecos haberent".

schwörung gegen die Griechen bzw. gegen nichtjüdische Menschen. Das Ganze ist reinste Agitationsliteratur, die als Wanderlegende da und dort belegt ist[21]. Ein kurzer Blick von Apion zu Polybius (ca. 200–120 v.) zurück ist hier lohnend. Bei Polybius finden wir den Tempelfrevel des Antiochos Epiphanes noch frei von Judenfeindschaft und von jüdischer Dämonisierung des Antiochos referiert: „Antiochos machte jedoch keinen Tempelraub im vollen Sinn. Vielmehr wurde er aus Geldmangel dazu getrieben. Er war nicht feindselig, fügte aber uns und seinen Freunden und Helfern Schaden zu. Er fand aber (im Tempel) nichts, was verächtlich gewesen wäre" (Ap II,83). Eine Anreicherung ins Judenfeindliche hinein findet sich dann aber bereits bei Posidonius und noch weit krasser bei Apion. Der jüdische Tempelkult war bei den antiken Judenfeinden die wichtigste Verdachtsinstitution, an der verschiedene Feindschaftstopoi angehängt werden konnten. Zur Schilderung der angeblichen Verruchtheit des Tempelkultes gesellte sich vor allem der Vorwurf, die Juden seien Feinde der angestammten heidnischen Kulte. Raub nicht-jüdischer Kultgeräte und Zerstörung fremder Kulte sei ein Teil des krankhaften jüdischen Charakters. Dies wird von verschiedenen Autoren vor allem im Zusammenhang mit der Herkunft der Juden aus Ägypten erzählt. Nach Pompeius Trogus (Beginn des 1. Jhs.n.) waren die Israeliten des Exodus aussätzige Kultdiebe:

> *„Die Ägypter, die vom Aussatz und Flechten heimgesucht wurden, vertrieben den Mose zusammen mit den Kranken aus Ägypten, damit die Seuche sich nicht ausbreite, nachdem sie durch ein Orakel gewarnt worden waren. Nachdem Mose der Anführer der Vertriebenen geworden war, stahl er die heiligen Geräte der Ägypter. Diese wollten sie wieder zurückgewinnen, wurden aber durch Unwetter gezwungen, wieder nach Hause zurückzukehren"*[22].

Diese verdrehte Auszugsgeschichte wurde nicht von Pompeius Trogus erfunden, sondern stammt (wiederum) aus der alexandrinischen Agitationsliteratur: Der älteste Zeuge ist Manetho (3. Jh.v.), der zum Vorbild für den im 2./1.Jh. in Alexandrien lebenden Lysimachus wurde. Letzterer erzählt die Auszugsgeschichte um mehrere Grade gehässiger als Pompeius Trogus. Nach ihm habe das Orakel den Ägyptern befohlen, die „von Lepra und Knochenfraß Befallenen" in die Wüste hinaus zu vertreiben. Erst dann könne Ägypten wieder ein fruchtbares Land werden. Die aufgrund göttlicher

---

[21] Vgl. Bickermann, Ritualmord; Thoma, Verhängnis.
[22] Zitiert bei Iustinus, Historiae Philippicae, Libri 36, Epitoma 1,9–3,9; Text bei Stern, Authors I 335–337.

Verfügung und ihrer ansteckenden Krankheit vertriebenen Israeliten hätten sich in der Wüste Mose als ihren Führer erwählt. Mit ihm vereint seien sie zu einer Horde geworden, die überall Tempel plünderte und sich feindlich gegen die Anwohner benahm. Schließlich hätten sie die Stadt Jerusalem aufgebaut, deren Name „Stadt der Tempelräuber" heiße[23]. Bei Lysimachus finden sich despektierliche Vorstellungen in großer Zahl: Die Juden sind unheilbare Kranke, die andere anstecken. Sie treiben sich als Bettler herum. Ausweisung und Vernichtung der Juden ist göttlicher Ratschluß und bringt den Ägyptern wieder wirtschaftlichen Aufschwung. Eine jüdische Restgruppe kann sich unter Führung des Mose retten. Eines der Geheimnisse ihres Erfolges sind Betrügereien den Nichtjuden gegenüber und die intolerante Zerstörungswut an nichtjüdischen heiligen Stätten. Die behauptete Heiligkeit Jerusalems ist nur eine notdürftige Verdeckung des räuberischen Charakters dieser Stadt und ihrer jüdischen Bewohner.

Der römische Historiker Tacitus griff in Hist. 5,3f verschiedene Ursprungslegenden über das Judentum auf und verschaffte ihnen auch in der westlichen Ökumene des 2. Jhs.n. Verbreitung. Im Zusammenhang mit den in Ägypten von Lepra gezeichneten Juden charakterisiert er diese als „Menschengruppe, die mißgünstig gegen die Götter ist"[24]. Die Reise der Israeliten durch die Wüste stattete er im Anschluß an die Erzählungen der alexandrinischen Propagatoren der Judenfeindschaft ebenfalls mit der Eselsgeschichte aus. Der besagte Esel habe die Israeliten in der Wüste gerettet. Sie hätten sein Bild daher in ihrem Heiligtum aufgestellt: wegen seiner Rettungsstat und aus Verachtung des Gottes Apis, den die Ägypter im Bilde eines Stieres verehren. Dann schildert Tacitus die religiösen Gebräuche der Juden so:

„Sie enthalten sich auch vom Schweinefleisch in Erinnerung (memoria) an die Plage, die sie als verächtliche Typen des Aussatzes hingestellt hatte, von dem das Schwein befallen wird. Von ihrer früheren großen Hungersnot legen sie jetzt noch durch häufiges Fasten ein Zeugnis ab. In Erinnerung an ihr gieriges Zusammenraffen von Getreide wird das ungesäuerte jüdische Brot heute noch gegessen. Den siebten Tag weihen sie der Ruhe (otium), weil ihnen dieser das Ende des Elends gebracht hatte. Sie bekamen aber auch Lust am faulen Nichtstun (blandiens inertia) und weihten daher auch das siebte Jahr dem Nichtstun ... Die Einrichtung des Sabbatjahres geschehe deshalb, weil sich der Stern des Saturnus im höchsten Kreis bewegt und einen außergewöhnlichen Einfluß auf das Geschick der Sterblichen ausübt. Ferner legen ja auch die meisten Planeten ihre Bahn und ihren Lauf in der Siebenzahl zurück" (Hist. 5,4).

---

[23] Ap II 305–311; Stern Authors I 384–386.
[24] genus hominum invisum deis: Hist. 5,3; Text bei Stern, Authors II 18; Wittacker 17–20.

Wie stark das Motiv der angeblichen Esel-Verehrung der Juden auf die römische Gesellschaft wirkte, sieht man daraus, daß es bald nach Tacitus auf die Christen hinübergewälzt worden ist. Ein Sgraffito auf dem römischen Palatin-Hügel aus dem Ende des 2. Jhs.n. zeigt eine eselsköpfige Gestalt an einem Kreuz und links davon einen Verehrer. Die antichristliche Inschrift lautet: „Alexamenos verehrt seinen Gott". Auch andere Verdrehungen haben Geschichte gemacht. Die Juden als Faulpelze und als Anbeter der Gestirne. Der sich radikal christlich gebende Gnostiker Heracleon sagte z. B. im 2. Jh.n., die Juden seien schlecht, weil sie vom Wahn befallen seien, Gott zu kennen. „Sie kennen ihn aber nicht, sondern erweisen statt ihm den Engeln und dem Mond kultische Verehrung[25].

Wie gefährlich die Kolportierung judenfeindlicher Motive werden konnte, zeigt sich am Beispiel der gegen die jüdische Bevölkerung von Alexandrien gerichteten blutigen Ausfälle im Sommer des Jahres 38 n. Chr. Wir sind darüber vom mitbetroffenen jüdischen Alexandriner Philon (Legatio ad Gaium, In Flaccum) von Josephus Flavius (contra Apionem, Antiquitates, Bellum), von den Briefen des römischen Kaisers Claudius (41–54 n.) an die Alexandriner und von den sogenannten alexandrinischen Märtyrerakten informiert. Das historische Ergebnis läßt sich kurz so zusammenfassen: Es gab Rechts- und Prestigestreitigkeiten zwischen den den Ostteil der Stadt Alexandrien bewohnenden Juden und den eingesessenen Alexandrinern und Ägyptern. Auf nichtjüdischer Seite ging es um die teilweise begründete Angst, die immer stärker werdende politische Macht der Juden könnten ihre Rechte und Vorrechte gefährden. Immer mehr Juden strömten von Syrien her in die Weltstadt, und die jüdischen Gemeinschaften stützten sich in ihrer Politik hauptsächlich auf die römische Zentralgewalt. So gerieten sie in den Verdacht, sie seien die Zerstörer alexandrinischer und ägyptischer Sonderinteressen Der Regierungsantritt des den Juden nicht gut gesonnenen Kaisers Gaius Caligula (37–41 n.) schien günstig zu sein, um die Stellung der Juden in Alexandrien entscheidend zu schwächen. Es gab Tumulte, in deren Verlauf Juden bei pogromartigen Überfällen massenweise umgebracht wurden[26]. Bei der Aufhetzung des Pöbels spielte die alexandrinische Journalistengilde unter Führung von Chaeremon und Apion eine entscheidende Rolle. Sie lieferten mit ihren teils von Vorgängern übernommenen antijüdischen Verleumdungstopoi sozusagen das geistige Waffenarsenal.

---

[25] W. Völker, Quellen 21.
[26] Neuere Publikationen zu den alexandrinischen Unruhen sind u..a. Kasher, The Jews; Bergmann/Hoffmann, Kalkül, vgl. A..7; Smallwood, Philonis LegGai; dies.;The Jews under Roman Rule; Weiss, Judentum in Alexandrien.

Josephus Flavius versucht sie bes. in Ap I 219 bis II 144 zu widerlegen, um das sich über das Pogrom des Jahres 38 n. hinauswirkende ideologisch-judenfeindliche Gift möglichst zu zerstreuen und zu binden. Am Beispiel des Judenpogroms in Alexandrien zeigt sich, daß der Antijudaismus als Feindschaftsideologie nur gedeihen kann, wenn ihm ein günstiger Boden bereitet ist. Diesen Boden stellen Rivalitäten um Rechte, Ängste vor politischen Übervorteilungen, Furcht vor Machtverlust u.ä. dar. Die bösen Verursacher von antijüdischen Ausschreitungen waren nicht nur die Feindschaftsideologen vom Schlage eines Apion oder Chäremon, sondern auch politische „Clubs", denen es jenseits aller irrationalen Volks-Feindschaftsgefühle um strategisch ausgedachte Ziele – die Vermehrung der eigenen Macht – ging.

Dem Pogrom von Alexandrien folgten römische Feindschaftstaten und immer radikaler werdende jüdische Gegenreaktionen auf dem Fuß, bis sich das angestaute Unwetter im ersten jüdischen Aufstand gegen Rom 66–70/73 entlud. Um die seit dem Regierungsantritt des Kaisers Gaius Caligula radikal zunehmende Verwicklung einigermaßen zu enthüllen, ist ein Blick auf die ebenfalls im Jahre 38 n. stattgefundene Affäre von Jamnia zu werfen, die Philon (Leg 200–203) berichtet, und die Josephus Flavius verschweigt. Jamnia war damals *einerseits* Teil des heiligen Landes *anderseits* Teil einer römischen Provinz. Nichtjüdische Jamnia-Leute errichteten zu Ehren des Kaisers Gaius Caligula einen Altar, den Juden dann zerstörten. Philo schreibt darüber:

> *„Als die Juden die Errichtung des heidnischen Altars wahrnahmen, erachteten sie es als unerträglich, daß die Heiligkeit des Landes durch diesen Altar entweiht werde. Daher zerstörten sie den Altar. Darauf eilten die andern zu Herennius Capito (dem römischen Verwalter von Javne), der nun die Regie des ganzen Dramas übernahm. Er meinte, er habe einen vorzüglichen Tatbestand in Händen, den er schon lange gesucht hatte. Er teilt alles dem Kaiser Gaius maßlos übertrieben mit. Kaum hatte Gaius das Schreiben gelesen, befahl er... , statt des Ziegelstein-Altars in Javne ein vergoldetes Riesenstandbild in der jüdischen Hauptstadt Jerusalem zu errichten"* (Leg 202f).

Philon deutete das Vorgehen der Jamnia-Leute und des Kaisers und seiner Leute als Akt reinsten Judenhaßes: Gaius habe sich „haßerfüllt gegen alles Jüdische" (Leg 201) gebärdet. Die Forschung der vergangenen Jahrzehnte sah im Verhalten des Gaius einen Ausbruch seines überheblichen Irrwahns. Daniel R. Schwartz hat recht, wenn er das ganze Geschehen unter dem Vorzeichen der ziemlich allgemeinen jüdischen Religionsauffassung betrachtet. Der Herrscher des „Heiligen Landes" ist der Gott Israels, zu dem sich die römischen Okkupanten gegensätzlich verhalten. Die Herrschaft der

Römer in Jamnia widerspricht der Herrschaft Gottes über dieses Land. Die Jamnia-Affäre war auf seiten der Römer ein erster Versuch, das Heilige Land der Herrschaft Gottes zu entreissen, während der jüdische Terrorakt ein Versuch zur Wiederherstellung der Herrschaft Gottes im heiligen Land war. Es gab nach allgemeinem jüdischem Glaubensverständnis keinen Verhandlungsspielraum über das Heilige Land. Die unverhältnismäßige Strafandrohung, im Jerusalemer Tempel ein goldenes Standbild zu errichten, weist auf eine weitgreifende römische Strategie hin[27]. Diese politischen Ideen und Absichten auf beiden Seiten führten schließlich zum Ausbruch des jüdischen Krieges gegen Rom. Dabei bleibt die politische Intention besonders aufseiten der Römer dominant. Die im Verlaufe der Vorbereitung auf diesen Krieg und im Verlaufe dieses Krieges eingestreuten judenfeindlichen Ideologien und Taten bildeten die Anstachelungen zur Rechtfertigung und Aufheizung dieses Krieges.

3. Der spätantike christliche Antijudaismus

3.1. Theorien über den Ursprung des theologischen Antijudaismus

Weithin eingebürgert hat sich die Ansicht, der Antijudaismus habe mit dem Aufkommen des Christentums eine neue Qualität erhalten, nämlich eine eminent theologische. Der Judenhaß habe sich nun als ein mit dem Wesen des Christentums gegebener Religionsneid bzw. als Haß gegen die dem Christentum widerstrebende jüdische Religion etabliert. Von dieser These ausgehend werden tiefenpsychologisch-theologische Rekonstruktionen der Wurzeln des theologischen Antijudaismus weit in die vorchristliche Zeit hinein versucht. Als Vater solcher Versuche kann Siegmund Freud mit seinem Buch „Der Mann Moses"[28] gelten. Vor kurzem hat Gunnar Heinsohn der psychologisch-theologischen Ursprungshypothese neuen Auftrieb geben wollen. Nach ihm begann der Antijudaismus mit der Weigerung Abrahams, seinen Sohn Isaak zu opfern (Gen 22). Nimrod, „der wilde Jäger" (Gen 10,8–12) habe

---

[27] Schwartz, Agrippa I, bes. 80–85; ausführlicher in seinen „Studies in the Jewish Background"
[28] Der Mann Moses, bes. 102–146.

Abraham deshalb in einen brennenden Feuerofen geworfen, aus dem ihn dann Gott befreit habe. Diese „antisemitische Urszene, der Holocaust am sagenhaften Monotheismusbegründer Abraham" habe über das im 2. Jh.v. verfaßte Danielbuch (bes. das 3. Kapitel) „Eingang in die Hebräische Bibel gefunden"[29]. Die griechisch-römische Judenfeindschaft resultiere somit „aus der jüdischen Überwindung des Opfers". Die christliche Judenfeindschaft sei demgegenüber aus dem gegenläufigen Vorwurf entstanden, nämlich „daß es gerade die Juden gewesen seien, die an Jesus das heilbringende Opfer vollzogen hätten". Die Juden seien nun „als Jesusopferer" zum Zentralbestand christlicher Theologie geworden, sehr zur Freude der Griechen und Römer, die „nur zu gerne hörten, daß die am Opfer unschuldigen Juden hier zu Opfern geworden seien…Der schuldverstrickende Part" der Opferung Jesu habe vom Judentum übernommen werden müssen, „während der Erlösungseffekt des Rituals ganz der Jesusfigur allein zugeschlagen wird"[30].

Der christliche Antijudaismus ist nach Heinsohn unlösbar mit den zentralen Mysterien des Christentums verknüpft und kann daher auch nicht vom traditionellen Christentum getrennt werden. Ziemlich aufs Gleiche – wenn auch religionsgeschichtlich besser abgestützt – läuft die auf das Christentum zugespitzte Antijudaismustheorie von Rosemary R. Ruether hinaus:

„Antijudaismus entwickelte sich theologisch im Christentum als die linke Hand der Christologie. Das heißt: der Antijudaismus war die negative Seite des christlichen Anspruchs, Jesus sei der Christus gewesen. Das Christentum betrachtete sich selbst als Erbe der jüdisch messianischen Hoffnung und glaubte, daß diese Hoffnung auf das Kommen des Messias in Jesus erfüllt worden sei. Da aber die jüdische Tradition diesen Anspruch zurückwies, entwickelte die Kirche eine Polemik gegen die Juden und die jüdisch religiösen Traditionen, um zu erklären, wie die Kirche die Erfüllung einer jüdischen Tradition gegen deren jüdische Bestreitung sein könnte"[31].

Der These von Heinsohn und von Ruether liegt die Voraussetzung zugrunde, daß die beiden Religionen – die jüdische und die christliche (bei Heinsohn auch die antik-pagane Religion) – von ihrem Ursprung, von ihrer bisherigen Geschichte, von ihrem Wesen und von ihren Glaubens- und Handlungsprinzipien her miteinander unvereinbar seien. Der jüdische Wi-

---

[29] Gunnar Heinsohn, Monotheismus und Antisemitismus – Auf immer unerklärbar?, in: Erb/Schmidt, FS H. Strauß, 409–447, zit. 412f.
[30] Heinsohn 441f.
[31] Rosemary R. Ruether, Anti-Semitism and Christian Theology, in: Eva Fleischner, Auschwitz 79f.

derspruch gegen das heidnische Opferwesen, die von diesem Widerspruch herausgeforderte heidnische Aggressivität, der christliche Erfüllungs-Mythos gegen die jüdisch-messianische Tradition und die jüdische Verweigerung – durch Teilnahme am Justizmord gegen Jesus und durch permanente Antikirchlichkeit – seien ein ineinander verkeiltes Unheilssyndrom, das sich immer nur gegen die eine Seite, das Judentum, gerichtet habe. Zur prinzipiellen und faktischen Unfähigkeit von Heidentum und Christentum gesellt sich nach Auffassung von Heinsohn und Ruether noch das unaufhaltbare Bedürfnis nach Abwälzung eigener Schuld. Religion sei ja eine Institution zur Sündenvergebung. Dabei sei stets zu fragen, wohin denn die Reste der getilgten Schuld geworfen würden. Bis dato sei das jüdische Volk als Ort für eine Deponie des Negativen und Nichtigen betrachtet worden. Die Juden seien schon im Alten Testament ein gegen Gott widerspenstiges und gegen die Völker mißtrauisches Volk gewesen. Sie hätten auch eine dominante Rolle beim Prozeß gegen Jesus gespielt. Also seien das eigene Ungenügen, die eigene Unsicherheit und die eigene Sünde im jüdischen Volk repräsentiert. Durch ihren Widerspruch gegen Gott, Christus und die Kirche störten die Juden die Glaubenssicherheit, die Barmherzigkeit Gottes, die Entfaltung der Herrschaft Christi und das Wirken der Kirche bei Einzelnen und Völkern. So werden die Juden zu den Sündenböcken für alle möglichen Insuffizienzen, Defekte, Versäumnisse und Schuldhaftigkeiten[32].

Die Frage nach dem genuin theologischen und dem damit verkeilten religionspsychologischen Charakter des Antijudaismus ist zwar von Belang, kann aber nicht in einer dialektisch-theoretischen Auseinandersetzung entschieden werden. Sie muß vielmehr historisch verifiziert werden. Sicher ist, daß keine neutestamentlichen und keine frühkirchlichen Texte namhaft gemacht werden können, die die christliche Religion, das christologische Dogma oder die Institution der Sündenvergebung mit dem Antisemitismus so verkoppeln, daß daraus siamesische Zwillinge entstehen würden. Außerdem ist zu beachten, daß der Antijudaismus auch innerhalb des Christentums nie zu einer *kontinuierlichen* Doktrin und auch nicht zu einem *kontinuierlichen* Verhalten geworden ist. Sein Aufflackern blieb – wie zuvor – sporadisch, wenn auch bisweilen in lebensbedrohender Virulenz.

---

[32] In dieser Richtung äußert sich auch Emanuel Hurwitz, Bocksfuß passim.

3.2. Judenfeindschaft im Neuen Testament

Der Holocaust im 20. Jahrhundert hatte zur Folge, daß die Frage nach dem judenfeindlichen Charakter des Neuen Testaments mit äußerster Schärfe gestellt worden ist. Ist vielleicht nicht nur das von Judenfeinden falsch interpretierte und mißbrauchte Neue Testament die Ursache des traditionellen christlichen Antijudaismus und damit ein geistiger Zulieferer des Holocaust? Ist vielleicht das Neue Testament *selbst* – nicht nur seine Interpreten – judenfeindlich und damit *direkte* Ursache größter Unmenschlichkeiten?

3.2.1. Schwierige Beurteilung

Um das schwerwiegende Problem des eventuellen neutestamentlichen Antijudaismus unter die Lupe zu bekommen, wird hier zunächst der angesehene jüdische Josephus Flavius-Forscher Louis H. Feldman zitiert: er hat sich über das Problem der eventuellen Judenfeindschaft im Neuen Testament in einer etwas lockeren Weise geäußert[33]. Feldman zitiert zuerst einige alttestamentliche und frühjüdische Texte, die sich antisemitisch anhören, wenn der Kontext außer Acht bleibt:

> *„‚Die Wächter des Volkes sind blind. Sie merken alle nichts. Lauter stumme Hunde sind sie. Nicht einmal bellen können sie…Aber gierig und unersättlich sind diese Hunde…Jeder geht seinen eigenen Weg und rennt nur seinem Vorteil nach" ‚. (Jes 56,10f).‚… Über wen macht ihr euch lustig, gegen wen reißt ihr das Maul auf? Wem streckt ihr die Zunge heraus? Ihr seid doch selbst Kinder des Frevels, eine Lügenbrut. Ihr geratet in Gier unter den Eichen und unter jedem üppigen Baum. Ihr schlachtet Kinder in den Schluchten und in den Klüften der Felsen…Und das soll ich ruhig ansehen?…Du hast dich von mir freigemacht und bist hinaufgestiegen und hast dir dort ein breites Lager zurecht gemacht. Dann kauftest du dir Leute, deren Beilager du liebtest…Für den Moloch hast du dein Öl verschwendet und deine Salben aufgehäuft' (Jes 57,4–9). Gott habe durch Mose und alle Propheten befohlen, „alle Söhne der Finsternis zu hassen, jedem nach seiner Verschuldung in Gottes Rache" (1QS 1,10f). Josephus Flavius katalogisierte die Zeloten des jüdischen Aufstandes in folgender Weise: „Sie haben jede perverse Tat nachgemacht; es hat keine Schurkerei in der Geschichte gegeben, der sie nicht begierig nachgeeifert haben" (Bell 7,269).*

Feldman greift noch andere Beispiele aus der späteren Geschichte auf. Er weist auch auf die bis heute innerhalb des Judentums überscharf ausgetra-

---

33 Louis H. Feldman: Is the New Testament Anti-Semitic, in: Humanities, Christianity and Culture, Tokyo 21 (1987) 1.14.

genen Kontroversen hin. Wie sich gelegentlich die Satmarer Chasidim gegen die Lubawitscher Chasidim und gegen andere jüdische Gruppen äußern, das klingt bisweilen wirklich antisemitisch[34], obwohl es nur innerjüdische Polemik ist. Von diesem Umfeld her klopft Feldman dann das Neue
Testament nach Antisemitismen ab. Viele Äußerungen im Verlaufe der
Menschheitsgeschichte seien weit stärker judenfeindlich befrachtet als das
Neue Testament. Wenn man näher hinsehe, gebe es im Neuen Testament
eine Anzahl antijüdischer Bemerkungen und „eine Anzahl judenfreundli-
cher Kommentierungen" aber das Meiste des Neuen Testaments falle „unter keine der beiden Kategorien" (S.4). Das Neue Testament sei „als eine
Anthologie zu betrachten, die von verschiedenen Autoren zu verschiedenen
Zeiten und unter verschiedenen Umständen geschrieben worden sei" (S.4).
Vieles (z. B. Mt 27,25) sei an sich nicht antijüdisch; es sei allerdings antijü-
disch ausgelegt worden. Darin liege die eigentliche Katastrophe. Man müsse
das Neue Testament im Kontext und mit dem guten Willen zur milden
Interpretation lesen, sonst lese man es falsch. Der Thessalonicherbrief (1
Thess 2,14–16) ergebe z. B. nur zusammen mit dem Römerbrief einen Sinn
(Röm 9–11).

Feldman macht auch auf die Rhetorik der damaligen Zeit aufmerksam:
„Finally let Jews and Christians study the nature of rhetoric in antiquity to
discern the vigor – and virulence – of speech in that era" (14). In der Tat ist
das Studium damaliger Redeweisen, Argumentationsvorgänge und Über-
redungsversuche die unentbehrliche Voraussetzung, bevor ein Urteil über
Antisemitismus im Neuen Testament gefällt werden kann. Damals kam ja
niemand, der sich im religiösen oder politisch-kulturellen Leben äußern
wollte, am Studium der Rhetorik – nach dem Studium der Grammatik und
der Dialektik – vorbei[35]. Ein Ergebnis der Rhetorik war die Fähigkeit, über
feindliche oder rivalisierende Gruppen grell überzeichnend reden und
schreiben zu können. Ein jüdischer Text aus ca. 180 v. über die Samaritaner
lautet so: „Zwei Völker verabscheue ich, und das dritte ist kein Volk: Die
Bewohner von Seir und das törichte Volk, das in Sichem wohnt" (Sir
50,25f). Etwa 50 Jahre später gibt ein hellenistisch-jüdischer Autor folgendes Urteil über die Nichtjuden ab: „Denn die meisten übrigen Menschen
beflecken sich durch Geschlechtsverkehr, wobei sie großes Unrecht bege-
hen, und ganze Länder und Städte rühmen sich dessen noch. Sie verkehren

---

[34] Zu heutigen Ausfällen jüdischer Frommer (Rav Schach etc.) gegen andere jüdische
Fromme in Israel vgl. die Zeitung Haaretz vom 6.10.1992, S.5a.
[35] Vgl. dazu Wilhelm Wuellner, Der Vorchristliche Paulus und die Rhetorik

nämlich nicht nur mit Männern, sondern beflecken auch Mütter und Töchter. Wir aber halten uns davon fern" (Arist 152; vgl. Weish 14,22–30)[36].

Der Ideologe des nazistischen Antisemitismus, Theodor Fritsch, hat Hitler und seinen Spießgesellen angeraten, das Neue Testament nicht als Arsenal für den Antisemitismus zu benützen, es sei zu judenfreundlich. Es seien genügend antisemitische Motive im Alten Testament zu finden[37]. Es geht hier nicht darum, gewisse Aussagen im Matthäus- und im Johannesevangelium – etwa gar noch mit Hilfe von Theodor Fritsch – zu verharmlosen. Es ist aber wichtig, die neutestamentlichen Aussagen nicht zu isolieren. Sonst werden sie in fundamentalistischer Weise verabsolutiert und judenfeindlich gemacht[38]. Es ist sicher vorschnell, wenn Micha Brumlik in „Kirche und Israel" dem Verfasser des Johannesevangeliums (bes. wegen Joh 8,44) eine „protorassistische Doktrin" unterschiebt[39].Auch das gewiß anstößige achte Kapitel des Johannesevangeliums muß im innerjüdischen Kontext und entsprechend damaliger Mentalität interpretiert werden. Sonst geht der Sinn jeder Exegese und jeder Anwendung verloren. Bestimmte, uns als judenfeindlich vorkommende Abschnitte, sind in dem Maße und in dem Grad judenfeindlich, als innerjüdische Streitereien und Beschuldigungen antijüdisch sein können. So wenig wie etwa die Injurien eines Satmarer Rebben gegen andere chasidische Gruppen verabsolutiert oder auch nur beachtet und kommentiert werden sollen, so wenig sollte auch Aufhebens von Mt 23,34–39 oder von Joh 8,44 gemacht werden. Martin Luther hat mit Recht im Zusammenhang mit Mt 23,34–39 gemeint, diese Stelle treibe Christum nicht. Auch in der katholischen Liturgie galt Mt 23,34–39 während der ganzen Zeit nie als verpflichtender Vorlesungstext.

---

36 Ingo Broer, Antijudaismus im Neuen Testament?, Versuch einer Annäherung anhand von zwei Texten (1 Thess 2,14–16 und Mt 27,24f), in: L. Oberlinner/P. Fiedler, Salz der Erde – Licht der Welt, Exeget. Studien zum Matthäus-Evangelium, FS.A. Vögtle, Stuttgart 1990, 321–355. Broer bringt diese und andere (auch christliche) Feindschaftstexte S.348–352.

37 Theodor Fritsch, Handbuch zur Judenfrage, 42. Aufl. 1938

38 Im Grunde kann man jedem Wort des Alten und Neuen Testaments einen antisemitischen Haupt- oder Unterton geben. Ich selbst habe in meiner Jugend eine judenfeindliche Predigt gehört über das wirklich harmlose Wort ‚Sie hatten acht auf ihn' (Lk 14,1).

39 Johannes: Das judenfeindliche Evangelium, Kirche und Israel 4 (1989), 102–103; Ekkehard Stegemann hat im gleichen Heft eine gute Antwort gegeben, indem er auch die Anliegen Brumliks ernst genommen hat: Die Tragödie der Nähe, Zu den judenfeindlichen Aussagen des Johannesevangeliums, Kirche und Israel 4(1989) 114–122.

Bei der Frage nach dem Antisemitismus im Neuen Testament ist nicht nur darauf zu achten, wie Worte und Abschnitte kontextuell d. h. historisch zu verstehen sind. Es erhebt sich auch die Frage, welche theologischen Theorien diese hervorrufen können. Judenfeindlich ist eine Stelle auch dann, wenn sie das jüdische Volk vom Christusglauben her einzig und unabänderlich unter dem Zeichen des Todes und des Gerichts sieht und ihm keinen Ausweg und keine Chance läßt, weiterhin vor Gott Zeichen für die Völker zu sein. Wenn derlei im Neuen Testament vorkommt, dann werden von diesen heiligen Schriften her Weichen für judenfeindliche Enterbungstheorien und für christliche Überbietungsstrategien – die es ja zuhauf gegeben hat – gestellt[40].

3.2.2. Streit um Völkermission: 1 Thess 2,14–16

1 Thess 2,14–16 ist einer der ältesten Texte des Neuen Testaments und zugleich jener Text, der am ehesten als antisemitisch in Frage kommt. Es sei ein „Initiationstext des christlichen Antisemitismus". Wenn auch ein Vergleich der Ausdrucksweise des Paulus mit dem antijüdischen rhetorischen Sperrfeuer der Nazis nicht passend sei, „so müssen wir Christen doch zugeben, daß es sich bei diesem Text um einen sehr pauschalen und - wenigstens auf den ersten Blick – auch schlimmen Text handelt"[41]. Die von Ingo Broer (S.326f) vorgeschlagene Übersetzung bzw. Rekonstruktion lautet:

> *„Denn ihr seid Nachahmer geworden, Brüder, der Gemeinden Gottes, die in Judaea in Christus Jesus sind, denn auch ihr habt das gleiche erlitten von den eigenen Landsleuten wie sie von den Juden, die auch den Herrn Jesus getötet haben und die Propheten und uns verfolgt haben. Sie gefallen Gott nicht und sind allen Menschen feind, indem sie uns an der Verkündigung für die Heiden zu deren Rettung hindern, um das Maß ihrer Sünden ganz und gar voll zu machen. Aber Gottes Zorn ist schon endgültig über sie gekommen".*

Der hauptsächlich als antisemitisch inkriminierte Teil ist V15b: ,Sie gefallen Gott nicht und sind allen Menschen feind'. Mehrere Forscher haben diesen Halbvers als nach-paulinischen Einschub gewertet, weil der Gedankengang nicht lückenhaft würde, wenn er fehlte, und weil sich viele Forscher nicht vorstellen können, daß der Jude Paulus mit paganen antisemitischen Moti-

40 Dazu Broer, Antijudaismus (A.36) 344f.
41 Broer, Antijudaismus (A.36) 327.

ven gegen seine Landsleute polemisiert hätte[42]. Es ist aber heute nicht mehr zu entscheiden ob V15b ein nachträglicher Einschub ist oder ob der Text von Paulus stammt[43]. Nehmen wir aber einmal an, Paulus selbst habe sich eines in damaliger Zeit verbreiteten antisemitischen Slogans bedient, in dem die Gottesverhaßtheit (Götterverhaßtheit) und die Menschenfeindlichkeit (Misanthropie) der Juden festgeschrieben war[44]. Dann aber hat er noch *mehr* getan: Er hat *heidnische* Antijudaismen mit Antijudaismen, die aus der innerjüdischen Streitszene stammen (Prophetenmörder, Christusmörder, Verfolger der Christen, verstockte Sünder), miteinander vermischt. Das war im Grunde nicht schlimmer und nicht besser, als wenn Paulus allein aus dem Arsenal *innerjüdischer* Beschimpfungen geschöpft hätte. Die Beschuldigung in Joh 8,44, die Juden seien Kinder des Teufels, ist gewiß nicht humaner als 1 Thess 2,14–16. Die Abwägung der Herkunft judenfeindlicher Motive führt also nicht weiter. Weiterführend ist aber die Erkenntnis, die Otto Michel in den zurückhaltenden Satz gegossen hat: „Es war für jüdisches Denken schwer verständlich, wieso eine Heidenmission, die weder den Sabbat noch die jüdische Festordnung legitimieren konnte, sondern ausdrücklich preisgab, sich noch als Erfüllung einer messianischen Ordnung verstehen konnte"[45]. Der sich in unerbitterlichen Verbalinjurien Ausdruck verschaffende erste Riß zwischen den Christus verkündenden Juden und der Christus nicht anerkennenden jüdischen Mehrheit zeigte sich in dem Augenblick, da die Christusverkünder Anhänger unter den Völkern anzuwerben begannen. Da glaubten sowohl die Christusjünger als auch die jüdischen Gegner der neuen Lehre, hohe Verantwortlichkeiten anmelden zu müssen. Die nichtchristlich-jüdischen Vertreter sahen in der Völkermission eine Aushöhlung, ja eine Verwischung und Verwerfung der jüdischen Identität. Ihrer Überzeugung nach konnte das Judentum damals den Zuzug der Völker nicht verkraften. Dieser Zuzug schien ihnen auch vom Gesetz her verboten zu sein, da die messianische Zeit noch nicht angebrochen sei. Paulus und andere Vertreter der Völkermission fühlten sich

---

[42] Auch ich argumentiere in „Christliche Theologie des Judentums" (238f) so ähnlich. Falls es sich in V 15b um keine Glosse handle, dann sei dies ein Ausrutscher des Paulus im momentanen Zorn, kein prinzipieller Antijudaismus. Heute möchte ich mir keine Verharmlosungen mehr leisten.

[43] Vgl. Otto Michel, Fragen zu 1 Thessalonicher 2,14–16: Antijüdische Polemik bei Paulus in: Eckert/Lewinson/Stöhr, Antijudaismus 50–81.

[44] Die antijüdischen Belege aus der paganen antijüdischen Welt, die der Aussage in 1 Thess 2,15b ungefähr entsprechen, sind bei Michel (A.43), bei Broer (A.36) vermerkt.

[45] Michel, Fragen zu 1 Thess 2,14–16 (A.43) 16.

dagegen berufen und verpflichtet, zur endzeitlichen Sammlung der Völker um Christus herum im Sinne prophetischer Erwartungen (vgl. Joel 3,1–5 in Act 2,17–21) aufzurufen. Besonders Jes 49,6 war für die Christen eine wichtige Motivierungsstelle, um die Völkerbekehrung als jüdisches Pflichtpensum zu sehen und anzupacken (vgl. Lk 2,32; Act 1,8; 13,47; Apk 7,4). In Jes 49,6 geht es um das Zusammentreffen von jüdischer Restituierung und dem Ausstrahlen des Heilswillens Gottes bis zu den letzten Winkeln der Erde. Jes 49,6 lautet: „Zuwenig ist es, daß du mein Knecht bist, nur um die Stämme Israels wieder aufzurichten und die Verschonten Israels heimzuführen. Vielmehr mache ich dich zum Licht für die Völker, damit mein Heil (Erlösung, Gotteskindschaft, Erbarmen, Freiheit, Rettung) bis an die Grenzen der Erde reiche"[46]. Paulus, Lukas und andere waren der Überzeugung, daß sie jetzt im Gefolge des Christusereignisses der angesprochene „Knecht" bzw. die wahren Vertreter Israels seien, um das Völkerheil im Dienste und in der Nachfolge Christi mit zu ermöglichen. Einige Jahre nach der Abfassung des Thessalonicherbriefes spricht Paulus in Röm 15,8 davon, daß Christus „um der Wahrhaftigkeit Gottes willen zum Diener der Beschnittenen geworden ist, damit die Verheißungen der Väter bekräftigt werden". Und gleich darauf kommt er auf die Völker zu sprechen: „Aber die Völker werden Gott wegen der Barmherzigkeit preisen" (V 9). Zwar bezieht er sich in den folgenden Versen nicht auf Jes 49,6. Aber es ist klar, daß die von ihm zitierten Stellen (Ps 18,50; Dtn 32,43; Ps 117,1; Jes 11,10) die beiden Aspekte von Jes 49,6 erläutern sollen: Wiederaufrichtung Israels und Neuerrichtung der Gotteskindschaft unter allen Völkern als Vorgang eines Überströmens und Hinüberscheinens vom bereits begnadeten Israel her. Die äußerst harschen Worte gegen jene Juden, die gegen die Völkermission eiferten, sind ein Gradmesser dafür, welch hohen Stellenwert diese für Paulus hatte.

Einerseits kann man es als dem Thema entsprechend verstehen, wenn Paulus vor allem gegen die ihn bekämpfenden jüdisch-priesterlichen Behörden nicht nur jüdische, sondern auch heidnische Feindschafts-Stereotypen anführt. So konnte er sowohl auf ihre eigene jüdische Bestimmung hinweisen als auch auf die heidnische Bereitschaft zur Bekehrung. Paulus bleibt aber nicht beim Zusammenstellen jüdischer und heidnischer Antijudaismen stehen. „Wenn Paulus hier an eine antijüdische Stimmung an-

---

[46] Martin Buber hat in seiner Bibelübersetzung das Wort yeschuaᶜa stets mit „Freiheit" übersetzt, offensichtlich, weil er in den beginnenden 30er Jahren das Wort „Heil" (Hitler!) begreiflicherweise nicht mehr ertragen konnte. Freiheit (endgültig verstanden) gibt yeschuᶜa auf weite Strecken gut wieder.

knüpft und sie sogar aufnimmt, dann handelt es sich allerdings nicht um eine rechtliche oder bürgerliche Diffamierung des Judentums, sondern um die eschatologische Klage, daß es das angebotene Heil für die Menschen unwirksam macht. Jetzt erst vollzieht sich im Gegensatz zur paulinischen Mission, was man den Juden vorwirft: Gegensatz zu allen Menschen"[47]. Der Zorn Gottes bricht in der messianischen Zeit aus, weil viele Landsleute des Paulus sich der Öffnung zu den Völkern hin verweigern. Die überaus harschen Worte in 1Thess 2,14–16 sind ein Merkzeichen dafür, daß die Völkermission einer der härtesten Streitpunkte war, der schon in den 50er Jahren des 1.Jhs. die jüdischen Christusjünger und die Christus nicht nachfolgenden Juden, vor allem aber deren Führer, zuinnerst spaltete und gegeneinander – bis in Verfolgungen hinein – aufbrachte. Paulus bewarf dabei seine Gegner mit einem wüsten antisemitischen Slogan, wohl kaum wissend, was er damit anstellte.

3.2.3. Streit um Umkehr und Wiederaufbau Israels: mt 21,33–46 Par.

Das Gleichnis von den bösen Winzern, das von den Synoptikern und vom apokryphen Evangelium des Thomas (65) tradiert wird (Mk 12,1–12; Mt 21,33–46; Lk 20,9–12), ist von Jes 49,6 her inspiriert[48]. Noch vor der Öffnung auf die Völker hin und gleichzeitig mit ihr sollte nach dem damaligen messianischen Verständnis von Jes 49,6 die Wiederaufrichtung Israels geschehen. Beide Komponenten – Wiederaufrichtung Israels und Hinwendung Gottes zu den Völkern – wurden als wunderbares Eingreifen Gottes erwartet, aber auch als Verpflichtung des Gottesvolkes Israel, das im Judentum zum Ausdruck kommt. Im Zusammenhang mit dem Wiederaufbau Israels wurde von der jetzt doppelt notwendigen Umkehr (Buße, Metanoia) gesprochen. Im Neuen Testament nimmt vor allem Johannes der Täufer die Rolle des messianischen Bußpredigers ein:

> 'Bringt Frucht hervor, die eure Umkehr zeigt, und meint nicht, ihr könntet sagen: Wir haben ja Abraham zum Vater. Denn ich sage euch: Gott kann aus diesen Steinen Kinder Abrahams machen' (Mt 3,8f).

---

[47] Otto Michel, Fragen zu 1Thess 2,14 (A.43) 57.

[48] In den meisten Punkten der Deutung des Gleichnisses von den bösen Winzern stimme ich Franz Mussner zu: Die bösen Winzer nach Matthäus 21,33–46, in: Eckert/Levinson/Stöhr, Antijudaismus, 129–134.

Traditionsbewußtsein und Absonderung allein seien keine genügenden Voraussetzungen für das Durchsetzen der Endherrschaft Gottes bzw. für den Anbruch der messianischen Zeit. Vielmehr brauche es die Bereitschaft zur Umkehr, damit Gott handeln könne. Gott kann das Wunder der Wiederaufrichtung Israels nur wirken, wenn Israel von seinen Bahnen der Selbstüberschätzung, der Abkapselung und der Verachtung der Fremden umkehrt. An diesem Punkt setzt nun das Jesusgleichnis von den bösen Winzern ein. Einige Forscher sagen nun, das Gleichnis sei eine Anklage gegen jüdische Volksführer wegen ihrer Ablehnung des Täufers. Jesus selbst habe seinen ihm drohenden Tod als auf der Linie des Todes des Täufers befindlich aufgefaßt. Und diese Überzeugung habe sich auch in den frühen Gemeinden durchgesetzt[49]. Mit solchen Aussagen scheint aber der Fokus des Gleichnisses nicht getroffen zu sein. Wie immer man aber das Gleichnis im Einzelnen auslegt – unverzichtbar ist im Zusammenhang mit der Frage nach dem neutestamentlichen Antijudaismus eine vertretbare Erklärung des bei Matthäus gegenüber allen seinen Parallelen eckig herausragenden Satzes in 21,43: „Deshalb sage ich euch: Weggenommen wird von euch das Reich Gottes, und es wird einem Volk gegeben werden, das seine Frucht bringt". Dieser Satz klingt wie eine verkürzte und verschärfte Wiedergabe der eben zitierten Sätze des Täufers Mt 3,8f. Er ist auch wie die Täuferpredigt gegen jüdische Volksführer – nicht gegen das jüdische Volk in globo – gerichtet. V45f nennt als Gegner die Hohenpriester und die Pharisäer. Diese hätten Jesus am liebsten gleich verhaftet. Die Volksmenge aber sei gegen sie zum Propheten Jesus gestanden, und so hätten es die Oberen nicht gewagt, gegen ihn vorzugehen. Mit der Feststellung, daß das Winzergleichnis von der lauschenden jüdischen Volksmenge akzeptiert und nur von gewissen Führern abgewiesen worden ist, ist dem Gleichnis bereits viel von seiner Judenfeindlichkeit genommen. Heute kennen wir ja auch die Diskrepanz zwischen der Religions- und Volksstrategie der Regierenden einerseits und dem Volksempfinden anderseits.

Ein restlicher dunkler judenfeindlicher Schatten bleibt aber noch an Mt 21,43 haften und zwar wegen der Idee, das Reich Gottes werde den jüdischen Volksführern weggenommen „und einem Volk gegeben werden, das seine Frucht bringt". In der christlichen Tradition und in der christlichen Exegese wurde dieser Satz vielfach so gedeutet, das Reich Gottes werde

---

[49] So David Stern, Jesus' Parables from the Perspective of Rabbinic Literature: The Example of the Wicked Husbandman, in: Thoma/Wyschogrod, Parable and Story, 42–80.

„den Juden" genommen und der Kirche gegeben. Das andere Volk sei die
Völkerkirche bzw. die messianische Gemeinschaft um Christus herum. Damit war allen Theorien der Überbietung und der Beiseiteschiebung Tür und
Tor geöffnet: Die Kirche als Besitzerin oder Repräsentantin des Reiches
Gottes oder gar als Reich Gottes selbst, die Juden als enterbtes, verstocktes
und verächtliches Volk, das nur noch als blinder Zeuge der Wahrheit des
Christentums zu dienen hat! Bei solchen vorschnellen „Anwendungen"
wurde übersehen, daß mit dem andern Volk, dem das Reich gegeben wird,
eine *eventuelle* Größe gemeint ist, der dieser „Schatz" (Mt 13,44) in ähnlicher Weise *nur bedingt* anvertraut werden könnte, wie er auch dem jüdischen Volk *nur bedingt* anvertraut worden ist. Mit Recht erkennt Franz
Mussner, daß es Matthäus in der Schwebe läßt, „wer mit dem ‚Volk', das
die Früchte des Reiches Gottes bringt, konkret gemeint ist". Auch die aus
dem Gleichnis zu ziehende Anwendung zieht Mussner richtig: „Wer keine
Früchte bringt, verliert die Anwartschaft auf das Reich Gottes!"[50] Das
Gleichnis ist also eine Warn-Botschaft an die jüdischen Führer, sie sollten
nicht zögern, die schon vom Täufer Johannes geforderte Umkehr in Tat und
Wahrheit durchzuführen und ihr Raum zu geben. Denn Gott sei ja unabhängig und frei, den Ort seiner besonderen Erwählung auch bei Nichtjuden
zu schaffen.

Der Antijudaismus reicht also ins Neue Testament hinein. Er tut dies
jedoch nur, wenn Menschen dies wollen, und wenn sie in einer Art Hori-
zontverengung vergessen, daß die Hörer und Hörerinnen der Botschaft des
Alten und des Neuen Testaments eine multikulturelle und multireligiöse
Gesellschaft waren. Die Propheten des Alten Testaments konnten nur deshalb gegen das israelitische Volk wettern, weil sie wußten, daß vor den
Menschen verschiedene Wege und Engagements liegen, und daß es stets
aufs Neue einen Ruck braucht, damit die Menschen sich dem Gott Israels
und einer moralischen Lebensweise zuwenden. Es gehört unvermeidlich
zur Botschaft der ganzen Bibel, daß der Mensch nicht so total dem Bösen
verfallen ist, daß er nicht durch Wort und Tat aus dunklen Ecken herausge-
lockt werden könnte. Ebenso gibt es keinen absoluten Lichtmenschen, dessen glorreiche Bestimmung stets ungefährdet wäre. Rauhe Vorwürfe an
jüdische Führer und an das Volk können nachträglich leider leicht prinzipiell judenfeindlich gedeutet werden; sie sind es aber in ihrem Kern nicht.
Umso dringender ist das Desiderat einzustufen, das Neue Testament so
auszulegen und zu verkünden, daß die ihm ungerecht angehängten juden-

---

[50] Die bösen Winzer nach Matthäus (A.48) 131–132.

feindlichen Schlacken als solche erkannt und abgelehnt werden. Das wesentliche Problem des christlichen Antisemitismus ist aber nicht im Neuen Testament zu suchen, sondern in der in den folgenden Jahrhunderten verfestigten antijüdischen Auslegungs- und Verkündigungsideologie.

3.3. Wandern zu den Festungen

Nachdem der Zweite Tempel zerstört worden war, nachdem sich Juden und Judenchristen im 2. Jh. auseinandergelebt hatten, nachdem das Christentum zur Völkerkirche geworden war, und nachdem sich sowohl das jüdische Volk als auch die christlichen Gemeinschaften konsolidiert hatten, begannen beide Seiten, ihre Positionen in zunehmender Definierung gegeneinander zu beziehen. Beide Seiten sammelten geistig-religiöses Waffenarsenal, um sich vor Angriffen des Gegners zu schützen und vor allem, um den Gegnern keinen neuen Zuzug von Anhängern – gar aus den eigenen Reihen – zu ermöglichen. Dies wird im Folgenden zunächst im christlichen Kontext und dann im jüdischen sporadisch gezeigt. Historisch gesehen, geschah das Beziehen der Position gegen Abweichler und Feinde im Judentum etwas früher als im Christentum, da den Rabbinen im frühen zweiten Jahrhundert bereits längere Erfahrungen mit Abweichlern (spätestens seit dem Danielbuch: 2. Jh.v.) zur Verfügung standen[51]. Trotzdem ist es sinnvoll, zuerst frühchristliche Verfestigungen zu behandeln, da das Christentum spätestens ab dem 4. Jh.n. verfestigte judenfeindliche Ideologien aufweist.

3.3.1. Beziehung von Positionen auf christlicher Seite

Der Häresiologe Irenaeus von Lyon (um 180 n.) war nicht judenfeindlich; die Juden gerieten kaum in seinen Blickpunkt. Er war aber ein Konfessionalist, dem es um möglichst deutliche Abgrenzungen ging. Der nachfolgende Irenaeus-Text zeigt, daß und wie die junge Kirche versuchte, ihre Position – gegenüber konkurrierenden Deutern der christlichen Botschaft – zu festigen.

„Der Herr aller gab seinen Aposteln die Macht (potestatem), das Evangelium zu verkünden. Durch sie haben wir die Wahrheit erkannt, das heißt die Lehre über den Sohn Gottes. Zu ihnen hat der Herr gesagt: ‚Wer euch hört, der hört mich, wer euch

51 Dazu Clemens Thoma, Die Christen in rabbinischer Optik: Heiden, Häretiker oder Fromme?, in: Frohnhofen, Christl. Antijudaismus, 23–49

verachtet, verachtet mich und den, der mich gesandt hat' (Lk 10,16). Durch nieman-
den anderen haben wir die Ökonomie unseres Heiles (dispositionem nostrae salutis)
erkannt, sondern nur durch sie, durch die das Evangelium zu uns gekommen ist ...
Es'ist nicht erlaubt zu sagen, daß sie gepredigt haben, bevor sie die vollkommene
Erkenntnis erhalten haben, wie dies einige zu sagen wagen, indem sie sich einbilden,
sie seien die Korrektoren der Apostel. Nachdem nämlich unser Herr von den Toten
auferstanden ist, und sie vom kommenden Heiligen Geist mit Kraft aus der Höhe
erfüllt worden sind (vgl. Lk 24,49), wurden sie mit allem ausgestattet (de omnibus
adimpleti sunt) und hatten eine vollkommene Erkenntnis.... Wenn jemand ihnen
nicht zustimmt, verachtet er jene, die an Gott Anteil haben (participes Domini), er
verachtet auch den Herrn selbst, ja, er verachtet auch den Vater; er verdammt damit
sich selbst (est a semetipso damnatus), da er seinem Heil widersteht und gegen es
kämpft (resistens et repugnans saluti suae); dies tun alle Häretiker. Wenn sie näm-
lich aus den Schriften argumentieren, werden sie durch die Schriften auf die Ange-
klagtenbank gesetzt: Sie sind im Unrecht und handeln nicht aus der Vollmacht: Weil
ihre Aussagen abweichend sind, und weil man aus ihnen keine Wahrheit finden
kann. Sie kennen die Traditionen nicht. Wir aber berufen uns auf die Tradition, die
von den Aposteln herkommt, und die durch die Sukzession der Presbyter in den
Kirchen bewahrt wird. Sie sind gegen die Tradition"[52].

Irenaeus und seine Gemeinde sehen sich auf dem einzig wahren Weg von
Christus her auf die Zukunft hin. In ihrer Gemeinde weilt die vollkommene
Erkenntnis der vom Geist Gottes geschenkten Wahrheit. Die Häretiker, die
der Gemeinde den Besitz der wahren Tradition absprechen wollen, entlarven sich dadurch selbst als Bösewichte. Sie kämpfen gegen Gottes Geist, der
die Gemeinde erleuchtet.

Dieses Gedankenschema war in der frühen Kirche weit verbreitet. Es
wäre töricht, es zu verurteilen, da die Kirche mit seiner Hilfe ihren spezifischen Glaubens- und Bekenntnisweg gefunden hat. Die Ketzer blieben aber
nicht die einzigen, gegen die die immer zahlreicher und kantiger werdende
Kirche ankämpfte und ankämpfen mußte. Sowohl die Christus nicht nachfolgenden Juden als auch die dem Judentum zustrebenden Heiden und
Christen machten der „Großkirche" zunehmend zu schaffen. Judaisierer
(Iudaizantes) – Menschen aus Heidentum und Christentum – wurden von
der Attraktivität des Judentums angezogen und sahen im Christentum ein
auf halbem Wege stecken gebliebenes Judentum. Besonders im vierten
Jahrhundert wurde es offenkundig, daß die Kirche der Auseinandersetzung
mit dem Judentum auf weite Strecken nicht gewachsen war und sich daher
teilweise mit judenfeindlichen Parolen gegen den Einfluß der Juden wehren

---

[52] Irenaeus, adv. haer. III, 11.2,1; Übers. aus Irénée de Lyon, Contre les Hérésies, SC
211, 22–26.

zu müssen glaubte. Der Kirchenvater Johannes Chrysostomus (357–407) ist hierfür ein deutliches Beispiel. In seinen um 386 n. gehaltenen acht Predigten „adversus Judaeos" kämpft er u. a. gegen die in seiner Gemeinde in Antiochien aufkommende Sympathie für das Judentum mit seinen liturgisch hochentwickelten Festen und Feiertagen[53]. Im dritten Abschnitt seiner ersten Rede gegen die Juden heißt es:

> „Ich weiß, daß viele die Juden verehren und ihre Lebensweise jetzt für ehrwürdig halten. Dadurch fühle ich mich gezwungen, die verderbliche Ansicht mit Stumpf und Stiel auszureißen. Ich sage, daß eine Synagoge nicht besser als ein Theater ist und führe dafür das Zeugnis des Propheten an. … Was sagt denn der Prophet? ‚Du bekamst die Stimme einer Dirne, zeigtest vor niemandem Scham' (Jer 3,3). Wo aber eine Hure steht, ist auch der Ort ein Hurenhaus. Ja, mehr noch: Nicht ein Hurenhaus und Theater ist die Synagoge, sondern eine Räuberhöhle und ein Unterschlupf für wilde Tiere. Es heißt nämlich: ‚Eine Hyänenhöhle ist mir euer Haus geworden' (Jer 7,11; 12,9). Nicht einfach „Höhle" eines Tieres, sondern eines unreinen Tieres. Und: ‚Ich verließ mein Haus, ich habe mein Erbe verstoßen' (Jer 12,7). Wenn es aber Gott verläßt, welche Hoffnung auf Rettung gibt es dann noch? Wenn es Gott verläßt, wird jener Ort zur Behausung für Dämonen. Aber natürlich werden sie behaupten, daß auch sie Gott anbeten; doch ferne sei es, so etwas zu sagen! Kein Jude betet Gott an! Wer sagt das? Der Sohn Gottes: Er sagt nämlich: ‚Wenn ihr meinen Vater kenntet, würdet ihr auch mich kennen. Ihr kennt aber weder mich noch meinen Vater' (Joh 8,19)… Wenn sie tatsächlich den Vater nicht kennen, den Sohn kreuzigten, die Hilfe des Geistes ausschlugen, wer würde es da nicht wagen zu sagen, der Ort sei ein Unterschlupf der Dämonen? Nicht Gott wird dort angebetet. Vielmehr ist es ein Ort des Götzendienstes".

Alles Böse wird da den Juden angehängt: Hurerei, Theaterspielerei, Unreinheit, Gottlosigkeit, Götzendienst, Beziehung mit Dämonen. Die derben Beschuldigungen kommen von einem christlichen Prediger, der im „Judaisieren" vieler seiner „Schäflein", im großen Einfluß der jüdischen Gemeinde und in der Attraktivität der jüdischen Religion offensichtlich die Grundgefahren für das Christentum sieht. Er redet also aus seelsorgerlichem Kleinmut und aus seelsorgerlicher Engherzigkeit heraus[54]. Er ist außerdem

---

[53] Die Adversus Judaeos-Predigten des Johannes (bisher besonders greifbar in PG 48) werden demnächst neu herausgegeben vom Basler Professor Ruedi Brändle. Ich habe die vorläufigen Kommentierungen Brändles (und Vreni Jegher's) einsehen können.

[54] In meinem Buch „Theologische Beziehungen" habe ich die These vertreten, daß kleingläubige Seelsorge eines der Hauptmotive für Judenfeindschaften in der Spätantike war. S.43:…„ eine Kleingläubigkeit, eine Furcht vor der angeblich das Christentum zersetzenden Attraktivität des Judentums".

rechtslastig-dualistisch veranlagt: ihm behagen krasse Kontraste: z. B. Gotteshaus versus Hurenhaus. Wir können uns also nicht nur über den rhetorisch geschliffenen und volkstümlich derben Antisemitismus des Johannes Chrysostomus entsetzen. Vielmehr müssen wir berücksichtigen, aus welcher Situation und aus welcher Veranlagung heraus Johannes so populistisch und beleidigend geredet hat. An Johannes und an andern Kirchenvätern (besonders an Ambrosius von Mailand) sehen wir übrigens, daß es keine ununterbrochene und keine stets breite „Blutspur" von Golgatha bis Auschwitz gibt. Johannes hat mit seinen Hetzpredigten Rufmord am jüdischen Volk begangen. Seine Gemeinde aber dachte zu einem Teil anders als Johannes; viele fühlten sich dem Judentum zugetan. Die Worte des Johannes bezeugen indirekt, daß es im letzten Viertel des 4. Jhs. in Antiochien einen regen jüdisch-christlichen Austausch gab. Christen begehrten, an jüdischen Gottesdiensten teilnehmen zu dürfen, und vielen Juden war das recht.

Mit Johannes Chrysostomus („Goldmund") hat der spätantike christliche Antijudaismus zwar seinen Tiefpunkt erreicht, aber die christlich-ideologische Selbsteinmauerung vor den Juden kam durch ihn nicht zum Abschluß. Das im Jahre 306 in Elvira, Spanien, stattfindende Regionalkonzil war schon vor Johannes einen Schritt weiter gegangen. Es stellte Verordnungen auf, um die Trennung der Christen von den Juden auch im gesellschaftlichen Bereich durchzusetzen. Die wichtigsten, das Zusammenleben von Juden und Christen betreffenden Vorschriften sind folgende:

Kanon 16 (Mansi 2,8): „Wenn Ketzer sich noch nicht der katholischen Kirche (wieder) anschließen wollen, darf man ihnen keine katholischen Mädchen (zur Ehe) geben; aber weder Juden noch Ketzern darf man sie geben, weil ein Gläubiger mit einem Ungläubigen keine Gemeinsamkeiten haben kann (vgl. 2 Kor 6,14–16). Gegen das Verbot handelnde Eltern müssen 5 Jahre lang exkommuniziert leben…"
Kanon 49 (Mansi 2,14): „Grundbesitzer sind zu ermahnen, ihre Feldfrüchte, die sie von Gott empfangen, nicht von Juden segnen zu lassen, damit sie nicht unsere Segnungen unwirksam und kraftlos machen. Wer gegen das Verbot handelt, soll ganz aus der Kirche verstoßen werden".
Kanon 50 (Mansi 2,14): „Wenn ein Kleriker oder Gläubiger mit Juden speist, soll er wegen der Notwendigkeit, auf den rechten Weg zurückgebracht zu werden, suspendiert sein".
Kanon 78 (Mansi 2,18): „Wenn ein verheirateter Gläubiger sich mit einer Jüdin oder heidnischen Frau eingelassen hat, soll er exkommuniziert sein. Wenn nun (er nicht selbst bekannt hat, sondern) ein anderer sein Verhalten aufgedeckt hat, wird er (erst) nach 5 Jahren und nach gehöriger Buße wieder zum Tisch des Herrn zugelassen".

Hier sind die Mauern erbaut! Hier wird auch die Grundlage gelegt, auf der im Mittelalter und in der Neuzeit weitere judenfeindliche Maßnahmen getroffen werden konnten!

3.3.2. Beziehung von Positionen auf jüdischer Seite

Das rabbinische Judentum schlug einen ähnlichen religionsstrategischen Weg ein wie das frühe Christentum. Die Rabbinen grenzten sich zunächst unerbittlich gegen Abweichler und Verweigerer der neuen Richtung ab, also gegen Mînîm, Ketzer, Häretiker und unbewegliche Traditionalisten. Etwa gleichzeitig – d. h. im Gefolge der Tempelzerstörung – grenzte sich das rabbinische Judentum auch gegen das „frevelhafte Reich" Rom ab. Weil diese Frevelmacht den Tempel zerstört und Jerusalem und Judaea verwüstet hatte, erhielt es im 2./3. Jh. den Typus-Namen „Edom". Kennzeichnend ist bPes 118b, wo Ps 117,1.im Zusammenhang mit der Pesachfeier gedeutet wird: ‚Lobet den Herrn, alle Völker!' Die Gemara macht dazu folgende Bemerkungen:

> „Dereinst (ᶜaṯîda) wird Ägypten dem Messias ein Geschenk bringen. Er aber wird es nicht annehmen. Dann wird der Heilige, gelobt sei er, zum Messias sagen: Nimm es von ihnen an; meine Kinder waren ja in Ägypten zu Gast!…Dies wird Kusch mit einem qal wachomer-Schluß auf sich beziehen: Wenn dies für Ägypten gilt, das Israel unterdrückt hat, dann umso mehr für mich, der ich Israel nicht versklavt habe!' Dies wird dann bestätigt: Die Kuschiten werden akzeptiert…„Dann wird das frevlerische Reich Roms dies ebenfalls mit einem qal wachomer-Schluß auf sich beziehen wollen: Wenn das für jene gilt, die nicht ihre Brüder sind, um wieviel mehr für uns, die wir ihre Brüder sind! Dann wird der Heilige, gelobt sei er, zu Gabriel sprechen: ‚Schrei das Tier des Rohres an' (Ps 68,31). Schrei das Tier an und erwirb[55] dir eine Gemeinde. Eine andere Auslegung: ‚Schrei das Tier des Rohres an', das zwischen Rohren wohnt. Es steht ja geschrieben: ‚Das Schwein aus dem Wald benagt ihn, und was sich auf dem Feld regt, frißt ihn ab' (Ps 80,14). Rabbi Chiya bar Abba sagte im Namen des Rabbi Jochanan: ‚Schrei das Tier an', denn alle seine Taten sind mit einem Schreibgriffel aufgeschrieben worden: ‚Die Gemeinde der Mächtigen mit den Kälbern der Völker' (Ps 68,31). Ihre Mächtigen schlachteten (alle) wie herrenlose Kälber… "

Nicht alle Weltvölker sind also so schlecht, daß sie in der messianischen Zeit verworfen werden müßten. Sogar für das unterdrückerische Ägypten gibt

---

55 Es handelt sich um ein Wortspiel zwischen dem Nomen qane: Rohr, Meß-Stab, und dem Verbum qana: erwerben. Dahinter steckt die strikte Aufforderung zur Aufkündigung jeglicher Verbindungen zwischen dem Reich des vierten Tieres (= Rom) und der jüdischen Volks- und Gottesdienstgemeinde.

es noch Hoffnung auf endgültige Rettung. Die Kuschiten können mit noch mehr Grund auf eine endgültige Zusammenführung mit Israel hoffen. Unerbittlich aber ist die Ablehnung des heidnischen Rom, dieses Reiches der Frevelhaftigkeit.[56] Bezeichnenderweise rühmt sich Rom, der Bruder Israels bzw. Jakobs zu sein. Rom ist also Esau/Edom. Damit werden sogleich zwei äußerst negative Assoziationen verbunden: Rom ist das vierte Tier, das scheußliche Endzeittier, das laut Dan 7,11 nach dem Endgericht vernichtet werden wird. Weil dieses Rom-Tier laut Dan 7,7 alles frißt, zermalmt und zertritt, wird es mit Hilfe von Ps 80,13 als Schwein gedeutet. Edom/Rom ist ein äußerst gefährliches Schwein, das am Ende der Tage dem Feuer verfallen wird. Diese Zitatenverbindung kommt auch andernorts vor. In den entsprechenden Parallel-Texten – BerR 65,1 und WaR 13,5 – wird dazu noch Gen 26,34 beigezogen: ,Als Esau 40jährig war, nahm er sich die Jehudit, die Tochter des Hethiters Beeri, und Basemat, die Tochter des Hethiters Elon zu Frauen'. Nach der Schilderung der Gefräßigkeit des Edom-Schweines wird ein zusätzlicher judenfeindlicher Zug Esaus/Edoms dargestellt: Die perverse Heuchelei. So wie Esau eine Hethiterin zur Frau genommen habe, die zur Täuschung den Namen Jehudit/Jüdin getragen habe, so sei auch Rom/ Edom auf hinterhältige Täuschung aus:

> „Weshalb wird das vierte Tier mit dem Schwein verglichen? Wie das Schwein, wenn es sich lagert, seine Klauen vorstreckt, um gleichsam zu sagen: Seht ich bin rein[57], so das Reich der Bosheit: Es raubt und erpreßt; und es tut so, wie wenn es auf einem Pult einen Vortrag halten wollte" (Text nach BerR 65,1).

Hier ist nicht mehr das heidnische, sondern bereits das christliche Rom gemeint. Das Christentum ist nun Edom! Dem Vergleich mit dem Schwein sind wir auf christlicher Seite bereits bei Johannes Chrysostomus begegnet. Die Feindschaftsmotive wurden also im 4. Jh. n. zwischen Judentum und Christentum hin und her geschoben. Auf der einen Seite steht nach rabbinischer Auffassung das Reich Edom mit lauter negativen Konnotationen und mit der unabweisbaren Aussicht auf Verwerfung und Vernichtung da[58].

---

[56] Zur Einstellung der Rabbinen zum römischen Reich und ihren Machtrepräsentanten vgl. bes. Stemberger, Die römische Herrschaft; Frohnhofen, Christlicher Antijudaismus; Maier, Geschichte des Judentums im Altertum; Schäfer, Geschichte der Juden in der Antike.

[57] Zuvor wird Num 11,7 beigezogen: „Ihr sollt das Schwein für unrein halten, weil es zwar gespaltene Klauen hat und Paarzeher ist, aber nicht wiederkäut."

[58] Zur Judensau, diesem äußerst despektierlichen mittelalterlichen Feindschaftsmotiv gegen die Juden vgl. Isaiah Shachar, The ,Judensau'.

Es gibt aber andere Weltvölker, die teilweise auf endzeitliches Erbarmen hoffen können. Edomitische Judenfeindschaft und edomitische Götzendienerei werden von den Rabbinen als exemplarische Zwillingsübel betrachtet, von denen alle Weltvölker angekränkelt sind. So geraten alle Weltvölker in den Sog Edoms, bzw. Edom wird als Feindbild universalisiert. Feindschaft, Unterdrückung, Verfolgung, Schändung jüdisch-religiöser Institutionen und Götzendienst werden mehr und mehr als Kennzeichen vieler oder gar aller nichtjüdischen Mächte vermutet. Gänzlich, eindeutig und für alle Ewigkeit abgeschrieben wird aber nur das als Endreich des Bösen aufgefaßte römische Universalreich, das seine Macht gerade jetzt in rabbinischer Zeit gegen das jüdische Volk ausspielt.

Vermutlich gaben einzelne Rabbinen den nichtjüdischen Völkern und Gruppen bei ihren täglichen Kontakten bessere Prognosen, als dies die Gleichnisse auf literarisch-homiletischer Ebene tun. Vermutlich hat auch das ziemlich geschlossene Milieu der Synagogen und der Midraschräume zu pauschalen Verwerfungsurteilen geführt. Man war ganz unter sich und konnte seinen polemischen Neigungen ungefährdet nachgehen. Der Eindruck bleibt bestehen, daß das palästinisch-rabbinische Judentum der amoräischen Zeit sich von fast jeglicher Besorgnis um das Wohl der Nichtjuden gelöst hat. Es fühlte sich für die Weltvölker nicht verantwortlich, hatte keine richtige Angst vor Aufpassern der Regierung und zeichnete das heidnische Rom als dunkle Folie der Feindschaft und der Verderbnis.

Gleichnisse waren für die Rabbinen willkommene Vehikel ihres heils- und unheilsgeschichtlichen Denkens. Ihre Häufigkeit weist darauf hin, daß dieses Denken beliebt war, und daß es sich auf festgefügten ideologischen Bahnen vollzog. Das rabbinische Judentum des 3./4. Jh.n.Chr. durchlebte eine Periode relativer geistig-religiöser Ruhe. Selbst das „vierte Tier" schlief zeitweilig und bemerkte die gegen es ausgestoßenen Verwünschungen nicht.

Es ging den Rabbinen aber nicht nur um Verwünschungen und Verurteilungen. Sie machten die Erfahrung, daß die Nichtjuden nicht lauter mächtige Judenfeinde waren. Es gab nichtjüdische Nachbarn, an denen kein Falsch war. Diese durften nicht mit dem „vierten Tier" in Zusammenhang gebracht werden. *Halakhisch* mußte klar werden, wie diese Menschen zu beurteilen waren. Aber auch *theologische* Wertungen waren gefragt.

In *Sifra*, dem ältesten rabbinischen Midrasch-Werk, heißt es in einer Ausdeutung von Lev 18,5: ‚Ihr sollt meine Satzungen und Vorschriften beachten; der Mensch, der sie tut, wird durch sie leben'.

„Dazu pflegte Rabbi Jirmja zu sagen: Woher weißt du, daß sogar ein Nichtjude, der die Tora tut, wie ein Hoherpriester ist? Es steht nämlich nicht geschrieben: Die Priester, Leviten und Israeliten, die sie tun! Vielmehr: ‚Der Mensch, der sie tut'. Es steht auch nicht geschrieben: „Das ist die Tora der Priester, Leviten und Israeliten!" Vielmehr: ‚Das ist die Tora des Menschen, dessen Gott der Ewige ist' (2 Sam 7,19). Es steht auch nicht geschrieben: Öffnet die Tore, damit die Priester, Leviten und Israeliten eintreten! Vielmehr: ‚Öffnet die Tore, damit ein gerechter Nichtjude (goy zaddiq) eintrete' (Jes 26,2). Es steht ferner nicht geschrieben: Das ist das Tor zum Ewigen: Priester, Leviten und Israeliten werden durch es eintreten! Vielmehr: ‚Das ist das Tor zum Ewigen: Gerechte werden durch es eintreten' (Ps 118,20). Es steht ferner nicht geschrieben: Ihr Priester, Leviten und Israeliten: jubelt vor dem Ewigen! Vielmehr: ‚Ihr Gerechten (zaddiqim): jubelt vor dem Ewigen!' (Ps 33,1). Es steht ferner nicht geschrieben: Du Ewiger, tue Gutes den Priestern, Leviten und Israeliten! Vielmehr: ‚Du Ewiger, tue Gutes den Guten!' (Ps 125,4). Also: Sogar ein Nichtjude, der die Tora tut, ist wie ein Hoherpriester".

Hier wird mit scharfsinniger Schriftgelehrsamkeit von einer Klerikalisierung des Volkes Gottes gewarnt. Aber auch dem Volke Gottes als Ganzem sei kein exklusiver Eintritt in den Himmel gewährleistet. Alle Menschen, die sich um Gerechtigkeit bemühen und gottesfürchtig sind, nehmen teil an der Würde der Mitglieder des Volkes Gottes. Auch der Hohepriester verdient keinen Vorzug gegenüber irgend einem Nichtjuden, der „die Tora tut". Dies erinnert an paulinische Formulierungen: z. B. Röm 1,16f!

Ähnlich weltoffen gibt sich ein Abschnitt in der Mekhilta, dem tannaitischen Midraschwerk zum Buche Exodus. Im Anschluß an Ex 22,20 („Den Fremdling sollst du nicht bedrängen, denn Fremdlinge wart ihr... wird in MekhY (S. 312) gesagt:

„Und ebenso findest du es (scil. daß die Fremdlinge von Gott geliebt sind) bei den vier Gruppen, welche zu dem, der da sprach und damit die Welt erschuf, preisend sprechen: ‚Dem Herrn gehöre ich'. Es heißt nämlich: ‚Der eine wird dann sagen: Dem Herrn gehöre ich. Der andere wird im Namen Jakobs rufen. Ein dritter wird auf seine Hand schreiben: Dem Herrn! Und (ein vierter) wird sich den Beinamen Israel geben' (Jes 44,5). ‚Der eine wird dann sagen: Dem Herrn gehöre ich' und nicht möge sich mit mir eine Sünde vermengen (gemeint sind hier die gesetzestreuen Juden). ‚Der andere wird im Namen Jakobs rufen', das sind die Fremdlinge der Gerechtigkeit (gere zedeq). ‚Ein dritter wird auf seine Hand schreiben: Dem Herrn', das sind jene, die Buße tun. ‚Und (ein vierter) wird sich den Beinamen Israel geben', das sind die Gottesfürchtigen".

Zwei Dinge an diesem Midrasch sind besonders beachtenswert. Zunächst wendet er einen ursprünglich zukünftig, vielleicht sogar eschatologisch gemeinten Bibeltext auf die damalige Gegenwart an. Noch wichtiger aber ist, daß hier eine Terminologie vorliegt, die später nicht mehr (auch in den benachbarten midraschischen Ausführungen nicht mehr) vorkommt. In diesem Abschnitt wird zwischen Proselyten (gere zedeq) und Gottesfürchtigen (yir ê schamayîm) unterschieden. Im übrigen rabbinischen Schrifttum wird unter „ger" meistens der angehende Proselyt verstanden. *Hier aber ist der Gottesfürchtige kein Proselyt, sondern ein Mensch, der sich den Beinamen Israel gibt, obwohl er kein Jude ist.* Mit einiger Vorsicht kann man daher sagen, im 2./3. Jh. n. Chr. sei in jüdischen Lehrhäusern unter anderem die Auffassung vertreten worden, *auch Nichtjuden,* die sich nicht beschneiden lassen wollen, die jedoch den Gott Israels verehren, seien heilsgeschichtlich relevant, *könnten* also den *Beinamen Israel führen.* Dieser Midrasch ist auf dem Hintergrund der zahlreichen frommen, nichtjüdischen Sympathisanten des ersten vor- und nachchristlichen Jahrhunderts zu verstehen. Diese lebten weitgehend nach den jüdischen Gesetzen, ohne den eigentlichen Akt der Konversion, der bei den männlichen Personen durch die Beschneidung besiegelt wurde, zu vollziehen. Halakhisch fanden diese Wertschätzungen in den sogenannten noachitischen Geboten ihren Niederschlag (vgl. tAZ 8,4–6; yAZ 2/40c; bAZ 64b; bSan 56b-57a; BerR 16, zu Gen 2,17; Act 15,19–21).

Unter den noachitischen Geboten werden bestimmte Beschränkungen verstanden, die für die nichtjüdischen Nachkommen Noachs, d.h. für die ganze außerisraelitische Menschheit verbindlich sind. Damit sollte ein gesetzlicher Rahmen abgesteckt werden, nach welchem auch Nichtjuden vor Gott bestehen können. Sie sind ja nach dem Glauben Israels nicht zum Leben nach dem Gesetz verpflichtet. Es handelt sich insgesamt um sechs Verbote und um ein Gebot: 1. Verbot des Götzendienstes. 2. Verbot der Gotteslästerung. 3. Verbot des Blutvergießens (d.h. der ungerechten Tötung eines Menschen). 4. Verbot der Unzucht (geschlechtliche Perversion, besonders Sodomie). 5. Verbot des Raubens von Menschen und Sachwerten. 6. Verbot, ein Stück von einem lebenden Tier zu essen (also Tierschutz). Noachiten werden im rabbinischen Schrifttum auch als „Beisassproselyten" oder als „Fromme der Weltvölker" umschrieben (z.B. bAZ 64b). Die sieben noachitischen Gebote haben eine lange Geschichte, die weit in die vorchristliche Zeit zurückreicht. Teilweise wurden sie als verkürzter Dekalog oder als Zusammenstellung von Todsünden aufgefaßt: Welche Gebote sind die wichtigsten und für alle Menschen verpflichtend? Welche Verbote sind unter allen Umständen zu vermeiden? In Qumran haben wir Spuren von solchen Diskussionen (vgl. CD 4,13–19). Die in der zweiten Hälfte des ersten Jahrhunderts n. Chr. verfaßte Didache (Did 3,1–6) ist ein weiteres Zeugnis dafür:

„Mein Sohn, fliehe vor allem Bösen und vor allem, was ihm ähnlich ist. Werde nicht zornig, denn der Zorn führt zum Mord... Werde nicht lüstern, denn die Lüsternheit führt zur Unzucht... Werde kein Vogelschauer, denn dies führt zum Götzendienst... Werde kein Lügner, denn die Lüge führt zum Raub... Werde nicht mürrisch, denn dies führt zur Gotteslästerung... ".

Mord, Unzucht und Götzendienst sind nach rabbinischer Tradition die drei Todsünden, die vom Himmelreich ausschließen. Es geht aber nicht nur darum, die schweren Sünden zu meiden. Vielmehr muß den Anfängen gewehrt werden. Diese Übel beginnen schon vor ihren Ausführungen in den Gedanken der Menschen. Das Bemühen der Rabbinen und ihrer Vorfahren um eine positive Wertung der Menschen guten Willens führte zu einer größeren Sensibilität in ethischen Fragen und erwies sich mit der Zeit auch als Basis für religiöse Gespräche mit dem Christentum. Auch auf christlicher Seite waren ähnliche Bemühungen im Gange.

4. Mittelalterlicher Judenhaß

Augustinus von Hippo (354–430) war der wichtigste Vordenker für die mittelalterliche Sicht des Judentums[59]. Nach seinem Tractatus adversus Judaeos sind die Juden blinde Bücherträger, d.h. unverständige Bezeuger der Wahrheit des Christentums. Sie seien daher in gedemütigter Stellung zu dulden und nicht etwa auszurotten. In Tr. adv. Jud. 7,9 redet Augustinus die Juden so an:

„Ihr vergeßt das Gesetz nicht, sondern tragt es überall hin, den Völkern zum Zeugnis, euch zur Schmach, und ohne es zu verstehen, reicht ihr es dem Volk, das von Sonnenaufgang bis Sonnenuntergang (Ps 107,3) berufen ist!... Eure Blindheit ist so groß, daß ihr es nicht seht, oder eure Schamlosigkeit ist so groß, daß ihr es nicht wahr haben wollt"[60].

Diese augustinische Sicht blieb im Mittelalter vor allem in Theologie-Kreisen dominant. Aber bei näherem Zusehen stellen wir doch fest, daß die Vorstellungsbilder und Verhaltensweisen im Mittelalter oft schlagartig vom Wohlwollen zum Haß und zu verschiedenen Zwischenpositionen wechselten.

---

[59] Zur ganzen Geschichte des Antijudaismus vgl. beide Bände von Schreckenberg, Adversus Judaeos-Texte.

[60] PL 57; zit. nach Rengstorf/Kortzfleisch, Kirche und Synagoge I 94.

In einer Predigt auf dem Konzil von Clermont im Herbst 1095 rief Papst Urban II zum Kreuzzug auf. Nach seiner Vorstellung – die uns inhaltlich durch Guibert von Nogent (1055–1125), einen gebildeten Mönch, überliefert ist (niedergeschrieben 1108)[61] –, sollte der Kreuzzug eine Formation heiliger Soldaten Christi im Auftrag des Stuhles Petri sein. Die Kreuzritter sollten das vom wahnsinnigen Kalifen Al-Hakim kurz zuvor zerstörte Grab Christi aus der Gewalt der Heiden (= der Muslime) befreien. Hier können die Umstände und Beweggründe des Papstes nicht näher auseinandergefaltet werden[62]. Es ist aber auffallend, daß in der ganzen Papstrede keine Antijudaismen, ja nicht einmal Judenbekehrungsmotive aufscheinen. Es finden sich darin z. B. die erstaunlichen Sätze:

„Nehmen wir an, Christus sei nie in Jerusalem gestorben, sei nie dort begraben worden und hätte nie gelebt. Selbst dann, wenn das alles nicht geschehen wäre, müßte euch die Tatsache allein, daß das Gesetz aus Zion hervorgegangen ist und das Wort des Herrn aus Jerusalem (Jes 2,3), dazu treiben, diesem Land und dieser Stadt zu Hilfe zu eilen. Wenn in der Tat Jerusalem die Quelle ist, von der aus all das, was Bezug auf die Predigt Christi hat, ausgeströmt ist, dann müssen die über die ganze Erde zerstreuten Bäche zusammenströmen in die Herzen aller Christen, auf daß sie aufmerksam werden auf all das, was sie dieser unerschöpflichen Quelle verdanken…"

Urban II fordert nicht zur Bekehrung der Juden auf, obwohl sich dieses Motiv leicht in seine Ausführungen über den bald zu erwartenden Antichristen hätte einschleichen können. Unausgesprochen fühlt er sich in Übereinstimmung mit damaligen jüdischen Vorstellungen und Erwartungen.

Die Kreuzzugsidee wurde dann aber ziemlich von Anfang an antijüdisch pervertiert. Die Absichten der Pervertierer waren nicht christlicher Natur, auch wenn sie eine extrem christliche Sprache im Munde führten. Schon 1096 wurden Juden in deutschen Städten des Rheinlandes (bes. Mainz, Speyer und Worms) von judenfeindlichen, sich betont christlich-aggressiv gebenden Horden belagert, beraubt und umgebracht. Obwohl die ca. 1140 verfaßte jüdische Chronik des Salomon bar Schimʿon nicht einfach ein geschichtlicher Bericht sein will, geben die am Anfang stehenden Sätze die historische Situation rund um bestimmte kirchlich und staatlich unkontrollierte Kreuzzugsbanden einigermaßen exakt wieder, wenn man von den begreiflichen antichristlichen Ausfällen absieht.

---

[61] vgl. Guibert von Nogent, Historia quae dicitur Gesta Dei per Francos, Historiens Occidentaux (Hocc) Bd.4, p. 113–264.

[62] Dazu u.a. Hans Liebeschütz, Synagoge und Ecclesia, 95–134; Riley Smith Jonathan, Die Kreuzzüge, TRE 20 (1990) 1–10 (Lit.).

„Als diese Banden ihren Weg durch die Städte nahmen, in welchen Juden wohnten,
sagten sie zueinander: Siehe, wir wandern auf einem weiten Weg, um das Haus der
Unreinheit (hat-tarpût) zu suchen und um Rache an den Ismaeliten zu nehmen. Und
siehe die Juden wohnen mitten unter uns; ihre Väter haben ihn getötet und sinnlos
(chinnam) gekreuzigt. Laßt uns zuerst Rache an ihnen nehmen, ,laßt uns sie ver-
nichten, sodaß sie kein Volk mehr sind und der Name Israels keine Erinnerung mehr
hat' (Ps 83,5) – oder sie sollen sein wie wir und den Sohn der Unzucht (zîmma)
preisen "[63].

Der von Salomon ben Schim^{c}on als „Hasser aller Juden" (zôrer kol hay-ye-
hudîm) bezeichnete Graf Emicho von Leiningen[64] sammelte – wie viele
andere Abenteurer – eine bedrohliche Anzahl von Kriegern um sich. Er
hatte es offenbar auf die Juden von Mainz abgesehen, weil es ihm um jüdisches Geld zur Finanzierung seines wahnwitzigen Kriegszuges ging. Dabei
drückte er sich besonders kraß judenfeindlich aus. Christus sei ihm erschienen und habe ihm ein Zeichen ins Fleisch eingeprägt. Er habe ihm auch
verheißen, ihn mit dem Diadem des Königtums zu krönen und ihm den
Sieg über alle Feinde zu verleihen. Vermutlich wollte sich Emicho seinen
wenig gebildeten Anhängern als endzeitlicher Kaiser, der den Antichrist
bändigen werde, darstellen[65]. Über Emichos Wüten gegen die Juden von
Mainz schreibt Salomon bar Schim^{c}on:

„Er zeigte kein Mitleid gegen die Alten, Jungfrauen, Kinder, Säuglinge und Kranke.
Er machte das Volk des Ewigen wie Staub zum Zertreten. Seine blühenden Männer
tötete er mit dem Schwert, und die schwangeren Frauen schlitzte er auf. Zwei Tage
lang lagerten sie außerhalb der Stadt[66].

Salomon ben Schim^{c}on stimmt mit entsprechenden christlichen Quellen
darin überein, daß der damalige Erzbischof Ruthart von Mainz sich der

---

[63] Habermann, Sefer gezerôt 24, Zur sekundärliterarischen Bearbeitung der jüdischen
Quellen über die Kreuzzugszeit vgl. bes. Chazan, European Jewry.

[64] Zu ihm und seiner Einordnung unter die christlichen Antisemiten vgl. G.I. Lang-
muir, From Ambrose of Milan to Emicho of Leiningen, in: Gli ebrei nell' alto me-
dioevo, Spoleto 1980, Settimane di studio del centro italiano di studi sull' alto me-
dioevo 26, Bd 1, 313–368.

[65] Zu damaligen Vorstellungen über den endzeitlichen Kaiser und den Antichrist
vgl.u.a. D. Verhelst (ed.), Adso Dervensis, De ortu et tempore Antichristi, Corpus
Christianorum Continuatio Mediaevalis 45, Turholt 1976, bes. 22–30; Kedar/Mayer,
Outremer, bes. 41–63; Schayyan Silvia, Tenû^{c}at masa^{c}ê haẓ ẓelav ketenû^{c}a meschi-
chît, in Baras, Messianism 177–189.

[66] Habermann, Sefer gezerôt 29

Juden annahm gegen Emicho und seine Banden. Die Mordlust der Judenfeinde war christlich nicht zu rechtfertigen.

Obwohl also die Kreuzzugsidee von den kirchlichen Führern nicht mit
Judenfeindschaft in Zusammenhang gebracht wurde, brach diese ideologische Pervertierung des Christentums doch von Anfang an in Deutschland,
Frankreich, Ungarn und andernorts aus. Die Kreuzzüge entpuppten sich im
Verlaufe der Zeit immer deutlicher auch als eine Bewegung, die in die Judenfeindschaft einmündete und sie verstärkte. Besonders ab dem 12. Jh.
schwoll die judenfeindliche Stimmung im Christentum bedrohlich an. Sie
breitete sich in der Theologie und im Volk aus, das von schweren wirtschaftlichen, sozialen und gesundheitlichen Depressionen heimgesucht wurde
und in den Juden die dafür Verantwortlichen gefunden zu haben glaubte.
Die Zwangsdisputationen mit den Juden (bes. 1270), die Vertreibung der
Juden aus Spanien 1492 und aus Portugal 1496/97, die Reformation und
Gegenreformation im 16./17.Jh. und die Säkularisierung im 18./19. Jh. be-
deuteten weitere Stationen des sich wandelnden und verstärkenden Judenhasses. All das muß hier beiseite gelassen werden. Der Faden wird erst
wieder beim Holocaust aufgenommen.

VII. Die Apokalyptiker:
In den Wehen vor der Geburt

1. Vorläufige Umschreibungen

Apokalyptisch läßt sich nicht befriedigend von apokalypis (Apk 1,1), Enthüllung verborgener Dinge aus der göttlichen Welt her, erklären. Apokalyptik ist kein Enthüllungssystem. Vielmehr ist eine in Judentum, Christentum und anderwärts beheimatete und sich immer wieder Geltung verschaffende Weltanschauung gemeint, in der starke subjektive Betroffenheiten über den aktuellen Zustand Israels mitschwingen. Die Weltanschauung schließt folgende Hauptpunkte in sich ein:

1. Der Apokalyptiker bedenkt seine Gegenwart, seine Existenz und seinen Lebenssinn ganz vom bald erwarteten Ende der Geschichte her und auf dieses Ende hin. Er weiß, daß das Reich Gottes am Anbrechen ist. Apokalyptik ist demnach eine „vehemente Eschatologisierung des Verständnisses der eigenen Geschichte"[1]. Der apokalyptisch gestimmte Mensch lebt in einer Nebellandschaft, die noch als letzte Strecke zu durchwandern ist, bevor das strahlende Sonnenlicht auf den Gipfeln der Geschichte erreicht wird. Oder: Er steht vor der Schwelle, die zum Ort der Freiheit und der Herrlichkeit führt, und er sieht bereits indirektes Licht, das aus den unendlichen Räumen der göttlichen Welt herauskommt.

2. Mit Apokalyptik ist auch eine radikale *Transzendierung* des Erwählungsbewußtseins verbunden. Der Apokalyptiker lebt mitten in einer verdorbenen, von Abfall und Verfinsterung geprägten Umgebung und weiß sich trotz seiner Unwürdigkeit und Gebrechlichkeit als der Erdhaftigkeit und der verderbten Geschichtsstunde innerlich entrißen und mit der himmlischen Erwählungsgemeinschaft verbunden. Er steht mysterial auf der Ebene der Himmelsbewohner.

3. Der Apokalyptiker besitzt ein den übrigen Zeitgenoßen vorenthalte-

---

[1] Karlheinz Müller, Die Ansätze der Apokalyptik, in: Maier / Schreiner, Literatur und Religion des Frühjudentums, 31–42, zit. 32, vgl. Ders, Die jüdische Apokalyptik, Anfänge und Merkmale, TRE 3 (1978) 202–251.

nes geheimes Wissen (Esoterik) über das Einwirken der himmlischen Welt in die irdische, sowie über die gerade ablaufende Stunde der Geschichte bzw. Endgeschichte. Er wird daher auch von schrecklichsten Nachrichten und Ereignissen nicht in Starre oder Depression versetzt, sondern kann betend, wartend oder kämpfend den Gesetzen Gottes dienen.

2. Die zwei gebärenden „Frauen" in der qumranischen Hymnenrolle

In 1QH 3,7–18 ist von zwei Frauen die Rede, die unter schlimmen Wehen einen Sohn gebären sollen. Es handelt sich dabei um ein metaphorisches Bild, in das das Bild eines in höchster Seenot befindlichen Schiffes samt Mannschaft hineingeschachtelt wird. Daraus entsteht eine äußerst bizarres, expressionistisches Sprachganzes, das durch und durch apokalyptisch ist.

„... (7)Ich war in Bedrängnis wie eine Frau, die ihren Erstgeborenen gebären soll. Ihre Wehen kommen schnell, und bitterer Schmerz ist über ihrem Muttermund, Beben hervorzurufen im Schoß der Schwangeren. Denn Söhne kommen zum Ort der Krampfwellen des Todes. (9)Die mit einem Männlichen Schwangere leidet Pein in ihren Wehen. Denn unter Krampfwellen des Todes bringt sie ein männliches Wesen zur Rettung (tamlît), und unter Wehen der Unterwelt (bechevlê scheʾôl) bricht aus dem Schoß der Schwangeren ein wunderbarer Ratgeber mit seiner Heldenkraft hervor, und ein Mann entrinnt aus Krampfwellen. In der mit ihm Schwangeren beschleunigen sich alle (11) Krampfwellen. Wehen der Bitterkeit sind auch bei den Gebärenden, und Beben packt die mit ihnen Schwangeren. Bei ihren Gebärenden brechen alle Wehen (12) im Schoß der Schwangeren los. Und auch die mit Wahn (ʾefʿe) Schwangere gerät in bitteren Schmerz, und Krampfwellen der Grube führen zu allerlei Werken des Bebens. Und es zerbrechen (13)Mauerfundamente wie ein Schiff auf dem Wasser, und Wolken brausen mit lautem Schall. Und die im Staub Wohnenden (14) sind wie Seefahrer, die vor dem Tosen des Wassers er(schrecken). Und ihre Weisen sind wie Schiffer auf Meerestiefen. Denn erwürgt wird alle ihre Weisheit vom tosenden Meer, wenn Urfluten emporschäumen und die Wasserquellen zu hohen Wellen (emporge)worfen und für alle Pfeile der Grube geöffnet werden. (17)Zusammen mit ihrem Fortschreiten zu den Meeresschleusen lassen sie ihren Schall hören. Und die Tore der (Unterwelt) werden (für alle) Taten des Wahns geöffnet. (18)Und die Tore der Grube werden hinter der mit Unheil Schwangeren geschloßen. Und Riegel gibt es für alle Geister des Wahns"[2].

---

[2] Textbasis für diese Übersetzung sind: Jakob Licht, Megîllat ha-hôdayôt mim-megîllot midbar yehûda, Jerusalem 1957; Lohse, Die Texte von Qumran.

Diese verschlüßelte Erzählung hat folgende Gliederung. Von der siebten bis zum Anfang der elften Zeile wird von einer Frau geredet, deren Geburtswehen und Gebären ein Bild für die schwere Bedrängnis eines Ichs sind. Das Ziel der Wehen wird erreicht: der erstgeborene Sohn kommt zur Welt. In den Zeilen 11 und 12 wird auf Leute hingewiesen, die offenbar in einer Art nachahmender Gestik auch so etwas praktizieren wie das metaphorische Gebären. Es wird aber nicht von einem Extra-Sohn dieser Anhänger geredet. In den Zeilen 12 und 13 ist von einer Gegenfrau die Rede, die unter einer Scheinschwangerschaft leidet. Aber statt daß ein Sohn ins Leben gerettet wird, gerät die Frau in den Untergang hinein. Ab Zeile 13 wird deutlich, daß auch sie Gefolgsleute hat, die mit ihr in den tiefsten Tiefen des Meeres ertrinken und ersticken. Die Deutung von all dem scheint möglich zu sein. Die Zeilen 9 und 10 knüpfen an Jes 9,5f an: ‚Ein Kind ist uns geboren, ein Sohn ist und geschenkt ... Und sein Name wird sein: Wunderbarer Ratgeber, starker Gott, Vater für immer, Friedensfürst'. Dies begünstigt eine messianische Interpretation unseres Textes. Die Namen des Kindes werden jedoch in 1QH 3,9f zurückhaltender genannt, als in Jes 9,5f: „Mann (gever), Männlicher (zakhar), wunderbarer Ratgeber mit seiner Heldenkraft". Die schlußendlich glückliche Geburt wird äußerst dramatisch von der Zeit der Wehen abgehoben und mit „zur Rettung gelangen" (tamlît: Z.9) oder „den Krampfwellen entrinnen" (plt: nif. Z. 10) umschrieben. Zu einer ersten Urteilsbildung kann ein Satz von John Pryke verhelfen: "The eschatology of the scrolls is often Messianic by inference"[3] 1QH 3,7–18 ist einer jener Texte, die den größeren endzeitlichen Zusammenhang betreffen, in dem ein Messias irgendwo seinen Platz hat oder haben kann. Bei den beiden Frauen geht es nicht um die Messiasmutter und die Antimessiasmutter. Es geht vielmehr um eine Gestalt, mit einer Gemeinde, die in großer Not ist und vor der nahen Rettung steht. Dieser Gemeinde gegenüber steht eine Gegengemeinde mit einem Gegen-Führer. Die eine Gruppe steht unmittelbar vor dem endgültigen Heilsereignis. Die andere Gruppe, die auch leidet, geht hingegen dem Unheil entgegen. Sie erhält nicht einmal einen Antimessias. Die den Sohn gebärende Frau ist der Führer der Gemeinde, also der Lehrer der Gerechtigkeit oder ein Nachfolger von ihm. Mit der Frau mit der Scheinschwangerschaft sind der Frevelpriester und seine jerusalemische Clique gemeint. Nach Auffassung des Verfas-

---

[3] Eschatology in the Dead Sea Scrolls, in: Black, The Scrolls and Christianity, 45–57, zit. 51; vgl. auch Helmer Ringgren, Der Weltenbrand in den Hodayot, in: Bibel und Qumran, FS. Hans Bardtke, Berlin 1968, 177–182.

sers der Hymnenrolle befinden sich Freund und Feind in einer Situation der
Wehen, d. h. der Endnot, auf die baldige Rettung oder baldiger Untergang,
folgen wird. Wir haben in 1QH ein sehr kompaktes apokalyptisches Denken
vor uns. Nicht immer tritt es in dieser Wucht düsteren Farbigkeit und Geschlossenheit auf.

3. Die Zehnwochenapokalypse

Als historisch und theologisch exemplarische Apokalypse kann die aus der
ersten Phase des Makkabäeraufstandes (167/166 v.) stammende „Zehnwochenapokalypse (10WoA) gelten (äthHen 93,1–10; 91, 11–17)[4]. Es handelt
sich um eine von Henoch (vgl. Gen 5,21–24) fiktiv-visionär erzählte Geschichte. Sie beginnt in seinen Tagen und dauert durch zehn Perioden hindurch bis zum Ende der Geschichte und bis zur Neuschöpfung des Himmels, in dem dann ewiges Glück der wahrhaft Erwählten sein wird. Nach
dem Henochschen zehngliedrigen Geschichtsschema lösen einander im
Verlaufe der Geschichte gerechte und frevlerische Geschlechter ab. Die
Frevler sind scheinbar stets am Triumphieren. Der Einsichtige aber weiß,
daß die Endzeit jetzt, zur Zeit des Aufstandes der Makkabäer und der Aktivität der Asidäer, am Anbrechen ist und daß alles auf Gericht und Neuordnung hinausläuft. Am Ende der siebten Weltwoche – zur Zeit der Abfassung der Zehnwochenapokalypse – werden nach äthHen 93,10f „alle
Bezeuger der Gerechtigkeit erwählt, um siebenfache Weisheit und Wissen
über seine ganze Schöpfung zu erhalten. In ihr werden die Menschen der
Gewalt und die Verehrer der Lüge ausgerissen, und es findet ein Gericht
statt". Laut 91,12 ist die achte Woche „die Woche der inneren Wahrhaftigkeit. Da wird allen Wahrhaftigen ein Schwert verliehen, damit ein wahr-
haftiges Gericht über alle Frevler, die ihren Händen übergeben werden,
stattfinden kann".

Die zitierten Verse spielen auf die makkabäische Erhebung, und vielleicht
speziell auf die Rolle der Asidäer an (vgl. 1 Makk 2,42–44; 7,14–18). Diese
eschatologisch gestimmten frommen Kämpfer gegen die schleichende Verfälschung des Volkes Gottes durch heidnische Invasoren, jüdische Hellenisten und jüdische Verfälscher des Tempelkultes, werden vom Verfasser der

---

4   Vgl. Dexinger, Henochs Zehnwochenapokalypse; Beyer, Die aramäischen Texte,
    247–249. Übersetzung: Siegbert Uhlig, Das äthiopische Henochbuch JSHRZ V 6,
    Gütersloh 1984, 463–780.

10WoA als die entscheidende Gruppe betrachtet, die die endzeitliche Dramatik mitbestimmt. Sie sind jene Einsichtigen und Wahrhaftigen der jetzigen achten Weltwoche, die mit dem Schwert in der Hand den Frevlern eine entscheidende Niederlage bereiten, und die Gott bewegen, die endgültige Neuordnung Israels in die Wege zu leiten. Ähnliche Tendenzen wie die 10WoA verfechten auch die Schafsapokalypse (äthHen 85–90) und das 7.–12. Kapitel des Danielbuches. Hinter der 10WoA, der Schafsapokalypse und den späten Teilen des Danielbuches stehen vermutlich die Asidäer als Verfasser.

4. Apokalyptik des 2. Jhs.v. Chr.

Apokalyptik ist kein abstraktes Denksystem und keine Theologenschule, sondern eine von Trauer, Zorn, Beschuldigung und Hoffnung erfüllte Bewegung, die ihre erste Blütezeit in der ersten Hälfte des 2. Jhs.v. Chr. hatte. Seit damals erwies sich die zu verschiedenen Zeiten elementar aufbrechende, stets den Charakter eines Protestes gegen verweltlichte und bequeme Lebensformen an sich tragende Apokalyptik im Judentum und später auch im Christentum als unverdrängbar. Vermutlich brauchen Judentum und Christentum von Zeit zu Zeit starke apokalyptische Brisen, die Verstaubtes und Liegengelassenes neu aufwirbeln. Mit dem unberechenbar-eruptiven Charakter der Apokalyptik ist gegeben, daß die verschiedenen apokalyptischen Bewegungen nicht deutlich voneinander abgegrenzt werden können. Es sind vielmehr nur solche Einteilungen möglich, die Geschehnisse erwähnen, welche eine apokalyptische Woge zum Aufpeitschen gebracht haben. In frühjüdischer Zeit können solche auslösenden Faktoren namhaft gemacht werden Sie hängen in verschiedenem Grade mit versuchten oder erreichten Freveln im Jerusalemer Tempel zusammen. Der „Greuel der Verwüstung" an heiliger Stätte (schiqquz schômem; bdelygma tês erêmôseôs), von Heiden und/oder Juden begangen, galt den Apokalyptikern als Fanal für ein baldiges Eingreifen Gottes zur definitiven Bestrafung der Frevler und zur letztgültigen Erlösung der Erwählten[5]. In diesem Sinne ist zunächst von der *antiseleukidischen und antihellenistischen Apokalyptik* des 2. Jhs.v. zu sprechen. Es handelt sich um jene apokalyptischen Strömungen, die im Tempelfrevel des Antiochos IV (175–164) und des Hohenpriesters Menelaos (172–162) eine Tat von unüberbietbarer Bosheit sahen, und die

---

[5] Z.B. Dan 9,27; 11,31; 12,11; 1 Makk 1,54; 2 Makk 6,2; Mk 13,14; Mt 24,15.

überzeugt waren, Gott werde nun bald definitiv eingreifen. Die asidäische Apokalyptik stellt aber keine Einheit dar. Es ist vielmehr zu unterscheiden zwischen *Daniel-Apokalyptik, Qumran-Apokalyptik* und *Henoch-Apokalyptik.*

Die *Daniel-Apokalyptiker* standen treu zum Jerusalemer Tempel und seinem Kult. Es findet sich in den makkabäischen Teilen des Danielbuches (bes. Dan 7–12) keine tempel- oder jerusalemkritische Stelle. Vielmehr ist Antiochos IV, dieser „verächtliche Mensch" (Dan 11,16) *der* große Übeltäter, der den Tempel entweiht, die Völker korrumpiert und Israel zerreißt (Dan 11,16–39). Alle diese Superfrevel werden in einen letzten Entscheidungskampf einmünden, der dann zur Auferstehung der von Frevlern gepeinigten und doch treu gebliebenen Israeliten in der Zeit der Verherrlichung führen wird (Dan 11,40–12,13). Die Daniel-Apokalyptik übte u.a. deshalb einen enormen Einfluß auf die Nachwelt aus, weil das Danielbuch unter die kanonischen Bücher des Judentums eingereiht worden ist. Diese Einreihung wurde bereits vor der neutestamentlichen Zeit allgemein akzeptiert. Damit gerieten alle Enderwartungen und auch alle messianischen und millenaristischen Ideen in Judentum und Christentum in den geistigen Sog des Danielbuches hinein; sie wurden mit Hilfe des Danielbuches gedeutet und gerechtfertigt[6]. Die neutestamentliche Johannesapokalypse ist eine christlich-apokalyptische „relecture" des Danielbuches. Das Danielbuch reicht damit wohl mehr als alle andern biblischen Bücher in die religiöse und politische Geschichte der Menschheit hinein.

Die *Henoch-Apokalyptik* entstand weitab vom Tempel, Jerusalem und Jerusalemer Establishment. Sie ist die älteste apokalyptische Strömung im Judentum. Sie kann seit dem 4./3. Jh.v. als eine Art Para-Bewegung gegenüber den die Hebräische Bibel verfassenden und ausgestaltenden Jerusalemer Kreisen aufgefaßt werden[7]. Die Henoch-Apokalyptiker sahen im vorsintflutlichen Helden Henoch (Gen 5,24) und auch im Sintfluthelden Noach – nicht in Mose und David! – ihre Vorbildsgestalten. Diese Urgestalten seien die wahren Offenbarer des Willens Gottes in der Entscheidungszeit des Endes, in der das Gericht am Kommen ist (bes. äthHen 1). Mit dem Wissen um die endzeitliche Entscheidungszeit und die urzeitlich-endzeitlichen Offenbarer verbanden sich Vorstellungen von kosmischen Beweisen dafür, daß die endzeitliche Botschaft wirklich stimme. Auf himmlischen

---

6   Für Judentum und Christentum wurde dies (obwohl Gen 49,10 der Aufhänger des Buches war) dargestellt von Posnanski, Shiloh.

7   Dazu Sacchi, Henochgestalt/Henochliteratur, 42–54.

Tafeln sei es aufgezeichnet, daß die Ordnungen der Zeiten am Entscheidungspunkt angelangt seien, und daß die endzeitliche Sammlung der Treugebliebenen und von dämonischen Einflüßen Unberührten nun gleich beginne[8]. Die Henoch-Apokalyptik lag bereits im beginnenden 2. Jh.v. in imponierender abgestufter literarischer Bezeugung vor. Später – wohl im 1. Jh.n. – wurde die Henoch-Apokalyptik literarisch in Nachahmung der fünf Bücher der Tora zu einem Henoch-Pentateuch aufgefüllt und zusammengefaßt: 1. Das Buch der Wächter: äthHen 1–36. 2. Das Buch der Bilderreden (spätestes Buch, verfaßt wohl noch vor 70 n.Chr.)[9]: äthHen 37–71. 3. Das astronomische Buch: äthHen 72–82. 4. Das Buch der Traumgesichte: äthHen 83–90. 5. Das paränetisches Buch (mit Brief Henochs): äthHen 91–106. Der Einfluß der Henoch-Apokalyptik und Henoch-Esoterik kann ebenfalls nicht überschätzt werden. Er reichte in frühjüdischer Zeit nicht nur in Qumran hinein, sondern auch in rigoristische Jerusalemer Priesterkreise, die sich z.B. im Jubiläenbuch (um 120 v.) geäußert haben. Starker Einfluß ist auch im Neuen Testament (z.B. Angelologien, Dämonenvorstellungen, heilsgeschichtliches Denken) zu verspüren sowie in der jüdischen Esoterik (Hekhalot Esoterik usw.: slHen, hebrHen). Im koptischen Christentum besitzt das äthiopische Henochbuch kanonische Würde.

Die *Qumran-Apokalyptik* wird von einer Gruppe vertreten, die mit dem Jerusalemer Tempel und seinen hasmonäischen Hohenpriestern radikal gebrochen hat. Durch dieses gebrochene Verhältnis unterscheidet sie sich deutlich von der Daniel-Apokalyptik. Die Krisenereignisse in Jerusalem ab der Zeit des Antiochos IV bis zu den hasmonäischen Hohenpriesterfürsten und Hohenpriesterkönigen werden daher von der ablehnenden Distanz her beurteilt. Diesen Hohenpriesterfürsten werden Vorstellungen über eine bevorstehende Umkehr Israels und eine in großer Erregung erhoffte Neugestaltung des Tempels entgegengehalten. Dazu gesellt sich das Wissen der Qumranleute um die besonderen heilsgeschichtlichen Geheimnisse Gottes. Gott habe dem qumranischen Lehrer der Gerechtigkeit „alle Geheimnisse der Worte seiner Knechte, der Propheten, kundgetan" (1QpHab 7,4–5). Die

---

[8] Zum eschatologischen Determinismus speziell der Henoch-Apokalyptiker vgl. u.a. William R. Murdock, Geschichte der Offenbarung in der jüdischen Apokalyptik, in: Apokalyptik, hgv. Klaus Koch / Johann M. Schmidt, WdF 365, Darmstadt 1982, 377–402. Zu den himmlischen Tafeln vgl. äthHen 81,1f; 93,1–3; 106,19 usw. Zum Entscheidungspunkt der Zeiten vgl. den Term kairôn taxeis, Ordnungen der Zeiten in syrBar 14,1; Beleg in Black/Denis, Fragmenta Pseudepigraphorum III, 118f.

[9] Dazu u.a. J.H. Charlesworth, From Jewish Messianology to Christian Christology, in: Judaisms and their Messiahs, 225–264.

Qumraner waren von der Henoch-Apokalyptik beeinflußt. Dies ergibt sich u. a. aus den in Qumran gefundenen aramäischen Henochfragmenten[10].

5. Apokalyptik des 1. Jhs. v. Chr.

Etwa im Jahre 50 v. Chr. schrieb ein Jude ein Werk über eine angebliche Weissagung Moses. Mose, der größte Prophet habe eine wichtige Weissagung vor dem ganzen jüdischen Volk in seinem 120. Lebensjahr ausgesprochen. Das uns erhaltene Werk figuriert unter dem Titel: „Die Himmelfahrt des Mose" (AssMos)[11]. Diese Weißagung ist ein literarischer Kunstgriff. Der Verfaßer des 1. Jhs. v. projizierte seine Befürchtungen und Vorstellungen in die Urzeit Israels zurück, um seiner Schrift Autorität zu verleihen, und um die Leser zu fesseln. Er glaubte, das Reich Gottes werde in Kürze, noch zu seinen Lebzeiten, kommen. Die jetzige Periode – also das 1. Jh. v. Chr. – sei die Zeit der unerhört harten messianischen Wehen, die durchgestanden werden müßten, bevor das Licht Gottes über dem geläuterten Israel vor den Augen aller Völker, besonders der feindlichen Römer, aufscheine. Beim Vollzug der endzeitlichen Szenarien gebe es grausame, überhebliche und gottfeindliche Herrscher, die das jüdische Volk unterdrücken und vernichten wollen. Die Notzeit sei unvergleichlich härter als alle früheren Notzeiten (AssMos 8,1; vgl. Dan 12,1f; Mt 24 par.). Mitten in der Verfolgungszeit stehe ein Mann auf, ein Priester mit Namen Taxo (etwa „Ordner"). Er sage folgendes zu seinen sieben Söhnen:

„Meine Söhne! ... Wir wollen drei Tage lang fasten und am vierten Tag in eine Höhle auf dem Felde gehen (und uns verstecken). Wir wollen lieber sterben (falls man uns aufgreift), als die Gebote des Herrn der Herren, des Gottes unserer Väter, übertreten. Denn wenn wir das tun und so sterben, dann wird unser Blut vor dem Herrn gerochen werden! Und dann wird seine Herrschaft über allen seinen Geschöpfen erscheinen. Dann wird der Satan sein Ende haben. Mit ihm wird Traurigkeit weggenommen werden. Dann wird der Himmlische von seinem Herrschersitz aufstehen und hervortreten in Empörung und Zorn wegen seiner (verfolgten und getöteten) Kinder.

---

[10] Die Henochfragmente wurden herausgegeben von Milik, The Books of Enoch, Aramaic Fragments of Qumran Cave 4. Eine vorzügliche sprachliche und religionsgeschichtliche Bearbeitung erfolgte durch Beyer, Die aramäischen Texte. Übernahmen astronomisch-kultisch-kairologischer Vorstellungen Qumrans aus der Henoch-Apokalyptik bezeugt etwa 1QS 10.

[11] Kautzsch, Die Apokryphen und Pseudepigraphen des Alten Testamentes, Bd 2, 311–331.

Dann wird die Erde erbeben, die hohen Berge werden erniedrigt und erschüttert werden, und die Täler werden einsinken. Die Sonne wird sich verfinstern, der Mond blutrot werden, und die Sterne werden aus ihren Bahnen geraten. Das Meer wird zurückweichen und die Flüsse werden vertrocknen. Der höchste Gott, der einzige Ewige wird sich öffentlich erheben, um die Völker zu bestrafen und ihre Götzenbilder zu vernichten. Dann wirst du glücklich sein, mein Israel, und zur Höhe emporsteigen zum Kampf gegen den (römischen) Adler. Sein Hals und seine Flügel werden zerbrochen werden... Von oben her wirst du die Hölle deiner Feinde sehen und deinem Schöpfer danken" (AssMos 9–10)[12].

Bemerkenswert an der Himmelfahrt des Mose ist die Vorstellung, daß das Blut des messianischen Märtyrerpriesters und seiner Söhne den Anstoß für die kommende Endherrschaft Gottes gibt. Ihr Tod zieht das Reich Gottes nach sich. Die Endzeit ist ein schrecklicher Läuterungsvorgang für Israel. Die Römer sind die frevlerischen Aggressoren. Die Völker sind korrupt und antijüdisch. Kriege und Kriegswirren sind Zeichen des herannahenden Weltunterganges. Gott gibt die alte Welt den in sich selbst wirkenden Zerstörungskräften preis (vgl. Lk 21, 22–24; Apk 6,1–17). Viele Juden fallen ab und führen dadurch das Volk ebenfalls in die ausweglose Verrottung hinein (so schon Dan 11,30–32). Weder die Völker noch Israel können sich aus eigener Kraft aus dem Pfuhl ihrer Sünde herausziehen. Einzig der „wie ein Dieb in der Nacht" (vgl. 1 Thess 5,2; 2 Petr 3,10) kommende Richter-Gott kann endgültig Remedur schaffen. – Vieles an dieser und an andern Apokalypsen ist ideologischer Überbau: Ausdruck der Angst, mythisierte Zukunftsschilderung! Die zentrale Stoßrichtung der Apokalypsen ging aber dahin, den vom Bösen verschreckten Juden neuen Mut zu geben, im jetzigen Leben in der Treue zum Bundesgott auszuharren und zuversichtlich nach dem die Zukunft bereitenden Gott Ausschau zu halten. Die Himmelfahrt des Moses hat eine antiimperialistische Grundtendenz. Die römische Weltmacht, die vor kurzem (63 v.) durch den Tempelschänder Pompeius dem heiligen Land und dem Kult Israels schweren Schaden zugefügt hat, wird vor Israel bald endgültig gedemütigt werden.

6. Neutestamentliche Apokalyptik

Im Neuen Testament gibt es eine ganze Reihe apokalyptischer Passagen: Mt 25,31–46; Mk 13 par.; Lk 17,22–37; 19,41–44; 2 Thess 2,1–12; Apk usw.

---

[12] Vgl. Jakob Licht, Taxo or the Apocalyptic Doctrine of Vengeance, JJS 12 (1961)

Von erheblichem Interesse sind die Fragen, wie weit Jesus selbst ein Apokalyptiker war und wie weit Apokalyptik sozusagen neben ihm ins Neue Testament hineingekommen ist.

Ganz allgemein ist zu sagen, daß apokalyptisches Denken während der ganzen Lebenszeit Jesu und bis gegen Ende des ersten Jahrhunderts ungefähr jeden Juden in irgend einem Ausmaße packte. Vor allem die Armen, Unterprivilegierten, und die nicht zur Gänze Hellenisierten waren von Hoffnungen auf baldiges dramatisches Eingreifen Gottes zur Befreiung und Erlösung fasziniert. Das apokalyptische Denken und das Lebensgefühl verdichtete sich zusätzlich im Zusammenhang mit dem jüdischen Aufstand gegen Rom und der damit befürchteten (und später: geschehenen) Tempelzerstörung (66–70/74 n.). Vermutlich wird man sagen können, daß die im Neuen Testament spürbare apokalyptische Erhitzung besonders seit 6 n. Chr., dem Gründungsdatum der Zeloten, in Galiläa begann.

Aus diesen Gründen ist es selbstverständlich, daß Jesus apokalyptisch dachte und redete. Nach Mk 1,15 trat Jesus auf mit dem Predigtthema: „Erfüllt ist die Zeit und nahe gekommen ist die Herrschaft Gottes; ändert den Sinn und glaubt an das Evangelium". Der Ausdruck „Herrschaft Gottes" (basileia tû theû) hat sowohl einen überirdischen als auch in Korrelation einen endzeitlichen Sinn. Er beinhaltet einerseits die vom Himmel, vom Thronbereich Gottes ausgehende, und sich auf die Erde heruntersenkende Herrschaft Gottes[13]. Anderseits meint der Ausdruck (seit Dan 2,44) die letzte Phase der Weltgeschichte, die als Läuterungs- und Entscheidungszeit hinüberreicht in eine beginnende Neuschöpfung von Himmel und Erde, Israel und der Menschheit. Jesus dachte, redete und hoffte also teilweise apokalyptisch. Er läßt sich damit aber nicht unter die apokalyptische Gewöhnlichkeit einordnen. Im Gegensatz zu seinen apokalyptischen Vorgängern, Zeitgenoßen und Nachfolgern wies er nicht nur auf die bald einbrechende Endherrschaft Gottes hin, sondern auf die mit ihm, in ihm und in seinen Werken bereits angebrochene Endherrschaft Gottes (z. B. Lk 11,20). Niemand hat sich ferner im 1. Jh. so eindeutig gegen die apokalyptische Auffassung ausgesprochen, die Zukunft könne vorausgewußt werden, wie Jesus (Mk 13,32 par.). Jesus verurteilte auch – vor allem durch das Gebot der Feindesliebe (Mt 5,43–48) – alle Formen apokalyptischer Militanz, wie sie z. B. in der apokalyptisch geprägten Zeloten- und Sikarierbewegung gang und gäbe war.

---

[13] Diesen Aspekt hat bereits Dalman, Die Worte Jesu, 75–79 herausgearbeitet. Die Textfunde über die Gottesdienstliche Esoterik in Qumran (vgl. Edition Newsom) haben ihn voll bestätigt.

Es hat in den redaktionellen Passagen der Evangelien viel apokalypti-schen Zuwachs gegeben. Ein Grund war teilweise die inzwischen geschehe-ne Zerstörung Jerusalems und des Tempels, die von vielen als Vorzeichen des Endes der Geschichte betrachtet wurde. Der Hauptgrund aber ist ein anderer: Die Apokalyptik bot sich dem Urchristentum als ideales Vehikel der Verkündigung an. Das Christusereignis wurde ja als geschichtliches, eschatologisches und transzendentes Heilsgeschehen begriffen. In Christus war die absolute Zukunft Gottes und der Menschen transparent geworden. Wie sollte man dies schildern und begreiflich machen können, wenn nicht in apokalyptischer Sprache und Metaphorik? Ernst Käsemann hat in die-sem Sinne richtig gesehen, als er die Apokalyptik als „die Mutter aller christlicher Theologie" bezeichnete[14]. Vielleicht ist die Metapher „Mutter" etwas zu hochgegriffen, und man könnte die Apokalyptik etwas vorsichti-ger als „Hebamme aller christlichen Theologie" bezeichnen[15]. Es ist nicht zu übersehen, daß sich die Apokalyptik nicht hauptsächlich um die aller-letzte Vollendung der Welt und der Menschheit, die synteleia (Mt 28,20) bzw. das Eschaton schlechthin, dreht, sondern daß sie ihr Augenmerk auf die letzten „Umbrüche der Zeiten" (chronoi peritellomenoi: 3 Sib 289) rich-tet. Das Christuszeugnis – besonders Leiden, Tod und Auferstehung – wur-de von den Evangelisten als das entscheidende Umbruchereignis gedeutet, das den Weg frei macht für die Vollendung von Himmel und Erde, Schöp-fung und Geschichte.

7. Wertungen

Die frühjüdische und die neutestamentliche Apokalyptik fanden zu allen Zeiten ihre Fortsetzungen und stets unerwartete, neue Modifizierungen. Eine besondere christliche Form der Apokalyptik war der sich auf Apk 20 stützende *Millenarismus*, der auch außerneutestamentliche jüdische Wur-zeln hat. Im rabbinischen Schrifttum gibt es viele apokalyptische Passagen; die längste findet sich in bSan 92a–99a. Es kann hier nicht darum gehen, alle Formen der Apokalyptik in Judentum und Christentum samt deren Gegenreaktionen weiter zu verfolgen.

---

[14] Ernst Käsemann, Die Anfänge christlicher Theologie, ZThK 57 (1960) 162–185, zit. 180.

[15] Eduard Schweizer, 1 Korinther 15,20–28 als Zeugnis paulinischer Eschatologie und ihrer Verwandtschaft mit der Verkündigung Jesu, in: Jesus und Paulus, Festschrift W.G. Kümmel, Göttingen 1975, 301–314, zit. 314.

Jakob Licht hat vor kurzem das Verhältnis zwischen apokalyptischem und geschichtlichem Denken in luzider Weise dargelegt[16]. Die alten Israeliten – bis hin zum Verfasser des ersten Makkabäerbuches – pflegten mit sehr viel Elan die Erinnerung an ihre Ursprünge und an die ursächlichen Faktoren, bzw. Traditionen, die zur momentanen Situation Israels führten. Licht nennt dieses Denken mit dem von der antiken Klassik herkommenden Begriff „Philaitia" (Liebe zur Ursache). In der Apokalyptik dagegen herrsche kein historisches Denken, sondern eine Systematisierung der Geschichte von einem irrationalen Punkt in der Zukunft her. Licht zeigt dies besonders anhand der syrischen Baruchapokalypse auf. In der Tat gerät Apokalyptik stets in die Gefahr, die Geschichtlichkeit allen Lebens unterzubewerten. An die Stelle des Prozeßes tritt die absolute Forderung und das unverrückbare System, die geschichtliches Denken direkt ausschließen. Der Apokalyptiker ist ferner versucht, Leute, die nicht seiner Überzeugung, seines Wissens und seiner Verantwortlichkeit sind, pauschal zu verurteilen: es sind Abgefallene und Verstockte, sie treiben Hurerei und Götzendienst etc. Es gibt eine bemerkenswerte Verurteilung der zum Denkprinzip erstarrten Apokalyptik seitens der Verfasser der Mischna: „Wer sich auf vier Dinge fixiert: was oben, was unten, was vorne und was hinten ist, für den wäre es besser, nicht geboren worden zu sein" (mHag 2,1). Es sei falsch und verderblich sein Interesse auf die Himmelssphären (oben), auf das Reich der Dämonen (unten), auf die Protologie (hinten) oder auf das Eschaton (vorne) zu richten und dabei das Irdische, das Gegenwärtige, das Konkrete und das Lebensnotwendige zu vergessen.

Mit Apokalyptik ist auch weiterhin in Judentum und Christentum zu rechnen. Ihrer Ernsthaftigkeit und Kraft darf nicht die Türe gewiesen werden. Ihre Gefahren müssen aber stets mitbedacht werden.

---

[16] Jakob Licht, Biblisches Denken und apokalyptische Spekulation, Jud. 46 (1990) 208–224.

VIII. Die Qumraner: Oppositionell-priesterlich und apokalyptisch-esoterisch

1. Forschungskritische Bemerkungen

Wo stand die Gruppe der Qumranleute, wer war ihr Freund, wer ihr Verwandter, wer ihr Feind, und wer stand ihnen geistig-religiös fern gegenüber? Die Qumraner werden meistens der essenischen Bewegung zugeordnet, die auch von Josephus Flavius (Bell 2,119–161; Ant 13, 171–173: 18, 18–22) von Philo von Alexandrien (quod omnis probus liber sit 75–91) und von Plinius dem Älteren (Hist Nat 5,73) beschrieben werden. Diese Zuordnung wird von einigen Forschern bestritten, die eine engere oder weitere Zugehörigkeit der Qumraner zu den Pharisäern, den Sadduzäern, den Zadokiten, den Judenchristen oder den Zeloten vorschlagen. Die seit 1952 sukzessiv zugänglich gemachten Qumranschriften haben den Diskussionen über die sich seit dem 2. Jh.v. prononciert zu Wort meldenden frühjüdischen Gruppen eine neue Qualität gegeben. Das von Michael Baigent und Richard Leigh im Jahre 1991 herausgekommene Sensationsbuch „Verschluß-Sache Jesu" und andere journalistisch raffiniert aufgezogene Publikationen der letzten Zeit haben zur Erkenntnis verholfen, daß es weder unnütz noch harmlos ist, dem geistig-religiösen Standort der Qumraner und ihrem Verhältnis zu Außenstehenden nachzugehen. Bei der heute dringend anstehenden Neuorientierung angesichts der ziemlich vielen in den letzten vier Jahren zugänglich gemachten Qumranfragmente geht es aber nicht einfach um eine Verteidigung gegen einen Journalismus, der die Kreise der Wissenschaftler empfindlich gestört hat. Die Qumranforscher sollten vielmehr endlich damit aufhören, ihre Texte auf Biegen und Brechen mit irgend einer traditionell bekannten frühjüdischen Gruppe in Zusammenhang zu bringen. Und die von den Qumranfunden mitbetroffenen Neutestamentler sollten sich in Zukunft vermehrt in Acht nehmen, daß sie die Jesusgemeinden nicht naiv an die Qumrangemeinde ankoppeln, nur weil sich neutestamentliche und qumranische Sprechweisen in vielerlei Hinsicht decken[1]. Wenn

---

[1] Ein Vertreter dieser Tendenz ist Bargil Pixner, Wege des Messias und Stätten der Urkirche.

weniger sprachliche und inhaltliche Gemeinsamkeiten gefunden würden, dann wäre dies ein schlechtes Zeichen für die Forscher. Irgend etwas Entscheidendes würde dann mit der zeitlichen und örtlichen Ansetzung der Qumranbewegung nicht stimmen. In frühjüdischer Zeit hat es viele „Judentümer" gegeben[2], weit mehr als uns Josephus Flavius glaubhaft machen will. Nach einem rabbinischen Diktum wurden die Israeliten „erst dann in die Verbannung geschickt, als sich bei ihnen 24 Gruppen von Ketzern (kîtôt schel mînîm) gebildet hatten" (ySan 29c). Dieser Satz will zwar nicht historisch verstanden sein. Die Zahl 24 gibt aber die Vielfältigkeit frühjüdischer Gruppen zutreffender wieder als etwa Josephus Flavius, der nur mit vier Sondergruppen (heireseis) in frühjüdischer Zeit rechnet: Pharisäer, Sadduzäer, Essener und Zeloten. Die vielen Gruppen hatten ihre Gemeinsamkeiten und ihre Besonderheiten. Mehrere Gruppen hatten z. B. keine Messiaserwartung, während andere davon glühten. Aus solchen Vorerwägungen heraus können folgende Schlüsse erwogen werden:

1. In der Pharisäerforschung hat es sich als notwendig erwiesen und auch durchgesetzt, nur noch jene Schriften als Primärtexte zu beachten, in denen Pharisäer nominatim vorkommen[3]. Ähnliches sollte auch für die Qumranforschung erwogen werden. Jedenfalls sollte nicht mehr so viel Mühe verwendet werden, die Qumraner als Essener, Sadduzäer, Proto-Zeloten, Judenchristen u.a. zu katalogisieren und ihre Gegner als Pharisäer festzulegen. Die Angaben des Josephus Flavius über die Essener (z.B. Bell 1,117–160) sind zu vage und die Aussagen der Qumrantexte zu disparat, als daß aus einem Vergleich mit Qumrantexten mit Sicherheit auf deren Essenität geschlossen werden könnte. Auch die scharfen Polemiken gegen jüdische Außenstehende, die in den Qumrantexten gehäuft vorkommen, sollten nicht mehr selbstverständlich auf frühjüdische Gruppen im Sinne des Josephus Flavius verteilt werden. Ein inzwischen schon berühmt gewordenes Beispiel sind die dôrschê ha-chalaqôt, die gleisnerischen Interpreten (4QpNah 1,7 u.ö.). Weshalb müssen denn mit ihnen unbedingt die Pharisäer gemeint sein? Nur weil die dôrschê ha-chalaqôt auch als Heuchler übersetzt werden können? Oder etwa gar, weil sie dann besser ins Neue Testament (z.B. in Mt 23) hineinpassen?

---

[2] Im Gefolge des von Jacob Neusner, William S. Green und Ernest S. Frerich herausgegebenen Sammelbandes „Judaisms and their Messiahs", ist die Erkenntnis von der Vielfältigkeit des Judentums vor 70 n. neu ins Bewußtsein vieler Forscher gerückt worden.

[3] Besonders Jacob Neusner hat diese Einschränkung in der Forschung durchgesetzt; vgl. sein The Rabbinic Traditions about the Pharisees before 70 AD, 3 Vol. Leiden 1971.

2. Statt eifrige Zuschreibungen vorzunehmen, sollte man sich eher darauf konzentrieren, die aus den bisherigen Qumranfunden herausleuchtenden Zugehörigkeiten und Vorstellungen deutlicher ins Bild zu rücken: Die Qumraner waren eine separatistische, jüdisch-esoterische Priestergruppe, die von ca. 160 v.–68 n. am Nordwestufer des Toten Meeres siedelte. Sie führten dort ein Leben strikter kultischer Reinheit, veranstalteten Gottesdienste mit mysterialem Charakter, übten eine reiche Schreibtätigkeit aus, sahen in der kultischen Reinheit und im Gebet höchste Werte und erwarteten vom Thron Gottes her das baldige Hereinbrechen endzeitlicher Ereignisse, die die Berechtigung ihrer Separation vom Jerusalemer Tempel und von seinem von Sünde verderbten Kult ans Tageslicht bringen würden. Vor aller Bestimmung der Sektenzugehörigkeit ist also die Feststellung zu machen, daß die Qumranleute eine separatistische, *kultpriesterliche Gruppe* mit apokalyptischer und esoterischer Geisteshaltung waren, als deren Hauptfeinde die Jerusalemer Oberpriester auftraten. Die Qumranschriften sind ihrer Grundtendenz nach ein kultpriesterliches Schrifttum. Die Priesterherren von Jerusalem mit dem Frevelpriester an der Spitze waren die Hauptfeinde der Qumraner, deren Lehrer der Gerechtigkeit seinerzeit aus Jerusalem abgedrängt und dann von einem Frevelpriester verfolgt und (wohl mit 39 Geißelhieben) gezüchtigt worden war (1QpHab 11,4–15). Über diese Priesterherren heißt es in 4Q 471[a], einem neu zugänglich gemachten Fragment: „Ihr seid in Seinem (Gottes) Bund verlogen geworden. Ihr habt gesagt: Wir wollen Seine Kriege führen, denn Er hat uns befreit … Ihr seid kampfesmächtig geworden … Ihr seid arrogant"[4]. Die Jerusalemer Cliquen waren also in den Augen der Qumraner bundesbrüchige Leute. Die Unterdrückung war nur eines ihrer vielen Vergehen. In ihrer festungsartigen Behausung am Nordwestufer des Toten Meeres fühlten sich die Qumraner aber doch einigermaßen sicher vor ihnen. In einem qumranischen Kommentar zu Jes 5,11–14.24f werden die Jerusalemer „Leute der Geschwätzigkeit"[5] genannt. Sie selbst sahen sich demgegenüber u.a. als „Gemeinde der Armen", die die „Erben der ganzen Welt" sein werden, und die einst auch „den hohen Berg Israels besitzen … und sich am Heiligtum erfreuen werden" (4QPs 37(III), 10f)[6].

---

[4] Text in Eschel Esther/Kister Menachem, A Polemical Qumran Fragment, JJS 43 (1992) 277–281; ebenfalls in Eisenmann/Wise, Jesus und die Urchristen, 38.

[5] Text in Allegro, Qumran-Cave 4, DJD 5, 15f.

[6] Text in Allegro (A.5) 44.

2. Die Funde

Seit 1947 wurden tausende kleinster, kleiner und größerer Fragmente in den Höhlen am Nordwestufer des Toten Meeres entdeckt: Bruchstücke von etwa 800 Schriftrollen und Röllchen, die hebräisch, aramäisch oder griechisch geschrieben worden sind. Von diesen 800 sind nur sieben Handschriften ganz oder fast ganz erhalten, die bedeutendsten sind 1QJes[a] und 11QTR (Tempelrolle). Überbleibsel von etwa 30 weiteren Rollen sind in der näheren und weiteren Umgebung Qumrans (Murabba°at, Nachal Chever, Se°elim, Masada) gefunden worden. Noch lange nicht alles konnte bislang entziffert und eingeordnet werden, weil es sich zum großen Teil um zerstreute Fetzen und undeutliche, teils auch überschriebene Buchstaben bzw. Rollenteile handelt. Immerhin sind heute (1993) etwa 80 % der Fragmente und Fetzen biblischer Texte und ca. 70 % außerbiblischer Texte, für die Forschung greifbar. Mehr als 200 der noch nicht edierten Fragmente sind entweder Bibelteile oder Paralleltexte zu bereits edierten Texten. Die bis 1992 auf neun Bände herangewachsenen „Discoveries of the Judaean Desert" (DJD) sind wichtige und verläßliche Editionen. Viele größere und kleinere Bruchstücke sind anderwärts publiziert worden. Wegen der Veröffentlichungen in verschiedenen Zeitschriften ist es derzeit schwierig, stets auf der Höhe des Wissens zu stehen.[7]

Die in Qumran gefundenen Schriften können folgendermaßen eingeteilt werden:

1. Sektenschriften (Sektenregel: 1QS; Gemeinschaftsregel: 1QSa; Damaskusdokument: CD; Hymnenrolle: 1QH; Kriegsrolle 1QM). *2. Pescharim* (1QpHab; 4QpNah; 4QpPs 37). *3.* Schriften mit messianischem Inhalt (11QMelch; 4Qflor; 4Qtest; 4Q 521). *4.* Bibelfragmente (1QJes[a]: Der größte Teil des Jesajabuches; Fragmente aus allen bibl. Büchern außer Est, Neh). *5.* Tora for the New Age (Tempelrolle: 11QTR). *6.* Parablisches Schrifttum. (Apokryphen und Pseudepigraphen): (4QEn[201–207]; 4QorNab; 4Q 213: Test Levi aram.). *7.* Targume (1Q GenApcr; 4Q 156: Targ Lev; 11QtgJob). *8.* Gottesdienst-Esoterik (11QShirShab).

---

7   Vgl den Rechenschaftsbericht von John Strugnell über die editorische Arbeit des internationalen Forschungsteams in Jerusalem: The Qumran Scroll, A Report on Work in Progreß, in: Talmon, Jewish Civilisation in the Hellenistic Period. Ebenso Emmanuel Tov, The Biblical Manuscripts from the Judean Desert, Vortrag im Rokkefeller Museum, 15. März 1992. Eine etwas ältere Übersicht stammt von Hans Bietenhard, Die Handschrift vom Toten Meer usw., ANRW II 19/1, Berlin 1979, 705–778.

3. Historisches

Die Mehrzahl der Forscher neigt derzeit dazu, die Gründungszeit der Gemeinde von Qumran in die erste Hälfte des 2. Jhs. v.Chr. zu verlegen. Das heißt aber nicht, daß alle Schriften aus der Frühzeit der Bewegung stammen. Kein Text gibt seine historische Situation aus sich heraus preis. Mit Hilfe der paläographischen Methodik und aus Radio-Carbon Tests hat sich aber mit zunehmender Deutlichkeit ergeben, daß z.B. die Jesaja-Rolle (1QJes^a) zwischen 200–100 (evtl. 125–100) v.Chr. geschrieben worden ist (so E. Tov). Da das Abschreibedatum dem wirklichen Alter dieser Rolle nachgelagert ist, dürfte es gesichert sein, daß die erste Herkunft von 1QJes^a ins 3. vorchristliche Jahrhundert zu verlegen ist. In der Höhle 7 sind griechische Texte gefunden worden, die ca. in der Mitte des 1. Jhs.n. Chr. verfaßt worden sind. Unter ihnen hat ein kleiner Fetzen mit 16 Buchstaben (7Q 5) besonderes Aufsehen erregt, weil es sich um einen Ausschnitt aus einer Version des Markusevangeliums handeln könnte (Mk 6,52f). Das Abschreiben der Schriften geschah mehrmals, und es sind auch Reste von mehrmaligen Abschriften, z. Teil aus verschiedenen Zeiten, gefunden worden.

Ein wichtiger Qumrantext, der in historische Daten und Auseinandersetzungen hineinführt, ist der *Pescher Nahum* aus der vierten Höhle (4QpNah). Die beiden israelischen Forscher, David Flusser und Yigael Yadin haben sich mit den historischen Ausblicken, die diese qumranische Prophetendeutung ermöglicht, befaßt[8]. Beide stellten fest, daß im Nahum-Pescher ein Bild der jüdischen Sondergruppen des 2./1. Jhs v.Chr. entworfen wird, das inhaltlich - nicht tendenziell – jenem entspricht, das Josephus Flavius für diese Zeit festlegt. Josephus redet von Pharisäern, Sadduzäern und Essenern und erwähnt mehrere Konflikte und Machtwechsel zwischen Pharisäern und Sadduzäern. Wenn man nun bestimmte Josephus-Stellen mit Qumranfragmenten kritisch parallelisiert, kommt man teilweise zu verblüffenden Ergebnissen. Flusser und Yadin tun dies mit Josephus Bell 1,92–97 und Ant 13, 376–383 einerseits und (besonders) mit 4QpNah 1,1–11 anderseits. Es geht bei Josephus um den kriegerischen Zusammenstoß des Seleukiden Demetrius III mit dem hasmonäischen Hohenpriesterkönig Alexander Jannai (102–76 v.) im Jahre 88 v. Gedrängt von jüdischen Jannai-Gegnern – dh. besonders von Pharisäern – versuchte Demetrius nach Jeru-

---

[8] David Flusser, Pharisäer, Sadduzäer und Essener im Pescher Nahum, in: Karl E. Grözinger u.a., Qumran, WdF 410, Darmstadt 1981 (ursprünglich 1970 hebr. verfaßt), 121–166; Yigael Yadin, Pescher Habakuk erneut untersucht, a.a.O. 167–184 (ursprünglich 1971 englisch verfaßt).

salem vorzudringen. Er wurde aber bereits in Sichem in einem Gefecht von
Jannai zurückgedrängt. Nach diesem errungenen Sieg rächte sich Jannai an
denen, die Demetrius herbeigerufen hatten, und die damit seine Feinde
waren, indem er sie massenhaft kreuzigen ließ. Die Gekreuzigten waren
zum Teil Pharisäer, die damals eine politisch-religiöse Partei mit antihas-
monäischer Grundeinstellung waren.

*Der Text des Nahum-Pescher (1,1–11) lautet:......"Seine (sc. des Verses Nah 2,2) Deu-
tung bezieht sich auf Demetrios den König von Yawan, der auf den Rat der gleisnerischen Interpreten (dôrschê ha-chalaqôt) nach Jerusalem kommen wollte. [Es kam
aber nicht dazu, denn Gott hatte sie nicht gegeben] in die Hand der Könige von
Yawan von Antiochos bis zum Auftreten der Kittäer... ‚Der Löwe raubte für den
Bedarf seiner Jungen und würgte für seine Löwinnen Beute' (Nah 2,13)... Seine
Deutung bezieht sich auf den Zorneslöwen, der durch seine Mächtigen und durch
die Männer seines Rates schlug......' und er füllte mit Raub seine Höhle und sein
Lager mit Beute' (Nah 2,13). Seine Deutung bezieht sich auf den Zorneslöwen, [wel-
cher Ra]che nahm an den gleisnerischen Interpreten, indem er Männer lebendig
aufhängte [an das Holz, was kein Mensch getan hat] in Israel vorher. Denn von dem,
der lebendig am Holz aufgehängt wird, [sagt die] Schrift: ‚Siehe, ich will an dich,
[Spruch des Ewigen Zebaot, und ich werde in Rauch aufgehen lassen dei]ne [Menge],
und das Schwert soll deine Jungleuen fressen, und austilgen will [ich aus dem Land
den R]aub' (Nah 2,13)... Und deine ‚Mengen', das sind die Scharen seiner Streit-
mächte.... und seine ‚Jungleuen', sie... Und sein ‚Raub', das ist der Besitz, den ge-
sam]melt haben die Pries]ter von Jerusalem, die....."*.*

Was in 4QpNah 1,1–11, trotz Lücken, angedeutet wird, wird in den folgenden drei Kolumnen des Nahum-Peschers und auch im Habakuk-Pescher
ergänzt. Im Zentrum des Interesses stehen die dôrschê ha-chalaqôt, die
gleisnerischen Interpreten, ihr Verhältnis zum Zorneslöwen und zur Gemeinde des Verfassers des Nahum-Peschers. Der Ausdruck dôrschê ha-chalaqôt bedeutet Heuchler. Damit können die Pharisäer oder ähnliche Gruppen gemeint sein. Die Pharisäer erhielten diesen Schimpfnamen laut talmudischer Tradition von Alexander Jannai, der zu seiner Frau Salome Alexandra gesagt habe: „Fürchte dich weder von den Pharisäern noch von den
Nichtpharisäern, sondern vor den Heuchlern (wörtl.: den Gefärbten, Un-
echten: zevuᶜîm), die den Pharisäern ähnlich sind, deren Taten wie die Zim-
ris sind, und die wie Pinchas auf Belohnung aus sind" (bSot 22b). Nicht alle
Pharisäer seien – so Jannai – heuchlerisch, wohl aber gewisse pharisäieren-
de Typen, die zu Gewalttätigkeit und Gewinnsucht neigen. Wie wir aus
Josephus Ant 13, 400–406 und Bell 1,197–119 wissen, hatte der Heuchelei-
Vorwurf Alexander Jannais politischen Klang. Auf seinem Totenbett habe
Alexander seiner Frau und Nachfolgerin Salome Alexandra geraten, sie

solle den Pharisäern Macht zuschieben, damit deren politische Versiertheit ihr nicht gefährlich würde. Auch das könnte auf die dôrschê ha-chalaqôt im Nahum Pescher (2.–4. Kolumne) passen, die als Gewaltmenschen charakterisiert werden, deren Untergang der Qumran-Schreiber sehnsüchtig erhofft. Diese „Männer der Gewalt, die sich gegen Gott empört haben", seien vom „Frevlerpriester" – also wohl von Alexander Jannai – ausgeraubt worden, sagt ergänzend der Verfasser des Habakuk-Peschers (1QpHab 8,8f). Sowohl das Feindschaftsgeflecht als auch kritische Situationen zwischen den Opponenten werden also von Josephus und den Qumranleuten teilweise bis in die Details hinein beschrieben. Neuestens (1992) hat aber die Entzifferung des 10 mal 18 Zentimeter großen Fragments 4Q 448 durch Ada Yardeni und Esther Eschel Aufmerksamkeit erregt. Yardeni las (im Gegensatz zu John Strugnell): „ ᶜal Jonatan ham-melekh": „Über (oder: Für) den König Jonatan". Der als Frevelpriester oder Zorneslöwe in den Qumranschriften verwünschte hasmonäische König Alexander Jannai (oder Jonatan) wird in 4Q 448 mit einer Berakha offenbar positiv gewürdigt. Einerseits ist es aufregend, daß hier zum ersten Mal eine jüdische Persönlichkeit dechiffriert wird[9]. Anderseits weist dieses Fragment mit seinen paläographischen Besonderheiten (erneut) darauf hin, daß sich in Qumran nicht nur Schriften aus Qumran finden. Die positive Würdigung Alexander Jannais könnte aber auch auf geistige Entwicklungen und Neubrüche des Denkens der Qumraner im frühen ersten Jh.v. hinweisen.

Aber nicht nur kleine Bruchstücke à la 4Q 448 verwackeln die These über Alexander Jannai als Frevelpriester. Jannai kann nicht *allein* der Frevelpriester gewesen sein. Frevelpriester war vielmehr eine den Hasmonäer Hohenpriester-Fürsten von den Qumranern angehängte äußerst negative „Amtsbezeichnung". Weil die Hasmonäer sich das Doppelamt Fürst (teilweise sogar König) – Hohepriester anmaßten, galten mehrere von ihnen als Frevelpriester. 1QpHab 8,8–11 bezieht sich vermutlich hauptsächlich auf den Makkabäer Jonathan, der 152–143 als Hoherpriester und Anführer der Juden fungierte. Es paßt zu ihm, wenn es an dieser Stelle heißt, der Frevelpriester sei „bei seinem Amtsantritt nach dem Namen der Wahrheit genannt worden. Als er aber in Israel Herrschaft ausübte, erhob sich sein Herz, und er verließ Gott und handelte (treu)los gegen die Gebote um des Reichtums willen". Andere Texte (z.B. 4Q 184,1) scheinen besonders gut zum Hasmonäer Simon (143–134) als dem Frevelpriester zu passen. Für Johannes Hyrkan (134–104) als Frevelpriester spricht vor allem, daß er von

---

[9] Bericht in The Jerusalem Post, 23.4.1992, 8–11.

verschiedenen Kreisen schon zu Lebzeiten mit messianischer Aura umgeben worden war. TestLev 8 und TestLev 18 scheinen dies zu bestätigen. Die Qumraner haben sich über diesen hochbegabten Hohepriester-Fürsten, dem die Charismen des Hohenpriestertums, des Fürstentums, der Prophetie und der intimen Gottesbeziehung rühmend nachgesagt wurden (Bell 1,68f; Ant 13,299f), wohl besonders stark entsetzt. Alle früher gegen Jonathan und Simon gemünzten Aussagen wurden nun auf Johannes Hyrkan hin verschärft. Ähnliches dürfte später teilweise im Falle Alexander Jannais geschehen sein. In jedem Fall waren die hasmonäischen Priesterfürsten und Priesterkönige von 150–76 v. Hauptfeinde der Qumraner. Spätestens ab 129 v. wurden die Sadduzäer zu getreuen Verbündeten der Hasmonäer (Ant 13,288–296) und wurden damit ebenfalls zu Hauptfeinden der Qumraner. Alle anderen frühjüdischen Gruppen können nur als *temporäre* Feinde der Quamraner in Erwägung gezogen werden.

4. Esoterik und Enderwartungen

Mit ihrer antitemplischen Einstellung verbanden die Qumraner auch eine besondere, von priesterlich-kultischem Denken her geprägte Gebets- und Gottesdienstesoterik[10]. Die Qumran-Esoterik wurde mit Hilfe eines scharfen und umfangreichen Strafkodexes vor Lockerung und Pervertierung geschützt[11]. Ein Abschnitt aus den himmlischen Sabbatgesängen kann einen Eindruck von der priesterlich-qumranischen Esoterik vermitteln:

> *„(1) Um zu preisen deinen wunderbaren kavôd unter den Göttlichen des Wissens und die Preiswürdigkeit deines Reiches unter den Allerheiligsten.*
> *(2) Sie sind geehrt unter allen Zelten Gottes (oder der Göttlichen), und sie sind furchtgebietend für die menschlichen Gründungen, ein Wunder (3) das die Göttlichen und die Menschen übersteigt. Sie künde(te)n die Pracht seines Reiches entsprechend ihrem Wissen. Und sie erhöh(t)en seinen kavôd über alle (4) Himmel seines Reiches (malkhûtô). Und in allen Erhobenheiten der Höhe (gibt es) wunderbare Psalmen; entsprechend ihrer Einsicht psalmodieren sie. Und die Pracht (5) des kavôd des Königs der Göttlichen erzählen sie in den Wohnungen, in denen sie sich befinden und ... (6) Wie aber werden wir unter ihnen eingestuft und wie unser Priestertum in*

---

[10] Dazu bes. Johann Maier, Zu Kult und Liturgie der Qumrangemeinde, RdQ 14 (1990) 543–586; Lawrence H. Schiffman, The Dead Sea Scrolls and the Early Jewish Liturgy, in: L.I.Levine, Synagogue in Late Antiquity 33–48.

[11] Vgl. Joseph M. Baumgarten, The Cave 4 Versions of the Qumran Penal Code, JJS 43 (1992) 268–276.

ihren Wohnungen? Und wie kann unsere Heiligkeit verglichen werden mit der Hei-
ligkeit (7) ihrer Heiligkeiten? Und was ist die Opfergabe der Sprache unseres Stau-
bes im Vergleich mit dem Wissen des Göttlichen?... (8)...wir wollen erhöhen den
Gott des Wissens... „ [12].

Das Reich der Himmel hat nach diesem esoterischen Gebetstext (und auch
nach anderen Texten) sein Zentrum beim Thron Gottes. Die Priester von
Qumran hofften gläubig, mit den Engeln am Thron eine Lob- und Gebetsgemeinschaft bilden und so einen himmlisch-irdischen Gottesdienst feiern
zu können. Das Reich der Himmel verwirklichte sich nach qumranischer
Auffassung in der von reinen Priestern vollzogenen Gebets-Liturgie. Wenn
die Qumran-Priester in die Gemeinschaft der Engel eintraten, senkte sich
das Reich der Himmel nach Qumran hinunter. Der neue Schub von Veröffentlichungen von Qumranfragmenten hat gezeigt, daß „malkhût scham-
mayîm" bzw. „basileia tû theû" bzw. „Reich der Himmel" ein in Qumran
viel häufiger gebrauchter Term war, als dies von den älteren Forschern angenommen worden war.

Gewiß gibt es auch eine neutestamentliche Esoterik (vgl. Mt 7,6; 11.25–30;
Lk 2,8–14; 2Kor 6,16; Apk 4–5 u.ö.). Einiges an ihr ist augenscheinlich qumranischer Herkunft. Zum Christentum konvertierte Qumranpriester (vgl.
Act 6,7) mögen sie mitgebracht haben. Aber die neutestamentliche Esoterik
atmet nicht mehr den separatistisch-priesterlichen Geist der Qumranbewegung, sondern öffnet sich, damit Außenstehende angezogen werden.

Die eben kurz skizzierte liturgische Esoterik war keine Nebensache, sondern ein besonders profunder Ausdruck der Identität der priesterlichen
Qumraner. Sie verstanden sich gemeinschaftlich als wahren Tempel und ihr
Leben als gottgefälligen Tempeldienst (1QS 8,4–10). Gott hat sie nach ihrer
Überzeugung „siebenfach gereinigt und einige von ihnen besonders geheiligt, „damit sie ihm zum Tempel aller Zeiten werden und damit Reinheit
unter den Männern sei"[13]. Sie brachten, wie es im eben zitierten Fragment
4Q 400/2, Zeile 7, heißt, „die Opfergabe der Sprache unseres Staubes" zum
gemeinschaftlichen Lobpreis Gottes dar. Dadurch realisierte sich bei ihnen
das Reich Gottes. Damit lebten sie spirituell bereits im Himmel (1QH 3,19–
24; 11,10–14; 1QS 11,7f). Nach ihrer Überzeugung war ihr von rigoroser
Reinheitsauffassung geprägtes Leben (1QS 5,13f; 6,25; 7,1–20; CD 15,15–
17) eine Vorwegnahme des reinen endzeitlichen Tempelkultes (1QM 2,1–9;

---

[12] 4Q 400/2: 4QShirShab; übers. aus Newsom, Songs of the Sabbat Sacrifice 110–117.
[13] 4Q 511, Fragm. 35, Zeile 2–3; DJD Vol. 7,237.

4Qflor 1,3–7). Mit einiger Vorsicht kann vom Bewußtsein einer präsentischen Eschatologie bzw. von einer inneren vorläufigen Realisation der Erlösung in Qumran gesprochen werden, wobei aber die futurische Dimension und Offenheit nie außer Acht blieb.

Vom Bewußtsein der Qumraner, das Eschaton sei im Kult gegenwärtig aber in seiner Fülle noch ausstehend, führt ein Weg zu ihren *messianischen* Vorstellungen. Diese waren vielfältig und dem Wechsel der Zeiten und Anschauungen unterworfen. Wir können besonders vier Formen unterscheiden. 1. Messiasvorstellungen, in denen das priesterlich-kultische Denken der Qumraner in die letzte Zukunft übertragen wird; 2. Messiasvorstellungen mit himmlischen Gestalten; 3. Messiasvorstellungen mit David, Mose oder Jakob als Ur-Figuren; 4. Messiasvorstellungen mit umwälzenden Folgen in Natur und Übernatur[14]. Die vielverhandelte Stelle in 1QS 9,11 „… bis zum Kommen eines Propheten und der Messiasse aus Aaron und Israel" ist Ausdruck eines messianischen Denkens aus priesterlichen Interessen heraus. Weil sich die priesterlich-kultische Tätigkeit nicht mit der Laientätigkeit der Kriegsführung verträgt, sind zwei Messiasse zu erwarten. Die biblische Stütze für diese Vorstellung läßt sich in Sach 4,14 finden, wo von zwei Gesalbten die Rede ist, „die vor dem Herrn der ganzen Erde stehen". Daß ein Endzeitprophet dem Priester- und dem Laienmessias vorangehen muß, ist traditionell bedingt. In priesterlich-prophetischen Kreisen wurde im 3./2. Jh.v. mit der Wiederkunft des Elia gerechnet (Mal 3,23f; Sir 48,10f; vgl. Mk 9,11–13; Lk 1,17). Die in der Damaskusschrift abgewandelten Kurzformeln von 1QS 9,11 (CD 12,23; 19,10; 20,1) weisen darauf hin, daß die Erwartung eines priesterlichen und eines nichtpriesterlichen Messias in Qumran nur zeitweilig vorherrschend war. Vor allem ist hier 1QSa 2,11–21 zu bedenken, wo von der Sitzordnung und dem Ritus beim eschatologischen Mahl die Rede ist. Der End-Priester und seine Männer sitzen „entsprechend ihrer Würde (kavôd)" beisammen und zwar auf höherer Stufe als der „Messias-Israels" und seine Männer. Der End-Priester darf dementsprechend auch als erster die berakha über das Erstlingsbrot und den noch ungegorenen Most sprechen. Kultische Idealvorstellungen haben bei diesen Messiaserwartungen das erste und das letzte Wort. Vermutlich wurde der wiederkommende Gründer der Gemeinde, der Lehrer der Gerechtigkeit teilweise als End-Priester aufgefaßt. In 4Qflor heißt es in einer Deutung

---

14 Zur geschichtlichen Entwicklung der qumranischen Messiasvorstellungen, wie sie sich nach den Editionen von 1989–1992 vorläufig ausnimmt vgl. Wise Michael/Tabor James, The Messiah at Qumran, Biblical Archaeology Review 18 (1992) 60–66.

von 2 Sam 7,14: „Damit ist der Sproß Davids gemeint, der zusammen mit einem Erforscher des Gesetzes (dôresch ha<u>t</u>-tôra) auftreten wird". In CD 6,10f wird die Erwartung ausgesprochen, daß „der die Gerechtigkeit Lehrende (yôre ha<u>z</u>-zedeq) am Ende der Tage aufstehen werde". Der Lehrer der Gerechtigkeit ist jene priesterlich-endzeitliche Basisfigur der Gemeinde, dem es Gott gegeben hat, alle Worte Gottes an die Propheten zu deuten (1QpHab 2,7).

Gestalten, die entweder stets im Himmel sind, oder die in den Himmel aufgenommen worden sind, damit sie dort für die Endzeit aufbewahrt und gerüstet werden, boten den Qumranern weitere Möglichkeiten für messianische Vorstellungen. Der Erzengel Michael werde im Verlaufe der eschatologischen Kriege zugunsten Israels und gegen die Mächte des Frevels eintreten (1QM 17,6–8; im Anschluß an Dan 12,1). Melchizedek werde beim endzeitlichen „Jahr des Wohlgefallens" erscheinen und werde der endgültigen Gerechtigkeit gegen die Mächte Belials zum Durchbruch verhelfen. Er sei der endzeitliche Elohim, der die bedrängten und trauernden Israeliten „aus der Hand Belials erlösen werde" (11 QMelch 2,24f)[15].

Die Qumraner pflegten auch die Hoffnung auf einen Messias aus dem Hause Davids ohne einen priesterlichen oder prophetischen Begleiter. In 4Qpatr wird Gen 49,10 ausgelegt, und zwar in folgender Weise:

> *„Solange es für Israel eine Herrschaft gibt, soll es nie an jemandem mangeln, der thront und zum Hause Davids kommt. Denn mit dem ‚Herrscherstab' (Gen 49,10) ist der Bund der Königsherrschaft gemeint...bis der Messias der Gerechtigkeit, der Sproß Davids, kommt. Ihm und seinem Samen ist nämlich der Bund der Königsherrschaft über sein Volk für ewige Geschlechter gegeben... ".*

Der Davidsbund wird hier als diachroner Bund gedeutet. Zwischen David und seinem messianischen Sproß werde es in Israel stets Herrschaft geben. Israel werde in der Zwischenzeit nie an innerem Chaos zugrunde gehen. Diese Herrschaft sei ein steter Hinweis auf David in der Vergangenheit und auf den Sproß Davids in der Zukunft. Ähnlich wie mit David dürfte sich die Sache auch mit Mose verhalten. In 4Qtest wird auf Dtn 18,18f Bezug genommen, wonach Mose einen Propheten verheißen hat, der wie er selbst sein werde. Mehrere Texte, in denen Mose vorkommt und in denen der Abfall vom Gesetz beklagt und eine verläßliche Toraauslegung verheißen wird, sind als Texte mit mosaisch-messianischer Hoffnung zu deuten (z.B.

---

[15] Zum Melchizedek-Endzeitmidrasch (11QMelch) vgl. bes. Kobelski, Melchizedek.

CD 5,15–6,21). – Ähnlich wie mit dem erwarteten Mose der Endzeit dürfte es sich auch mit Jakob, dem Stammvater Israels verhalten. Num 24,17 ('Ein Stern geht auf aus Jakob, ein Zepter erhebt sich in Israel') wird in den Qumranschriften auffallend häufig zitiert. Dabei gilt Jakob als Typus des Volkes Israel, das seine Feinde und ihren metaphysischen Protektor, Belial, am Ende der Tage besiegen wird (so in 1QM 11,6–11). In der Tempelrolle (11 QTR 29,4–10) wird der in Betel im Traum Gott schauende Jakob zum Typus vollkommener Gottesverehrung in der Endzeit. Der „Tag des Segens" (oder: der Tag der [neuen] Schöpfung) werde dann anbrechen, wenn der Bund intimster Gottesverehrung vonseiten des Menschen und höchster Begnadigung vonseiten Gottes, wie seinerzeit im Falle Jakobs in Betel, Wirklichkeit werde.

Das vor kurzem veröffentlichte Fragment 4Q 521[16] scheint ein zusätzliches Licht auf qumranische Messiasvorstellungen zu werfen. Mindestens zeitweise scheinen die Qumraner Vorstellungen gehegt zu haben, wonach der Messias von kosmischer und transkosmischer Bedeutung ist. Die zwei ersten Zeilen lauten: „Der Himmel, die Erde (und alles), was in ihnen ist, werden auf seinen (sc.Gottes) Messias hören. Und alles, was in ihnen ist, wird nicht von den Geboten der Heiligen abweichen". In Zeile 12 ist davon die Rede, daß Gott (offensichtlich im Zusammenhang mit dem Messiaserzeugnis) „die Toten lebendig machen wird" (meṯîm mechayye). Daß hier eine große ideelle Nähe zu neutestamentlichen Messiasvorstellungen vorliegt, dürfte kaum zu bestreiten sein (vgl. Mk 4,41 par.; Mt 37,52f).

5. Beziehungen zum Neuen Testament

Zunächst ist auf grundlegenden Differenzpunkte hinzuweisen. Sie lassen sich etwa so zusammenfassen:

1) Jesus war kein Priester, und seine Jünger waren es auch nicht. Die Qumraner konnten in dem Sinne keine direkten Vorbilder oder Opponenten Jesu gewesen sein.

2) Der Phänotyp der Jesusbewegung ist ferner ein ganz anderer als jener der Qumranleute. Jesus und seine Anhänger sind eine Meister-Jünger- bzw. eine Lehrer-Schüler-Gemeinschaft. Die Jesusbewegung ist ein dialogischer Betrieb mit Explikationen von Lehren, Hoffnungen und Moralvorschriften, mit Mißverständnissen und Beziehungskrisen, mit gemeinsamen Mahlzei-

---

[16] veröffentlicht von Wise/Tabor in der Biblical Archaeology Review (A 16) und von Eisenman/Wise, Jesus und die Urchristen 27–29.

ten und einem gemeinsamen Lebenstil, der durch Offenheit gegenüber anderen Gruppen und Sozialschichten zum Teil ärgerlich auffällt. Einen ähnlichen Phänotyp stellten damals die Pharisäer dar, die sich inzwischen von einer politischen Partei zu einer Gruppe gewandelt hatten, deren Hauptziele die umfassende Verwirklichung der Reinheit und der Heiligkeit und damit der Herrschaft Gottes im täglichen Leben innerhalb und außerhalb des Tempelbereiches geworden waren. Auch die Pharisäer waren eine Meister-Jünger-Gemeinschaft mit Diskussionen und mit Entwürfen für einen neuen religiösen Lebensstil, der allerdings durch Reinheitsvorschriften deutlicher von der Außenwelt geschieden war, als dies bei der Jesusgruppe der Fall war. Jesus und seine Jünger gehören religions-und geistesgeschichtlich eher in die pharisäisch-talmudische Welt hinein, als nach Qumran. Qumran war keine offene Lehrer-Schülergemeinschaft, sondern ein Club von Priestern, die bereits in der Vollkommenheit des Wandels waren. Wahlmöglichkeiten für andere Lebensformen oder Nichtakzeptanz der vorgegebenen Ideale und Erwartungen waren für Sektenmitglieder nicht mehr möglich.

3) Für Jesus und die Urgemeinde gibt es im Gegensatz zu Qumran keine Absonderung von Sündern, Gottlosen und rivalisierenden jüdischen Gruppen, keine verpflichtende monastische Lebensgemeinschaft, keine dekretorische Gesetzesverschärfung, keinen heiligen Krieg, keine Hoffnung auf Vernichtung der nichtjüdischen Mächte und der angeblich abgefallenen jüdischen Gruppen und auch keine Errichtung eines neuen, verbesserten Tempelstaates. Die Positionen, Vorstellungen und Erwartungen Qumrans einerseits und des Neuen Testaments anderseits sind also deutlich voneinander zu unterscheiden. Vergleiche zwischen der Rolle des qumranischen Lehrers der Gerechtigkeit (more zedeq) und jener des Jesus von Nazareth sind für vieles erhellend. Der (erste) Lehrer der Gerechtigkeit war zuerst in Jerusalem Hoherpriester und wurde dann (wohl vom Hasmonäer Jonathan) um 152 v. Chr. aus seinem Amt verdrängt[17]. In der Qumrangemeinde fand er seinen Zufluchtsort. Vermutlich stammen einige Hymnen in der Hymnenrolle (1QH 2–8) von ihm. Er verstand sich als Verstoßener, als einzig wahrer Priester und Lehrer (hak-kôhen môre haz-zedeq: 4QpPs 37; môre hay-yachîd: CD 20,1). Er hatte das sichere Bewußtsein des Anbruchs der Endzeit. Nach seinem Tode hatte er wohl Nachfolger, die sich als vorläufige Platzhalter verstanden bis zum Kommen des priesterlich-messianischen Hohenpriesters (1QS 9,11; CD 6,10f; 12,23; 19,10; 20,1). Jesus war demge-

---

[17] Hartmut Stegemann, The Teacher of Righteousness and Jesus: Two Types of Religions Leadership in Judaism at the Turn of the Era, in: Talmon, Civilisation 196–217, versuchte eine Typologie Jesu und des qumranischen Lehrers aufzustellen.

genüber kein Priester, sondern ein Laie, der sich und sein Werk in einem endzeitlichen Zusammenhang verstanden hat. Er betrachtete sich als Zeuge und Repräsentant von Gottes endzeitlichem Wirken. Als Vorbildsgestalt für seine Gemeinde über den Tod hinaus ist Jesus mit dem Lehrer der Gerechtigkeit vergleichbar. Es ist daher plausibel, daß Qumraner, die zum Christentum konvertierten (Act 6,7), in der Schilderung von Leben, Leiden, Tod und Auferstehung des Jesus von Nazaret auf Diktionen und Gedankengänge zurückgreifen konnten, die ihnen von Qumran her vertraut waren.

4. Es geht nicht nur um Jesus und seine Jünger! Viel entscheidender als mögliche Einflüsse aus Qumran auf sie, sind solche auf theologische Gedankengänge innerhalb des Neuen Testaments. Die Briefe des Paulus, der Jakobus- und der Hebräerbrief erfahren im Gefolge der Qumranfunde neue Deutungen. Man kann z. B. mit Fug und Recht annehmen, daß Paulus einmal oder mehrmals in der Qumranbibliothek „geschmökert" und sich dort gebildet hat. Gal 1,15–24 ist eine lose Basis für eine solche Annahme. Viele Vorstellungen (z. B. von Rechtfertigung, Heiligung), die wir in Qumran antreffen, kehren bei Paulus in irgend einer Form wieder. Besondere Aufmerksamkeit hat 2Kor 6,14–7,1, ein Einschub-Stück, in der Forschung gefunden[18]. Falls Paulus selbst dieses Stück eingeschoben hat – was viel Wahrscheinlichkeit besitzt –, dann ist seine Theologie-Abhängigkeit von Qumran nicht mehr zu bezweifeln. 2Kor 6,16b lautet: „Wir sind ein Tempel des lebendigen Gottes". Diese Idee, daß die Gemeinde die wahre Kultstätte ist, ist qumranisch reich belegt (bes. in 1QS 8,4–9; 1QS 9,3–7; 11QTR 29,4–10; 4Q 511, fragm. 35). Entscheidend ist aber, daß außerhalb Qumrans und des Neuen Testaments diese symbolische Um-Deutung des Tempels und seines Kultes nirgends im frühen Judentum anzutreffen ist. Sie findet sich außer in 2Kor 6,16 auch in 1Kor 3,16; Eph 2,20–22; 1Tim 3,15; 1Petr 2,5 u. a. Viel von urchristlicher Ekklesiologie verdankt also ihr Entstehen einem Licht aus Qumran.

Einflüsse von Qumran her gibt es aber nicht nur im Neuen Testament, sondern auch im rabbinischen Schrifttum. Besonders liturgische Ideen und Gebete lebten sowohl in rabbinischen Gemeinschaften weiter als auch in mystisch-ekstatischen Zirkeln, z. B. bei den Hekhalôt-Mystikern etwa des 3.–8. Jhs. n. Chr.

---

[18] Vgl. Fitzmyer, Responses to 101 Questions; Neil S. Fujita, A Crack in the Jar Kapera, An Anonymously Received Pre-Publication

IX. Die Pharisäer: Genau im Gesetz, engagiert in Gemeinschaft und Politik.

Bei einer oberflächlichen Lektüre des Neuen Testaments entsteht der Eindruck, die Pharisäer seien verstockte Gegner Jesu gewesen, voller Hochmut, Engmaschigkeit und Reinheitsfanatismus. Aus einem vertieften Studium kommt zwar kein Heiligenbild der Pharisäer heraus, wohl aber differenzierte Aussagen über ihr Ethos und ihre Bedeutung. Man muß aber umsichtig zu Werk gehen, wenn man etwas Gültiges über die Pharisäer sagen will: Die Schriften und Schriftsteller der Spätantike, die etwas über sie berichten, sind besonders genau nach ihrer Voreingenommenheit und speziellen Zielsetzung zu hinterfragen. Auch den Sekundärautoren ist auf die Finger zu schauen. Sie haben die Urteile der Primärautoren noch verschärft und auf die Ebene des Prinzipiellen gehoben. Weil die Gleichung Pharisäer = Juden im Verlaufe der Jahrhunderte auf eine zunehmende Akzeptanz gestoßen war, wurde der Antipharisäismus mit dem Antijudaismus identisch. Um das Voreingenommenheitsyndrom zu stoppen, wurden im 20. Jh. Versuche unternommen, die pharisäische Bewegung möglichst makellos darzustellen. Durch Weißwaschen kann die Geschichte aber nicht gültig zum Leuchten gebracht werden! Es geht nicht nur darum, die Pharisäer vor ihren Verächtern in Schutz zu nehmen und auf den unheilvollen ideologischen Antipharisäismus vieler Christen aller Jahrhunderte hinzuweisen. Es geht auch nicht nur um den Aufweis, daß die Pharisäer bezüglich geistig-religiöser Wirkung auf Judentum und Christentum allen ihren frühjüdischen Konkurrenzgruppen weit überlegen sind. Hauptsächlich geht es um eine historisch-kritische, möglichst exakte Darstellung, um die Pharisäer in ihrem Rang und in ihrer Bedeutung für Judentum und Christentum zur Geltung zu bringen.

1. Quellen und Ansatzpunkte

In drei Schrifttümern kommen die Pharisäer vor: in Vita, Bell und Ant des Josephus Flavius, im Neuen Testament (Evangelien, Apostelgeschichte und Paulus) und im rabbinischen (besonders tannaitischen) Schrifttum. Die wissenschaftliche Forschung hat sich strikt auf diese drei Schrifttümer zu beschränken. Sie sind kompositionskritisch zu analysieren, damit dann mit Hilfe einer „Hermeneutik der Beziehung" bzw. eines „comparative approach" historische Aussagen über die Pharisäer gemacht werden können. Besonders seit den umfassenden Initiativen von Jacob Neusner[1], E. Rivkin[2], Steve Mason[3] und andern ist dies klar geworden. Versuche, die Fastenrolle, das Jubiläenbuch, die Qumranschriften (bes. 1QpHab und 4QpNah), die Testamentenliteratur, Henochtraditionen, das 7. Kapitel von 2Makk, die Psalmen Salomos etc. teilweise auf die Pharisäer zu beziehen, haben zu hypertrophen Pharisäerspekulationen statt zu historisch vertretbaren Thesen geführt. Aber auch die drei Hauptquellen – Josephus, Mischna-Tosefta-Talmude-Midraschwerke und Neues Testament – berichten nur *über* die Pharisäer, sie stammen nicht *von* Pharisäern. Diese kommen nur in wenigen Abschnitten als Hauptakteure vor. Bei Josephus muß nach den speziellen Intentionen gefragt werden, die ihn zur Abfassung von Bell (ca. 75–80 n.), Ant und Vita (beide in den 90er Jahren des 1. Jhs.) bewegt haben. Im rabbinischen Schrifttum ist vor allem die Mischna (ca. 200 n.) nach historisch verläßlichen pharisäischen Traditionen und Elementen zu befragen, jedoch erst, nachdem die literarische Sonderform der entsprechenden Texte erkannt ist. Von wenigen vermuteten Ausnahmen im Neuen Testament abgesehen, haben wir nur Nachrichten über die Pharisäer aus solchen Werken, die nach der Tempelzerstörung des Jahres 70 n. in der Endgestalt verfaßt worden sind und deren redaktionelle Tendenzen nicht auf eine (nur) geschichtliche Würdigung der Pharisäer ausgerichtet sind. Als besonders sperrig gegen eine historische Erforschung erweist sich das rabbinische Schrifttum. Jacob Neusner verfaßte 1971 sein dreibändiges formkritisches Werk über die Pharisäer vor 70 n. Er war sich dabei bewußt, daß damit die Geschichte der Pharisäer nicht rekonstruiert werden kann. Er wollte nur „the shape and structure of some rabbinic Traditions" aufzeigen und so „a small part of the information, historians require for further consideration of the history of pre–70 Pharisaic Judaism in its historical setting" bereitstellen[4]. Die Rabbinen fragten ähnlich wie Josephus und das Neue Testament danach, welche Bedeutung die Tempelzerstörung für ihre Gruppe habe, und wie sie an der Geschichte vor 70 n. anknüpfen könnten. Für sie war dabei – weitgehend im Gegensatz zu Josephus und dem Neuen Testament – wichtig, daß die Kontinuität von Tora und Bund durch die Tempelzerstö-

---

1   Rabbinic Traditions about the Pharisees.
2   A Hidden Revolution.
3   Flavius Josephus on the Pharisees.
4   The Pharisees, Rabbinic Perspectives 5.

rung nicht gestört oder gar zerstört worden war. In den Pharisäern konnten
sie daher teilweise ihre geistigen Vorfahren sehen, die ihren Traditionen
und Auffassungen eine Kontinuität bis in die frühjüdische Vergangenheit
zurück verliehen. Dies darf aber nicht zu Auswüchsen in der Interpretation
führen. Bis in die 70er und 80er Jahre unseres Jahrhunderts hinein wurden
die Pharisäer überwiegend als jene jüdische Bewegung aufgefaßt, die das
Weiterleben des Judentums im Rabbinismus und damit auch in allen späteren Formen wesentlich ermöglicht und bestimmt hat. Der Begriff „pha-
risäisch-rabbinisches Judentum" tauchte und taucht überall (besonders in
neutestamentlich-exegetischen Werken) auf. Die pharisäische Geisteshaltung wurde ziemlich wahllos aus Aussprüchen von Rabbinen des 2.–5.
Jhs.n. abgeleitet. Wegen der Vermischung von solchen Ableitungen mit
nichtwissenschaftlichen Motiven forderte Morton Smith im Jahre 1956[5],
zur Vermeidung von Pharisäerideologien müsse ernst damit gemacht werden, daß es im 1. Jh.n. ein vielfältiges Judentum gegeben habe; die Pharisäer
seien nur *eine* der vielen Sekten gewesen, wenn auch eine ziemlich einflußreiche; auf keinen Fall könnten sie als eine Art normatives Judentum betrachtet werden; ihr Einfluß auf Politik und Religion sei beschränkt gewesen; Josephus habe die Pharisäer teilweise verfälscht und auch die Rabbinen
seien zugunsten der Pharisäer voreingenommen gewesen. Trotz des enormen Einsatzes des Smith-Schülers Neusner mußte D. Goodblatt[6] im Jahre
1989 resignierend feststellen, daß die Frage, welchen politisch-religiösen
Rang die Pharisäer im 1. Jh. nun wirklich gehabt hatten und welchen Entwicklungen sie im Verlaufe der Zeit unterworfen waren, hätten bis heute
nicht geklärt werden konnten.

2. Begriffe, Namen und Vorstellungen

Der Ausdruck „die Pharisäer" ist eine Anpassung des griech. hoi Pharisaioi
das seinerseits eine Adaption des aram. perisha'ya bzw. des hebr. hap-perûs-
hîm/perîshin ist. Parash bedeutet sich absondern, fernhalten, enthaltsam
sein. Soweit die Nominalform die frühjüdische pharisäische Sondergruppe
wiedergibt (dies ist nicht immer der Fall!), entsteht die Frage, ob positive
oder negative Konnotationen damit verbunden sind. Relevante rabbinische
Stellen – mYad 4,6f; tYad 2,20; mHag 2,7; tHag 3,35; bSot 22b; bNid 33b

---

[5] Palestinian Judaism in the First Century.
[6] The Place of the Pharisees in First Century Judaism: The State of the Debate JSJ 20
(1989) 292–351.

u. a.[7] – zeigen, daß die Fragen, ob der Name Pharisäer ursprünglich ein Ehrenname oder ein Schimpfname war, und ob ihn die Pharisäer sich selbst zugelegt hatten, nicht zu beantworten sind. Daß Pharisäer bisweilen als gefährliche Separatisten galten, ist evtl. aus einer frühen Version des Ketzersegens zu erschließen, wonach um ihre Verwünschung gebetet wurde (tBer 3,25f)[8]. Wahrscheinlich weist aber perûshîn/perushîm an dieser Tosefta-Stelle nicht auf die Pharisäer hin, sondern allgemein auf Abweichler, d. h. auf Leute, die sich den rabbinischen Autoritäten nicht beugen wollten. Die Mehrdeutigkeit des perûshîm-Begriffes scheint bereits in rabbinischer Zeit einige Verwirrung gestiftet zu haben. In mSot 3,5 ist z. B. von den „Schlägen der Pharisäer" die Rede. Stemberger[9] meint, hier seien nicht die Pharisäer als Gruppe gemeint, sondern Leute, die sich für besonders fromm halten und sich deshalb vom gewöhnlichen Volk absondern. In beiden Talmuden (ySot 5/20c; bSot 22b; vgl. yBer 9/14b) dient aber diese Mischna-Stelle zur Klassifizierung der sieben Typen von Pharisäern; mindestens fünf von ihnen werden negativ besetzt. Das semantische Feld wird außer durch die Mehrdeutigkeit des Begriffs Pharisäer auch noch dadurch schwer durchschaubar, daß bestimmte frühjüdische Persönlichkeiten – Schimon ben Schetach, Hillel u. a. – auf die die Rabbinen teilweise ihre eigenen Verhältnisse und Anschauungen zurückprojizieren und von denen her sie sich bestimmt wissen, nie als Pharisäer bezeichnet werden. Ob diese Pharisäer waren oder nicht, ist umstritten. Josephus charakterisiert die Pharisäer mit den Begriffen Sondergruppe (hairesis: z. B. Vita 10.12.191.197; Bell 2,162; Ant 13,171.288; vgl. auch Act 15,5; 26,5), Philosophie, Philosophenschule (philosophia: Bell 2,119; Ant 13,289; 18,9.11), Abteilung, Körperschaft, gesellschaftliches Gefüge, Schule (tagma, syntagma, moira, genos: Bell 1,110. 119; 2,150.160.162.164; Ant 13,296). Mit denselben Kategorisierungen belegt er teilweise auch die Sadduzäer, Essener und teilweise auch die Zeloten (Ant 13,171; 18,9). In Act werden sowohl die Pharisäer (Act 15,5; 26,5) als auch die Judenchristen (Act 24,5.14) hairesis genannt.

Nur vierzehn bis sechzehn Einzelpersonen aus verschiedenen Zeiten werden ausdrücklich als Pharisäer, Pharisäerschüler oder Anhänger und Sympathisanten der Pharisäer bezeichnet. In Ant 13,289 wird Johannes Hyrkan I (134–104) als (später verfeindeter) Schüler (mathêtês) der Pharisäer bezeichnet. Während der Regierungszeit Herodes' I wirkten der Pharisäer Pol-

---

7 Dazu E. Rivkin, Scribes, Pharisees, Lawyers, Hypocrites, A Study in Synonymity, HUCA 49 (1978) 135–142; Neusner, The Pharisees, Rabbinic Perspectives.

8 Flusser, Judaism 641, hält dies für ausgemacht.

9 Pharisäer, Sadduzäer, Essener 43.

lion und sein Schüler Samaios (Ant 15,3). Laut Ant 15,370 hatten die beiden auch Anhänger, mit denen zusammen sie selbst Herodes I Zurückhaltung abzuringen vermochten. Es wurde viel Mühe verwendet[10], diese beiden mit Schemaja und Avtalion (mAv 1,11) oder mit Schammaj und Hillel (mAv 1,13) zu identifizieren. Ähnliches gilt für Baba ben Buta, der laut bBB 3b–4a ein Weiser („chakham") war, aber im Zusammenhang mit einer Eifersuchtsgeschichte von Herodes umgebracht worden sei. Es läßt sich aus den Quellen nicht strikt beweisen, daß Baba ben Buta ein Pharisäer war und mit den „Söhnen von Baba" (Ant 15,259–266) zu identifizieren ist; eine gewisse Wahrscheinlichkeit spricht dafür. In Ant 18,4 ist vom Pharisäer Zaddok die Rede, der 6 n. als Mitbegründer der jüdischen Aufstandsbewegung hervorgetreten ist. Im Neuen Testament werden Simon (Lk 7,36–50), Nikodemus (Joh 3,1), Gamliel der Ältere (Act 5,34) und Paulus (Act 22,3; Phil 3,5) als Pharisäer bezeichnet. Josephus berichtet in Vita 189–198, er habe im ersten Aufstandsjahr (67 n.) einen Konflikt mit Simon ben Gam(a)liel gehabt. Dieser war einer der „Angesehenen" (gnôrimoi) der Pharisäer und der Gesellschaft (vgl. Bell 2,411) und schwankte zwischen Krieg und Frieden. In Simons Umgebung befanden sich die Pharisäer Jonathan, Ananias, Jozar und ein Hohenpriestersohn ebenfalls mit Namen Simon; der Pharisäer Jozar war priesterlicher Herkunft. Die vier bildeten eine Delegation zur Absetzung des Josephus von der galiläischen Kommandostelle, wobei Simon ben Gamliel eine treibende Kraft war (Vita 191.198.217–390). In Bell 2,628 wird nichts über die pharisäische Zugehörigkeit der vier gesagt; die Namen zweier sind in Bell außerdem etwas verändert. Simon ben Gamliel war der Vater des um 90 n. in Javne residierenden Rabban Gamliel II. Dieser ist als ein von pharisäischer Tradition geprägter jüdischer Führer zu betrachten. Er stellt eine wichtige Brücke zwischen Josephus (Simon ben Gamliel), dem Neuen Testament (Gamliel I) und dem rabbinischen Schrifttum dar.

Josephus selbst war wohl kein pharisäisches Parteimitglied. Vita 12 ist (auch vom Zusammenhang her gesehen) etwa so zu übersetzen: „Im Alter von 19 Jahren begann ich am öffentlichen Leben teilzunehmen, indem ich mich an der Sondergruppe der Pharisäer orientierte"[11]. Josephus will nirgends glaubhaft machen, er besitze die Kenntnisse eines pharisäischen Gruppen-Insiders bzw. er sei pharisäisches Gruppenmitglied. Er begab sich als 19jähriger in den Einflußbereich der Pharisäer, weil ohne deren Unterstützung in den Aufstandsjahren keine politische Karriere zu machen war.

---

[10] z.B. von Alon, Mecheqarîm.
[11] nach Mason, Flavius Josephus on the Pharisees 342–356.

Ähnlich wie Josephus könnte auch Eleazar ben Poira, der die Trennung Johannes Hyrkans von den Pharisäern provozierte, ein im Einflußbereich der Pharisäer Befindlicher, jedoch kein voller Pharisäer, gewesen sein (Ant 13,288–298). In bQid 66a tritt Juda ben Gedidia an die Stelle von Eleazar ben Poira, und Alexander Jannai an jene Hyrkans. Falls Juda ben Gedidia historisch ist, ist auch er ein Anhänger der Pharisäer im weiteren Sinn gewesen.

3. Eindrücke aus Josephus Flavius

Aus den Werken des Josephus ist nur mit Mühe zu erkennen, ob die Pharisäer *hauptsächlich* eine *Partei* mit Einflußmöglichkeiten im kultischen und politischen Bereiche waren, eine *Schule* zur Pflege von Philosophie, Gesetz und Tradition, eine *Exegetengruppe* mit besonderem Autoritätsanspruch, eine *Oppositionsbewegung* gegen die priesterlich-sadduzäische Oberschicht und deren Alleinvertretungsansprüche, oder eine *Bewegung mit* speziellen verpflichtenden *Traditionen*, in der es um besonders genaue Erfüllung von Gesetz und Vätersitte ging. Die Labilität der Josephschen Aussagen sind nicht nur durch unterschiedliche Ausformungen in Bell, Ant, Vita und durch veränderte historische Situationen bedingt, sondern kommen auch innerhalb der einzelnen Werke zum Durchbruch.

3.1. Politische Partei

Der Beginn der ältesten Pharisäerschilderung des Josephus steht in Bell 1,110: „Neben ihr (sc.Salome Alexandra 76–67 v.) wuchsen auch die Pharisäer in den Besitz der Macht hinein. Sie waren eine Gruppe von Juden, die als frömmer galten als die andern und von denen es hieß, sie befolgten die Gesetze exakter als die andern". Alexandra, die auch im Ruf besonderer Frömmigkeit und der genauen Befolgung der Bräuche der Väter stand (Bell 1,108), sei den Pharisäern hörig gewesen. Diese hätten ihre Naivität ausgenützt und seien so „zu Verwaltern des ganzen Staatsgebildes" geworden, „mit der Möglichkeit, zu vertreiben und zurückzuholen, freizulassen und gefangen zu setzen, wen sie wollten. Im ganzen kamen die Vorteile der königlichen Gewalt jenen zugute, die Ausgaben und Unannehmlichkeiten aber fielen auf Alexandra...Sie regierte über die andern, die Pharisäer aber über sie"(1,111f). Hier handeln die Pharisäer als politische Partei. Sie nehmen die Administration des Reiches in die Hand und sind, wie sich im weiteren Verlauf der Erzählung (Bell 1,113–119) zeigt, in der Ausübung ihrer Macht nicht zimperlich. Josephus anerkennt zwar in 1,110 ihre Kompetenz in Gesetz und Tradition sowie ihre Frömmigkeit. Er gibt dem aber dadurch einen negativen Anstrich, daß er den „weißen Terror" der Pharisäer anprangert. Dadurch hätten sie ihre gute Reputation als Fromme und gesetzeskundige Experten verspielt. In den parallelen Stellen in Ant 13,398–404 (Ende Alexander Jannais) und 13,405–432 (Regierungszeit Alexandras) ist die Wertung der Pharisäer nicht anders. Laut Ant 13,401 habe Alexander Jannai (103–76 v.) auf seinem Totenbett der Alexandra geraten, sie solle nach seinem Tod „den Pharisäern Macht verleihen; diese würden ihr dann aus Erkenntlichkeit für eine solche Auszeichnung das Volk gewogen machen, da sie bei den Juden soviel Macht haben, daß sie schaden, wem sie feindlich gesinnt sind, und als Freunde viel nützen". Es geschah dann in der Tat eine Verschiebung der Macht von Alexandra zu den Pharisäern (bes. 13,406). Zwar mag Josephus das damalige Machtverhalten der Pharisäer von Nikolaus von Damaskus übernommen haben – die Komposition der Ereignisse hat er selbst gestaltet. Die Pharisäer waren auch später politisch engagiert, besonders unter Herodes I (Bell 1,571; Ant 17,41–45) und in den Aufstandsjahren (Vita 12 189–198.309–312). Josephus betont ihre politische Tätigkeit in seinen späteren Werken (Ant, Vita) noch mehr als in Bell. Er betrachtete die Pharisäer also nie als bloße religiöse Pietisten, sondern sah sie stets auch im Zusammenhang mit politischen Aufgaben.

3.2. *Chavûra*

Die Pharisäer waren aber nicht nur eine politische Partei, sondern auch ein religiös-gesetzlicher Verband mit bestimmten Lehren, Schwerpunkten und Praktiken. Die die Pharisäer kennzeichnenden Ausdrücke des Josephus: hairesis, moira, morion, tagma, syntagma, genos sind wohl Abwandlungen des hebr. chavûra (Genossenschaft, Club, Schule), der in der Mischna belegt ist (mDem 2,3; 6,6.9.12; mShevi 5,9; mGit 5,9; mBik 2,2; mToh 7,4; 8,5; vgl. auch tDem 2,3–4). Wahrscheinlich müßte auch der sich in Bell 2,166 findende und die Pharisäer kennzeichnende Ausdruck „sie pflegen in ihren Reihen das Ideal der einträchtigen Gemeinschaftlichkeit" hebr. mit chavûra wiedergegeben werden. Die pharisäische chavûra war jedoch nicht die einzige; von daher verbietet es sich, die rabbinischen chavura-Stellen wahllos für die Pharisäer zu reklamieren[12].

---

[12] Gegen Jeremias, Jerusalem 279–303.

In Bell 2,162–163 finden sich vier Aussagen über die Pharisäer, die nach Josephus besonders etwa von der Zeit der Gründung der Zeloten (6 n.) an auf sie gepaßt haben: 1. „Sie galten als besonders genaue Ausleger der Gesetze (nomima) (162)". 2. „Sie führten ihre eigene Gruppe, die die Erste unter den jüdischen Gruppen war, ins Abseits"[13]. 3. „Sie schreiben alles der Heimarmene (Verhängnis, Bestimmung) und Gott zu, indem sie lehren, daß Recht- und Unrechttun hauptsächlich vom Menschen abhänge, daß aber auch das Verhängnis zu jeder Handlung beitrage" (162f). 4. „Sie halten die Seele für unsterblich, aber nur die der Guten gehen (nach dem Tod) in einen andern Leib über, während die der Bösen ewiger Bestrafung anheimfallen" (163).

Am meisten Rätselraten hat Punkt 1 verursacht. Was heißt in Bell 2,162: „Sie waren besonders genaue Ausleger (Exegeten) der nomima?" Im allgemeinen unterscheidet Josephus nicht zwischen nomoi und nomima. Es handelt sich bei beiden Begriffen um heilig gehaltene gesetzliche Bestimmungen aus Tora und Tradition. In Ant 13,297 ist von einer besonderen Traditionsgebundenheit der Pharisäer im Zusammenhang mit ihrem Konflikt mit Johannes Hyrkan (134–104) die Rede. Josephus schreibt:

> *„Ich will nun deutlich machen, daß die Pharisäer dem Volk verschiedene nomima aus der Überlieferung der Väter weitergegeben haben, die nicht in den nomoi Moses aufgeschrieben sind. Deswegen verwirft sie die Gruppe der Sadduzäer, die sagt, man solle sich nur an die geschriebenen nomima halten, nicht aber an jene aus der Überlieferung der Väter".*

Die Überlieferung der Väter bzw. die Weitergabe von den Vätern her ist das Leitmotiv dieser Sätze. Auf spezifisch pharisäische Überlieferungen, die teilweise Gesetzeskraft erhielten, ist auch anderwärts (Ant 10,51; 13,408f; Mk 7,1–13; Mt 15,1–9; Gal 1,14 u.ö.) die Rede[14]. Den nicht in den Gesetzen des Mose aufgeschriebenen nomima werden verschriftlichte, nicht aus der Vätertradition stammende nomima der Sadduzäer gegenübergestellt, an die allein man sich nach sadduzäischer Auffassung halten müsse. Die pharisäischen nomima sind in Ant 13,297 als nomos-ähnliche, d.h. Torakonforme, jedoch von der Tora unterschiedene Gesetzestraditionen verpflichtenden Charakters aufzufassen. Aus Ant 13,297 läßt sich jedoch kein Hinweis auf eine mündliche Traditionsideologie der Pharisäer im Sinne der

---

[13] So der Übersetzungsvorschlag von tên prôtên apagontes heiresin (Bell 2,162) durch Mason, Flavius Josephus on the Pharisees, 132.

[14] Dazu Stemberger, Pharisäer, Sadduzäer, Essener 84–90.

tôra schebeᶜal pe der späteren Rabbinen gewinnen. Es muß sich bei den pharisäischen nomima um verbindliche Traditionen gehandelt haben, die u. a. die Gerichtspraxis betrafen. Diese hätten sich durch Milde und damit auch Biegsamkeit ausgezeichnet (13,294; vgl. mAv 1,1). Es ist aus Ant nicht zu erkennen, ob die Tora-konformen Gesetzestraditionen der Pharisäer mündlich weitergegeben worden sind[15], oder ob Josephus nichts über die mündliche Weitergabe sagen will[16]. Diese Gesetzestraditionen der Pharisäer lieferten den Beweggrund für den Übertritt Hyrkans von den Pharisäern zu den Sadduzäern. Historisch gesehen war dieser Schritt ein Akt der Klugheit Hyrkans zur Erhaltung seiner hohenpriesterlich-fürstlichen Macht. Zu Beginn des Aufstandes unter Mattatias und Judas waren die Pharisäer – so können wir weiter historisch rückschließen – nützliche Verbündete der Hasmonäer, weil sie aufgrund ihrer nomima-Lehre für Veränderungen im Gesetzesverständnis (vgl. 1Makk 2,39–41) zu haben waren. Und als Hyrkan in seiner ersten, noch ungefestigten Regierungszeit (34–29 v.), auf Änderungen und Anpassungen von Traditionen angewiesen war, waren die Pharisäer auch für ihn die natürlichen Verbündeten. Sobald er aber fest im Sattel saß, wurden die rigoroseren, priesterlich-biblizistischen Sadduzäer seine verläßlicheren Bundesgenossen[17]; er wandte sich daher von den Pharisäern ab. Eine (nicht die einzig mögliche) Umschreibung der Pharisäer muß also mit ihren nomima zusammenhängen. Die Pharisäer sind demnach jene frühjüdische chavûra, die sich nicht nur zur Einhaltung der Tora verpflichtet wußte, sondern auch außerbiblischen, in ihrer eigenen Gruppentradition entstandenen Gesetzen und Traditionen, z. B. über die Gerichtsbarkeit, einen verpflichtenden Charakter zuerkannte. Zu dieser Umschreibung ist noch die aus Ant 13,288–300 und 18,11–22 teilweise zu gewinnende Erkenntnis hinzuzufügen, daß die Pharisäer – obwohl es unter ihnen auch Priester gegeben hat (Vit 196f) – nicht speziell (hohe-) priesterliche Rechtsauffassungen vertreten haben. Wohl aber haben sie in Opposition zu den Sadduzäern und Hasmonäern versucht, den maßgebenden Einluß auch über den Kultbereich und über die Weitergabe und Deutung biblischer Traditionen zu gewinnen. Ihre verpflichtenden nomima waren der ideelle Hintergrund ihrer Einflußnahmen. Johann Maier hat deshalb die Pharisäer zu Recht als jene Gruppe umschrieben, die das priesterliche Monopol der Kontrolle über den Bibeltext und seine Aktualisierung

---

[15] So Schäfer, Der vorrabbinische Pharisäismus 137.
[16] So Neusner, Traditions about the Pharisees Vol 3, 165.
[17] nach Goldstein, The Hasmonean Revolt 131.

im 2./1. Jh. den Tempelpriestern zu entreißen vermochte[18]. Die pharisäischen Halakhot, die uns später in der Mischna begegnen, betreffen tatsächlich teilweise auch den Tempelkult. In der Traditionskette im ersten Kapitel
der Sprüche der Väter (mAv 1) werden keine Priester als Träger und Wei-
tervermittler der Tora angeführt, obwohl sie dies historisch bis zur Zeit
Antiochos' IV in entscheidendem Maße waren (dazu Ant 11,111; Ap 1,29).
Statt ihrer treten in mAv 1,1 die Ältesten, die Propheten und die Männer
der großen Versammlung auf. Eine pharisäische oder pharisäisierende Optik kann mit Grund in mAv 1 vorausgesetzt werden.

Wie der hellenistische Allgemeinbegriff heimarmenê, den Josephus insgesamt 20 mal gebraucht[19], auf die historischen Pharisäer paßt, ist umstritten. Auch die Parallelstelle Ant 18,13 vermag Bell 2,163 nicht zu verdeutlichen. Des Rätsels Lösung kommt vermutlich aus Ant 10,277f, wo die Epikuräer eines fundamentalen Irrtums überführt werden, „weil sie die Vorsehung (pronoia) aus dem Leben verbannen und meinen, Gott kümmere
sich nicht um die menschlichen Angelegenheiten, und das Weltall werde
nicht von einem aus sich selbst glückseligen, unsterblichen, alles überdau-
ernden Wesen regiert, sondern erhalte sich aus eigener Kraft ohne Lenker
und Beschützer". Da es den Pharisäern um eine besonders exakte Gesetzes-
erfüllung ging, mußten sie ein besonderes Interesse sowohl an der Regentschaft Gottes in der Welt (pronoia, heimarmenê) haben, als auch an der
menschlichen Möglichkeit zu verantwortlichem, verdienstlichem Handeln.

Den in Bell 2,163 den Pharisäern zugeschriebenen Glauben an die Unsterblichkeit der Seele deutet Josephus in Ant 18,14 als Glauben an die
Auferstehung der Toten. Nach pharisäischer Auffassung trügen die Seelen
„eine unsterbliche Kraft" in sich. Sie seien auch noch im Menschen, wenn
er sich „unter dem Erdboden" befinde, und sie würden dort je nach dem
sittlichen Verhalten des Verstorbenen gerichtet. Als Ergebnis „müssen die
Bösen in ewiger Kerkerhaft schmachten, während die Tugendhaften wieder
lebendig werden (anabiûn)"[20]. Weil Josephus mit römischem Unverständ-
nis in der Auferstehungsfrage rechnete (vgl. Act 17,22–30) hat er offensichtlich in seinen Beschreibungen zwischen Unsterblichkeit der Seele,

---

[18] Jüd. Auseinandersetzungen mit dem Christentum 10–16.
[19] Belege bei Mason, Flavius Josephus on the Pharisees 133–142.
[20] Das hebr. mechayye ham-metîm, das z.B. in der 2. Berakha des 18-Gebets vorkommt, ist das Äquivalent zu anabiûn. Auch in Ap 2,217f wird die Auferstehung von
Josephus als „Glaube" definiert, „daß Gott es denen, die die Gesetze eingehalten
haben und notfalls gar dafür freiwillig gestorben sind, verleiht, wieder zu erstehen
und in einem Akt der Umwandlung (ek peritropês) ein besseres Leben zu ergreifen".

Wiederbelebung des Menschen aus Leib und Seele und irgendwelchen Seelenwanderungsvorstellungen geschwankt (vgl. Bell 272–274).

4. Evidenz aus frührabbinischen Schriften

Auf zwei Wegen können vom rabbinischen Judentum aus Verbindungsstränge zu den Pharisäern vor 70 n. gezogen werden. 1. Durch historische Vergleiche von Traditionen, Gesetzen und Namen, die im rabbinischen Schrifttum, bei Josephus und im Neuen Testament vorkommen, und die mindestens in einem der drei Schrifttümer als pharisäisch bezeichnet werden. 2. Durch form- und redaktionskritische Untersuchung pharisäischer Halakhot, die sich im rabbinischen Schrifttum, besonders in der Mischna finden.

4.1. Vergleiche zwischen verschiedenen Schrifttümern

Daß historische Vergleichsmöglichkeiten zwischen rabbinischen Aussagen und jenen anderer Schrifttümer möglich sind, kann fürs erste bRHSh 18b (unten) demonstrieren. Dort wird auf den Konflikt zwischen Johannes Hyrkan I und den Pharisäern kurz nach 129 v. angespielt, d.h. auf eine Episode, die auch in Ant 13,289–296 erzählt wird. Die rabbinische Version knüpft an die wohl frühjüdische Fastenrolle VII an:

„Am dritten Tag des Monats Tischri wurde die Erwähnung des Tetragrammatons (so das Verständnis in bRHSh 18b) aus den Dokumenten gestrichen." Dann fährt der *Talmud fort: „Als das Herrscherhaus der Hasmonäer stark wurde und sie (sc. die griech. Regierung) besiegte, wurde angeordnet, daß das Tetragrammaton sogar auf Schuldscheine geschrieben werden durfte. So wurde geschrieben: Im Jahre so und so Jochanan's, des Hohenpriesters des Höchsten Gottes! Als Weise („chakhamîm") davon hörten, sagten sie: Wenn jemand seine Schulden bezahlt, liegt dieser morgen auf dem Misthaufen. Da schufen sie dies ab und machten den Tag zum Festtag".*

Statt der Pharisäer in Ant 13,289–296 stehen hier die chakhamîm, und man kann hier von einer Gleichsetzung von Pharisäern und den „Weisen" des babylonischen Talmuds reden. Bereits in der Mischna, mMak 1,6, werden die Weisen anstelle der Pharisäer als Gegner der Sadduzäer eingefügt. Auf keinen Fall sind aber die Weisen *generell* ein rabbinischer Ersatzausdruck für die Pharisäer.

Ein weiteres Beispiel für den Weg des Vergleichs ist die schon erwähnte pharisäische Gamliel-Familie, die wir etwa von 20–150 n. verfolgen können: Gamliel der Ältere, Simon ben Gamliel, Gamliel II, Simon ben Gamliel II. Im Gegensatz zu Josephus und dem Neuen Testament fällt im rabbinischen Schrifttum der Ausdruck „Pharisäer" im Zusammenhang mit den Gamliels nicht. Die drei ersten Vertreter werden statt dessen mit dem Titel „Rabban" belegt. Die Rabbinen überliefern mehrere Logien und Gesetzesbestimmungen sowie historisch verläßlich erscheinende Reminiszenzen über sie[21]. Nach mBes 2,6 gehörte das Haus Gamliel vorwiegend der Richtung der Schammajiten an. Eine der am häufigsten debattierten Stellen ist tSan 2,6, wo belegt sein könnte, daß die pharisäische Gamliel-Familie bereits zur Zeit des Tempelbestandes das Recht hatte, durch Brieferlasse Fragen zur Zehnt-Abgabe an den Tempel und zur Jahresinterkalation zu regeln:

„Ein Tatfall (ma^case) betreffend Rabban Gamliel und die Ältesten. Sie saßen auf den Stufen des Tempelberges, und auch der Schreiber (sôfer) Jochanan war vor ihnen anwesend. Er sagte zu ihm: Schreibe folgendes an unsere Brüder in Ober- und in Untergaliläa:... Wir tun euch hiermit kund, daß die Zeit gekommen ist, den Zehnten aus den Olivengefäßen herauszunehmen und einzusammeln". Dann wird ein weiterer Brief „an die Brüder im oberen und unteren Süden" diktiert:... „Wir tun euch hiermit kund, daß die Zeit gekommen ist, den Zehnten aus der Getreideernte herauszunehmen und einzusammeln". Schließlich folgt ein Brief „an unsere Brüder, die Söhne der Verbannung in Babylonien, in Medien und in der übrigen Verbannung Israels": „Wir tun euch hiermit kund, daß die Tauben klein und die Lämmer mager sind, und daß der Frühling noch nicht gekommen ist. Daher beschließe ich und meine Gefährten (chavera'î), daß diesem Jahr 30 Tage hinzugefügt werden".

Im Anschluß an diesen Text werden im restlichen mSan 2 verschiedene Fragen der Interkalation des Jahres debattiert. Auch vor diesem ma^c ase geht es in mSan 2 um die Interkalation. Formgeschichtlich ist tSan 2,6 das älteste Stück, an das die ganze Interkalationsfrage angeschloßen worden ist. Ob es sich dabei um Gamliel den Älteren handelt oder um Gamliel II von Javne, ist umstritten, da man auch nach der Tempelzerstörung des Jahres 70 von den Stufen des Tempels her Bestimmungen erlassen konnte. Einiges spricht aber doch für den älteren Gamliel und damit wohl auch für eine pharisäische Tradition: 1. Nach der von der Mischna in tSan 7,1 auf Rabban Simon ben Gamliel zurückgeführten Tradition tagte das Synedrium zur Zeit des Bestandes des Tempels in der Quaderhalle (lishkat hag-gazît), was mit der Bezeichnung „auf den Stufen des Tempelberges" in tSan 2,6 identisch sein dürfte. 2. Die Bezeichnung „die zekenîm ... und der sôfer Jochanan" dürfte mit den im MT geläufigen Term-Gespann: „die Pharisäer und die Schriftgelehrten" identisch sein (Mt 5,20; 12,38; 15,1; 23,2; Lk 11,53). Demnach waren die Pharisäer Befugte für Rechtsentscheide, während die Schriftgelehrten die Aufgabe hatten, diese Entscheide in

---

[21] besprochen bei Neusner, The Pharisees 23–58.

eine halakhische Form zu bringen und sie so verbindlich zu machen. Den Pharisäern und Schriftgelehrten stehen im Neuen Testament einerseits die Pharisäer und die Sadduzäer (Mt 16,1 u.ö.) und anderseits (besonders in frühen Stellen "die Schriftge-lehrten und die Ältesten" gegenüber (Mk 11,27; 14,43.53; 15,1). Mit Hilfe von tSan 2,6 und der Korrespondenz-Stellen kann also die These begründet werden, daß die durch das Haus Gamliel im 1. Jh.n. repräsentierten Pharisäer schon vor der Tempel-zerstörung die traditionell priesterliche Aufgabe der Wahrung und Aktualisierung der Tora übernommen haben, und zwar als eine Gruppe mit Befugnis zu halakhi-schen Entscheiden. Dies gilt auch dann noch, wenn – was unwahrscheinlich ist – der in tSan 2,6 geschilderte Tatfall auf Gamliel II von Javne zu beziehen ist, da der zweite Gamliel pharisäische Traditionen nach Javne mitgebracht hat (tSan 2,6)[22]. Die im-plizierte Gleichsetzung der Ältesten in tSan 2,6 mit den Pharisäern kann wiederum nur mit Vorsicht auf weitere rabbinische Stellen ausgedehnt werden.

4.2. Die pharisäischen Halakhot

Im mYad 4,6–8 findet sich eine stilistisch geschlossene Texteinheit, in der zuerst (6f) die Sadduzäer und Rabban Jochanan ben Zakkai die ungenügen-de Konsequenz der Pharisäer in rituellen Reinheitsfragen aufgreifen und diskutieren. Dann folgt in 8 ein wohl später hinzugefügtes Streit-Logion zwischen einem galiläischen Häretiker (mîn), der vielleicht die dort ur-sprünglich stehenden Sadduzäer verdrängt hat, und den Pharisäern. Dieses Logion betrifft Formalien der Ehescheidung. mYad 4,8 kann hier daher au-ßer Betracht bleiben. Die Halakha in mYad 4,6 lautet:

„Die Sadduzäer sagen: Wir werfen euch vor, ihr Pharisäer, daß ihr sagt, daß die Heiligen Schriften die Hände verunreinigen, während Schriften Homers(?) die Hän-de nicht verunreinigen. Rabban Jochanan ben Zakkai sagte: Haben wir gegen die Pharisäer nur dieses? Siehe, sie sagen: Die Gebeine eines Esels sind rein, doch die Gebeine des Hohenpriesters Jochanan (=Hyrkan) sind unrein. Sie (sc. irgendwelche Anhänger der Pharisäer) entgegneten ihm: Gerade aus ihrer Hochschätzung ent-springt ihre Unreinheitserklärung; niemand soll nämlich aus den Gebeinen seines Vaters und seiner Mutter Löffel machen dürfen. Er (Jochanan?) sagte zu ihnen (den Sadduzäern?): Auch im Falle der Heiligen Schriften entspringt ihre Unreinheitser-klärung aus ihrer Hochschätzung. Die Schriften Homers aber, die nicht hochge-schätzt sind, verunreinigen die Hände nicht".

Unreinheitserklärungen der Pharisäer bzw. ihre Tabu-Vorschriften in Zu-sammenhang mit der Behandlung von Bibeltexten sind ein Zeichen höch-

---

[22] Neusner, The Pharisees 38–40; zu ähnlichen frühjüdischen Angaben: Schwartz, Stu-dies 44–80.

ster Wertschätzung für diese „kultischen" Gegenstände; dies ergibt sich auch aus den beigegebenen Gegenbeispielen. Ein geschichtlicher Kern kann hier vorliegen. Die die Tora betreffenden Reinheitsgesetze der Pharisäer können einen Teil der pharisäischen nomima / – halakhot gebildet haben. Die den konservativen Oberpriesterkreisen zuarbeitenden Sadduzäer werden gerade deshalb, weil die Pharisäer die Kontrolle über die Tora und ihre Deutung erstrebten, hier Gegnerschaft angemeldet haben. Daß Rabban Jochanan ben Zakkai für die Zurechtrückung der Polemik – auch im Falle der Reinheitsgesetze für Tote – sorgt, weist darauf hin, daß er den Pharisäern zugetan war, und daß dieses Logion in der frühen Javne-Zeit (um 80 n.), als er noch dort war, kompiliert worden ist. Das zweite Logion in mYad 4,7 hat zwei Themen. Zuerst werden wiederum die inkonsequent scheinenden pharisäischen Entscheidungen in Reinheitsfragen angeführt. Dann geht es um den Schaden, den das Vieh oder ein Sklave anrichten. Gegen die Sadduzäer fühlen sich die Pharisäer nur für solche Schäden verantwortlich und haftbar, die von einem Ochs oder einem Esel angerichtet werden, nicht aber für Schäden, die von Sklaven angerichtet werden. Letztere haben ja als Menschen die eigene Verantwortung bzw. kawwana. Auch diese Diskussion kann in die Zeit vor 70 n. zurückreichen (vgl. Lk 13,15; 14.5).

In mYad 4,6f werden Pharisäer und Sadduzäer also als an Reinheits- und Unreinheitsfragen interessierte Gruppen gekennzeichnet. Die Verfasser der Mischna nehmen dabei Partei für die Pharisäer. Sie billigen auch deren hermeneutische Regeln zur Bestimmung von Reinheit und Unreinheit. Zur Umschreibung der Pharisäer gehört also ihr Engagement und die Herstellung von Begründungszusammenhängen für Fragen der Reinheit.

Es gibt noch weitere 10–12 Stellen in der Mischna, die im Zusammenhang mit den Pharisäern zu diskutieren sind[23]. Im Vordergrund des Interesses steht dabei mHag 2,7:

> „Die Kleider eines Am ha-Arez sind midras für perushîm. Die Kleider von peruschîm sind midras für die, welche Priesterhebe essen. Die Kleider der Priesterhebe-Esser sind midras für die, welche Heiliges essen. Die Kleider der Heiliges-Esser sind midras für die, welche sich mit dem Sündopfer befassen… ".

Mit midras ist irgend ein Stoff gemeint, der dem besonderen Druck oder der Verunreinigung seines Trägers ausgesetzt ist. Eine paraphrasierende

---

[23] zusammengestellt z. B. in: The History of the Jewish People (Schürer) Vol 2, 384–387.

Übersetzung wäre: „eine Quelle der Unreinheit". Gegen Stemberger[24] ist perushîm hier mit Pharisäer wiederzugeben. Ebenso ist der Am ha-Arez in mHag 2,7 ein Gruppenname für Leute, die die Reinheitsgesetze zwar bejahen, aber sich um keine Besonderheiten dieser Gesetze kümmern. Speziell geht es um die Reinheit im Zusammenhang mit dem Essen und dem Ausscheiden. Die Pharisäer hielten sich zwar an eine besondere Reinheits-Halakha. Sie reichten aber nicht an die Würde und Heiligkeit bestimmter Priester heran, die ihre Reinheits-Halakha im Rahmen ihrer kultischen Tätigkeit mit größter Exaktheit praktizierten. Bei den Priestern ging es ja um „konsekrierte" Speisen (le-qodesh), bei den Pharisäern „nur" um rituell reine Speisen (le-chullîn) (mHag 2,5). Die Reinheitsskala in mHag 2,7 kann auf ein höheres hierarchisches Bewußtsein der Tempelpriester gegenüber den Pharisäern hinweisen.

5. Rabban Jochanan ben Zakkai

In mYad 4,6 ist uns Jochanan ben Zakkai bereits als pharisäernahe Persönlichkeit begegnet. In tPar 3,8 ist von einem Streit zwischen ihm und einem Hohenpriester über das gesetzlich richtige Verbrennen der roten Kuh (Num 19,1–10) die Rede. Der Hohepriester wird als Sadduzäer bezeichnet. Jochanan streitet mit ihm ganz à la mode der Streitigkeiten zwischen Pharisäern und Sadduzäern zur Zeit des Tempelbestandes. Historisch einigermaßen gesichert ist, daß Jochanan als Gesetzeslehrer in Jerusalem wirkte, dort zu den Gegnern der aufständischen Zeloten und zu den energischen Verfechtern eines Ausgleichs mit den Römern gehörte, zwischen 67 und 69 n. aus dem belagerten Jerusalem floh, von den Römern in Gophna mit andern Überläufern interniert wurde, etwas später in Javne zur Kolonie anderer Gesetzeslehrer stieß und dort ein ‚Lehrhaus' errichten konnte. Wir wissen dies aufgrund formkritischer Untersuchungen rabbinischer Stellen – bes. ARN A 4 (Schechter 19); bGit 56a; EkhaR zu 1,5 (Buber 65ff); MMish 15 (Buber 79f) – sowie entsprechender Vergewisserungen, hauptsächlich im Schrifttum des Josephus über historische Möglichkeiten von Jochanans Tätigkeit in Jerusalem und seiner Flucht aus Jerusalem. Entsprechende Arbeiten leisteten Neusner und Schäfer[25]. Es ist nicht zu beweisen, daß Jochanan ein Pharisäer war. Aber die Wahrscheinlichkeit ist gegeben, daß er in Jeru-

---

[24] Pharisäer, Sadduzäer, Essener 42.
[25] Neusner, A Life of Yochanan ben Zakkai; Developement of a Legend; Schäfer, Die Flucht Jochanan ben Zakkais aus Jerusalem.

salem hauptsächlich in pharisäischen Kreisen verkehrte, und daß er mit Simon ben Gamliel, der zeitweilig zur Friedenspartei gehörte, Umgang pflegte. Er scheint zu jenen Lehrern gehört zu haben, die nicht im offiziellen Kontext der pharisäischen Bewegung wirkten und sich auch nicht an alle Ansichten und Entscheidungen der pharisäischen Körperschaft gebunden fühlten[26].

6. Die Schammajiten und Hilleliten

In Javne treffen wir ca. 80–120 außer Rabban Jochanan ben Zakkai zeitweise eine ganze Reihe von Gesetzeskundigen, die schon vor der Tempelzerstörung 70 n. in Jerusalem gewirkt haben. Außer dem schon mehrmals erwähnten Rabban Gamliel II sind dies Rabbi Eliezer ben Hyrkanos, Rabbi Jehoschua ben Chananja, Rabbi Eleazar ben Arakh, Rabbi Eleazar ben Azarja u. a. Sie betrachteten es u. a. als ihre besondere Aufgabe, halakhische Traditionen aus der Zeit vor der Tempelzerstörung zu sammeln, um sie weiter tradieren zu können. Dabei mußten sie notgedrungen eine Auswahl treffen. Wie und weshalb sie die Auswahl trafen, berichtet tEd 1,1 in historisch wohl zutreffender Weise:

> *„Als die Weisen (chakhamîm) den Weinberg in Javne betraten, sagten sie: Es wird eine Zeit kommen, da ein Mensch ein Wort aus den Worten der Tora sucht und es nicht findet, ein Wort von den Schriftgelehrten (soferîm) und es nicht findet… Und so wird ein Wort aus der Tora nicht mit einem andern verglichen werden können. Da sagten sie: Laßt uns von Hillel und Schammaj an beginnen".*

Es ging also um Zusammenstellungen von Traditionen und Vorschriften seit der Zeit von Hillel und Schammaj, also etwa ab der Herodeszeit, andernfalls wäre die Kapazität der Javne-Leute zu klein gewesen. Außerdem waren ja jene Traditionen besonders wichtig, die in der letzten Zeit des Tempels Geltung gehabt hatten. Daß die Sammlung und Kompilierung der Traditionen seit Hillel und Schammaj zu den besonderen Anliegen der Javne-Leute gehörten, zeigt sich vor allem daran, daß viele Dispute der Schammajiten und der Hilleliten in Javne und später auch in Uscha ein Hauptthema waren. Etwa 320 Rechtsfälle bzw. Gesetzesentscheide dieser beiden Schulen bzw. „Häuser", die schon während der letzten Jahre des Tempelbestandes miteinander diskutiert hatten, wurden in Javne und in Uscha (zwi-

---

[26] Dazu Isajah M. Gafni, in: Safrai, The Literature of the Sages 7.

schen ca. 80 – ca. 170 n.) aufgearbeitet[27]. Es ist anzunehmen, daß die „Häuser"-Diskussionen zur Zeit des Tempelbestandes im Rahmen der pharisäischen Bewegung geführt worden sind, worauf ja auch das Faktum hinweist,
daß die pharisäische Gamliel-Familie laut mBes 2,6 und mEd 3,10f der
Richtung Schammajs verpflichtet war. Die Javne-Lehrer selbst bezeichnen
die Hilleliten und Schammajiten allerdings nirgends als Pharisäer. Sie hatten ja „only a modest interest in Pharisaic history"[28]. Ihnen ging es um
Kontinuität, nicht um exakte Historie. Sie wollten soweit Referenten der
Vergangenheit sein, als dies für ihren Lebensstil und die neuen Herausforderungen in tempelloser Zeit notwendig war. Entsprechend dem Interesse
„von Hillel und Schammaj her" wurden wohl schon in Javne Traditionsket-
ten erstellt, die das zu bearbeitende Material als einheitliches – teilweise
auch pharisäisches – charakterisieren sollten. Wir besitzen drei Traditions-
ketten in mAv 1,1–18, in mHag 2,2 und in mSot 9,9. Sie enthalten insgesamt 14 Namen. Es kann allerdings nicht mit letzter Sicherheit gesagt werden, daß es sich bei diesen Personen um Pharisäer gehandelt hat. Dies gilt
auch für Hillel den Alten (um 20 v.) und für seinen Paar-Gefährten Schammaj. Wenn sie auch nicht als Pharisäer bezeichnet werden, so ist doch evi-
dent, daß sie als Väter des rabbinischen Judentums in Dienst genommen
worden sind.

7. Charakterisierung der Pharisäer aufgrund von Josephus und den Rabbinen

Es ist kein exaktes Gründungsdatum für die Pharisäer auszumachen. Sie
werden zum ersten Mal unter der Regierungszeit des hasmonäischen Hohenpriesters Jonathan (159/152–143 v.) in Ant 13,171–173 erwähnt). Zusammen mit den Sadduzäern und Essenern machen sie dort den Eindruck
einer bereits etablierten Gruppe mit distinktiven theologischen und an-
thropologischen Anschauungen. Als glaubhafteste These kann immer noch
jene gelten, wonach die Pharisäer sich im Zusammenhang mit den Eingriffen des Antiochos IV (175–163) in den Tempelbereich und den radikalen
hohenpriesterlichen Hellenisten (bes. Menelaos: 172–162 v.) formiert haben. Mit ihren „nomima/halakhôt aus den Überlieferungen der Väter, die

---

[27] aufgelistet und interpretiert bei Neusner, The Rabbinic Traditions, Vol 2, 344–353;
sowie in Safrai, The Literature of the Sages, passim.
[28] Neusner, Pharisees: Rabbinic Perspectives 244.

nicht in den Gesetzen Moses aufgeschrieben sind" (Ant 13,297) sind sie
vermutlich als geistige Partisanen der frühen Hasmonäer für eine beweg-
liche Handhabung der biblischen Gesetze eingetreten (vgl. 1 Makk 2,39–41)
und haben so den nationalreligiösen Kurs der Hasmonäer bis zur Krise
unter Hyrkan I mitbestimmt. Sich auf Nikolaus von Damaskus stützend,
gibt Josephus ihre Zahl für die Zeit Herodes I' mit „mehr als 6000" (Ant
17,42) an. Schätzungsweise hat Jerusalem im 1. Jh.n. etwa 50000–55000
Einwohner gehabt (Jeremias 96). Demnach war damals jeder neunte Bewohner pharisäisch gestimmt. Man hat also mit einem großen pharisäischen Einfluß zu rechnen.

Es gibt erhebliche Diskrepanzen zwischen den Josephschen und den rabbinischen Schilderungen der Pharisäer. Bei Josephus sind die Pharisäer Vertreter einer exakten Gesetzesauslegung und -anwendung (akribeia) und
damit einer voluntaristischen Gottesverehrung. Sie haben ferner ein fest
umrissenes Glaubenssystem. Insofern sie diese Grundlinie verfolgt haben,
sind sie beim Volk beliebter gewesen als ihre sadduzäischen Gegner mit
deren konservativ-priesterlichen Geisteshaltung: „Wegen dieser Lehren
besitzen die Pharisäer beim Volk einen so großen Einfluß, daß alle priesterlichen Kultfunktionen ihrer Deutung (exegêsei) unterworfen sind. Wenn
(dagegen) die Sadduzäer ein Amt bekleiden (wollen), verbinden sie sich mit
den Pharisäern, weil das Volk sie sonst nicht dulden würde" (Ant 18,16f).
Die pharisäische Gesetzesinterpretation bezieht sich auch auf den kultischen Bereich. Die Pharisäer gelten bei vielen als die verläßlicheren Tradi-
tions-, Kult- und Reinheitserklärer als die professionellen Priesterkreise.

Wie weit die Aussagen des rabbinischen Schrifttums über die Pharisäer
sich mit jenen des Josephus decken oder diese ergänzen, bildet *die* crux
interpretum. Peter Schäfer kommt bezüglich des Ertrages, den die rabbinischen Schriften für die Pharisäerforschung abwerfen, zu einem äußerst
mageren Ergebnis. Die Aussagen der rabbinischen Literatur über das Verhältnis der Rabbinen zu den Pharisäern seien historisch „wenig aussage-
kräftig". Außerdem seien in den Stellen, in denen sich die Rabbinen direkt
mit Perushim auseinandersetzen, gerade nicht die historischen Pharisäer
gemeint, „sondern Angehörige einer extrem-asketischen Gruppe von Separatisten, die vom wohlausgewogenen halakhischen Konsens der Rabbinen abweichen"[29]. Neusner kann eine reichere Ernte einfahren: Aus den
rabbinischen Aussagen ergibt sich für ihn, daß die Pharisäer vor 70 n. eine
religiöse Gruppe waren, die in besonderer Weise um die Einhaltung der

---

[29] Der vorrabbinische Pharisäismus 130.

Reinheitsgebote im Tempel und außerhalb des Tempels besorgt waren. Die Pointe der pharisäischen Tätigkeit bestand darin, daß sie priesterliche Reinheitsideale und die damit verbundenen rituellen Vorschriften auf das alltägliche Leben mit Essen, Trinken, Schlafen etc. übertragen haben. Speziell das Essen muß im Zustand ritueller Reinheit geschehen. Die Pharisäer beobachten deshalb einerseits die Herkunft, den Transport und den Zustand der Esswaren, andererseits die richtige Verzehntung der Nahrungsmittel mit großer Akribie. Die Diskrepanzen mit den Darstellungen des Josephus erklärt Neusner damit, daß sich die Pharisäer seit Hillel, resp. seit ihren politischen Irrwegen in der Herodeszeit vermehrt von der Politik abgewendet und den Reinheitsidealen zugewendet haben[30].

Die Debatte über die Pharisäer und ihre Rolle vor der Tempelzerstörung ist noch lange nicht zu Ende. Als gesichert kann aber gelten, daß die Pharisäer vor 70 n. keine normative Sekte waren[31], sondern eine einflußreiche jüdische Sondergruppe unter mehreren andern. Sicher ist auch, daß die Pharisäer vor allem vermittels der Gamliel-Familie in Javne zu konstitutivem Einfluß auf das werdende rabbinische Judentum kamen. Wie weit sich spezifisch pharisäische Lehren (Vorsehung, Auferstehung, Unsterblichkeit der Seele, verpflichtende Gesetze, die nicht in der Tora stehen) auf das rabbinische Judentum ausgewirkt haben, kann nicht mehr genau rekonstruiert werden.

8. Pharisäisches und Antipharisäisches im Neuen Testament

Im Neuen Testament treten Pharisäer in direkter Rede und Gegenrede auf. Es werden darin auch Situationen geschildert, die typisch-pharisäischen Charakter haben. In Lk 7,36–50 wird ein Gastmahl geschildert, zu dem der Pharisäer Simon eingeladen hat mit Rede und Gegenrede zwischen Gastgeber und Gast. In Act 5,34–39 kommt gar der Pharisäerführer Gamliel I. mit einem hochwichtigen Wort zur Geltung: Es sei unsinnig, die christlichen Apostel zu verhaften und zu verfolgen. Dies sei von der Offenbarungsgeschichte her erwiesen. Man könne nämlich nicht wider Gottes Herrschaft löken, sonst gerate man selbst ins Verderben. Gamliel der Ältere gab daher den Tempelautoritäten, die zwei Apostel hatten verhaften lassen, folgenden Rat: „Laßt ab von diesen Leuten und laßt sie frei. Ist nämlich

---

[30] Neusner, From Politics to Piety.
[31] Neusner, A Complete Repertoire 290.

dieses Vorhaben oder dieses Werk von Menschen, so wird es zerfallen. Ist es aber von Gott, so könnt ihr es nicht zum Zerfallen bringen; ja ihr könntet im Falle eures Zerstörungswillens sogar als Widersacher Gottes dastehen" (Act 5,38). In einer, seinem römischen Leserkreis angepaßten Weise, sagt Josephus in Ant 13,172 mit seinem heimarmenê-Begriff über die Pharisäer im Grunde dasselbe, was der Pharisäerführer Gamliel laut Act 5, 34–39 sagte: Wir können verdienstvoll und verderblich handeln. Aber Gottes prädestinatorisches Handeln steht über dem unsrigen und setzt sich in vielen Fällen auch gegen uns durch. In der Parallelstelle Bell 2,162f nähert sich Josephus noch mehr den Worten Gamliels an: Da steht noch ein Zwischensatz, wonach die Heimarmene „in jedem menschlichen Handeln mithilft". Die pharisäische Position gegenüber der Vorausbestimmung durch Gott betont sowohl die stete Anwesenheit von Gottes herrschendem und lenkendem Wissen als auch den menschlichen Freiheitsraum zu verantwortlichem Handeln und damit zu einem Lohn im Himmel – oder zu einer Bestrafung. Die menschliche Verantwortung ist zwar voll gegeben, sie ist aber nie ohne Begleitung der Vorausbestimmung Gottes.

Zur pharisäischen Lehre von der Auferstehung der Toten liefert das Neue Testament einen vielfältigen Kommentar. Jesus selbst neigte der Auferstehungserwartung der Pharisäer zu, wenn er auch vor Vergröberungen derselben warnte. Als die Sadduzäer laut Mt 22, 23–32 sich vor ihm als Leugner der Auferstehung zu profilieren versuchten, wies er sie zurück, gab ihnen aber in dem Punkte recht, daß man sich die Auferstehung nicht allzu plastisch und allzu undifferenziert in irdischen Kategorien vorstellen dürfe: „Denn nach der Auferstehung werden die Menschen nicht mehr heiraten, sondern sie werden sein wie die Engel" (Mt 22,30). Seine entscheidende Argumentation zugunsten der Auferstehungserwartung entspricht der rabbinischen Argumentation: „Habt ihr nicht gelesen, was Gott euch über die Auferstehung der Toten gesagt hat: Ich *bin* (Präsens) der Gott Abrahams, der Gott Isaaks und der Gott Jakobs. Er ist doch nicht der Gott der Toten, sondern der Gott der Lebenden" (Mt 22,31f)! Es gibt ein rabbinisches Gleichnis, das Licht auf die Argumentation Jesu zu werfen vermag:

„Gleich einer Statue. Sie hat auf allen Seiten ein Gesicht. Tausend Menschen schauen auf sie und sie schaut auf alle. – So der Heilige, gelobt sei er! Als er sprach: ‚Ich bin der Herr Dein Gott' (Ex 20,2), sagte jeder Israelit: Mit mir spricht das Wort! Es steht ja nicht geschrieben: Ich bin der Herr euer Gott, sondern: ‚Ich bin der Herr dein Gott'"[32]

---

[32] PesK 12,25; Thoma/Lauer, Gleichnisse I 205–207.

Die Janusstatue überblickt hier alle Menschen, die sich ihr aus allen Richtungen nähern. Gott überschaut alle und alle stehen stets vor seinen Augen in Lebendigkeit: die heute Lebenden und die früheren Generationen. Nach Jesu Auffassung ist die Allsicht Gottes in die Vergangenheit in die Gegenwart und in die Zukunft hinein ein Beweis für die Auferstehung der Toten. Weil alle Zeiten und Gegenden stets vor Gottes Auge sind, kann es gar keine Ausgelöschten geben. Die Rabbinen dachten nach diesem Gleichnis von der Janusstatue gleich wie Jesus.

Aus der Apostelgeschichte (Act 23,6–10) wird deutlich, daß die Auferstehungshoffnung nach der Auffassung des lukanisch gedeuteten Paulus ein articulus stantis et cadentis des Pharisäismus war. Durch sein Bekenntnis zur „Hoffnung und zur Auferstehung der Toten" im Sinne des pharisäischen Glaubens vermochte Paulus die ihn anklagenden Pharisäer und Sadduzäer dermaßen gegeneinander aufzubringen, daß sich die Versammlung spaltete, und daß Paulus unter den besonderen Schutz des Wachpersonals gestellt werden mußte. Der Pharisäerschüler Paulus hat den Glauben an die Auferstehung der Toten als Grundanliegen ins Christentum hinübergenommen. Er war überzeugt, daß alle biblische Verheißung an der Bedingung der Auferstehung von den Toten hängen. Das Neue der paulinischen Theologie war das vor den Glauben der Pharisäer gesetzte Christusvorzeichen: „Gäbe es keine Auferstehung der Toten, dann wäre auch Christus nicht auferweckt worden, dann wäre unsere Verkündigung leer und euer Glaube sinnlos. Nun aber ist Christus von den Toten auferweckt worden als der Erste der Entschlafenen"... (1Kor 15,12–20). Die Auferstehung war für Paulus das entscheidende Zeichen der Bundestreue und der Barmherzigkeit Gottes dem sündigen und sterbenden Israel, dem im Gehorsam lebenden und sterbenden Christus und auch der ganzen Menschheit gegenüber. Paulus trennte sich von den Pharisäern dadurch, daß er Christus als Erstling der Auferstandenen bekannte. Der Glaube an die Auferstehung der Toten bildet sowohl eine Verbindungslinie zwischen den Pharisäern und den Christusbekennern als auch einen deutlichen Trennungsstrich zwischen beiden. Paulus ist eine Hinweis-Figur für Widerspruch und Einheit im zentralen Glaubensbereich.

Es gibt in einigen Stellen des Neuen Testaments eine unerbittliche, beleidigende Polemik gegen die Pharisäer (Mt 23, Joh 8). Die härtesten Passagen (bes. Mt 23,29–36) tragen die Spuren der Zeit nach der Tempelzerstörung (nach 70 n.) an sich. Es handelt sich also bereits um Ausdrücke der Religionskonkurrenz, bzw. des religiösen Rivalitätsdenkens des frühen Christentums. Solche Stellen dürften aber nicht interpretiert werden, ohne daß gleichzeitig die großen Gemeinsamkeiten zwischen Pharisäismus und christlicher Lehre gewürdigt werden.

X. Jesus von Nazaret zwischen dem frühen und dem rabbinischen Judentum

1. Streit um den Juden Jesus

Seit der Zeit der Aufklärung im 18. Jh. gibt es Streit zwischen jüdischen und nichtjüdischen Jesusdeutern und Jesusforschern. Darüber existieren bereits mehrere Forschungsgeschichten[1]. Der sich auch heute lebhaft abspielende Disput ist eines der geistig-religiösen Hoffnungszeichen unserer Zeit. Dies mag paradox klingen; es wird aber verständlich, wenn bedacht wird, daß vor der Streitzeit unausgetauschter, sprachloser Haß zwischen Juden und Christen wegen Jesus herrschte. Jesus wurde meistens jüdischerseits verschwiegen und verwünscht. Christlicherseits wurde Jesus den Juden propagandistisch auf die Seele gebunden. Seitdem es aber Streit gibt, hat sich vieles bewegt. Jüdische Autoren treten mit dem Anspruch auf, über Jesus mehr und Exakteres zu wissen als ihre christlichen Gegner oder Partner, da Jesus ja einer aus ihrem Volk gewesen sei, und da ihnen die rabbinischen Traditionen geläufiger seien als ihren nichtjüdischen Partnern. Christliche Autoren entdecken ihrerseits Schwächen in jüdischen Argumentationsreihen über Jesus. Die jüdischen Kollegen seien im eigenen Religionssystem befangen und könnten daher Christus nur jüdisch, nicht aber glaubensmäßig-christlich einordnen. Man könne von ihnen kaum etwas theologisch Zuverläßiges erwarten.

Sowohl das Ringen um den historischen Jesus als auch die kritische Partnerschaft von jüdischen Forschern sind für Theologie und Kirche lebensnotwendig. „Without the Jesus of history the Christ of faith is merely a docetic figure, a figment of pious imagination", schreibt G.B. Caird zu

---

[1] Die bedeutsamsten forschungsgeschichtlichen Arbeiten über die jüdische und die nichtjüdische Jesusforschung schrieb Gösta Lindeskog. Seine zwei wichtigsten Werke sind: Die Jesusfrage im neuzeitlichen Judentum; sowie: Das jüdisch-christliche Problem. Vor kurzem verfaßte Werner Vogler ein neues Übersichtswerk: Jüdische Jesusinterpretationen. In gedrängter Form: Ernst L. Ehrlich, Jesus Christus: Judentum, TRE 17 (1988) 68–71.

Recht[2]. Der Christus des Glaubens ohne seine physische, historische, jüdische, galiläische Existenz wäre in der Tat ein bloßes Luftgebilde. Der Doketismus ist dementsprechend schon vor der frühen Kirche als Häresie verurteilt worden. Bezüglich der jüdischen Jesusforschung wurde zwar gesagt, daß sie „bisher kaum mit Erkenntnissen an die Öffentlichkeit getreten ist, die der christlichen nicht schon vorher bekannt waren"[3]. Dieses Urteil trifft höchstens auf den Inhalt im allgemeinen zu: Eigentlich wußte man immer schon, daß Jesus ein Jude war und daß auch der christliche Glaube von ihm ausgegangen ist. In der Praxis hatte aber die Jüdischkeit Jesu weder ein historisches noch ein theologisches Gewicht. Es darf aber beim Für und Wider rund um Jesus nicht außer acht gelassen bleiben, daß es „für das Christentum keinen dialogisch-gemeinschaftlichen Partner gibt, den es so nötig hat, wie das Judentum"[4]. Außerdem haben es einzelne jüdische Jesusforscher im 19./20. Jahrhundert besser als ihre christlichen Kollegen verstanden, die Debatte über Jesus neu zu beleben und ihr neue Farben und Aspekte zu verleihen. Der Beitrag jüdischer Jesusforscher kann auch dadurch nicht geschmälert werden, daß diese meist schon zu Beginn ihrer Abhandlung über Jesus beteuern, sie seien einzig an der historischen Figur des Juden Jesus und an der Einreihbarkeit Jesu in die jüdische Glaubensgeschichte interessiert. Die Christologie bleibe gänzlich ausgeklammert[5]. Solche einschränkende Absichten sind legitim, notwendig und auch methodisch gerechtfertigt. Außerdem steckt in solchen Aussagen bisweilen ein verklausuliertes Bekenntnis der Treue zum jüdischen Volk und zum jüdischen Glauben. Im Verlaufe der Untersuchungen kommen dann meistens doch auch theologische bzw. christologische Sätze mindestens in deskriptiver Weise zum Tragen. Kein ernsthafter jüdischer Jesusforscher kann nämlich heute noch so blauäugig sein, daß er übersähe, daß auch „die Bausteine des christologischen Gedankengebäudes...jüdisch sind"[6]. Die jüdischen Autoren sind aber nicht dazu da, daß aus ihnen ein christliches Glaubens-Destillat herausgepreßt wird. Es genügt vollauf, daß sie bohrende, das Schicksal ihres Volkes im Auge behaltende und gegen verschiedene christliche Ansätze zu Jesus sich unzufrieden äußernde Frager nach dem dama-

---

2 Jesus and the Jewish Nation, 3.
3 So, wohl zu Unrecht Vogler, Jüdische Jesusinterpretationen 80.
4 Lee, The Galilean Jewishneß of Jesus, 57.
5 Dazu Vogler, Jüdische Jesusinterpretationen, 79–83.
6 Lindeskog, Das jüdisch-christliche Problem, 137. Lindeskog zitiert dabei den sich in dieser Hinsicht am mutigsten und am weitesten vorwagenden David Flusser: Thesen zur Entstehung des Christentums aus dem Judentum, FrRu 27 (1975) 181–184.

ligen Jesus mitten unter ihrem Volke sind. Daß jüdischerseits auch der
christlichen Glaubensfrage um Jesus Verständnis entgegengebracht wird,
zeigt sich u. a. in den Werken des bedeutenden jüdischen Biblikers, Philolo-
gen und Historikers David Flusser, aber auch bei halakhisch orientierten
jüdischen Autoren, wie Shmuel Safrai. Martin Buber (1878–1965) meinte
sogar über Jesus, „daß wir Juden ihn von innen her in einer Weise kenen,
eben in den Antrieben und Regungen seines Judenwesens, die den ihm
untergebenen Völkern unzugänglich bleibt"[7].

Wenn man sich auch bei nichtneutestamentlichen ungefähr zeitgenössi-
schen Quellen vergewissert, kann man „historisch verläßliche Information
aus nicht-historischen Quellen wie den Evangelien" über Jesus und das
damalige palästinische Judentum gewinnen[8]. In diesem Kapitel sollen mehrere Streiflichter auf die historische jüdische Person Jesu und ihre Bedeutung für Glauben und Spiritualität geworfen werden. Dabei können weder
Vollständigkeit noch Ausgewogenheit beansprucht werden.

2. Erniedrigung in der Erhöhung, Erhöhung in der Erniedrigung

Im amoräischen Midraschwerk Wayyikra Rabba ist eine Tradition wiedergegeben, deren Kernsatz auf den zur Zeit des Herodes I. lebenden jüdischen
Weisen Hillel zurückgehen kann, deren Aussagegestaltung sich aber über
mehrere Jahrhunderte erstreckte, wobei die geistige Höhe Hillels nicht immer gehalten wurde. Der Text im WaR 1,5 lautet[9]:

> *„Rabbi Jehoschua von Sikhnin begann die Diskussion im Namen des Rabbi Jeho-*
> *schua ben Lêvi. Es heißt: ‚Es ist besser, man sagt zu dir: Rücke hier herauf, als wenn*
> *man dich wegen eines Vornehmen nach unten setzt' (Prov 25,7). Rabbi Akiba lehrte*
> *im Namen des Rabbi Schimon ben Azzai: Setze dich zwei oder drei Plätze von dem*
> *dir zustehenden Platz! Steig hinunter, damit sie dir sagen: steig herauf! Steig nicht*
> *hoch hinauf, damit sie dir nicht sagen: Steig hinunter! Es ist besser für dich, wenn*
> *sie dir sagen: Steig herauf, steig herauf, als daß sie dir sagen: Steig hinunter, steig*
> *hinunter! So pflegte auch Hillel zu sagen: Meine Erniedrigung ist meine Erhöhung,*
> *meine Erhöhung ist meine Erniedrigung. (haschpalatî hî hagbahati we hagbahatî hî*
> *haschpalatî). Was ist der Grund? ‚Der in der Höhe thront schaut hinab in die Tiefe'*
> *(Ps 113,7). Du findest ferner: Zur Stunde , da sich der Heilige, gelobt sei er, dem Mose*
> *in einem Dornbusch kundtat, verhüllte Mose sein Antlitz vor ihm. Es steht ja ge-*

---

7   Werke III 957
8   Vermes, The Religion of Jesus the Jew 4.
9. Margulies (ed.), Midrasch Wayyikra Rabbah Bd 1, 16f.

schrieben: ‚Und Mose verhüllte sein Antlitz' (Ex 3,6). Und da sagte der Heilige, gelobt sei er, zu ihm: ‚Und jetzt, siehe ich sende dich zu Pharao' (Ex 3,10)".

Der weisheitliche, sich durch Kürze, Assonaz und Umkehrbarkeit einprägende aramäische Weisheitßatz „haschpalatî hî hagbahatî we hagbahatî hî haschpalatî" paßt formal und inhaltlich zu Hillel. Ihm lagen kurze Merksätze verbunden mit einer durch Pronomina angezeigten existentialen Beziehung. Die geistige Gründergestalt des rabbinischen Judentums schuf diesen Satz aber nicht aus dem Nichts. Die Herablassung Gottes zum Dornbusch bei der Offenbarung am Berge Horeb, der Weisheitsspruch in Prov 25,7 und andere Schrifttraditionen standen Hillel zu Diensten. Der Satz beinhaltet eine Grundregel religiöser Erwählung und Spiritualität: Gott erniedrigt sich zum Menschen und der Mensch wird dadurch erhöht bzw. in die Göttlichkeit hinaufgehoben. Diese Erhöhung artet nur dann nicht in Überheblichkeit und damit in die Gottwidrigkeit und Menschenfeindlichkeit aus, wenn der erhöhte Mensch sich nach dem Beispiel Gottes in der Erhöhung erniedrigt. Die Erhöhung muß in der Erniedrigung ihren steten Gegenpart haben. Anderseits gibt es auch keine Selbstentäußerung, keine Erniedrigung, ohne daß ihr von Gott her eine Erhöhung inhärent wäre. Das Pendel zwischen Erhöhung und Erniedrigung gilt nicht nur für den göttlich-menschlichen, sondern auch für den sozialen Bereich. Eine Erhöhung über die anderen ist für den Erhöhten und für die andern nur dann erträglich, wenn sie nicht hochnäsig ausgespielt wird, sondern als niedriger Dienst an den andern genutzt wird. Und eine Erniedrigung vor andern trägt nur dann hohen Adel in sich, wenn sie im Geiste des sich erniedrigenden Gottes auf sich genommen wird und so die Hoheit Gottes widerspiegelt.

Der WaR-Text läßt aber nicht nur die Spiritualität Hillels (vgl. mAv 1,13) erahnen, sondern auch ihre späteren Traditionswege. Die geistigen Nachfahren Hillels – Schimon ben Azzai, Rabbi Akiba, Jehoschua von Sikhnin und Jehoschua ben Levi – knüpften am prägnanten Ausspruch von Hillel an, gestalteten ihn aus, machten ihn praktikabel und stellten sich selbst damit in die hillelitische Tradition hinein. Sie machten aus dem Hillelspruch eine Regieanweisung für schickliches religiös-gesellschaftliches Verhalten: Man soll sich nicht aufdrängen, sondern lieber durch Verzicht von Recht und Ansehen auffallen. Verzicht auf Recht bietet eine größere Gewähr auf die Erlangung des Rechts als rabiate Einforderungen des Rechts.

Die in Lk 14,7–11 sich findende Mahnung zur Bescheidenheit liegt auf derselben Ebene der Anwendung, auf der sich die rabbinischen Hillel-Nachfahren bewegten. Man soll sich beim Festmahl nicht auf die Ehrenplätze setzen, sonst gerät man in die Gefahr, zu den unteren Plätzen zurückversetzt zu werden. Vielmehr soll man sich bei Einladungen möglichst auf die „billigeren Plätze" begeben. Dann besteht die Chance, daß man nach oben gerufen wird. Die Berufung nach oben ist ehrenvoller als die Verbannung nach unten und nach hinten. Auch diese neutestamentliche Höflichkeits-Version ist sekundär, wie es jene der rabbinischen Hillel-Nachfahren ist. Die Parallele Mt 23,4–8 könnte ein älteres, Jesus mehr angepaßtes Traditionsstadium wiedergeben: Nach Matthäus habe Jesus die Selbsterhöhung der Volksführer auf religiösem Gebiet, die bis zur Schaustellung gegangen sei, gegeißelt. Was hat aber Jesus selbst, der Meister der Evangelisten Lukas und Matthäus gesagt? Wenn wir WaR 1,5 parallel zu Lk 14,7–11 nehmen, dann ist das Jesuswort im Vers 11 einigermaßen greifbar: „Wer sich selbst erhöht wird erniedrigt werden, und wer sich selbst erniedrigt wird erhöht werden". Die hebräische Form dieses griechisch ausgedrückten Satzes wird im Zusammenhang mit dem Hillelspruch deutlich. Jesus sagte: haschpala hî hagbaha we-hagbaha hî haschpala: *Erhöhung ist Erniedrigung, und Erniedrigung ist Erhöhung.* Das Hillel'sche Fürwort „meine" fehlt bei Jesus. Er wollte den Weisheitsspruch offensichtlich von seiner subjektiven Färbung, bzw. von seiner subjektivistischen Verfälschungsmöglichkeit lösen und ihn so als einen jeden Menschen angehenden Spruch klassifizieren. Auch sonst profilierte sich Jesus dadurch, daß er traditionelle Formulierungen von schmückenden Adjektiven und Pronomina befreite und so durchsichtig machte[10]. Seine geistigen Erben taten schon in neutestamentlicher Zeit dasselbe, was die rabbinischen Nachfahren Hillels im 2./3. Jh mit dem Spruch ihres geistigen Ahnen taten: sie suchten das weisheitliche Wort anhand des praktischen Beispiels einer Einladung zu einem Festmahl begreiflich und griffig zu machen. Dabei fiel viel von der Geistigkeit des Jesusspruches weg. Die Evangelisten wandten das Jesuswort als ein Knigge-Wort für gesellschaftliche Ereignisse an.

Von Jesus wissen wir weit mehr als von Hillel. Er griff die angesehenen Vertreter der Religion an: Sie sitzen auf dem Stuhl des Mose, legen die Offenbarung für die Menschen verpflichtend aus und stellen sich dabei zur Schau. „Beim Gastmahl möchten sie den obersten Platz und in der Synagoge die vordersten Sitze einnehmen" (Mt 23,6). Ihm war religiöses und soziales Schaugepränge zuwider. Sein weisheitlicher Merkspruch „haschpala hî hagbaha we-hagbaha hî haschpala" stand dem entgegen.

Im Strahlungsbereich von Jesu Überzeugung, daß Erhöhung Erniedri-

---

[10] Z.B. bei der Formulierung des Vaterunsers gegenüber dem traditionellen Kaddisch; vgl. Petuchowski/Thoma, Lexikon, 418–422.

gung und Erniedrigung Erhöhung ist, läßt sich vieles ausmachen, was auf
eine außerordentliche Einheitlichkeit, Konsequenz und Geschlossenheit
seiner personalen Struktur schließen läßt. So war er gegen eine undialek-
tische Einstufung und Abstufung von Juden und Nichtjuden. Er hielt nichts
von einem unverrückbaren, fest zementierten Vorzug der Juden gegenüber
den Heiden. Ebensowenig aber wollte er die Völker bedingungslos mit dem
Volk Gottes gleichstellen. Die Geschichte der Heilung des Dieners des römischen Offiziers, der in Kafarnaum residierte, hat bei allen Erzählern (Mt
8,5–13; Lk 7,7–10; vgl. Lk 13,26–29; Joh 4,46–53) dieselbe Sinnrichtung: der
nichtjüdische Gläubige wird den sich verweigernden Juden gegenüber erhöht: „Viele werden von Osten und Westen kommen und mit Abraham,
Isaak und Jakob im Himmelreich zu Tische sitzen, die aber, für die das Reich
bestimmt war, werden hinausgestoßen in die äußerste Finsternis". Hier
mögen zwar teilweise frühkirchliche Formulierungen vorliegen: missiona-
rische Werbung für das Christentum bei den Römern. Die Heilungsge-
schichte würde aber grundfalsch interpretiert, wenn man sie der stets um-
kehrbaren Dialektik von Erhöhung und Erniedrigung berauben würde. Daß
die christlich-antijüdische Tradition in ihr den christlichen Vorzug vor den
Juden festgeschrieben fand, gehört zu den verhängnisvollen Ketzereien der
christlichen Glaubensgeschichte. Für alle – für Juden und Nichtjuden – gilt
stets: In der Erniedrigung steckt und wirkt die Erhöhung und in der Erhöhung die Erniedrigung. Für Jesus gab es keine absolute Hierarchie, weder
im Judentum noch im Gegenüber von Juden und Völkern. Für ihn gab es
keinen festgefügten erwählten Rest Israels von besonders Gesetzesstren-
gen und rituell Reinen, denen er die Teilnahme am Reich Gottes verheißen
hätte. Vielmehr ging er zu den Zöllnern und Prostituierten, hatte Tischge-
meinschaft mit Unreinen und verkündete das Gottesreich den verlorenen
Schafen des Hauses Israels, ja selbst den Heiden. Paulus folgt in weiten
Kapiteln des Römerbriefes dieser dialektisch angespannten Maxime, indem
er Juden und Nichtjuden auf jenen Gott aufmerksam macht, bei dem es kein
Ansehen der Person (prosôpolêmpsia) gibt. (z. B. Röm 2,11).

Auch die Geschichte von der kanaanäischen bzw. syrophönizischen Frau,
deren Tochter Jesus von böser Epilepsie geheilt hat, gehört in die jesuani-
sche Dialektik von Erhöhung und Erniedrigung hinein (Mk 7,24–3; Mt
15,21–38). Um diese Story zu verstehen, muß man zuerst registrieren, daß
die Kanaanäer tatsächlich von gewissen chauvinistischen Juden als Nachkommen von Hunden disqualifiziert wurden, wenn auch die Nachricht darüber erst nach der Zeit Jesu greifbar ist. Der Noachsohn Cham, der Vater
Kanaans (nach Gen 9,22) habe in der Arche mit einem Hund Unzucht getrieben. Kanaan sei deswegen verflucht worden. In Gen 9,25 stehe ja: „Ver-

flucht sei er seinen Brüdern" (Gen 9,25). Cham selbst sei zur Strafe pech-
schwarz geworden. Von dieser Geschichte her, die in BerR 36,7 zu einem
Gleichnis ausformuliert worden ist[11], kann man vermuten, daß die Kanaanäer bei bestimmten jüdischen Chauvinisten als Hundesöhne bzw. Hunde-
kinder taxiert wurden. Jesus selbst hätte dann dieses Chauvinistenspiel dra-
maturgisch höchst effektvoll mitgespielt, um die dahinter stehende Ge-
meinheit zu entlarven. ‚Es ist nicht recht, den Kindern das Brot wegzuneh-
men und es den Hunden hinzuwerfen' (Mt 15,26). Ihr werdet ja sehen – so
wendet sich Jesus an die Jünger und an andere jüdische Gefolgsleute – wie
unsinnig die Etikettierung der Kanaanäer als Hunde-Abkömmlinge ist!
Der Glaube dieser Frau wird euch alle beschämen und ihrer Tochter die
Heilung bringen!

Die Dialektik Erhöhung/Erniedrigung kommt aber nicht nur bei Wun-
dergeschichten im Zusammenhang mit Juden und Nichtjuden zum Ausdruck, sondern vor allem im Verhältnis zwischen Jesus und seinen Jüngern.
Jesus wollte kein autoritäres und kein hierarchisches Verhältnis zwischen
sich und seinen Jüngern aufbauen, wie sich dies seit einiger Zeit zwischen
den Weisen und ihren Schülern eingespielt hatte. Von Jose ben Joezer (um
100 v.) wird der Spruch überliefert: „Dein Haus sei ein Versammlungsort
der Weisen. Bestäube dich mit dem Staub ihrer Füße und trinke mit Durst
ihre Worte" (mAv 1,4). Demnach hatten die Lernenden ehrfürchtig zu
Füßen ihrer Lehrer zu sitzen und deren Worte gierig zu schlucken. Jesus
wollte demgegenüber weder eine Subordination der Jünger, noch eine Rivalität der Jünger untereinander, noch eine Überordnung des Lehrers und
Meisters. Die beiden Zebedäussöhne wollten sich einmal bei einer Jünger-
Episode die beiden ersten Plätze im Reich Christi reservieren (Mk 10,35–40
par). Es gab Ärger darüber bei den übrigen Jüngern. Jesus benützte die
Angelegenheit zu einer lehrenden Ermahnung: „Ihr wißt, daß die Herrscher ihre Völker unterjochen und die Mächtigen ihre Macht über die Menschen mißbrauchen. Bei euch aber soll es nicht so sein; sondern wer bei euch
groß sein will, der soll euer Diener sein. Und wer bei euch der Erste sein
will, der soll der Sklave aller sein. Denn auch der Menschensohn ist nicht
gekommen, um sich bedienen zu lassen, sondern um zu dienen und sein
Leben als Lösegeld für viele hinzugeben" (Mk 10,41–45 par). Von dieser
Einstellung Jesu her sind auch seine Gesten des Dienens verständlich. Als
er aber den Jüngern die Füße wusch, da „bestäubte er sich mit dem Staub
ihrer Füße", um in der Diktion der eben zitierten Sprüche der Väter zu

---

[11] Thoma /Lauer, Gleichnisse II 238–240.

reden. Er stellte damit die eingespielte Rangordnung im Meister-Schüler-Verhältnis auf den Kopf.

Eine vielleicht leichtfertige Abschlußbemerkung zu diesem Abschnitt: Jesus und Hillel haben sich nie getroffen. Hillel hat eine Generation vor Jesus gelebt. Wenn aber der spirituelle Meister Hillel mit dem spirituellen Meister Jesus zusammengetroffen wäre, dann hätten sich beide unterhalten – und sie hätten sich glänzend verstanden!

3. Jakob und Jesus

Nach dem erfolgten Einstieg in die Erforschung der spirituellen Mentalität Jesu geht es nun in einem weiteren Schritt um die Erforschung von Zuschreibungen, mit denen Jesus bedacht worden ist. Auch da kann aufgewiesen werden, daß bestimmte Jesus zuerkannte Würdetitel keine neutestamentlichen Unikate sind. Sie finden sich in anderen Zusammenhängen auch im außerneutestamentlich-jüdischen Bereich. Der Patriarch Jakob erhielt den Würdenamen Israel, weil er mit Gott und den Menschen gerungen und dabei die Oberhand behalten hatte (Gen 32,29; 35,10). Er ist also die personale Repräsentanz und Zusammenbündelung des Volkes Gottes. Auch Jesus wurde als Jakob gedeutet und damit ins Innerste des Volkes Israel hineingestellt. *Wie Jakob Israel ist, so ist Jesus Israel.* In beiden und durch beide leuchtet das Volk Gottes exemplarisch auf. Diese Gleichsetzung ist keine simple, brave Konvergenz-Vorstellung. Sie ist mehrschichtig; Hoffnungen auf wahre Gottesverehrung sowie Vorstellungen von der Ebenbildlichkeit Gottes werden in sie hineingezogen.

3.1. Das erste Kapitel des Johannesevangeliums

Das erste Kapitel des Johannesevangeliums enthält drei Hauptabschnitte: den einführenden Hymnus (1,1–18), das Zeugnis des Täufers über Jesus (1,19–34) und die erste Begegnung Jesu mit einigen seiner Jünger (1,35–51). In diesem Kapitel findet sich eine auffallende Häufung von Würdenamen Jesu. Wir bewegen uns also im Bereich von Glaubensaussagen. Im Prolog wird Jesus als präexistentes „Wort", das als Instrument der Schöpfung seit Anfang bei Gott war und daher *göttlich* ist (Joh 1,1–3), bezeichnet. Dieses Wort wird weiter als *Leben* und als *Licht* für die Menschen beschrieben (1,4f.9). Dieses Licht kam in unsere Welt und erfuhr hier Ablehnung und Zustimmung (1,9–14). In Vers 17 wird klar, daß alle vorausgegangenen

Titulaturen – Wort, Gott, Leben und Licht – auf Jesus von Nazaret anzuwenden sind. In Vers 18 wird repetierend gesagt, er sei der *Einzigartige Sohn*, der als Gott am Herzen des Vaters ruhe. Etwas später bezeichnet der Täufer Jesus als *Lamm Gottes* zur Tilgung der Sünden der Welt (V 29) und als eine vom *Geist Gottes erfüllte Person* (V 33). Johannes bezeugt ihn auch als *Erwählten Gottes* (1,34). Der Jünger Andreas spricht vor seinem Bruder Simon von Jesus als dem *Messias* (1,41). Nach Philippus haben schon Mose und die Propheten von ihm gesprochen; er ist der in der Schrift Enthaltene und Verheißene (V 45). Der Jünger Natanael redet Jesus als *Rabbi, Sohn Gottes* und *König von Israel* an *(V 49)*. Jesus selbst ebnet diesen Würde-Komplimenten den Weg, indem er Natanael einen „echten Israeliten ohne Trug" nennt (V 47). Nachdem alle Würdetitel Jesu ausgesprochen sind, folgt mitten im fünfzigsten Vers die „Kehre" zur Bündelung aller Aussagen. „Du wirst noch größeres sehen. Und er sprach zu ihm: Amen, amen, ich sage euch: Ihr werdet den Himmel offen sehen und die Engel Gottes hinauf- und herabsteigen über den *Menschensohn*".

Im ersten Kapitel des Johannesevangeliums werden also 12 Würdenamen Jesu aufgelistet. Obwohl die Würdenamen zum Teil weit auseinanderliegen – z. B. „Wort" und „König Israels" –, werden sie nicht gegeneinander abgewogen. Es kommt sozusagen auf dasselbe heraus, ob Jesus Logos oder Rabbi, Sohn oder Erwählter, König Israels oder vom Geist erfüllte Person, Menschensohn oder Messias, Gott oder Sohn Gottes genannt wird. Ungefähr alle in irgend einer frühjüdischen Tradition dem Messias zugeschriebenen Titel kommen in diesem ersten Kapitel ins Bild, und sie werden alle relativiert. Erst in Vers 51 wird als Krönung aller Titulaturen und Akklamationen „das Größere" ausgesagt: „Ihr werdet den Himmel offen sehen und die Engel Gottes werden hinauf- und herabsteigen über dem Menschensohn." Dem Johannesevangelium geht es darum, daß „Jesus in letztgültiger Weise der Ort der Präsenz Gottes ist"[12].

Über ihm und durch ihn ist der Zugang zum Himmel bzw. zum Vater offen. Alle seine Titel weisen ihn als Repräsentanten des Vaters und als Weg zum Vater und dadurch zur Gottesvereinigung aus.

Wenn Joh 1,51 als Abschluß und letzter Höhepunkt des ersten Kapitels des Johannesevangeliums anerkannt wird, dann ist hier Jesus als Jakob, d. h. als End-Repräsentant Israels, zu sehen. Dann aber müssen wir von Joh 1,51 in der Bibel zurückblättern, bis wir zur Erzählung von Jakob und seiner Vision von der Himmelsleiter (Gen 28,10–22) stoßen. Auch Gen 35,1–14,

---

[12] Wengst, Bedrängte Gemeinde, 106.

wo erzählt wird, daß Jakob sich ein zweites Mal nach Bet-El begab und dort von Gott den Namen Israel erhielt (V 10), ist beizuziehen. Damit aber noch nicht genug! Auch die frühjüdischen Neuinterpretationen der biblischen Erzählung über Jakob in Bet-El sind in die Erwägungen einzubeziehen.

3.2. Traum von der Himmelsleiter

Als Jakob sich laut Gen 28,10–22 auf den Weg nach Haran befand, war er gezwungen, unterwegs im Freien zu nächtigen. Er legte sich auf ein von ihm selbst gemachtes Lager von Steinen und schlief ein. Im Traum sah er eine Leiter, die auf der Erde stand, deren Spitze aber bis zum Himmel hinauf reichte. Auf ihr stiegen Engel auf und nieder. Darüber befand sich der Ewige, der sich Jakob als Gott Abrahams und Isaaks vorstellte. Er erneuerte die an seine Väter gegebenen Land- und Nachkommensverheißungen (VV 13–15). Nach seinem Erwachen erschrak Jakob. Er wußte nun, was ihm vorher unbekannt gewesen war: „Wirklich, Gott ist an diesem Ort, und ich wußte es nicht!" (V 16). Er erschrak nicht nur über das im Traum Geschaute, sondern auch darüber, daß er unwissentlich an einem heiligen Ort geschlafen hatte. Er hatte die Himmelsleiter gesehen und schloß daraus, daß sich hier das Haus Gottes und das Tor des Himmels befinde (V 17). Nach einer Öl-Zeremonie und der Namengebung (VV 18f) machte Jakob ein Gelübde:

> „Wenn der Ewige, Gott, mit mir ist, und wenn er mich bewahrt auf diesem Weg... und wenn ich im Frieden heimkehre zum Haus meines Vaters, dann soll der Ewige mir Gott sein, und dieser Stein, den ich als Merkstein aufgestellt habe, wird Haus Gottes sein..."(VV 20–22).

3.3. Die Tempelrolle

Diese Erzählung von Jakob und der Himmelsleiter in Bet-El hat in nachbiblischer Zeit – besonders ab dem 3./2. Jh.v. Chr. – die Gemüter vieler Menschen bewegt. In welcher Form die Story auch immer erzählt wurde: stets wurde sie mit einem Seitenblick auf den Jerusalemer Tempel erzählt. Bet-El wurde zum Codewort entweder des Jerusalemer Tempels oder der Kritik an diesem Tempel. Die Geschichte nahm je verschiedene Schattierungen an, je nachdem der Jerusalemer Tempel hochgeschätzt oder als verderbt abgelehnt wurde (vgl. Jub 27,19–27; 16–26; Josephus Ant 1,278–284). Der wichtigste Text zur Erklärung von Joh 1,51 findet sich am Ende des 29. Kapitels der vorqumranisch-qumranischen Tempelrolle (11QTR 29,4–10)[13]. Dieser Abschnitt der Tempelrolle erschließt sich aber erst, wenn das dreistufige Zeit- und Heilsschema erwogen wird, das in Qumran galt: 1. Die Zeit der Offenbarung der Tora mit dem salomonischen Tempel. 2. Die Qumran-Zeit, d.h. die Zeit der Weichenstellung auf die endzeitliche Neuordnung hin. 3. Die Endzeit.

Die erste Zeit – die Offenbarungszeit und die Zeit des ersten salomonischen Tempels – war nach qumranischem Verständnis keine bloße Blütezeit. Sie war vielmehr auch mit Abfall und Irreführungen durchwirkt, wie dies in CD 5,15–6,1 geschildert wird:

> ...*„denn längst schon hat Gott ihre Werke heimgesucht, und sein Zorn entbrannte gegen ihre schlechten Taten, denn...es gibt keine Einsicht mehr unter ihnen...Und in der Krisenzeit der Zerstörung standen Grenzverrücker auf und stießen Israel in die Irre. Und das Land wurde zur Schuld; sie predigten Abfall gegen die Gebote Gottes, die er durch Mose und durch die Gesalbten der Heiligkeit (=Propheten) gegeben hatte. Sie prophezeiten Lügen, um Israel von der Gefolgschaft Gottes wegzubringen"*.

Die zweite Zeit, die Zeit der Weichenstellung auf das Eschaton hin, war die Zeit des nachexilischen Tempels, insbesondere die Zeit, in der es der Qumrangemeinde nicht möglich war, am Tempelkult in Jerusalem teilzunehmen, weil dieser nach ihrer Meinung Gott mißfällig geworden war. In Qumran allein gebe es, unter Anleitung eines beglaubigten Toraauslegers, wahren Gottesdienst, nur dort leuchte Israel noch als Volk Gottes auf. In der Damaskusschrift lauten die entsprechenden Passagen (CD 6,2–21) folgendermaßen:

> *„Gott aber dachte des Bundes mit dem ersten (Bundespartner), und er erweckte Einsichtige aus Aaron und Weise aus Israel. Und er tat sich ihnen kund, und sie gruben den Brunnen, ,einen Brunnen, den Fürsten gegraben haben, den Edle des Volkes mit dem Gesetzesstab ausgeschachtet haben' (Num 21,8; Gen 49,10). Der Brunnen ist die Tora. Die ihn ausgegraben haben sind die Umkehrenden Israels, die ausgezogen sind aus dem Land Juda und sich im Land Damaskus angesiedelt haben...Der Gesetzesstab (Gen 49,10) ist der Toraausleger (doresch bat-Tôra), von dem Jesaia (54,16) gesprochen hat...Die ,Edlen des Volkes' sind jene, die kommen, um*

---

[13] Yadin (ed.), The Temple Scroll; Maier, Die Tempelrolle vom Toten Meer; Michael Fishbane, Use, Authority and Interpretation of Mikra at Qumran, in Mulder/Sysling, Mikra 339–378. Die TR ist wohl kein genuin qumranisches Werk sie stammt wohl aus der Zeit des beginnenden 2. Jhs.v.Chr. und wurde in Qumran hochgeschätzt.

auszuschachten den Brunnen mit ,Gesetzesstäben', die der ,Gesetzesstab' zu Leitstä-
ben gemacht hat, damit in der ganzen Zeit des Frevels nach ihnen gewandelt wird.
Ohne diese ,Stäbe' werden sie das Ziel nicht erreichen, bis ein Bestimmer der Ge-
rechtigkeit im Gefolge der Tage aufstehen wird. Und alle, die in den Bund hineinge-
bracht worden sind, sollen den Tempel nicht betreten… Vielmehr sollen sie Ver-
schließer des Tores sein (n. Mal 1,10)…Sie sollen sich trennen von den Söhnen der
Grube… Sie sollen auch in Absonderung von ihrem Tempel sein… Sie sollen unter-
scheiden zwischen rein und unrein und zwischen heilig und profan…jeder soll sei-
nen (Bundes)bruder lieben wie sich selbst und sich der Elenden, Armen und Fremd-
linge annehmen…"

Diese zweite Periode der Offenbarungsgeschichte hat ihr Zentrum nicht
mehr im Tempel, obwohl dieser noch steht, sondern in Qumran, wo die
Tempel- und Opfergebote zum Liebesgebot umgedeutet sind, und wo eine
allegorische, auf die Gemeinde zugespitzte Toradeutung mit Hilfe der prophetischen Schriften, besonders des Jesajabuches, betrieben wird. Aus
anderen Texten wird deutlich, daß es in Qumran besonders um die spirituelle Umdeutung der Tempelopfer zum Gemeindegebet ging. Die Qumrangemeinde verstand sich metaphorisch als „ein heiliges Haus für Aaron…,
damit sie durch Einung ein Allerheiligstes bilden, ein Haus der Einung für
Israel, die da in Vollkommenheit wandeln" (1QS 9,5f)[14]. Die Repräsentanten Qumrans redeten immer wieder von der „Opfergabe der Zunge unseres
Staubes", die gleichwertig, ja derzeit höher sei als alle Stier- und Brandopfer[15]. „Das Hebeopfer der Zunge unseres Staubes"[16] galt als wohlgefälliges
Opfer und wurde zur liturgischen Vorstellung der Gemeinsamkeit des
irdischen Gottesdienstes mit den Lobpreisungen der Engelchöre ausgebaut.
Liturgie sei ein Zusammenklang des Lobpreises Gottes aus himmlischen
und irdischen Zungen. Erwählung bestehe in einer Einheit von Engeln und
Menschen zum Lob Gottes (1QH 3, 19–22). Rund um den Thron Gottes
befinde sich der Kern des Reiches Gottes[17]. Dieser „communal mysti-

---

[14] Die Gemeinde verstand sich ferner als „bewährter Stein", als „von Gott gelegtes
Fundament" (1QS 5,5), als „heiliges Gebäude" (1QS 11,8), als „bewährte Mauer"
und als „kostbarer Edelstein", deren Fundamente nicht wanken sollen (1QS 8,7f).

[15] Besonders die von Carol Newsom herausgegebenen Texte bringen diese umdeutende
Metapher öfter: Newsom (ed.), Songs of the Sabbat Sacrifice. Zu diesem Problem-
kreis vgl. bes. Klinzing, Die Umdeutung des Kultus in der Qumrangemeinde und im
Neuen Testament; Maier, Zu Kult und Liturgie der Qumrangemeinde, RdQ 14
(1990) 543–586.

[16] 4Q 400,2 Fragen. Newsom 110.

[17] u. a. 4Q 403,1, 1–29: Siebte Sabbatpreisung, Newson 185–208; Clemens Thoma, Memoria der Rettung – Fest des Glaubens im Judentum, in: Häussling, Vom Sinn der

cism"[18] ist ein unmißverständlicher und eindrücklicher Hinweis darauf, daß die Qumranleute ganz und gar von der Vorstellung der gegenwärtigen und der kommenden Herrschaft Gottes fasziniert waren. Man kann in Qumran neutestamentliches Klima spüren: Mindestens während ihrer Gebetszeiten und während ihren anderen religiösen Verrichtungen senke sich die Herrschaft Gottes vom Thron Gottes her auf die Gemeinde herab. Dabei ereigne sich der Bund Gottes mit Israel. Wer in die Gemeinde eintritt, wird in eine besondere Heilssituation versetzt, nicht nur, weil Heiligkeit, Reinheit und Untadeligkeit vom Jerusalemer Tempel auf diese Gemeinde übergegangen ist, sondern vor allem, weil hier in der Gemeinde, der von Gott verheißene Tempel bereits gegenwärtig wird, und weil dadurch der Gemeinde als Tempel bereits eine Reihe von eschatologischen Gütern zum „Besitz" (1QS 11,7) geworden sind: Einsicht, die den Menschen verborgen ist, Erkenntnis, Kraft und Herrlichkeit (1QS 11,6f; 1QH 3,21–23). Wenn eines Tages der „Bestimmer der Gerechtigkeit" auftreten wird, dann wird die innere gottmenschliche Dimension der Qumrangemeinde in ihrer ganzen Schönheit aufleuchten.

Irgend einmal in naher Zukunft – jedenfalls noch in historischer Zeit – hofften die Qumranleute auf einen dritten Tempel in Jerusalem, der im Zuge einer israelitischen Umkehrbewegung erstehen und Gott wohlgefällig sein werde. Dann könnten sie selbst auch wieder in Jerusalem als Kultpriester fungieren. Wahrscheinlich setzten sie die erwartete Umkehrzeit bzw. die Zeit des dritten Tempels mit der messianischen Zeit ineins, d. h. mit dem Auftreten des Endpropheten und der zwei Messiasse (1QS 9,11; CD 12,23; 19,10; 4Qpatr 1–4) des gerechten Lehrers (CD 6,10f), evtl. auch Malkizedeks (11QMelch), Michaels (1QM 17,6) oder einfach des Sohnes Davids (4Qpatr)[19]. Jedenfalls deuten die betr. Abschnitte in der Tempelrolle die Umkehr Israels zum wahren Kult und zum neuen Tempel als prominenten Einschnitt in die Geschichte. Im 52. Kapitel (11QTR 52,12–16) steht eine Aufforderung, im Tempel Opfer darzubringen, die von den Qumran-Leuten zukünftig verstanden wurde:

> „Du sollst seine Rinder schlachten, Ziegen oder Schafe in allen deinen Toren, die meinem Heiligtum bis zu einer Wegstrecke von drei Tagen nahe liegen. Ja, in meinem Heiligsten sollst du schlachten, um Brandopfer darzubringen".

Liturgie, 45–61.

[18] Newsom 19.

[19] Bezüglich der verschiedenen qumranischen Messiasvorstellungen ist immer noch (seit 1957) zuverlässig: Van der Woude, Die messianischen Vorstellungen.

Aus dieser Stelle wird ziemlich klar, daß sich die Qumraner bewußt waren, daß ihr Gottesdienst auf Dauer nicht nur ein „Hebeopfer der Lippen" bleiben durfte. Die Schlacht- und Brandopfer blieben auch für sie eine Zukunftsperspektive. Noch eindeutiger weist 11QTR 29,4–9a auf die qumranische Hoffnung auf einen dritten Tempel hin:

> *„An jenem Tage wird als Tora dieser Verordnung ein beständiges Opfer von den Söhnen Israels sein, und (es werden auch sein) ihre Gaben, die sie mir zu meinem Wohlgefallen darbringen...Und sie werden mir zum Volk sein und ich werde mit ihnen sein für immer und ewig. Ich werde heiligen den Ort meines Heiligtums mit meinem kavôd, und ich "werde meinen kavôd darauf wohnen lassen„.*

Ein neuer Tempel wird also eine neue Gottesverehrung einleiten. Die biblische Bundesformel weist auf die Gottgefälligkeit der neuen Tempelzeit hin. Die Qumranleute werden wieder aus ihrem Reduit ausziehen können. Ganz Israel wird sich wieder zur gemeinsamen Gottesverehrung zusammenfinden.

Der glückliche Zustand des dritten Tempels mit der Neusammlung aller Stämme Israels wird nach Auffaßung der Tempelrolle (11QTR 29,9b–10) eines Tages enden: am Tage, da die eschatologische Neuschöpfung im Sinne von Jes 65,17 von Gott beschloßen werden wird. Der dritte Tempel wird dauern „bis zum Tag des Segens (oder: solange die Welt besteht), an dem ich (Gott) mein Heiligtum neu erschaffen werde, um es mir zu bereiten für alle Tage als Bund, den ich mit Jakob in Bet-El geschlossen habe"[20]. Es geht im Text der Tempelrolle (11QTR 29,9b–10) nicht um Jakob als einer begnadeten Einzelperson, vielmehr soll Gottes Bund mit Jakob den neuen Tempel und die neue Gottesverehrung bestimmen. Gott offenbart sich dem Jakob auf unmittelbare Weise und gibt ihm eine Verheißung. Jakob reagiert darauf, indem er den Ort des Geschehens als Wohnung Gottes erkennt, ihn salbt und in einem Gelübde Gott zu seinem Gott erklärt. Jakob erkennt, glaubt, daß an dem Ort, an dem er sich befindet, der Zugang zu Gott ist. Damit glaubt er auch, daß für die letztgültige Begegnung mit Gott keine von Händen gemachten Heiligtümer grundentscheidend sind, sondern allein der glaubende Mensch. In dieser Entscheidung für Gott *wird Jakob zur größten Vorbildsgestalt für die end-*

---

[20] Philipp Callaway, Exegetische Erwägungen zur Tempelrolle 29,7–10, RdQ 45 (1985) 95–105 übersetzt (S.99) die Stelle etwas anders. Nach ihm gibt es kein viertes Heiligtum; das dritte Heiligtum wird vielmehr im Eschaton weiterdauern. Callaway kann aber damit das „ich werde neu erschaffen" nicht befriedigend erklären; dieses knüpft ja offensichtlich an Jes 65,17 an.

zeitliche Gottwohlgefälligkeit. In Jakob zeigt sich der ideale Gott-Schauende und daher gottgefällige Mensch, mit dem Gott einen ewigen Bund schließt. Damit zeigt sich in Jakob auch das Israel in der Endgültigkeit und Vollendung. In Jakob ist das Volk Gottes der Endzeit personal zusammengefaßt und ideal-typisch repräsentiert. Wie Gott dem Jakob in Bet-El begegnet ist, so wird er sich am Ende allen Israeliten zeigen. Und wie Jakob in Bet-El Gott begegnet ist, so werden die Israeliten in der Endzeit Gott begegnen: von Angesicht zu Angesicht, bzw. in Geist und Wahrheit (vgl. Joh 4,23). Qumran deutet den Jakobstraum also als eine eschatologische Neuschöpfung, als die letzte Auf-gipfelung des Bundes zwischen Gott und den Menschen, der von keinem Tempel und keiner Kultordnung eingeengt sein wird.

3.4. Jesus der wahre Jakob

Indem Jesus in Joh 1,50 dem Natanael und allen an ihn Glaubenden ver-heißt, sie würden noch Größeres sehen und dann auf Elemente des Jakobs-traumes zurückgreift, ergibt sich eine frappierende Ähnlichkeit mit der Tempelrolle: So wie die Gemeinde von Qumran sich bereits als erlöste be-trachtet, der es gegeben ist, die Wahrheit zu erkennen und nach ihr zu leben (z. B. CD 5,2–5), so ist es auch mit all jenen, die Jesus als Messias glaubend bekennen, da durch Jesus das Heil schon jetzt gegenwärtig ist. Doch das Endgültige steht noch aus, was mit dem Futur „ihr werdet sehen" (Joh 1,51) angezeigt ist. Dieses „Größere" stimmt mit der Aussage der Tempelrolle überein. Dort wird Gott „am Tage des Segens" seinen Tempel schaffen. Er besteht darin, daß die Engel Gottes über dem Menschensohn auf- und nie-dersteigen. Die von Qumran her bekannte Vorstellung, dient hier also dazu, Jesus, als wahren Ort der Präsenz Gottes zu offenbaren. Er ist jener von Gott selbst in der Zukunft erbaute „Ort", in dem, an dem und durch den die Schauenden mit ihm und den Engeln vereint Gott im eschatologischen Gottesdienst loben. Joh 1,51 bringt zum Abschluß des Einleitungskapitels die alle andern Titel zusammenfaßende Aussage: Jesus ist mehr als ein Messias; er ist Jakob; damit ist er ein personaler Inbegriff des Volkes Israel. *Was Jakob in der Tempelrolle verkörpert, ist Jesus im Johannesevangelium:* Er ist der „Gott-Schauende" und kennt folglich Gott. Darin trifft er sich mit Mose in Num 12,6–8. Er ist der von Gott selbst bestimmte Ort seiner Ge-genwart und trifft sich darin mit Jakob. Die Jakob-Repräsentanz ist gegen-über der Mose-Repräsentanz dominant. So wie Jakob/Israel in der Tempel-rolle das Sinnbild für die endzeitliche, göttliche Heilsgegenwart darstellt, so wird auch in Jesus Gottes Heilswillen den Menschen sichtbar gemacht.

Durch Jesus ist es den Menschen gegeben, daß sie zu Kindern Gottes und damit zu einem „Haus Gottes" (Bet-El) werden können. Spätestens hier wird klar, daß Jesus nicht nur der individuelle Jakob der anhebenden Endzeit ist, sondern auch der kollektive Jakob: Israel, das Volk Gottes und das Haus Gottes ist in ihm personal zusammengefaßt. Mehr als Natanael ist er „der wahre Israelit"(vgl. Joh 1,47).

Das Johannesevangelium will einen Zugang in die Glaubenswelt eröffnen. Es geht um nachösterliche Reflexionen. Diese Glaubenswelt – Jesus als Jakob/Israel, als Ort Gottes – reicht in einigen Fäden auch in die historische Welt hinein. Jesu Auftreten als vorzüglicher Rabbi, als Wundertäter, als Ansager, der durch ihn beginnenden Endherrschaft Gottes, als ganz vom Willen Gottes Faszinierter usw. reizte die Leute immer wieder zur Frage, wer er wirklich sei und als wer er eingestuft werden könne (vgl. Mk 4,41; Mt 16,13; Lk 7,49 u. a.). Die Antworten fielen in der Richtung aus, die in Joh als Glaubensaussagen wiedergegeben werden: er ist ein Prophet, der Messias, ein bedeutender Rabbi, ein von Gott Gesandter, der Gott Repräsentierende und der das Volk Israel idealtypisch Darstellende. Er hat daher für seine nichtjüdischen Anhänger Scharnierfunktion zum Volk Gottes hin.

3.5. Jakob, Gott und Kult: rabbinische Perspektiven

Der Schmerz über die im Jahre 70 n. hereingebrochene Tempelzerstörung blieb im rabbinischen Judentum dominant. Alles, was an den vergangenen Tempelkult erinnerte, wurde neu überdacht, weitertradiert und aufgeschrieben. Die Rabbinen wollten damit die Bereitschaft wachhalten, den Tempelkult jederzeit wieder aufzunehmen, sobald eine neue Heilsstunde schlage. Die Trauer über die Tempelzerstörung und die Hoffnung auf Wiederherstellung des Kultes ließen keinen Freiraum mehr, um etwa im Sinne der Tempelrolle eine unmittelbare Gottesbeziehung anstelle eines offiziellen, durch Gebäude und Kultordnungen eingeengten Gottesdienstes als endgültiges Ideal zu skizzieren. Die christliche Tradition blieb im wesentlichen die einzige Bewegung, in der der gebäudelose, die Gottunmittelbarkeit anzeigende Jakobstempel – eben Jesus – zu einem tragenden Zukunftsideal ausgestaltet wurde. Neben dem schon erwähnten Johannesevangelium ist auch die Johannesapokalypse in diesem Zusammenhang zu nennen. In der großen Schlußvision im 21. Kapitel sieht der Seher „einen neuen Himmel und eine neue Erde"(Apk 21,1; vgl. die Vorlage Jes 65,17; 66,22). Alles wird am Ende neu geschaffen werden. Als besondere Neuschöpfung steigt auch das neue Jerusalem wie eine geschmückte Braut vom Himmel auf die neue

Erde hernieder. Der Seher schildert die Pracht dieses neuen Jerusalems in den leuchtendsten Farben (Apk 21,9–21). Dann folgt der Schwerpunktsatz: „Einen Tempel sah ich nicht in ihr. Denn ihr Gott, der Herrscher des Alls, ist ihr Tempel, und das Lamm (Apk 21,22). Hier taucht ganz deutlich die Jakobsvision in Bet-El auf, und zwar als Endideal, wie dies zweihundert Jahre zuvor schon in der Tempelrolle ausgedrückt worden ist.

Von der Seite her und sporadisch war aber auch das rabbinische Judentum der Überzeugung, daß die jetzige tempellose Zeit nicht nur ein Unglück, sondern auch eine Chance sei. Einzelne Rabbinen machten nämlich darauf aufmerksam, daß im Tempel viele Verbrechen geschehen waren – die teilweise von den obersten Tempelrepräsentanten begangen worden waren – und daß diese Verbrechen manche Verbindung zum Vater im Himmel abgeschnitten hätten. Von Rabbi Elazar wird von diesem Hintergrund her folgender Spruch überliefert:

„Seit dem Tage, an dem der Tempel zerstört worden ist, ist die eiserne Wand (chomat barzel) zwischen Israel und seinem Vater im Himmel weggenommen" (bBer 32b).

Mit dem Tempel – so meint es Rabbi Elazar – sind auch die mit ihm im Zusammenhang geschehenen Sünden in Asche gesunken. Und wir haben jetzt besseren Zugang zum Vater im Himmel. Hier wird das Ideal des Jakobstempels der Endzeit mindestens leise angetönt.

Es würde zu weit führen, alle die jüdischen Deutungen des Patriarchen Jakob aus späterer Zeit hier anzuführen. Eine Stelle aus dem babylonischen Talmud(bHul 91b) ist aber von kennzeichnender Bedeutung. In ihr wird der Vers von der Himmelsleiter in der Geschichte vom Traum Jakobs in Bet-El gedeutet:

'Er träumte: Siehe eine Leiter stand auf der Erde, das oberste Ende reichte bis zum Himmel; und siehe, Engel Gottes stiegen darauf auf und nieder; und siehe, ,der Ewige' befand sich darüber' (Gen 28,12). Folgende Auslegungen werden daran angehängt: ,Sie stiegen hinauf' und betrachteten das Gesichtsbild[21] oben. ,Sie stiegen hinunter' und betrachteten das Gesichtsbild unten. Da wollten ihn die Engel sogleich gefährden[22]. Rabbi Schimᶜon ben Laqisch sagte: Wenn es nicht in der Heiligen Schrift geschrieben stünde, dürfte man es keinesfalls sagen: ,Der Ewige, (befand sich) dar-

---

[21] Dy-okan, griech. dyô eikôn: das Zwei-Bild, Zwei-Gesicht. Das Antlitz Jakobs unten wird von den Engeln als in höchstem Maße mit dem Antlitz Gottes oben aussehensgleich entdeckt.
[22] Die Engel überkam angesichts der Gottähnlichkeit Jakobs, die der ihrigen überlegen war, Neid. vgl. Schäfer, Rivalität zwischen Engeln und Menschen.

*über'. Wie ein Mensch, der über seinem Sohn fächelt.„ Zum letzten Teil von Gen
28,12 ('Das Land, worauf du liegst, werde ich dir und deiner Nachkommenschaft
geben') bemerkt Rabbi Jizchaq: "Der Heilige, gelobt sei er, rollte das ganze Land
Israel zusammen und legte es unter unseren Vater Jakob, damit es dort zur Eroberung durch seine Söhne bleibe".*

Der unter dem offenen Himmel liegende Jakob war nach diesen rabbinischen Autoren das vollkommene Abbild des Ewigen, der von oben auf ihn
herunterblickte und wie seinen eingeborenen Sohn fächelte. Die Engel auf
der Leiter können die frappante Ähnlichkeit zwischen den Gesichtszügen
Gottes und jenen Jakobs nicht fassen und werden (einen Augenblick lang)
gar von Neid gepackt. Jakob war der bedeutendere Sohn Gottes als sie selbst.
Er - nicht sie – stand im Zentrum des Interesses des Ewigen. Zu dieser
schöpfungstheologischen Bedeutung Jakobs gesellte sich noch die offenbarungsgeschichtliche: Unter Jakob lag das ganze Volk Israel samt seinen An-
sprüchen auf das Land Israel. Jakob ist also der Vater, der Repräsentant, der
Protektor und der Garant Israels. In ihm ist der Besitz Israels verwirklicht
und aufbewahrt.

Deutungen in dieser Richtung gibt es im rabbinischen Schrifttum zu
Hauf. Im Zusammenhang mit Gen 28,11, wonach Jakob ,von dem Steinen
des Ortes nahm, sie unter seinen Kopf legte und darauf schlief' wird in BerR
68,11 gesagt, Jakob habe drei Steine genommen, einer habe Abraham, einer
Isaak und einer ihn selber bedeutet. Diese drei Steine seien Symbole dafür
gewesen, daß der Ewige seinen Namen mit Abraham, Isaak und Jakob vereinigt habe (me-yached schemô ^{c}alaw). In Jakob wohne, ruhe also – ähnlich
wie in Abraham und Isaak – der Name Gottes. Er ist damit Gesandter Gottes
(vgl. Ex 23,21) Abglanz Gottes, Ausdruck Gottes.

Daß sich hier weitere Parallelisierungen mit dem johanneischen (und
paulinischen) Christus aufdrängen, dürfte einleuchten. Die Ähnlichkeiten
zwischen neutestamentlichen Christusvorstellungen und jüdischen Jakob-
Deutungen würden noch deutlicher werden, wenn noch die jüdische Kunstgeschichte mit dem Jakobsmotiv[23] und jüdisch-esoterische Spekulationen
über Jakob[24] erwogen und mit christologischen Aussagen in Beziehung ge-

[23] Dazu: Kraeling, The Synagogue; Günter Stemberger, Die Patriarchenbilder der Ka-
takombe in der Via Latina im Lichte der jüdischen Tradition, Kairos 16 (1974) 19–78;
Ursula Schubert, Was ist jüdisch an der jüdischen Bildkunst? Kairos 27 (1985) 269–
278.
[24] Z.B. in den Pirqê deRabbi Eliezer, ed. von David Luria; übersetzt ins Englische von
Gerald Friedländer, London 1916, 4. Aufl. New York 1981.

setzt würden. Für Christen hat die Aussage, Jesus sei Israel in personaler Zusammenfassung, seine Würde lasse sich mit jener des israelitischen Stammvaters Jakob vergleichen, er repräsentiere das Volk Gottes der Juden bei den Völkern, einen hohen Stellenwert. Wenn diese Aussage ins gemeinschaftliche Bewußtsein der Christengemeinden eindringt, dann dürfte es in Zukunft unmöglich werden, Jesus gegen das jüdische Volk oder das jüdische Volk gegen Jesus auszuspielen, um Feindschaften hochzupeitschen. Ob Juden von dieser Titulatur entzückt sein werden, ist zu bezweifeln. Immerhin könnten sie den Israel-Jesus allen Judenfeinden vorhalten, um sie zu beschämen. Juden und Christen zeigt sich am Beispiel der Jakob-Israel-Jesus-Titulatur, daß „die Bausteine des christologischen Gedankengebäudes...jüdisch sind"[25]. Einzig ihre Anpassung an den Menschen Jesus aus Nazaret ist ein singulärer Vorgang. Diese Anpassung ist keine feste dogmatische These, sondern ein Prozeß, der bis heute andauert.

4. Der Gleichniserzähler Jesus und die Rabbinen

In Mk 4,33f, Mt 13,34 heißt es verallgemeinernd, Jesus habe „nur in Gleichnissen" zur Volksmenge gesprochen. Dies bedeute, so wird von Mt 3,35 hinzugefügt, eine Erfüllung von Ps 78,2: ,Ich will meinen Mund auftun und in Gleichnissen reden. Ich will verkünden, was seit der Schöpfung verborgen war'. Jesus ist der früheste galiläische Gleichniserzähler, den wir kennen, jedenfalls der spezifischen Gleichnisart, die wir nur bei ihm und bei den Rabbinen antreffen. Die großen rabbinischen Gleichniserzähler begegnen uns besonders vom Ende des 1. Jhs.n.Chr. an (Rabban Jochanan ben Zakkai) bis zum Ende des 4. Jhs. (Rabbi Meir: 2. Jh.; Rabbi Jochanan bar Napacha, Rabbi Berekhja, Rabbi Levi, Rabbi Simon: 3./4. Jh.).

Jesus und die Rabbinen erzählten ihre Gleichnisse nach dem gleichen Muster. Dieses Muster bestand aus dem Maschal (Rhema, profane Kurzerzählung) und dem Nimschal (Thema, das Gemeinte, Offenbarungsebene). Beide Komponenten werden entweder durch Worte der Hebräischen Bibel oder (und) durch einen Sinnspruch (Rätselwort, Haftwort) sinnhaft zusammengehalten. Der Nimschal besteht entweder aus einem Bibelvers oder aus einem vom Gleichniserzähler formulierten Gottesspruch oder aus einem Gottesspruch samt Bibelvers(en). In Einzelfällen kann auch jeglicher Nimschal fehlen, weil das Gemeinte sich aus der umgebenden Diskussion er-

---

[25] Dies ist ein Zitat von David Flusser.

schließen läßt. Das Gleichnis als Ganzes ist eine rhetorische Einheit, deren Ziel und Zweck es ist, bei den Zuhörern anzukommen, sie zur Diskussion anzuregen und sie zu neuer Verantwortlichkeit vor Gott und den Menschen zu bewegen. Die Deutung des Gleichnisses muß stets vom Maschal ausgehen. Die profane Erzählung bildet den Pivot, von dem aus nach der Pointe gesucht werden muß, die sich aus einer Zusammenschau mit dem Nimschal ergibt[26].

4.1. Das Gleichnis vom reichen Kornbauern: Lk 12,16–20

Dieses kurze Gleichnis, das keinerlei textkritische Schwierigkeiten bietet, ist ganz nach der gängigen rabbinischen Form verfaßt worden. An ihm läßt sich zeigen, daß Jesus ein früher rabbinischer Gleichniserzähler war – vielleicht gar der früheste. Möglicherweise hat Jesus inspirierend auf spätere rabbinische Gleichniserzähler eingewirkt. In diesem Fall gäbe es einen gemeinsamen literarischen Grundbestand bzw. eine religiös-kulturelle Gemeinsamkeit zwischen dem Gründer des Christentums und den Rabbinen, diesen Vätern des traditionellen Judentums. Das Gleichnis vom reichen Kornbauern wird hier in einer Strukturierung wiedergegeben, die auf die Übereinstimmung mit der rabbinischen Form hinweist[27].

Sinnspruch
Denn nicht im Überfluß-Haben von dem, was ihm zur Verfügung steht, kommt einem sein Leben zu' (Lk 12,15b).

Maschal (Rhema)
(16) Er sagte ihnen ein Gleichnis. Gleich[1] einem reichen Menschen, dessen Land Gewinn abgeworfen hatte. (17) Da begann er für sich nachzusinnen[2].Er sagte[3]: Was werde ich tun? Ich habe nichts, wohin ich meine Früchte einsammle![4] (18) Er sagte: So werde ich's machen: Ich werde meine Speicher niederreißen und größere errichten! Dorthin werde ich all mein

---

[26] Zur methodologischen Erfaßung rabbinischer Gleichnisse vgl. Thoma/Lauer, Gleichnisse I 15–18; Gleichnisse II 29f.

[27] Folgende Literatur wurde zur Erklärung dieses Gleichnisses benützt: Dschulnigg,, Rabbinische Gleichnisse und das NT; Ernst, Das Evangelium nach Lk; Harnisch, Gleichniserzählungen; Jeremias, Sprache des Lk-Evangeliums; Schweizer, Evangelium nach Lk; Kremer, Lukasevangelium; Pittner, Studien zum lukan. Sondergut; Thoma/Lauer, Gleichnisse I,II.

Korn und alle meine Güter einsammeln!(19) Dann werde ich zu meiner
Seele sagen:
   Seele! Du hast viele Güter für viele Jahre daliegen! Ruh dich aus, iß, trink
und genieße!

Nimschal (Thema)

Aber Gott sagte zu ihm[5]: Du Unvernünftiger![6]
Noch in dieser Nacht werden sie[7]
deine Seele von dir zurückfordern[8].
Was du bereitet hast – wem wird es gehören?

---

[1] Gängige Einleitungsformel in rabbinischen Gleichnissen: maschal le-. Im Hebr. folgt auf das le- eine Dativkonstruktion. Entweder hieß es: „Gleich einem Land, das einem reichen Menschen guten Ertrag abgeworfen hatte", oder: „Gleich einem reichen Menschen, dessen… " In der griech. Übersetzung erübrigt sich das „Gleich" und die Dat.Konstr.

[2] hirher oder histakkel: häufig in rabbinischen Gleichnissen, wenn Vorstellungsbilder entworfen werden, die auf Selbsttäuschung oder Gefährdung hinauslaufen.

[3] Die hebr. Meschalim haben meistens sehr kurze Sätze, wobei „amar (legein, eipen) stereotyp wiederholt und an den Satzanfang gestellt wird.

[4] hinter synagein in V17 und V18 steht qbz (vgl. qibbuz galuyôt: endzeitl. Einsammlung des Volkes Gottes). Hier ist der Term profan.

[5] Dieser Satz ist die Einleitungsformel des Nimschals. In thetischen rabbinischen Gleichnissen lautet die Formel: ‚So sagte der Heilige, gelobt sei er, zu Israel'. In antithetischen Gleichnissen lautet die Formel meistens: „Aber der Heilige, gelobt sei er, ist nicht so". In unserm Gleichnis deutet das griech. „de" (aber) eine Antithetik an. Diese Formeln deuten die religiöse Identität des (rabbinischen) Gleichniserzählers an: Die anschließenden Sätze sind in rabbinischen Gleichnissen meistens teils Bibelworte, teils Eigenformulierungen des Gleichniserzählers (Midraschisten). Dieser will damit ausdrücken, daß auch *seine* Worte Wort Gottes (in nachbiblischer, neuer Zeit) sind (z.Teil: mündliche Traditionsideologie: Tôra schebe^{c}al pe). In unserem Jesusgleichnis ist nur die Eigenformulierung vorhanden.
   zu: autô: In rabbin. Gleichnissen steht gewöhnlich: „zu Israel". Nur die Israeliten (d. h. nur die anwesende rabbinische Gemeinde) können Empfänger eines aktualisierten Gotteswortes sein. Oft auch: „zu Mose", „zu David" oder zu einem andern atl. Helden als pars pro toto für Israel. In V20 wird in einer auffallenden Weise gesagt, daß ein anonymer (den Adressaten vielleicht bekannter) Reicher vor seinem Tod eine Offenbarung (in direkter Gottesrede) empfangen hat.. Jesus scheint großzügig in der Zuerkennung einer Offenbarung an Einzelne gewesen zu sein; vgl. Mt 16,16f: apokalypsis des Vaters an Petrus.

[6] Übersetzung des hebr. mrh, widerspenstig sein. Vgl. Mt 5,22: môros (vok môre): Tor; nach Mt ein böses hebr. Schimpfwort, auf dessen Gebrauch die Höllenstrafe folgt. Anklang auch an môre = Lehrer, Unterweiser. Auch das griech. Wort môros heißt:

Tor. Evtl. bei Mt ein hebr./griech. Wortspiel. Lk dagegen stützt sich auf das Hebr.: der dumme Lehrer als potenzierter Tor.

7) Der Plural kann eine Umschreibung Gottes sein. Jeremias, Die Sprache 216: „Apaitûsin zur Umschreibung des Gottesnamens durch die 3. pers. plur. im Nicht-Markusstoff des LkEv. Das Verbum apaiteô kommt im NT nur im Nicht-Markusstoff des LkEv vor: 6,30; 12,20)". Hier aber ist die plur.-Form keine Umschreibung Gottes, da ja Gott der Sprechende ist. Gemeint sind die Todesengel, vielleicht sogar Satan: Der Ausdruck apaitûsin dürfte nicht den Namen Gottes umschreiben, sondern das Aussprechen des Todesengels, der mit dem Satan identisch ist und in Gottes Auftrag handelt, vermeiden.

8) Hier wird nicht die besonders bei Auferstehungstexten aufscheinende psychophysische Einheit des Menschen betont. Vielmehr wir die Seele als etwas fast Außenstehendes, Dialogisches bzw. als ein Darlehen aufgefaßt, das den Menschen das Atmen bzw. Leben ermöglicht: Im Sinne von Gen 2,7 und Weish 15,8. Der Mensch stirbt, sobald ihm seine Seele bzw. sein Lebenselixir, sein Lebensmotor weggenommen wird.

Es handelt sich um ein Gleichnis, das formal so ausgestaltet ist, wie es die rabbinischen Gleichnisse sind. Alle Formalien und Merkmale eines rabbinischen Gleichnisses kommen vor. 1. Der Maschal (eingeleitet durch „Gleich"). 2. Der Nimschal (eingeleitet durch „So" (thetisches Gleichnis) oder „Aber" (antithetisches Gleichnis)

Es handelt sich beim Gleichnis vom reichen Kornbauern näherhin um ein *antithetisches* Gleichnis. Gott verhält sich im Nimschal gegensätzlich zu den Plänen des Reichen im Maschal. Wenn man das Gleichnis formal nach dem Milieu bzw. der Geschäftsebene einordnen will, kann man es als „Gutsherr-Gleichnis", als „Reichtum-Gleichnis" oder als „Leben-Tod-Gleichnis" bezeichnen. Vermutlich wäre auch die Charakterisierung „individual-eschatologisches Gleichnis" (der Tod als letztes Ereignis) einigermaßen zutreffend. Da Jesus den Stoff für seinen Maschal teilweise der realen Situation (Erbschaftsstreit) entnimmt, kann das Gleichnis auch als eine Beispielerzählung bezeichnet werden.

Da ziemlich alle rabbinischen Gleichnisse auf galiläischen Boden entstanden sind, ist wohl auch dieses Gleichnis galiläischer Herkunft. Da es zum lukanischen Sondergut gehört, wäre noch der Frage nachzugehen, wieweit das lukanische Sondergut in Galiläa beheimatet und daher nicht nur redaktionell und nicht nur hellenistisch zu verstehen ist.

Laut Lk 12,13 will jemand Jesus als Schiedsrichter in einer Erbschaftsangelegenheit haben. Sein Bruder liege deswegen im Streit mit ihm. Jesus soll als „Rechts-Sachverständiger" (eine Schriftgelehrtenfunktion) fungieren. Er lehnt aber laut V14 diese Aufgabe abrupt ab. Laut V15a warnt er die Umstehenden vor Habsucht (pleonexia) und begründet dies mit dem Rätsel-Satz: „Denn nicht im Überfluß-Haben von dem, was ihm zur Verfügung steht, kommt einem sein Leben zu". Die VV13–15a (ohne Begründungssatz) könnten als Collage mehrerer Bibelstellen (Kremer 136 gibt Dtn 21,17; Num 27,8–11; Ex 2,14 an; Lutherbibel dazu noch Koh 5,9) aufgefaßt und damit als unhistorisch erklärt werden. Für eine prinzipielle Historizität der Szene vom Erbschaftsstreit spricht aber eben dieser Begründungssatz, der etwas ungeschickt an der Streitszene anknüpft, und von dem das Gleichnis eine Ausfaltung ist.

Die Umstehenden samt dem Kläger haben das Rätselwort offensichtlich nicht verstanden. Das Nicht-Verstehen-Können war wohl von Jesus intendiert. Um den Satz zu verdeutlichen, erzählte er das Gleichnis. Es ging ihm nicht um eine nachträgliche Verurteilung des Toten, sondern um die Daseinsgestaltung der Umstehenden, besonders der um das reiche Erbe Kämpfenden. Durch ihr bloßes Raffen werden sie ihren Lebenssinn und ihr Lebensziel ebenso wie der plötzlich Verblichene verfehlen, wenn sie ihr Leben nicht jetzt schon anders ausrichten. Das Gleichnis hat also eine Öffnung auf Zukunft hin.

Das Gleichnis vom reichen Kornbauer ist aber keine bloße Metaphorisierung des Anlasses (Erbschaftsstreit). Jesus konnte das Gleichnis vielmehr erst voll formulieren, nachdem er auch die Offenbarung mitbedacht hatte. Verschiedene Schriftstellen mögen ihm in den Sinn gekommen sein, die seinen Maschal und seinen Nimschal dann bereichert haben. Z.B:

„Laß dich nicht beirren, wenn einer reich wird und die Pracht seines Hauses sich mehrt; denn im Tod nimmt er das alles nicht mit, seine Pracht steigt nicht mit ihm hinab! Preist er sich im Leben auch glücklich und sagt zu sich: ‚Man lobt dich, weil du dir's wohl sein läßt', so muß er doch zur Schar seiner Väter hinab, die das Licht nicht mehr erblicken. Der Mensch in Pracht, doch ohne Einsicht, gleicht dem Vieh, das verstummt!" (Ps 49,17–21). Oder: „Da pries ich die Freude, denn es gibt für den Menschen kein Glück unter der Sonne, es sei denn, er ißt und trinkt und genießt" (Koh 8,15).

Das Gleichnis vom unzuverlässigen Wort[28] entspricht unserem Gleichnis in einer merkwürdigen Umkehrung. Wie in Lk 12,15b, steht auch dort ein Rätselwort vor dem Gleichnis: „Die Worte des Heiligen, gelobt sei er, sind Worte; die Worte von Fleisch und Blut sind keine Worte".Dann folgt das antithetische Gleichnis: „Gewöhnlich ist es so: Ein König von Fleisch und

---

[28] PesK 4,2; Thoma/Lauer, Gleichnisse I 131f; Dschulnigg, Rabbinische Gleichnisse, 113–119.

Blut kommt in eine Stadt. Die Stadtbewohner jubeln ihm zu. Ihr Jubel ist ihm angenehm. Er sagt zu ihnen: Morgen errichte ich euch öffentliche und private Bäder; morgen erstelle ich euch eine Wasserleitung! Er ging schlafen und stand nicht auf. Wo ist er? Wo sind seine Worte? – Aber der Heilige, gelobt sei er, ist nicht so. Vielmehr: ,Der Ewige, Gott, ist Wahrheit' (Jer 10,10)."

Dem König wird die Zeit entzogen, so daß er seine Versprechen nicht halten kann. Er lügt, obwohl er die Wahrheit sagen will. Die Leute sind Betrogene, obwohl der König kein willentlicher Betrüger ist. Der König bedenkt seine menschliche Situation nicht. Die Stadtbewohner jubeln ihm umsonst zu und erhoffen vergeblich von ihm die Verbesserung ihrer Lage. Die Endlichkeit und Todesgefährdung des Königs verunmöglicht jede Sicherheit und jede Berechnung. Nur auf Gott, nicht auf Menschen, ist letztlich Verlaß.

Ähnliche, wenn auch etwas anders pointierte Aussagen wären z. B. aus dem Gleichnis vom Steuereintreiber, BerR 24,1[29], und aus jenem vom Marktaufseher, PesK 10,2[30], zu gewinnen.

Das Gleichnis findet sich im lukanischen Reisebericht (Lk 9,51–19,28). Jesus ist auf dem Weg nach Jerusalem. Unterwegs heilt und lehrt er die Menschen. Zur Zeit ist er an einem nicht näher bestimmten Ort, zu dem eine gewaltige Menge Menschen geströmt ist (vgl. 11,29; 12,1).

Lk 12,13–21 ist lukanisches Sondergut, das in die Q-Quelle eingeschoben worden ist. (Zuvor Mt 10,19f; Lk 12,11f. Danach Mt 6,25–34; Lk 12,22–32). Das Sondergut scheint von einem Redaktor aus assoziativen Gründen eingeschoben worden zu sein. Dabei diente 12,21 als eine Art Verbindungsscharnier: „So verhält es sich mit dem, der für sich selbst Schätze sammelt und nicht auf Gott hin reich ist". Vor Lk 12,13–21 geht es in Q um das furchtlose Bekenntnis angesichts von Todesdrohungen. Danach wird vom rechten und falschen Sorgen für das Leben geredet.

Die Story stellt die Auslegerin / den Ausleger zunächst vor die Frage, was denn am reichen Kornbauer getadelt wird. Die einen sagen: Getadelt wird die rastlose Habgier ohne Nächstenliebe, die schließlich beim Herzinfarkt endet. Diese Ausleger können für ihre Ansicht Unterstützung beim Gleichnis vom reichen Mann und dem armen Lazarus (Lk 16,19–31) finden. Dort wird der anonyme (wie hier!) Reiche begraben und gelangt an den Strafort, weil er zu Lebzeiten gepraßt und dem armen Lazarus keine Unterstützung gegeben hatte.

---

[29] Thoma/Lauer, Gleichnisse II 194–196.
[30] Thoma/Lauer, Gleichnisse I 168f.

Die andern sehen die Problematik etwas anders. Beim Kornbauern steht kein Tadel über mangelnde Nächstenliebe. Anderseits steht im Gleichnis vom reichen Mann und dem armen Lazarus nichts von einem unerwartet frühen Tod des Reichen wie beim Kornbauern. Der Kornbauer mag einzelne Jahre seinen Reichtum genossen haben, aber er mußte dann doch zu plötzlich sterben. Der Tod machte ihm einen dicken Strich durch seine Rechnung. Der Kornbauer hat bei allen seinen honorablen Vorsorgeplänen nicht bedacht, daß seine Lebenszeit jederzeit enden kann. Von daher hat folgende Interpretation eine große Wahrscheinlichkeit: Des Kornbauers Torheit besteht darin, daß er bei all seinem vorsorglichen Tun nicht beachtet, daß sein Leben *von Gott her* seinen Maßstab erhält. Gott bestimmt die Länge seines Lebens, und Gott entscheidet auch darüber, ob ein Leben gelungen ist. Die menschlichen Rückversicherungen und Berechnungen sind ungenügend und für seine evtl. Erben unzuverläßig (Erbschaftsstreit). Nur wenn die Forderung nach vorsorglichem Umgang mit Lebenszeit angesichts des Todes als Pointe bzw. Achtergewicht des Gleichnisses gesehen wird, ist das Gleichnis vom Kornbauern wirklich eine Erklärung und Ausfaltung des Rätselsatzes V15b, an dessen Verklammerung mit dem Gleichnis die ganze Gleichnisdeutung hängt (vgl. rabbinische Parallele). Den Zuhörern des Gleichnisses (Verwandte des Kornbauern, Jünger, Gaffer etc.) geht es auf, daß dem Kornbauern (und auch ihnen selbst) sein Leben nicht im Überfluß-Haben und im Genießen dessen, was ihm der Ackerboden zur Verfügung gestellt hat, zukommt. Keine Rechnung geht ohne Einbezug des Herrn über Leben und Tod auf.

Nebenher gibt das Gleichnis auch eine indirekte Auskunft über die Identität Jesu. Er verstand sich weder als bloß tradierender Weisheitslehrer noch als Fachmann für halakhische Fragen des Erbrechts (= Schriftgelehrter). Sein Verständnis der traditionellen Weisheit war kritisch. Er fand gewisse genußfreudige Weisheits-Sprüche (z.B. Koh 8,15) als nicht zum jetzigen Kairos passend. Daß er keine halakhische Auskunftsperson sein wollte, ergibt sich sowohl aus 12,14 als auch aus dem Gleichnis selbst (V19). Das Gleichnis bietet Möglichkeiten für moderne Deutungen, wenn man seine Damaligkeit nicht vergißt: Der Reichtum und die Planerei des Kornbauern sind eine Metapher für heutige Lebenshaltungen: Säkularismus, Wirtschaftsgläubigkeit, Egoismus. Auf ihre Gefahren und Unbeständigkeiten wird aufmerksam gemacht.

Das Gleichnis vom reichen Kornbauern ist nur *ein* Beispiel der Formgleichheit zwischen den Gleichnissen Jesu und den Rabbinen. Gleiches ist z.B. auch vom Gleichnis von den bösen Winzern (Mt 21,33–46; Mk 12,1–12: Lk 20.9–19) zu sagen. In der Matthäischen Version bilden die Verse

33–41 den Maschal und die Verse 42 und 43 den Nimschal. Es ist entscheidend, die rabbinische Form der (oder wenigstens einiger) Jesusgleichnisse zu erkennen. Nur so kann der Gefahr begegnet werden, daß schon der Maschal christologisiert, redaktionalisiert – und verfälscht wird. Der Maschal muß profan gedeutet werden, erst danach kann das Gemeinte aufleuchten[31].

4.2. Zweck, Einordnung, Publikum

„Mit Hilfe von Gleichnissen kann jeder Mensch Zugang zur Tora finden", sagten die Rabbanen des 3./4. Jhs n. Chr. laut ShirR zu Cant 1,1. An der gleichen Stelle weisen sie auf den weisen König Salomo hin. Er habe mit Hilfe von Gleichnissen „Zugang zu den Feinheiten der Tora" gefunden[32]. Zugang zur Tora – besonders zu den Feinheiten der Tora – finden, kann auch übersetzt werden mit: die Feinheiten, das zuinnerst Gemeinte, das heute noch Aktuelle der Tora, so lebensnah wie möglich zur Darstellung bringen.

In der Tat wollte kein jüdischer Gleichniserzähler – weder Jesus noch die Rabbinen – etwas anderes erreichen als eine frische Aktualisierung der Offenbarung der Hebräischen Bibel, besonders der Tora, für die neue Zeit mit ihren neuen Problemen und Errungenschaften. Die heranwachsende und ausgewachsene zeitgenössische Generation, sollte neu für die aus vergangener Zeit stammende Weisung Gottes sensibilisiert werden. Diesen Zweck kann man im Lichte des damaligen Motivationshorizontes auch folgendermaßen umschreiben: Gleichnisse erzählen heißt, den in Raum und Zeit wirkenden und Gehorsam fordernden Gott Israels in metaphorischer Sprache erahnen lassen bzw. die Zuhörer zu diesem wirkenden Gott hin geleiten. Es geht - wiederum bei Jesus und bei den Rabbinen – um den Deus agens, den herrscherlich handelnden Gott, der in den hörenden Gemeinden Raum und Einfluß gewinnen soll[33]. Wenn Jesus seine Gleichnisse mit den Worten: „Das Reich der Himmel gleicht einem König (oder einem Weinbergbesitzer)" beginnt, dann intoniert er damit dieselbe Thematik mit Hilfe derselben Erzählform wie die Rabbinen, die ihre Gleichnisse oft mit den Worten

---

31 Gerhard Dautzenberg verfaßte vor kurzem einen beachtenswerten Artikel, indem er vor allzuviel Redaktionalisierung der Gleichnisse warnte: Mk 4,1–34 als Belehrung über das Reich Gottes, BZ 34 (1990) 38–62.

32 Dazu Thoma/Lauer, Gleichnisse I 52.

33 Weder, Die Gleichnisse Jesu als Metaphern; Weder hat den in den Gleichnissen zum Ausdruck kommenden Deus agens für die ntl. Gleichnisse erhoben.

beginnen: „Gleich einem König, der einen Sohn (oder eine Tochter oder einen Weinberg) hatte... ". In der Frage aber, was denn grundwesentlich zur Erneuerung des jüdischen, religiösen und sozialen Lebens notwendig sei, welche Schwerpunktsetzungen derzeit vorzunehmen seien, unterschied sich Jesus stark von den späteren Rabbinen. Er forderte von seiner Zeit und von seinen Landsleuten Umkehr, d.h. Einkehr in jene israelitische Identität, die mit der gesamten Offenbarung zuinnerst für die Jetztzeit gemeint war. Er legte den Hauptton seiner Verkündigung auf den Neuanfang. Wenn dieser Neuanfang nicht geschehe, stehe das jüdische Volk in Gefahr, seiner ihm von Gott verliehenen Verantwortlichkeit verlustig zu gehen. Seine jüdischen Zeitgenossen sollten eine wachsende Aussaat für das kommende Reich Gottes sein. Mit ihm – Jesus – habe das Wachsen dieser Aussaat begonnen. In den Gleichnissen kommt er immer wieder darauf zu sprechen (z. B. Mk 4,1–34 par.). Von daher konnte Jesus nicht daran interessiert sein, die Erwählung und Bevorzugung Israels höfisch zu feiern. Aus prophetisch-messianischem Vollmachtsbewußtsein heraus warnte er vor möglichem Verlust von Erwählung, Tempel und Heimat. Wenn der nationalistisch-anarchistische Wahn der Zeloten und die Materialisierung des Tempelkultes überhand nehme, dann sei es um Tempel und Land geschehen. Demgegenüber war für die Rabbinen, die ja nach der Tempelzerstörung des Jahres 70 n.Chr. zu wirken begannen, die Aussage, daß Gott Israel zum Gottesvolk erwählt hat und daß er ihm seine Bundestreue bewahrt, der bestimmende Faktor für ihre Verkündigung. Den Gleichnissen der Rabbinen ist diese andere Sichtweise gegenüber den Jesusgleichnissen deutlich anzumerken.

Von Rabbi Meir (um 140 n.) wird erzählt: „Wenn er einen Bibelabschnitt auslegte, legte er das Gehörte in drei Teilen aus: ein Drittel Halakha, ein Drittel Haggada und ein Drittel Gleichnisse" (bSan 38b; ähnlich bSukk 28a über Jochanan ben Zakkai). Weshalb das Gleichniserzählen in alter Zeit als selbständige rabbinische Disziplin aufgefaßt wurde, ist nicht ganz klar. Aus talmudischen Angaben wird aber deutlich, daß vor ca. 150 n.Chr.weit mehr Gleichnisse und gleichnisartige Erzählungen bekannt waren als später. Nach bSan 38a-b habe Rabbi Meir dreihundert Fuchsfabeln gekannt, und davon seien jetzt (dh. im 4. Jh.) nur noch drei bekannt. Dazu paßt mSot 9,6: „Mit dem Tode des Rabbi Meir entschwanden die meisterhaften Gleichniserzähler". In bBQ 60b steht eine Story über Streitigkeiten zwischen Halakhisten und Haggadisten. Die Pointe lautet: Treffende Gleichnisse seien eine brauchbare Waffe zur Besänftigung von halakhisch-haggadischen Streithähnen. Die Gleichnisse und die mit ihnen verwandten Tierfabeln waren also zu Beginn der rabbinischen Zeit eine separate literarische Kunstgat-

tung, die z. B. dann geschickt eingesetzt wurde, wenn Streitigkeiten und
religiöse Verbissenheiten überhand nahmen. Ungefähr ab der Mitte des 2.
Jhs. standen die Gleichnisse nun ganz im Dienste der Bibelauslegung und
Bibelaktualisierung. Ihre Zahl nahm im Zusammenhang mit dem rabbinischen Midrasch-Programm[34] zu. In den Diskussionen der Amoräer (nach
220 n.) zu Gen 1–25 (Erschaffung der Welt bis zum Tode Abrahams) finden
sich z. B. 164 Gleichnisse, von denen die meisten mehrere Parallelen in anderen rabbinischen Schriften haben[35]. Die Parallelen (insgesamt etwa 280)
ihrerseits zeigen, daß die Gleichniserzählungen als offen und abwandelbar
betrachtet wurden.

Woher stammt nun die Kunst des Gleichniserzählens? Ist sie ursprünglich jüdisch, griechisch oder orientalisch? Dazu gesellt sich eine Nebenfrage.
Wie wurden die Gleichnisse interkulturell und interreligiös herumgeboten? Es ist anzunehmen, daß bereits im Judentum heimisch gewordene
Anstöße aus der außerjüdischen Welt Jesus und die Rabbinen zum Erzählen
von Gleichnissen bewegt haben. Die uns greifbaren Beispiele lassen meistens entweder griechisch-rabbinische oder rabbinisch-neutestamentliche
Verbindungswege vermuten. Bisweilen tauchen Gleichnisse auf, die in allen
drei Welten in irgendeiner Form beheimatet sind: in der neutestamentlichen, in der griechischen und in der rabbinischen Welt. Dazu kommen Bezüge zur Hebräischen Bibel, zum hellenistischen Judentum und zur gesamten orientalischen Umwelt Israels. Je mehr Gleichnisse ans Tageslicht ge-
holt werden, desto unabweisbarer wird die These, daß der Gleichniserzähler
Jesus auch in die rabbinische Gleichniswelt hinein gewirkt hat. Jesus, dieser
früheste faßbare Gleichniserzähler – im Sinne der rabbinischen Gattungen
– war auch eine bedeutende Gestalt der Literatur. Die im Folgenden beige-
zogenen Zwillingsgleichnisse vom Wegbereiter können zeigen, daß Gleichnisse auch Ergebnisse interkulturellen Austausches sein können.

4.3. Die Gleichnisse vom Wegbereiter

Die sich im großen Genesis-Midrasch (BerR 12,1) findenden Zwillingsgleichnisse vom Wegbereiter, stehen im Zusammenhang mit Gen 2,4 und
Hi 26,14[36]. Gen 2,4 lautet: „Das ist die Entstehungsgeschichte von Himmel

---

34 Dazu Stern, Rethorik and Midrash; Flusser, Die rabbinischen Gleichnisse
35 Thoma/Lauer, Gleichnisse II 12f.
36 Thoma/Lauer, Gleichnisse II 134–137.

und Erde, als sie erschaffen wurden". Hi 26,14 lautet im Verständnis des Gleichniserzählers so: „Dies sind die entferntesten Striche seines Weges. Verstehen wir denn das leiseste Wort davon? Wer wird sein mächtiges Donnern verstehen?" Es gehört zum Erklärungs- und zum Predigtstil der Rabbinen, daß ein Tora-Wort und ein Wort aus den Propheten oder Schriften sich gegenseitig auffüllen, daß aus dem Zusammenkommen beider Worte ein erhöhter oder verstärkter Sinn entsteht. Die Zwillingsgleichnisse illustrieren dies:

> „Gleich einem Schilfrohr-Dickicht, in das kein Mensch eindringen konnte. Wer immer eindrang, verirrte sich. Was tat ein Kluger? Er rodete und ging hinein, rodete und ging hinein: auf dem gerodeten Weg ging er weiter hinein und ging auf dem gerodeten Weg hinaus. Da begannen alle, auf dem von ihm bereiteten Weg hinein- und hinauszugehen". – „Gleich einem großen Palast mit vielen Toren. Wer immer hineinging, verirrte sich. Was tat ein Kluger? Er nahm ein Seil von Bast und knüpfte es ans Tor. Da begannen alle, dem Seil entlang hinein- und hinauszugehen".

Beide Gleichnisse sind als einander ergänzende ma‘ase bereschît-Gleichnisse (Gleichnisse über das Schöpfungswerk Gottes) zu katalogisieren. Sie sind Extrakte, Verdeutlichungen, Zusammenfaßungen des mit dem umgebenden Midraschim inhaltlich Gemeinten. Sie richten sich gegen eingebildete Menschen, die meinen, sie kämen von sich aus hinter die Geheimnisse der Schöpfung Gottes und des Weges Gottes von der Schöpfung bis hin zum Ende der Tage. Wie die biblische Veranlaßung (Gen 2,4 und Hi 26,14) betonen die Gleichnisse, daß nur Gott als der allein Kluge das Entstehen und die Wege der Schöpfung kennt, und daß nur solche Menschen sich in Schöpfung und Geschichte zurechtfinden können, die von Gott schon zum Voraus Hilfestellung (Rodung, Seil) erhalten. Gott sei der aktive, für das Wohl der Menschen besorgte Wegbereiter.

Beide Gleichnisse sind von der griechischen Mythologie her inspiriert. Verschiedene Mythen rund um den Kulturheroen Theseus stehen dahinter. Das zweite Gleichnis verrät seine Herkunft von der Erzählung vom Faden der Ariadne: Die Königstocher Ariadne befestigt am Eingang zum kretischen Höhlenlabyrinth, in dessen Innersten das Ungeheuer Minotaurus haust, einen Faden, damit Theseus das Ungeheuer töten und wieder sicher zum Ausgang zurückfinden könne. Als schwierig wird dabei nicht so sehr das Hineindringen ins Labyrinth betrachtet, als vielmehr das Wiederhinausfinden[37]. Der Theseus-Mythos hat mehrere Sinnebenen. Er ist eine An-

---

37 Kerényi, Mythologie der Griechen; sowie Ovid, Metamorphosen VIII 169 174–182.

leitung zur Klugheit in der Kühnheit. Ferner will er kulturell und zivilisatorisch begründend sein. Wie die Labyrinth-Motive ziemlich aller Zeiten zeigen – hat er vielleicht auch eine esoterische Bedeutung. Insofern er offen für weitere Deutungen ist, handelt es sich um einen guten bzw. funktionierenden Mythos. Seine Variabilität erklärt seine angepaßte Benützung seitens der Rabbinen jedoch nur teilweise. Die Rabbinen hätten den Mythos wohl beiseite gelassen, wenn das „in Frieden hineingehen und in Frieden wieder herauskommen" nicht ein rabbinisches Problem in Zusammenhang mit der Schöpfungs- und Thron-Gottes-Esoterik gewesen wäre. Laut yHag 2,1 (77a-b); tHag 2,2–4; ShirR zu 1,4 (7d–8a); bHag 14b–15a traten Ben ᶜAzzai, Ben Zoma, ᵓAcher und Rabbi ᶜAqîba ins Paradies ein. Die drei ersten nahmen dabei Schaden: zwei gelangten nicht mehr heil hinaus, und der dritte (ᵓAcher) wurde hinausgeworfen. Nur Rabbi ᶜAqîba kam nach der Paradieserfahrung wieder in Frieden heraus, so wie er friedlich eingetreten war[38]. Das Eindringen ins Paradies (ekstatische und/oder spekulativ religiöse Erfahrungen) wurde als gefahrvolle Unternehmung betrachtet, die nur ein besonderer „Held" (Rabbi ᶜAqîba) bestehen konnte. Nur er gelangte wieder wohlbehalten aus dem Feuerbereich des Paradieses hinaus.

Es wären von den Zwillingsgleichnissen vom Wegbereiter aus noch Ausflüge in andere rabbinische Gleichnisse möglich, die das Motiv von der labyrinthischen Situation des Menschen zum Inhalt haben. Auch Seitenblicke ins Neue Testament sind möglich. Die Zwillingsgleichnisse vom verlorenen Schaf und von der verlorenen Drachme (Lk 15,1–10) und wohl auch das Gleichnis vom verlorenen Sohn (Lk 15,11–32) leben zum Teil vom Motiv des sich Verirrens und Wieder-Hinausfindens. Auch der gute Hirte im johanneischen Gleichnis (Joh 10,11–18) begibt sich für seine Schafe freiwillig in das Dunkel des Todes, nimmt sich dann aber sein Leben wieder (V 17), um die vielen Schafe führen zu können. Es muß damals also eine Art literarische Ökumene gegeben haben. Gleichniserzählungen wurden in der alten Welt etwa so herumgeboten und modifiziert wie heute gute Witze herumgeboten und an das jeweils neue Milieu angepaßt werden. Niemand läßt sich einen guten Witz entgehen, wenn er ihn als Aufheiterung oder Aufmunterung für sein Milieu und seine Leute brauchen kann. Wie es kein Problem ist, Wanderwitze so abzuwandeln, daß sie in neue Umgebungen hineinpassen, so war es damals kein Problem, Gleichnisse mit jüdischem Kolorit zu versehen und sie so der Belehrung und Verkündigung dienstbar zu machen.

---

[38] Wewers, Geheimnis und Geheimhaltung, 160–189.

4.4. Annäherungen an Ursprünge

Vertreter der jüdischen Weisheitsbewegung haben das Erzählen von Gleichnissen, besonders in der ersten Hälfte des 2. Jhs. v. Chr. (vor dem Amtsantritt des Seleukiden Antiochos IV) von hellenistischen Wanderphilosophen gelernt. Dabei sind ihnen viele Gleichnismotive und viel griechisches Gleichnismaterial zugekommen. So lautet die Ursprungshypothese von David Flusser und seinem Schüler Brad H. Young[39]. Die beiden Gleichnisforscher vertreten ferner die These, daß es besonders unter den Pharisäern ein vorrabbinisches Judentum gegeben habe, das das Gleichniserzählen als eine Art Weisheitsübung betrieben habe. Das ganze pharisäische Gleichnismaterial sei dann in den Wirren des ersten jüdischen Krieges (66–73 n.) verloren gegangen. Es müsse dieses Material aber gegeben haben, da rabbinische Gleichnisse aus der Zeit unmittelbar nach der Tempelzerstörung des Jahres 70 n. überliefert seien, die in ihrer Art vollkommen seien, also die Gattungsentwicklung schon hinter sich gehabt hätten und später keiner neuen Entwicklung unterzogen worden seien[40].

Bestätigt werden solche Annahmen etwa durch den Erntespruch, der sich sowohl im Neuen Testament (Mt 9,37f; Lk 10,2) als auch bei dem um 80/100 n. Chr. wirkenden Rabbi Tarfon, als auch beim griechischen Arzt Hypokrates (ca. 460–370 v. Chr.) findet. Der Hypokrates-Spruch lautet: „Das Leben ist kurz, die Kunst (technê) ist lang." Dieser Spruch muß im ersten Jh. als geflügeltes Wort bekannt gewesen und in mehreren Variationen adaptiert worden sein. Rabbi Tarfon wandelte ihn so ab:

> „Der Tag ist kurz, die Arbeit ist lang, die Arbeiter sind träge, der Lohn ist reich und der Betriebsherr drängt ... Treu ist der Herr deiner Arbeit, dir den Lohn deines Werkes zu bezahlen" (mAv 2,15f).

Jesus (oder die Q-Quelle) variert den Hypokrates-Spruch so: „Die Ernte ist groß, der Arbeiter aber sind wenige. Bittet den Herrn der Ernte, daß er Arbeiter in seine Ernte sende". Flusser meint wohl mit Recht, Rabbi Tarfon habe seinen Spruch bereits dem rabbinischen Spruchschatz entnommen, und auch Jesus habe aus dem gleichen Schatz geschöpft. Noch deutlicher schimmert der interkulturelle und zeitüberschreitende Charakter im Gleichnis von den ungleichen Pächtern, das sich im großen Exodusmidrasch findet, durch (ShemR 27,9):

---

[39] Flusser, Die rabbinischen Gleichnisse; Young, Jesus and His Jewish Parables.

[40] bes. Flusser Die rabbinischen Gleichnisse, 140–160

„Gleich einem König, der ein Feld besaß und es Pächtern übergeben wollte. Er rief den ersten und fragte ihn: Willst du dieses Feld (zur Bearbeitung) übernehmen? Dieser antwortete: Ich habe keine Kraft, die Sache kommt mir zu schwierig vor! So ging es auch mit dem zweiten, dritten und vierten Pächter. Sie übernahmen die Pacht vom König nicht. Da rief der König einen fünften herbei und sagte zu ihm: Willst du dieses Feld übernehmen? Dieser antwortete: Ja! Auch die Arbeit des Umpflügens? Ja! Statt zur Arbeit zu gehen, zog sich dieser Pächter aber zurück in seine Burg. Über wen wird nun der König ungehalten sein? Über jene, die sagten, daß sie das Feld nicht übernehmen könnten, oder über jenen, der das Feld übernommen hatte und sich danach in seine Burg zurückzog? Doch wohl über den Letzteren! "

Aus dem anschließenden Nimschal wird deutlich, daß sich das Gleichnis gegen die populäre Vorstellung wehrt, daß Gott allen Völkern die Tora angeboten habe, daß aber kein Volk bereit gewesen sei, sie mit all ihren Konsequenzen zu übernehmen. Nur Israel sei sogleich bereit zur Annahme gewesen (nach Ex 24,7), habe aber diese Bereitschaft nicht in die Tat umgesetzt. Israel sei daher nicht besser als die übrigen Völker. Es ergebe sich im Gegenteil, so der etwas ausgedehnte Nimschal, aus Ex 18,1 und Jer 2,4 („Hört das Wort des Ewigen, Haus Israels … "), daß Israel gerade deswegen bestraft werde, weil es einmal zur Tora Ja gesagt habe, sich jetzt aber nicht mehr darum kümmere: „Wegen eurer (früheren) Bürgschaft werdet ihr bestraft werden! Dies ergibt sich aus: ‚Mein Sohn, wenn du dich für deinen Freund verbürgt hast' (Prov 6,1)."

Das Jesusgleichnis von den ungleichen Söhnen (Mt 21,28–32) könnte leicht in die Form der rabbinischen Parallele gegossen werden, ohne daß etwas von Bild und Gehalt verlorenginge:

„Gleich einem Mann, der zwei Söhne hatte. Er sagte zum ersten: Mein Sohn, geh und arbeite in meinem Weinberg. Dieser antwortete: Ja, Herr! Er ging aber nicht. Da wandte sich der Mann an den zweiten Sohn und sagte dasselbe zu ihm. Dieser antwortete: Ich will nicht! Später aber reute es ihn, und er ging doch. Wer von den beiden hat den Willen seines Vaters erfüllt? Doch wohl der zweite."

Im hypothetischen Nimschal wird dann etwas ganz ähnliches wie im rabbinischen Gleichnis abgehandelt: Die frommen Juden sollten sich auf ihre Frömmigkeit nur nichts einbilden und nicht auf Menschen dubiosen Rufes hinunterschauen. „Amen, ich sage euch: Zöllner und Dirnen gelangen eher in das Reich Gottes als ihr." Die Zöllner und Dirnen sind hier an die Stelle der nichtjüdischen Völker getreten. *Die Attacke gegen die frommen Juden ist im Neuen Testament stärker als im rabbinischen Gleichnis.* Aus dem Vergleich der beiden Gleichnisse erkennt man auch, daß es keinen Unterschied ausmacht, ob von einem König und von Pächtern oder von irgend einem Mann und seinen Söhnen die Rede ist. In beiden Fällen handelt es sich um einen befehlenden Herrn und seine Angestellten. Die Personen sind also konventionell eingesetzt.

Es ist nicht abwegig, das Exempel des Stoikers Kleanthes (304–233 v.) als gemeinsame Vorlage des jesuanischen und des rabbinischen Gleichnisses anzunehmen:

> *„Ich schickte zwei Knechte aus, um Plato zu suchen und an die Akademie zu holen. Der eine durchsuchte die ganze Säulenhalle und durchlief auch andere Plätze, auf denen er ihn zu finden hoffte. Dann kehrte er müde und unverrichteter Dinge nach Hause zurück. Der andere Knecht aber setzte sich beim nächsten Laden hin. Nachdem er sich wie ein Vagabund und Herumlungerer dem Sklavengesindel zugesellt hatte und mit ihm spielte, fand er den vorübergehenden Plato, den er nicht gesucht hatte. Wir werden den Knecht loben, der, soweit es von ihm abhing, alles getan hat, was ihm befohlen worden war. Den glücklichen Faulpelz aber werden wir strafen“*[41].

Man wird zwar nicht von einer literarisch-schriftlichen, wohl aber von einer mündlichen Abhängigkeit des jesuanischen und des rabbinischen Gleichnisses vom Exempel des Kleanthes sprechen können. Nur wenn wir annehmen, daß breite und bunte Erzähltraditionen in den ersten fünf Jahrhunderten n. Chr. alle orientalischen Grenzen und Religionsgefüge problemlos überwunden haben, wird es z. B. erklärlich, daß das Motiv von den ungleichen[42] Söhnen/Pächtern/Knechten/Freunden/Mädchen auch an so vielen anderen Stellen auftaucht[43]. Weder Jesus noch die Rabbinen zeigten also Berührungsängste vor außer-jüdischem Erzähl- und Kulturgut, wenn sich dieses in ihre Botschaft einpassen ließ. Das Ausländische wurde von ihnen in eine jüdisch gebräuchliche Form umgegossen. Im Falle des Gleichnisses von den ungleichen Söhnen steht Jesus der griechischen Vorlage

---

41 Text bei Seneca, De beneficius VI 10.2; Hosius I 153; Thoma/ Lauer, Gleichnisse I 46; Flusser, Die rabbinischen Gleichnisse, 148f

42 Nach David Flusser ist bes. das ntl. Gleichnis von den Talenten (Mt 25,14–30; Lk 19,11–27) von rabbinischem, griechisch-hellenistischem und jesuanischem Geist geprägt: Aesop's Miser and the Parable of the Talents, in: Thoma/Wyschogrod, Parable and Story, 9–25.

43 Rabbinisch z. B.: Drillingsgleichnisse von der Begleitung: BerR 30,10; Thoma/Lauer, Gleichnisse II 217–220. Gleichnis von der sehenden Magd: BerR 45,10; Thoma/Lauer, op.cit. 266f. Gleichnis vom Räuber und dem Detektiv: BerR 48,6; Thoma/Lauer, op.cit. 277–273. Neutestamentlich: Gleichnis von den Arbeitern im Weinberg (Mt 20,1–16); Gleichnis von den bösen Winzern (Mt 21,33–46 par.) u. a.

näher als die Rabbinen mit ihrem Gleichnis von den ungleichen Pächtern. Diese Kadenz gilt aber nicht für alle Fälle. Nicht dann galt ein Gleichnis den damaligen Juden als gut und geglückt, wenn es mit gänzlich ungewohnten Motiven und Handlungsabläufen aufwartete. Es kam den Leuten vielmehr auf eine prägnante Pointe bzw. auf einen aus dem Erzählgefüge heraus- leuchtenden *Chiddusch* an. In ihren Augen war ein Rabbi dann ein meister- hafter Gleichniserzähler, wenn er mit seiner Erzählung das ihnen von ihrer eigenen Tradition her Vertraute in neuem, zeitgemäßem Licht aufleuchten lassen konnte.

4.5. Umstände und Inhalte

Die Gleichnisse der jüdischen Spätantike sind in Diktion und Aufbau äuß- erst konservativ. Nur so wird es begreiflich, daß Peter Dschulnigg bei seiner Vergleichbarkeit zwischen den Gleichnissen der aus dem 5./6. Jh. n. stam- menden Pesiqta deRav Kahana und den neutestamentlichen Gleichnissen so unerwartet viele Begriff- und Motivübereinstimmungen gefunden hat[44]. Weil nur solche Gleichnisse von den Adressaten goutiert wurden, deren Bezug zur vertrauten Tradition leicht und schnell sichtbar wurde, änderten die Gleichniserzähler der ersten sechs Jahrhunderte n. Chr. ihre Redeweise nicht oder kaum. Sie waren dafür umso mehr bemüht, einen Klick bzw. Pfiff ins kurze Erzählgefüge der Gleichnisse hineinzubringen, der die Hörer/Le- ser für die momentane Zeit wach machte. Für Jesus selbst heißt das: Seine Persönlichkeit ist auch von einem kulturellen und literarischen Zug ge- prägt. Er war kein sturer Religionsfanatiker, sondern eine ganzheitliche Person, die sich auch am Schönen und Guten erfreute (vgl. auch Mt 6,22– 36). David Flusser vergleicht ihn als Erzähler mit Johann Peter Hebel[45]. Der Vergleich geht in die richtige Richtung.

Jesus und die Rabbinen haben ihre Gleichnisse *hebräisch* erzählt. Das Beten und das Gleichnis-Erzählen geschah nach rabbinischem Brauch he- bräisch, nicht aramäisch. Der reiche Schatz an rabbinischen Berakot und Bittgebeten ist hebräisch. Dasselbe gilt für die rabbinischen Gleichnisse. Alle die bisher von mir interpretierten Gleichnisse sind hebräisch. In meh- reren finden sich aber aramäische Brocken, Redewendungen, eingestreut. Diese aramäischen Einschübe wollen die Aktualität der Gleichnisse unter-

---

44 Dschulnigg, Rabbinische Gleichnisse und das Neue Testament.
45 Die rabbinischen Gleichnisse 312.

streichen. Weshalb die Hebraizität ein Charakteristikum der Textorte der Gleichnisse ist, wird nirgends gesagt. Es kann aber vermutet werden, daß die Gleichnisse wegen ihrer bildlichen Schlichtheit und ihrer Aussage-Prägnanz irgendwie mit den Gebeten auf eine Stufe gestellt wurden. Das würde dann heißen, daß der Botschaft der Gleichnisse mit besonderer Aufmerksamkeit gelauscht worden ist.

Jesus sah sein Intimverhältnis zum Vater und die mit seiner Person hereingebrochene Endherrschaft Gottes als Grund und Grundlage aller Erzählung und aller Hoffnung. Hier nun wird von vielen eine große Diskrepanz zu den rabbinischen Gleichnissen gewittert. Es ist zwar richtig, daß die Reich-Gottes-Gleichnisse bei Jesus weit überwiegen. Jesus sah in der kommenden basileia tû theû die Pointe aller biblischen Verheißungen und aller religiöser Sehnsüchte seiner Zeit- und Volksgenossen. Bei ihm wird die Teleologie von Schöpfung und Offenbarung zur Eschatologie. Gott ist am endgültigen Wirken. Seine Herrschaft bricht in alle Bereiche und Herzen hinein und bringt alles zu neuem Sprießen und Wachsen – wenn die Menschen sich für das Reich Gottes einspannen lassen (vgl. Mt 11,12). Es darf dabei aber nicht vergessen werden, daß es auch ziemlich viele eschatologische Gleichnisse im rabbinischen Schrifttum gibt. Bei unserer Gleichnisforschung sind uns inzwischen vierzig solcher Gleichnisse begegnet, und es sind deren sicher noch mehr. Sie finden sich an unerwarteten Orten: wo von der Schöpfung, der Sintflut, Abraham, David dem Laubhüttenfest etc. geredet wird. Auch die rabbinischen Gleichnisse dienen somit mindestens potentiell und teilweise der Verkündigung des kommenden Reiches Gottes. Damit sind die Jesusgleichnisse nicht nur historisch struktual mit den rabbinischen Gleichnissen verbunden, sondern auch thematisch und kerygmatisch. Die Erforscher der Jesusgleichnisse tun gut daran, rabbinische Gleichnisse mitzuerwägen, damit die Jesusgleichnisse in allen ihren Zusammenhängen verstanden werden.

5. Das Verhältnis Jesu zu den jüdischen Sondergruppen

Im Verlaufe der jüdisch-christlichen Forschungsgeschichte über Jesus hat die Frage eine große Rolle gespielt, welcher damaligen jüdischen Gruppe Jesus zugehörig gewesen sei. War er ein Pharisäer, ein Sadduzäer, ein (Qumran-) Essener, oder ein zelotischer Nationalist und Revolutionsprediger? War er überhaupt einer Sondergruppe (hairesis) zugehörig? Einlinige und einsinnige Antworten auf diese Frage haben bisweilen für öffentlichen Wirbel gesorgt; sie hielten aber meistens näheren Rückfragen nicht lange

stand. Wer ohne Wenn und Aber Jesus zum Pharisäer, zum religiös-anar-
chistischen Revolutionär oder überhaupt zu einem Sondergruppen-Mit-
glied stempelte, konnte sich dafür weder auf Josephus Flavius noch auf das
Neue Testament noch auf das Qumranschrifttum, noch auf das rabbinische
Schrifttum so berufen, daß eine Mehrzahl von Forschern davon überzeugt
worden wären. Es geht hier nicht darum, solche von der Polemik auf die
schiefe Ebene geschobenen Positionen zum xten Mal neu auszubreiten.
Außerdem wird in diesem Buch an anderen Stellen ausführlich über die
Pharisäer und die Qumranleute gehandelt. Die Pharisäer bedürfen hier nur
noch einiger Zusätze.

Es gab im ungefähren Zeitalter Jesu (= ca. 150 v. – ca. 100 n.) nicht nur
die vier von Josephus Flavius geschilderten „Sekten": Pharisäer, Sadduzäer,
Eßener und Zeloten. Es gab noch weitere Gruppen, Parteien, Stände, Lehr-
und Glaubensgemeinschaften. Diese Gruppierungen waren oft, auch wenn
sie ähnliche oder gar gleiche Aufgaben in der jüdischen Gesellschaft wahr-
nahmen, untereinander stark zerstritten. Ein Beispiel sind die *höheren* und
die *niederen Tempelpriester*. Die *oberpriesterlichen* Familien waren reich
und mächtig, die *niederen* Priester und Leviten dagegen arm. Daraus ergaben sich scharfe soziale und religiöse Oppositionen zwischen den beiden
Gruppen, die beim ersten jüdischen Krieg gegen Rom (66–70/73) in blutige
Gegensätze ausarteten. Ein harmloseres Beispiel sind die *Schammajiten*
und die *Hilleliten*. Beide Gruppen sind der pharisäischen Grundrichtung
zuzuordnen. Sie stritten aber heftig miteinander über halakhische und
weltanschauliche Fragen. Vor 70 n. Chr. hatten die rigoroseren Schammajiten die Oberhand, danach die meistens milder gestimmten Hilleliten. Auch
die *Apokalyptiker* betraten teilweise ideologisch getrennte Wege. Es gab
Apokalyptiker, die den anarchistischen Revolutionären, den *Zeloten, Sikariern* etc. zuneigten, während andere – z.B. die *Daniel- und Henochapoka-
lyptiker* – eher von pietistisch-endzeitlichen Idealen fasziniert waren.

Die Erkenntnis der Vielgestaltigkeit der jüdischen Gruppen ist aber noch
keine genug starke Basis zur Beurteilung der Stellung Jesu im Judentum.
Es geht auch um Fragen der mehr oder weniger gemeinsamen Weitergabe
und Bearbeitung der biblischen Offenbarung. Es war nicht so, daß ein Sadduzäer des 1. Jhs.v. nichts an Gedankengut mit einem Rabbi des 2. Jhs.n.
gemeinsam hatte. Ebenso wenig kann von einem exklusiven Denkgebäude
einzelner Gruppen gesprochen werden. Es gab Apokalyptisches im Pharisäismus und kultisches Denken bei hellenistisch gesinnten Juden. Übergän-
ge und Querverbindungen in Redestil und Inhalt waren zwischen den einzelnen Gruppen sehr häufig. Dies sicherte einen reichen Fluß gemeinsamer
jüdischer Tradition. In der in Qumran geschätzten, vielleicht dort verfaßten

Tempelrolle, findet sich eine Halakha, die aus einer geschickten Zusammen-
fügung von Ex 22,15f und Dtn 22,28f entstanden ist. Es geht um eine verführte oder vergewaltigte Jungfrau. Der Verführer oder Vergewaltiger muß
nach dieser Halakha dem Vater des Mädchens 50 Silberstücke als Schaden-
ersatz zahlen, als Entgelt dafür, daß er mit dem Mädchen geschlafen hat.
Auserdem „soll sie ihm zur Ehefrau werden, weil er sie erniedrigt hat. Und
er darf sie sein ganzes Leben lang nicht entlassen". (TR 66,11) Diese ganze
Halakha mit allen ihren über den Bibeltext hinausgehenden Charakteristiken (Vergewaltigung mit Verführung gleichgesetzt, Frau auf Lebenszeit)
taucht mit Zusätzen ohne Angabe der Quelle im tannaitischen Schrifttum
des 2./3. Jhs.n. wieder auf: in SifDev 245 (S. 275). Die Rabbinen waren
gewiß keine Freunde der schon längst ausgestorbenen Qumranleute, und
es ist auch keine historische Anknüpfung zwischen den beiden Gruppen
auszumachen. Trotzdem besteht bezüglich dieses Gesetzes eine exakte Tra-
ditionskontinuität zwischen dem 2. vorchristlichen und dem 3. nachchristlichen Jahrhundert und zwischen extremistischen Priestern und den das
Laienelement des Judentums betonenden Rabbinen[46]. Ähnliches läßt sich
zum Verhältnis des jüdisch-hellenistischen Geschichtsschreibers Josephus
Flavius (37 – ca. 100 n.) zu den Rabbinen sagen. Josephus hat viele Traditionen in seine Werke eingeflochten, die im rabbinischen Schrifttum erneut
auftauchen. Er ist somit Zeuge gemeinsamer religiöser Sichtweisen, obwohl er auf ganz anderem Boden stand als die Rabbinen. Gruppenunter-
schiede bedeuten nicht notwendig auch Glaubens- und Traditionsunter-
schiede. Die Feststellung der Traditionsgemeinschaft quer durch die Gruppen und Zeiten hindurch ist für die Situierung Jesu im Judentum von Bedeutung: Gleiche Aussagen bedeuten noch nicht Gruppengleichheit. Spezi-
fische Aussagen Jesu sind nicht notwendig antithetisch zu Gruppen. Es ist
vor voreiligen Zuordnungen und Abgrenzungen zu warnen.

5.1. Jesus und die Pharisäer

Die These, Jesus sei ein *Pharisäer* gewesen, wird heute nur noch selten vertreten[47]. Wohl aber macht es Sinn, wenn gesagt wird, Jesus habe pharisäische
Lehren bejaht und einen intensiven Dialog mit Pharisäern gepflegt. Auch

---

[46] Zu TR 66,8–11: Yadin, The Temple Scroll, Bd. 2, 209f; Maier, Die Tempelrolle, 126,
   mit SifDev 245 vgl. auch mKet 3,4f.
[47] Z. B. von Falk, Jesus the Pharisee.

wer Jesus ziemlich weit von den Pharisäern wegrückt, kann nicht übersehen, daß Jesus den Auferstehungsglauben – wenn auch etwas modifiziert – mit den Pharisäern gegen die Sadduzäer geteilt hat, (Mt 22, 23–33), daß Jesu goldene Regel (Mt 7,12) in etwas anderer Form auch dem pharisäischen Weisen Hillel zugeschrieben worden ist (bShab 31a), und daß Jesus sich von Pharisäern zum Essen und zum Diskutieren hat einladen lassen. (Lk 7,36–50 par). Zu Unrecht hat man jedoch auf die Pharisäischkeit Jesu geschlossen, weil er in den Evangelien immer wieder als Rabbi (Lehrer, Meister) angesprochen wird. (Mk 9; 11,21; 14,45; Mt 23,7f; 26,25. 49; Joh 1,38.49; 4,31; 6,25). Wie Martin Hengel gezeigt hat[48], war die Bezeichnung Rabbi zur Zeit Jesu noch nicht amtlich-offiziell besetzt. Erst in rabbinischer Zeit, also nach 70 n. Chr., war der Rabbi ein Lehrer, der die Tora für seine Schüler auslegte und diese aufforderte, sich ein ethisch-rituelles Benehmen anzueignen. Zur Zeit Jesu war der Rabbi nichts weiteres als eine Respektsperson. Daß der Rabbi Jesus voreilig pharisäisch umgedeutet worden ist, hängt auch mit einem weit verbreiteten religionsgeschichtlichen Mißverständnis zusammen. Oft wird die Wortverbindung „pharisäisch-rabbinisch" im Sinne einer Identität von Pharisäern und Rabbinen mißverstanden[49]. Wir besitzen aber kein genuines Schrifttum der vor dem Jahre 70 n. Chr. wirkenden Sondergruppe der Pharisäer. Vieles was für die nach 70 n. Chr. aufgekommenen Rabbinen typisch ist (z. B. Lehre von der Tradition als selbständige Offenbarungsquelle, Torafrömmigkeit), wird vorschnell den Pharisäern zugeschrieben. Die Rabbinen sind zwar teilweise die geistig-religiösen Erben der Pharisäer, aber bekanntlich ist die Identität von Erben nicht notwendig dieselbe wie jene der Erblasser. Wegen verschiedener Unklarheiten über die Pharisäer kann Jesus nicht mit ihnen zusammengebunden werden. Er stand offensichtlich außerhalb ihres Sondergruppen-Verbandes. Er und die ersten christlichen Gemeinden hatten Schwierigkeiten mit der pharisäischen Gruppe und diese mit ihnen. Vermutlich entstanden Schwierigkeiten hauptsächlich daraus, daß die Pharisäer und die Jesusgemeinden sich u. a. als Mahlgemeinschaften verstanden: die Pharisäer *mit* verpflichtenden Reinheitsvorschriften und die Jüngergemeinden *ohne* dieselben. Die in den Evangelien dokumentierten, scharfen Auseinandersetzungen zwischen Jesus und den Pharisäern schließen auch Gereiztheiten zwischen den frühen christlichen Gemeinden und den frühen rabbinischen Gemeinden nach dem Ende des ersten jüdischen Aufstandes gegen Rom ein. Für Jesus selbst gilt

---

48 Nachfolge und Charisma, 46–63.
49 Dies geschieht z. B. bei Lapide, Jesus – ein gekreuzigter Pharisäer.

weitgehend das Urteil von David Flusser: „Er predigte und tat nichts, was Widerstand oder Haß der Pharisäer hervorrufen mußte. Seine Kritik ihnen gegenüber unterscheidet sich in nichts von ihrer Selbstkritik[50].

5.2. Jesus und die Zeloten

Auch die These, wonach Jesus ein *Zelot* war, dh. aus anarchistisch-messianischen Aspirationen einen Aufstand gegen die Römer vorbereitete und von diesen zur Strafe als Rebell gekreuzigt wurde[51], wird heute nicht mehr voll vertreten. Nach Joel Carmichael hat der ursprünglich friedlich-apokalyptisch gestimmte Jesus am Ende seines Lebens, als das Reich Gottes ausblieb, die Nerven verloren und einen revolutionären Kurs eingeschlagen[52]. Diese These findet heute kaum noch Resonanz. Bei der Lektüre dieser Autoren kann man aber mehrere Körnchen Wahrheit entdecken: Wenn Jesus sich irgendwie messianisch verstand, und wenn er mit dem Anbruch der Endherrschaft Gottes rechnete, dann mußte er auch mit Wandlungen und Umbrüchen in der menschlichen Gesellschaft, in den sozial-religiösen Bezügen und im Bereich des Tempelkultes rechnen. An diesen Punkten setzen denn auch mehrere heutige Jesusforscher an. Dabei bilden die von Jesus vorgenommene Tempelreinigung (Mk 11,15–19 par.), Jesu Worte über die bevorstehende Tempelzerstörung (Mk 13,1f par.), der beim Prozeß vorgebrachte Anklagepunkt, Jesu habe den Tempel niederreißen und einen nicht von Händen gemachten Tempel aufbauen wollen (Mk 14,57f; Mt 16,60f), und die Kreuzigungsstrafe als typische Zelotenhinrichtung, wichtige Elemente der Beweisführung. Der Wahrheitsgehalt der Theorien über den religiösen und sozialen Revolutionär Jesus liegt in der Tat darin, daß Jesus keine harmlose Gestalt war, und daß seine Botschaften der kommenden Endherrschaft Gottes keine rein religiöse Utopie ohne soziale und politische Konsequenzen war (vgl. Mt 11,12; Mk 1,27; Lk 9,1 u.a.). Mit viel Recht ist daher gesagt worden. Jesus habe in seiner Bergpredigt (Mt 5–7) eine „Kontrastgesellschaft" heranbilden wollen[53].

---

[50] Flusser, Thesen zur Entstehung des Christentums aus dem Judentum, FrRu 27 (1975) 181.
[51] Hauptproponenten dieser These sind Robert Eisler (Jesus basileus ou basileusas, 2 Bde., Heidelberg 1929–1930) und S.G.F. Brandon (Jesus and the Zealots, Manchester 1967).
[52] Carmichael, The Death of Jesus.
[53] Dies meint z.B. Lohfink in: „Wem gilt die Bergpredigt?"

Die Zeloten wurden in Galiläa durch Judas Galilaeus mit Unterstützung des Pharisäers Zaddok als radikal-religiöse Revolutionsbewegung gegen die Römer und die mit ihnen kollaborierenden Juden gegründet. Anlaß war die von Consul Coponius verordnete Zählung des jüdischen Volkes zur Eruierung des Volksvermögens (Ant 18,1–10; Bell 2,117f). Das zelotische Doppelziel war 1. die exklusive Anerkennung der Herrschaft Gottes im Heiligen Land und 2. die Ermöglichung und Herbeidrängung der endzeitlichen Freiheit Israels (cherût, ge᾽ulla, sôtêria). Durch Verjagung der heidnisch römischen Besatzer und durch Vernichtung der jüdischen Frevler wollten die Zeloten dieses Doppelziel erreichen. Es erschien ihnen als Erfüllung der beiden ersten Gebote des Dekalogs in der Zeit der Endwehen der Welt vor der Erlösung[54]. Die Zeloten wurden aber 6 n. Chr. nicht aus dem Nichts gegründet. Sie waren vielmehr Vertreter der Eifer(er)-Tradition. Die beiden biblischen Vorbilder der Zeloten waren der Priester Pinchas, der gegen die Unzucht eines Israeliten mit einer Ausländerin mit Lynchjustiz geeifert hatte (Num 25; Sir 45,23f), und der Prophet Elia, der laut 1 Kön 18 vierhundertfünfzig Baalspriester hatte abschlachten lassen. Auch der Hasmonäer Mattatias, der 168 v. einen dem heidnischen Kult zugetanen Juden erstochen hatte (1 Makk 2,15–28), gehörte zu den geistigen Vätern der Zeloten. Indirekt waren die Zeloten auch von den Qumranleuten mit ihrer Vorstellung von dem endzeitlichen heiligen Krieg gegen die abfälligen Juden beeinflußt (1 QM: Kriegsrolle). Die meisten zelotischen Anführer und Anhänger waren niedere Priester und Leviten, die ihr sozial und wirtschaftlich benachteiligtes Los in den Radikalismus hineintrieb.

Es ist ganz ausgeschlossen, daß Jesus irgendwelche zelotischen Tendenzen hatte. Zwar stimmt es, daß er die Zeloten, die in seiner galiläischen Gegend in seinen Tagen stark waren, nicht als Räuber, Tyrannen Frevler etc. beschimpft, wie dies etwa Josephus tut. Er setzt sich eher ruhig mit zelotischen Tendenzen auseinander (Lk 9,54). Er versucht aber den Zelotismus an seiner Wurzel zu bekämpfen. Die Bergpredigt ist besonders durch das Gebot der Feindesliebe antizelotisch (Mt 6,43–48). Jesus verlangt, daß wir dem Bösen nicht widerstehen sollen, „weil wir auch durch unsere Verneinung das an sich indifferente Kräftespiel in der Gesellschaft und in der großen Welt nur fördern"[55]. Auch die frühen Christengemeinden trafen alle möglichen Vorkehrungen, um ja nicht in den Verdacht des Zelotismus zu geraten. In den „Standesermahnungen" wird z.B. den Sklaven nicht die

---

54 Das führende Werk über die zelotische Bewegung schrieb Hengel, Die Zeloten.
55 Flusser, Jesu in Selbstzeugnissen,13.

Freiheit versprochen, obwohl das damals modern war. Die christlichen Sklaven sollten in ihrem verachteten Stand vielmehr so leben, daß ihre Gebundenheit an den verachteten und verfolgten und nicht eiferisch zurückschlagenden Jesus transparent werde (1 Kor 7,21; 1 Petr 2,18–25).

5.3. Jesus und die frühen Frommen: Beter und Wundertäter

Nach Mk 9,14–29 heilte Jesus einen epileptischen Knaben, den seine Jünger zuvor nicht hatten heilen können. Auf ihre Frage nach dem Warum ihrer Heilerunfähigkeit antwortete Jesus: „Diese Art (von Krankheitsdämonen) kann nur durch Gebet und Fasten ausgetrieben werden (V 29). Nach der Parallelerzählung Mt 17,14–21 antwortete Jesus auf die gleiche Frage der Jünger: "Weil euer Glaube so klein ist! Amen, ich sage euch: Wenn euer Glaube auch nur so groß ist wie ein Senfkorn, dann werdet ihr zu diesem Berg sagen: Rück von hier nach dort! Und er wird wegrücken. Nichts wird euch unmöglich sein„ (VV2of). Nach Mt 21, 18–22 sagte Jesus das Wort vom Glauben, der Berge versetzen kann, nachdem er einen unfruchtbaren Feigenbaum verflucht hatte, und dieser daraufhin sofort dürr geworden war. Im längeren Markusschluß sendet der auferstandene Jesus seine Jünger in die ganze Welt hinaus und verheißt dabei, daß die Gläubigen von folgenden Wunderzeichen begleitet sein werden: "In meinem Namen werden sie Dämonen austreiben, und sie werden in neuen Sprachen reden. Wenn sie Schlangen anfassen oder tödliches Gift trinken, wird es ihnen nicht schaden, und die Kranken, denen sie die Hände auflegen werden gesund werden„ (Mk 16, 17f). Wie als Erfüllung dieser Verheißung wird im Act 28, 1–6 erzählt, Paulus sei auf der Insel Malta von einer Viper gebissen worden. Ihr Gift habe ihm aber nicht geschadet, Paulus habe die Viper ins Feuer werfen können. Die Malteser hätten daraufhin Paulus für ein göttliches Wesen gehalten.

Die beiden Grundgedanken dieser Sprüche und Erzählungen sind ein Glaube ans menschlich Unmögliche sowie Wundertaten und Wundererfahrungen aus dem Glauben und aus der Vollmacht heraus. Beides trifft in erster Linie auf Jesus zu, dann aber auch auf die Evangelisten und auf Paulus. Daraus ergibt sich die Frage, ob und in welchem Ausmaß Jesus und die Jesusbewegung den damaligen charismatischen jüdischen Betern und Wundertätern zuzuordnen sind. In erster Linie geht es um Jesus. Wenn er schon nicht ganz zu den Pharisäern und Essenern und schon gar nicht zu den Zeloten und Sadduzäern paßt, dann paßt er vielleicht zum Kreis von Betern und Wundermächtigen, von denen damals viel die Rede war. Wir nennen sie hier „die frühen Frommen" oder die „chasîdîm ha-rischônim", eine Bezeichnung, die ihnen die Mischna samt einer ersten teilweisen Charakterisierung gibt. In mBer 5,1 heißt es:

> *„Die frühen Frommen bereiteten sich zuerst eine Stunde still vor und formulierten ihre Gebete erst dann, damit sie ihr Herz zu ihrem Vater im Himmel hinwenden könnten".*

Die Bezeichnung die „frühen Frommen" ist eine Verlegenheitslösung. Zum ersten wird dieser Ausdruck im rabbinischen Schrifttum meistens nicht gruppenspezifisch gebraucht; die Rabbinen hatten wenig historisch-kritisches Interesse an frühjüdischen Gruppierungen. Ferner dürfen unsere frühen Frommen nicht mit den Asidäern (griech. Asidaioi, aram. Chasidaie, hebr. Chasîdim: Fromme) der Makkabäerbücher in einen Topf geworfen werden. Die Asidäer waren zwar auch Fromme einer frühen Zeit, aber ihre Frömmigkeit war mit politischen, gesetzlichen und kultischen Anliegen verbunden. Sie werden in 1Makk 2,42–44 als tapferes und kriegstüchtiges Männerdetachement bezeichnet, das sich den hasmonäischen Freiheitskämpfern anschloß, Schrecken unter den Feinden verbreitete und sich durch Gesetzestreue auszeichnete. Nach 1Makk 7,13–18 bemühten sie sich um Frieden zwischen der Partei der Hasmonäer und den seleukidisch-hellenistischen Aggressoren. Im wesentlichen ging es ihnen dabei wahrscheinlich um ein legitimistisches Anliegen. Obwohl der Hohepriester Alkimos (162–159 v.) sich mit der seleukidischen Invasionsmacht verbunden hatte, hielten sie sein Hohepriesteramt für rechtmäßig. Sie wollten lieber unter einem rechtmäßigen Hohenpriester ein gefährliches und leidvolles Leben führen als die nach dem Hohenpriester- und dem Fürstenamt strebenden Hasmonäer weiterhin zu unterstützen. Ihr Versuch, Alkimos gegen die Dorfpriester-Familie der Hasmonäer für Israel zurückzugewinnen endete tödlich; Alkimos ließ sie umbringen.

Die Beter und Wundertäter bzw. die frühen Frommen, von denen hier die Rede ist, wirkten zwischen 100 v. und ca. 200 n. Die Tempelzerstörung 70 n.Chr. war auch für ihre Bewegung einschneidend; die nachherigen frühen Frommen gingen in der rabbinischen Bewegung auf. Verschiedene Erzählungen vor allem über die frühen Frommen, die vor und während der Zeit der Zerstörung des Tempels lebten, können einiges Licht auf ihre ursprünglichen Intentionen werfen[56].

---

[56] Zum Folgenden vgl. bes. Vermes, Jesus der Jude 45–68.

5.3.1 Choni der Kreiszieher

Josephus Flavius berichtet in Ant 14,22–24 von „einem greisen Onias, einem gerechten und von Gott geliebten Mann. Dieser hatte Gott einst bei einer Dürre um Regen gebeten und war augenblicklich erhört worden. Er (floh in den Wirren zwischen Hyrkan II und Aristobul II nicht wie andere aus Jerusalem, sondern) verbarg sich, weil er noch kein Ende des Rivalitätskampfes (der Hasmonäerbrüder Hyrkan II und Aristobul II) sah. Die Juden aber ergriffen den Onias, führten ihn ins Lager und verlangten von ihm, er solle, wie er früher kraft seines Gebetes der Dürre ein Ende gemacht habe, so jetzt über Aristobul und dessen Anhänger den Fluch herabrufen. Da er trotz seiner Bitten und trotz seines Sträubens von ihnen gezwungen wurde, trat er in ihre Mitte und sagte: ‚O Gott, König des Alls, da die jetzt um mich herum Stehenden dein Volk sind, und da die Belagerten deine Priester sind, bitte ich dich, du mögest weder den einen noch den andern gewähren, was sie über ihre Gegner herabflehen.' Nachdem er im Gebet so gesprochen hatte, töteten ihn einige Bösewichte aus der Reihe der umstehenden Juden durch Steinigung".

Im rabbinischen Schrifttum wird dieser Martyrer Onias, der sich am Schluße seines Lebens geweigert hat, feindeshasserische Gebete zum Himmel zu senden und der deshalb ca. 68 v. der Lynchjustiz zum Opfer gefallen ist, „Choni der Kreiszieher" (Chônî ham-meᶜaggel) genannt. Als Begründung für den Beinamen „Kreiszieher" wird in Taan 3,8 folgende, bereits von Josephus erwähnte Begebenheit (maᶜase), die sich in der Pesachzeit abgespielt habe, angegeben.

„Sie sagten zu Choni, dem Kreiszieher: Bete, damit Regen fällt! Er antwortete ihnen: Tragt die zur Bereitung des Pesachopfers bestimmten Bratöfen in eure Häuser, damit sie nicht aufgeweicht werden! Dann betete er erneut, aber es kam kein Regen. Was tat er nun? Er zog einen Kreis, stellte sich in seine Mitte und sagte dem Ewigen: Herr der Welt, deine Söhne haben sich an mich gewandt, weil ich vor dir wie ein Haussohn (ben bayît) bin. Ich schwöre bei deinem großen Namen: Ich werde nicht eher von hier wegtreten, bis du dich deiner Söhne erbarmt hast. Da begann es zu tröpfeln. Er sagte: Nicht dafür habe ich gebetet, sondern um Regen für Brunnen, Gruben und Höhlen. Da schlug der Regen stürmisch nieder. Er sagte: Nicht dafür habe ich gebetet, sondern um Regen des Wohlgefallens, des Segens und der Wohltat (gischmê razôn, berakha unedava). Da fiel der Regen ordentlich, bis die Bewohner von Jerusalem wegen zuviel Regen zum Tempelberg hinaufzogen. Sie kamen zu Choni und sagten zu ihm: So wie du gebetet hast, daß Regen falle, so bete nun, daß er aufhöre! Er sagte zu ihnen: Geht hin und schaut nach ob sich der Fundstein[57] schon aufgelöst hat!" Da

---

57 wörtl. Stein der Irrenden. Gemeint ist ein riesiger Stein bei dem nach den Festtagen

ließ ihm Schimon ben Schetach folgende Nachricht übermitteln: Wen du nicht Choni wärest, würde ich den Bann über dich verhängen! Aber was kann ich gegen dich tun? Du versündigst dich (hitp. von cht') vor Gott und er tut dir deinen Willen. Du bist wie ein Sohn, der sich gegen seinen Vater versündigt, und er erfüllt ihm trotzdem seinen Willen! Und über dich steht geschrieben: ‚Dein Vater und deine Mutter freut sich über dich; es jubelt, die dich geboren hat' (Prov 23,25)."

Choni/Onias hat ca. 90-ca. 68 v. als Beter und Wundertäter gewirkt; dies kann als historisch gesichert gelten. Im übrigen ist es schwierig, das Historische vom Legendarischen zu trennen; das meiste ist legendarisch. Wie schon in gaonischer Zeit vermutet worden ist (von Gaon Zemach in seinem Werk Yuchassin hasch-Schalem) kann „me^caggel" eine Umdeutung von Maglo, dem vermuteten galiläischen Heimatort Chonis sein. Schon bei Josephus, und noch mehr in der Mischna Taanit, wird deutlich, daß Choni als von Gott besonders Geliebter galt. Sein Gebet bewirkt Regen. Er selbst weiß sich in einem besonderen Kindschafts-Verhältnis zu Gott stehend, das sich von jenem der Israeliten unterscheidet. Nach der Mischna ist er der Haussohn, ja das Hätschelkind (vgl. Prov 8,30), das sich alle möglichen Ungehörigkeiten seinem Vater gegenüber erlauben kann. Diesen kindlichen Gottesbezug schmückt die babylonische Gemara noch weiter aus. Choni habe zu Gott „Abba" gesagt und sei ähnlich familiär mit ihm umgegangen wie ein verwöhntes Kind, das vom Vater gebadet werden wolle oder Lust nach feinen Früchten verspüre[58]. Die Männer der „Quaderhalle" dem Ort im Tempel, an dem Rechtsentscheide gefällt worden sind, hätten zu Choni voller Bewunderung durch Abgesandte sagen lassen: „Du hast unten befohlen, und der Heilige, gelobt sei er, erfüllt dein Wort in der Höhe…Du hast durch dein Gebet die Generation, die im Dunkel war, erleuchtet…Du hast die Generation, die durch die Sünde gesunken war, durch dein Gebet erlöst…Du hast die Generation, die nicht schuldlos war, durch dein Gebet gerettet…du hast sie durch deine reinen Taten errettet" (bTaan 23a). Auf der gleichen Talmudseite wird darauf hingewiesen, daß das Beten um Regen eine Tradition sei, die auf die Propheten Elia (vgl. 1Kön 18) und Habakuk

---

alle verlorenen Gegenstände gesammelt und ausgerufen wurden; vgl. bBM 28b. Choni will hier sagen: Er werde sich nicht erweichen lassen, um das Aufhören des Regens zu beten. Er werde dies so wenig tun, wie der Fund- oder Ausrufstein nie von diesem Regen weich werde.

58 Die von Joachim Jeremias geführte Abba-Diskussion ist in ihrer Bedeutung weit überschätzt worden. Es läßt sich nicht beweisen, sondern ist eher unwahrscheinlich, daß Jesus als einziger Jude „Abba" zu Gott gerufen habe. Dazu das Buch von Jeremias: Abba. Zur Abba-Frage vgl. auch das unter zu Abba Chilqya Ausgeführte.

(Hab 2,1) zurückgehe. Choni war also zwar vielleicht ein Einzelgänger in seiner Zeit, er stand aber durch sein Beten und sein Wunderwirken in einem bis zum Propheten Elia zurückreichenden Traditionszusammenhang.

5.3.2. Chanina Ben Dosa

Dieser galiläische Charismatiker ist neben Choni der bedeutendste in der Beter- und Wunderwirkergruppe der frühen Frommen[59]. Ein besonders auffallendes Licht auf ihn werfen die Erzählung von der besiegten Schlange und jene von der Heilung des Sohnes von Rabban Jochanan ben Zakkai. Die Erzählung von der besiegten Schlange wird im Anschluß an die Mischna-Vorschrift erzählt, wonach man das Gebet auch dann nicht abbrechen soll, „wenn sich eine Schlange um seine (des Beters) Ferse ringelt" (mBer 5,1). Die Anschluß-Erzählung (ma^{c}ase) lautet dann so:

> „Einst befand sich eine Wasserschlange an einem Ort und fügte den Menschen Schaden zu. Da kamen sie und meldeten es dem Rabbi Chanina ben Dosa. Er sagte zu ihnen. Zeigt mir ihr Schlupfloch. Da trat er mit seiner Ferse auf die Öffnung des Schlupfloches. Da kam die Wasserschlange heraus, biß Rabbi Chanina und verendete. Hierauf nahm er sie auf seine Schulter und brachte sie ins Midraschhaus. Er sagte zu ihnen: Schaut meine Söhne, nicht die Wasserschlange verursacht den Tod, sondern die Sünde verursacht den Tod. Danach sagten sie: Wehe dem Menschen, dem eine Wasserschlange begegnet, und wehe der Wasserschlange, der Rabbi Chanina ben Dosa begegnet" (bBer 33a).

So etwa hat es sich der Verfasser des längeren Markusschlußes vorgestellt, als er schrieb, daß die wahrhaft Glaubenden Schlangen anfassen könnten, ohne daß diese ihnen schaden (Mk 16,18). Auch Paulus ist laut Act 28,1–6 von ähnlicher Glaubensüberzeugung gewesen. Es ist möglich, daß die Verfasser dieser zwei Stellen des Neuen Testaments irgend eine Version der Schlangenerzählung im Zusammenhang mit ihrem Zeitgenossen Chanina ben Dosa gekannt haben. Chanina ben Dosa wirkte ja vor und nach der Tempelzerstörung des Jahres 70 n.

Im Zusammenhang mit dieser Wundererzählung fällt zwar das Stichwort „Glaube" nicht direkt. Wohl aber ist von einer Glaubens*handlung* die Rede: Chanîna nimmt die besiegte Schlange auf seine Schulter, bringt sie zu den im Gebet Versammelten und bezeugt mit seinen überraschenden Worten über die Sünde seinen Glauben. Auch die Erzählung über die Hei-

---

[59] Über ihn vgl. Geza Vermes, Hanina ben Dosa, JJS 23(1972), 28–50; 24(1972) 51–64

lung des Sohnes von Rabban Jochanan ben Zakkai geht in ihrem Kern auf die Mischna zurück. In mBer 5,5 heißt es:

„Sie erzählten folgendes über Rabbi Chanina ben Dosa: Er betete über die Kranken und sagte dabei, dieser werde genesen und jener werde sterben. Da sagten sie zu ihm: Woher weißt du das? Er antwortete ihnen: Wenn mein Gebet in meinem Munde geläufig ist, weiß ich, daß es (evtl: er) angenommen ist, wenn nicht, dann weiß ich, daß es (evtl.: er) abgelehnt ist". Diese Mischna-Tradition wird in der Gemara u.a. so konkretisiert: „Eine weitere Begebenheit über Rabbi Chanina ben Dosa, der bei Rabbi Jochanan ben Zakkai Tora lernte. Da wurde der Sohn Rabbi Jochanans krank. Jochanan sagte zu ihm: Chanina, mein Sohn, flehe doch für ihn um Erbarmen, und mein Sohn wird leben! Da legte Chanina sein Haupt zwischen seine Knie und bat um Erbarmen für ihn. Da wurde er gesund. Da sagte Rabbi Jochanan ben Zakkai: Wenn der Sohn des Zakkai auch einen ganzen Tag lang sein Haupt zwischen seine Knie gelegt hätte, hätten sie ihn (im Himmel) nicht beachtet! Da sagte seine Frau zu ihm: Ist denn Chanina größer als du? Er sagte zu ihr: Nein. Aber er ist wie ein Diener vor dem König, und ich gleiche einem Fürsten vor dem König"(bBer 34a).

Für einen Fürsten (schriftkundigen Weisen) ist es offenbar schwieriger, etwas vom König zu erhalten als für einen Hausdiener des Königs (Gottes)! Die von Chanina vollführte Zeremonie, die zusammen mit Gebet zur Heilung führt, ist dem Propheten Elia nachempfunden, der beim Beten um Regen seinen Kopf zwischen seine Knie preßte (1Kön 18,42). Damit wird angedeutet, daß Chanina ähnlich in der Elia-Beter-Tradition steht, wie Choni der Kreiszieher.

5.3.3. Andere frühe Fromme

Nach den rabbinischen Schriften waren weder Choni noch Chanina erratische Einzelgestalten als Beter und Wundertäter. Außer den beiden werden vor der Tempelzerstörung auch noch zwei Enkel Chonis eingehend erwähnt: Abba Chilqya und Chanan Hannechba („der Versteckte"; bisweilen mit Choni gleichgesetzt, oft auch als Choni II bezeichnet). Beide haben zu Beginn oder in der Mitte des ersten Jhs.n.Chr. gewirkt. „Wenn die Welt Regen nötig hatte, schickten die Rabbanen zu Abba Chilqya, und wenn er flehte, fiel Regen" – so beginnt die Aggada in bTaan 23a (unten) über den einen Enkel Chonis. In bTaan 23b folgen dann weite Ausführungen darüber, daß Chilqya es aus Demut vermieden habe, als wirkungsvoller Regenbeter zu gelten. Zum Teil habe er sich hinter seine Frau versteckt, die er als wirkungsvollere Beterin bezeichnet habe. Als einmal guter Regen gefallen sei, habe er zu den Rabbanen gesagt: „Gepriesen sei Gott, der den Abba Chilqya für euch nicht braucht".

Über Chanan, den Versteckten, wird erzählt, daß die Rabbanen bei Dürre Schulkinder zu ihm geschickt hätten, damit sie ihn um Regen bäten. Diese hätten ihn am Saum seines Mantels gepackt und zu ihm gesagt:

„Abba, Abba, gib uns Regen!" Da sagte er vor dem Heiligen, gelobt sei er: „Herr der Welt. Tue es um jener willen, die nicht zwischen einem Abba unterscheiden können, der Regen gibt, und einem Abba, der keinen Regen gibt."

Vielleicht ist auch der Priester Zaddok, der 40 Jahre lang gefastet habe, damit der Tempel nicht zerstört werde (bGit 56b), und der zur Zeit der Tempelzerstörung so alt und erschöpft gewesen sei, daß Rabban Jochanan ben Zakkai sich beim Kaiser Vespasian für ihn habe einsetzen müssen (EkhaR zu 1,5), der Gruppe der frühen Frommen zuzurechnen. Jedenfalls ist sein Auftreten stets von Abstand gegenüber den Jerusalemer Priestern gekennzeichnet[60]. Zur Zeit des Bar Kokhba-Aufstandes (132–135) leuchtete Elazar Hammodai, yTaan 4,8 (68d.69b), als Beter mitten in der Kriegsnot[61]. Um 180 n. wirkte Pinchas ben Jaîr im Sinne seiner betenden und wundertätigen Vorgänger. Er kann als spiritueller Deuter der ganzen Reihe der frühen Frommen gelten: Kennzeichnend ist seine Tugendlehre, die sich in mSot 9,15 findet:

„Rabbi Pinchas ben Jaîr sagte: Hurtigkeit führt zu Reinlichkeit, Reinlichkeit führt zur Absonderung (perischût), Absonderung führt zur Reinheit. Reinheit führt zur Heiligkeit, Heiligkeit führt zur Demut, Demut führt zur Sündenscheu, Sündenscheu führt zur Frömmigkeit (chasidût), Frömmigkeit führt zum Heiligen Geist; der Heilige Geist führt zur Auferstehung der Toten, die Auferstehung der Toten kommt zu Eliahu, dessen zum Guten gedacht sei."

In dieser chasidischen Tugendlehre steht die Frömmigkeit an oberster Stufe. Wer diese Stufe erreicht habe, werde den Heiligen Geist empfangen, der ihn/sie zur Auferstehung führe, bei der auch Elia, die große Vorbildsgestalt der frühen Frommen, beteiligt sei.

---

[60] Die Werke von Wilhelm Bacher, Die Agada der Tannaiten, 2 Bde 1890–1894 und die Agada der palästinischen(3 Bde) und der babylonischen Amoräer, Straßburg 1892–1899 bieten immer noch verläßliche Angaben über die Gestalten der rabbinischen Zeit.

[61] Über Elazar Hammodai vgl. Schäfer, Der Bar Kokhba-Aufstand, bes 138. 173f.

5.3.4. Verhältnis Jesu zu den frühen Frommen

Das Verhältnis zu den frühen Frommen kann nur mutmaßlich bestimmt werden. Jesus hat sicher von diesen außerhalb der Gesellschaft lebenden und den Menschen dennoch dienenden Gestalten gehört und sich in manchem von ihnen beeinflußen lassen. Vielleicht ist er einem Enkel Chonîs oder einem Gesinnungsgefährten von ihm begegnet. Von ziemlich allen genannten Wundertätern wird in der Forschung angenommen, daß sie aus Galiläa stammten und teils in Galiläa wirkten[62]. Wichtiger für eine Verhältnisbestimmung sind aber die religiös-sozialen Strukturen, in denen die frühen Frommen lebten, sowie die Glaubenshaltungen, Glaubensinhalte und Glaubenspraktiken, die ihr Leben bestimmten.

Die frühen Frommen gehören weder zur Sondergruppe der Pharisäer noch zu den rabbinischen Gelehrtenkreise[63]. Es wird vielmehr (besonders für die Zeit vor der Tempelzerstörung) betont, daß die Offiziellen von Jerusalem (Schimon ben Schetach, die Leute der Quaderhalle, die Rabbanen, oder einfach „sie") Gesandtschaften zu den frommen Wundertätern hinausschickten und so ihre Bitten indirekt und aus der Ferne an sie richteten oder Einwände gegen ihr Tun machten. Die frühen Frommen scheinen sich und ihre Anhänger „Gefährten" (chaver/chaverim) genannt zu haben (mSot 9,15), ohne daß dabei ein hierarchisches Lehrer-Schüler-Verhältnis mitgespielt hätte. Der zu ihnen gehörende Rabbi Elazar Hammodai nannte sie „Männer der Kraft" und „Männer der Wahrheit" (Mekhy zu 18,21: S. 198). Vermutlich wurden sie später auch als „Machtvolle des Landes Israel" („taqqîfê de ʾarʿa Israel" bezeichnet, die den späteren „Frommen Babyloniens" an Glaubens- und Wunderkraft weit überlegen gewesen seien (bTaan 23b). Nach den hier behandelten Texten scheinen sie ausgesprochen arm gewesen zu sein und großen Wert auf die Demut gelegt zu haben. Sie haben sich nie dazu herbeigelassen, Feindeshaß zu üben oder zu tolerieren. Ihr Verhältnis zu Gott hatte ihr Vorbild im Verhältnis des Kleinkindes zum Vater. Ihre Frauen spielten in ihrem Leben eine angesehene Rolle. Ihr Wunderwirken war immer schon zum Voraus von großer Zuversicht, daß die Erfüllung von Gott gegeben werde, geprägt. Ihre eschatologische Erwartung war auf den heiligen Geist als den Bewirker der Auferstehung und

---

[62] Vgl. dazu die Arbeit von Shmuel Safrai über die frühen Frommen (derzeit im Druck). Schmuel Safrai hat mir viele neue Gesichtspunkte über Jesu Verhältnis zu den jüdischen Gruppen gezeigt.

[63] So auch Neusner, The Rabbinic Traditions about the Pharisees before 70, Bd 1, 394–396

Neugestaltung ausgerichtet, ihr "Messias„ war Elia, der bei der Auferstehung der Toten Hilfsdienste leisten werde.

All das läßt sich mit einigem Mut zur Lücke und zur Unsicherheit auf Jesus und das Neue Testament übertragen und entsprechend ausgestalten. Auch Jesus ist Beter und Wundertäter. Auch bei seinen Wundern kommen Zeremonien, bezw. Riten vor. Er bestreicht z. B. die Augen eines von Geburt an Blinden mit einem Speichelbrei (Joh 9,1–7). Ganze Nächte verbringt er im Gebet (Lk 6,12; 21,37). Wie die frühen Frommen läßt er sich zu keinem Menschenhaß herbei, sondern fordert, über sie hinausgehend, die radikale Feindesliebe (Mt 5,21–26.43–48). Auch Jesus mußte, ähnlich wie Chonî, unter anderem deshalb sterben , weil er sich nie dazu hergegeben hat, auf Feinde des Volkes oder einer Partei Gottes Rache herabzurufen. Die Barabbas-Szene könnte dies andeuten (Mk 15,6–15 par; bes. Joh 18,33–40).

Das mystisch-kindliche Verhältnis Jesu zu seinem Vater (vgl. Mk 14,36; Mt 11,25–27; Joh 17; Röm 8,15) ist für seine historische und theologische Bedeutung von besonderem Gewicht. Aber auch da können die Ähnlichkeiten mit Chonî, Chanîna ben Dosa, Pinchas ben Jaîr und andern frommen Wundertätern auf die starke religiöse Verbundenheit Jesu mit einer Reihe seiner frommen Zeitgenoßen hinweisen.

Als letztes ist auf die, aus der typischen Frömmigkeitshaltung erwachsene, eschatologische Erwartung der frühen Frommen zu achten. Die Ankunft des heiligen Geistes gilt ihnen – nach Pinchas ben Jaîr – als das konstitutive Ereignis der Neugestaltung des Menschen nach dem Tod und der Neugestaltung der Welt. Diese Sicht findet sich hauptsächlich beim johanneischen Jesus (z. B. Joh 16,4–15). Daß Jesu bisweilen als wiedergekommener Elia vermutet wurde (Mt 16,14; Joh 1,21.24), könnte die These stützen, daß Jesus als der, auf der obersten Stufe der „Frömmigkeit" (chasidût; oben mSot 9,15) stehende Mensch ganz in der Erwartung auf die Ankunft des Geistes Gottes zur Erneuerung der Welt und der Menschen lebte. Allerdings müßte man dem Johannesevangelium mehr historischen Kredit bezüglich des historischen Jesus geben, als man das gewöhnlich zu tun geneigt ist.

Hier wird nicht behauptet, Jesus sei in der Gilde der Beter und Wundertäter zu Hause gewesen oder er habe dieser Gruppe angehört. Wohl aber wird für möglich gehalten, daß Jesus die religiöse Mentalität dieser Menschen gekannt und sie weitgehend bejaht, aus ihnen gelernt und sie teilweise überboten hat. Es gibt eben *den* Jesus nicht, der wie ein einsamer Wolf zwischen allen jüdischen Gruppen hindurchgegangen wäre; unberührt, ungerührt, autistisch und singulär! *Jesus ließ sich von vielen Seiten beeinflussen. Seiner Persönlichkeit haftet der Geruch der verschiedenartigen jüdischen Geistigkeit stark an.* Seine Originalität ist keine absolute, sondern eine re-

lative. Die frühen Frommen waren vielleicht für seinen religiösen Werdegang noch wichtiger als die Pharisäer. Auch die Evangelisten statten ihr
Jesusbild teilweise mit Zügen der frühen Frommen aus: „Jesus als Wundertäter, als großer Beter, als Antworter auf bedrängende Zeitfragen"[64]. In der
Lebens- und Wirkweise unterschied sich aber Jesus von den frühen Frommen. Er lebte und wirkte nicht abseits, sondern mitten in der Zivilisation.

5.3.5. Gottes- und Nächstenliebe im Kontext

Auch die Balancierung zwischen theozentrischer Frömmigkeit und Menschenzugewandtheit, die für Jesus typisch ist, paßt nicht recht ins Bild der
frühen Frommen. Sie scheinen zwar die Nächsten- und Feindesliebe als
hohe Tugend gekannt zu haben. Aber der Schwerpunkt ihrer Religion lag
in der Gottversunkenheit, nicht in der gar gleichgewichteten Anthropozen-
trik. Jesus war weit weltlicher, weit sozialer, weit gesellschaftsverbundener
als die frühen Frommen. Dies zeigt sich am Doppelgebot der Gottes- und
Nächstenliebe. Laut Mt 22,34–40 par. wurde Jesus von einem Pharisäer
gefragt: „Meister, welches ist das größte Gebot in der Tora?" Jesus antwortete dem gebildeten Frager, es gebe zwei größte Gebote: die Gottesliebe (mit
Verweis auf Dtn 6,5) und die Nächstenliebe. Abschließend sagte er: „An
diesen beiden Geboten hängt das ganze Gesetz und die Propheten."
Die Deutung des doppelten Hauptgebotes geschah schon in vielen Variationen. Man redet von der Unvergleichlichkeit dieser Forderung Jesu, sie
lasse sich in dieser Klarheit nirgends im Judentum finden. Erst in der früh-
mittelalterlich-persischen Midraschsammlung Pitron Tora[65] findet sich eine auf die Rabbinen rückführbare und sich mit dem NT punkto Ausführ-
lichkeit, Wertung und Inhalt deckende Formulierung: „Die Weisen haben
gesagt: Alle Gebote in der Tora hängen (teluyîm) ganz und gar an zwei
Geboten. Das erste: ‚Du sollst den Herrn, deinen Gott, lieben...' (Dtn 6,4).
Das zweite: ‚Du sollst deinen Nächsten lieben wie dich selbst' (Lev 19,18)".
Diese Aussage steht nach einer Diskussion über den Dekalog. Der Pitron
bezieht sich auf eine rabbinische Tradition, die für uns nicht mehr greifbar
ist. Außerhalb der rabbinischen Tradition und ziemlich zeitgleich mit dem
NT stehen diesbezüglich Sätze in specLeg II 63 des Philon von Alexandrien:

---

[64] Vgl. die kritischen Rückfragen David Flussers zu Jesus dem Wunderrabbi, wie er von
den Evangelisten geschildert wird, in: der. Das Christentum – eine jüdische Religion,
77–85
[65] Ephraim E. Urbach (ed.) Sefer Pitron Torah, Jerusalem 1978, S.79f. Ich verdanke
diesen Hinweis Shmuel Safrai.

„Aber unter der großen Zahl spezieller Wahrheiten und Prinzipien, die (bei den Juden) studiert werden, stehen zwei an höchster Stelle (oder: sind zwei die höchsten Hauptgebote: dyo ta anôtatô kephalaia): Das eine bezieht sich auf Gott und äußert sich in der Frömmigkeit und Heiligkeit. Das andere bezieht sich auf die Menschen und äußert sich in der Menschenliebe (philanthropia) und Gerechtigkeit (dikaiosynê). Beide Gebote werden in viele Ideen unterteilt, die alle hohen Lobes würdig sind". –

Inhaltlich ist das Doppelgebot auch schon in vorchristl. Zeit da, aber seine Einstufung als oberstes Gebot fehlt. Zwei Stellen zeigen das Vorhandensein: Jub 20,1 (Mitte 2. Jh.v.) und TestZeb 5,1–3 (frühes 1. Jh.v.).

1. Jub 20,1f: „Im 42. Jubiläum, im 1. Jahr der 7. Jahrwoche, rief Abraham den Ismael und seine 12 Söhne, den Isaak mit seinen 2 Söhnen, sowie die 6 Söhne der Ketura und deren Söhne. Und er gebot ihnen, den Weg des Herrn zu beobachten, Gerechtigkeit zu üben, jeder soll seinen Nächsten lieben. So sollten sie sich zu allen Menschen (auch lesbar: zu allen Kriegen: ᵓab'e [Kriege] versus sab'e [Menschen]) verhalten. Sie sollten in solcher Beziehung zu ihnen leben, daß jeder gerecht und rechtschaffen auf Erden handle".

2. TestZeb 5,1–3: „Und nun, meine Kinder, trage ich euch auf, die Gebote des Herrn zu beobachten und Erbarmen gegen den Nächsten zu tun (poiein eleos epi ton plêsion) und Mitleid (eusplanchnian) gegen alle (pros pantas) zu haben, nicht nur gegen die Menschen, sondern auch gegen unvernünftige Wesen (aloga). Deswegen nämlich segnete mich der Herr, und während alle meine Brüder krank waren, kam ich allein ohne Krankheit davon. Es weiß nämlich der Herr um das Vorhaben eines jeden. Ihr sollt nun Erbarmen in eurem Herzen haben, meine Kinder, denn was immer einer seinem Nächsten antut, wird Gott auch ihm antun"[66].

Laut Mk 12,28–34 (Mt 22,34–40; Lk 10,25–28), wurde Jesus von einem Schriftgelehrten[67], der sie streiten[68] gehört und dabei gesehen hatte, daß er ihnen gut repliziert hatte, gefragt: „Welches ist das erste Gebot[69] von allen[70]. Jesus antwortete ihm: Das erste Gebot ist: ‚Höre Israel, der Herr

---

66 The Testaments of the Twelve Patriarchs, A Critical Edition of the Greek Text, Ed. M. de Jonge, Leiden 1978, 95f.

67 grammateus. Mt 22,34: die Pharisäer. V 35: ein Gesetzeslehrer (nomikos), wie in Lk 10,25.

68 synzêteô, hebr. hit. v. y-k-ch: einen Disput führen, sich im Disput (hier über die Auferstehung) erregen.

69 entolê protê = miẓwa ha-rischôna. V 31: ein größeres Gebot als diese zwei gibt es nicht: megalê/meizôn. Mt 22,36 wie Mk. Lk 10,25: Was muß ich tun, um das ewige Leben zu erben. Bes. im hebr. ist mit dem ersten auch das höchste Gebot gemeint.

70 Nicht „von allem", wie Gnilka z.St. meint; es geht um das größte von allen Geboten der Tora.

unser Gott ist der eine Herr[71]. Und du sollst lieben den Herrn, deinen Gott, mit deinem ganzen Herzen, mit deiner ganzen Seele, mit deinem ganzen Verstand und mit deiner ganzen Kraft' (Dtn 6,4f). (31) Das zweite ist dieses[72]: ‚Du sollst deinen Nächsten lieben wie dich selbst' (Lev 19,18). Ein größeres (Gebot) als diese (beiden) existiert nicht[73]. Da sagte der Schriftgelehrte zu ihm: Meister, du hast wahrlich gut geredet: Er ist der Eine und es gibt keinen anderen außer ihm[74]. Und ihn zu lieben aus ganzem Herzen, aus ganzem Gemüt und aus allen Kräften, und den Nächsten lieben wie sich selbst – dies ist mehr als alle Brandopfer und Ganzopfer (vgl. Am 5,21–24). (34) Als Jesus sah, daß er verständig geantwortet hatte, sagte er zu ihm: Du bist nicht fern vom Reich Gottes".[75]

Es handelt sich hier um ein Lehrgespräch, einen Erfahrungsaustausch zweier Schriftgelehrter, ein Schriftgelehrtengespräch oder eine Schuldiskussion. Auffallend dabei ist die volle Übereinstimmung zwischen Jesus und dem grammateus. Er nennt Jesus „Lehrer" (V32). Jesus behandelt ihn als Kollegen, nicht als Jünger. Daher (vielleicht) folgt in V 34 keine Aufforderung zur Nachfolge. Demgegenüber liegt in Mt und Lk der Ton mehr auf der Auseinandersetzung. In Mt 22,26 und in Lk 10,25 will der nomikos Jesus mit seiner Frage auf die Probe stellen: (ek-peirazein). Der Nachsatz, wonach niemand mehr zu fragen wagte, klingt in Mt 22,46 oppositioneller als in Mk 12,37 (wo er ebenfalls redaktionell ist). In Lk 10,29 scheint der nomikos mit Jesus auch nicht ganz zufrieden zu sein; er habe sich Jesus gegenüber „rechtfertigen" wollen.

Aus Mk 12,28–34 kann der Eindruck einer im Judentum schon lange eingespielten Diskussion über das Doppelgebot gewonnen werden. Jesus ist in diese Diskussion eingestiegen und hat sich die Auffassung einer bestimmten Schriftgelehrtengruppe zu eigen gemacht. Die zitierten Jub 20,1f und TestZeb 5,1–3 sind Spuren dieser Auslegungstradition. Aber welche heuristischen Grundprinzipien standen in diesem Fall hinter dieser Ausle-

---

[71] Dtn 6,4 wird nur von Mk zitiert.

[72] autê (oder hautê);var. lect.: homoia tautê: ist diesem ähnlich. Mt 22,39: homoia autê. In Mt wird die Gleichrangigkeit grammatikalisch deutlicher.

[73] Mt 22,40: An diesen beiden Geboten hängt das ganze Gesetz und die Propheten: krematai = taluy. In Mk ist deutlicher, daß beide Gebote nur eines („*ein* größeres…") sind: Das *eine* höchste Gebot der Gottes- und Nächstenliebe.

[74] Anklang an Ex 20,3 (Dekalog) und Dtn 6,4 (Schema[c]), sowie an Jes 45,5.21; 64,3; Hos 13,4.

[75] VV 32–34: Mk exklusiv. Wiederholung des Doppelgebotes seitens des Schriftgelehrten verstärkt den Eindruck einer Schuldiskussion.

gungstradition? Die S.317 aufgezählten Beispiele und ein rabbinisch-palä-
stinischer Text, yBer 1,8 (3c), können uns auf die Spur bringen. In *yBer 1,8*
(3c) findet sich eine Diskussion über das Schema^c Israel (Dtn 6,4ff) und den
Dekalog (Ex 20; Dtn 5). Ergebnis: Das Schema^c und der Dekalog beinhalten
daßelbe. Rabbi Lewi: „Der Dekalog ist in den Worten des Schema^c enthalten
(ᵓaseret had-dibbrôt kelûlîm bahem)". Dies wird dann durch die Aufzählung aller Gebote des Dekalogs und durch Beziehungsetzung mit Worten
des Schema^c untermauert. Rabbi Bâ meint dann: „Die 10 Gebote sind wahrlich das Wesen des Schema^c (hen, hen gûfê schel schema^c)".Weshalb man
denn im Gottesdienst nicht die 10 Gebote statt des Schema^c lese? Antwort:
„Wegen des Einwandes der Mînîm (ta^canat ham-mînîm). Damit diese nicht
sagen: Nur (levad) die 10 Gebote wurden dem Mose auf dem Sinai gegeben". – Nicht nur „Ketzer", sondern auch akzeptierte rabbinische Kreise
waren bis ins 5. Jh.n. der Auffassung: die Kern-Tora, die Tora im strengen
Wortsinn, seien die 10 Gebote. Was davor und danach stehe, habe unterge-
ordneten Rang (Gleichnis von der Garde der Königin: PesK 12,8; Tho-
ma/Lauer I 187f).

Es ist möglich, daß die zwei Gesetzestafeln der 10 Gebote (vgl. Ex 32,15f;
34,1–5.28f) schon in frühjüdisch-vorchristlicher Zeit als Haupt-Tora, Kern-
Tora und damit als eine Zentral-Einheit der Offenbarung betrachtet worden
sind. Die imputierte Verteilung der Gebote auf die beiden Tafeln wird dann
so gewesen sein: Gebote Gott gegenüber (I-III) und Gebote den Mitmenschen gegenüber (IV-X). Es ist ferner möglich, daß das Schema^c Israel (Dtn
4,6–9; 11,12–21; Num 15,37–41) schon in vorchristlicher Zeit als Hauptsache in eine gewisse Konkurrenz mit dem Dekalog geraten ist: Als es um die
Bildung des Gemeindegebetes ging (vgl. Neh 8–10). Schließlich muß sich
die Überzeugung durchgesetzt haben, Dekalog und Schema^c seien rang-
gleich. – Nun hat aber Lev 19 dieselben Züge (Heiligkeits- und Sozialgeset-
ze) wie der Dekalog und damit auch wie das Schema^c. Lev 19,18 bietet sich
dabei wie eine prägnante Kurzformel für alle die Mitmenschen betreffenden
Gebote des Dekalogs an. Damit ist mindestens thetisch erklärt, wie es zur
Vorstellung vom doppelten Hauptgebot gekommen ist. Hier wird es aber
notwendig, Lev 19,18 auslegungsgeschichtlich ins Verständnis zu nehmen.

Zu Lev 19,18 lassen sich folgende auslegungsgeschichtliche Beobachtun-
gen machen ‚Du sollst an den Söhnen deines Volkes keine Rache nehmen
und sollst ihnen nichts nachtragen. Und (vielmehr) du sollst deinen Nächsten lieben wie dich selbst; ich bin YHWH'.

Aus der ersten Vershälfte ist zu entnehmen, daß mit dem Nächsten die
Volksgenoßen (benê ^cammekha) gemeint sind. Das dem hebr. re^ca entsprechende griech. plêsios/plêsion bleibt oft ein singulare tantum (z.B. Bell

7,260: eis tûs plêsion). Statt plêsios wird oft adelphos (Bruder) gewählt. Im hebr./aram. kommt meistens chaver: Gefährte, Freund, Nahestehender, Mitglied, vor.

Der Fragmententargum (TJ II) zu Lev 19,18 lautet: „Ihr sollt an den Söhnen deines Volkes keine Rache nehmen und sollt ihnen nichts nachtragen. Du sollst deinen chaver lieben (r-ch-m), denn was dir verhaßt ist, sollst du ihm nicht antun. Ich bin der Herr".

Das kamokha in Lev 19,18 hat dem Targumisten offensichtlich Schwierigkeiten bereitet: Kamokha kann „wie dich selbst" oder „wie du selbst" heißen. Vgl. das Bubersche: „denn er ist wie du". Diese Polysemie muß bereits im Frühjudentum dazu geführt haben, die sogenannte Goldene Regel (GR) ins Gebot der Nächstenliebe einzutragen. Hier: „Was dir verhaßt ist, tue dem andern nicht". – Sir 31,15 (31,18) hebr. hat Lev 19,18 im Sinne der GR gedeutet: „Kümmere dich um deinen Nächsten (re^cakha) wie um dein Leben (oder: er ist wie dein Leben), und alles , was dir verhaßt ist, sei dir Grund zu Einsicht (de^ce re^cakha kenafschekha, ubekol ʾascher saneʾta hitbonan).

Hillel (um 30 v.) wird die negative Formulierung der GR zugeschrieben, Jesus die positive (Mt 7,12). Laut *bSan* 31a wollte ein Nichtjude bei Schammaj eine Schnellkonversion zum Judentum durchführen -... „unter der Bedingung, daß du mich die ganze Tora lehrst, während ich auf einem Fuß stehe" (... ^cal regel ʾachat). Schammaj stieß den Bewerber wegen dieser Bedingung zurück. Hillel dagegen antwortete mit Geduld: „Was dir verhaßt ist, sollst du deinem Gefährten nicht antun. Dies ist die ganze Tora, und das übrige sind ihre Einzelheiten. Gehe hin und lerne (bzw. vollende: g-m-r)". Die GR ist aram. wie TJ II. Achtung auf den Ausdruck pêrûschah! Gewöhnliche Übersetzung „ihre Auslegung". Wir haben aber bereits in Qumran die Bedeutung Einzelheiten/particularities. In CD 6,14 heißt kephêrûsch hattora: entsprechend den Einzelheiten der Tora„[76]. Hillel hat die GR also nur als „billet d'entrée" für das volle Verständnis der Tora gewertet. Nach Erhalt dieses Billets gehe es um Einzelheiten, die anstudiert und praktisch erprobt werden müßten. In der positiven Formulierung der GR, die in Mt 7,12 (Lk 6,31) Jesus zugeschrieben wird, kann man keine „Überbietung" sehen. Beide Formulierungen ergeben ziemlich denselben Sinn. Sie wurden im Verlauf der Kirchengeschichte alternierend verwendet (Luz I 1 387–394). – Die GR war schon in der Antike weit verbreitet. Sie ist also weder typisch für

---

[76] So Flusser , The Ten Commandments (A.18) 229, sich auf Chaim Rabin, The Zadokite Documents, Oxford 1954, berufend.

Hillel noch für das NT. Sie wurde im 2.Jh.v. von jüdischen Weisheitslehrern und Hellenisten aufgegriffen und (meistens) in die Auslegung von Lev 19,18 hineingenommen (TRE 13(1984) 570–583). Sie ist aber nicht mit dem Gebot der Nächstenliebe und noch weniger mit dem Doppelgebot identisch. Ein Beispiel für die Einbeziehung der GR in das Gebot der Nächstenliebe ist *Gal* 5,14f: „Das ganze Gesetz ist in *einem* Wort erfüllt, in dem: ‚Du sollst deinen Nächsten lieben wie dich selbst‘ (Lev 19,18). Wenn ihr euch aber untereinander beißt und freßt, so sehet zu, daß nicht einer von den andern aufgefressen wird" (vgl. auch das bereits zitierte TestZab 5,1–3).

Jak 2,5–13 enthält demgegenüber das Gebot der Nächstenliebe ohne die GR. In V 8 wird die Nächstenliebe unter Hinweis auf Lev 19,18 als nomos basilikos bezeichnet. Der Arme, der in die synagogê kommt ist der Nächste. Nächstenliebe wird als Erbarmen, Mitleid aufgefaßt (V 13). Wer nicht zum Armen steht, ihm nicht mitleidig hilft und statt dessen prosôpolêmpsia (Liebedienerei an den Reichen und Mächtigen, die Zeichen des Egoismus ist) treibt (V 9), dem werden rigoros alle seine Verfehlungen gegen den Dekalog angerechnet (V 19). Das Hintergrundsbild für diese Paränese kann (wiederum) die zweite Dekalogstafel sein; die entsprechenden Gebote werden aufgezählt. Damit wird indirekt gesagt: Die Nächstenliebe ist ebenso wichtig wie die Gottesliebe. Auf ihr ist deshalb unbedingt zu insistieren.

Es gibt mehrere Aussagen aus asidäisch-vorchristlicher Zeit, die zeigen, daß das Doppelgebot im Bewußtsein vieler hochgeschätzt war: *TestDan* 5,3: „Liebet den Herrn in eurem ganzen Leben und einander mit wahrhaftigem Herzen". *TestIss* 5,1f: „Bewahret das Gesetz Gottes, erwerbt euch die Einfachheit (haplotês) und wandelt im Guten. Macht die Gebote des Herrn und die Taten des Nächsten nicht zu einer Handelsware. Liebet vielmehr den Herrn und den Nächsten; erbarmt euch des Bedürftigen und Schwachen". *TestIss* 7,6: „Den Herrn liebte ich mit meiner ganzen Kraft, und jeden Menschen liebte ich wie meine Kinder (var.lect.: mehr als meine Kinder) aus meinem ganzen Herzen".

Jesus hat also das Doppelgebot als Königsgebot nicht erfunden, sondern ist – wie dies auch aus Mk 12,28–34 par. ersichtlich ist – in die Diskussion über es eingestiegen. Bei Beachtung der Schriftgelehrtentradition können folgende Thesen über das Eigene, das Jesus beigesteuert hat , aufgestellt werden:

1. Jesus ließ keinen Zweifel an der Erstrangigkeit, Gleichwertigkeit und Einheitlichkeit der Gottes- und Nächstenliebe. Er wird dafür die unter Schriftgelehrten geläufigen Aussageweisen benützt haben. Die beiden Gebote sind „gûfê tôra": Hauptsachen der Tora (vgl. mHag 1,8). Am Doppelgebot „hängt die ganze Welt" (kol ha-ᶜôlam kûllô taluy bô: Pitron). Es ist

„die Gesamtheit der Tora" (kelala schel Tora) (ARN B 26; S.53). Es ist „die große Gesamtvorschrift (vielleicht: das große Mantelgebot) in der Tora (kelal gadôl bat-Tora: BerR 24,7). "Die Welt steht auf ihm„ (ha-ᶜôlam ᶜômed ᶜalaw: mAv 1,2; yTaan 4/68a. "Die Welt besteht in ihm (ha-ᶜôlam qayyam bô: mAv 1,18; yTaan 4(68a). Wahrscheinlich hat Jesus auch gegen Thesen gefochten, wonach die Reinheitsgesetze die gûfê Tora seien, wie dies in mHag 1,8 gesagt wird. Die Streitrede über rein und unrein (Händewaschen) in Mk 7,1–23 par. und über das Ährenrupfen am Sabbat (Mk 2,23–28 par.) u. a. könnten Hinweise darauf sein.

2. Den Nächsten verstand er weder familiär noch national noch synagogal. Er sah in ihm den Menschen, der einem in die Nähe (Sichtweite) kommt oder in dessen Nähe man/frau gerät. Es ist unerheblich, ob der Nächste angenehm oder unangenehm, freundlich oder feindlich, jüdisch oder nichtjüdisch ist. Entscheidend ist nur, daß ich ihm so helfe wie ich es kann, und zwar unter Hintansetzung meiner gewöhnlichen Obliegenheiten. Exemplarisch ist der Samaritaner im Gleichnis, das bei Lk im Anschluß an die Diskussion um das Doppelgebot steht: Lk 10,28–37. Ähnlich exemplarisch sind die Armen. Sie sind sozusagen der latente, einem dauernd den Weg kreuzende Nächste (vgl. Jak 2,5–13). Wie wichtig Jesus diesen Nächsten genommen hat, schimmert aus der Diskussion mit dem reichen Jungmann (Mk 10,17–27 par.) heraus. Da werden die Gebote der zweiten Dekalogtafel aufgezählt, die der junge Mann erfüllen müsse, wenn er das ewige Leben erben wolle (VV 17.19). Die Liebe zu den Armen sei aber das „missing link" zur Vollkommenheit. Der Verzicht auf die eigenen Güter ist höchster Ausdruck der Nächstenliebe (V 21).

3. Die Nächstenliebe ist barmherziges Tun und als solches das Fundamentalprinzip der Ethik. Wahrscheinlich hat Jesus die Nächstenliebe motivierend mit dem barmherzigen Tun Gottes – und damit mit dem ersten Teil des Doppelgebotes – zusammengebunden. Dies haben auch andere Lehrer getan: vgl. Mt 10,42; 25. 40. 45; BerR 24,7. Besonders Mt 18,21–35 (Verzeihungsaufforderung, Gleichnis vom unbarmherzigen Schuldner) zeigt, daß Jesus die Nächstenliebe als barmherziges Verzeihen aus dem Bewußtsein des Eingebundenseins in die Barmherzigkeit Gottes (V 27: splanchnizein) auffaßt. Diese Nächstenliebe kennt keine Ausnahme und darf vor allem nicht durch eigene Habsucht zerstört werden. Jesus hat also auch die Nächstenliebe verschärft.

6. Der sub Pontio Pilato gekreuzigte Jesus historische Vergewisserungen im außerneutestamentlichen Schrifttum

Was dachten Juden des ungefähren Zeitalters Jesu über die Kreuzigung als Todesstrafe? Wie standen sie zur Frage, ob diese heidnische Hinrichtungsart auch eine jüdische sein könnte oder sollte? Wie stark wütete die römische Blutjustiz durch Kreuzigung in Palästina bis zum Jahre 70 n.? Welches Mitspracherecht bei Kreuzigungen von Juden hatte das Sanhedrin (der Hohe Rat)? Welche Rolle spielte Pilatus im Prozeß gegen Jesus? Weshalb wurde Jesus gekreuzigt[77]? Diese Fragen sind auf historischer Ebene teilweise beantwortbar. Sie hatten und haben aber mehrfach verdrehte und verderbliche Auswirkungen im Zusammenhang mit dem Antijudaismus: Die Juden haben Jesus getötet! Sie sind Christusmörder, Gottesmörder! Sie haben sich selbst verflucht! Über Mt 27,24f ('Da rief das ganze Volk: Sein Blut komme über uns und unsere Kinder!') predigte z.B. J.B. Bossuet (1627–1704) u.a. folgendes:

„Ich höre, wie die Juden schreien: Sein Blut komme über uns und unsere Kinder! Dorthin kommt es auch, du verfluchte Rasse! Du wirst mehr als erhört werden, denn dieses Blut wird dich bis zu deinem letzten Nachkommen verfolgen, bis der Herr, seiner Rache müde, am Ende der Welt deiner elenden Überreste gedenken wird"[78].

6.1. Wie standen Juden zur Kreuzigungsstrafe?

Der älteste einschlägige Text findet sich in der 64. Kolumne der in Qumran gefundenen Tempelrolle (11QTR 64,7–13). Dort wird bei zwei miteinander verwandten Verbrechen verlangt, daß jüdische Instanzen die Kreuzigungsstrafe verhängen:

1. *„Wenn ein Mann herumgeht und Nachrichten über sein Volk weitergibt, so sein Volk an ein fremdes Volk verrät und seinem Volk Schaden zufügt"(Z.7).*
2. *„Wenn ein Mann, der ein Verbrechen begangen hat, auf dem die Todesstrafe steht, zu den Völkern flieht und sein Volk, die Söhne Israels, (bei den Völkern) verflucht" (Z.9f).*

---

77 Ein geeignetes Buch über historische und theologische Fragen rund um den Prozeß Jesu ist der von Karl Kertelge herausgegebene Sammelband: „Der Prozeß gegen Jesus.

78 Zit. in Ingo Broer, Der Prozeß gegen Jesus nach Matthäus, in: Kertelge, Der Prozeß gegen Jesus 108.

Für den Verräter und den Verflucher wird verlangt: „Ihr sollt ihn an das Holz hängen, sodaß er stirbt" (Z.8–10). Im ersten Fall wird dazu noch auf die rechtliche Form hingewiesen: „Aufgrund von zwei Zeugen und aufgrund von drei Zeugen" (Z.8). „An das Holz hängen" ist der technische Ausdruck für kreuzigen. Die Forderung, den Volksverräter und den Volksverflucher zu kreuzigen, wird mit einem Analogieschluß (qal wachomer) begründet: In Dtn 21,18–21 heißt es, ein störrischer und aufrührerischer Sohn müsse von seinen Eltern zu den Stadtältesten an den Gerichtsort gebracht und dort angeklagt werden; nach Prüfung des Tatbestandes sollen ihn alle steinigen, „so daß er stirbt" (Z.6). Daraus könne der „Schluß vom Geringeren zum Bedeutenderen" gezogen werden. Ein Volksverräter und ein Volksverflucher, der zudem Anschluß bei den judenfeindlichen Heiden sucht, ist schlimmer als der störrische Sohn. Die beiden Delinquenten gegen das ganze Volk müssen daher mit der schändlichsten Hinrichtungsart der Heiden, der Kreuzigung, bestraft werden, so daß sie daran sterben. Sie seien nicht nur „Verfluchte Gottes", wie es in Dtn 21,23 heiße, sondern „Verfluchte Gottes und der Menschen" (Z.12). Ihnen gebühre daher nicht nur eine kurze Zurschaustellung „auf dem Holz" nach irgend einer Hinrichtung, sondern die zum Tode führende Kreuzigung. Aber auch für die Schwerverbrecher gelte die Bestimmung aus Dtn 21,23, daß ihr Leichnam wegen der Verunreinigung nicht über Nacht am Kreuze hängen bleiben dürfe[79].

Die Ausführungen in 11QTR 64 sind vom Hintergrund der vielen Abgänge vom gesetzestreuen Judentum zum hellenistisch-heidnischen Weltanschauung unter den seleukidischen Herrschern Antiochos III (222–187) und Antiochos IV (175–164) her zu verstehen. Es gab nun eine neue Art von Frevlern, die den Verfassern des Deuteronomiums noch nicht bekannt gewesen waren: Apostaten, Verräter und Verflucher des Volkes. Diese arbeiteten den heidnischen Judenfeinden in die Hände. Der Abfall vieler Juden zum Hellenismus, die damit gegebene Schwächung des Volkes Gottes und das Anwachsen des heidnischen Terrors gegen Juden können im 2. Jh.v. Gründe für das Bestreben gesetzestreuer jüdischer Kreise gewesen sein, die Kapitalgerichtsbarkeit in ihre Hand zu bekommen. Die Verfasser von 11QTR meinten, die Kreuzigung sei biblisch als jüdische Hinrichtungsart belegt. Sie komme für schwere Verbrecher am ganzen Volk in Frage. Ihre Belegstelle war Dtn 21,22. Ihre Lesart unterscheidet sich jedoch in der

---

79 Vgl. Y. Yadin, The Temple Scroll I 285–290; Frohnhofen, Christl. Antijudaismus 29–34.

Wortfolge vom traditionellen masoretischen Text. Letzterer liest Dtn 21,22 so: „Einen Mann, der ein Kapitalverbrechen begangen hatte und zu Tode gebracht worden ist (wehûmat), sollst du (nachher) ans Holz hängen. Die Verfasser der Tempelrolle lasen dagegen so: „Einen Mann, der ein Kapitalverbrechen begangen hatte, sollst du ans Holz hängen, und er wird (soll) (so) zu Tode kommen (way-yomôt oder yûmat: Z.9 und 11).

Nach rabbinischer Auffassung gibt es vier gesetzlich verankerte Todesstrafen: Steinigung (seqîla), Verbrennung (serefa), Enthauptung (hereg) und Erdrosselung (cheneq) (mSan 7,1). Über die Kreuzigung (zelîva) wird nur vereinzelt gesprochen. Das Verbum tala (aufhängen) und das Passivum hattalûy (der Gehenkte) sind dabei kennzeichnend. Die meisten Stellen beziehen sich auf die frühjüdische Zeit, die mit dem Makel belegt wird, daß das Gerichtswesen zu hart und zu willkürlich gewesen sei. Typisch ist mSan 6,5:

> *„Rabbi Eliezer (um 90 n.) sagte zu ihnen: Da war doch ein Fall im Zusammenhang mit Schimon ben Schetach (um 80 v.): Er (Alexander Jannai: 103–76?) hängte 80 Frauen in Aschkalon auf. Sie sagten zu ihm: 80 Frauen soll er aufgehängt haben? Es ist doch verboten, mehr als zwei Personen pro Tag hinzurichten!"*

Der in Javne als Traditionalist und Traditionskenner geltende Eliezer ben Hyrkanos wollte vermutlich gegen die einschränkende Gerichtspraxis der frühen Rabbinen ankämpfen. Er führte deshalb ein Beispiel einer exzessiven Kreuzigung durch einen jüdischen Herrscher (mit Billigung des Gesetzeslehrers Schimon ben Schetach?) an. Auch im Targum Rut, zu Rut 1,17 findet sich ein Hinweis auf die Kreuzigung als frühjüdische Hinrichtungsart. Es ist von der zelîvat haq-qîsa², der Kreuzigung am Holz, als einer im Judentum vorgekommenen Todesart die Rede[80]. Beim Bestreben, alle Kapitalgerichtsbarkeit – teilweise auch die Kreuzigung – unter jüdische Befugnis zu bringen, ging es nicht um bloße Machtinteressen. Worum es auch und besonders ging, zeigt ein rabbinischer Text, der sich in tTer 7,20 und in yTer 8,10(46b) findet, und wo eine gesetzliche Bestimmung der „frühen Frommen", also einer frühjüdischen Sondergruppe, zitiert und diskutiert wird. Die Verordnung der vor der Tempelzerstörung lebenden Frommen habe so gelautet:

> *„Gesetzt der Fall: Menschen befinden sich unterwegs. Da begegnen ihnen Heiden (goyîm) und sagen zu ihnen: Liefert uns einen von euch aus, wir wollen ihn umbrin-*

---

[80] Diese Lesart ist allerdings nur mit Hilfe einer Textemendation herauszubringen; vgl. Yadin, The Temple Scroll I 287f.

gen! Tut ihr das nicht, dann bringen wir euch alle um! In diesem Fall dürfen sie nicht einmal einen einzigen Menschen aus Israel (nefesch ʾachat mi-Yisraʾel) ausliefern (msr), selbst wenn sie alle deswegen umgebracht würden".

Die Auslieferung an die Heiden, die ja auch im Falle der Passion Jesu getadelt wird (z. B. Mt 20,18f) verstieß gegen das Gesetz der „frühen Frommen". Um der römischen Militärjustiz zuvorzukommen und die eigenen Leute vor maßloser Demütigung, Verführung und Folter zu schützen, wurde das Auslieferungsverbot erlassen.

Mit dem Versuch die Kreuzigung auch als jüdische Hinrichtungsart zu etablieren, wurden sehr schlechte Erfahrungen gemacht. Der Hohepriesterkönig Alexander Jannai (103–76) war der erste und vermutlich auch der einzige jüdische Herrscher, der Juden massenweise kreuzigen ließ. Laut Bell 1,97 und Ant 13,380f ließ er im Jahre 88 etwa 800 Juden, die den nach Sichem vorrückenden syrischen Herrscher Demetrius gegen ihn unterstützt hatten, kreuzigen. In Bell 1,97 wird diese Rachejustiz als Grausamkeit taxiert, „die sich zur Gottlosigkeit auswuchs". Alexander benützte ein Gastmahl als Kulisse für die Kreuzigungen, damit er sich zusammen mit seinen Frauen und Freundinnen am Röcheln der Feinde ergötzen konnte. Möglicherweise waren auch Frauen unter den Gekreuzigten; die eben erwähnte Mischnastelle mSan 6,5 könnte ein Indiz dafür sein. Jannai hat sich vermutlich für seinen Kreuzigungsrausch auf Leute vom Schlag der Verfasser von 11QTR 64 berufen können. Im 1. Jh.n. gab es wohl keinen Juden mehr, der von der Kreuzigung als einer den Römern abzutrotzenden jüdischen Hinrichtungsart etwas wissen wollte. Zu schrecklich waren die Erfahrungen mit dem römischen Kreuzigungsterror (und mit Alexander Jannai).

6.2. Die römische Blutjustiz durch Kreuzigung von Juden

Aus dem Aufsatz „Mors turpissima crucis" von Martin Hengel[81] ist zu ersehen, daß der Kreuzestod im Römerreich als der grausamste und verächtlichste Tod galt, und daß sich die frühen Christen in die äußerste Absurdität versetzt wußten, als sie den von den Römern als Reichsfeind gekreuzigten Jesus von Nazaret als „Gottes Kraft" (1Kor 1,18) verkündeten.

---

[81] In: Friedrich /Pöhlmann /Stuhlmacher, Rechtfertigung, 125–184. Der Ausdruck mors turpissima crucis wurde von Origines in seinem Kommentar zu Mt 27,22ff geprägt.

Es geht nun nicht darum, daß und wie die Römer die Kreuzesstrafe, dieses „crudelissimum taeterrimumque supplicium (Cicero, In Varrum II 5,165) im allgemeinen (nur gegen Nicht-Bürger) handhabten. Uns müssen wenige Hinweise auf Kreuzigungen von Juden genügen. Daß später auch Christen diesen Sklaventod erlitten haben, kann ebenfalls nur am Rande vermerkt werden (dazu z. B. Tacitus, Ann 15,44,4).

Der syrische Legat Publius Quintilius Varus griff um 6–3 v. im Zusammenhang mit Thronwirren nach dem Tod Herodes' I in Judaea ein. Nachdem er alle Unruhen unterdrückt hatte, ließ er alle Verantwortlichen für den Aufstand aufstöbern. Etwa 2000 davon ließ er kreuzigen (Bell 2,75; Ant 17,295). Eine noch schaurigere Massenkreuzigung spielte sich 69/70 n. in Jerusalem ab. Um vielleicht zu Nahrung zu kommen, suchten ausgehungerte Juden aus der eingeschlossenen Stadt Jerusalem zu fliehen. Falls sie nicht schon von den jüdischen Aufständischen vor dem Ausbruch geschnappt und umgebracht wurden, drohte ihnen außerhalb der Stadt die weit schrecklichere Gefahr seitens der römischen Belagerer, die niemanden entkommen lassen wollten:

> „*Sie wurden gegeißelt und auf alle mögliche Art vor dem Tod gefoltert. Dann wurden sie gegenüber der Mauer gekreuzigt. Titus empfand zwar Mitleid mit ihnen. Da aber ihre Zahl – angeblich täglich bis zu 500 – zu groß geworden war, und daher das Wagnis der Freilassung oder Internierung nicht mehr unternommen werden konnte, ließ er seine Soldaten gewähren, zumal er hoffte, durch den grauenhaften Anblick der zahllosen Kreuze die Belagerten eher zur Übergabe zu bewegen… Voller Zorn und Haß hatten die Soldaten ihr Vergnügen, indem sie die Gefangenen in je verschiedener Stellung ans Kreuz nagelten. Wegen der großen Menge fehlte es an Raum für die Kreuze und an Kreuzen für die Körper*" (Bell 5,449–451).

Zu beiden Beispielen können weitere hinzugefügt werden: Kreuzigung vieler Anhänger des zelotischen Partisanenführers Eleazar ben Dinai um 55 n. (Bell 4,512; Ant 20,121.124.161) und anderer Aufrührer (Bell 2,306.308; 3,321; 5,289) durch die römische Staatsmacht. *Jesus hängt also in einer Reihe jüdischer Gekreuzigter, die als Reichsfeinde, Aufrührer und Unruhestifter taxiert worden sind.*

6.3. Alleinzuständigkeit der römischen Statthalter in Judaea

In den Jahren 6–41 und 44–66 n. gab es keine rechtliche jüdische Instanz, die die unbeschränkte Strafgewalt (coercitio) des Repräsentanten des römischen Kaisers in Judaea hätte eindämmen oder verpflichtend bestimmen können[82]. Von 26–36 n. waltete Pilatus aus dem eques-Geschlecht der Pontier als praefectus (eparchos) in Judaea, Samaria und Galilaea. 1961 wurde in seiner Residenzstadt Caesarea eine Inschrift in Stein gefunden, die den praefectus-Titel belegt: *„…Tiberieum Pontius Pilatus (Praef)ectus Iudae(ae)"*[83]. Frühestens unter Kaiser Claudius (41–54) wurde der Titel procurator (epitropos) gleichbedeutend mit praefectus verwendet. Daraus ergaben sich terminologische Verwirrungen im Neuen Testament, bei Josephus, Tacitus u.a. Tacitus sagt in den Ann. 15,44,3: Jesus sei *„Tiberio imperante per procuratorem (statt praefectum) Pontium Pilatum supplicio adfectus erat"* Das NT verwendet meistens hêgemôn = *„praeses"*, vielleicht auch *„praefectus"*. Josephus gebraucht eparchos, epitropos, hägemôn. Judaea war demnach zur Zeit des Pilatus (d.h. seit 6 n.) eine eparchia, wie in Bell 2,117 notiert wird: *„Das Gebiet des (Ethnarchen) Archelaos wurde (nach dessen Absetzung) in eine eparchia umgewandelt, und Componius, ein Römer aus dem Stand der Ritter, wurde als Prokurator (statt Praefekt; epitropos statt eparchos) entsandt, dem der Caesar die Kapitalgerichtsbarkeit (exûsian kteinein) übertragen hatte"*. Damit war Judaea nun eine römische *Provinz zweiten Ranges*. Der praefectus war ja *„nur"* aus dem Ritterstand, nicht aus dem Senatorenstand, wie dies von Quirinius, dem Statthalter (hêgemôn, hêgemoneuôn; vgl. Lk 2,1) von Syrien gesagt wird (Ant 18,1). Die Provinz Judaea wurde 6 n. mit der Provinz Syrien verbunden (Ant 18,2: prosthêkên tês Syrias), sodaß der syrische Statthalter bei Unruhen jederzeit vom Statthalter Judaeas zu Hilfe gerufen werden konnte. Daß zur vollen Macht des Präfekten Judaeas speziell die Kapitalgerichtsbarkeit gehörte, wird auch vom rabbinischen Schrifttum – wenn auch zeitlich undeutlich – bestätigt.

Im Jerusalemer Talmud heißt es: „Vierzig Jahre zuvor, als der Tempel noch nicht zerstört war, nahmen sie die Kapitalgerichtsbarkeit (dîne nefaschôt) weg" (ySan 1,1/18a; 7,2/24b). Ähnlich im babylonischen Talmud: „Vierzig Jahre vor der Zerstörung des Tempels wurde das Sanhedrin verbannt (gala) und ließ sich in der Kaufhalle (chanût) nieder" (bSan 41a; bAZ 8b).

---

[82] Darüber referiert sachkundig Karlheinz Müller, Möglichkeit und Vollzug jüdischer Kapitalgerichtsbarkeit im Prozeß gegen Jesus von Nazaret, in: Kertelge, Der Prozeß gegen Jesus 41–83.

[83] Zu Pilatus vgl. den neuen Schürer I 357–387. 438–440. Für zeitliche Angaben und Quellenbelege ist Bo Reicke, Ntl. Zeitgeschichte, bes. 129–139 immer noch verläßlich.

Ganz rechtlos waren die jüdischen Behörden trotzdem nicht. Im Zusammenhang mit der Einrichtung der unmittelbaren römischen Verwaltung, 6 n., gilt für Josephus folgende Umschreibung der Verwaltungseinheit Galiläa – Samaria – Judaea: „Das politische Gebilde (hê politeia) wurde von nun an aristokratisch verwaltet; die Aufsicht über das Volk wurde den Hohenpriestern anvertraut" (Bell 20,251). Die untergeordnete Mitregierung durch Hohepriester und Vornehme (teil- und zeitweise auch durch Herodessöhne) läßt vermuten, daß auch bei der Kapitalgerichtsbarkeit begrenzte jüdische Mitwirkungen möglich blieben.

6.4. Eingeschränkte Mitsprachemöglichkeit jüdischer Behörden in der Kapitalgerichtsbarkeit:

Zwei Fälle, beide betreffen Vergehen gegen den Tempel.

6.4.1. In den Jahren 1871 und 1935 wurden im Tempelareal von Jerusalem zwei Exemplare einer gleichlautenden griechischen Inschrift ausgegraben: Sie lautet: „Kein Fremdstämmiger (allogenês) darf in das um das Heiligtum herumführende Gitter und Gehege eindringen. Wer dabei ergriffen wird, muß sich selbst die Folge zuschreiben: den Tod"[84]. In seinem Werk „Legatio ad Gaium" (212) schreibt Philo von Alexandrien inhaltlich dasselbe: „Der Tod ohne Appellationsmöglichkeit ist die Strafe für Nichtjuden (hoi ûkh homoethnoi), welche die Grenzen zum innersten Bezirk des Tempels überschreiten". Auch Josephus Flavius macht in Bell 6,127 im Zusammenhang mit der Belagerung Jerusalems in rhetorischem Pathos auf diesen Rechtsbestand aufmerksam. Er läßt den römischen Feldherrn Titus dem Zeloten entgegenrufen: „Haben wir euch nicht gestattet, diejenigen zu töten, die dennoch hinübersteigen (über die Schranken im Tempel), selbst wenn der Betroffene ein Römer wäre"? Das den Juden zugestandene Recht, nichtjüdische Beflecker des Heiligtums dem Tod zu überantworten, war jedoch kein Freipaß für Lynchjustiz. Falls z.B. ein römischer Bürger schuldig wurde, mußte ein spezielles Verfahren in Übereinstimmung mit dem Kaiser eröffnet werden, der allein das ius gladii hatte. Es ist nicht bekannt, ob es je ein solches Verfahren gegeben hat.

6.4.2. Der zweite Fall betrifft Verwünschungen (Prophetie) gegen Tempel und Jerusalem. Der Hauptbeleg dafür ist Bell 6,300–309, eine Stelle, die

---

[84] Zit. nach K. Müller, a.a.O. 68. Der griech. Text samt eingehender Interpretation findet sich z.B. bei Bickerman, Studies in Jewish and Christian History II, 210–224 unter dem Titel: The Warning Inscriptions of Herods Temple.

nach Auskunft von Fachleuten (Th. Mommsen) vom römischen Recht gedeckt ist. Im Jahre 62 n. trat der Unheilsprophet Jesus ben Ananus in Jerusalem auf. Im Tempel und in den Gassen Jerusalems kündete er schreiend den Untergang von Tempel und Volk an:

> *„Eine Stimme vom Osten, eine Stimme vom Westen, eine Stimme gegen den Bräutigam und gegen die Braut, eine Stimme gegen das ganze Volk" (302). Einige von den vornehmen Bürgern, die sich über ihn ärgerten, verhafteten und mißhandelten ihn. Jesus ben Ananus aber ließ sich dadurch nicht von seinen Drohrufen abbringen. „Da kamen die Machthaber (hoi archontes) zur Ansicht, daß – wie es ja auch der Fall war – der Mann von einer übermenschlichen Kraft gesteuert werde. Sie führten ihn daher zum römischen Statthalter. Dort wurde er bis auf die Knochen durch Peitschenhiebe zerfleischt. Er aber flehte weder um Mitleid noch weinte er. Vielmehr antwortete er auf jeden erhaltenen Schlag mit jammervollster Stimme: „Wehe, Jerusalem!" (303f). Dem Landpfleger Albinus gab er auf dessen Fragen nach dem Grund seines Droh-Schreiens keine Antwort, sondern schrie ununterbrochen weiter. Da ließ ihn Albinus laufen, da er überzeugt wurde, Jesus ben Ananus sei von der Verrücktheit (mania) befallen (305). In der wiedergewonnenen Freiheit hörte Jesus aber nicht auf, weiterhin schreiend seine Unheilsbotschaft (apokrisis) vorzubringen. Zu Beginn des Aufstandes (66 n.) schrie er eines Tages gellend: „Wehe nochmals der Stadt, dem Volk und dem Tempel!" Dann fügte er hinzu: „Wehe auch mir!" In diesem Augenblick traf ihn ein Stein aus einer römischen Wurfmaschine, und er starb (308f).*

Von Interesse ist die von Josephus als selbstverständlich vorausgesetzte Vorgangsweise gegen einen Juden, der den Tempel, das Volk und Jerusalem prophetisch bedroht hatte. Nach etwas derben Vorabklärungen durch die jüdischen Behörden, wird der Delinquent dem römischen Landpfleger Albinus überstellt. Dort wird er gegeißelt. Die Geißelung ging nach römischem Recht „ohne Unterschied der Exekutionsform der Vollstreckung eines Todesurteils voraus"[85]. Der römische Prokurator war aber in keiner Weise gehalten, sich der Anklage der jüdischen Behörden zu beugen. Er konnte den Jesus ben Ananus ohne weiteres freilassen.

6.5. Weshalb wurde Jesus gekreuzigt?

An dem bereits zitierten Text tTer 7,20 und yTer 8,10/46b über das Verbot der Auslieferungen an Heiden wurde in rabbinischen Kreisen des 2./3.

---

[85] Th. Mommsen, Römisches Strafrecht, Systematisches Handbuch der Deutschen Rechtswissenschaft I 4 Leipzig 1899, zit. 938.

Jhs.n. herumdiskutiert Die rabbinischen Diskutanten kamen zur Erkenntnis, man dürfe zwar einen jüdischen Schwerverbrecher zu Gericht und Hinrichtung an Heiden ausliefern; nicht jedoch unschuldige Juden. Aber auch bei dieser Lösung hatten die betreffenden Rabbinen kein gutes Gefühl. In beiden Texten wird gesagt, der Prophet Elia – die Symbolfigur der „frühen Frommen" – sei erschienen und habe einen Verfechter dieser Kompromißlösung, Rabbi Jehoschua ben Lewi, als „Auslieferer" (identisch mit „Verräter") getadelt. Ein verblüffendes Ergebnis kommt nun dann heraus, wenn Rabbi Jehoschua ben Levi durch den Hohenpriester Kaiafas, wie er im Neuen Testament geschildert ist, ersetzt wird. Besonders nach dem Johannesevangelium war Kaiafas der „Auslieferer" Jesu an die Heiden. In Joh 11,47–52 wird von einer Sitzung des Hohen Rates über Jesus berichtet. Soll oder muß Jesus an Pilatus ausgeliefert werden? „Kaifas, einer von ihnen, der in jenem Jahr Hoherpriester war, sagte: Wo denkt ihr hin? Seht ihr nicht, daß es besser für uns ist, wenn nur einer stirbt, als wenn das ganze Volk vernichtet wird?" (Joh 11,50; sinngemäß wiederholt in 18,14). Dieser Szene kann eine Geschichtlichkeit bescheinigt werden. Die Frage, ob Jesus dem Heiden Pilatus ausgeliefert werden dürfe, war eine halakhisch brisante Frage. Jesus ist keinesfalls aus widergesetzlichem Tun heraus dem Pilatus und der römischen Soldateska ausgeliefert worden. Dies wäre damals gar nicht möglich gewesen. Die „Auslieferer" konnten dabei allerdings kein besonders gutes Gewissen gehabt haben. Sie konnten vor allem keine Zustimmung vonseiten der „frühen Frommen" erwarten, die für die strenge Interpretation von tTer 7,20 und yTer 8,10 (bzw. deren Vorform) eintraten. *Das jüdische Volk und weite Kreise der jüdisch-religiösen Elite haben also mit der Verurteilung Jesu nichts zu tun.*

Als Grund für die Verurteilung Jesu zum Kreuzestod durch Pilatus kommt nur das unter 6.4.2. genannte Delikt in Frage: Jesus muß etwas gegen den Tempel gesagt oder getan haben, das die Tempel- und Jerusalembehörden zu seiner Verhaftung, Anhörung und Weiterleitung an Pilatus veranlaßte. Pilatus muß ferner das von den jüdischen Behörden über Jesus Gesagte als schweres Vergehen gegen die Sicherheit der römischen Herrschaft in Judaea beurteilt haben. Und Jesus selbst muß vor Pilatus etwas gesagt oder getan haben, das als Geständnis seiner Schuld interpretiert werden konnte. Voraussetzung für diese These ist die Geschichtlichkeit der ntl. Passionsberichte über die Überstellung Jesu durch jüdische Priester- und Machtrepräsentanten an Pilatus (bes. Mk 15,1 par).

Im Verhör vor dem Hohen Rat treten laut Mk 14,57 „einige falsche Zeugen" auf, die ein angeblich tempelfeindliches Jesuswort gegen Jesus ins Feld führen: „Ich werde diesen von Händen gemachten Tempel niederreißen und im Verlaufe von drei Tagen einen andern, nicht von Händen gemachten Tempel aufbauen" (Mk 14,58; vgl. Mt 26,60–63; Joh 2,19; Act 6,14). Jesus hätte demnach den real existierenden Tempel als nicht gottwohlgefällig („mit Händen gemacht") und daher als abbruchreif beurteilt. Außerdem hätte er eine neue Zeit mit einem neuen Tempel angekündigt. Nicht nur die falschen Zeugen von Mk 14,57, sondern auch die neutestamentlichen Autoren selbst sind sich über den genauen Sinn dieses kritischen Wortes Jesu nicht einig, das er anläßlich der Tempelreinigung gesprochen haben mag (Mk 11,15–19 par.). Für den Prozeß gegen Jesus spielte der genaue Wortsinn ohnehin keine Rolle. Pilatus mag das Schweigen Jesu zu verschiedenen von den Vertretern des Sanhedrin vorgebrachten Anklagen (vgl. Mk 15,5) als Geständnis der Schuld aufgefaßt und Jesus deshalb zur Kreuzigung überstellt haben. Ihm muß ebenso wie den sadduzäischen Hohenpriestern und ihren Schriftgelehrten bewußt gewesen sein, daß die Machtverhältnisse zwischen Rom und Jerusalem nur solange bestehen konnten, als im Tempelbereich keine Unruhen ausbrächen. Unruhen im Tempelbereich wären schon damals – ähnlich wie vierzig Jahre später – zum Fanal für eifernde Anarchisten geworden, kriegerisch gegen das räuberische Rom und das mit ihnen kollaborierende jüdische Tempelestablishment aufzustehen. Der Prozeß gegen Jesus fand in der Halbzeit zwischen der Gründung der revolutionär-messianischen Zelotenpartei, 6 n. Chr. (Bell 2,118; Ant 18,4–10), und dem Ausbruch des von den Zeloten ausgerufenen Aufstandes gegen Rom (66 n.) statt. Weil es auch in den Jahren 30/32 n. (in Frage kommende Daten des Prozesses) im Volk nach Aufstand knisterte, weil Jesus eine Aufsehen erregende, religions-, gesellschafts- und politikkritische Botschaft hatte, weil ihm viele aus den unteren, aufruhranfälligen Schichten folgten, beschloß Pilatus, kritische Tempelworte als formale Rechtsgrundlage benützend, an Jesus das Exempel der Kreuzigung zu statuieren. Jesus wurde damit zum Opfer römischer Reichsräson. Pilatus konnte ihn wegen reichsfeindlicher Handlungen (perduellio) bzw. wegen Verbrechen gegen die Staatssicherheit kreuzigen. lassen. *Pilatus war der allein Entscheidende; er fällte kein Gefälligkeitsurteil.* Der jüdische Beitrag konnte nur ein indirekter gewesen sein. Es gab wohl keine formelle Nachtsitzung des Hohen Rats (gegen Mk 14,55–65). Laut Lk 22,66 wurde Jesus erst am Morgen des Karfreitags „dem Ältestenrat des Volkes, den Hohenpriestern und Schriftgelehrten" als Gefangener vorgeführt. Es kann historisch nicht verifiziert werden, ob die Initiative zur Verhaftung und zur Verurteilung Jesu von einer priesterlichen Elitegruppe rund um den Hohenpriester Kaiafas ausging (ähnlich wie im Falle des Jesus ben Ananus Bell 6,300–309; vgl. oben) oder von der römischen Besatzungsmacht. Im letzteren Fall hätte die oberpriesterliche Gruppe nur beschloßen, abzuwarten und der Sache ihren Lauf zu lassen[86]. *Jesus wurde also nicht auf Drängen des jüdischen Volkes gekreuzigt. Die Juden haben Jesus nicht getötet.* Jesus wurde auch nicht deshalb zum Tod verurteilt, „weil er Zauberei trieb, Israel verführte und zurückstieß" (sche kischschef we hissît wehiddiach ᵓet Jisraᵓel), wie es in einem rabbinischen Text (bSan 43a) steht, der bezeugen will, daß Todesurteile erst dann vollstreckt werden dürfen, nachdem sie durch Zeugen gestützt und der Öffentlichkeit bekannt gemacht worden sind. Dieser Sanhedrin-Text findet zwar eine gewisse Stütze in Mk 14,64 par., wo der Hohepriester Jesus einer Gotteslästerung (blaphêmia) zeiht. Es ist aber unmöglich, daß der rabbinische Text in die Zeit Jesu zurückreicht, da „der Haupton nicht historisierend … ist, sondern apologetisch und polemisch"[87]. Er gehört ins 4./5. Jh.n.Chr. hinein, als die Kirche bereits öffentliche Macht ausübte und diese teilweise judenfeindlich mißbrauchte. In der Wendung, wonach Jesus Israel zurückstieß, ist Jesus an die Stelle der judenfeindlichen Kirche gestellt worden. Eine intelligente jüdische Verteidigungsstrategie bestand darin, Jesus entsprechend dem Verhalten der Christen zu charakterisieren. Waren diese judenfeindlich, dann erhielt auch Jesus judenfeindliche bis fratzenhafte Züge. Entgegen der Anschuldigung, Jesus habe Israel zurückgestoßen, d. h. für verworfen erklärt, besteht heute ein großer Nachholbedarf, die „israelitische Kontur der Leidensgeschichte Jesu" wieder herzustellen. Insofern Jesus als ein an die Heiden Ausgelieferter sterben mußte, verkörperte er zutiefst ein jüdisches Schicksal, und war er zuinnerst mit dem jüdischen Volk verbunden. Die Leidens- und Sterbensgeschichte dieses Volkes war ja damals durch eine grausame Unterdrückung seitens der römischen Besatzungsmacht, durch die lavierende Politik jüdischer Mächtiger und durch terrroristische Anschläge anarchistischer Zeloten grausam geprägt[88]. Historisch problematisch ist auch die Ansicht Jesus sei wegen seines Messiasanspruches dem Pilatus überstellt worden. Es können sich da aber einige historische Körner verbergen. Neben der von allen vier Evangelisten bezeugten Kreuzesinschrift „König der Juden" (Mk 15,26, Mt 27,37; Lk 23,38; Joh 19,19) spielt die feierliche Verhörfrage des Hohenpriesters an Jesus eine

---

[86] So nach Fricke, Standrechtlich gekreuzigt.

[87] Clemens Thoma, Jüdische Zugänge zu Jesus Christus, in: Theologische Berichte 7, 149–176.

[88] Zur Forderung nach Wiedergewinnung der israelitischen Kontur der Leidensgeschichte vgl. Bertold Klappert, Der Verlust und die Wiedergewinnung der israelitischen Kontur der Leidensgeschichte Jesu, FrRu 29 (1977) 21–33.

wichtige Rolle: „Bist du der Messias, der Sohn des Hochgelobten?" Als Jesus dies unmißverständlich bejaht, zerreißt der Hohepriester in heller Entrüstung seine Kleider und spricht die Beschuldigung der Gotteslästerung gegen Jesus aus. Möglicherweise war der Hohepriester weniger wegen Jesu einfachem messianischem Ja konsterniert, als wegen des von Jesus hinzugefügten Wortes: „Ihr werdet den Menschensohn zur Rechten der Kraft Gottes sitzen und auf den Wolken des Himmels kommen sehen"[89]. Wir wissen, daß Erhöhungsvorstellungen damals in verschiedenen Kreisen gängig waren. Ein Mensch wird verwandelt und zum Thron Gottes hinauf erhöht. Er sitzt dann als Richter, als „Menschensohn", gleichsam neben Gott auf dem Thron der Herrlichkeit. In der damaligen Henochapokalyptik (äthHen 37–71) bildeten solche Vorstellungen das Zentrum des theologischen Denkens. Aber auch gewisse vorrabbinische Kreise (Pharisäer?) übten sich in Thronmystik (maᶜase merkava). Für den religiös strikt konservativ und biblizistisch denkenden, sadduzäischen Hohenpriester müssen solche Vorstellungen aber ein Graus gewesen sein. Er wird hinter ihnen vor allem eine Attacke gegen den strikten Monotheismus gesehen haben. Der Sadduzäismus hat damals eine Religiosität betont, in der das Bilderverbot strikt eingehalten und die Unnahbarkeit, Unerreichbarkeit und Unerkennbarkeit Gottes ohne Abstriche beachtet werden sollten. Demgegenüber ist es kennzeichnend, daß eine der ältesten Glaubensformeln der jungen Christenheit jene zu dem, auf den Thron Gottes erhöhten Christus war: „Brüder, haltet den Glauben an Jesus Christus, den Herrn der Herrlichkeit (tû kyriû tês doxês) frei von allem Ansehen der Person" (Jak 2,1). Hier ist der historische Abstand zwischen der Befragung Jesu durch den Hohenpriester und einer urchristlichen Glaubensüberzeugung über den erhöhten Christus vermutlich recht kurz (vgl. auch Act 7,55f: Stephanus). Der Satz im Jakobusbrief kann als ein Glaubensecho auf die Verheißung Jesu vor dem Hohenpriester sein, der Menschensohn werde „zur Rechten der Kraft Gottes sitzen" und es finde eine künftige Machtoffenbarung statt (so bes. nach Mk 14,62). Aber auch diese These steht auf schwachen Füßen, da sich der indirekte jüdische Beitrag zur Verurteilung historisch nicht verifizieren läßt.

---

[89] Die Verhörfrage samt der Antwort Jesu findet sich in Mk 14,60–64; Mt 26,62–66; Lk 22.67–71.

7. Einige jüdische Stimmen danach

„Das Feuer des Christentums ist die Auferstehung Jesu, die ein Ereignis, nicht eine Religion ist". Diese Worte eines Kardinals waren als Aufruf gedacht, in den ökumenischen Bemühungen innerhalb des Christentums nicht nachzulassen und darüber hinaus die Neu-Evangelisierung Europas ernsthaft in die Hand zu nehmen. „Christus hat die Kultur Europas geprägt. Christus hat hier seine Spuren hinterlassen" führte der Kardinal dann zur Verstärkung der Motivation hinzu[90].

Hier ist nicht von den langen Schatten zu reden, die das christliche Bekenntnis zu dem in Christus und in den Christen lebendigen Gott auf das jüdische Volk geworfen hat. Wohl aber sollen einige charakteristische jüdische Einwände und Gegenthesen ins Blickfeld treten, damit nicht weiterhin gedankenarm um „das Feuer des Christentums" und um die christliche Kultur Europas getanzt wird. Die Widerrede des ersten Bundesvolkes soll wenigstens andeutungsweise zur Frage führen, was denn im Zuge der Rücksichtslosigkeit gegenüber diesem Volk bei der Verkündigung des christlichen Messias- und Auferstehungsglaubens falsch oder beleidigend akzentuiert worden ist. Dabei werden jüdische Einsprüche zusammenfassende Werke zu Rate gezogen; solche sind ja in großer Zahl vorhanden[91].

Für die meisten mittelalterlichen Juden war Jesus eine gefährliche Unperson: ein Zauberer, ein Betrüger, ein Veranlasser der Judenfeindschaft, ein Unterdrücker der Tora und der Gründer einer götzendienerischen judenfeindlichen Religion. Es gab aber bereits damals einzelne Juden, die aus Mt 5,17f und Lk 18,18f herauslasen, daß Jesus die Tora nicht hatte abschaffen wollen, und daß er sich auch geweigert hatte, sich den Mantel der Gottheit umzuhängen. Diese Juden ergriffen die Gelegenheit, um Jesus gegen das Christentum auszuspielen. Jesus sei ein toraverbundener Jude gewesen, seine Botschaft sei aber im Christentum einer Idolatrie verdreht worden. Die Einstufung des Christentums als Religion des Götzendienstes bzw. als monotheistische oder polytheistische Idolatrie konnte sich aber nicht auf die

---

[90] Kardinal Heinrich Schwery, Bischof von Sitten, an einer Tagung von katholischen Journalisten und Journalistinnen in Montana vom 19. – 21. Juni 1992, laut KIPA, Ökumenische Informationen vom 25. Juni 1992, Nr.26, S.5f.

[91] Außer den schon mehrmals zitierten Werken von Lindeskog (Die Jesusfrage; Das jüdisch-christliche Problem) und Vogler (Jüdische Jesusinterpretationen) werden hier noch berücksichtigt: Hagner, The Jewish Reklamation of Jesus, sowie David Berger, Religion, Nationalism and Historiography: Yehezkel Kaufmann's Account of Jesus and Early Christianity, in: Landman, Scholars and Scholarship, 149–163.

Dauer halten. Rabbi Menachem Ham-Meiri von Perpignan (1249–1316) erklärte, die Christen seien keine Götzendiener, sondern verträten eine Lehre von hohem ethischem Standard. Rabbi Jacob Emden (1697–1776) meinte, Jesus habe seine Botschaft nicht an das jüdische Volk gerichtet, sondern ausschließlich an die Völker, um diese zum Einhalten der Noachidischen Gebote zu bewegen. Moses Mendelssohn (1729–1786) betonte im Anschluß an mittelalterliche Vorstellungen, man könne auch dann gute Gründe gegen das Christentum vorbringen, wenn man vom moralischen Charakter seines Stifters überzeugt sei; allerdings müsse man die Voraussetzung akzeptieren, daß Jesus keinerlei Ansprüche auf Göttlichkeit für sich gemacht habe[92]. Im 19. und 20. Jh. wurde jüdischerseits sehr viel über Jesus und das Christentum geschrieben. Liberale und zionistisch gestimmte, aber auch traditionelle Juden äußerten sich zu Jesus und zum Christentum in vielfältiger Weise. Jesus sei ein nationalistischer Jude gewesen, eine ethische hebräische Persönlichkeit par excellence. Er habe keine universale Religion gründen wollen: Joseph Klausner (1874–1958). Jesus sei ein Apokalyptiker gewesen, auch seine eigenen Anhänger seien an seinem Tod mitschuldig gewesen. Er habe nur eine jüdische Sekte gegründet. Diese sei dann zu einer universalen Religion umgewandelt worden. Der jüdische Monotheismus sei das ganze Geheimnis der Kraft und des Einflußes sowohl Jesus als auch des Christentums und des Islams. Die beiden nachjüdischen Religionen hätten nur deshalb Überlebenschancen, weil sich in ihnen der jüdische Monotheismus als Lebenselixier befinde: Yehezkel Kaufmann (1889–1963). Die christlichen Auslegungen der heiligen Schrift könnten jüdischerseits als eine der 70 Möglichkeiten, die Tora zu verstehen, akzeptiert werden: Jakob J. Petuchowski: 1925–1991. Das sind nur wenige Stimmen aus einem großen jüdischen Chor.

Die positiven und die negativen, die zutreffenden und die schrägen jüdischen Aussagen über Jesus und das Christentum dürfen nicht isoliert betrachtet werden. Sie sind vielmehr meistens eingebunden in einem System jüdischer Apologetik und jüdischer Selbstaussagen. Um das konfessionelle Klima zwischen Juden und Christen zu verbessern werden Wege aufgezeigt, wie beide Religionen nebeneinander existieren könnten und wie vor allem das jüdische Volk nicht von der christlichen Mehrheit geistig oder physisch erdrückt werden könnte. Nirgends aber wird im Judentum die christliche Glaubensüberzeugung bejaht, daß Christus von den Toten auf-

---

[92] Altmann, Moses Mendelssohn 204f; Moses Mendelssohn, Gesammelte Schriften Bd 7.

erstanden ist und in der Herrlichkeit Gottes thront. Im Gefolge dieser Verneinung wird dem Christentum dann auch meistens der unvermischte und ungeschwächte Monotheismus abgesprochen.

Die Grundpositionen zwischen Judentum und Kirche scheinen also bezüglich Auferstehung Christi und Trinität von beiden Seiten her festgefügt und unbeweglich zu sein. Aber abgesehen davon, daß nicht alle Juden und nicht alle Christen jeweils dasselbe glauben, ist hier auf eine inhaltlich falsche christliche Verkündigung und daher auch auf ein anhaltendes jüdisches Mißverständnis hinzuweisen. Die Messianität, die Auferstehung Christi und seine Hereinnahme in die Gottheit wurden allzu dogmatisch-unbeweglich verkündet. Jesus ist aber auch in christlicher Optik als Messias Gottes und Israels immer noch ein „Sproß" (vgl. Jer 23,5; Sach 3,8; 6,12 u.ö.). Das heißt, er ist wie ein Sproß am Wachsen; in die Herzen der Menschen hinein. Dieses Wachsen wird erst am Ende der Geschichte vollendet sein, wenn Gott alles in allem (1 Kor 15,28) sein wird. Man kann daher im Christentum gar nicht von einem „unerfüllten Messianismus" reden. Es ist eine Phase des Wachstums Christi – mag die Metapher auch schwerfällig sein –, wenn nicht alle Menschen den Auferstandenen erkennen. Die Glaubenden sollten nicht nur Verständnis für das jüdische Volk aufbringen, sondern sie sollten auch die jüdischen Einwände bedenken und evtl. Korrekturen an ihrer Verkündigung anbringen. Wir alle gehen ja – immer noch und trotzdem – der Erlösung entgegen. Das „Feuer des Christentums" ist noch immer kein Großbrand, und „die christliche Kultur Europas" ist immer noch ein Torso. Ohne implizite oder explizite Zustimmung des ersten Bundesvolkes sind die Messianität und die Auferstehung Christi noch nicht zu ihrer Bestimmung gekommen (vgl. 1 Petr 2,4f; Röm 9–11). Glaube kann nicht erzwungen werden.

XI. Der Ketzersegen:
Verwünschungstext gegen Christen?

Seit Beginn des 2.Jh.n.Chr. gehen Juden und Christen auf getrennten Wegen ihren Gang durch die Geschichte. Die beiden Wege winden sich aber in
nur geringem Abstand voneinander durch die Landschaften, Völker und
Zeiten. Die Leute auf dem jüdischen Weg wollten meistens in Sichtweite
der Leute auf dem christlichen Weg bleiben. Und auch den Christen war es
von Zeit zu Zeit recht, die Juden in Sicht- und Greifweite zu wissen. Das
Ergebnis des geringen Abstandes der Wege und des Wanderns voneinander
brachte beiden Weggemeinschaften manchen angeblichen und wirklichen
Vorteil ein: Man konnte einander beobachten, konkurrenzieren, beargwöh-
nen, ausspionieren. Gewisse verwandtschaftliche Gefühle schafften sich in
beiden Gruppen von Zeit zu Zeit Luft. Es gab aber auch Nachteile: Geistige
und materielle Raubzüge mit Vertreibung und Mord in bestimmten Kri-
senzeiten waren fast an der Tagesordnung. Das spätantike, mittelalterliche
und neuzeitliche Christentum kam den jüdischen Gemeinschaften bisweilen als eine Vereinigung von Wegelagerern und Raubrittern vor. Umgekehrt erschien das Judentum vielen Christen als Ausbund der Unruhe, des
Widerspruchs und der Gottvergessenheit.

Heute sind derlei Sicht- und Vorgehensweisen aus der Mode gekommen.
Aber die Schatten der Vergangenheit sind noch da. Deshalb sind die Fragen
doppelt aktuell, wie und weshalb in den ersten Jahren des 2.Jhs. die Notwendigkeit entstanden ist, daß Christen und Juden verschiedene Wege ein-
schlugen.

1. Vermutungen und Teilwahrheiten über den Ketzersegen

Die historische Situation der Trennung beider Religionen ist ziemlich undeutlich. Unbestritten ist aber, daß ab etwa der Mitte des 2.Jhs.n.Chr. niemand mehr im Ernst sagen konnte oder wollte, das Christentum sei eine
jüdische Sekte oder ein Judentum für die Völker. Die Verbindungswege
zueinander waren unterbrochen. Auch die noch existierenden judenchristlichen Gruppen konnten sich in den jüdischen Midrasch- und Gebetshäu-

sern kein Gehör mehr verschaffen. Ebenfalls unbestritten ist, daß es ziemlich ab Beginn der Existenz der ersten Gemeinden in Jerusalem und anderswo zu Spannungen zwischen den judenchristlichen Anhängern Jesu und den nicht christusgläubigen Autoritäten gekommen ist. Bei diesen ersten Konflikten fällt auf, daß die Christusgläubigen und ihre Führer selbstverständlich am Tempelkult und am Synagogengottesdienst festhielten, während die tempelpriesterlichen Autoritäten darüber mehrmals in Aufregung gerieten (Act 3–5; 9,20–25 u.ö.). Diese *Spannungen* waren aber keine *Trennungen.*

Irgend einmal – oder mehrmals – zwischen dem problematischen Beziehungsverhältnis des Anfangs und dem späteren eingefrorenen Stellungskrieg zwischen (Juden-)Christen und Juden müssen Ereignisse vorgekommen sein, die vom stürmischen Herbstwetter zum Winterfrost geführt haben.

Bis vor kurzem meinten die Forscher meistens, sie könnten dieses Übergangsereignis zeitlich, lokal und in seinen Ausmaßen bestimmen. Der „Ketzersegen" bzw. die birkat ham-mînîm sei etwa 90 n. Chr. auf einer Synode von (Jamnia/Jabne) auf Betreiben des energischen und autoritären Rabban Gamliel II. ins „Achtzehngebet" eingeführt worden, und zwar „als Mittel zur völligen Scheidung beider Religionen"[1].

Seit damals figuriere der Ketzersegen als zwölfte Berakha im täglich zu betenden Achtzehngebet. Er sei als ein jüdischer Exkommunikationstext in Berakha-Form zu charakterisieren, bzw. als ein Lobpreis Gottes zur Bannung von religiösen und sozialen Ruhestörern. Die Adressaten seien besonders die Judenchristen und die mit diesen liierten Völkerchristen gewesen.

---

[1]   So Elbogen, Gottesdienst 36. Sonstige weiterführende Literatur: David Flusser, The Jewish-Christian Schism, Immanuel 16 (1983) 32–49; 17 (1984) 30–39; nachgedr.: Flusser, Judaism 617–644; Heinemann, Prayer in the Talmud: Martha Himmelfarb. The Parting of the Ways Reconsidered: Diversity in Judaism and Jewish-Christian Relations in the Roman Empire: A Jewish Perspective, in: Fisher, Interwoven Destinies 47–61; Hruby, Juden und Judentum; Reuven Kimelman, Birkat Ha-Minim and the Lack of Evidence for an Anti-Christian Prayer, in: Sanders/Baumgarten/A. Mendelsohn, Self-Definition, Vol 2, 226–244; Maier, Jesus von Nazareth; Ders., Jüdische Auseinandersetzung; Jakob J. Petuchowski, Der Ketzersegen, in: Brocke/Petuchowski/Strolz, Das Vaterunser 90–101; Petuchowsky/Thoma, Lexikon 202–205; Peter Schäfer, Die sogenannte Synode von Jabne, Zur Trennung von Juden und Christen im 1./2.Jh.n.Chr., Jud.31 (1975) 54–64; 116–124; Strack, Jesus, die Häretiker und die Christen; Thoma, Theologie 223–231; Ders., Die Christen in rabbinischer Optik: Heiden, Häretiker oder Fromme?, in: Frohnhofen, Christlicher Antijudaismus, 23–49.

Die jüdischen Gemeinden hätten sich mit Hilfe der birkat ham-mînîm die Christusanhänger vom Leibe gehalten. Es sollte nicht mehr geschehen können, daß Judenchristen oder gar Fremde aus den Völkern ihre Christuspreisungen ins Gemeinde-Hauptgebet hineinschöben, und dadurch Unruhe ins betende jüdische Volk hineintrügen.

Mit Hilfe dieser Theorie über Herkunft und Veranlassung glaubten viele Forscher, mehrere Fliegen auf einen Streich getroffen zu haben. Die Geschichte wurde so eindeutig; die Schuldigen waren zu greifen. Der Trennungsbeschluß kam von *jüdischer* Seite ca. 90 n. Chr. Die christlich-apologetisch Gesinnten sahen daher in den Juden die Anstifter zur Trennung. Wie Tertullian sahen sie in den Synagogen die „Quellen für Verfolgungen der Christen" (fontes persecutionum: Tert. Scorp X 10). Jüdische Apologeten betonten demgegenüber, die Christen seien damals zurecht als Unruhestifter gebrandmarkt worden. Sie seien als Schuldige aus dem Judentum hinausgedrängt worden.

Für solche Sichtweisen der Dinge spricht einiges – vor allem das Zeugnis von drei Kirchenvätern. *Justin der Märtyrer* wirft den Juden in seinem Dialogus cum Tryphone Judaeo (geschrieben um ca.160 n.) mehrmals vor, die Christen zu schmähen und zu verwünschen (Tryph 16,4; 47,4; 93,4; 108,3; 133,6). Bischof *Epiphanius* (315–403) schreibt in seinem Buch gegen die Häretiker (haer.24,9), daß die Juden „täglich dreimal, wenn sie in ihren Synagogen die Gebete verrichten, die Christusgläubigen verfluchen und verwünschen, indem sie sagen, Gott möge die Nazarener verwerfen". Der Kirchenvater *Hieronymus* (340–420) kommt in seinem Jesaja-Kommentar mehrmals auf dieses Thema zu sprechen. Zu Jes 2,18 schreibt er, daß die Juden den christlichen Glauben, unter dem Namen Nazarener verwünschen (anathematizant). Ähnlich kommentiert er Jes 49,7: „Sie schmähen (maledicunt) Christus unter dem Namen Nazarener". Jes 54,4 kommentierend schreibt Hieronymus: "Die Juden verwünschen (blasphemunt) den Erlöser Tag und Nacht und überhäufen…die Christen unter dem Namen Nazarener dreimal täglich mit Schimpfworten[2].

Die Kirchenväter-Stellen scheinen also einen Hinauswurf der (Juden-) Christen aus den Synagogen und damit eine Aufkündigung der jüdisch-christlichen Gottesdienstgemeinschaft zu bestätigen. Außerdem scheinen sie auf einen christentumsfeindlichen Gebetston in den Synagogen nach

---

[2] Vgl. die Zusammenstellung der Kirchenväter-Texte bei Maier, Auseinandersetzung 132; Schäfer, Jabne 56f. Die grundlegende Arbeit geschah schon 1898 durch S. Krauß, The Jews in the Work of the Church Fathers IQR 5 (1898) 122–157.

diesem Hinauswurf hinzuweisen. Der Ausdruck „Nazarener" scheint bei den Juden einen ziemlich despektierlichen Beigeschmack gehabt zu haben (vgl. Act 24,5). Zur Vorsicht gegen solche Schlußfolgerungen mahnt aber die Beobachtung, daß Epiphanius und Hieronymus in ihren Aussagen von Justin abhängig sind. Justin selbst kannte die Verwerfung der Christen in den jüdischen Synagogen nur vom Hörensagen. Außerdem ist der Jude Tryphon/Tarfon in Justins Werk eine literarisch-fiktive Gestalt, kein historischer Gesprächspartner aus dem Judentum. Die Zeugnisse der Kirchenväter hängen damit – historisch betrachtet – weitgehend in der Luft.

Auch aus der Zeit kurz vor der hypothetisch angenommenen Proklamationszeit des Ketzersegens scheint es Hinweise auf die Antichristlichkeit oder wenigstens Antijudenchristlichkeit desselben zu geben. Im Neuen Testament ist mehrmals von Verfolgungen der Judenchristen durch die nicht christusgläubigen jüdischen Autoritäten die Rede (Mk 13, 9–13; Lk 21,12; Act 8,1–3; 13,50; 1Thess 2,14–16 u.ö). Laut Joh 16,2f machte der johanneische Christus folgende schwärende Prophezeiung: „Sie werden euch aus den Synagogen ausstoßen. Ja, die Stunde wird kommen, da jeder, der euch tötet, meint, Gott einen Dienst zu leisten. Das werden sie tun, weil sie weder den Vater noch mich erkannt haben". Es ist weithin akzeptiert, daß das in Joh 16,2f Gemeinte eine der Veranlassungen für die Niederschrift des Johannesevangeliums gewesen ist[3]. Etwa um 90 n.Chr. scheint es sich abgezeichnet zu haben, daß den Judenchristen der Synagogenausschluß drohte, was diesen sehr zu schaffen machte. Sie hingen aus Glaubensüberzeugung am Synagogengottesdienst, umso mehr als der Tempel inzwischen in Schutt und Asche gesunken war.

Es könnten noch weitere Mutmaßungen aus dem Neuen Testament beigebracht werden. Aus Gal 3,13 wurde z.B. die Suggestion herausgeholt, der Ketzersegen sei eine Gegenmaßnahme der rabbinischen Autoritäten gegen den sich dort findenden Ausdruck „Fluch des Gesetzes", von dem Christus befreit habe. Da Paulus den schlimmen Ausdruck „Fluch des Gesetzes" benützt habe, sei es nicht zu verwundern gewesen, daß die Rabbinen bald darauf mit einer Verfluchung des (Juden) Christentums reagiert hätten. – Aber diese und noch weitere neutestamentliche Stellen können letztlich kaum etwas über den Ketzersegen beweisen. Sie alle wissen nichts vom Ketzersegen – weder über seinen Zeitpunkt noch über seinen Wortlaut.

Ein für die Frage nach einem möglichen Ausschluß der Judenchristen aus der rabbinischen Gebetsgemeinschaft interessanter, wenn auch etwas ins

---

3   So nach Wengst, Bedrängte Gemeinde; vgl. auch Gal 3,13.

Abseits führender Abschnitt ist Bell 2,409–425 des Josephus Flavius. Dort wird berichtet, wie die Zeloten 66 n. Chr. unter dem Kommando Eleazars, eines charismatischen Hohenpriestersohnes und Tempelhauptmannes, demonstrativ zwei schwerwiegende Verweigerungen aussprachen und durchführten. Diese Verweigerungen ließen den bereits glimmenden Docht des Aufstandes gegen Rom zum großen Kriegsbrand werden. Zunächst wurde den diensttuenden Priestern befohlen „keine Gabe oder Opfer von Fremdstämmigen (sc. Römern) mehr anzunehmen" (409). Wie Josephus (412.413) richtig referiert, war es aber seit alten Zeiten Brauch, daß Mächtige aus den Weltvölkern den Tempel mit Weihegeschenken ausstatteten und Geld spendeten, das a conto für die Tempelopfer verwendet wurde[4]. Die Annahme von Geschenken zur Zierde des Tempels und zur Ermöglichung des Kultes galt als Zeichen der Anerkennung der römischen Oberherrschaft. Dementsprechend mußte die Verweigerung im kritischen Moment des Jahres 66 n. von den Römern als jüdische Kriegserklärung verstanden werden. Die zweite Verweigerung war ein Ausschluß jüdischer Gegner der Zeloten aus der Opfer- und Betgemeinschaft im Tempel. Zur Zeit der herbstlichen Hochfeste des Jahres 66 „schlossen die Anhänger des Eleazar ihre Gegner vom Gottesdienst aus" (425). Diese Verweigerung der kultischen Gemeinschaft besiegelte den jüdischen Bürgerkrieg und damit die Selbstzerfleischung der jüdischen Verteidiger Jerusalems und des Tempels. Ähnlich wie in der Aufstandszeit könnte es – so die Mutmaßung – bald danach in rabbinischer Zeit gewesen sein. Die Rabbinen schlossen die Judenchristen per modum excommunicationis aus der Gebetsgemeinschaft aus, verweigerten die Gemeinschaft mit ihnen, besiegelten das jüdisch-christliche Schisma und öffneten alle Tore für spätere christliche Feindschaften – Aber auch diese Mutmaßung trifft den Kern der Sache nicht.

Zu Josephus, den Kirchenvätern und dem Neuen Testament gesellt sich der babylonische Talmud als viertes Schrifttum., das Vermutungen über Zeit und Inhalt des Ketzersegens zu nähren vermag. Laut bBer 28a–29a formulierte der bescheidene und gelehrte Schmuel der Kleine den Ketzersegen auf Weisung Rabban Gamliels II. Später vergaß er aber seine eigene Version und geriet ein Jahr darauf in große Verlegenheit, weil er seine früheren Worte nicht mehr wiedergeben konnte. Man ließ ihn aber zwei bis drei Stunden lang nicht vom Vorbeterpult wegtreten – bis er seine Version gegen die Ketzer wiedergefunden hatte. Der Talmud macht dazu folgenden ominösen Kommentar:

---

[4] Dazu Schwartz, Studies in the Jewish Background 115f.

„Weshalb ließ man ihn denn nicht wegtreten? Sagte denn nicht Rav Jehuda im Namen Ravs: Wenn sich jemand in allen Berakhot geirrt hat, lasse man ihn nicht vom Pult weggehen? Hat er sich aber im Ketzersegen geirrt, lasse man ihn wegtreten!? Wir müssen nämlich befürchten, daß er ein Ketzer (mîn) ist. Anders aber war es bei Schmuel dem Kleinen. Er hatte ja den Ketzersegen festgelegt. Aber es war zu befürchten, daß er seine Meinung (inzwischen) geändert hatte. Abaye sagte: Ein guter Mensch wird nicht unversehens schlecht. Etwa nicht? Es heißt doch: ‚Wenn der Gerechte von seiner Gerechtigkeit zurücktritt und Unrecht tut' (Ez 18,24). Das bezieht sich aber auf jemanden, der von seiner Wurzel her schlecht ist, und nicht auf jemanden, der von seiner Wurzel her gut ist! Etwa nicht? Es wird ja tradiert: ‚Traue dir nicht bis zum Tage deines Todes' (mAv 2,4). Denn siehe, der Hohepriester Jochanan diente 40 Jahre lang im Hohepriesteramt, aber am Ende wurde er Sadduzäer".

Dieser Talmudabschnitt kann nicht besonders alt sein. Er wird im Namen des babylonischen Amoräers Rav überliefert, der etwa 100 Jahre nach der angeblichen Promulgierung des Ketzersegens gewirkt hat (gest. 247). In der jetzigen Version dürfte bBer 28b–29a aus dem 5.Jh.n.Chr. stammen. Dies auch deshalb, weil darin bereits die frührabbinischen „Sprüche der Väter " (mAv 2,4) autoritativ zitiert werden; die rabbinische Traditionsbildung und -wertung war also schon weit fortgeschritten. Historisch zum ersten Mal wird in bBer 28b–29a der Eindruck erweckt, die Formulierung des Ketzersegens und seine Einschiebung ins Achtzehngebet sei ein offizieller liturgischer Akt gewesen. Außerdem konstruiert der Talmudtext eine scharfe und gemeindegefährliche Auseinandersetzungssituation, die zum Ketzersegen geführt habe. Jeder, auch der Gerechteste, sei damals von der Ketzerei bedroht gewesen. Die Gemeindehäupter hätten daher ganz genau auf den Wortlaut des Ketzersegens achten müssen, damit sich nicht Ketzerei in eine antiketzerische Gebetsformulierung einschleichen konnte. Seltsamerweise aber wird der Wortlaut des zur Frage stehenden Ketzersegens in bBer 28b –29a nicht zitiert. Man erfährt nur etwas über die Szenerie, aber nichts über den Wortlaut, dem diese Szenerie zu dienen hatte. Wer waren also die mînîm (Häretiker, Ketzer), die in Javne so feierlich und mit so minutiöser Beachtung des gegen sie gerichteten Wortlautes verwünscht wurden? Nur *eine* Vermutung trägt eine vorläufige Wahrscheinlichkeit in sich: In Javne wurden die Sadduzäer als mînîm verwünscht! Genauer: bBer 28b–29a deutet an, daß der Ketzersegen zeitweilig und ortsbeschränkt gegen die Sadduzäer gerichtet war. Am Schluß des eben zitierten Abschnittes ist ja vom hasmonäischen Hohepriesterfürsten Johannes Hyrkan I. (134–104 v.Chr.) die Rede, der sich nach langer pharisäischer Lebensweise geistig umkippen ließ und zum Sadduzäer wurde (vgl. Ant 13,190–199). Demnach wäre bBer 28b–29a ein Echo auf das schmerzliche Ereignis, daß den Sadduzäern, diesen langjährigen geistig-religiösen Rivalen der Pharisäer, zeitweilig in Javne die Gebetsgemeinschaft aufgekündigt wurde. Die an den Tempeldienst und ihre damit verbundene Privilegierung gewohnten Sadduzäer waren offenbar unfähig, sich der rabbinischen Gebets- und Gemeindeordnung zu unterwerfen. Dadurch störten sie das synagogale Leben und wurden zu Häretikern (mînîm). Auch diese These reicht nicht über eine vage Wahrscheinlichkeit hinaus. Um weiter zu kommen, müssen nun vorliegende und rekonstruierte Texte des Ketzersegens näher angeschaut werden:

2. Verschiedene Traditionen und Versionen des Ketzersegens

Niemand behauptet heutzutage ernsthaft, eine Urschrift des Ketzersegens sei greifbar oder konstruierbar. Man hat sich vielmehr daran gewöhnt, daß bei jüdischen Gebetstexten am Anfang die überbordende Vielfalt steht, die erst allmählich zu standardisierten Gebetsfamilien zusammenwächst.[5]

2.1. Eine heutige orthodoxe Form

Im heutigen jüdisch-orthodoxen Gebetbuch nach deutsch-polnischem Ritus findet sich folgende Version des Ketzersegens:

„Den Verleumdern (malschînîm) sei keine Hoffnung, und alle Frevler sollen wie in einem Augenblick untergehen; alle sollen bald ausgerottet werden. Mögest du die Frechen (haz-zedîm) entwurzeln, zerbrechen, niederwerfen, demütigen – bald in unseren Tagen! Gelobt seist du Herr, der die Feinde zerbricht, und die Frechen demütigt!"[6]

Diese Form des Ketzersegens ist der talmudischen Form nachempfunden, wie sie z. B. in bRHSh 17a ihren Ausdruck findet. Dort ist von verschiedenen Arten von Frevlern und Sündern die Rede, die beim Gerichtstag zu Schanden kommen werden, weil sie entweder fundamentale jüdische Glaubensüberzeugungen verneinen oder/und weil sie ein gemeindeschädigendes Verhalten an den Tag legen:

---

5   Dies ist die formgeschichtliche Hauptthese von Joseph Heinemann, Prayer.
6   Übers. aus „Seder :avodat Israel, Tel Aviv 1957, 93f; vgl. auch Petuchowski / Thoma, Lexikon 205.

„Die Häretiker (mînîm), die Verräter (mesôrôt), die Abtrünnigen (meschûmmadîm),
die Freigeister, die die Tora verleugnen (ʾapîqôrsîm schekaferû bat-tôra), jene, die
nicht an die Auferstehung der Toten glauben (techiyat ham-metîm), jene, die sich
von den Gemeinden absondern (schepîrschû mid-darkê zibbur), jene, die im Lande
der Lebenden Schrecken verbreiten und jene, die gesündigt und andere zur Sünde
verleitet haben...werden zur Hölle hinabsteigen müssen (yordîm lag-gehinnom)".

Die zitierte orthodoxe Fassung des Ketzersegens ist eine aus Wortlaut und
Geist talmudischer Aussagen lebende Berakha. Sie verzichtet auf eine große
Aufzählung aller möglichen Unruhestifter, Glaubensverweigerer und Unterdrücker. Außerdem nimmt sie Rücksicht auf neuzeitlich-moderne Emp-
findlichkeiten, die aus dem nichtjüdischen Lager kommen könnten. Sie läßt
sich mit keiner der „klassischen" frühen Ketzersegen-Formulierungen
ganz zur Deckung bringen: weder mit dem Seder (Siddur) des Amram
(9.Jh.), noch mit dem Siddur des Saadya Gaon (10 Jh.), noch mit dem Siddur
der jemenitischen Juden[7].

2.2. Die 1898 publizierte Geniza-Version

In den 90er Jahren des 19.Jhs. fand Salomon Schechter in der Alt-Kairoer
Geniza u. a. zwei Versionen der birkat ham-minim. Eine davon veröffentlichte er[8], später wurden zwei weitere Versionen der Öffentlichkeit zugänglich gemacht[9]. Die von Salomon Schechter edierte Version lautet:

„Den Abtrünnigen (meschûmmadîm) sei keine Hoffnung. Rotte das Reich der An-
maßung (malkhût zadôn) aus – eilends in unseren Tagen. Die Nazarener (nôzerîm)
und die Ketzer (mînîm) sollen wie in einem Augenblick untergehen. Ausgelöscht
mögen sie werden aus dem Buch des Lebens. Nicht mögen sie zusammen mit den
Gerechten aufgeschrieben werden (vgl. Ps 69,29). Gelobt seist du, Ewiger, der die
Anmaßenden demütigt".

Hier werden die Judenchristen ebenso verwünscht, wie die Häretiker und
das anmaßende römische Reich. Die unter 1 zitierten Aussagen von Kirchenvätern, wonach Christus in den jüdischen Synagogen täglich dreimal
verflucht werde, scheinen sich durch diese Version zu bewahrheiten. Alles
scheint zu stimmen: palästinische Herkunft, Nennung der Judenchristen,

---

7   Zu den alten Versionen vgl. Schäfer, Synode, bes. 57–59.
8   in: Genizah Spezimens JQR O.S. 10 (1898) 654–759.
9   von I. Levi: 1907 und von J. Mann: 1925.

Reflex von Geschehnissen im 1./2.Jh.n.Chr.! Viele ließen sich davon über-
zeugen, daß der Kairoer Fund die älteste Form des Ketzersegens repräsentiere[10]. Es ist aber nicht *mehr* aus dem Kairoer Fund zu gewinnen, als daß
die Judenchristen teilweise und zeitweise in einer oder in mehreren Synagogen Palästinas als besonders zu verwünschende Menschen galten. Dies
scheint auf das 2./3.Jh.n.Chr. zu paßen. In diesen beiden Jahrhunderten
waren die Judaisierer (judaizantes) das wohl gewichtigste ideologische und
religionsstrategische Problem zwischen jüdischen und christlichen Gemeinden. Außerdem galt die römische Okkupationsmacht damals, als die
Wunden der Tempelzerstörung und der Zerstreuung in den Herzen der meisten Juden noch besonders weh taten, als Grundübel dessen Ausmerzung
nur durch messianisch-endzeitliches Eingreifen Gottes möglich schien[11]. Es
läßt sich aber kein Beweis führen, daß der Geniza-Fund aus Alt-Kairo ins
2./3.Jh. zurückreicht. Bei jenen, die dies behaupten, war zum Teil der
Wunsch der Vater des Gedankens.

2.3. Vermutlich älteste Traditionen

In einer früheren Arbeit rekonstruiert David Flusser eine einigermaßen
ursprüngliche Form des Ketzersegens. Sie lautete nach ihm etwa so:

> *„Für die Separatisten (peruschîm), die Apostaten (meschummadîm) und Verräter
> (mesôrôt) sei keine Hoffnung. Die Häretiker (mînîm) sollen wie in einem Augenblick
> zugrunde gehen. Das Reich der Anmaßung (malkut zadôn) mögest du eilends aus-
> rotten. Gelobt seist du, Ewiger, der die Hochmütigen demütigt"*[12].

Flusser konnte sich diese Hypothese mühelos leisten, da es erwiesen ist, daß
die verwünschten Subjekte und Mächte in vielen Variationen und bei verschiedenen Berakhot vorkommen und teilweise bis nach Qumran zurückreichen und da trotzdem eine gewisse inhaltliche Einheit zwischen allen
Versionen herrscht. Dies wird etwa durch tBer 3,25f bestätigt:

---

[10] Vgl. die Wiedergabe des Textes und die Diskussion des palästinensischen Ketzersegens bei Strack, Jesus, 64–70
[11] Zum judaizantes-Streit vgl. S G. Wilson (Hg.), Anitjudaism in Early Christianity, II:
Separation and Polemic, Wilfried Laurier Univ. Preß 1986, bes. 45–58. Zum jüdisch-
römischen Gegensatz: vgl. Günter Stemberger, Die römische Herrschaft im Urteil
der Juden, Darmstadt 1983.
[12] Engl. in Flusser Judaism 641.

„Die achtzehn Berakhot, welche die Weisen gesagt haben, entsprechen den achtzehn
Erwähnungen des Gottesnamens, die in ,Gebt dem Ewigen, ihr Gottessöhne' (Ps 29)
vorkommen. Man bringe die Häretiker (mînîm) mit den Separatisten (peruschîm)
zusammen, die Proselyten (gerîm) mit den Ältesten (zekenîm) und David mit ,der
Jerusalem baut' (vgl. Sir 51,12). Wenn man sie aber je einzeln nennt, ist dies auch
erlaubt. Man antwortet mit "Amen„ wenn ein Israelit eine Berakha gesprochen hat.
Wenn aber ein Kûthî (Samaritaner) eine Berakha gesprochen hat, antwortet man
erst mit Amen, nachdem man die ganze Berakha gehört hat".

Diese liturgische Halakha setzt eine noch fluktuierende Anordnung und
einen variablen Text der 12., 13., 14., und 15. Berakha des Achtzehngebets
voraus. Sie ordnet an, in der 12. Berakha die Separatisten und die Häretiker
zusammen zu verwünschen. In yBer 4(8a) und yTaan 2(65c) stehen die
„Abgefallenen" (pôschecîm) an der Stelle der peruschim. In yBer 2 (5a)
nehmen „die Frevler (reschacîm) die Stelle der Peruschîm ein. Nach tBer
3,25f soll es auch in der 13. Berakha um zwei Gruppen gehen: um die Proselyten und die Ältesten. Ähnliches gilt auch für die 14./15. Berakha des
Achtzehngebetes: da soll um die Ankunft des messianischen Sohnes Davids
gebetet werden, dabei sei auch Gottes des Erbauers Jerusalems, preisend zu
gedenken.

In einer neuen Untersuchung widmete sich Flusser noch intensiver der
Frage nach den Ursprüngen und dem Werdegang des Ketzersegens[13] Er hat
sich dabei auch umfassend in Qumran umgesehen. Der neue Artikel von
Flusser scheint der bislang tiefgründigste Beitrag zur Frage nach den ältesten Formen und den Weiterentwicklungen des Ketzersegens zu sein. Vor
allem ist in ihm eine historische Synthese zwischen frühjüdischen (z.B.
1QS 5,12–13) und rabbinischen Texten (z.B. tSan 13,4f) unwahrscheinlich
gut geglückt. Es wird immer deutlicher – je mehr Qumranmaterial erschlossen wird –, daß Verwünschungen von Abweichlern eine beachtliche
vorchristliche Geschichte haben. Bei den Verwünschten ging es um Leute,
die „sich von den Wegen der Gemeinde" oder „von den Wegen Gesamtis-
raels" trennten (mAv 2,4; bRHSh 17a) oder um äußere Feinde. Die Qumraner waren eine Abspaltungsgruppe, die sich von den Wegen Gesamtisra-
els getrennt hatten. Wir finden im Zusammenhang mit dem Streit zwischen dem Jerusalemer Frevelpriester und dem qumranischen Lehrer der
Gerechtigkeit genügend Verwünschungen, die als Echo auf einen frühen
„Ketzersegen" gegen die Qumraner aufgefaßt werden können. Bemerkens-

---

[13] David Flusser, Miqzat macasê hat-tôra ubirkat ham-mînîm, Tarbiz 11, Jerusalem
1992, 333–374.

wert ist auch die Reaktion der Qumraner auf ihr Los als Ausgeschlossene oder als freiwillig ins Abseits Gelangte. Mit Hilfe von Prophetenworten rechtfertigten sie ihre Absonderung in erhabenen Gedankengängen. In 4Q 174: Florilegium, Zeile 14–17 heißt es:

> *(14) „Eine Auslegung (midrasch): ,Selig der Mann, der nicht im Rat der Frevler wandelt' (Ps 1,1). Die Deutung des Satzes (betrifft jene, die) vom Weg des Volkes abgewichen sind.*
> *(15) Über sie steht im Buche des Propheten Jesaja im Zusammenhang mit der End(zeit): ,Und siehe, er hielt mich fest bei der (Hand und hielt mich vom Gehen auf dem Weg)*
> *(16)des Volkes ab' (Jes 8,11). Und über sie steht auch geschrieben im Buch des Propheten Ezechiel: ,Und sie (werden sich nicht mehr verunreinigen mit all)*
> *(30) ihren Götzen' (Ez 37,23). Damit sind die Söhne Zadoks und die Männer ihres Rates gemeint"*[14].

Die Qumraner verstanden also ihre Separation, ihren Zustand des Ausgestoßenseins als Zeichen der Erwählung und Gottgefälligkeit. Die übrigen Juden rund um den Jerusalemer Tempel seien schon derart der Unreinheit verfallen, daß die Trennung von ihren Wegen eine religiöse Pflicht sei. Hier sehen wir die zwei Seiten der Exkommunikation: Es kam schon in vorchristlicher Zeit darauf an, wie Verwünschung und Absonderung gewertet wurden als Segen oder als Fluch. Trennung von der „Rotte der Bosheit" konnte als hohe religiöse Pflicht aufgefaßt werden. Die Qumraner waren Ausgestoßene oder freiwillig Ausgewanderte. Im Zusammenhang mit ihnen muß es Verwünschungen, Exkommunikationen, „Ketzersegen" gegeben haben. Aber welches war ihr Wortlaut? Niemand weiß es genau.

Niemand kann die Frage nach den ältesten Versionen im Detail beantworten. Aber einiges kann doch gesagt werden. In den ältesten Versionen des Ketzersegens ging es immer um die Verwünschung von zwei Sorten von Feinden. Einerseits waren dies die das Judentum ins innere Chaos, in die Zerrissenheit und gegenseitige Agressivität hinein treibenden Feinde. Dies konnten bald Pharisäer, bald Sadduzäer bald Epikuräer, bald Judenchristen, bald Apokalyptiker, bald Qumraner, bald Samaritaner, bald Apostaten, bald Gnostiker etc. sein. Der rabbinische Allgemeinbegriff dafür war mîn/mînîm (Häretiker). Die besonderen mîn- Gruppen wurden jeweils extra erwähnt. Wir sind heute allerdings nicht mehr in der Lage, sie in jedem Fall zu dechiffrieren. Bei perûschîm wissen wir z.B. nicht mehr, ob damit bestimmte Pha-

---

14 DJD V 53; vgl. auch Flusser, Miqzat 364.

risäer gemeint waren oder allgemein Leute, die nicht bereit waren ihr Judentum im Rahmen der jüdischen Gemeinschaften zu leben, die also separatistische Neigungen hatten. Anderseits waren auch die politischen Unterdrücker der Juden die Ziele der Verwünschung. Sie bilden die äußeren Feinde in Korrelation zu den inneren Feinden. Bereits in Jer 50,31f ist die Anmaßung, Frechheit (zadôn) ein Beiname für die Großmacht Babylon. In den Ketzersegen-Formulierungen ist mit dem „Reich der Anmaßung" immer Rom gemeint. Daraus kann man vielleicht vermuten, daß es keinen Ketzersegen vor dem Jahre 63 vor Chr., der Einnahme Jerusalems und der Entweihung des Tempels durch Pompeius, gegeben hat. Zur Vorsicht mahnt aber das 11. Kapitel des Buches Daniel (um 165), in dem der das Judentum zerreißende Konnex zwischen dem anmaßenden König Antiochos IV. Epiphanos und den jüdischen „Pervertierern des Bunds" bereits deutlich geschehen ist. (Dan 11,21–39; bes. VV 30–32). Bereits seit Mitte des 2.Jh.v.Chr. könnte sich also in einigen palästinischen Synagogengemeinschaften die Idee eingewurzelt haben, daß Israel unter der steten Doppelgefahr stehe: der geistig religiösen Erosion von innen und der politischen Unterdrückung und Verfolgung von außen. Der Ketzersegen ist dafür ein genuiner Ausdruck.

3. Folgerungen für jüdisch-christliche Abgrenzungen.

1. Es gibt keine jüdisch-allgemein erlassene Bannbulle gegen das Judenchristentum und auch keine gegen das Völkerchristentum. Ebensowenig gibt es ein christliches Exkommunikationspapier gegen das nicht-christliche Judentum. Auf keiner Seite wurde je erklärt, es bestehe ab dato ein Schisma. Das Auseinanderbrechen der jüdisch-christlichen Weggemeinschaft ist von daher weder eindeutig bestimmbar noch unwiderruflich.

2. Daß die Judenchristen ab etwa der Wende vom 1. zum 2.Jh. sukzessive an immer mehr Orten nicht mehr zur synagogalen Gebetsgemeinschaft zugelassen wurden, und daß die Völkerchristen die Chance der Gemeinschaft im Gebet nie bekamen, kann nicht mit Antijudaismus oder Antichristianismus allein erklärt werden. Die Hauptursache für die Aufhebung der Weggemeinschaft lag vielmehr in der immer deutlicher zutage tretenden unterschiedlichen sozial-religiösen Struktur beider Religionen. Das Judentum blieb auf dem von der Tradition vorgezeichneten Weg mit partikular-kommunaler Verfaßung. Die auf die israelitische Volksgruppe zugeschnittenen Gesetze der Bibel konnten dadurch weiter verwirklicht werden: Heirats-, Reinheits- und Kultgesetze. Das Christentum baute sich demgegenüber als Gesinnungs- bzw. Glaubensgemeinschaft aus allen Völkern auf. Es

verstand sich als elektive Auswahlgemeinschaft aus möglichst vielen Sprachen, Kulturen und Religionen. Es mußte daher die nur auf *ein* Volk zugeschnittenen Gesetze preisgeben. Die Judenchristen, die sich als die wahren bundestreuen Juden profilieren wollten, gerieten ab dem 2.Jh.n.Chr. immer mehr ins Kielwasser der volks-, kultur- und religionsökonomisch denkenden Völker-Christen. So wurde auch ihnen der Raum in der Synagoge allmählich zu eng. Sie galten despektierlich als „Nazarener" (vgl. Act. 24,5). Und es ist auch anzunehmen, daß der Ausdruck „nôzerim" (Nazarener) assonantisch an moserim (Verräter) in den Verwünschungstexten gewählt wurde. Mehrere Ketzersegen-Versionen haben die môserim noch auf der Liste. Ein Auseinandergehen drängte sich auf. Den einen leuchtete diese Notwendigkeit früher auf, den andern später.

Im Zusammenhang mit dem allmählich einsetzenden Ablösungsprozeß kamen auch Feindschaften vor. Es ist begreiflich, daß der größere Feindschaftschub von jüdisch-nichtchristlicher Seite her kam (Act 26,11 u.ö.). Die christlichen Gemeinden trugen das Signet der sektiererischen Abweichler und Neuerer an sich (wie früher die Pharisäer, vgl. oben). Ihnen waren keine Möglichkeiten zur Hand, um sich gegen jüdische und römisch-heidnische Christenverfolger erfolgreich zur Wehr setzen zu können. Die einzigen ihnen zur Verfügung stehenden geistigen Waffen waren ihre Glaubensüberzeugung und – der griechisch-römische Antijudaismus. Das Aufhören der Gebetsgemeinschaft zwischen Juden und Judenchristen hat aber nur sekundär etwas mit dem Antijudaismus zu tun. Primär dafür sind die beiden unterschiedlichen Glaubensüberzeugungen, die sich auch auf gesellschaftlicher Ebene auswirkten und stickige Luft zwischen christusgläubigen und nicht-christusgläubigen Juden erzeugten.

3. Daß Judenchristen von einzelnen Synagogengemeinschaften im Rahmen des Achtzehngebetes verwünscht worden sind, läßt sich nicht leugnen. Aber auch da gibt es noch einige Lichtstellen im Dunkeln. Zunächst wird die Erfüllung der Verwünschung ganz in Gottes Hand gelegt. Die jüdischen Gemeindemitglieder werden nicht zu Überfällen gegen Christen oder zu Brandstiftungen christlicher Kirchen aufgerufen. Es steht also kein zelotischer Eifer hinter den betreffenden Ketzersegentexten. Zwar darf man sich nicht der Naivität anheimgeben, als ob nicht auch solche Texte von radikalen Einzelnen als Alibi für Raub und Mord benützt werden können. Die spätere Geschichte hat den jüdischen Gemeinschaften aber die beneidenswerte Chance gegeben, daß sich ihnen kaum Möglichkeiten zu derlei räuberischen und mörderischen Alibi-Übungen anboten. Als zweite Lichtstelle im Dunkel ist der Umstand zu werten, daß in der jüdischen Ketzersegen-Tradition verschiedene Gruppen abwechselnd der Verwünschung im Gemeindegebet

anheimgefallen sind. Nicht alle diese Gruppen sind dadurch aus dem Judentum hinausgefallen oder hinausgedrängt worden. Sadduzäer, Pharisäer, verschiedene Apokalyptiker etc. galten nur zeitweise als mînîm. Später übernahmen sie wieder verantwortliche Tätigkeiten mitten im Herzen des Judentums. Heilung von Rissen und Rekonziliation sind also in Einzelfällen möglich. Das Juden-Christentum, als eine unter den mißliebigen Bewegungen, befindet sich ebenfalls nur interimistisch und auf Abruf als religiös verfehmte Gruppe außerhalb der Mauern des Judentums. Ob aber je eine religiöse Anerkennung des Christentums durch die Mehrheit jüdischer Repräsentanten – etwa durch einen Sanhedrins-Beschluß – erfolgen wird, steht in den Sternen geschrieben. Enthusiastische Hoffnungsgedanken in dieser Richtung sind eher schädlich, weil zur Frustration führend.

4. Die Völkerchristen, die heute fast keine judenchchristlichen Gefährten haben, werden nirgends in jüdischen Gebetstexten erwähnt. Dies heißt nicht, daß sie von einzelnen Juden – je nach Interpretations-Schärfe – nicht bei Verwünschungstexten mitgemeint sind. Das Christentum ist ja seit der konstantinischen Wende (413 n.Chr.) zum Hauptkonkurrenten des Judentums geworden. Die beiden Religionen haben sich zunehmend aneinander wundgerieben. Innerlich aber deutet die Nichterwähnung der Völkerchristen daraufhin, daß diese weniger unter dem Schatten der Verwünschung stehen als die Judenchristen. Daraus entstehen weitere Probleme: Die Völkerchristen stehen einerseits in der Pflicht, darauf zu achten, daß den Judenchristen keine moralischen Degradierungen von jüdischer oder von anderer (z.B. nazistischer) Seite zustoßen. Anderseits können die Völkerchristen u.a. deshalb keine propagandistische Judenmission treiben, weil die Radikalen im Volk Gottes der Juden dadurch Aufwind zur Verwünschung Jesu und des Christentums erhalten[15].

5. Die jüdisch-christliche Trennung darf aus historischen und theologischen Gründen nicht dramatisiert werden. Wie Reuven Kimelman schreibt, bildet der Ketzersegen „keine Wetterscheide in der Geschichte der Beziehungen zwischen Juden und Christen im 1.Jh. unserer Zeitrechnung. Offenbar existierte niemals ein Edikt, das die sogenannte irreparable Trennung zwischen Judentum und Christentum verursachte. Die Trennung war eher das Ergebnis eines langen Prozeßes, der von lokalen Situationen und letztlich von der politischen Macht der Kirche abhing"[16].

---

[15] Zur judenchristlichen und judenmißionarischen Problematik in ntl. Zeit vgl. von Osten-Sacken, Grundzüge
[16] Kimelman, Birkat 244.

XII. Von der Schau des Gottesthrones bis zur Kabbala – Mystische Tendenzen im Judentum

Als die Kabbala im 12. Jh.n.Chr. in Südfrankreich ins volle Licht der Geschichte trat, wurde sie von den damaligen geistigen Führern des Judentums kaum bekämpft. Weder galt sie als Ketzerei noch als etwas unerhört Neues. Dies weist darauf hin, daß die Kabbala auf Tendenzen und Kräften ruhte, die weit in vergangene Zeiten zurückreichten und den jüdischen Insidern bekannt waren. Nach einführenden Umschreibungen des Wesens der Kabbala ist daher der Frage nach der geschichtlichen Anknüpfung bzw. der Vorgeschichte der Kabbala - bis in die biblische Zeit zurück – nachzugehen. Dann sind verschiedene kabbalistische Lehren und Praktiken einzeln anzuschauen. Nach einem Blick auf verschiedene Auswirkungen der Kabbala kommt es dann abschließend darauf an, auf die übergreifende Bedeutung dieser rätselhaften mystisch-jüdischen Bewegung in brauchbarer Form hinzuweisen.

1. Umschreibungen

Die Kabbala (wörtlich Überlieferung, Übernahme, Weiterführung, Tradition) hat ihren Ort innerhalb der jüdischen Esoterik (Innenlehre, Insiderwissen, Geheimlehre, Speziallehre für die erwählte Elite) und Mystik (Wege und Methoden der Vereinigung mit Gott und der Erlösung der Schöpfung). Inhaltlich und zeitlich sind mit Kabbala mittelalterliche jüdische Versuche gemeint, aufgrund der Offenbarungsquellen und der bisherigen jüdischen Tradition zur Erkenntnis und Auswertung der Grundgeheimnisse von Schöpfung, Sünde, Offenbarung und Erlösung zu gelangen. Dabei spielen Gott und Israel eine ineinandergreifende, korrelate, einander stützende und beeinflussende Rolle. Im Zusammengehen und Zusammenkommen von Gott und Israel geschehen Einsicht, Zusammenklang und Vervollkommnung der Welt des Menschen. Die Kabbala ist eine religiös-philosophisch-theologisch und lebenspraktische Bewegung, der ein umgreifendes prozessuales Geschehen zugrunde liegt. Die Kabbalisten betonen, daß der erste Schöpfungsakt allein Gottes Werk war. Dieses Werk konnte aber wegen der uneinholbaren Diskrepanz zwischen Unendlichem und Endlichem nicht von Anfang an in Harmonie gelingen, sondern nur in Ansätzen. Der Abschluß steht noch aus. Die Schöpfung ist als ein noch andauerndes und sich mit Hilfe Israels noch ausweitendes Geschehen, also als ein Prozeß zu deuten. Die Vollendung wird als Ergebnis eines Gemeinschaftswerkes von Gott und Israel am Ende der Tage aufleuchten. Der einzelne Israelit hat die Aufgabe, durch existentiale Angleichung an Gottes fortschreitendes Wirken zu seiner persönlichen Vollkommenheit zu gelangen. Dieselbe Aufgabe hat auch Israel als Gesamtgemeinschaft. Alles israelitische Wirken in diesem Sinn hat kosmische und transkosmische Auswirkungen. Dieses mystische Prozeßdenken rechnet in seinen konsequentesten Aussprüchen damit, daß auch die Gottheit im Zusammenhang mit ihrem schöpferischen Tun in eine gewisse Insuffizienz hineingeraten ist. Der sich freiwillig in die Schöpfung einlassende Gott muß daher wieder mit seiner Schöpfung geeint werden (le-yached). Er muß zusammen mit seiner Schöpfung, die nun bei ihm und in ihm ist, zu einer vollkommenen Einheit werden, bis er der Gott alles in allem sein wird (struktural im Sinne von 1 Kor 15,28). Gott wird durch die Schöpfung selbstverständlich nicht *in sich* unvollkommen. Aber er nimmt sich durch die Schöpfung zunehmend anders und neu wahr. Sein Selbstbewußtsein wird durch sein schöpferisches Engagement zu einem göttlich-menschlichen. Die Kabbala ist für ihre jüdischen Vertreter daher die Methode und die Möglichkeit, an sich selbst und am Schöpfungsprozeß helfend und korrigierend einzugreifen – bis zur neuen Bewußtwerdung Gottes und bis zur Endvollendung Israels in Gott. Der Kabbalist und die jüdische Kabbala-Gemeinschaft sind also Ko-Redemptoren der Schöpfung. Sie nehmen teil am Schöpfungs- und Erlösungsprozeß der oberen und der unteren Welten und werden in sie hineingebunden. Diese kabbalistischen Hauptideen sind nicht von Anfang an geschlossen aufgetreten und erfuhren auch keine lückenlose Vereinheitlichung. Sie sind jedoch Orientierungspunkte, mit deren Hilfe die einzelnen Anforderungen der Kabbala leichter überblickt werden können[1].

Die Kabbala konnte sich im Mittelalter neben der rabbinischen und den religiös-philosophischen Strömungen als dritte geistig-religiöse Kraft in-

---

[1] Nach wie vor sind die Werke von Gerschom Scholem eine wichtige Sekundärliteratur zur Kabbala: Die jüdische Mystik in ihren Hauptströmungen; Ursprung und Anfänge der Kabbala; Von der mystischen Gestalt der Gottheit; Zur Kabbala und ihrer Symbolik; Über einige Grundbegriffe des Judentums; Studien zur jüdischen Mystik; Ein Neuansatz gegenüber Scholem wird u.a. von Moshe Idel versucht: Kabbalah; Idel hebt besonders den theurgischen Aspekt der Kabbalah hervor.

nerhalb des Judentums etablieren. Sie nahm rabbinische Traditionen, religionsphilosophische Erkenntnisse und esoterisch-magisch-gnostische Vorstellungen so in ihren Dienst, daß daraus veritable mythisch-metaphysische Systeme werden konnten, die Anreize für ethische, heilsgeschichtliche und ekstatische Anwendungen boten. Den Lehrern der Kabbala (ham-mequbbalîm) geht es vor allem um Erforschung und Anwendung der „sitrê tôra", der Geheimnisse der Tora. Man nennt sie daher auch „Männer des Geheimnisses", „um Gnade Wissende", „in der geheimen Weisheit Bewanderte" u.ä.

2. Anknüpfungen

Seit Beginn der israelitisch-jüdischen Volks- und Religionsgemeinschaft gab es neben den offenen heiligen Überlieferungen auch geheime, mehr oder weniger einer Akandisziplin unterworfene Traditionen. Sie dienten vor allem der Grundlegung und Stärkung der Identität einzelner Stände und Gruppen. Neben dem gesetzlichen Strang ist im Judentum also immer auch der mystisch-esoterische Strang zu beachten.

2.1. Frühes Judentum

Die ältesten Bruchstücke von mystischen Spezialüberlieferungen sind uns seit dem 8. Jh.v. Chr. aus den Kreisen der Tempelpriester bekannt. Die Kultfunktionäre reicherten ihr liturgisches Tun mit irdisch-überirdischen Zusammenhangsvorstellungen an. In Jes 6,1–3 schaut der priesterlich gestimmte Prophet Jesaja im 8. Jh.v. den über den Seraphim im Himmel thronenden Herrn, dessen Gewand in den Tempel hinunterreicht. Er sieht und hört die Liturgie der himmlischen Thronassistenten Gottes, die im Dreimal-Heilig gipfelt. In der jesajanischen Schau kommen also in der Tempelliturgie Himmel und Erde zusammen, und der Beter bzw. Liturge wird in den Bereich dieses Zusammenkommens hineingenommen. Im ersten und achten Kapitel des Buches Ezechiel – also im 6.Jh.v. – kommt diese mysteriale Schau und die Einbeziehung des erwählten Sehers in einer tempellosen Zeit zum Ausdruck. In Dan 7 und äthHen 1 (frühes 2.Jh.v.) wird das Zusammentreffen von Parusie Gottes und menschlicher Schau mit akutendzeitlichen Vorstellungen verbunden. Die separatistischen Qumranpriester des 2./1.Jhs. waren von einer gruppenspezifischen liturgischen Esoterik mit himmlisch-irdischer und zeitlich-endzeitlicher Tendenz geprägt. Nicht nur die priesterliche, sondern auch die frühjüdische weisheitliche Bewegung hatte ihre esoterischen Tendenzen. Eine der Grundstellen ist Prov 8,22.30f:

> *Der Ewige erwarb mich (=die Weisheit) als Anfang seines Weges, seit je, bevor er seine anderen Wege schuf... Als er die Fundamente der Erde abmaß, da war ich als Hätschelkind bei ihm. Ich war seine Wonne Tag für Tag, und ich spielte vor ihm allzeit. Ich spielte auf seinem Erdenrund und meine Freude war es, bei den Menschen zu sein".*

Die hier sich andeutende Dualität zwischen dem Ewigen und der Weisheit wird in Sir 24 weiterentwickelt. Dort steigt die Weisheit als Schöpfungspotenz nach Jerusalem hinunter und wurzelt als Tora ins jüdische Volk hinein (bes. Sir 24, 10–17). In Weish 9,9f findet sich die kühnste theosophisch-esoterische Formulierung:

> *„Mit dir (sc. Gott) ist die Sophia, die deine Werke kennt, die dabei war, als du die Welt schufst. Sie weiß, was in deinen Augen wohlgefällig ist und was wertvoll ist in deinen Geboten. Sende sie vom heiligen Himmel und und schicke sie vom Thron deiner Herrlichkeit, damit sie bei mir sei und alle Mühe mit mir teile, und damit ich erkenne, was dir gefällt".*

Hier wird sowohl die duale Spannung in Gott als auch die Deszendenz-Neigung Gottes ausgesagt. Beides wird zum Inhalt des Betens. Man hat wohl aus diesen weisheitlichen Stellen einen „imprecise monotheism" herausgelesen[2].

Es gab vermutlich in den meisten frühjüdischen Gruppen esoterisch-mystische Tendenzen. Wir wissen z.B. bruchstückhaftes vom galiläischen Ekstatiker Chanina ben Dosa, der im 1.Jh.n. lebte und als besonderer Intimfreund Gottes galt (bBer 17b; 34b; 61b u.ö.). Daß es evtl. auch unter den Pharisäern Ekstatiker gab, kann wohl aus den ekstatischen Phänomenen geschlossen werden, die aus der Zeit unmittelbar nach der Tempelzerstörung des Jahres 70 n. tradiert werden (bHag 10–15). Auch das Neue Testament ist von esoterischen Traditionen durchzogen. Wir stoßen darin häufig auf ekstatische Phänomene (z.B. Mt 11, 25–30; 17,1–9 par; Act 2; 1Kor 14,1–9; Apk 1,4–5).

---

[2]   Nach Mulder/Sysling, Mikra 720.

2.2. Rabbinisches Judentum

Das rabbinische Judentum gab den aus dem Frühjudentum überkommenen mystisch-esoterischen Traditionen zwei Namen: 1. maᶜase bereschît: Schöpfungswerk, Schöpfungsesoterik, Schöpfungsmystik, Schöpfungstheologie. 2. maᶜase merkava: Throngottesgefüge, Throngottesmystik Throngottesesoterik, Thronwagenesoterik, Throngottestheologie. Im 2./3.Jh. gab es rabbinische Versuche, die überbordende mystisch-esoterische Gestimmtheit gesetzlich einzudämmen – durch die berühmt gewordene ʾên dôreschin Halakha:

„Über geschlechtliche Perversion darf man nicht mit drei Personen nachforschen, über Schöpfungsmystik nicht mit zwei, und über Throngottesmystik nicht mit einem, es sei denn, er sei weise und wisse auch selbst darüber Bescheid. Wer hinter vier Dingen hergrübelt, für den wäre es besser, nicht geboren worden zu sein: Was oben und was unten, was vorne und was hinten ist. Und jeder, der keine Hochachtung vor der Ehre seines Schöpfers hat, für den wäre es besser, nicht geboren worden zu sein" (mHag 2,1).

Diese Halakha ist gegen Leute verfaßt worden, die die Geheimnisse des Anfangs der Welt, des Endes der Welt, des Thrones Gottes und der Unterwelt spekulativ und mit Methoden der Ekstatik lüften wollten. Die Warnung fruchtete aber wenig. Das im 3.Jh. ansetzende amoräisch-talmudische Schrifttum ist mit vielen Sondertraditionen über Verbindungswege zum Weltenschöpfer und Herrn der himmlischen Mächte durchsetzt – es ist also keineswegs nur halakhisch und haggadisch! Diese mystischen Traditionen waren meistens theurgisch, d.h. mit ihrer Hilfe wurde versucht, Gott zu beeinflussen und göttliche Kräfte in Dienst zu nehmen. Ein Beispiel aus dem 3./4.Jh.muß hier genügen:

„Rabbi Elazar ben Pedat sagte: ‚Der Mensch kennt ihre Ordnungen nicht' (Hi 28,13). Die Abschnitte der Tora sind nicht der Ordnung nach gegeben. Wären sie nämlich der Ordnung nach gegeben, dann könnte jeder, der darin liest, sogleich die Welt erschaffen, die Toten erwecken und Wunder tun. Daher ist die richtige Folge und Anordnung verborgen worden, und nur dem Heiligen, gelobt sei er, bekannt; es heißt ja: ‚Wer kann wie ich sie lesen, ansagen und in Ordnung setzen?' (Jes 44,7)" (Schocher Tov zu Ps 3, ed. Buber 11).

Hier geht es bereits um die sitrê tôra, um die Geheimnisse der Tora, mit deren Kenntnissen der Mensch die Welt von Grund auf verändern könnte. Dahinter steht die Auffassung nicht nur von einer inhaltlichen Inspiriertheit des Hebräischen Bibeltextes, sondern auch von einer ungeheuren Geistes-Potenz die in den Buchstaben, Sätzen und Abschnitten der Bibel verborgen ist. Der sich in die Heiligen Schriften vertiefende Mensch kennt die ursprüngliche Anordnung der Abschnitte nicht und kann sie daher auch nicht benützen, wie Gott sie benützt hat, benützt und benützen wird.

2.3. Sefer Jezira

Der Sefer Jezira, das Buch der Formung, – entstand zwischen dem 2. und 5.Jh.n.[3]. Es ist das älteste selbständig überlieferte Werk des ma^case bereschît, der Schöpfungsesoterik. Fast jeder mittelalterliche Kabbalist bot seine Lehre als Kommentar zum Sefer Jezira-Buch an. Das Thema des Buches ist Kosmologie/Kosmogonie/Theosophie[4]. Von allem Anfang an scheint das Jezira-Buch als Grundlage nicht nur für Schöpfungsspekulationen gedient zu haben, sondern auch für schöpfungsmagische (theurgische) Praktiken. Laut *bSan 65*b sagte Rabba: „Wenn die Gerechten wollten, könnten sie die Welt erschaffen; es heißt ja: ‚Eure Sünden haben euch getrennt'" (Jes 59,2). „Rabba schuf einen Menschen und sandte ihn zu Rabbi Zeira. Dieser sprach mit ihm, aber er gab ihm keine Antwort ... Rav Chanîna und Rav ʾOscha^cya befaßten sich an jedem Sabbatvorabend mit dem Studium des Buches Jezira und erschufen ein dreijähriges Rind, das sie dann verzehrten". Diese Talmudstelle ist sicher nicht zum vollen Nennwert zu nehmen. Sie zeigt aber das theurgische Klima in talmudischer Zeit (4. Jh.n. Chr.) an.

Auch für uns Heutige bleibt das Jezira-Buch eine Rätselschrift. Folgende Punkte können das Jezira-Buch aber inhaltlich abgrenzen.

1. Der Sefer Jezira spekuliert darüber, *wie* Gott die Welt und den Menschen geschaffen hat. Die Ebene der Spekulation liegt irgendwo zwischen der platonischen (Timaios), gnostischen und jüdisch-biblischen Tradition[5]. Das Gefälle der schöpferischen Tätigkeit beginnt mit dem Geist und dem effizienten Willen Gottes zu planvollem Tun. Es setzt sich dann fort auf der Ebene des göttlichen Logos: Worte, Buchstaben, Buchstabenkombinationen bilden als Aus- und Abdrücke Gottes die eigentlichen Halt- und Kraftorte

---

3 Als Primärtext wird die Edition von Lazarus Goldschmidt benützt: Sepher Jesirah. Dieses mystische Grundbuch ist sehr diffus überliefert. Bis heute ist noch keine befriedigende, die Zusätze von den ursprünglichen Texten trennende Edition, herausgekommen.

4 Vgl. Roland Goetschel, Jezira(Buch), TRE 16 (1987) 658f.

5 Dazu Ithamar Gruenwald, From Apocalypticism to Gnosticism.

von Himmel und Erde. Sie werden Sefirot (Grundzahlen, Grunddaten) genannt. Auf tieferer Stufe folgt dann die Anknüpfung an Nichtiges, nämlich
an das „tohu" von Gen 1,1. Der Schöpfer macht das Nichtige zum Existierenden, wobei er das Tohuwabohu in Dienst nimmt. In Paragraph 2,6 heißt
es: „Aus tohu formte er etwas Wirkliches, und er machte das Nichts zum
Seienden. Er hieb große Säulen aus nicht faßbarer Luft heraus"…
   2. Das Schöpfungsgeschehen wird aus dem Geist und aus dem Willen
Gottes heraus hin zu stets stärkerer Materialität und zu einem werdenden
göttlich-geschöpflichen Organismus gesehen.
   3. Eine besonders wichtige Schöpfungstat ist die Versiegelung der Fixpunkte der Schöpfung und die Sicherungen der Schöpfung gegen Mißbrauch.
   4. Die Ähnlichkeit zwischen der Gottesspekulation im Sefer Jezira (1,9–
12) und dem Symbolum Nicaenum aus dem Jahre 325 n. ist einigermaßen
frappant. Auf dem Konzil von Nizäa wurde u.a. folgende Formel über den
„Sohn Gottes" promulgiert: Er sei ek tês ûsias tû patros, theon ek theû, phôs
ek phôtos, theon alêtinon, ek theû alethinû…Damit ist Sefer Jezira 1.9f zu
vergleichen, eine Stelle, die ebenfalls zur Zeit des Konzils von Nizäa entstanden ist: „Sefira eins: Geist des lebendigen Gottes. Er ist der Geist der
Heiligkeit. Sefira zwei: Geist vom Geist (ruach me-ruach). Er ritzte und
hieb darin 22 Buchstaben als Fundament heraus". Also: Gott aus Gott, Licht
aus Licht auf der christlichen, Geist aus Geist auf der jüdischen Seite! Das
Judentum, das sich im außeresoterischen Raum stets vehement für den
unüberbrückbaren Abstand zwischen dem creator und der creatura ein-
setzt, wagt hier, diesen Abstand zu relativieren und nähert sich damit
christlichen Gedankenstrukturen.
   5. Der Sefer Jezira bleibt im Bereich der „objektiven" Theosophie und der
Kosmogonie. Er bietet eine abstrakte Darstellung des Wirkens Gottes bei
der Schöpfung, ohne daß ein subjektives, den Menschen in seinem ethischen Handeln betreffendes Element aufscheinen würde. Die Einbeziehung
des Subjektiven wurde später von den Kabbalisten gründlich und ausladend
nachgeholt. Der ekstatische Kabbalist Abraham Abulafia (1240–1291)
schrieb an einen Schüler, der von den Nichtjuden Ungemach zu leiden
hatte, unter Hinweis auf die im Sefer Jezira proklamierte Heiligkeit
und Wirkkraft der hebräischen Buchstaben und speziell des Tetragammatons:

„… Bereite dein Herz um den glorreichen und furchterregenden Namen des hoch-
gelobten Gottes zu erkennen. Ritze ihn in dein Herz hinein, sodaß er nicht mehr
getilgt werden kann… Spreche die Namen nie ohne Konzentration aus, heilige sie,

erkenne sie, und denke darüber nach, daß sie die Engel allen Seins und die Engel Gottes sind. Sie sind gesandt zu dir, um dich immer höher zu erheben und dich über alle Nationen der Erde zu erheben. Alle Völker der Erde werden sehen, daß der Name des Herrn über dir angerufen ist, und sie werden dich fürchten... Die ganze Tora, die heiligen Schriften und alle prophetischen Bücher sind voller göttlicher Namen und furchterregender Dinge. Verbinde einen (göttl. Namen) mit den anderen. Stelle sie dir alle vor. Prüfe sie, betaste sie, kombiniere sie[6]. Bedenke, daß sie das Schreiben des Königs sind, der es dir gesandt hat, damit du mit ihm lebst und damit du lange lebst. Beschäftige dich mit den Namen in einer diskreten, reinen und klaren Tätigkeit, halte dich ferne von Sünde und Übertretung und reinige dich von aller Schuld, Bosheit und Frevelhaftigkeit... Beginne zuerst mit Buchstabenkombinationen des Tetragammatons. Betrachte alle seine Kombinationen. Erhöhe den Namen. Wende ihn um wie ein Rad, das sich stets dreht vorwärts und rückwärts... Dies dann mit allen Buchstaben. Denn all dies gehört zur authentischen Tradition der Propheten. Dann antwortet Gott, wenn du ihn anrufst, denn du gehörst zu seiner Familie "[7].

Die Kabbala kann als jene jüdisch – hochreligiöse mystische Bewegung charakterisiert werden, die den Aussagen des Jezira-Buches einen religiös-existentialen und einen kosmisch-heilsgeschichtlichen Sinn gegeben hat.

2.4. Hekhalot- und Schi'ûr-Qôma

Die Hekhalot-Esoterik ist eine Weiterführung der Thronwagen-Esoterik in rabbinischer und gaonäischer Zeit (3./4.Jh.–10./11.Jh.). Es handelt sich um Beschreibungen der (sieben) Himmelshallen und der dort residierenden Mächte, sowie der Geschehnisse und der Botschaften für erwählte Menschen. Dazu gehören auch Beschreibungen von Mitteln, die der Mystiker handhaben muß, um den Aufstieg (oder Abstieg) in die Himmel bewerkstelligen zu können. Die Hekhalot-Texte machen auf die Gefahren und die zu bestehenden Tests bei diesem mystischen Unterfangen aufmerksam. Schließlich beschreiben sie die himmlische Erscheinung der Gottheit auf ihrem, von den Engelhierarchien umgebenen Thron. Beim Anblick der Gottheit wird der Myste in den Qeduschagesang einbezogen, den die Himmelswesen und die Israeliten gemeinsam persolvieren. Die beiden wichtigsten Sammelwerke der Himmelshallenmystik sind die Hekhalot-Rabbati und die Hekhalot Zutarti, deren Textbestände lange fließend waren, deren

---

6   Das Bedenken, Auswechseln etc. von Buchstaben und Namen wurde in der Kabbala chokhmat haz-zerûf genannt.

7   Zit. nach der engl. Version von Louis Jacobs, Jewish Mystical Testimonies, 6of.

literarische Endgestalt jedoch nachtalmudisch ist[8]. Ein Textbeispiel kann einen Eindruck vermitteln:

> „ *Wer ist wie unser König, wer wie unser Bildner, wer wie der Herr unser Gott? Sonne und Mond läßt er aufgehen und bringt hervor die Krone seines Hauptes. Plejaden, Orion und Morgenstern, Sternbilder, Sterne und Gestirne strömen hervor aus seinem Gewand, mit dem er geschmückt ist, und der auf dem Thron seiner Herrlichkeit sitzt. Ein großes Licht läßt er aufgehen zwischen seinen Augen, denn ein König der Zeichen ist er, ein König der Machttaten, der Wunder, der Absonderung, so, wie es heißt: 'Heilig, heilig, heilig ist der Herr der Heerscharen usw.' (Jes 6,3)*[9].

Dieser Text zeigt u. a. wie Thron-Gottes-Esoterik und Schöpfungsesoterik miteinander und mit der Qeduscha verbunden sind, also liturgischen Charakter haben. Man kann hier von einer liturgischen Frömmigkeit sprechen, die sich kosmischer Motive bedient und von daher implizit ökologische Tendenzen in sich birgt.

Die Schi^cûr-Qôma-Esoterik ist eine spezielle Ausprägung der Hekhalot-Esoterik. In ihr wird ein besonderer Nachdruck auf eine sprachlich-hypertrophe Symbolik im Zusammenhang mit Aussagen über Gott gelegt. Gott wird nach Gen 1,26f als das Urbild des Menschen gesehen. Die „Gliedmaßen" Gottes sind dementsprechend nach Auffassung der Schi^cûr Qôma-Esoteriker in allen Kreaturen verborgen. Gott ist der Über-Mensch, die Summe und der Inhalt aller Organismen[10].

2.5. Entwicklungen in nachtalmudischer Zeit bis 12. Jh.

Das mystisch esoterische Feld verdorrte während der ganzen jüdischen Geschichte nie. Im Verlaufe des frühen Mittelalters erhielt es neue Nahrung aus den eigenen Wurzeln und von außen. Es ließ auch eigenes Saatgut in andere Felder wirbeln. Es entstand eine zunehmende „inter-penetration" zwischen jüdischer Mystik, neuplatonisch-islamischer Philosophie/Theologie, christlicher Mystik, Gnosis und abendländischer Philosophie/Theo-

---

8 Peter Schäfer hat sich in letzter Zeit besondere Verdienste um die Hekhalot-Literatur gemacht: durch Edition, Übersetzungen, textgeschichtliche Analysen und Deutungen: vgl. die von ihm herausgegebene Übersetzung der Hekhalot-Literatur, II-IV; die Synopse zur Hekhalot-Literatur und die Konkordanz zur Hekhalot-Literatur.

9 Schäfer, Synopse 50; Übersetzung II 28.

10 Eine Edition besorgte Martin S. Cohen, The Shi^cûr Qôma Texts. Deutungen finden sich auch bei David Halpérin, The Faces of Chariot.

logie. Die gegenseitigen (meist uneingestandenen) Befruchtungen und Bereicherungen wurden in der Karolingerzeit durch Wanderungen von Juden aus dem Orient in Richtung Deutschland/Frankreich verstärkt. Das wachsende Ansehen des rabbinischen Schrifttums mit seinen esoterischen Tendenzen wirkte sich konsolidierend aus. Ein typisches Fortsetzungsprodukt, das die Kontinuität anzeigt, ist der aus dem 11.Jh. aus dem Jemen stammende Midrasch Avkir, der sich in einem frühmittelalterlichen rabbinischen Sammelwerk findet (JalqBer 34):

> *Rabbi Berekhiya sagte: Als der Heilige, gelobt sei er, die Welt erschaffen wollte, begann er sein Schöpfungswerk mit der Erschaffung des Menschen. Er erschuf den Menschen zuerst als Golem. Und als er dazu kam, in ihn eine Seele zu legen, sagte er: Wenn ich ihn jetzt vollende, wird man sagen: Ein Gefährte (schuttaf) hat mit mir zusammen das Schöpfungswerk gemacht. Deshalb lasse ich ihn jetzt als Golem, bis ich alles andere geschaffen haben werde. Als er alles vollendet hatte, sagten die Dienstengel zu ihm: Willst du jetzt nicht den Menschen machen, von dem du gesprochen hast? Er antwortete: Ich habe ihn bereits gemacht und es fehlt ihm nichts außer die Hineinlegung (zeriqat) der Seele. Und er gab ihm die Seele und vollendete mit ihm (oder: durch ihn) die Welt (kîllel bô ha-ʿôlam). Mit ihm (bô) hat er sie begonnen, mit ihm (bô) hat er sie vollendet. Es heißt ja: ‚Hinten und vorne hast du mich umschlossen' (Ps 139,5). Der Heilige, gelobt sei er, sagte: ‚Siehe, der Mensch ist wie einer von uns geworden' (Gen 3,22).*

Im Sinne des Sefer Jezira und der späteren Kabbala ist die Rolle Adams in der Schöpfung in etwa die Rolle der zehn Schöpfungsworte – maʾamarot bzw. Sefîrôt. Durch oder mit Adam wird die Welt begonnen und vollendet, so wie sie in der kabbalistischen Diktion durch und mit dem Sefîrôt begonnen und vollendet wird. Der Körper Adams im Midrasch Avkir „is reflecting the ten maʾamarot in a certain way"[11].

2.6. Der aschkenasische Chasidismus

In heutiger Rheinland-Pfalz entstand zu Beginn des 12.Jhs. als Ergebnis vielfältiger geistiger Prozeße und Zusammenstöße der jüdisch-pietistisch geprägte aschkenasische Chasidismus. Die aschkenasischen Chasidim verehrten Gott auf neue Weise als rein geistiges Wesen, das jeder Wirklichkeit innewohnt. Er ist sowohl absolut transzendent (also sehr ferne) als auch

---

[11] Idel, Kabbala 121f. Zur Figur Adams in früherer Zeit vgl. John R. Levison, Portraits of Adam.

immanent (also ganz nahe). Er wird mit Vorliebe Bôre³, Schöpfer genannt. Es gab auch eine weitgefächerte Esoterik. Sie kommt besonders im Gebetsverständnis dieser pietistischen Frommen zum Ausdruck: Der überlieferte Aufbau, Inhalt und die Wortstruktur der Gebete und heiligen Texte haben nichts Zufälliges an sich, sondern sind Ausdruck einer ursprünglichen Offenbarung. Sie widerspiegeln das innere, vom Schöpfer verliehene Gleichgewicht, ja die Struktur der Welt. Aus den Zahlenwerten der Gebete kann teilweise auf ihre Ursprünglichkeit, vor allem aber auf ihren Offenbarungscharakter geschloßen werden. Jede Veränderung eines überkommenen Gebetes bedeutet eine Veränderung der Schöpfungsordnung. Es geht darum, das Beten mit kawwana (Konzentration) zu verrichten, sonst ist es frevlerisch und in die Luft hinaus gesprochen. Neben der Gebetskultur hatten die Chasidim auch eine ausgeprägte Leidensmystik: Der Mensch muß seinem Schöpfer in Furcht und Zittern dienen. Er wird durch Leiden geläutert. Das Hauptwerk der aschkenasischen Chasidim ist der Sefer Chasidim[12] aus der zweiten Hälfte des 12.Jhs.; er wird Jehuda he-Chasid (gest. 1217) zugeschrieben.

3. Das Buch Bahir

Als im deutsch-französischen Norden der aschkenasische Chasidismus blühte, waren in Südfrankreich, in der Provence und im Languedoc merkwürdig anmutende theosophische Spekulationen in Schwang. Das repräsentative Werk der südfranzösischen Kabbalisten – jetzt ist diese Bezeichnung voll gerechtfertigt – ist das in der ersten Hälfte des 13.Jhs. bekannt gewordene „Sefer hab-bahir", das Bahirbuch, das Buch der Klarheit (nach Hi 37,29)[13]. Das Bahirbuch gibt sich als Midrasch des Rabbi Nechunja ben Haqana aus, der im 1.Jh.n. gelebt haben soll. Es ist aber ein Werk mehrerer südfranzösischer Autoren, das zahlreiche Anleihen am spätantiken Gnostizismus, am Sefer Jezira, an der rabbinischen Tradition und an mittelalterlichen theologischen und theosophischen Spekulationen macht. Die Anleihen werden nicht zu einer traditionellen Einheit zusammengefügt. Vielmehr wird alles Überkonmmene transformiert, auf eine symbolische Ebene emporgehoben, die die himmlische Realität in der Irdischkeit anzeigt.

---

[12] Ed. Wistinetzki, Das Buch der Frommen
[13] Edition von Josepf Gottfarstein, Le Bahir, Le Livre de la Clarté. Diese Edition hat leider keine textkritischen Angaben und auch keine Hinweise auf zusätzliche Texttraditionen.

„Der Gott des Buches Bahir ist weder der heilige König der merkava noch der zugleich nahe und ferne Gott der aschkenasischen Chasidim. Er wird vielmehr durch die ineinander gefügten kosmischen Kräfte (kochot) des Weltenbaumes, von dem die Seelen ausgehen und zu dem jedes Wesen zurückkehrt, dargestellt. Die Sefirôt des Sefer Jezira werden im Buch Bahir zu Äonen, Lichtern, Potenzen und Hypostasen, die oft auch als maᵓamarot, logoi oder heilige Formen bezeichnet werden, und die in der Schöpfung jeweils eine besondere Aufgabe erfüllen. Die Gesamtheit der göttlichen Potenzen ergibt das Bild des Weltenbaumes, wie auch die Gesamtheit der heiligen Formen sich zum Bild des höheren Menschen zusammenfügt"[14]. So heißt es in Bahir 127: „... Sieben heilige Formen (schebaᶜ zûrôt qedoschôt) hat der Heilige, gelobt sei er, und alle haben ihre Entsprechungen im Menschen. Es heißt nämlich: ‚Im Bild Gottes schuf Gott den Menschen' " (Gen 1,27). Statt „sieben heilige Formen" könnte auch „die sieben unteren Sefirôt" stehen, oder „die sieben Schöpfungsworte Gottes". Außerdem schimmert hier die Schiᶜûr-Qôma-Esoterik durch, wonach die Engel den göttlichen Gliedern entsprechen, also eine anthropomorphe und theomorphe Struktur haben[15]. Diese Vorstellung von Engeln reicht bis in die vorchristliche Zeit zurück. In in der vierten Höhle Qumrans gefundenen himmlischen Sabbat-Berakhot kommen für die preisenden Engel die Ausdrücke „zûrôt Elohim chayyim" (Formen des lebendigen Gottes) und „zûrôt Elohim mechoqeqô", wohl: Formen des lebendigen Gottes, von ihm eingeritzt, vor[16].

4. Frühe südfranzösische Kabbalisten

Der erste im Languedoc greifbare Kabbalist ist Abraham ben Isaak von Narbonne (gest. 1180). Zu nennen ist ferner sein Schwiegersohn, Abraham ben David (Rabad) (ca. 1120–1198), dem man kabbalistisches Wissen und ekstatische Erfahrung zuschreibt, obwohl sich nur vage Spuren davon in seinem Schrifttum finden[17]. Der bedeutendste Kabbalist Südfrankreichs ist aber Isaak der Blinde, der Sohn des Rabad, auch der Lichtreiche (Sagiᵓ Nahor) genannt (1165–1235). Isaak nimmt die gnostischen Themen des Buches

---

[14] Roland Goetschel, Kabbala/Judentum, TRE 17 (1988), 487–500, zit. 491.
[15] Idel, Kabbalah 127f.
[16] Carol Newsom, Songs of the Sabbath Sacrifice, 293. 332.
[17] Twersky, Rabad aus Posquières.

Bahir (falls er es nicht selbst zum Teil verfaßte) auf und verändert sie in Richtung einer neuplatonisierenden Mystik. Mit seiner Methode der kontemplativen Betrachtung entdeckt Isaak drei Stufen im Inneren der Gottheit: En Sôf (das Unendliche), Machschava (das Denken) und Dibbur (das Reden). „En Sof" taucht bei ihm zum ersten Mal in der Geschichte der jüdischen Mystik auf. Der Begriff bezeichnet jenen Bereich des Göttlichen, der über jeder denkenden Betrachtung, ja selbst über dem göttlichen Gedanken liegt und der seit Isaak zum bevorzugten Ausdruck für die verborgene und unbekannte Gottheit wird.

5. Die iberische Kabbala

Die Kabbala in Spanien/Portugal des 13./14.Jhs. ist als die Hochblütezeit der Kabbala zu betrachten. Sie erhielt ihre wichtigsten Anstöße von der südfranzösischen Kabbala.

5.1. Kabbalistenkreis von Gerona und ᶜIyyûn-Kreis von Kastilien

Die Hauptgestalt dieses nordostspanischen Zentrums war Mose ben Nachman (Nachmanides, Ramban: 1195–1270)[18]. Neben ihm waren besonders R. Esra ben Salomo und Rabbi Asriel berühmt. Die Geroneser Kabbalisten waren in vielen Punkten von den provençalischen Kabbalisten, besonders von Isaak dem Blinden, abhängig. Nachmanides wurde u.a. durch seine kabbalistischen Tora-Kommentare, durch seine Endzeitberechnungen und durch sein Auftreten in den Disputationen von Barcelona 1263 berühmt.

Die Vertreter des ᶜIyyun-Kreises von Kastilien sind fast ganz anonym geblieben. Umso nachhaltiger wirkte ihr Buch: der Sefer ha-ᶜIyyûn, das Buch der Kontemplation, bzw. der Betrachtung. In ihm sind neuplatonische Tendenzen tragend. Nicht die zehn Sefirôt des Buches Bahir bilden die Hauptbegrifflichkeit, sondern die dreizehn Middot (Eigenschaften, Maße, Abwägungen Gottes), die aus Ex 34,6f herausgelesen werden. Gott wird als

---

[18] vgl. die Editions- und Übersetzungsarbeit der Werke des Nachmanides durch Charles B. Chavel.

entrückte Einheit verstanden (in der Nachfolge von Saadja Gaon und Salomon ibn Gabirol), von der ein Emanationsprozeß ausgeht[19].

5.2. Abraham Abulafia

Dieser ekstatisch-prophetische Kabbalist ersten Ranges wurde in Saragossa geboren. Es hielt ihn aber nirgends. Er war auf steter Wanderschaft in Spanien, Italien, Türkei und Palästina. Abulafia verstand die Kabbala als innerstes Geheimnis der Philosophie und die Philosophie als die Schale der Kabbala. In diesem Sinne schrieb er Kommentare zum Sefer Jezira[20] und zu Moses Maimonides, dessen Führer der Unschlüssigen er kabbalisierte. Abulafia hatte ein messianisches Sebstbewußtsein. Er hielt das Jahr 1280 für ein messianisches Stichjahr und wollte auch den Papst bewegen, sich für die Juden einzusetzen. Sein Werk hatte später auch auf christliche Kabbalisten (besonders Pico della Mirandola und Johannes Reuchlin) großen Einfluß. Sein wichtigster Schüler und Gefährte war Joseph ben Abraham Gikatila (1248–1325), dessen Werk Schaʿarê Orah für das Verständnis der Sefirôt grundlegend wurde[21].

5.3. Das Buch Zohar

Die Hauptteile bzw. Kernteile dieses bedeutendsten Werkes der Kabbala wurden von Moses di Leon (1240–1305) in den Jahren zwischen 1275 und 1290 verbreitet. Moses di Leon gab das Werk als aus dem 2.Jh.n.Chr. stammend aus. Es sei damals von Rabbi Schimon bar Jochai und seinem Schülerkreis verfaßt worden. Wegen dieser hochrangigen aber nicht erkannten Pseudonymität erhielt der Zohar (wörtl.: der Glanz, nach Dan 12,3) in kurzer Zeit höchstes Ansehen und weiteste Verbreitung. Auf Fragen des Rabbi Isaak von Akko über die wahre Herkunft des Zohar gab die Witwe des

---

[19] Die neuplatonische Emanation Gottes: ʿazilût, bildet einen Grundgedanken der Kabbala. Evtl. wurde der „Masekhet ʿazilût", der den Emanationsgedanken kabbalistisch entfaltet, in der Nähe des ʿIyyûn-Kreises verfaßt; vgl. Adolph Jellinek (ed.), Ginzê chokhmat haq-qabbala, Leipzig 1851; nachgedruckt unter dem Buchtitel „Kleinere Schriften zur Kabbala", Hildesheim 1988; der Masekhet ʿazilût befindet sich im hintersten Teil dieser Edition (mehrere Paginierungen).

[20] Abraham Abulafia, Perusch sefer Jezira ‚almone'.

[21] Schaʿare ʾôrah des Joseph ben Abraham Gikatila.

Moses di Leon bereitwillig Auskunft: Ihr Gemahl habe den Zohar aus seinem eigenen Kopf heraus geschrieben und habe sich der Pseudonymität bedient, um dem Werk Beachtung zu sichern: „Wenn die Leute hören, daß ich das Buch Zohar des Rabbi Schimon bar Jochai abschreibe, das dieser im heiligen Geist verfaßt hat, dann kommen sie und kaufen das Buch um einen hohen Preis"[22].

Der Zohar besteht aus fünf Bänden, deren Kern (drei Bände) als Kommentar zu den fünf Büchern Moses angelegt sind. Der vierte Band, Tiqqûnê ha-Zohar, ist eine eigene literarische Einheit, und der fünfte Band, Zohar Chadasch enthält Ergänzungen zu den ersten vier Bänden[23]. Seit dem beginnenden 14. Jh. und darüber hinaus wurde der Zohar von den Kabbalisten als autoritative heilige Schrift aus alter Zeit gewertet und mit stets neuen Kommentaren begrüßt. Die Zohar-Lektüre gehörte zur eisernen Tagesration jedes Meisters der Kabbala. Nach der Vertreibung der Juden aus Spanien wußte niemand mehr etwas über die Nachforschungen des Isaak von Akko. Man wollte wohl auch nicht mehr am hohen Alter des Zohar zweifeln, weil sein Reiz außerordentlich groß war: in ihm herrscht eine lebendige und schwer deutbare Symbolik, die mit einem glücklichen Mangel an Systematik verbunden ist.

6. Die Kabbalisten von Safed

Im 16. Jh. enstand in Safed, in Obergaliläa, ein neues bedeutendes Kabbalistenzentrum. Verschiedene Exilanten aus Spanien suchten im heiligen Land eine neue Sinngebung mit Hilfe der Kabbala. Die bedeutendsten Männer waren: Joseph Karo (1488–1575), Moses Cordovero (1522–1570), Isaak Luria (1534–1577) und Chaim Vital (1543–1620). Der größte unter ihnen war Isaak Luria, dessen Lehren und Praktiken von seinem Schüler Chaim Vital, besonders in den Werken Ez Chaim (Lebensbaum) und Sefer hag-gilgûlim (Buch über die Seelenwanderung), festgehalten und zusammenge-

---

[22] Die ganze Antwort der Witwe ist englisch wiedergegeben in David Ch. Matt Zohar, The Book of Enlightenment, 4.

[23] Reuven Margalioth hat die Zohar Edition besorgt: 1. Zohar Tora, 3Bde. Jerusalem 1940–1944 (2. Auflage 1984); 2. Tikkûnê ha-Zohar, Jerusalem 1948 (Neudruck 1978); 3. Zohar Chadasch, Jerusalem 1953 (Neudruck 1978). Die derzeit beste Übersetzung ins Französische stammt von Charles Mopsik, Le Zohar; übers. ins Hebräische: Isaiah Tishby, Mischnat ha-Zohar.

faßt sind[24]. Die Bedeutung der Safeder Kabbala, besonders der lurianischen Kabbala, beginnt aber erst voll zu leuchten, nachdem systematische und systemübergreifende Analysen der jüdischen Kabbala getätigt sind.

7. Der verborgene und der wirkende Gott in der Kabbala

Der verborgene und der offenkundige, der ruhende und der wirkende, der in sich geschlossene, und der sich in Richtung Israel, Menschen und Material verströmende Gott bildet den theologischen Ausgangs- und Endpunkt kabbalistischen Denkens. Um an diese Urproblematik einigermaßen heranzukommen, ist zunächst ein kurzer Blick auf die israelitische Urzeit zu werfen.

7.1. Israelitische Versuchung

Die Ursünde der Israeliten auf ihrer „Brautreise" von Ägypten via Schilfmeer in Richtung Berg Sinai bestand – angesichts einer Wasserknappheit – im Zweifel, ob der Ewige (YHWH) denn wirklich in ihrer Mitte sei: „Ist der Ewige in unserer Mitte oder nicht"? (Ex 17,7). Dieser Zweifel wurde ihnen von Seiten des Ewigen übel genommen, da der Ewige sich ihnen kurz zuvor als machtvoll befreiend erwiesen hatte. Er hatte sie wunderbar aus den Klauen Pharaos und aus den Wellen des Meeres gerettet.

Die Kabbalisten des 13. Jh. sahen in Ex 17,7 einen Hinweis auf das für sie grundlegende Gottesproblem. Sie verstanden die Zweifelsfrage der Israeliten so: „Ist der Ewige in unserer Mitte oder das Nichts (ᵓayin)?" Nach kabbalistischer Auffassung fielen die Israeliten auf ihrer Brautfahrt der „Versuchung" (vgl. Ex 17,2) zum Opfer, den verborgenen Gott – das ᵓayin – als Alternative gegen den handelnden Gott (YHWH) auszuspielen[25]. Im Zohar (zu Ex 17,7) wird die Sünde der Israeliten so kommentiert:

---

[24] Über Joseph Karo gibt es die hervorragende Biographie von R. J. Zwi Werblowsky, die auch exzellent in die Kabbala als Gesamtphänomen einführt: Joseph Karo, Lawyer and Mystic. Zu Isaak Luria vgl. Kurt Hruby, Isaak Luria (1534–1572): TRE 16 (1987) 304–310: Zu Moses Cordovero: Joseph ben Shlomo, Torat ha-Elohût schel Rabbi Moshe Cordovero, Jerusalem 1965.

[25] Zum kabbalistischen Verständnis vom verborgenen und vom wirkenden Gott vgl. Scholem, Von der mysischen Gestalt der Gottheit; Werblowsky, Joseph Karo 189–205.

„Die Israeliten wollten den Unterschied wissen zwischen der Kraft der Gottheit (koach ha-Elohût), die der Ursprung von allem und das Verborgenste aller Verborgenheiten ist und auch Nichts (ᵓayin) genannt wird, und zwischen der Kraft Gottes, die vom Ursprung entfernt ist und ein Aussehen der Kleinheit hat und die der Ewige (YHWH) genannt wird".

Da der Zohar vorgibt, aus dem 2. Jh.n. zu stammen, kann er die damals gängige kabbalistische Terminologie nicht direkt verwenden. Mit dem „Verborgensten aller Verborgenheiten" ist aber eindeutig das En Sof gemeint, und mit der entfernten Kraft Gottes mit dem Aussehen der Kleinheit, die Sefira Tifᵓeret d. h. der sich in der Bibel zum Volk Israel herablassende, es begleitende und sein Schicksal teilende Gott.

7.2. Das En Sof

Als sicherer Beleg für die Unterscheidung zwischen dem verborgenen und offenkundig wirkenden Gott galt den mittelalterlichen Kabbalisten das Jezira-Buch. Dort stehen mehrmals die Begriffe „zehn Sefirot" und „belima" unmittelbar nebeneinander (1,2–9). Unter den zehn Sefirot, numerationes, Zählprinzipien, Sphären verstanden die Kabbalisten den Deus in actione, den wirkenden, sich verströmenden, Gott. Mit belima (ohne was?) meinten sie den Deus absconditus, den Deus infinitus, den verborgenen ganz in sich ruhenden Gott. Der verborgene Gott, wie ihn Isaak der Blinde gedeutet hatte, wurde in der Kabbala vorwiegend En Sof (Unendliches, Endloses) genannt. Daneben kommen u.a. auch die Begriffe ᵓayin (Nichts), setîma dekhal setîmîn (Verborgenheit aller Verborgenheiten, bzw. Verborgenstes alles Verborgenen), ᶜattiqa qaddischâ (der Heilige Alte) (z. B. Zohar III 288a-b) vor. In etwa entsprechen „der Ungrund" von Jacob Boehme[26], „der dunkle Grund" von Schelling und „das Nichtnichts mit der Latenz zu Anfang und zum Ja" bzw. „das ganz unhypothetische Sein Gottes", das „der Keimpunkt der Wirklichkeit Gottes" ist, von Franz Rosenzweig, dem En Sof der Kabbalisten[27]. Das En Sof ist für die Kabbalisten keine Person, kein Er, sondern ein Es, ein Etwas. Dieses nicht personale Es scheint in der Bibel nicht

---

[26] Dazu Bonheim, Zeichendeutung.
[27] Zur modernen Konzeption des verborgenen Gottes vgl. Franz Rosenzweig, Der Stern der Erlösung, 21930. bes. I, 1, S. 37f; Ders., Urzelle des Sterns der Erlösung, Brief an Rudolf Ehrenberg vom 18.1.1917, gedruckt in Franz Rosenzweig, Gesammelte Schriften III 125–138, bes. 128.

als Gott Israels und als Herr von Schöpfung und Geschichte auf, sondern ist aller Wirklichkeit und allem Tun vorgelagert. Gemeint ist die von jedem Denkprozeß, jeder Veränderlichkeit, jeder Handlung entfernte, unberührte Gottheit. Wichtiger Ideenspender dieser verneinenden Gotteskonzeption waren der Neuplatonismus und gnostische Vorstellungen[28]. Das En Sof ist also nicht der in der Bibel wirkende Gott, sondern die Gottheit *vor* ihrem Wirken und *vor* dem Eintritt in Beziehungen. Damit ist das En Sof gleichsam die hintere Seite einer Münze, deren Vorderseite die Schöpfung und das Wirken anzeigt. Die Kabbalisten bevorzugen einen andern Vergleich, den sie aus dem Jezira-Buch schöpften. Das En Sof ist die Kohle, der wirkende Gott ist die Flamme, die aus der Kohle herauskommt und stets an sie gebunden ist. Der Belegtext der Kabbalisten findet sich in Sefer Jezira 1,7: „Zehn Sefirôt ohne was. Eingesteckt ist ihr Ende in ihrem Anfang und ihr Anfang in ihrem Ende, wie die Flamme an die Kohle gebunden ist... ".

7.3. Übergang vom En Sof zur Aktion: zoharische Sichtweise

Die vor dem Denken und Sprechen befindliche verborgene Gottheit muß eine Bewegung eröffnen, wenn sie wirken will. Niemand und nichts kann ihr Aktivität und Entfaltung verleihen. Sie muß sich den „Ruck" zum Willen und zur Tat selbst geben. Dies hat sie getan, als sie sich zur Erschaffung des Kosmos und des Menschen entschlossen hat. Nach dem Verständnis des Zohar ist die Erschaffung nichts anderes als die Selbstentfaltung der Ur-Fülle Gottes, das Ja Gottes zu sich selbst und zu seinen Entfaltungsprozessen. Der biblische Gott YHWH ist nicht der Verursacher des Ur-Rucks, sondern seine Antwort, seine Haupt-Kristallisation auf dem Felde des Handelns. Die sich zur Entfaltung und damit zu einer prozessualen Existenz anschickende Gottheit wird im Zohar „großes Antlitz" (ᵓarikh ᵓanpîn) genannt, während das Tetragrammaton „kleines Antlitz" (zeᶜîr ᵓanpîn) heißt. Gott hat demnach gleichsam zwei Gesichter; das große ist seine sich zur Tat anschickende Verborgenheit, das kleine ist sein Wirken in Raum und Zeit und über Raum und Zeit hinaus.

Es gab einen harten kabbalistischen Streit um den Übergang von En Sof zum wirkenden Gott. Der christliche Kabbala-Beobachter und Scholastiker Joseph de Voisin (15. Jh.) hat diesen Streit in seinem Vorwort zum *Pugio*

---

[28] Zur historischen Ableitung des En Sof vom Neuplatonismus vgl. Joseph ben Shlomos Einleitung zu Shaᶜarê Orah Bd 1, 15–17.

fidei des Raimundus Martini (1220–1285) auf den Punkt gebracht. Joseph de Voisin deutet das En Sof als causa prima. Die zehn Sefirot definiert er in klassischem Latein als numerationes bzw. als „concatenatio rerum creaturarum cum causa prima" (= Verkettung der geschöpflichen Dinge mit der causa prima bzw. dem En Sof). De Voisin fährt dann fort:

> „Nach einigen ensteht (fit) die causa prima aus den Sefirot, nach anderen existiert sie außerhalb der zehn Sefirot und transzendiert sie". Dann zitiert de Voisin einen aus dem Judentum zum Christentum konvertierten Kabbalisten des 13. Jhs. der gesagt hatte: „Die Kabbalisten werden in zwei Sekten eingeteilt. Die einen glauben (credunt), die causa prima, der zu preisende Gott, bestehe aus der Zehnzahl der Sefirot (esse de numero decem sefirot). Die andern aber glauben, daß die causa prima, der zu preisende Gott, in ihnen weder implicite noch explicite enthalten sei. Sie nennen ihn en soph, i. e. ens infinitum"[29].

Der sich zur Ausfaltung seiner Verborgenheit anschickende Gott wurde demnach von der Mehrheit der Kabbalisten mit den drei oberen Sefirot gleichgesetzt: Keter (Krone), Chokhma (Weisheit) und Bina (Einsicht). Auch im Zohar III 288a-b schimmert diese Auffassung durch. Mit der Symbolik vom Schädel und der Wölbung ist die Sefira Krone gemeint, von der aus der Tau zur Sefira Tifʾeret (bzw. YHWH) hinunterträufelt. Gegen Ende tauchen die Begriffe Weisheit und Vernunft (Einsicht) auf:

> „Der Schädel des weißen Hauptes ist ohne Anfang. Sein Abschluß aber, die Wölbung des Gefüges zerstreut sich und beleuchtet sich. Von ihr erben die Gerechten 400 ersehnte Welten für die kommende Welt. Von dieser Wölbung des Gefüges dieses weißen Schädels träufelt alle Tage Tau zu jenem, dessen Gesicht klein ist, nämlich zu dem, der Himmel genannt wird und wohin in der Zukunft die Toten zur Belebung kommen werden....Das Haupt wird gefüllt und träufelt von jenem, dessen Gesicht klein ist zum Apfelgarten und der ganze Apfelgarten leuchtet wie jener Tau... Drei Häupter werden geformt: eines aus dem andern und eines über dem andern. Das eine Haupt verhüllt die Weisheit, die ganz verdeckt ist und sich nicht offenbart. Und diese verborgene Weisheit ist das Haupt aller Häupter aller übrigen Weisheiten. Das oberste Haupt, der heilige Alte, die Verborgenheit aller Verborgenheiten ist der Anfang allen Anfangs, der Anfang ohne Anfang. Er erkennt nicht und wird nicht erkannt. Er verbindet sich noch nicht mit Weisheit und nicht mit Vernunft...Und deshalb wird der heilige Alte (ʿatîqa qaddischâ) auch Nichts (ʾen) genannt, weil nämlich in ihm das Nichts haftet. Und alle jene Haare und alle jene Nerven gehen aus vom verborgenen Mark und sie alle sind im Gleichgewicht gesetzt".

---

[29] Zitiert aus Raymundi Martini, Pugio fidei, 60f.

Mit der Aussage, daß das En Sof nur teilweise außerhalb des Wirkens sich in der absoluten Dunkelheit und Unzugänglichkeit befindet, wollten die Kabbalisten gegen die Vorstellungen von einem Trennungsstrich innerhalb der Gottheit Stellung beziehen. Vor allem wollten sie nicht in die Nähe einer Zwei-Gottheiten-Lehre kommen. Ihrer theologischen Konstruktion, wonach die drei obersten Sefirot den unbekannten und den bekannten Gott in stetem Übergang bedeuten, kam auch die Tatsache zu Hilfe, daß das Schöpfungswerk Gottes nur sieben (nicht zehn) Tage dauerte. Mit den unteren sieben Sefirot war eindeutig der mit Potenzen ausgestattete, sich ergießende und handelnde Aspekt Gottes gemeint, wie sich dies auf dem biblischen Terrain gezeigt hatte.

7.4. Folgen des Schöpfungsvorgangs nach der lurianischen Kabbala

Das Buch Zohar vertritt mit verschiedenen frühen Kabbalisten die Auffassung, daß es vor der Sünde Adams überhaupt keine materielle Welt gegeben hat. Adam war zuvor die reine Repräsentation Gottes und damit immaterieller Natur. Außerdem standen die Wirkkräfte Gottes, die Sefirot, in vollkommen harmonischer Beziehung zueinander. Mit der Sünde des Ur-Adam änderte sich alles: Adam erhielt körperliche Formen und konnte nicht mehr in der oberen Welt wohnen. Auch die innersefirotischen Beziehungen wurden gestört. Die neuen Dissonanzen machten sich besonders in der Trennung des männlichen und weiblichen Aspekts Gottes, nämlich der Sefirot Tifʾeret und Schekhina bemerkbar. Die Aufgabe des menschlichen Geschlechtes besteht darin, die ursprüngliche Harmonie wieder herzustellen. Jede gute Tat trägt zur Harmonie des göttlichen Lebensgefüges, besonders zur Vereinigung von Tifʾeret und Schekhina bei. Durch solche Taten zur Vereinheitlichung Gottes (yichûdîm) wird auch das göttliche (Ur-)Licht befähigt, in den materiellen Bereich hinunterzuströmen.

Der Zohar hatte aber besonders bezüglich des Schöpfungswerkes Gottes (maʿase bereschit) mehrere Fragen offen gelassen: 1. Gott war vor seiner eigenen Selbstartikulation, also vor seiner Schöpfertätigkeit, allein. Hat er da etwa nicht alle Nicht-Räume und Nicht-Zeiten ausgefüllt? Wo begann er sich zu artikulieren? Mußte Gott nicht zuerst den Raum schaffen, um sich äußern zu können? 2. War der Prozeß der Selbstartikulation so ruhig, wie dies die Metapher vom ausströmenden Licht suggeriert? Waren nicht in Gott selbst Konflikte und Erschütterungen im Verlaufe seiner Selbstdarstellung? 3. Im Zohar agiert der Mensch als Prisma bzw. als Auffangsort für die göttliche Energie. Ist diese menschliche Bestimmung ohne notwendige Fehlschläge und Katastrophen denkbar? War der Prozeß der Selbstartikulation Gottes nicht vielmehr so überragend und alles Beschränkte sprengend, daß Splitter und Scherben entstanden? Muß der Mensch nicht darauf bedacht sein, die Splitter zu sammeln und den Schaden zu beheben?

Isaak Luria beantwortete alle diese Fragen positiv, indem er einen veränderten kabbalistischen Mythos schuf. Dieser konzentrierte sich auf drei Hauptsymbole: Zimzum (Selbstbeschränkung Gottes), Schevirat hak-kelim (Zerbrechen der Gefäße) und tiqqûn (Zusammenführung von Schöpfer und Geschöpf zur ursprünglich gedachten Einheit)[30].

Der *Zimzum* ist ein Rückzug Gottes in sich selbst hinein. Die Gottheit zieht ihre Wesenheit zusammen, die dadurch immer verborgener wird. Durch diesen Rückzug entsteht der primordiale pneumatische Raum, den die Kabbalisten tehîrû nennen, und der in etwa mit dem gnostischen Pleroma identisch ist. Dadurch wird die Erschaffung von raumbedürftigen Geschöpfen möglich. Nach der Deutung von Chaim Vital war dieser Zimzum ein freier Akt der Liebe, der jedoch auch die Kräfte des strengen Gerichtes freisetzte. Durch den Rückzug in die eigene Konzentration wird die verborgene Gottheit noch verborgener. Im freigewordenen Raum bzw. im tehîrû entsteht nun der Archetyp aller Wesenheiten: die Struktur und die Konfigurationen der Sefirot, die identisch mit dem Ur-Menschen (Adam Qadmon) sind. Dieses Ur-Bild, der Ur-Mensch, nimmt nun als Schöpfer den Schöpfungsprozeß in die Hand. Die Durchführung kann aber nicht harmonisch ablaufen. Es entsteht eine Spannung zwischen dem sich stets erneuernden Zimzum und dem emanierenden Licht; die Spannung wird umso stärker, als die Gottheit selbst sich im Verlaufe der Emanation von den strengen Maßen der Gerechtigkeit reinigt. Der zentrale Plan der Schöpfung entsteht in den Lichtern, welche in seltsamer Gebrochenheit aus den Augen des Adam Qadmon scheinen. Die Gefäße, die aus einer Mixtur niederen Lichts bestehen und die dazu bestimmt sind, das mächtige Licht aufzufangen, zerbrechen unter der Wucht des Lichtes (schevirat hak-kelim). Sie

---

[30] Primärliterarische Belege für die Lehre Lurias sind schwer zu übersetzen und zu deuten, da sie sich hinter hagiographischen Abhandlungen (Schivche ha-ARI) verhüllen. Isaak Luria hat selbst kein Buch verfaßt, sondern überließ die Niederschriften seiner Lehren seinem begabtesten Schüler Chaim Vital. Auf ihn gehen u.a. „Ez Chaim" (Lemberg 1884 und „Sefer hak-kawwanôt" (Venedig 1620) zurück. Sekundärliterarische Belege finden sich in den Büchern Scholems, bei Louis Jacobs (Jewish Mystical), bei Goetschel (Kabbala), bei Hruby (Luria), bei Werblowsky (Joseph Karo) u. a.

sterben gleichsam, bevor sie ihrem Zweck dienen können. Dieser Bruch der Gefäße hatte auch Folgen für die göttlichen Kräfte der strengen Gerechtigkeit. Sie wurden nach unten geworfen und wurden in dieser Katastrophe befähigt, ein eigenes Leben als dämonische Kräfte zu führen. Die Schalen (kelippot) bilden den dämonischen Bereich. Sie entstanden im Gefolge der Distanzierung Gottes von den strengen Kräften des Gerichts und wurden durch den späteren Sündenfall Adams noch härter und stärker. Sie umschließen isolierte Lichtfunken die bei kosmischen Urkatastrophen entstanden sind. Nach der kosmischen Katastrophe war nichts mehr ganz an seinem Platz. Alles war irgendwie ver-rückt. Alle Wesenheiten waren nun im Exil, und es bestand die Notwendigkeit, daß sie wieder daraus erlöst würden. Außerdem setzte sich das Zerbrechen der Gefäße in jedem Akt der Schöpfung fort. Jedes weitere Stadium der Emanation ist nun vom „Zerbrechen der Gefäße" geprägt. Alle Dinge haben Schäden; jedes Ding ist unvollendet. Auch der Schöpfer (der Adam Qadmon, das Sefirot Gefüge) selbst ist im Verlaufe der Schöpfertätigkeit in die Krise bzw. ins Exil geraten. Das Zerbrechen der Schalen und die Selbstdistanzierung von den Mächten des strengen Gerichts haben ihm zugesetzt. Ein gnostischer Gedanke hat sich da Bahn verschafft!

Nach der Exilierung des Schöpfers und der Geschöpfe gingen vom Schöpfer bzw. von Adam Qadmon Lichtkräfte aus, die das Verschobene und Zerbrochene wieder heilen sollen. Diese Lichter sind der tiqqûn ha-ʿôlam: die Kräfte zur Wiederherstellung des ursprünglich gedachten Gleichgewichtes. Der tiqqûn findet in Gott, und in den erwählten Menschen statt. In Gott geht es um das Gleichgewicht und das Sich-Wieder-Ganz-Finden der einzelnen Potenzen und Emanationen – z.B. der männlich-göttlichen Sefira Tifʿeret und der weiblich-göttlichen Sefira- Malkhut. Im Menschen geht es um einen helfenden Beitrag – durch Beten und gute Werke – zur Zurückbringung von zerstreuten Lichtfunken in die Einheit Gottes. Dies ist deshalb erforderlich und notwendig, weil die Welt von dämonischen Kräften durchmischt ist, die ursprünglich Göttliches in ihrem Bereich gefangen halten. Der tiqqûn ist somit als göttlich-menschlicher Erlösungs- und Heilungsprozeß zu verstehen. Das Volk Israel ist der Miterlöser des Kosmos – und Gottes. Es ist in diesem Sinn der Messias . Es ersetzt den Adam, der den tiqqûn hätte durchführen und so die Welt erlösen sollen. Statt dessen aber fiel er laut Schöpfungsbericht (Gen 3) in Ungehorsam und Sünde[31].

---

[31] Zum lurianischen Schöpfungs-, Sünden- und Erlösungsdrama vgl. auch Blumenthal, Understanding Jewish Mysticism, 159–184.

7.5. Die Sefirot: Der wirkende Gott

Die Gottheit wirkt mittels der zehn Sefirot. Die zehn Sefirot bzw. die zehn Schöpfungsworte Gottes (mAv 5,1; PRE 3,8b–9a) sind der wirkende Gott selbst und damit der Schöpfer und der mit ihm identische Ur- oder Urbild-Adam. So die ziemlich allgemein akzeptierte kabbalistische Auffassung! Abraham Abulafia drückte dies so aus: „Die Kabbalisten, die den Wegen der Sefirot folgen, sagen, daß Gott zehn Sefirot ist, und daß diese zehn eins sind"[32]. In der älteren Zeit der Kabbala war diese einheitliche Auffassung noch nicht bei allen Kabbalisten vorhanden. Seit dem 13. Jh. existierten vor allem drei Theorien über die Sefirot:

1. Die Sefirot sind Instrumente zur Schöpfung und Lenkung der Welt bzw. Gefäße (Kelim) für das Einströmen der Göttlichkeit in die untere Welt: Kanäle des Reiches Gottes! Als solche sind die Sefirot im wesentlichen nicht göttlich, jedoch eng auf die Gottheit bezogen.

2. Die Sefirot sind die Substanz Gottes selbst (ᶜazmût). Sie nehmen teil am göttlichen Wesen und äußern sich als spezifisches Wirken Gottes.

3. Die Sefirot sind Wesen Gottes und Instrumente Gottes. Sie konstituieren das immanente Element der Gottheit; sie sind modi der göttlichen Immanenz.

4. Die Sefirot wurden auch psychologisch verstanden. Sie bilden die innere Struktur des Menschen. Sie sind nicht nur Spiegel himmlischer Geschehnisse, sondern auch Spiegel spezifischer Vorgänge. Wie die Welt durch die zehn Sefirot geschaffen wurde, so ist auch der Mensch von innen her durch die zehn Sefirot geprägt[33]. Daraus ergibt sich eine existentiale mystische Haltung. Der Kabbalist David ben Zimra (16.Jh. schreibt dazu: „Wenn der Mensch in seinem reinen Herzen und in seiner vollkommenen Intention (kawwana) die Sefirot einigt (meyached), dann wird seine Seele mit der Liebe des Heiligen, gelobt sei er, verbunden und ihr angeschlossen (niqscheret wenidbeqet nafeschô beᵓahavat (haq-qadôsch barûkh hû)[34]. Hier wird die Unio mystica in existentialer Art ausgedrückt.

Die Differenzen über den Rang der Sefirot wurden mit fortschreitender Zeit immer mehr ausgeglichen. Ab Ende des 13. Jh. ist mit der allgemein akzeptierten Ansicht zu rechnen, daß die Sefirot das Insgesamt des wirkenden Wesens Gottes und der Bindung der israelitischen Menschen an den

---

[32] In seinem polemischen Traktat „We-Zot li-Yichûda"; vgl. Idel, Kabbalah 121 333f.

[33] Zu den Sefirot-Theorien: Idel, Kabbala 128–153; Werblowsky, Joseph Karo 200f.

[34] Mezudat David fol. 2b; Hebr. Text Idel 299, Anm 150; übers. Idel 57.

wirkenden Gott sind. Gott ist das zehnfältig-schöpferische Wesen, das sich in seiner Zehnfältigkeit nach außen ergießt, wobei das „Außen" ganz von ihm lebt und nur Beständigkeit behält, wenn es sich antwortend mit ihm vereinigt und mit ihm zusammenwirkt.

Weil die Sefirot durch das Kraft-Licht , das sie vom En Sof und den drei obersten Sefirot erhalten, von innen her zusammengehalten werden, repräsentieren sie – bei allen Erschütterungen und Polaritäten – die Einheit Gottes. Dieses sich in Lichter für jede Sefira und für alle Verbindungsstränge aufteilende Licht wird *zachzachot* (plur.) genannt. Ohne die Zachzachot würden weder Gott wirken, noch die Menschen mitwirken können. Von der Schöpfung und dem Menschen aus gesehen sind die zehn Sefirot das Verbindungsfeld, auf dem sich die göttlich-menschliche und die kosmische Dramatik abspielt. Das göttlich-schöpferische Gefüge der zehn Sefirot wird dementsprechend auch ᶜolam hay-yichûd (Welt der Einigung) genannt. Dies aus zwei Gründen: 1. Weil in ihm sich das einheitsbestimmte Wirken Gottes prozeßual vollzieht. 2. Weil die Israeliten ihren einigenden Einfluß in die zehn Sefirot hinein geltend machen können. Dieser zweite Grund geht auf rabbinisch-midraschische Zeit zurück. In MTeh 1,21, zu Ps 1,5 (Buber 22) heißt es: „ ‚Die Lippen der Weisen streuen Erkenntnis aus' (Prov 15,7). Damit sind die Israeliten gemeint, denn sie rufen jeden Tag unaufhörlich den Heiligen, gelobt sei er, als König aus. Und sie rufen jeden Tag unaufhörlich die Einheit seines Namens aus (meyachedim schemo)." Der Mensch spielt also im Prozeß der einheitlichen Selbstfindung Gottes in seine Einzigartigkeit hinein eine Rolle. Er hat theurgische Kraft, er kann Gott mit-bestimmen.

Die zehn Sefirot haben folgende Namen und Reihenfolge:

1. Keter (Krone) 2. Chokhma (sapientia, Weisheit), 3. Bina (daᶜat, intelligentia, Einsicht), 4. Chesed (magnificentia, misericordia, Huld, Gnade, Erbarmen), 5. Gewura (iustitia, fortitudo, timor, Stärke, Strenge), 6. Tifᵉeret (decor, Schmuck, Schönheit, YHWH, Jakob), 7. Nezach (victoria, Sieg), 8. Hod (majestas, Pracht), 9. Yesod (fundamentum, Pracht), 10. Malkhut (Schekhina, Kneßet Israel, regnum, Reich Gottes).

Auf die besondere Bedeutung der drei ersten und obersten Sefirot als in das En Sof hineinreichende Quellen und Kräfte wurde schon hingewiesen. Eine Gruppe von Kabbalisten sieht das En Sof in der ersten Sefira (Keter) repräsentiert. Typisch für diese Gruppe ist das Buch Zohar: In 2,239a heißt es: „Erst das früheste Nichts (d. h. die Sefira Keter) bringt einen Anfang und ein Ende hervor." Dieses früheste Nichts sei der verborgene Anfang und der Bestand von allem. Joseph Karo dagegen betont mehr die Drei-Einheit der obersten Sefirot. Sein Maggid (himmlisch-mystischer Ratgeber) habe

ihm gesagt: „Du sollst wissen: als der Alte, das En Sof, den Willen wahr-
nahm, die Welten zu erschaffen, da funkelte ein Licht auf, das aus drei
Lichtern bestand: Keter, Chokhma, Bina." Diese Lichter strömten dann weiter zu den drei unteren Sefirot[35].

7.6. Die Wurzel des wirkenden Gottes

Im Bahir-Buch, Paragraph 171 ist gleichnishaft von einem König die Rede,
„der sieben Söhne hatte und jedem seinen Platz zuwies". Der auf die unterste Stufe gesetzte Sohn beklagte sich beim König, weil er zu weit entfernt
von ihm existieren müsse. Der König reagierte auf diese Klage dadurch, daß
er alle Söhne umhüllte, so daß keiner mehr fern und außerhalb von ihm war.
Mit dem untersten Sohn dieses Gleichnisses ist die zehnte Sefira, die Sefira
Malkhut bzw. die Schekhina gemeint. Sie ist zwar die unterste Sefira, aber
sie ist – wenn man das beliebte Bild von der Kohle und der Flamme im Sefer
Jezira 1,7 aufgreifen will – die äußerste Flammenspitze Gottes, die die
Schöpfung durchwärmt und die von der Schöpfung als Verbindungsglied
für die Vereinigung mit dem Schöpfer benutzt werden kann. In spätantiker
Zeit hatten die Rabbinen die Juden belehrt, sie sollten sich an die Schekhina
anhängen, sich an sie ankleben (le-dabbeq), aber sie sollten sich nicht in den
innergöttlichen Bereich vorwagen (bKet 111b). Anderseits war auch bei den
Rabbinen das Bewußtsein geläufig, daß die Menschen ganz von Gott um-
hüllt und umschlossen sind. In bSan 64a wird – Dtn 4,4 überbietend – zu
den Israeliten gesagt: „Ihr seid in Wahrheit Eingeschlossene". Gott will also
– so die Kabbalisten – eine Vereinigung (communio), ja eine mystische Einheit (deveqût, yichud) mit den Israeliten. Die Sefira Schekhina ist sein Kon-
taktpunkt. Gleiches hat vom Menschen aus zu geschehen. Er soll sich mit
Gott vereinigen und alles aus seinem Wesen und Tun mitbringen, was zur
göttlich-menschlichen Verbindung, zur göttlichen Einheit und zur Verdrängung von Mängeln, Dissonanzen und Sünden dienen kann. R. Menachem Recanati, ein von der Geroneser Kabbala beeinflußter italienischer
Kabbalist (13./14. Jh.), schrieb in seinem Kommentar zum Pentateuch (37d):

> *„Wenn die Chasidim und die Männer der Tat sich konzentrieren und sich mit den*
> *oberen Geheimnissen beschäftigen, dann stellen sie sich denkend vor, diese Wirklich-*
> *keiten seien vor ihnen eingegraben. Und wenn sie ihre Seele mit der oberen Seele*

---

35 Zit. aus Werblowsky, Karo 192; ähnlich Moses Cordovero in seinem Werk „Pardes
Rimmonim" 1,7–11.

verbunden haben, dann vervielfältigen sich diese Wirklichkeiten, werden zum Segen und sind aus sich selber eine Offenbarung… Und wenn der Fromme mit seiner Seele an der oberen Seele anklebt (madbîq), werden jene furchterregenden Wirklichkeiten in sein Herz eingegraben"[36].

Die menschliche Seele ist also eine Widerspiegelung geheimnisvoller sefirotisch-göttlicher Wirklichkeiten. Diese Wirklichkeiten dringen in die Seele des wahren Kabbalisten ein und durchdringen diese ganz und gar. Bildlich gesprochen: Der die Tora in ihrem zuinnerst gemeinten Sinn erfüllende Kabbalist pflanzt den Sefirot-Baum in die Erde, wobei die Schekhina/Malkhut als unterste Sefira zum Wurzelwerk wird. Diese Vorstellung kommt der Herrschaft-Gottes-Verkündigung Jesu nahe (Mk 4,26–29.30–32). Sie ist letztlicher Ausdruck dafür, daß der Gott der Kabbalisten ein Gott des Abstiegs zu den Menschen, der Partnerschaft mit den Menschen und der Vereinigung mit Menschen ist.

8. Wirkungen und Beurteilungen

Mit der Darstellung der Polarität zwischen verborgenem und wirkendem Gott und den vielfältigen israelitischen Verbindungssetzungen mit der sich nach unten neigenden Gottheit ist die jüdische Kabbala noch lange nicht allseits erschlossen: Kabbalistische Praktiken in Richtung Magie und Theurgik, kabbalistische Lehren über die Vereinigung mit Gott (devekhût), kabbalistische Gebetsweisen, kabbalistisches Erwählungsbewußtsein, messianische Tendenzen in der Kabbala, das Männliche und das Weibliche in der Kabbala etc. sind hier nur angetönt worden. Mehr als alle diese Themen bildet aber die Spannung zwischen En Sof, Sefirotgefüge und den Israeliten das Zentrum und den Ausgangspunkt kabbalistischen Denkens und Handelns. Daher kann hier ein thematisches Abbrechen verantwortet werden.

Die Kabbala hat eine vielfältige jüdische und christliche Wirkungsgeschichte. Die jüdisch-ketzerischen Bewegungen des Sabbatianismus und Frankismus nährten sich von kabbalistischen Ideen, besonders lurianischer Färbung[37]. Der osteuropäische Chasidismus des 18.–20. Jhs ist eine popularisierte und transformierte Weiterführung der Kabbala[38]. Ähnlich geistesge-

---

[36] hebr.: Idel Kabbalah 291, Anm 11; engl.: Idel 42.

[37] Maier, Jakob/Frankistische Bewegung, TRE 11 (1983) 324–330; Scholem, Sabbatai Sevi.

[38] Karl E. Grözinger, Chasidismus, osteuropäischer, TRE 17 (1988) 377–386.

schichtlich aufregend sind die Einwirkungen der jüdischen Kabbala auf die christliche Theologie und Frömmigkeit. Spanische Konvertiten aus dem Judentum (Petrus Alphonsi: 1062–1125); Abner von Burgos: 1270–1340) und christliche Humanisten (Pico della Mirandola: 1463–1494; Johannes Reuchlin: 1455–1522) und andere entwarfen eine christliche kabbalistische Theologie in der Meinung, die Kabbala sei die verläßlichste Zeugin in der ursprünglichen Offenbarung. Unter Anleitung der jüdischen Kabbala könne man auch das innergöttliche Leben des dreifaltigen Gottes darstellen und irgendwie auch beweisen[39]. Bis ins 20. Jahrhundert hinein übte die besonders im Protestantismus beheimatete christliche Kabbala großen Einfluß auf die christliche Theosophie, Antroposophie, das Heilsgeschichtsdenken und die Mystik aus. Es macht den Anschein, als ob auch heute die Tendenz am Wachsen ist, sich nach allen innerchristlichen Erschütterungen aufs neue bei der jüdischen Kabbala zu vergewissern und Stand zu suchen.

Die Kabbala ist auch heute noch in mancher Hinsicht ein unentbehrlicher Leuchtturm mitten in der wilden Brandung christlich-jüdischer Gegnerschaft und Anbiederung. Das Reden vom einseitig gesetzlichen jüdischen Denken entpuppt sich als Unsinn, wenn man das waghalsige Heilsgeschichts- und Entwicklungsdenken und das immer wieder aufseufzende Streben nach voller Vereinigung mit Gott in der jüdischen Kabbala im Auge behält. Als ähnlich absurd erweisen sich im Lichte der jüdischen Kabbala Vorstellungen, wonach das Judentum im Verlaufe der Geschichte kaum religiös-theologische Anleihen in der außerjüdischen Welt gemacht habe. Der Neuplatonismus war jene Philosophie, die formativ für die Kabbala wurde. Aber auch gnostische, christliche und islamische Einflüsse sind da und dort zu spüren. Auch der umgekehrte Vorgang hat sich ereignet: die jüdische Kabbala übte Einfluß auf das Christentum und auf die nach- und nebenchristliche Welt aus. In jüdischen Mystikerkreisen galten konfessionelle Grenzen nur in bestimmten Fällen: wenn es um Bund und Erwählung ging; *die* sollten jüdisch-exklusiv bleiben.

Die Kabbala konnte im Judentum aber nicht auf die Dauer zur Norm werden. Dafür war sie schon von ihrer Grundkonstitution her ungeeignet. Mit ihrem Sefirot-System repräsentiert sie ja eine mystische Harmonie bzw. einen heiligen Rhythmus, der sich auf die irdische Welt und speziell auf Israel überträgt[40]. Dies widerspricht aber aller geschichtlichen Erfahrung.

---

[39] Otto Betz, Kabbala/Christentum, TRE 17(1988) 501–509.
[40] Vgl. Joseph Dan, The Emergence of Mystical Prayer, in: Ders./Frank Talmage, Studies in Jewish Mysticism, Cambridge Mass. 1982, 85–120.

Als Ausdruck einer religiösen und theologischen Gestimmtheit konnte die Kabbala im Judentum à la longue daher nur die Funktion einer Stimmung und Ergänzung zum halakhischen und religionsphilosophischen Denken und Tun übernehmen. Von daher sind auch keine christlich-kontrovers-theologischen Ansätze für oder gegen die Kabbala möglich. Außerdem verweigern sich derzeit jene jüdischen Kreise, die im Vollsinn als kabbalistisch gelten können, jeglichem Gespräch mit Christen. Ziemlich helles Licht kommt aus dem kabbalistischen Verständnis des Wirkens Gottes für die außerjüdische Welt. Die Grundformel des Wirkens Gottes ist die Ausfaltung seines Wesen und seiner Dynamik in die israelitisch-menschliche Welt hinaus, und die Einfaltung von Mensch und Geschichte in Gottes Wesenheit hinein. Dahinter steckt kein bloßes monistisches Konzept; die beiden Pole Schöpfer und Geschöpf bleiben vorläufig bestehen. Als Ergebnis dieses „Aus" und „Ein" schwebt – besonders in der lurianischen Kabbala – eine endgültige göttlich-menschliche Vereinigung vor, ein Gipfelpunkt aller Entwicklung, eine Beendigung aller Riße und Verschobenheiten. Daß hier *strukturell* gleich gedacht wird wie im christlich-trinitarischen Denken, daran besteht kaum ein Zweifel, auch wenn dies von Seiten der Kabbalisten energisch in Abrede gestellt wird. Aus der Kabbala leuchten viele Facetten des gleichen Denkens auf, wie wir es bei christlichen Denkern und Metaphysikern kennen. Die Versuchung besteht, mit dieser Gleichheit hausieren zu gehen und dogmatisch-kabbalistische Mischmaschtheologien zu verkünden. Nach kabbalistischer Auffaßung ist z. B. der Ur-Mensch, der Adam Qadmon, die Selbstdarstellung Gottes. Es wäre leicht und verführerisch den präexistenten Christus an die Stelle des Adam Qadmon zu setzen. Solche Gedankenspiele sind aber nicht zu rechtfertigen und zwar aus zwei Hauptgründen: 1. Die Kabbala ist gegen Christus und das Christentum gerichtet. Sie will - besonders im Buch Zohar – eine bessere Mystik sein als die mittelalterlichen christlichen Mystiken. Im Gegensatz zu den christlichen Mystiken will sie nicht christologisch, sondern theologisch sein; die unio mystica findet nicht mit dem Messias, sondern mit dem Schöpfer statt. Das Geheimnis des Glaubens (mysterium fidei; raza dimeheimanutâ) ist nicht die Eucharistie, sondern die dem Menschen inhärente göttliche Urbildhaftigkeit (Zohar I 108b). Mit dem Corpus Domini (gufa demalka) sind nicht die eucharistischen Gestalten, sondern der wirkende und vom Ur-Menschen repräsentierte Gott gemeint u.a.m.[41].

Kürzlich fand ein Vortrag über die jüdische Kabbala im Beisein eines

---

[41] Yehuda Liebes, Christian Influence in the Zohar, Immanuel 17 (1983/84) 43–67.

schiitischen Imam statt. Als der Vortragende auf die Spannungen zwischen En Sof und Sefirotgefüge und auf die in der Kabbala entwickelten Theorien und Praktiken der Einflußnahme auf Gott und die Erlösung Israels zu sprechen kam, rief der sich sonst durch tolerantes Denken auszeichnende Imam aus „Die Juden verehren also auch – ähnlich wie die Christen – einen zerrissenen Gott!" Der am Kreuze sterbende Christus repräsentiere in ähnlicher Weise einen Riß in der Gottheit wie der sich im Schicksal Israels verirrende Gott, wie dies in den kabbalistisch-chasidischen Systemen am Beispiel der umherirrenden Schekhina dargestellt werde. Durch die Verehrung des in sich gespaltenen und damit relativierten Gottes werde die volle Hingabe an den unendlichen Gott verhindert. In der Tat sind Kabbala und christliche Religiosität näher beieinander als es jüdische Polemiker zugeben wollen. Es geht in beiden Fällen um den Gott, der sich entäußert und sich mit seinen Kreaturen eingelassen hat. Ob damit volle Hingabe und reine Anbetung geschmälert werden – darüber muß mit unseren muslimischen Brüdern und Schwestern noch geredet werden. Ob jedoch die oft fiebrigen Spekulationen der Kabbalisten über die innergöttlichen Dramaturgien eine volle Orientierung für unsere Zeit zu geben vermögen, muß bezweifelt werden[42]. Am besten werden sich, auf längere Sicht hin, die Dogmatiker und die Lehrer des christlichen Lebens mit den Kabbalisten verstehen.

---

[42] Solche Zweifel werden auch von R.J.Z. Werblowsky in einer Rezension von Tishby's Mischnat ha-Sohar geäußert: Hebräische Beiträge zur Wissenschaft des Judentums, deutsch angezeigt, Jg. 3–4 (1987–1989), 149–166.

XIII. Vernichtung und Ganzopfer

Das vom Nazistaat angeordnete Verbrechen der grausamen Auslöschung des Lebens von fast sechs Millionen Juden nach Plan und Absicht wird hauptsächlich mit den Begriffen *Schoa* (Vernichtung) und Holocaust (Ganzopfer) wiedergegeben. Dieser mit Gründlichkeit geplante ungeheuerliche Massenmord wirft schwere Fragen auf, die nicht nur die Jahre 1938–1945 betreffen, sondern auch die 2000 Jahre zuvor und die 50 und mehr Jahre danach. Die Fragen sind nicht nur historischer, sondern auch theologischer Art, und sie betreffen nicht nur Einzelne, sondern die Menschheit. Eine Theologie jüdisch-christlicher Begegnung muß dem Massenmord an Juden und Jüdinnen eine besonders sensible Aufmerksamkeit widmen. Sie kann nicht die ganze Schuld auf die Nazis abschieben.

1. Bohrende Fragen

Soweit unser geschichtliches Auge reicht, war die in den Todeslagern von Auschwitz, Treblinka, Theresienstadt und anderswo in Europa praktizierte Schoa der Tiefpunkt menschlicher Grausamkeit und Haltlosigkeit, Barbarei und geistiger Verblendung. In den Jahren 1940–1945 war es der erklärte Beschluß der nationalsozialistischen Machthaber, alle Juden, ob religiös oder nicht, ob zu ihrer Herkunft stehend oder nicht, zu berauben, dann sie zu erniedrigen und dann sie physisch zu vertilgen. Die Zugehörigkeit zur „untermenschlichen", jüdischen „Rasse" genügte für das Vernichtungsurteil. Zum gleichen Schicksal wurden auch andere als lebensunwert bezeichnete „Untermenschen" bestimmt, besonders Zigeuner und wirkliche oder verleumdete Homosexuelle. Im schrecklichen nationalsozialistischen „Reich der Nacht" (Elie Wiesel) liefen die Todesmaschinen auch außerhalb der Konzentrationslager auf Hochtouren: Auf Schlachtfeldern, in Ghettos, in Gefangenenlagern, in Privatwohnungen, in Altersheimen, gegen politische, gesellschaftliche und religiöse Nonkonformisten usw. Das gesamte Vernichtungssystem wurde nicht nur von Hitler und einigen politischen Großverbrechern getragen, sondern auch von Industriellen, Ärzten, Juristen, Chemikern, Verwaltungsbeamten, Theologen und ideologischen Sympathisanten.

Über die in den Todeslagern geschehene Dehumanisierung und massenhafte Ermordung, über deren Hintergründe und Folgen, ist schon unübersehbar vieles geschrieben worden: Gebrochen-Poetisches, Zeitgeschichtliches, Philosophisches, Beschuldigendes, Verteidigendes und Theologisches[1]. In der immensen Holocaust Literatur prallen Argument und Gegenargument, Wertung und Gegenwertung hart aufeinander[2]. Dies ist begreiflich und wichtig. Es geht ja um Grausamkeit, Leid und Tod, um Schuld, Mitschuld und Unschuld, um Verurteilung und Rechtfertigung, um Sinn und Unsinn des menschlichen Lebens und der Geschichte des Judentums, der Kirche und der Menschheit, sowie um die Frage, ob Glaube und Vertrauen auf Gott nach der Schoa noch zu verantworten sind. Es ist noch eine ungeheure Arbeit der Umkehr und des Umdenkens zu leisten, damit der Genozid an den Juden zu einem menschlichen Anliegen werden kann, das einerseits die totale Hoffnunglosigkeit verbannt und das anderseits die notwendige Erinnerung für heute, morgen und übermorgen wach hält.

Heute hallen die lauten Schreie des Entsetzens und der Verzweiflung der zur Entmenschlichung und zum Tode Veruteilten nach. Überlebende erzählen von der Nazi-Hölle, und es wird nach Schuldigen gefragt. Uns wird zunehmend deutlicher, daß Auschwitz keine isolierte Insel des Grauens war. Der Genozid an den Juden ist zwar das direkte Ergebnis des Vernichtungswillens und der Vernichtungskraft der Nazi-Machthaber. Diese standen aber in einer langen judenfeindlichen Tradition heidnischer, christlicher und neuzeitlich-säkularer Herkunft. Da die nazistischen Hauptverantwortlichen inzwischen tot sind, wird heute hauptsächlich nach den materiellen, geistigen und historischen Entwicklungen sowie den politischen Umfeldern, auf denen die Greuel der Nazis gedeihen konnten, gefragt. Dabei kommen höchste Peinlichkeiten und Verwirrungen ans Tageslicht, was das Rad der Beschuldigungen, der Gegenbeschuldigungen und der Verzweiflung in gewaltigen Schwung versetzt. Auch das traditionelle Christentum sitzt auf der Bank der Angeklagten. Es hat – so die Anklage – jahrhundertelang den von der Spätantike übernommenen Antijudaismus verstärkt

---

[1] Vgl. das 3202seitige, auf drei Bände verteilte, durchpaginierte kolossale Werk, „Remembering for the Future, hgv. Jehuda Bauer, Alice L. Eckhardt, Franklin H. Littell, Elisabeth und Robert Maxwell und David Patterson, Oxford 1989. Dieses Werk ist ein Widerschein der nicht zu bewältigenden aber doch viel besprochenen Katastrophe!

[2] vgl. Katz, Post-Holocaust Dialogues; Fackenheim, Encounters between Judaism and Modern Philosophy; Roth/Berenbaum, Holocaust, Religious and Philosophical Implications; Friedländer, Probing the Limits of Representation.

und theologisch ausgebaut. Es ist außerdem von allen in Frage kommenden geistigen Verursachern des Holocausts die größte überlebende Institution. Weil das Christentum trotz seines überragenden Auftrages, die Menschheit zu Gott zu bekehren und für ihre Erlösung zu arbeiten, diese kaum zu bessern vermochte, ihr statt dessen das antijüdische Gift injizierte, gilt es als repräsentativ für die geistig-moralische Verkommenheit und die universale Verstrickung in die Schuld an den Verbrechen, die in den Todeslagern geschehen sind[3].

Das jüdische Volk selbst steht nicht nur als Ankläger da. Ähnlich wie im Christentum regen sich auch da selbstkritische Kräfte, die nach den geistig-religiös-völkischen Strukturen und den gesellschaftlichen Verhaltensmustern fragen, die den Zorn der Bösen unnötig gereizt und die Zustimmung der Massen zu ihren antijüdischen „Führern" ermöglicht haben könnten. Besonders das chasidische und das orthodoxe Judentum fragen darüber hinaus nach den *Sünden* des jüdischen Volkes, die Gott bewogen haben könnten, das schwere Verhängnis der Schoa zu verfügen[4]. Das jüdische Volk kann aber nicht auf die Anklagebank geschoben werden. Dies wäre eine Verwechslung von Mörder und Opfer. Es muß aber sein Zeugnis und seine Anklagen mit Blick auf seine eigene Identität als Volk und als Religion und vor allem auf seine durch die Schoa geschwächten Überlebenschancen in Gegenwart und Zukunft zum Ausdruck bringen.

Eine schaurige Frage besteht darin, ob auch Gott selbst auf die Anklagebank gehört. Viele Autoren haben ihn bereits auf diese Bank geschoben. Er habe die Menschen mit ihren Möglichkeiten zu Haß und Vernichtung geschaffen. Er habe Israel als sein Vorzugs- und Vorbildsvolk erwählt, sich als allmächtiger und gütiger Lenker der Geschichte proklamiert – und habe dann doch Hitler gegen Israel gewähren lassen. Er sei ein Monster, das unschuldige Kinder massenweise den Schlächtern des 20. Jhs. ausgeliefert habe.

---

3   Nur wenn das Christentum stellvertretend als Universale der ganzen abendländischen Entwicklung betrachtet wird, sind Aussagen einigermaßen verständlich, wonach eine Blutspur von Golgotha bis in die Gasöfen von Auschwitz hineinreicht, wonach das Christentum die mörderischste Religion ist, die es je gegeben hat, und wonach es ohne Christentum keinen Holocaust hätte geben können. Vgl. die aggreßiven und sehr pauschalisierenden Ausführungen von Czermak, Christen gegen Juden.

4   Zu den innerjüdischen Beschuldigungen vgl. Michael Schaschar, Ha-Charedîm, Ha-Scho^ca we-Ha'-Zîônût, Kiwwûnim 2 (1990) 127–131; ebenso Cohen/Cochavi/Gelber, Dapim.

Die Frage nach dem evtl. schuldig gewordenen Gott ist nur auf den ersten Blick eine Teilfrage. Je mehr man in die Lager des Massenmordes hineinzuschauen wagt, desto mehr zeigt sich die Gottesfrage mit dem ganzen Leid, dem ganzen Unrecht und der ganzen Grausamkeit verhängt. Man kann die Gottesfrage nicht angehen, ohne dauernd den unersetzlichen Verlust an Menschenleben, das unvorstellbare Leid, die menschliche Verantwortung und das im Menschen zum Tragen kommende Böse im Auge zu behalten. Erschwerend kommt dazu, daß Gott noch unbegreiflicher ist als die unbegreifliche Vernichtung von Juden. Er kann nicht als *Teil*-Problem verstanden werden. Er ist ja der Gott Israels und der Völker, der Vater Jesu Christi und der Kirche, der Gott der Juden, der Christen, der Zigeuner, der Homosexuellen, der Deutschen, der Polen, der Russen, der Schweizer und – wenn auch fast nur in der Lästerung – Hitlers. Er hat die Geschichte der Welt, der Menschheit und des Volkes der Erwählung in seiner Hand. Die verwegene Frage, ob Gott nach der Schoa, die er geschehen ließ oder geschehen lassen mußte, auf die Anklagebank gehört, ist daher eine Frage aus einer Froschperspektive heraus. Sie darf und muß trotzdem gestellt werden. Ähnliches gilt für die verwandten Fragen: Hat Gott seinen Bund mit Israel während der nationalsozialistischen Schreckensjahre gebrochen? Ist er noch allmächtig, vorsehend und erbarmend? Lebt er überhaupt noch oder ist er inzwischen tot? Es geht hier um Kernfragen. Mit Gott ist ja nicht irgendein ideologischer Überbau, ein verzichtbares metaphysisches System gemeint: Vielmehr stecken wir Menschen selbst – seien wir nun gläubig oder nicht – in Gott und in der Frage nach ihm. Und auch Gott ist in uns, wirkt in uns (vgl. Apg 17,28). Wir sind verfügbare Wesen, Abbilder Gottes, und Träger einer Bestimmung, die in uns und außer uns liegt.

Für die christliche Kirche ist die Schoa „one of the most dis-orienting experiences in nearly 2000 years"[5]. Zahlreiche Gründe wurden dafür beigebracht. Der von der Kirche geduldete Antijudaismus war sowohl eine metaphysische Lüge und ein Irrtum im Glauben als auch ein schweres pastorales Versäumnis, das eine Kette von Leiden auf das jüdische Volk gebracht hat. Viele, die ihre Kirchentreue in der Neuzeit und in der Moderne stolz vor sich hertrugen, spielten eine aktive Rolle bei der Propagierung des Rassenantisemitismus, ohne daß sie von der Kirchenleitung zurückgepfiffen worden wären. Diesen Zusammenhängen hat der evangelische Theologe Friedrich-W. Marquardt in besonderer Prägnanz Ausdruck verliehen: „Zugleich mit den Juden wurde das Erwählungshandeln, wurden Bund und

---

5 Robert Seitz Frey, in: Remembering for the Future, 618.

Treue des Gottes Abrahams, Isaaks und Jakobs, des Vaters Jesu Christi, preisgegeben, wurde Gott im Zentrum seiner Selbstentäußerung als wahrer, lebendiger Gott angegriffen und verleugnet. Damit hat aber Auschwitz eine eigene theologische Dimension. Neben die Kategorie der zerstörten Vernunft tritt die Kategorie der Schuld und einer Verblendung des christlichen Glaubens, seiner Theologie und der Kirche"[6].

Aber auch die jüdische Volks- und Religionsgemeinschaft ist in höchste Verwirrung geraten: „Auschwitz has become an inescapable datum for all Jewish accounts of the meaning and nature of covenantal relation and God's relation to man"[7]. Wenn das Volk der Juden – neben der in Schuld und Irrtum verstrickten Kirche – so darniederliegt, dann sind kaum noch Flecken und Lücken einer heilen Welt sichtbar! Alle Wissenschafter zusammen finden trotz methodologischer Zusammenarbeit keine Kategorien, um der Nachwelt zu einem auch nur einigermaßen verläßlichen Urteil über die, alle Vorstellungskraft sprengenden Ausmaße der Vernichtung der Juden während des zweiten Weltkrieges zu verhelfen.

2. Die Schoa, ein unvergleichbares Greuelereignis?

2.1. Namengebung

Welchen Namen kann man dem Greuelding, der millionenfachen Hinmordung von Juden und ihresgleichen unter der Naziherrschaft geben? Begreiflicherweise stößt der Begriff „Endlösung" nicht auf besondere Liebe, weil er dem nazistischen Vokabular entstammt, und weil es in der Tat nicht zu der von den Nazis beabsichtigten totalen Vernichtung des jüdischen Volkes kam. Das Vernichtungslager Auschwitz-Birkenau eignet sich ebenfalls nicht besonders gut als stellvertretender und zusammenbündelnder Name für alle, zur Zeit des Zweiten Weltkrieges an den Juden begangenen Greueltaten. Auschwitz wurde ja ursprünglich gebaut, um die polnische Intelligenz zu vernichten. Außer den ca. 1,5 Millionen Juden sind in Auschwitz Nichtjuden, Polen und auch sehr viele andere, ermordet worden. Auch der Begriff Holocaust stößt teilweise auf Schwierigkeiten, weil er aufgrund der biblischen Diktion die theologische Ansicht suggeriert, alle umgebrachten Juden seien „Ganzopfer" d. h. Märtyrer gewesen. Dadurch werde von der

---

[6] Marquardt, Von Elend und Heimsuchung der Theologie, 77.
[7] Steven T. Katz, Post-Holocaust Dialogues, 142.

banalen Schrecklichkeit und der Verzweiflung von Millionen von Opfern abgelenkt. Ignaz Maybaum gebraucht den Ausdruck: „der dritte Churban". Er will damit einen historischen und theologischen Zusammenhang mit der Tempelzerstörung der Jahre 586 v. und 70 n. Chr. herstellen. Einige sind ihm darin gefolgt. Andere aber meiden diesen Ausdruck, weil die unvergleichbaren Greuel in der Nazizeit dadurch auf die gleiche Stufe mit den früheren Glaubensprüfungen Israels gestellt würden und weil ihnen damit vorschnell ein Sinn unterschoben werde. In jüdisch-orthodoxen Kreisen spricht man von den „Verhängnissen von 1940–1945" (Ha-Gezerôt Tasch-Taschhê). Verschiedene Chasidim sprechen im Anschluß an bSan 98a von den chevle ham-maschiach, den Wehen des Messias. Außerhalb des hebräischen Sprachgebrauchs haben sich diese etwas schwer auf nichtjüdischer Zunge liegenden Bezeichnungen nicht durchgesetzt. Am wenigsten stoßen die Ausdrücke „die Schoa" und „der Genozid" auf Widerspruch. Auch der traditionell eingespielte Begriff Holocaust bleibt allen Bedenken zum Trotz ein dominanter Begriff.

2.2. Uniqueness, Incomparability

Hinter dem Streit um die geeignete Stichwortbezeichnung steht der inhaltliche Streit um die Einzigartigkeit und Unvergleichbarkeit der Schoa. Nach Stephen T. Katz war der Holocaust *intentional*, d. h. in der ideologischen Verblendung und im totalen Vernichtungswillen der Nazis einzigartig und unvergleichbar. Katz meint im wesentlichen zu Recht, mit der Intentionalität einen entscheidenden Schlüssel gefunden zu haben, um alle Bemühungen zu aktivieren, damit derlei nicht mehr geschehen könne. Der letzte Satz seines magnum opus lautet dementsprechend: „I believe enough evidence has been marshalled to suggest that in and through the category of ‚intention' we can begin to perceive at least one seminal individuating characteristic of the Holocaust"[8]. Ähnlich schreibt Yehuda Bauer: „What was unique in the Holocaust was the totality of its ideology and of its translation of abstract thought into planned, logically implemented total murder. More than that, it became a central part of the rationale for a total war that caused some 35 million casualties in the six year long struggle"[9]. Die extremsten Verfechter der uniqueness und incomparability des Holo-

---

[8] Stephen T. Katz, Post-Holocaust Dialogues, 310.
[9] In: Roth/Berenbaum, Holocaust, Religious, 18.

causts sind aber Elie Wiesel und Richard Rubenstein. Elie Wiesel verwirft alle Vergleiche und Parallelisierungen. Als Überlebender und Zeuge betrachtet er alle Vergleiche mit dem Holocaust als höchst unangemessen, ja sakrilegisch[10]. In einer TV-Übertragung sagte Elie Wiesel: „The Holocaust is the ultimate event, the ultimate mystery, never to be comprehended or transmitted"[11]. Richard Rubenstein redet von Auschwitz als einer „qualitatively and quantitatively different form of evil – evil absolute and unrestrained"[12].

Im Allgemeinen reden die Holocaust-Deuter von funktionaler, historischer und theologischer uniqueness. Mit der *funktionalen Unvergleichbarkeit* wird auf das perfekte Funktionieren der Vernichtungsmaschinerie gegen die Juden hingewiesen. *Historische Unvergleichbarkeit* meint die Unmöglichkeit der Parallelisierung mit vergangenen und zeitgleichen Greueltaten wie die Tempelzerstörung des Jahres 70 n. Chr., die Vertreibung der Juden aus Spanien im Jahre 1492 und der Abwurf der Atombombe auf Hiroshima und Nagasaki etc. Mit *theologischer Unvergleichbarkeit* wird auf die offenbarungsgeschichtliche und religiös-traditionelle Wertung des Volkes der Juden und der Christen angespielt, die durch die Schoa fundamental in Frage gestellt werden. Der Holocaust sei zuerst eine fundamentale Verneinung der Glaubenstradition, wonach die Juden das von Gott geliebte, geschätzte und letztlich zum Heil aller Menschen bestimmte religiöse Elite-Volk (ᶜam segulla) sind. Noch mehr werde das Christentum depotenziert, das angeblich von Gott zum Heil der Völker ins Leben gerufen worden sei. Für Judentum und Christentum sehe aber die Realität ganz anders aus: Das Judentum habe in den Vernichtungslagern für alle Menschen den Kopf hinhalten müssen, und das Christentum sei an Juden und allen Menschen schuldig geworden. In diesem theologischen, heils- und unheilsgeschichtlichen Zusammenhang taucht die Metapher vom „shattered mirror" dem zerbrochenen und zersplitterten Spiegel auf. Seit Auschwitz stehen die Juden, die Christen und die Andern vor einem zerbrochenen Spiegel. Sie können ihre eigene religiöse und menschliche Identität, ihren Lebenssinn, ihre von Gott gestellte Aufgabe nur noch verzerrt, unvollständig und zerrissen sehen[13]. Die christliche Ursache für diese verzerr-

---

[10] Nach Roth/Berenbaum, Holocaust, Religious, 2.
[11] Nach Roth/Berenbaum, Holocaust, Religious,.3.
[12] vgl. Steven T. Katz, Post-Holocaust Dialogues, 186. Katz meint zu Recht, solche hyperbolischen Ausdrücke seien keine Antwort auf die Schoa.
[13] So z.B. D'Costa im Anschluß an Elie Wiesel in: Remembering for the Future (Anm. 1) 709.

te und unzusammenhängende Sicht ist für den Katholiken Gregory Baum „the deadly power of its own symbolism". Diese berühre „the very formulation of the Christian gospels"[14].

Auschwitz-Deutungen knüpfen an den traumatischen Erlebnissen, an der Größe der Qualen, an der Unzahl von Opfern und an den ideologischen Hintergründen, die zu dieser Katastrophe führten, an. Eine Sammlung von Eindrücken ergibt aber noch keine Deutung. Wer beim Nachempfinden der Greuel oder beim Schimpfen über die Verursacher stehen bleibt, der begibt sich in gewisser Weise in die Hölle der Schoa, er sieht dort aber keine Fluchtwege und keine Lichtpunkte. Die Schoa muß aus der bloßen Subjektivität herausgenommen werden, sonst sind keine Übersicht, keine Aussicht und keine fruchtbare Auseinandersetzung möglich. Eine historische Abgrenzung und Umschreibung muß aber versucht werden, nicht zur Verdrängung und nicht zur Verfälschung, sondern als Ansatzpunkt für eine Erneuerung des Denkens und Handelns der christlichen, der jüdischen und der übrigen Menschheit. Folgende Umschreibung wäre ein brauchbarer Rahmen: Unter der Schoa verstehen wir die von den nationalsozialistischen Machthabern intendierte und weithin erreichte, aber 1945 – für fast sechs Millionen zu spät – gestoppte Vernichtung des jüdischen Volkes. Erreicht haben die Nazis die Vernichtung eines Drittels der Juden. Die Entkommenen wurden zur Basis-Gruppe für eine erneuerte jüdische Identität und für den 1948 ausgerufenen Staat Israel. Diese Umschreibung klingt zwar emotionslos und unbeteiligt. Sie entspricht aber den historischen Begebenheiten, die bis in unsere Zeit hinein reichen. Sie schafft auch mehr Raum für Deutungen, als wenn *einzig* das Grauen nachempfunden und beklagt wird. Mit *bloßen Zahlen* ist nicht zu beweisen, daß die Schoa das unvergleichlichste Greuelereignis seit Weltbeginn war. Der ungerechte Tod wird ja von jedem Menschen als höchstes Übel betrachtet, ob er nun allein ist oder in Gemeinschaft mit Millionen von Mitmenschen und Volksgenossen. Ferner weiß niemand, was uns die Zukunft noch an Greueln bringen wird. Trotzdem wäre es Leichtsinn und Unsinn, gegen die uniqueness der Schoa ankämpfen zu wollen. Sie ist *das* ragende Zeichen des unvorstellbar großen Leids, das im 20. Jh. über das jüdische Volk hereingebrochen ist. Das jüdische Volk ist das Volk des Leides und des Todes und des Lebens im 20. Jahrhundert. Niemand darf die Schoa verdrängen oder gegen andere Katastrophen aufrechnen.

---

[14] Zit. in Alice an Roy Eckardt, Long Nigth's Journay into Day, 71.

3. Gott und Mensch angesichts der Judenvernichtung: Denkmodelle

Was alles schon über Gott im Zusammenhang mit dem Holocaust gesagt worden ist, ist das Ergebnis von Eindrücken des Schreckens über eigenes oder fremdes Leid. Diese Eindrücke sind zu theologischen Ansätzen und Systemen verarbeitet worden und werden bis heute heftig diskutiert. Hier kann begreiflicherweise nicht auf alle Autoren eingegangen werden.

3.1 *Richard Rubenstein* hat sich in mehreren Werken als radikaler Verfechter einer aus dem Holocaust abgeleiteten Gott-ist-tot-Theologie hervorgetan[15]. Steven T. Katz hat Rubensteins Auffassungen syllogistisch so zusammengefaßt: 1. Gott, so wie er in der jüdischen Tradition aufgefaßt wird, hätte den Holocaust nicht zulassen können. 2. Der Holocaust fand aber statt. 3. Also existiert der Gott der jüdischen Tradition nicht[16]. Gott ist laut Rubenstein „The Holy Nothingness" (Das heilige Nichts), das seine Autorität über das jüdische Volk und über die Menschheit verloren hat. Der Glaube an Gott und an eine von ihm ergangene Offenbarung ist zur Farce geworden. Es gibt keinen Lebenssinn mehr außerhalb der menschlichen Solidarität. Die Juden müssen vom Mythos des erwählten Bundesvolkes loskommen. In der 2. Auflage seines Werkes sieht Rubenstein insofern wieder einen Sinn in einem religiös orientierten Judentum, als die einzelnen Juden von ihrer Religion eine Orientierung erhalten, die verhindert, daß sie blindlings in die Fallen ihrer Todfeinde hineintappen.

3.2. Obwohl sie es weit von sich weisen würden, befinden sich mehrere *jüdisch-orthodoxe Holocaust-Bedenker* in der Nähe von Richard Rubenstein: Jene nämlich, die den Holocaust als die von Gott gesetzte Folge jüdischer Sünden deuten. Gott ist in schrecklichen Zorn geraten, weil besonders die nordeuropäischen Juden die Tora und die darin vorgeschriebene, jüdische Lebensweise in Absonderung von den Völkern vergessen hatten, weil sich die europäischen Juden dem Zionismus statt der Torafrömmigkeit und dem Toralesen hingegeben hatten, oder weil die Juden sich von der Aufklärung und dem ökonomischen Liberalismus hatten anstecken lassen. Bernard Maza, Joel Teitelbaum, der Munkaczer Rebbe, Rav Schach, Rav Sch. Wolbe und andere haben sich in dieser Richtung geäußert. Der Holocaust wird bei ihnen zu einem erlösenden Akt Gottes. Nach dem Holocaust sind

---

[15] Richard Rubenstein, After Auschwitz, Radical Theology and Contemporary Judaism (2. Auflage 1992); ders., The Cunning of History.
[16] Steven T. Katz, Post-Holocaust Dialogues, 186.

die Überlebenden endlich bereit, sich wieder Gott, der Tora und der traditionellen jüdischen Lebensweise zuzuwenden[17]. Solche Auffassungen laufen auf eine ähnliche Absetzung Gottes hinaus, wie sie Rubenstein vorgenommen hat. Man kann sie mindestens so deuten: Gott wird zum Ungeheuer, das sich aus Gerechtigkeitssinn an Unschuldigen für Sünden rächt, die andere begangen haben.

3.3. *Emil Fackenheim* ist ein Philosoph und Theologe von beachtlichem Format, der vor allem die Kraft der jüdischen Ethik gegenüber alten und modernen Idolatrien hervorhebt. Er ist durch seine Idee von der „commanding voice of Auschwitz" bekannt geworden. Auschwitz hat nach Fackenheim zwar nicht den Rang des „root experience" wie das Sinaiereignis. Es ist aber ein „epoch-making event", d. h. ein Ereignis, das ein Umdenken des traditionellen Verständnisses von Gott, Geschichte , Judentum, Christentum und der Rolle der Menschheit verlangt. Von Auschwitz her ertönt die befehlende Stimme Gottes, Hitler keine posthumen Siege zu ermöglichen. Den Juden ist es seit Auschwitz geboten, „to struggle for survival in faithfulness" und die Erinnerung an die Opfer der Vernichtungslager lebendig zu erhalten. Ihnen ist es verboten, am Gott Israels, am Menschen und seiner Welt zu verzweifeln und in einen Zynismus oder in eine Jenseitshaltung zu fliehen. Diese Auschwitz-Gebote und Verbote stehen also ganz im Dienste der Abwehr gegen destruktive Kräfte und der Förderung des Weiterlebens des Judentums als physisches Volk und als Volk des Glaubens. Nach Fackenheim ist das Christentum weder fähig noch willens, die jüdische Notwendigkeit des „survival" zu verstehen. Auch Gott selbst wird in seinem Handeln in Frage gestellt: Er war zwar in Auschwitz, aber wir wissen nicht, was er dort getan hat. Er ist in Auschwitz besonders an den ermordeten unschuldigen Kindern schuldig geworden. Er hat seit damals eine verdunkeltes Antlitz (an eclipsed face). Er kann aber aus dem Abgrund von Auschwitz erlöst werden, wenn das jüdische Volk auf seine „gebietende Stimme von Auschwitz her" hört. Der Staat Israel ist ein Ausdruck und eine Bestätigung des jüdischen Ringens um den „survival"[18].

---

[17] vgl. Maza, With God's Fury Poured Out; Teitelbaum, ᶜAl hag- geûlla we-ᶜal hat-temûra; Kritik: Steven T. Katz, Steven T. Katz, Post-Holocaust Dialogues, 267; Dan Cohn-Sherbok, Holocaust Theology, 15–27; Sch. Wolbe, Middas HaDin, Jüdische Zeitung – Wochenschrift der jüdischen Orthodoxie der Schweiz vom 7. Aug. 1992.

[18] Emil Fackenheim, God's Presence in History; ders. Quest for Past and Future; ders., Encounters;. ders., To Mend the World. Sein „ commanding word (oder voice) of Auschwitz" kommt in mehreren Variationen in seinen verschiedenen Werken vor.

3.4. *Eliezer Berkovits* geht verschiedenen Antworten nach, die in der jüdischen Tradition auf das Problem des ungerechten Leidens und Sterbens gegeben worden sind[19]. Im Zentrum seiner Antworten steht die rabbinische Lehre (bHag 5a-b; PesK 24,14) vom „verhüllten Antlitz Gottes" (hester panim). Gott verbirgt bisweilen sein Antlitz, d. h. seine schützende Tätigkeit geheimnisvoll und ohne menschlich ersichtlichen Grund vor den Menschen. Dies bedeutet dann für die Menschen eine Leidenszeit. Der Holocaust war ein für die Juden äußerst harter hester panim Gottes. Bezüglich der Größe ihres Schreckens war die Schoa unvergleichbar, nicht aber bezüglich des Glaubens der Juden. Religiös gesehen hatten die Juden im Verlaufe ihrer Geschichte „innumerable Auschwitz's"[20]. Berkovitz deutet das Martyrium als letzten Akt der Resignation und des Vertrauens auf Gott. Als eine Bewährung in letztmöglicher Treue und als eine Antwort auf die Treue Gottes, ist das Martyrium der höchste Akt des religiösen Heroismus[21]. Nicht alle Opfer der Todeslager waren Martyrer, aber sehr viele. Berkovitz öffnet auch Tore der Hoffnung: Die Juden dürfen nicht nur sprachlos nach Auschwitz starren. Sie kennen ja auch die Freude der „Einsammlung der Exile" (qibbûz galuyôt). Die Überlebenden bezeugen, daß das Satanische nicht absolut ist. Speziell der Sechs-Tage-Krieg von 1967 habe eine „inescapable revelatory quality"[22]. Berkovitz läßt eine transzendente Hoffnung auf das Jenseits gelten.

3.5. Mit Berkovitz ist *Michael Wyschogrod* geistig verwandt. – Berkovitz verschärfend betont Wyschogrod: „The Holocaust has no place in the inner sanctum of Judaism"[23]. Die jüdischen Glaubensgrundlagen sind nach dem Abstellen des Giftgases noch intakt. Wyschogrod setzt sich auch mit Fackenheim auseinander. Nach ihm ist der Holocaust „peripheral to the faith of Israel, there is no salvation to be extracted from the Holocaust". Nur weil Israel das erwählte Volk Gottes und damit „the fulcrum of human history" ist, kann die Katastrophe in den Vernichtungslagern als „absolute unique" bewertet werden. Man kann diese Sicht aber von den Nichtjuden nicht erwarten, weil diese die Rolle des jüdischen Volkes als einer - zusammen mit Gott – co-redemptiven Gemeinschaft nicht sehen. Israels Glaube ist außerdem „centred about the saving acts of God, the Exodus, the Temple

---

[19] Berkovitz, Faith after the Holocaust; ders., With God in Hell.
[20] Faith after the Holocaust, 88.
[21] Dazu Steven T. Katz, Post-Holocaust Dialogues, 164.
[22] Faith after the Holocaust, 152.
[23] Auschwitz: Beginning of a New Era? Reflections on the Holocaust, Tradition 16, (1977) 63–78, zit. 76.

and the Messiah". Die Zerstörungen gehören nicht zum jüdischen Glauben[24].

3.6. Nach *Ignaz Maybaum* litten die Opfer in den Gaskammern einen stellvertretenden Tod für die Sünden der Welt. Sie sind der stellvertretende leidende Gottesknecht, der in Jes 52–53 beschrieben ist. Auschwitz ist für Maybaum „the 20th-century Calvary of the Jewish People"[25]. In Deutschland, diesem Land des Baal, haben sich die Juden nicht vor dem Götzen gebeugt und wurden deshalb zu stellvertretend sühnenden Knechten Gottes erwählt. Der Sinn ihres Opferganges ist es, die Völker weg von der Idolatrie und hin zur Verehrung des Gottes Israels zu führen. Durch das Lebensopfer dieser Vertreter Israels geschieht den Völkern Heil: „In Auschwitz Jews suffered vicarious atonement for the sins of mankind"[26]. Die Nach-Auschwitz-Ära trägt dementsprechend messianische Züge. „The Jewish people is, here and now, mankind at its goal. We have arrived. We are the first fruits of God's harvest"[27].

3.7. Der jüdische Philosoph *Hans Jonas* (1907–1993) teilt mit vielen andern jüdischen und christlichen Autoren die Auffassung, Auschwitz, dieses Unheil von nie dagewesenen Ausmaßen, sei mit bisherigen theologischen Kategorien nicht zu meistern. Gott könne angesichts seines Nichteingreifens in Auschwitz nicht mehr als Herr der Geschichte und vor allem nicht mehr als Allmächtiger begriffen werden. Man könne sich Gottes Schweigen angesichts der Vernichtung des Großteils des jüdischen Volkes nur einigermaßen erklären, wenn man annehme, Gott habe am Schöpfungsmorgen seiner Macht entsagt, und er existiere seitdem im Zustand der Ohnmacht, und zwar für die ganze Weltzeit. Gott habe sich einer bedingungslosen Immanenz verschrieben. Als Unendlicher habe er seine Macht dem Endlichen überantwortet. Er sei also während der Geschichtszeit ein schweigsamer, mitleidender Zuschauer beim menschlichen Tun und Treiben. Wie aber soll denn Gott aus seinem völligen Hineingetauchtsein in die Immanenz wieder in die Transzendenz und Allmacht hinaufgelangen können? Jonas meint dazu: „Nachdem er sich ganz in die werdende Welt hineingab, hat Gott nichts mehr zu geben: Jetzt ist es am Menschen,

---

[24] Michael Wyschogrod, Faith and the Holocaust, A Review Essay of Emil Fackenheim's God's Presence in History, Judaism 20 (1971) 286–294. Die Zitate finden sich S. 293–94.

[25] Ignaz Maybaum, The Face of God After Auschwitz, 35.

[26] The face of God, 35f.

[27] The face of God, 63.

ihm zu geben"[28]. Die Gerechten, die den Gequälten und auf die Todesram-
pe Gehobenen helfen, garantieren also den Fortbestand der Welt. „Auschwitz erscheint bei Jonas sowohl als Ort des Scheiterns des in der Selbstbeschränkung befindlichen Gottes, wie auch als Ort, wo aus der Asche der
gescheiterten Sache Gottes die unkenntlich gewordene Transzendenz Gottes als Heiligkeit in der Gestalt der Gerechten hervortritt"[29]. Obwohl sich
Hans Jonas zur Rechtfertigung seiner „existentialen" These auf das kabbalistische *Zimzum* (Gottes freiwillige Selbstbeschränkung zur Ermöglichung der Schöpfung) beruft, und obwohl Christen Inkarnatorisches in
mehreren Sätzen von Hans Jonas gefunden haben, ist doch klar, daß sich
die traditionellen Religionen die Allmacht Gottes nicht wegnehmen lassen
können. Wenn Gott kein allmächtiges Gegenüber mehr ist, wird jede Gottesverehrung und jede Unterwerfung unter Gottes Willen fragwürdig.
Möglich ist einzig eine dialektische Position, wonach Gott allmächtig *und*
ohnmächtig ist. Jonas ist aber zuzugestehen, daß er eine mutige, ja kühne
These gewagt hat, weil ja wirklich niemand erklären kann, weshalb Gott
das Böse in solchen astronomischen Größen zuläßt, und zwar ausgerech-
net an seinem erwählten Spezialvolk.

3.8. Es gibt noch eine Menge weiterer Ansätze zur Deutung des Holocausts. Zu erwähnen sind u. a. *Irving Greenberg, Elie Wiesel* und *Marc H.
Ellis*. Greenberg hebt die Opposition zwischen den Todeslagern und dem
Staat Israel , d. h. zwischen „the experience of nothingness" bzw. der „alie-
nation" und dem „political empowerment of a suffering community " hervor. Jerusalem als die Gegenstadt von Auschwitz symbolisiert die Anwesenheit Gottes sowie das Weiterleben und die Beheimatung des Volkes[30]. Elie
Wiesels Charisma liegt in seiner hervorragenden Fähigkeit, den selbst erlebten Horror poetisch-kunstvoll nachzuerzählen und feierlich zu bezeugen. Da die Erinnerung im Sinne von Wiesel weitgehend religiöser Natur
ist und auf Vergegenwärtigung zielt, erhält sie bisweilen den Charakter
eines quasi-Sakaramentes[31]. Marc Ellis versucht seine Holocaust Theologie
mit der christlichen „Theologie of liberation" zu verbinden und dabei als

---

[28] Der Gottesbegriff nach Auschwitz, 47.
[29] Henrix, Auschwitz und Gottes Selbstbegrenzung, 10. Henrix versteht es gut, auf die
    Gedankengänge von Jonas einzugehen.
[30] Greenberg, On the Third Era in Jewish History.
[31] vgl. Elie Wiesel, The Future of Remembering, in: Remembering for the Future 3129–
    3135; dazu auch: Zeev Garber/Bruce Zuckermann, Why do we Call the Holocaust
    „The Holocaust"? An Inquiry into the Psychology of Labels, in: Remembering for
    the Future, S. 1879–1892.

„Linker" zur Selbstkritik Israels und zur Solidarität mit dem palästinensischen Volk aufzurufen[32].

3.9. Einen besonders prononcierten Ansatz in der Holocaust-Deutung bietet *Dan Cohn-Sherbok*. Er kritisiert die hier beschriebenen Denkanstöße und findet alle unbefriedigend. Der Appell zum Überleben (survival) ist ungenügd, da nicht gesagt wird, weshalb das jüdische Volk überleben soll. Die Aufrufe zur besseren Torabefolgung kommen von orthodoxer und religiös-extremistischer Seite und sind für liberale und säkulare Juden deshalb ein rotes Tuch. Die Reduzierung des Rettungs-und Erlösungsgedankens auf das Leben im Staat Israel und auf das Vertrauen auf Gott bedeutet ein Stehenbleiben auf halbem Weg. Ähnliches gilt für die Hinweise auf Gottes Abwesenheit im Leid oder auf Gottes Zorn. Auch bloße Solidariatät mit den unterdrückten Palästinensern muß in einen größeren Sinnzusammenhang hineingestellt werden. Alle vorgebrachten Deutungen richten sich entweder gegen den traditionellen jüdischen Glauben und erzeugen nichts als innerjüdischen Streit gegen das friedliche Zusammenleben mit den Völkern oder gegen die Freiheit der Meinungen und Strömungen innerhalb des Judentums. Versöhnend, geschichtsbezogen und übergreifend werden alle Ansätze erst dann, wenn wir auch an eine Auferstehung der Ermordeten, d. h. an „messianic redemption, resurrection and final judgment"[33] glauben. Auch der Glaube an die Unsterblichkeit der Seele genügt in der Isolierung nicht. Es geht um das ganze individuelle und soziale Leben, das erneuert und von Gott neugeschaffen wird. Man kommt mit der Tora, der Tradition und den modernen Lebensumständen nur ins Reine, wenn angenommen wird, daß Gott sich der Gemordeten und Geschundenen nach dem Tod erbarmt und ihnen als Belohnung für ihre Treue und als Ausgleich für ihre unsäglichen Leiden ein neues, volles und unverlierbares Leben schenkt. Ohne diese Hoffnung ist es unmöglich, „to make sense of the world as the creation of an all-good and all-powerful God… If death means extinction, there is no way to make sense to the claim that He loves and cherishes all who died in the concentration camps, for suffering would ultimately triumph over each of those who perished"[34].

Ähnlich wie dies Cohn-Sherbok schildert, müssen die Gedankengänge im 2./1.Jh. v. Chr. und im 1./2.Jh. n. Chr. bei vielen Juden gewesen sein, als

---

[32] Ellis, Toward a Jewish Theology of Liberation, The Uprising and the Future, in: Remembering for the Future, 584–597.

[33] Dan Cohn-Sherbok, Holocaust Theology.

[34] Holocaust Theology, 128f.

sie verfolgt, vertrieben und gemartert wurden. Damals entstand der Glaube an die Auferstehung der Toten. Gott, so sagten es die damaligen Juden, ist nur dann bundestreu, wenn er sich der ungerecht Umgebrachten nach dem Tod durch einen Akt der Neuschöpfung erbarmt (bes. 2 Makk 7).

4. Grundsätzliches zur Umkehr

Umkehr, (teschuva, metanoia) ist das Grundwort jeder redlichen christlichen Theologie des jüdischen Volkes nach der Schoa. Das Grauen der Judenvernichtung unter der nationalsozialistischen Herrschaft hat bei wachen Geistern die Überzeugung geweckt, daß es weder mit dem Menschen, noch mit der Kultur, noch mit dem Fortschritt, noch mit der Religion im bisherigen Rhythmus weitergehen kann. Johann Baptist Metz prägte die inzwischen klassisch gewordenen Sätze:

> „Wir Christen kommen niemals mehr hinter Auschwitz zurück; über Auschwitz hinaus aber kommen wir, genau besehen nicht mehr allein, sondern nur noch mit den Opfern von Auschwitz. Das ist in meinen Augen die Wurzel der jüdisch-christlichen Oekumene. Die Wende im Verhältnis zwischen Juden und Christen entspricht der Radikalität des in Auschwitz hereingebrochenen Endes." Nach Metz gilt nun folgendes theologisches Grundprinzip.: „Keine Theologie mehr zu treiben, die so angelegt ist, daß sie von Auschwitz unberührt bleibt"[35].

Diesem Grundsatz ist gewiß zuzustimmen. Aus ihm ergeben sich mehrere Konsequenzen, auf die Metz hinweist: Im Christentum werden viele „Entschuldigungsmythen" und „Verharmlosungsmechanismen" gehegt und gepflegt; sie müssen erkannt und entlarvt werden. Das Judentum darf nicht mehr zum Objekt des christlichen Siegesdenkens degradiert werden. Den Juden ist zuzuhören; und daraus sind christliche Denkens- und Verhaltensweisen zu gewinnen. Das Christentum muß sein Verhalten den politischen Mächten gegenüber neu gestalten. Aus einer Religion der Anpassung an die Mächtigen und an die Machtstrukturen muß eine Gemeinschaft der Solidarität mit den Verfolgten werden. Noch radikaler und umfaßender als es Metz zeigt, hat Friedrich-W. Marquardt ein christliches Denken aus der Umkehr heraus, angesichts der Schoa gefordert. Er durchschaut die Jämmerlichkeit der christlichen Theologie, die sich den Herausforderungen und

---

35 Johann B. Metz, Ökumene nach Auschwitz, Zum Verhältnis von Christen und Juden in Deutschland, in: Kogon u. a., Gott nach Auschwitz, 121–144, zit. 124. 138.

Schrecken der Zeit fast stets zu spät und ungenügend stellt. Aber trotzdem: „Es ist die Geschichtlichkeit des Glaubens, die Theologie notwendig macht….Die Judenmorde unseres Jahrhunderts und ihre von Theologie und Kirche zu verantwortenden Voraussetzungen und Folgen sind Zeichen unserer Zeit, die jede Theologie in bisher unbekannter Weise radikal fraglich machen".[36]

Niemand kann sich der Notwendigkeit verschliesen, daß heute eine radikale Umkehr im Denken und Tun gefordert ist. Diese Umkehr darf aber weder im jüdisch-christlichen noch im religiösen-nichtreligiösen Kleinkrieg versanden. Wer auch nur einigermaßen einen Überblick über die riesige Holocaust-Literatur hat, weiß um die Gefahr, daß der mühsam angefangene jüdisch-christliche Dialog durch pauschale Beschuldigungen zum Sterben gebracht werden kann. Dadurch drohen Juden und Nichtjuden in dieselbe tödliche Isolation zurückgeworfen zu werden, die den Holocaust gerade nicht verhindert, sondern begünstigt hat. *Wahre Umkehr aus den Wurzeln des Menschseins heraus braucht starke Überzeugungen und Wegweisungen.*

Hier werden nur einige wenige theologisch-systematische Anliegen behandelt. Der Glaube im Dunkel der Schoa, Schöpfung und Vorsehung im Dunkel der Schoa, der rettende Gott im Dunkel der Schoa, der leidende Gott im Dunkel der Schoa und die Wiederherstellung der Welt. Die Neuordnung der theologischen Schwerpunkte kann nur in respektvoller jüdisch-christlicher Zusammenarbeit geschehen. Judentum und Christentum müssen miteinander eine ʾamana (Neh 10,1), einen „contract social", ein sozialethisches Abkommen treffen. Eine gemeinsam übernommene christlich-jüdische Sozialethik ist ein großes Desiderat der heutigen Zeit. Wie gehen wir miteinander, mit unseren verschiedenen Glaubensauffassungen und mit unseren Beschuldigungslisten um? Wir müssen moralisch-ethische Normen entwickeln und miteinander abmachen, damit in Zukunft weder eine christliche Judenverachtung noch eine jüdische Christenverachtung wuchern können.

---

[36] Marquardt, Von Elend und Heimsuchung der Theologie, 63. 74.

5. Der Glaube im Dunkel der Schoa

5.1. Die Lage des Glaubens

Bei ihrer gemeinsamen Umkehr müssen sich Christen und Juden davor hüten, *nur* vom *Eindruck* her zu denken, den die Katastrophe der Schoa auf ihr Gemüt macht. Für sich allein genommen ist die Schoa kein Maßstab des Glaubens. Der Glaube zielt auf eine geheimnisvolle Realität: Gott ist der Maßstab der Glaubenden. *Wie* Gott in den Menschen in der Umwelt und in den verschiedenen Zeiten wirkt, und *wie* er den Glauben schenkt, vermag niemand zu erklären. Niemand kennt ferner das Maß des Glaubens, das ein Mensch trotz und nach der Schoa besitzt. Es gibt in allen Jahrhunderten jüdische und christliche „theologiae negativae", in denen vehement gegen vorschnelle menschliche Deutungen des Wirkens Gottes angekämpft wird. Bereits Philo von Alexandrien (gest. ca. 42 n. Chr.) sagt in diesem Sinn:

> *„Gott hat seine Natur niemandem gezeigt. Vielmehr hat er sie für das ganze Menschengeschlecht unsichtbar gelassen. Wer könnte also sagen, daß die letzte Ursache körperlich oder unkörperlich ist, ob sie Eigenschaften besitzt oder eigenschaftslos ist. Wer möchte überhaupt über ihr Wesen, ihre Bewegung eine sichere Aussage machen? Gott hat nämlich allein seine Natur in Wahrheit geprüft." (All III 206).*

Der Glaube ist auch ein Erleiden von außen und von innen her. Der Mitmensch des Glaubenden ist zu allen Gemeinheiten fähig, und die Gesellschaft kann den Einzelnen in die Ecke der Ohnmacht und des Schweigens, der Folter und des Todes stellen. Glauben heißt, die Sinnlosigkeiten und Boshaftigkeiten der Umgebung ertragen, auch wenn kein Ausweg mehr möglich ist. Dazu tritt das Eingeständnis der eigenen Insuffizienz. Kein Mensch ist ohne Bosheit. Damit ist gegeben, daß der Glaubende einen gewissen Abstand zu den Mitmenschen, besonders zu den mächtigen unter ihnen, aber auch ein gewisses Mißtrauen gegen sich selbst einnehmen muß. Von Jesus wird berichtet, daß er sich bei bestimmten Gelegenheiten den Leuten seiner Umgebung nicht anvertraute, weil „er wußte, was im Menschen ist" (Joh 2, 23–25).

5.2. Urbeispiel des Glaubens

Der Glaube an den wirkenden Gott ist auch nach der Schoa eine menschliche Möglichkeit, wenn auch nicht die einzige. Auch der Nichtglaube war

schon vor der Schoa möglich. Nichtgläubige Lebenseinstellungen haben
nach der Schoa weiteren Boden gewonnen. Hier geht es aber um den Glau-
bensweg, der auch nach der Schoa offen ist. Um ihn aufzuzeigen, werden
jene zwei exemplarischen Glaubenspersonen kurz dargestellt, die in der
Schoa-Literatur eine bedeutende Rolle spielen: *Abraham und Jesus von
Nazaret.* Beide wurden in ihrem Leben schwerster Erprobung ausgesetzt.
Beide wurden von sinnloser Vernichtung bedroht. Jesus fiel ihr zum Opfer.
Abraham wurde unerwartet samt seinem Sohn Isaak zum „Überlebenden
der Schoa" (nach einer Formulierung von Elie Wiesel). Beide wurden zu
Urhebern des Glaubens von vielen Millionen Menschen zu allen Zeiten und
in allen Gegenden. Beider Glaubenseinfluß ist auch heute noch lebendig.

Von Abraham wird erzählt, er sei wegen seines Monotheismus von Nimrod gefangen und dann in einen Feuerofen geworfen worden. Gott aber sei
in den Feuerofen gestiegen und habe Abraham gerettet. (LibAnt 6; BerR
38,13; MTeh 118,9; Parallelerzählung Dan 3: die drei jungen Männer im
Feuerofen)[37]. Abrahams vertrauender Glaube sei stets gewachsen. Er habe
Gott auch das Menschlich-Unmögliche geglaubt (Gen 15,6). Gott seinerseits habe Abraham eine äußerste Belastbarkeit zugetraut. Er habe ihm
befohlen, seinen Sohn Isaak auf den Altar zu legen und ihn dann zu schlachten. Abraham habe auch diesen Schritt ins Absurde hinein getan. Erst im
allerletzten Augenblick habe ihn Gott daran gehindert und seine Verheißung erneuert (Gen 22).

Ebenso glaubensdramatisch hören sich die Erzählungen über Jesus an. Er
habe das unstete Leben eines Wanderpredigers geführt, um die anbrechen-
de Endherrschaft Gottes zu verkündigen, um den Kranken, Verachteten
und Trostbedürftigen beizustehen, und um eine Schar gleichgesinnter
Männer und Frauen zusammenzurufen, die seine Initiative weiterführen
sollten. Dies aber machte ihn nicht zum umjubelten Menschen. Als angeblich politisch gefährlicher Messiasaspirant geriet er in die Mühlen der römischen Militärjustiz und des politisch äußerst labilen römisch-jüdisch-
oberpriesterlichen Zusammenspiels. Er mußte den damals entehrendsten
und grausamsten Tod am Kreuz sterben. Die Pointe aller Berichte und Sinn-
gebungen über dieses jämmerliche Leben und Sterben liegt darin, daß dieser, von der Intimität Gottes herkommende und aus ihr lebende Jesus als
ein von Gott und den Menschen im Stich Gelassener, an den Rand der
Verzweiflung Getriebener und doch sein Vertrauen nicht Preisgebender
sterben mußte. „Nur im Durchgang durch diese Infragestellung der Got-

---

[37] Vgl. Thoma/Lauer, Gleichnisse II, 210–213.

tesgemeinschaft und -beziehung in der Verlassenheit des Leidens und des Todes erlangt die Auferweckung und Erhöhung durch den Vater ihre offenbarende und rehabilitierende Geltung, nicht nur für die Hörer und Jünger Jesu, sondern auch für Jesus selber".[38]

In der rabbinischen Tradition wird darüber diskutiert, wer größer sei, der Messias oder Abraham. Das Ergebnis bleibt in der Schwebe. Die Welt – so sagt es ein Gleichnis – wurde nur wegen Abraham geschaffen. Wenn die Welt von Barbaren zerstört würde, verlöre Gott sein Interesse an ihr. Dann wird die Frage gestellt, was denn mit Israel geschähe, wenn ihm der Messias durch irgendwelche menschliche Machinationen entzogen würde. Die Antwort lautet: Israel würde sterben und mit Israel auch die Propheten, die Hirten und die Welt. Denn dann würde Gott seine Schekhina nicht mehr in der Welt aufscheinen lassen. Damit hätten alle Kräfte der Zerstörung freie Hand für die totale Vernichtung des ganzen Schöpfungs- und Erlösungswerkes Gottes[39].

Im Sinne der rabbinischen Überlegungen über Abraham und den Messias lassen wir es hier offen, wer größer war, Abraham oder Jesus. Wir fassen beide als exemplarische Glaubenshelden auf, die auch in den Abgrund der Schoa hinunter zu leuchten vermögen. Wenn wir die Geschichten über Jesus und Abraham bedenken, dann hat Glaube in seiner letzten Konsequenz mit einer äußersten Belastung des Menschen zu tun. Er leuchtet dann am klarsten auf, wenn sich der Mensch in der Sinnlosigkeit, im Unglück, in der Verfolgung, im ungerechten Leid und am Rande des Todes befindet. Der Glaubende steht einerseits ganz im Dunkel der Katastrophe, die über ihn hereinbricht. Anderseits wird er in eine größere Realität hineingebettet: in Gott, in die Mitmenschen und in die eigene Zukunft jenseits und über der Katastrophe. Der heroisch Glaubende hat die Fähigkeit, Gott alles zuzutrauen, was letztlich der Rettung dient, auch wenn der Weg dazu über den Tod führt. Dieses Zutrauen verhindert seine Haltlosigkeit im dunklen Raum des Leidens und des Todes. Nach jüdischer und nach neutestamentlicher Glaubensüberzeugung ist Gott im Innersten des Leids und des Leidenden so gegenwärtig, daß der Mensch in Gott hineinleidet und in Gott hineinstirbt. Ein Schüler des Baal Schem Tov (Bescht: 1700–1760) berichtet, er habe von seinem Lehrer folgende „signifikante Lehre" erfahren: „Der Mensch soll in

---

38 Dietrich Wiederkehr, Christusglaube und Glaube an den einen Gott, Zum Spannungsverhältnis zwischen Monotheismus und Trinitätslehre, in: Thoma/Wyschogrod, Das Reden vom einen Gott bei Juden und Christen, 131–155, zit. 146.

39 Thoma/Lauer, Gleichnisse II, 227–232.

all seinem physischen und geistigen Leiden bedenken, daß Gott, er sei gepriesen, im Leiden ist, wenn auch in einer verstellten Weise. Wenn der
Mensch sich dessen bewußt wird, wird die Vorstellung weggenommen, und
die Verfügungen über Leid und Übel werden annulliert"[40]. Ähnlich heißt es
bei Paulus auf christologischer Ebene: „Wenn wir leben, leben wir dem
Herrn; wenn wir sterben, sterben wir dem Herrn. Ob wir leben oder ob wir
sterben – wir gehören dem Herrn" (Röm 14,7f).

Das Glaubensleben besteht aber nicht nur aus Extremsituationen, obwohl zuzugeben ist, daß diese Extremsituationen in irgend einer Form über
jeden Menschen kommen. Im normalen täglichen Leben war Abraham
gastfreundlich und um das Wohl seiner Sippe besorgt. Jesus kümmerte sich
um die Außenseiter der Gesellschaft, um die Betrübten, Verfolgten und
Verachteten. Für die normale Lebenszeit bedeutet Glaube also Einsatz zur
Förderung der Mitmenschlichkeit. In der Hebräischen Bibel und im Neuen
Testament wird betont, daß ein gottgefälliges Leben nicht möglich ist, wenn
der „Gläubige" z. B. Waisen, Witwen, Fremde und Feinde allein läßt. (vgl.
Ex 12,49; 20, 10; 22, 20; 23,9; Dtn 5, 14.19; Jer 7,6; Sach 7,10; Mt 5, 21–26.
43–48; Lk 10, 29–37; Jak 1, 26f; 2, 14–26 u.ö.). Bloße Gottesbeziehung als
Meditation ist noch kein Glaubensleben; der Mitmensch gehört notwendig
dazu. Gottesliebe ohne Nächstenliebe ist kein Glaube. Für Christen nach
der Schoa heißt das auch: Glaube an Gott und an seinen Christus ist nur
möglich in einer Zuwendung zu den allzu lange ideologisch verachteten
Juden. *Gläubige Umkehr bedeutet ein neues Denken über Juden und Ju-*
dentum und neue Zusammenarbeitsversuche mit Juden, damit keine Ju-
denvernichtung mehr möglich wird. Nur so kann bezeugt werden, daß
Glaube keine Ausflucht und keine religiös-theologische Konkurrenz ist,
sondern eine von Gott und den Menschen her bestimmte Weggemeinschaft
und ein volles Stehen mitten in den Menschheitsproblemen und mitten in
der harten jüdisch-christlichen Problematik.

6. Der Schöpfer und seine Vorsehung im Dunkel der Schoa

6.1. Der tragische Gott

Von verschiedenen Holocaust-Bedenkern werden aus Trauer über das kolossale Unglück der Schoa immer wieder Anklagen gegen den Schöpfer der

---

[40] zit. in Schindler, Hasidic Responses, 34.

Welt und gegen seine Vorsehung vorgebracht. Damit verbinden sich Anklagen gegen die Menschheit im allgemeinen und gegen die Kirche und das
traditionelle Judentum im besonderen. Gott hätte den Menschen nicht derart haltlos erschaffen dürfen, daß es zum millionenfachen Mord an unschuldigen jüdischen Kindern in der Nazizeit kommen konnte. Meistens
wird aber in diesem Zusammenhang nicht direkt gesagt, daß wir unsere
Greuel einem verantwortungslosen Schöpfer „verdanken". Dies würde ja
zu sehr nach Gnosis riechen. Die Vorstellung von einer göttlichen Tragik
steht hingegen oft im Hintergrund der Aussagen. Die griechische Sage von
Dädalus und Ikarus kann dies verdeutlichen. Der griechische Urkünstler
und Urerfinder Dädalus verfertigte für sich und seinen Sohn Ikarus Flügel,
damit beide wie Zugvögel von der Insel Kreta und dem dort hausenden
Minotaurus fliehen könnten. Dädalus rechnete bei seiner Erfindung des
Fliegens zuwenig mit der Ahnungslosigkeit, der nicht voll entwickelten
Verantwortlichkeit und dem jugendlichen Mutwillen seines geliebten Sohnes Ikarus. Weil dieser zu nahe an die Sonne heranflog, stürzte er ins Meer
und ertrank zum höchsten Leidwesen seines Vaters. Dieser konnte nur noch
einige Flugfedern auf den Meereswellen sehen. So ähnlich konnte Gott
nach der Schoa nur noch einige Überreste seines geliebten Sohnes Israel
erblicken. Wie Dädalus hat er da gerufen: „Israel (Ikarus), mein geliebter
Sohn, wo bist du? Wo muß ich dich suchen?" Und auch Gott mußte –
ähnlich wie Dädalus – seine Schöpfertätigkeit und seine liebevolle Fürsorge
für Israel verwünschen, an deren Ende der Todessturz seines Sohnes lag.[41]
Demnach hat sich Gott aus großer Liebe zu wenig überlegt, in welche Not
er Israel im Gefolge der Erschaffung der Welt und des Menschen bringen
wird.

6.2. Das antike Gegenbild: Gott und Mensch als Wagenlenker und Reiter

Das Bild von der in der Schoa enthüllten Tragik in Gott ist eine erschüttern-
de und ernst zu nehmende Vorstellung. Wir müssen uns aber bewußt bleiben, daß der biblische Schöpfer- und Vorsehungsglaube damit nicht kon-
form geht. In allen biblischen Sätzen und Abschnitten schwingt der dank-
bare Glaube mit, daß der Schöpfergott gut und weise ist, und daß er die

---

[41] So die Dädalus-Ikarus-Legende nach Ovid, Metamorphosen, ed. u. übers. Hermann
Breitenbach, Zürich 1958, 90–95.

Geschichte der Welt und der Menschen und speziell des Gottesvolkes sicher lenkt und der vorgesehenen Bestimmung entgegenführt. Als Beleg soll hier das aus der platonischen Tradition stammende Bild vom Wagenlenker genommen werden, das speziell die nachbiblischen Juden und Christen in starkem Maße bewegt hat. Der jüdische Geschichtsschreiber Josephus Flavius (37–100 n. Chr.) tadelt die nicht an Gottes Vorsehung glaubenden Epikuräer, „weil sie die Vorsehung aus dem Leben entfernen und es nicht für richtig halten, daß Gott die Ereignisse verwalte. Sie leugnen, daß alles vom seligen und unzerstörbaren Wesen zur Erhaltung der Welt gesteuert werde, und sie sagen, daß sich die Welt automatisch bewege, ohne einen Wagenlenker zu haben und ohne daß für sie gesorgt werde" (Ant 10,278). Dies sei – so Josephus – jüdisch nicht möglich. Das Bild vom Wagenlenker oder Reiter wird auch im rabbinischen Judentum benützt, um Gottes Vorsehung mitten im menschlichen Versagen und in Unglücksfällen zu bejahen. Gott allein gebühre die Ehre dafür, daß die jüdische Ahnmutter Sara vom König vor Gerar nicht geschändet worden sei (vgl. Gen 20,1–8). Dazu wird folgendes Gleichnis erzählt:

> *„Gleich einem Helden, reitend auf einem Pferd! Das Pferd rannte unter ihm. Da sah der Reiter ein ausgesetztes Kind am Weg. Er zügelte sein Pferd und das Kind blieb unverletzt. Wem jubeln alle zu: dem Pferd oder dem Reiter? (BerR 52,7)"*[42]

Gott gebührt also die Ehre, wenn in der Welt etwas noch unerwartet gut ausgeht. Gott ist jener, der spätestens dann eingreift, wenn die Menschen schon alles für die Katastrophe bereitet haben. Der mittelalterliche Religionsphilosoph und Dichter Jehuda Hallevi (1080–1145) betrachtet den Vorsehungsglauben als eine entscheidende Grundfrage. „Du darfst es überhaupt nicht für unwahrscheinlich halten, daß erhabene göttliche Spuren in dieser niederen Welt sichtbar werden, wenn diese Stoffe imstande sind, sie aufzunehmen. Hier ist die Wurzel des Glaubens und des Unglaubens" (Kusari I 77)[43]. Das Bild vom Wagenlenker und Reiter wird aber nicht nur für den vorsehenden Gott verwendet, sondern auch für den Menschen. Philo von Alexandrien benützte das Bild, um auf die Notwendigkeit menschlicher Moralität aufmerksam zu machen.

> *„Das Werk des Reiters ist es, das Pferd zu zügeln und, falls es ausreißen will, im Zaum zu halten. Des mitgenommenen Fahrers Werk ist es jedoch, dorthin geführt*

---

[42] Thoma/Lauer, Gleichnisse II, 275f.
[43] vgl. Petuchowski/Thoma, Lexikon, 89–96.

zu werden, wohin er will… Deswegen wird der Reiter, wenn er die Leidenschaften zügelt, nicht abgeworfen, sondern steigt selbst ab und erwartet die Rettung von Gott" (All II 104).

Nach Philo (Op. 88) ist der Mensch wesentlich Wagenlenker und Steuermann. „Als Wagenlenker und Steuermann schuf Gott den Menschen *zuletzt*, damit er als Beauftragter und Regierender die herrscherliche Aufsicht anstelle des großen Königs übernehme."

6.3. Jüdisch-christlicher Schöpfungs- und Vorsehungsglaube

Der Verfasser des neutestamentlichen Jakobusbriefes greift das Bild vom Wagenlenker auf, um auf die Schwierigkeiten des Christseins, ohne daß daraus Böses entstehe, aufmerksam zu machen:

„Nicht viele von euch, meine Brüder, sollen Lehrer werden, da ihr wißt, daß wir ein umso strengeres Gericht erhalten werden. Wir alle straucheln nämlich in vielem. Wer im Wort nicht strauchelt, ist ein vollkommener Mensch, fähig, auch den ganzen Leib mit dem Zügel zu führen. Wenn wir die Zügel in die Mäuler der Pferde werfen, damit diese uns gehorchen, dann haben wir ihren ganzen Leib in der Botmäßigkeit… Die (böse) Zunge hat einen festen Sitz in unseren Gliedern. Sie beschmutzt den ganzen Körper und steckt das Rad des Werdens in Brand. Sie selbst wird von der Hölle in Brand gesteckt" (Jak 3, 1–6).

Auf der griechischen Antike, auf Philo von Alexandrien und auf viel urchristlicher Kenntnis fußend hat der Verfasser des Jakobusbriefes das ganze jüdische und christliche Vorsehungsdenken auf den entscheidenden Nenner gebracht und es außerdem ideell den Schoa-Erfahrungen angenähert. Vom Menschen her, von seiner Zunge und überhaupt von seinem Steuerungsvermögen her, wird negative „Vorsehung" betrieben. Der Mensch kann das Schicksal seiner Mitmenschen mitbestimmen. Er hält aber leider die Zügel nicht in seiner Hand. Er ist weder ein guter Kutscher noch ein guter Reiter. Er ist vielmehr haltlos, mutwillig, unerfahren, selbstsüchtig. Außerdem wird er zu seinem nicht-mitmenschlichen Tun von anderen verführt und unterstützt. So bringt er das Rad des Werdens zum Brennen statt zur Fortbewegung. Die Frage nach der Vorsehung ist zunächst eine Frage *an den Menschen.* Wie haltlos, egoistisch, judenfeindlich sind wir? Leider werden wir durch die Geschichte – auch durch die Schoa – belehrt, daß die Appelle an uns ungenügend sind.

Wer hinter allem Zerstörenden und Zerbrechenden noch eine liebende und sorgende Vorsehung sehen kann, der ist eben ein gläubiger Mensch. Dieser muß seinen Glauben, seine Religion, sein Christentum, sein Judentum stets von ideologischen Anti-Haltungen reinigen. Alle Religionskämpfe sollten nach der Schoa endgültig passé sein. Eine reine Religiösität vor Gott, dem Vater und Herrn der Menschen und der Geschichte besteht für den gläubigen Menschen darin – um wieder mit dem Jakobusbrief zu sprechen – „sich um Witwen und Waisen in ihrer Not zu kümmern" (Jak 1,26f) und sich des vorsehenden und richtenden Gottes bewußt zu sein (Jak 3,1). Der gläubige Mensch, sei er nun Christ oder Jude, weiß aber aus seinem Glauben heraus nicht, *wie* Gott ins menschliche Gefüge hineinwirkt. Es genügt ihm, sein eigenes Tun unter den Schutz Gottes zu stellen.

Vorsehung – menschlich und göttlich, säkular und gläubig betrachtet – ist die Fortsetzung der Schöpfung. Die Vorsehung kann nicht gut sein, wenn Gott bei der Erschaffung der Welt unüberlegt und verwirrt handelte. Aus langer jüdischer und christlicher Erfahrung ist wohl folgende Maxime gerechtfertigt: Wir müssen äußerst vorsichtig sein mit Vorwürfen gegen den Schöpfer bzw. gegen das „Geheimnis des Anfangs" (Martin Buber). Erinnern wir uns daran, daß bei den Juden in vorkonstantinischer Zeit (vor 314 n. Chr.) nicht das Christentum als Hauptfeind betrachtet wurde. Ebensowenig galt das Judentum bei den Christen als Hauptfeind. Als ärgerliche Feinde galten bei beiden zunächst die, aus ihren eigenen Reihen stammenden „Ketzer", die ein ruhiges Gemeindeleben störten oder verunmöglichten. Die Vorwürfe an die Ketzer nehmen den weitaus größten Raum in der frührabbinischen und frühchristlichen Polemik ein[44]. Als Hauptfeind galt bei den Juden und bei den Christen aber die Gnosis. Darunter waren Leute in großer Zahl mit großem geistig-religiösem Einfluß gemeint, die den Welten- und Menschenschöpfer als schlecht oder intrigant taxierten, und die ein Menschenideal aufstellten, das seinen Höhepunkt in der Überlistung des Weltenschöpfers finden sollte. Die frühkirchliche und die frührabbinische Unterweisung bestand zum größten Teil darin, die Würde und Weisheit des Schöpfergottes zu feiern und weiterzutragen – trotz aller Ungereimtheiten in der Welt[45].

---

44 vgl. Frohnhofen, Christlicher Antijudaismus und jüdischer Antipaganismus.
45 vgl. meinen Artikel! Rabbinische Reaktionen gegen die Gnosis, Jud. 44 (1988) 2–14; sowie: Schupp, Schöpfung und Sünde.

7. Der rettende Gott im Dunkel der Schoa

Viele Schoa-Deuter halten den Glauben an die Auferstehung der Toten und an das ewige Leben als eine mit dem Ernst und dem Schrecken der Schoa unvereinbare Lehre. Durch Vertröstungen auf ein Jenseits werde vom Schrecken der Schoa abgelenkt. Wenn dazu noch der Glaube an die Auferweckung Christi als christliches Grundereignis tritt, dann sehen auch christliche Schoa-Deuter rot. Die beiden Eckardt's etwa argumentieren in folgender Weise: Mit dem Glauben an die Auferstehung Christi wurde in der Vergangenheit christlicher Triumphalismus gegen die Juden getrieben. Es muß aber alles getan werden, um den antijüdischen Triumphalismus zum Verschwinden zu bringen. Also ist es von der Schoa her gefordert, anzunehmen, daß Christus nicht von den Toten auferstanden ist, sondern wie die Schoa-Opfer im Grabe liegt und auf die Auferstehung an Ende der Tage wartet. Die Eckardt's nennen die Auferstehung Christi eine fundamentalistische Aussage und ein Dogma, das „essentially antihistorical and anti-Jewish" ist[46].

Selbstverständlich muß jedem jüdischen Glaubenstriumphalismus widersprochen werden. Es besteht die Pflicht, *alle* Glaubensinhalte von *allen* judenfeindlichen Schlacken zu reinigen. Die Eckardt's schließen aber vorschnell auf eine wesentliche Verbindung zwischen Antisemitismus, Triumphalismus und Auferstehungshoffnung und schütten damit das Kind mit dem Bade aus. Ihr radikaler und puristischer Vorschlag kann auch vor der jüdischen Tradition nicht bestehen. Nach der Tempelzerstörung des Jahres 70. n. Chr. traten z. B. Leute mit der Forderung auf, es dürfe in allen Lebensbereichen nur noch über die Tempelzerstörung getrauert werden. Keine Speisen und Getränke, die bei den Tempelopfern eine Rolle gespielt hätten, dürften weiterhin genoßen werden. Keine Tempelfarben dürften in den Häusern prangen usw. Diesen von Trauer gepeinigten Juden trat der hochangesehene Rabbi Jehoschua ben Chananya mit dem Hinweis entgegen, daß bei totaler Trauer kein Leben mehr möglich sei.

„Nicht zu trauern ist nicht geziemend, da ja die Katastrophe verhängt worden ist. Man darf aber auch nicht übermäßig trauern. Einer Gemeinschaft darf nur dann eine Verpflichtung auferlegt werden, wenn die Mehrheit derselben diese ertragen kann" (bBB 60b).

---

[46] Alice and Roy Eckardt, Long Night's Journay into Day, 143.

Hier ist eine Rückschau auf den Beginn der Auferstehungshoffnung unerläßlich. Sie zeigt, daß und wie die frühesten Auferstehungshoffnungen mit Schoa-Ängsten verbunden waren. Das erste eindeutige biblische Zeugnis von der Auferstehungshoffnung stammt etwa aus dem Jahre 165 v. Chr. Es findet sich in Dan 12,2: „Von denen, die im Land des Staubes schlafen, werden viele erwachen, die einen zu andauerndem Leben, die anderen zur Schmach und zur ewigem Abscheu." Der Verfasser diese Verses dachte hauptsächlich an Juden, die gewaltsam wegen ihres Glaubens und wegen ihres Judeseins umgebracht worden waren. Entscheidend ist aber der Kontext, in den dieser Vers eingebettet ist. Der Verfasser stand unter dem Schock der Judenverfolgung durch Antiochos IV Epiphanes. Er hatte das Trauma, daß sich die Judenverfolgungen und Judenmorde bis ans Ende der Geschichtszeit hinziehen und stetig noch grausamer und unerbittlicher würden. Bei dieser pessimistischen Vorstellung rebellierte aber sein Glaubensbewußtsein: Der bundestreue Gott könne nicht zulassen, daß das Volk Gottes zur Gänze hingeschlachtet werde. Er könne es auch nicht zulassen, daß die Gemordeten nicht die in der Bibel versprochene Barmherzigkeit erhalten würden. Wenn man nicht annehme, daß Gott die antijüdischen Kräfte eindämme, und daß er den Ermordeten seine angesagten Verheißungen zukommen lasse, dann sei der Glaube an alles in der Hebräischen Bibel Versprochene nichtig. Deshalb steht in Dan 12,1 zunächst das Glaubensbekenntnis, daß das Volk Gottes in der Endnot der Verfolgung nicht untergehen wird. Es wird keine „Endlösung" geben. Die antijüdischen Kräfte werden das Volk Gottes nicht vernichten können. Gott wird ihnen eine von ihm festgesetzte Zahl entreißen und vor dem Tode retten. Wenn Gott für die in höchster Todesgefahr Lebenden rettend eingreift, dann wird er dies auch für die ungerecht Ermordeten tun. Sie werden aus ihrem Todesschlaf erwachen.

Um etwa 50 v. Chr. wurde die Hoffnung auf die *Auferstehung der Toten* als das dritte große Wunder bezeichnet, mit dem nur die Erschaffung der Welt aus dem Nichts und das Werden der Kinder im Mutterleib verglichen werden könne (2Makk 7). In der in eine Märtyrerlegende eingebetteten Glaubenslehre ist besonders die Ermahnung der Mutter an ihre sieben Söhne vor ihrem grausamen Martyrium wichtig: „...Der Schöpfer der Welt ist der Former beim Werden des Menschen und der Überwacher des Werdens aller. Er gibt euch mit Erbarmen den Atem und das Leben zurück, da ihr jetzt wegen seiner Gesetze euer nicht achtet" (2 Makk 7,22f). Zum Jüngsten sagte die Mutter vor dem Martyrium: „... Ich beschwöre dich mein Kind, blicke zum Himmel und auf die Erde und auf alles, was darin ist. Du weißt: Nicht aus existierenden Dingen hat Gott dies gemacht. Und so ist auch das

Menschengeschlecht entstanden. Fürchte dich nicht vor diesem Henker, sondern werde deiner Brüder würdig. Nimm den Tod auf dich, damit ich dich im Erbarmen mit deinen Brüdern wieder erhalten werde" (2 Makk 7,27–29).

Die ungerechte Ermordung kann (nach 2 Makk 7) nur durch eine Wiederbelebung ins nicht judenfeindliche individuelle und soziale Leben gutgemacht werden. Darin liegt eine Glaubenslogik. Ihr unterstellte sich das rabbinische Judentum, indem es die physisch-soziale Auferstehung, die endgültige Verlebendigung des Menschen, zum Dogma und zur lex orandi erhob (mSan 10,1; vgl. 2. Berakha des Achtzehngebetes; 2 Makk 7,9: anabiosis). Die Lehre von der Auferstehung Christi, wie sie von Paulus entwickelt wurde, steht ganz auf diesen (wohl pharisäischen) Prämissen. Sie eignet sich nicht für antijüdische Triumphgesänge, sondern ist eine Verstärkung des Glaubens an die Bundestreue, den Retterwillen und die Rettermacht Gottes. Gewiß wurden auch damals Glaubenshaltungen ohne Auferstehungshoffnung praktiziert. Die Toten der Schoa sind aber eine Mahnung, daß keine Glaubenshoffnung leichtfertig beiseite geschoben werden darf. Denn jede Glaubenshoffnung – besonders jene auf Gott, der die Toten lebendigmacht, kann in der Todesstunde vieler Menschen eine Kraftquelle sein. Sie wird es auch jenen gewesen sein, die in größter Zwangssituation durch einen Akt der Hingabe zu Märtyrern bzw. zu Ganzopfern wurden.

8. Der leidende Gott im Dunkel der Schoa

Der trauernde und umkehrende Gott ist nicht nur ein Thema der jüdischen Theosophie kabbalistischer Färbung und der Christologie. Vielmehr ist der mitfühlende, selbst leidende und trostbedürftige Gott ein zentrales Thema in der Bibel und in der rabbinischen Traditionsliteratur[47]. Gott gerät mit seinem Volk in Schwierigkeiten. Er bestraft es, oder es geschieht eine Katastrophe durch Fremde. Dies greift Gott dermaßen an, daß er getröstet werden muß. Ein rabbinisches Gleichnis lautet:

> *„Gleich einem König, der einen Weinberg hatte. Da drangen Feinde ein und hackten und schnitten darin ab. Wer muß getröstet werden? Etwa nicht der Besitzer des Weinberges? So sagte der Heilige, gelobt sei er: Die Israeliten sind mein Weinberg:*

---

47 Peter Kuhn, Gottes Trauer und Klage in der Rabbinischen Überlieferung.

*‚Denn der Weinberg des Ewigen der Heere ist das Haus Israel' (Jes 5,7). Wer muß
getröstet werden? Etwa nicht ich?"*

Dieses Gleichnis steht in enger Verbindung mit zwei ähnlichen Gleichnissen. Alle drei Gleichnisse (Drillingsgleichnisse) sind eine Deutung der
durch die Tempelzerstörung (586 v. Chr., und 70 n. Chr.) entstandenen Lage
Israels und Gottes. Der Tempel ist zerstört, Israel verwüstet und dezimiert.
Gott ist in Leid und Trauer. Er kann seinen Tempel nicht mehr bewohnen,
sich des Landes Israel nicht mehr freuen und sein Volk nicht mehr in Sicherheit wiegen. Die überraschende Aussage des Gleichnisses besteht darin,
daß *Gott* - nicht der Tempel und nicht Israel – der Hauptbetroffene ist. *Sein*
Tempel wurde zerstört, *sein* Weinberg verwüstet, *seine* Herde dezimiert.
Damit ist dreierlei gesagt: Erstens ist Gott nach der Tempelzerstörung der
Trauernde, nicht der Zürnende und nicht der Unbeteiligte. Zweitens muß
die Trauer Israels über die Tempelzerstörung und das eigene Unglück angesichts des trauernden Gottes zurücktreten. Israel darf seine Trauer nicht
über die Trauer Gottes stellen[48]. Drittens: Der trauernde Gott geht nicht
(etwa im Sinne von Hans Jonas) im Volk der Juden auf; vielmehr ist er auch
als Trauernder der Partner Israels und sein Herr. Die Trauer- und Leidens-
motivik darf nicht in der Weise mißverstanden werden, als sei Gott von den
Rabbinen halt- und fassungslos aufgefaßt worden. Das liturgische Gedicht
zum Versöhnungstag des Jose ben Jose (4./5 Jh.n. Chr.), des ältesten uns
bekannten synagogalen Dichters lautet u.a:

*„Die mächtigen Taten Gottes, meines Glorreichen, will ich in Erinnerung rufen. Er
ist einzig, und es gibt keinen andern... Er ist kraftvoll im Dulden"*[49].

Der im Dulden starke Gott ist zu einem wichtigen Thema der Holocaust-
Literatur geworden. Der aristotelische, platonische und deistisch-apathi-
sche Gott hat nach der Schoa keinen Platz mehr unter den Menschen. Begrüßt und gläubig gelobt werden kann nur noch der sympathische und
empathische Gott, der sowohl stark als auch besorgt und die Menschen in
Ungerechtigkeit und Tod hineinbegleitend ist. Nach der Schoa verstehen
wir die alte neutestamentliche und rabbinische Lehre wieder besser: *Alles
menschliche Leid dringt in den leidenden Gott hinein und ist im leidenden
Gott zusammengebündelt und aufgehoben. Gott ist auch ein Du im Leiden
und Tod.* Den gläubigen Christen zeigt Christus, daß Gott ein Leidender

---

[48] PesK 16,9; Thoma/Lauer, Die Gleichnisse der Rabbinen I, 233–236.
[49] Hebrew Verses, ed. T. Carmi, London 1981, 209f.

und ein Sterbender ist und daß jeder Mensch in Gott hinein leidet und in Gott hinein stirbt (vgl. Röm 14,7f).

9. Wiederherstellung der Welt

Glaube ist ein „contra spem in spem", eine Haltung gegen den Augenschein und gegen das negative Geschehnis (Röm 4,18). Ein Glaubender vertraut mitten in allen Desastern darauf, daß Gott ein guter Schmied ist, für den „es kein Wunder gibt, das zu groß wäre" (Gen 18,14). Im Zusammenhang mit der Unmöglichkeit, daß Sara und Abraham in ihrem hohen Greisenalter normalerweise einen Sohn bekommen könnten, wird von den Rabbinen folgendes Gleichnis erzählt:

> *„Gleich jemandem, der zwei Teile eines Schlosses in der Hand hatte. Er brachte sie zum Schmied und sagte zu ihm: Kannst du sie wiederherstellen? Jener sagte: Soll ich etwa schmieden, nicht aber wiederherstellen können? – So: soll ich sie (sc. die Menschen) etwa nur erschaffen, nicht aber verjüngen können?"*[50] *Der 99jährige Abraham und die 90jährige Sara seien von Gott wieder ins zeugungsfähige Alter zurück verjüngt worden, und so sei es möglich geworden, daß der Verheißungsträger Isaak neun Monate später zur Welt gekommen sei.*

Hier darf kein Mißverständnis aufkommen: Der gläubige Mensch flieht nicht vor der entsetzlichen und hoffnungslosen irdischen Realität weg, und er setzt sich auch nicht auf der Insel der Seligen fest. Er wendet sich nicht von den Todesschreien seiner Mitmenschen ab. Er hört nicht auf, gegen die Schoa und die sie ermöglichende Geisteshaltung laut zu protestieren und sie so in die Erinnerung zurückzurufen. Er wird nicht müde, sich für das Volk des Ewigen einzusetzen. Er erhält aber seine Kraft, all dies zu tun, nur vom Bewußtsein her, daß der Ewige das Zerstörte, Zerrissene und Degradierte reparieren bzw. neu machen kann. Die Glaubensüberzeugung der Hoffnung mitten in allen Blockierungen und Aggressionen wird in der jüdischen Geschichte vor allem mit dem Begriff tiqqûn ha-ᶜôlam, Wiederherstellung der Welt, signalisiert. Der tiqqûn-Begriff taucht zuerst in der Mischna auf. Hillel (ca. 20 v.) hat den Prosbul erlassen „wegen der Wiederherstellung der Welt" (mGit 4,3; mShevi 10,3f). Es ging dabei um eine Verordnung (taqqana) *gegen* den Wortlaut der Bibel, damit das von der Bibel verordnete Sabbatjahr (Ex 23,11; Lev 25; Dtn 15,1–6) sich nicht zum

---

[50] Thoma/Lauer, Gleichnisse II 280f.

Vorteil der Reichen und der Kreditgeber und zum Nachteil der Verschuldeten und der Armen auswirke. Ähnliche Vorschriften gab es im 1./2. Jh.n.
auch zu Gunsten von Sklaven, Sklavinnen und Witwen (bGit 4,1–5). Hillel
und andere haben also erkannt, daß sogar Toravorschriften sich gegen Menschen richten können, und daß daher auch die Religion einer dauernden
Beobachtung und Korrektur bedarf. Später wurde der tiqqûn-Begriff im
Judentum zum zentralen Stichwort für alle Bemühungen zur Reparierung,
Verbesserung und Rettung der Welt. In der Kabbala und im Chasidismus
wurde unter tiqqûn die israelitisch-göttliche Zusammenarbeit zur allmählichen Vollendung der seit der Schöpfung beschädigten Welt verstanden.
Israel wird damit zum Miterlöser, zusammen mit seinem göttlichen Bundespartner, der seine Schekhina mitten in Israels Verbannung wohnen läßt.

Schon in neutestamentlicher und rabbinischer Zeit verband sich mit der
tiqqûn-Vorstellung die Auffassung, nichts von alledem, was Gott zur Bes-
serung und zum Heil der Menschen geschaffen habe, könne und dürfe verloren gehen. „Nichts von allem, was Gott erschaffen hat, hat er ins Leere,
für das Umsonst, zur Vernichtung (le-battala) geschaffen", heißt es im Talmud (bShab 87a). In der neutestamentlichen Johannesapokalypse wird in
der Mitte des Buches gesagt, die größten Kostbarkeiten, die Gott der Erde
vor Christus geschenkt habe, seien die Offenbarung auf dem Berg Sinai, das
Bundeszelt in der Wüste und der Tempel in Jerusalem. Obwohl viele meinten, diese drei kostbaren Zeichen von Gottes Menschenzugewandtheit sei-
en zerstört, verloren, abgeschafft, sei der Glaube aufrecht zu erhalten, daß
diese am Ende der Tage wieder aufscheinen werden: „Und der Tempel Gottes im Himmel wird geöffnet, und die Bundeslade wird in seinem Tempel
sichtbar. Und es beginnt zu blitzen, zu donnern und zu dröhnen; es gibt
Dröhnen und schweren Hagel (Apk 11,19). Der Donner, die Blitze, der Hagel und das Erdbeben weisen auf die Toraverleihung am Sinai hin. Am Ende
der Tage wird demnach eine neue Toraverleihung, ein neues Pfingsten sein,
wobei alles Kostbare aus der Vergangenheit in neuer Weise sichtbar und
wirksam werden wird. Im Achtzehngebet dem jüdischen Haupt-Gemeindegebet wird Gott in der achten Berakha als guter Arzt angerufen, der Wunden und Risse in Israel zu heilen vermöge. Dabei wird Gott daran erinnert,
daß er seinem Volk Israel schon früher heilende Medizin verabreicht habe.
In der elften Berakha des Achtzehngebets wird um das Wiedererstehen der
früheren Richter und Ratgeber gebetet: „Bring zurück unsere Richter wie
zu Anfang und unsere Ratgeber wie ehemals. Entferne Mängel von uns,
und sei König über uns, bald, du allein in Erbarmen und Gerechtigkeit und
Recht".

Der tiqqûn-Gedanke ist gewiß ein kostbarer Glaubensinhalt, der viele neue Perspektiven der Hoffnung zu vermitteln vermag. Er kann aber angesichts der Schrecklichkeit der Schoa auch zum Ärgernis werden. Der israelitische Dichter Jehuda Amichai hat unter dem Titel „Das ist dein Loblied" das folgende satyrische Gedicht gegen den die Welt angeblich reparierenden Gott geschrieben:

> „Gott liegt auf seinem Rücken unter der Welt, stets beschäftigt mit Reparatur, immer ist etwas kaputt. Ich wollte ihm begegnen, aber ich sehe nur seine Schuhe und ich weine. Und das ist sein Loblied!"[51]

Das Weinen des jüdischen Volkes nach der Schoa darf nicht – darin würde auch ein gläubiger Mensch mit Amichai übereinstimmen – vom Glauben an den alles wieder neu machenden Gott (vgl. Jes 65,17; Jer 31,22; Apk 21,5) übertönt werden. Es muß aber eine Melodie geben, in der Weinen und Loben zusammen erklingen können. Dem von Schmerz gepeinigten Menschen können sich verborgene Wege zur schweigenden und doch wirkenden Gottheit hin öffnen.

Vermutlich würde der Glaube an eine sich allmählich entfaltende Heilung, Erlösung und Vollendung nach Auschwitz zusätzlich blockiert, wenn Gott weiterhin aus ideologischen Gründen in eine dualistische Rolle hineingedrängt würde. Nach Auschwitz hat sich der Glaube an eine ewige Hölle mit ewig Verdammten, einen ewigen Teufel und einen ewig nachtragenden Gott als schwere Belastung für die Menschlichkeit entpuppt. Auschwitz war eine Hölle! Der gerechte Gott dürfte kaum mehr verteidigt werden können, wenn er als ewiger Verdammer und Peiniger verehrt werden müßte. Er würde zu sehr einem Nazi-Henkerknecht gleichen. Im rabbinischen Judentum werden die Grenzen zwischen zeitlichen und ewigen Strafen im Jenseits bewußt fließend gehalten, ebenso die Strafformen (vgl. bRHSh 16b–18a). Die jüdische Religion ist ebenso wie die christliche eine gerichtsbezogene Religion. Und dies hat auch für die Nach-Auschwitz-Ära Bedeutung. Auch die Menschenverächter müssen sterben und vor den Richterstuhl Gottes treten. Dies mag manchen vor den größten Greueltaten abgeschreckt haben. Aber wie und wie lange diese jenseitige Bestrafung durch den gerechten Richter erfolgt, sollte man nicht weiterhin definieren wollen[52]. Die alte und oft verkannte Lehre von der Wiederherstellung von

---

51 Dieses Gedicht von Amichai übermittelte mir (heb. und deutsch) der Zürcher Rabbiner Prof. Dr. Israel ben Yosef. Vgl. auch Amichai, Schîrîm.
52 Zu den verheerenden Auswirkungen des Teufelsglauben gegen Juden und Christen, vgl. Haag Teufelsglaube.

allem (vgl. Act 1,6), die mit der jüdischen tiqqûn-Lehre im Grunde identisch ist, könnte einen Weg weisen, zur Anerkennung des gerechten Gottes, dessen allerletztes Wort die Barmherzigkeit ist. Bevor die Menschen vor Gottes Richterstuhl treten müssen, sollen sie sich hüten vor jedem rassistischen Getue, vor jeder Verachtung, Abweisung, Vertreibung und Verdammung.

XIV. Zerstörungen und Neuschöpfungen

Juden und Christen mußten immer wieder in verfahrenen Situationen leben und durch schwere Erschütterungen und Zerstörungen hindurchgehen. Als religiöse und soziale Gemeinschaften fanden das jüdische Volk und die christlichen Gemeinden bis jetzt fast immer irgend ein Weg aus der Krise heraus, hin zu neuen und ruhigeren Anfängen. Es geht auch heute um die Fragen, aufgrund welcher Erfahrungen und nach welchen Mustern als Jude oder als Christ gelebt werden kann, ohne daß das Eigene sinnlos verschleudert wird. Juden und Christen sollen heute und in der Zukunft nebeneinander, miteinander, füreinander und gegeneinander leben dürfen. Es soll daraus aber keine „Vergegnungsgeschichte" in Fortsetzungen entstehen. Vielmehr sollen alle in Gegnerschaft, Spannung, Eifer und in Gesinnungsverwandtschaft etwas von der kommenden Herrschaft Gottes spürbar machen können. Hier werden zwei aufeinanderbezogene Ereignisse behandelt, die sehr folgenträchtig für jüdische und christliche Lehren, Verordnungen und Spiritualitäten geworden sind: Die Tempelzerstörung im Jahr 70 n. und die Versammlung der Übriggebliebenen des ersten jüdischen Krieges gegen Rom (66–70/73) in Javne. Die Herauskristallisierung der Lehre von der mündlichen Tora, auf die ein weiterer Blick zu werfen ist, ist eine Ergebnis der Versammlung von Javne. Abschließend soll im Geiste des Neuen Testaments und im Geiste Javnes einige Folgerungen für gegenseitige Rücksichtnahmen gezogen werden. Christen und Juden sind ja stets darauf angewiesen, trotz allen Zerstörungen an eine neue Welt zu glauben.

1. Tempelzerstörung

An einem Spätsommertag des Jahres 70 n. Chr., am 9. Av (August/September), wurde der Tempel von Jerusalem von römischen Soldaten zerstört. Seit damals trägt die jüdische Religion Verwundungen in sich. Viele Juden haben dieses Ereignis bis heute nicht vergessen, es hat sich traumatisch in die Herzen vieler eingegraben. Wie kam es dazu, und welche Folgen sind daraus entstanden? Ist die Tempelzerstörung im Ganzen vielleicht gar positiv zu werten?

1.1. Ursachen

Die Ursachen der Zerstörung des Jerusalemer Tempels sind vielfältiger Natur und reichen teils weit in die vorchristliche Zeit zurück. Die folgenden sechs Ursachen betreffen nur die ca. 60 Jahre dauernde Vorkriegszeit (ca. 6–66 N.): 1. Schwäche, Inkompetenz, Unklugheit und Grausamkeit verschiedener römischer Statthalter. 2. eine unterdrückerische römische Verwaltung. 3. von religiöser Ideologie genährte jüdische Bestrebungen, über das heidnische Gesetz zu triumphieren. 4. ein Klassenkampf, in der die arme jüdische Bevölkerung sich von ihrer wohlhabenden Oberschicht befreien wollte. 5. Machtkämpfe zwischen prorömischen und antirömischen oberen Schichten des jüdischen Volkes. 6. Spannungen und Feindseligkeiten zwischen Juden und den benachbarten heidnischen Staaten. Zusammenfassend wird später in bYom 9b die Ansicht vertreten, daß der Tempel nur deshalb zerstört worden ist, „weil da grundlose Feindschaft herrschte. Dies lehrt dich, daß grundlose Feindschaft ebenso schwer wiegt, wie Götzendienst, Unzucht und Blutvergießen"[1].

Ursachen, Verlauf und Folgen lassen sich jedoch mit kriegsgeschichtlicher Methodik nicht einfangen. Die Tempelzerstörung, dieser Tiefpunkt des ersten jüdischen Krieges gegen Rom, wurde zu einem herausragenden Symbolereignis, das sich in der jüdischen und in der christlichen Religion, in der Geistesgeschichte und sogar in der Literaturgeschichte der Menschheit niedergeschlagen hat. Weder die neutestamentliche Redaktionsgeschichte, noch die Geschichte der Pharisäer, noch jene der frühen Rabbinen, noch überhaupt die Geschichte von Judentum und Christentum samt ihren Theologien und Traditionen können gültig geschrieben werden, wenn nicht die Zerstörung des Zweiten Jerusalemer Tempels mitbedacht wird. Wir leben also alle auch von der Tempelzerstörung des Jahres 70 n. Chr. her.

---

[1] Vorzügliche Untersuchungen der letzten Zeit über Ursachen, Verlauf und Folgen des ersten jüdischen Krieges und der Tempelzerstörung sind u.a. Goodman, The Ruling Class (vgl. die Rezension von Stephen Mitchell, JJS 39 [1988] 108–112); Schwartz, Studies in the Jewish. Background; Schwier, Tempel und Tempelzerstörung.

1.2. *Deutungen*

Wir haben heute nicht mehr viel davon, wenn möglichst alle Schuldigen an der Tempelzerstörung vorgeführt werden. Wichtiger sind die damals gegebenen Deutungen.

Josephus Flavius schob einerseits die ganze Schuld an der Tempelzerstörung den zelotischen Aufständischen zu, anderseits aber erblickte er im Sieg der Römer auch das Walten der Vorsehung. Er redet die zerstörte Stadt Jerusalem emphatisch so an:

„Hast du, unseligste Stadt, dergleichen von den Römern erfahren müssen? Nein, sie kamen nur um die Greuel deiner Bewohner zu sühnen. Denn Gottes Stadt warst du nicht mehr und konntest es nicht mehr bleiben, nachdem du das Grab deiner Bürger geworden warst und den Tempel zum Beerdigungsplatz für die Opfer des Bürgerkrieges gemacht hattest. Vielleicht, daß du wieder bessere Tage sehen wirst, wenn du den Gott, der dich zerstörte, versöhnt haben wirst" (Bell 5,19, vgl. Bell 6,267).

Hier ist die vage Hoffnung angesprochen, daß nach unbestimmter Zeit die durch die Tempelzerstörung manifest gewordene Beiseitestellung der Gottesstadt Jerusalem wieder vom versöhnlichen Gott aufgehoben werden könnte. Ähnlich verschlüsselte Hoffnungen werden – wenn auch in verschiedener Akzentuierung – in neutestamentlichen Stellen ausgesprochen (z. B. Mt 23,39; Lk 21,24; Röm 9–11).

Besondere Beachtung verdient die Optik und das Verhalten des Rabban Jochanan ben Zakkai, dieser Gründergestalt des rabbinischen Judentums. Sein Lebensweg ist zwar von Legenden überlagert. Sicher gehört er aber neben Jesus von Nazareth, Rabbi Zadôq und Jesus ben Ananus zu jenen einsichtigen Juden der Voraufstandszeit, die vor einer möglichen Tempelzerstörung gewarnt haben[2]. Wer in den Jahren vor dem Beginn des Aufstandes, die Augen einigermaßen offen hatte und über eine nüchterne Urteilsgabe verfügte, mußte damals sehen, daß der Tempel in höchster Gefahr war, wenn die Radikalisierung gegen Rom und gegen jüdische Friedliebende so weiter ging. Rabban Jochanan ben Zakkai habe, so bYom 39b, den Tempel einmal so angeschrien: „Tempel, Tempel, weshalb ängstigst du dich? Ich weiß, daß deine Zerstörung hereinbrechen wird. Schon Sacharja ben Iddo hat über dich geweissagt: ‚Öffne, Libanon, deine Tore, ein Feuer wird an deinen Zedern zehren' (Sach 11,1)". Die Historizität dieser Prophezeiung ist zwar nicht

---

[2]   Zu Jesus von Nazareth: Mk 13 par.; zu Rabbi Zadôq: bGit 56a; zu Jesus ben Ananos: Bell 6,300–309.

gesichert. Aus Jochanan's späterem Wirken in Javne können wir aber schließen, daß er überzeugt war, daß das Judentum auch ohne Tempel bestehen kann, und daß daraus realpolitische Konsequenzen zu ziehen sind. Die Warner vor der drohenden Tempelzerstörung fanden nur wenig Echo. Die Aufstandsgruppen kämpften unverdrossen weiter: nicht nur gegen die anrückenden Römer, sondern auch gegeneinander. Ihr Ende war der Tod durch die Römer, durch rivalisierende Gruppen oder durch kollektiven Selbstmord[3]. Die jüdischen Aufständischen waren fromme Leute. Apokalyptisch, anarchistisch, radikal-reformerisch und utopisch-messianisch sind etwa die Adjektive, die zu ihnen passen. Als sich ihre Niederlage eindeutig abzuzeichnen begann und römische Legionäre sich bereits dem Tempel näherten, versuchte der Feldherr Titus sie durch Propagandareden zu entnerven (Bell 5,456). Da beschimpften sie nach dem Bericht des Josephus den Titus. Sie deuteten aber auch an, daß der Tempel in der jetzigen Form für das jüdische Volk nicht unbedingt erforderlich sei:

> *„An der Vaterstadt liege ihnen nichts, da sie ja doch, wie Titus sage, zugrundegehen müsse. Gott habe außerdem einen besseren Tempel als diesen, nämlich den Kosmos. Doch auch der Tempel werde von dem, dessen Wohnung er sei, gerettet; mit ihm im Bunde verlachten sie jede Drohung, hinter der die Tat zurückbleibe, denn der Ausgang stehe bei Gott" (Bell 5,458f).*

Josephus, der die Aufständischen sonst nur als korrupte Rotte schildert, räumt hier ein, daß sie sich im Sinne von Jes 66,1ff und 1Kön 8,23 bewußt waren, daß der Tempel von Jerusalem den unendlichen Gott nicht fassen und seine Gegenwart nicht garantieren kann. Israel könne somit auch ohne Tempel weiterbestehen. Der Fortbestand des Volkes Gottes hänge nicht wesentlich vom Bestand eines kultisch-nationalen Integrationszentrums ab.

Alle uns bekannten jüdischen Gruppen – sogar die Zeloten – wußten also, daß der Tempel eine ersetzbare Größe war, auf die zur Not verzichtet werden konnte. Die Qumranleute hatten schon früher ihre eigene Gemeinschaft als Ort der Gegenwart Gottes und damit als Alternative zum Tempel betrachtet[4]. Ähnliches dachten die Christen[5]. Es kann aber nicht übersehen

---

3 Der kollektive Selbstmord (die Ausmaße sind umstritten) ereignete sich 73 n.Chr. in Masada: Bell 7,252.275–408.
4 1QS 8,4–9: 9,3–7 u.ö.; vgl. oben unter Qumran.
5 vgl. die Erzählungen über die Tempelreinigung: (Mk 11,15–17 par; Joh 2,14–16); die Logia über Tempelabbruch und Tempelneubau (Mk 14,57–59 par, Apg 6,14) und die ekklesiologischen Umdeutungen von Tempel und Kult in ntl. Briefen (1Kor 3,16f; 2Kor 6,16ff; Eph 2,20ff; 1Petr 2,5f u.ö.).

werden, daß bei (fast?) allen – anläßlich der Tempelzerstörung geradezu überbordenden – Überlegungen über Tempelersatz und Tempelvergeistigung die Vorstellung mitgeschwungen hat, der Tempel werde wieder einmal neu, besser, heiliger und übernatürlicher gebaut werden. Ein Beispiel dafür ist Hebr 9,1–11: Die Verse 1–5 schildern das biblische Bundeszelt mit seinen zwei Abteilungen, dem Heiligen und dem Allerheiligsten, in die man jeweils durch einen Vorhang eingetreten war. Die Verse 6–9 charakterisieren den Kult im Bundeszelt. Das Heilige des Zeltes betraten die Priester jederzeit, das Allerheiligste nur der Hohepriester einmal jährlich. Diese Gegebenheiten und Funktionen werden in Vers 10 als akzidentielle „fleischliche Satzungen" beurteilt, die nur bis zur „Zeit der Neuaufrichtung" (mechri kairou diorthôseôs) Geltung hätten. Auch andere ntl. Stellen (z.B. Apk 11,19) bezeugen, daß das junge Christentum im Gefolge der Tempelzerstörung weithin (nicht immer!) die Auffassung vertrat, die Bundeslade oder der Tempel werde in eschatologischer Zeit in vollkommener Weise wiederum als endgültiges Geschenk Gottes existieren. Ähnlich dachten auch viele jüdische Apokalyptiker. Die Verfasser des vierten Esrabuches (4Esr) und der syrischen Baruchapokalypse (zwischen 80–120 n.Chr.) waren zwar untröstlich über den zerstörten Tempel und über die Sünden, die dafür verantwortlich waren (4Esr 10,21–23; syrBar 10,5–19; 11,1f u.ö.). Sie richteten aber ihren Blick stärker auf die endgültige Zukunft als auf die jämmerliche Gegenwart. In pseudepigraphischer Manier schreibt der syrische Baruch:

> „Wir dürfen uns nicht so sehr über das Unheil betrüben, das jetzt (= erste Tempelzerstörung unter Nebukadnezar) gekommen ist, als vielmehr über das, was geschehen wird (= zweite Tempelzerstörung unter Titus). Größer aber als diese beiden Trübsale wird der Kampf sein, wenn der Allmächtige seine Schöpfung erneuern wird" (syrBar 32,5f)[6].

Die apokalyptische Niedergeschlagenheit und Resignation wurde auch in den rabbinischen Gemeinden zum Problem. Rabbi Jehoschua ben Chananja (um 100 n.) trat solchen Menschen entgegen, die aus Trauer über die Tempelzerstörung sich sogar jener Speisen und Getränke enthielten, die in einer Beziehung zum Tempelkult gestanden hatten. Derlei Fastenkuren aus Trauer seien aus Gründen der Gemeindepastoral abzulehnen:

---

6 Noch ausführlicher wird in syrBar 39,3–7 und 56–86 die Zielstrebigkeit aller Geschehnisse auf das endzeitliche Geschehen hin geschildert, vgl. auch 4Esr 4,51–5,12; 6,7–29; 9,1–5; sowie Martin Hengel, Zeloten 96.

„Kinder, kommt, ich will euch zeigen, daß es nicht geziemend ist, gar nicht zu trauern, da das Unglück nun einmal verfügt worden ist. Es geht aber auch nicht an, übermäßig zu trauern. Man darf nämlich einer Gemeinschaft nur dann eine erschwerende Bestimmung auferlegen, wenn die Mehrheit derselben sie ertragen kann" (bBB 60b).

Die Juden sollen sich also nur in gemäßigter Trauer üben, sonst können sie nicht mehr richtig leben. Kurz danach gab Rabbi Akiba (um 120 n.) dem Rabbi Jehoschua geistig Schützenhilfe. Er lächelte angesichts des zerstörten Tempels und begründete dies zweifach: 1. Die Tempelzerstörung sei über jene verfügt worden, die gegen den Willen Gottes gesündigt hätten. Für jene aber, die den Willen Gottes tun, sei ein Lächeln der hoffenden Gewißheit angebracht: Alles werde von Gott her wieder gut werden. 2. Die Tempelzerstörung sei als Erfüllung verschiedener Droh-Worte der Propheten zu betrachten. Es dürfe gelächelt werden, weil nun gewiß auch die Verheißungsworte der Propheten (z.B. Sach 8,4) in Erfüllung gehen würden (bMak 24a-b).

Die Tempelzerstörung wurde also nicht als Endpunkt aller Wege Gottes und Israels aufgefaßt. Viele rabbinische Stellen bezeugen vielmehr große Hoffnungen angesichts und trotz des zerstörten Tempels. Die Tempelzerstörung wurde auch als ein *Befreiungsschlag* Gottes gegen ein allzu kultzentriertes und allzu hierarchisch gegliedertes Judentum verstanden. Dieser Befreiungsschlag trieb viele dazu an, sich verstärkt der Tora und ihrer Auslegung fürs konkrete Leben zuzuwenden und die Bande der innerjüdischen Gemeinschaftlichkeit zu verstärken. Folgende Aussprüche können in diesem Sinn als Eckdaten der tempellosen rabbinischen Form des Judentums gewertet werden: Rabbi Jehoschua ben Levi (um 250 n.) sagte: „Bedeutender ist die Tora als das Priestertum und das Königtum" (mAv 6,6). Im Namen Rav's (gest. 247 n.) wurde der Spruch überliefert: „Das Studium der Tora ist wichtiger als die Darbringung des Tamid-Opfers" (bEr 63b). An anderer Stelle wird mehr die ethische Verpflichtung der Juden betont: „Das sind die Dinge, von deren Zinsen der Mensch in dieser Welt zehrt und deretwegen ihm Kapital für die kommende Welt angelegt bleibt: Ehrerbietung gegen Vater und Mutter, Praktizierung von Liebeswerken (gemilût chasadîm) und Friedensstiftung zwischen einem Menschen und seinem Nächsten. Das Studium der Tora aber übertrifft dies alles" (mPea 1,1). Möglicherweise ist dieser Mischnaspruch eine verschärfende Anknüpfung an einen Weisheitsspruch, der wohl aus der Zeit des Bestandes des zweiten Tempels stammt: „Simon der Gerechte (um 180 v.)…pflegte zu sagen: Auf drei Dingen beruht die Welt: auf der Tora, auf dem Kult und auf der Praktizierung von Liebeswerken" (mAv 1,2).

2. Neue Sammlung in Javne

2.1. *Die Übriggebliebenen*

Bald nach der Zerstörung des Tempels und der damit zusammenhängenden Dezimierung und Exilierung, besonders der jerusalemischen und judäischen Bevölkerung schlug in Javne/Jamnia, einem ganz unbedeutenden Ort südöstlich von Jaffo/Joppe, die Stunde der Geburt für eine neue Art von Judentum, die sich in vielen Jahrhunderten bewähren sollte. Die Gesetzes- und Weisheitslehrer, denen wir diese Neugeburt verdanken, waren sich der Tragweite ihres Tuns kaum bewußt. Ihre Mehrzahl bestand ja aus Flüchtlingen aus Jerusalem, aus Deportierten und aus Internierten. Josephus berichtet, daß der römische Feldherr Vespasian im Zuge seiner Eroberungen auch in Javne/Jamnia vorbeikam:

„Nachdem er die Umgebung der Toparchie von Thamna unterworfen hatte, rückte er nach Lydda und Jamnia vor. In beiden Städten, die er schon früher erobert hatte, siedelte er eine beträchtliche Anzahl von Juden, die sich ihm ergeben hatten, als Einwohner an und marschierte dann bis nach Emmaus" (Bell 4,444).

Es war eine Kriegstaktik der Römer, solche jüdische Einzelne und Gruppen, die sich ergeben hatten oder von denen mindestens keine zelotisch-antirömische Agitation bekannt geworden war, in der Provinz weiterleben zu lassen. Jerusalem, dieser magische Anziehungspunkt für jüdische Revolutionäre, sollte möglichst bevölkerungsarm bleiben. Die gleiche Methode wurde auch von Titus nach dem Fall Jerusalems angewandt. So trafen sich in Javne jene, denen von den Eroberern keine Komplizenschaft mit den militant aufrührerischen Zeloten nachzuweisen war. Folgende Namen sind uns überliefert: Gamliel II, Jochanan ben Zakkai, Eliezer ben Hyrkanos, Eliezer ben Jakob, Jehoschua ben Chanaja, Zaddôq, Eleazar ben Zaddôq, Schimon ben Nathanael, der Priester Jose, Ben Azzai, Ben Zôma, Eleazar ben Arakh, Nechunja Hakkana, Nachum der Meder, sowie eine ungenannte Anzahl von Vertretern der zur Zeit des Tempelbestandes miteinander rivalisierenden Gesetzesschulen der Schammajiten und Hilleliten[7].

Wohl alle Javneaner hatten Erfahrungen über jüdische Irrwege und Traumata aus Jerusalem nach Javne mitgemacht. Das Leid und die Einsicht, wohin Fanatismus, Fremdenhaß und religiöser Exklusivismus führen können, hatte sie gereift. Von Rabbi Zaddoq wird legendenhaft erzählt, er habe

---

7 Zu den Namen der Javne-Generation vgl. Stemberger, Einleitung 75.

vierzig Jahre lang gefastet und gebetet, damit der Tempel nicht zerstört werde, und er sei zu Beginn des Aufstandes so abgemagert und entkräftet gewesen, daß sich Jochanan ben Zakkai für ihn beim Feldherrn Vespasian verwendet habe: Rabbi Zaddoq brauche notwendig Ärzte, sonst könne er nicht überleben (bGit 56 a-b; EkhaR 1,5). – Jochanan ben Zakkai selbst war vermutlich 68 n. unter lebensgefährlichen Umständen mit wenigen Schülern der Todesfalle entronnen, war dann zuerst in Gophna, nördlich von Jerusalem, interniert worden, und stieß bald nach Kriegsende zu den andern Gesetzeslehrern in Javne[8]. – Gamliel II entstammte der führenden Pharisäerfamilie Gam(a)liel; deren Name im Neuen Testament, bei Josephus und im rabbinischen Schrifttum einen vornehmen Klang hat. Obwohl sein Vater Simon, der Sohn des älteren Gamliel, ein persönlicher Gegner von Josephus Flavius gewesen war, und gar den gegen Josephus Intrigierenden sein Ohr geliehen hatte, fand Josephus Worte des höchsten Lobes für ihn:

> *„Dieser Simon war aus Jerusalem gebürtig, gehörte einer hochangesehenen Familie an und bekannte sich zur Sondergruppe der Pharisäer, die in der Kenntnis aller väterlichen Gesetze sich durch besondere Genauigkeit vor allen andern auszeichnen. Er war ein überaus umsichtiger und verständiger Mann, der durch seine Klugheit auch die schwankendsten Verhältnisse wieder ins Gleichgewicht zu bringen vermochte" (Vita 191f).*

Simon ben Gamliel war also kein gewöhnlicher Pharisäer. Er gehörte vielmehr zu den Vornehmen des Volkes. Als Mitregierender in den Aufstandsjahren versuchte er mehrmals, gemäßigte Koalitionen aufzubauen (Vita 193). In Bell 4,158–161 wird berichtet, Simon sei 69 n. als Sprecher aufgetreten und habe in einer Volksversammlung den Sturz der zelotischen „Tyrannen" verlangt. Zusammen mit andern Angesehenen habe er immer wieder verlangt, „endlich einmal die Verderber der Freiheit zu bestrafen und das Heiligtum von seinen Befleckern zu reinigen". Vermutlich ist Simon ben Gamliel anläßlich der Tempelzerstörung umgekommen. – In mehreren rabbinischen Stellen wird das Charisma der Gamliel-Familie, gesetzestreu, und doch nicht fremdenfeindlich zu sein, auch Gamliel II von Javne, dem Enkel Gamliels I und dem Sohn Simons, zugestanden. Er habe wildfremde jüdische Menschen „im heiligen Geist" mit ihrem richtigen Namen erkannt und angesprochen (yAZ 1,9/40a). Er habe verlangt, daß nur solche Schüler an den Diskussionen ums Midraschhaus teilnehmen dürfen, „de-

---

8   Zur Historizität der Flucht Jochanans vgl. bes. Peter Schäfer, Die Flucht Jochanan ben Zakkais. Für die These, daß Jochanan in Gophna war vgl. Bell 6,113ff: Schäfer 5.82f.

ren Inneres wie ihr Äußeres ist (tokhô kebarô)" (bBer 28a). Zu einer ernsthaften Beschäftigung mit Gesetz und Tradition gehöre eine wahre, ehrliche, nichtheuchlerische, durchsichtige Persönlichkeit[9].

2.2. Von der Sekte zu den Fraktionen

Keiner der uns bekannten Javne-Lehrer sagt von sich selber, er sei *vor* der Tempelzerstörung ein Pharisäer gewesen. Auch Gamliel II, der eindeutig einer pharisäischen Familie entstammt, bezeichnet sich nie als Pharisäer. Dies hat in Forscherkreisen inzwischen für viel Irritation gesorgt. Das Schweigen über die eigene pharisäische Vergangenheit wirkt umso rätselhafter, als „die Kontinuität zwischen Tempel- und Nichtempelzeiten ein festes Element im Selbstverständnis der frühen Javneaner war"[10]. Daß es unter den damaligen Umständen nach der Auffassung vieler nach der Tempelzerstörung auch in pharisäischem Geiste weitergehen sollte, wird durch eine Version der Fluchtbitte, die Jochanan ben Zakkai an Vespasian gerichtet haben soll, bestätigt: „Gib mir Javne und seine Weisen, die (geistig) dominierende Familie des Rabban Gamliel und Ärzte, die den Rabbi Zaddoq heilen" (bGit 56b). Falls Jerusalem und der Tempel zerstört werden – so der Duktus dieser Sätze – dann kommt es darauf an, sich außerhalb Jerusalems und ohne Tempel um hervorragende Lehrer der Weisheit und der Gesetzesinterpretation zu sammeln. Die entronnene, verschonte und geläuterte Gemeinde, die aus der Heiligen Schrift lebt und sich nach reiflicher Überlegung an ihre Vorschriften hält, repräsentiert das wahre Israel. Daß die Gamliel-Familie als Garant des erneuerten Weiterbestandes betrachtet wurde, war aber doch nicht zwingend. Andere sahen in Jochanan ben Zakkai die Säule[11] der neuen Zeit. Nach einer anderen Version der Fluchtbitte in den Sprüchen der Väter nach Rabbi Nathan soll Jochanan ben Zakkai zu Vespasian gesagt haben: „Ich bitte nichts anderes von dir als Javne, daß ich gehe und dort meine Schüler unterweise, das Gebet festsetze (q-b-ʿ) und alle Gebote dort erfülle" (ARN A, Kap. 4, Schechter S.23). Es herrscht fast

---

9 Das Prinzip „tokho kebarô" („sein Inneres wie sein Äußeres") scheint in den rabbinischen Schulen sehr wichtig gewesen zu sein. Es wird dementsprechend nicht nur Gamliel II zugeschrieben, sondern z. B. auch Raba (bYom 72b).

10 Neusner, The Pharisees 244

11 Im Anschluß an 1Kön 7,21, wo von der rechten Säule des Tempels die Rede ist, wird Rabban Jochanan ben Zakkai in bBer 28b als rechte (= mächtige, starke) Säule angeredet: ammûd hay-yemînî, vgl. Gal 2,9; 1Tim 2,15.

allgemeine Übereinstimmung darüber, daß beide Versionen der Flucht Jochanans aus Jerusalem literarische Konstrukte sind. Sie wollen aber die
damalige Überzeugung ausdrücken, daß *Studium, Gebet und Gemeinschaftlichkeit die Erfüllung aller Gebote und aller Aufträge Israels impli-
zieren.* Ein Teil der Javne-Leute sah in Jochanan ben Zakkai ihren exemplarischen Lehrer, ein anderer in Gamliel II. Pharisäische Traditionen spielten
dabei eine nicht exakt zu bestimmende Rolle.

Weshalb aber sagt kein Javneaner, er sei früher ein Pharisäer gewesen?
Der Grund dafür muß in der Geschichte vor und während des ersten jüdischen Krieges gegen Rom liegen. Nach der Katastrophe wollte man sich von
negativen Exzessen befreien, die zu ihr geführt hatten. Aus dem Syndrom
der Zerstörung war keine jüdische Gruppe ganz unschuldig und ganz heil
herausgekommen. Auch die Pharisäer mußten ihre Wunden pflegen, wenn
sie auch auf ihr Verdienst hinweisen konnten, im Verlaufe des Aufstandes
für eine möglichst geordnete Verteidigung und Verteilung der Nahrungsmittel gesorgt zu haben. Josephus Flavius schildert in seinem Bellum immer wieder die innere Zerrissenheit der Verteidiger Jerusalems und des
Tempels. Alle seien gegen alle gewesen. Der römische Geschichtsschreiber
Tacitus schildert in seinen historiae (5,12), wie Jerusalem zur Zeit des Aufstandes voll von Leuten verschiedener Herkunft und Radikalität war:

> *„Gerade die gefährlichsten Starrköpfe hatten dort Zuflucht gesucht, und umso mehr
> machte sich dort der Geist des Aufruhrs breit".* Die verschiedenen Anführer des
> Aufstandes seien einander feindlich gesinnt gewesen, sodaß die Stadt wegen des
> jüdischen Bürgerkrieges zugrunde gegangen sei: *„Unter ihnen selbst wüteten
> Kämpfe, Verrat und Brandstiftung; ein großer Teil des Eßvorrates wurde ein Raub
> der Flammen (proelia dolus incendia unter ipsos, et magna vis frumenti ambusta)".*

Die mörderische Feindschaft von Juden gegen Juden war der Punkt, an dem
niemand, der zurückzuschauen wagte, vorbeisehen konnte. Die Javneaner
deklarierten sich deshalb nicht als Pharisäer, obwohl sie es zum Teil gewesen
waren, weil sie sich nun von den sektiererischen Frontstellungen, in denen
sie sich auch als Mitglieder der Pharisäerpartei verstrickt hatten, lösen wollten. Sie wollten nach all dem, was geschehen war, aus den Eierschalen ihrer
Sonderexistenz herausschlüpfen, um Mitverantwortung für das nun dezi-
mierte Judentum wahrnehmen zu können. Sie sahen ein, daß nicht Absonderung und nicht Exklusivismus das Judentum rettet, sondern einzig das
möglichst weitgehende Geltenlassen auch oppositioneller Meinungen und
Auslegungen. Exklusivismus schafft Feinde; daher muß ein breiteres Feld
geschaffen werden, auf dem in aller Offenheit um Gründe und Gegengrün-

de und so um die Wahrheit gerungen werden kann. Der Väterspruch in mAv 5,14 mag die Mentalität der Javne-Weisen wiederspiegeln:

> *„Jede Auseinandersetzung, die um des Himmels willen geführt wird, hat an ihrem Ende Bestand. Jede Auseinandersetzung aber, die nicht um des Himmels willen geführt wird, hat schlußendlich keinen Bestand. Welches ist eine Auseinandersetzung, die um des Himmels willen geführt wird? Die Auseinandersetzung zwischen Hillel und Schammaj! Und welches ist eine Auseinandersetzung, die nicht um des Himmels willen geführt wird? Die Auseinandersetzung Korachs und seiner Rotte (vgl. Num 16,1–17,28)" (mAv 5,17).*

„Um des Himmels willen" (leschem schamajîm) würde neutestamentlich mit „um des Himmelreiches willen", „um des Reiches Gottes willen", übersetzt. Der Gedanke ist derselbe: Alles, was um des Himmelreiches willen geschieht, ist sinnvoll, führt nicht in den sinnlosen Haß, schafft Wahrheit und Frieden. Als Beispiele eines Streites um des Himmelreiches willen werden die beiden Opponenten Hillel und Schammaj genannt. Es geht dem anonymen Verfasser dieses Spruchs aber nicht primär um diese beiden Urväter des Ringens um des Himmelreiches willen, sondern, um ihre Schulen, die in Javne vertreten waren, und die sich von ca. 75 n.bis zum Ausbruch des Bar Kokhba-Austandes (132 n.) durch mehr als 300 halakhische und theologische Streitfälle durchkämpften und die Hauptergebnisse zum Teil stichwortartig niederschrieben. Die Javne-Periode wurde damit zu einer Art Redaktionszeit für hillelitische und schammajitische und damit pharisäische Traditionen, die vor dem Jahre 70 n. entstanden waren. Die Parallelität zur gleichzeitigen neutestamentlichen Redaktionszeit ist frappierend. Die Diskussionen zwischen den Hilleliten und Schammajiten prägten die Atmosphäre. Dies ist auch daraus zu ersehen, daß sie mit den Entscheidungen des Himmels für eine neue tempellose Zeit in Zusammenhang gebracht wurden. In einer Anknüpfung an Koh 2,14 („Der Tor wandelt in der Finsternis") wird in yBer 1,4 (3a) gesagt, früher habe man mit Hilfe dieses Satzes ein ziemlich freies Verhältnis zu einzelnen Auslegungen des Gesetzes rechtfertigen können (so auch in tYev 1,13; Zuckermandel S.242). Jetzt aber werde man eindeutiger vor Entscheidungen gestellt:

> *„Nachdem sich aber die kleine Himmelsstimme (bat qôl) vernehmen ließ, wird die Halakha immer nach der Lehrmeinung der Hilleliten entschieden. Und jeder, der gegen die Worte der Hilleliten verstößt, wird des Todes schuldig. Es gibt nämlich eine tannaitische Tradition. Eine kleine Himmelsstimme ließ sich vernehmen. Sie sprach: Beider (sc. der Schammajiten und der Hilleliten) Auslegungen sind lebendige Worte Gottes. Aber die Halakha entspricht den Worten der Hilleliten. Wo ließ sich die*

kleine Stimme vernehmen? Rabbi Bîvî sagte im Namen des Rabbi Jochanan: In Javne ließ sich die kleine Stimme Gottes vernehmen". (Parallelen: ySot 3,4/19a; bEr 6b–7a).

Dieser Text stammt aus dem 3. Jh.n. und schaut auf die Javne Zeit zurück. Er setzt voraus, daß die Ansichten der Hilleliten sich als Norm gegenüber jenen der Schammajiten durchgesetzt haben und daher sakrosankt sind. Der Himmel selbst habe die Dominanz der Hilleliten bestätigt. Die Pointe des Textes liegt aber darin, daß auch die Worte der in den Diskussionen unterlegenen Schammajiten als „lebendige Worte Gottes" (divre Elohim chayyîm)[12] gelten. Wenn sich die Rabbinen für die Halakha nach der Hillelschule richten, dann tun sie dies im Wissen, daß damit nicht das ganze Spektrum des göttlichen Willens ausgedrückt wird. Es gibt lebendige Worte Gottes, die vorläufig zurücktreten müssen, an die man sich nicht halten soll, weil uns Menschen nur Teilerkenntnisse, Teilerfüllungen – keine Totalerfüllungen – möglich sind. Die Dominanz der Interpretationen der Hillelschule soll aber nach Auffassung der Rabbinen nicht dazu führen, daß die Siegerpartei zur Machtpartei wird. Die Hillelschule verdiente deshalb (meistens) den Vorzug vor der Schammajschule, „weil die Hilleliten bescheiden und rücksichtsvoll waren und sowohl ihre eigenen Worte als auch jene der Schammajiten tradierten" (bEr 13b). Wenn die Auslegung des halakhischen Gegners auch ein „lebendiges Gotteswort" ist, dann muß sie tradiert werden; nur dann kann das eigene „lebendige Gotteswort" einen verpflichtenden Charakter bekommen. Die „kleine Himmelsstimme", die sich in Javne und anderswo manifestierte, spielte für diese Auffassung keine entscheidende Rolle. Die Hilleliten stritten vielmehr mit den Schammajiten, laut mNaz 1,1, über die Gültigkeit der bat qôl:

„Das Haus Schammaj sagt: Man kann keine Beweise auf eine kleine Himmelsstimme gründen! Aber das Haus Hillel sagt: Man kann Beweise auf eine kleine Himmelsstimme gründen". In praxi hat es sich dann durchgesetzt, daß nur dann auf eine bat qôl rekuriert wurde, wenn kein anderer Weg zur Entscheidungsfindung offen war. Wenn z.B. alle Nachforschungen, ob ein Ehegatte tot sei und ob sein Partner eine neue Ehe eingehen dürfe, erfolglos bleiben, dann darf eine Wiederverheiratung aufgrund der kleinen Himmelsstimme geschehen (mYev 16,5–6)[13].

---

[12] Der Ausdruck divrê Elohim chayyîm wird oft fälschlicherweise mit „Worte des lebendigen Gottes" wiedergegeben. Neben „lebendige Worte Gottes" ist aber höchstens noch die Übersetzung „Worte Gottes (als)Leben" möglich.

[13] Zur bat qôl vgl. bes. Kuhn, Offenbarungsstimmen; zu den bisherigen Ausführungen über Javne insgesamt: Safrai, The Literature.

Die historische Situation, in der sich die Javneaner in den zwei letzten Jahr-zehnten des 1. Jhs. und in den zwei ersten Jahrzehnten des zweiten Jahr-hunderts befunden haben, und auch alles, was bisher über die dortigen Diskussionen und Neuordnungen gesagt worden ist, weist auf eine neue, *so* noch nie dagewesene Struktur des Judentums hin: Die verschiedenen, von Haus aus einander feindlich und abweisend gesinnten Gruppen taten sich trotz des gegenseitigen Dissenses zusammen. Der Vergleich mit funk-tionierenden modernen Demokratien ist angebracht: Verschiedene Parteien arbeiten in einem Parlament zusammen, um zu einem tragbaren Konsens zu kommen. Sie bilden *Fraktionen*, um die eigenen Positionen klären und verdeutlichen zu können. Bei den Schlußabstimmungen wird dann darauf geachtet, daß möglichst viel vom Eigenen zum Gesetz wird. *Das rabbini-sche Judentum der ersten Stunde bildete sich als fraktionelles Judentum heraus.* Dieser „Neubruch" konnte begreiflicherweise nicht makellos durchgehalten werden. In yShab 1,4 (3c) ist davon die Rede, daß Hilleliten von Schammajiten umgebracht wurden. – „Und dieser Tag war für Israel schwerer, als der Tag an dem Israel das goldene Kalb verfertigte".

Fraktionelles Judentum steht für eine größere Dehnbarkeit und Freiheit im dogmatischen und halakhischen Bereich. Die Spannungen zwischen verschiedenen Gruppen und Auffassungen werden ausgehalten und durch-getragen. Im Konflikt damit befindet sich das *sektiererische* Judentum, das einzig seine eigenen Glaubensauffassungen, Reinheitsvorstellungen und ethischen Grundsätze verteidigen und propagieren will. Wenn andere Strö-mungen sich nicht anpassen, werden sie exkommuniziert, oder die Sekte wird selbst zur „Austrittsgemeinde". Die Sache ist auch von jüdisch-christ-lichem Belang. Im Sinne des zitierten Spruches mAv 5,17 hat sich das Chri-stentum dem Judentum gegenüber oft wie „Korach und seine Rotte" ver-halten. Deshalb konnte es zu keinen Fraktionsabsprachen zwischen Juden-tum und Christentum kommen. Es geht aber in Zukunft darum, daß von beiden Seiten her der je andere auf seine Koalitionsfähigkeit abgetastet wird: Wie weit finden sich auch im Christentum „lebendige Worte Gottes"? Wie weit können mit ihm „um des Himmels willen" Auseinandersetzun-gen geführt werden?

2.3. Die mündliche Tora

Der im vorausgehenden Abschnitt mehrmals vorgekommene Ausdruck „lebendige Worte Gottes", mit dem die Ergebnisse der Diskussionen der Häuser Hillels und Schammajis bedacht werden, bildet eine Brücke zum rabbinischen Verständnis der mündlichen Tora. Die Lehre von der mündlichen Tora (tôra schebeʿal pe) besagt, daß die Arbeit und der Erfolg der Auslegung der Tora seitens verantwortlicher rabbinischer Gemeinschaften die Toraoffenbarung auf dem Sinai für die Gegenwart lebendig macht. Ein Vergleich aus dem Neuen Testament ist hier hilfreich. Jesus sagte laut Mt 23,2f: „Auf dem Stuhl des Mose sitzen die Schriftgelehrten und Pharisäer. Tut und befolgt alles, was sie euch sagen, aber richtet euch nicht nach dem, was sie tun; sie reden ja nur, tun selbst aber nicht, was sie sagen". Wenn ein Schriftgelehrter oder ein Pharisäer „auf den Stuhl des Mose sitzt" und die Menschen seiner Zeit belehrt, dann macht er die Tora des Mose lebendig. Er aktualisiert sie und macht sie damit zur Tora seiner Zeit. Man kann es auch umgekehrt sagen: Was der Schriftgelehrte heute sagt, „ist bereits dem Mose auf dem Sinai gesagt worden" (yPea 2,6/17a). *Die zeitgemäße Tora ist stets aufs neue die ursprüngliche Tora. Wer sie in Übereinstimmung mit der Mehrheit seiner Kollegen lehrt, bringt den Sinai, d.h. Gott und Mose in den Kreis seiner Zuhörer hinein.* Die neutestamentliche Stelle Mt 23,2f ist wohl der zeitlich älteste Beleg für die frührabbinische Lehre von der mündlichen Tora, die bereits in Javne die Überzeugung der Versammelten prägte. Das rabbinische Judentum steht einerseits ganz unter der Norm der schriftlichen Tora (tôra schebikhtav). Anderseits aber ist das rabbinische Judentum selbst die Norm für die Tora im jeweiligen Heute. *Die offenbarungsgeschichtlich zusammenhaltende Gemeinschaft der Rabbinen ist eine societas normata et normans, d.h. eine von der Tora her bestimmte und die Tora mitbestimmende Gemeinschaft.*

Viele Leute hatten damals Mühe mit der scheinbar neuen Selbstautorisierung der rabbinischen Lehrergemeinschaften und Fraktionen. Es wird erzählt, ein Mann habe auf die Vorstellung hin, es gebe zwei tôrôt, gesagt, er glaube nur an die schriftliche, nicht auch noch an die mündliche Tora. Hillel habe ihn daraufhin belehrt, daß es ohne mündliche Tora auch keinen Zugang zur schriftlichen Tora geben würde. Man wüßte nicht, was die Buchstaben und Sätze der Tora bedeuten. Hillel schloß seine Belehrung mit einer Glaubensaufforderung: „So wie du die schriftliche Tora im Glauben empfangen hast, so sollst du auch die mündliche Tora im Glauben empfangen" (ARN A 15; Schechter S.61).

Die mündliche Tora wurde von den Rabbinen als ein besonderes Bundeszeichen Gottes gedeutet: „Wenn du bewahrst, was mündlich ist und was schriftlich ist, schließe ich mit dir einen Bund; wenn nicht, schließe ich keinen Bund mir dir" (yPea 2,6/17a). Nach Rabbi Jochanan „schloß der Heilige, gelobt sei er, mit Israel nur einen Bund wegen der mündlichen Tora" (bGit 60b). In der rabbinischen Predigtsammlung Tan ki tissa 34 heißt es:

„Der Heilige, gelobt sei er, sagte zu Mose: Schreib! Da wollte Mose, daß auch die Mischna schriftlich fixiert werde. Der Heilige, gelobt sei er, sah jedoch voraus, daß die Weltvölker die Tora übersetzen werden, damit sie sie griechisch lesen und dann sagen könnten: Wir sind Israel!... Der Heilige, gelobt sei er, sprach daher zu den Weltvölkern: Ihr sagt, daß ihr meine Söhne seid!? Ich weiß nichts davon! Meine Söhne sind jene, bei denen mein Mysterium ist. Was ist das? Das ist die Mischna, die mündlich gegeben worden ist".

An der mündlichen Tora wird das wahre Volk Gottes erkannt. *Wo Gemeinschaften lebendige Worte Gottes aus der Vergangenheit in die Gegenwart zu tragen vermögen, da ist Israel.* Die Völker der Welt – in Tan ki tissa 34 ist das Christentum gemeint – können Israel zwar die Tora wegnehmen. Damit gehören sie aber noch lange nicht zum Volk des Ewigen. Nur dann dürften sie sagen: „Wir sind Israel!" wenn die lebendige Verwirklichung der Tora den Ewigen bewegen würde, in ihrer Mitte zu wohnen.

Im jüdisch-christlichen Zusammenhang ist zu beachten, daß auch die christlichen Gemeinden und Amtsträger versuchen, ihren Gemeinschaften „lebendige Worte Gottes" zu vermitteln. Christliches Leben ist nur als Ausdruck der wirksamen Gegenwart Gottes denkbar. Wenn Papst, Konzilien, Synoden, Theologische Forschergemeinschaften und pastorale Foren sich zu Entscheiden des Glaubens und der Sitten durchringen, dann fühlen sie sich ähnlich wie die Weisen von Javne als Gemeinschaften der mündlichen Offenbarung. Mose ben Maimon hat in seiner Einleitung zum „Buch des Wissens" (sefer ham-madda°) der „Mischne Tora" die Lehre von der mündlichen Tora so zusammengefaßt:

„Alle Vorschriften, die uns Mose vom Sinai her übermittelt hat, sind uns zusammen mit ihren Auslegungen zugekommen...Die ganze Tora ist von Mose, unserem Lehrer, vor seinem Tod eigenhändig niedergeschrieben worden...Die Interpretation der Tora (pêrûsch hat-tôra) hat er nicht niedergeschrieben, sondern gab (sie betreffende) Befehle an die Ältesten, an Josua und die übrigen Israeliten". (Diese hätten alles weitergegeben, so daß eine Traditionskette, die bis zum heutigen Tag reiche, entstanden sei. Der Verfasser der Mischna, Jehuda Hannassi habe der mündlichen Tradition zum ersten Mal schriftlichen Ausdruck gegeben). „Er verfaßte eine Sammlung, damit aus ihr öffentlich die mündliche Tora gelehrt und gelernt werde. Aber in jeder Generation schreibt ein Vorsteher eines religiösen Gerichtshofes oder ein Prophet für sich selbst ein Memorandum der Traditionen nieder, die er von seinen Lehrern gehört hat und die er selbst öffentlich verkündet hat... "[14].

---

[14] Hyamson, The Book of Knowledge 2a–2b.

Die jüdische Lehre von der mündlichen Tora hat bis heute große Auswirkungen. Das Judentum lebt einerseits vom Sinai und damit von der Vergangenheit her. Es geht nie in der Gegenwart auf. Anderseits lebt es aber auch aus der Aktualisierung der Vergangenheit. Die Vergegenwärtigung des Vergangenen bleibt aber nie stehen, sondern tendiert auf die Zukunft des Volkes Gottes hin. Franz Rosenzweig hat dies so ausgedrückt: „Mit dem bloßen Dasein ist nichts erklärt, ja sogar nichts auch nur gewiß...Mit dem Wissen um das bloße Geschaffensein der Dinge ist gar nichts gewußt...Sondern erst daß die Dinge um des Endes willen ‚geschaffen' sind und der, der der Erste ist, auch der Letzte ist (Jes 44,6; 48,12; Apk 21,6; 22,13). – erst das gibt Wissen...Gott *ist* nicht alles, sondern *von* ihm und *zu* ihm ist alles"[15]. Ähnlich verhält es sich im Christentum.

2.4. Gebetsreform

Das bis heute als verpflichtendes offizielles Gemeindegebet geltende Achtzehngebet (ᶜamîda, tefilla) wurde in verschiedenen jüdischen Gruppen schon lange vor dem Jahre 70 n. Chr. regelmäßig gebetet. Die Anfänge dieses Gebetes liegen im 2. Jh. v. Chr.[16]. Wir haben viele Hinweise dafür, daß das 18Gebet in Javne gestrafft und geordnet worden ist und einen größeren Verpflichtungsgrad erhalten hat. Im Kapitel über den Ketzersegen wurde bereits darüber gesprochen. Unter dem Abschnitt „Von der Sekte zu den Fraktionen" wurde ferner erwähnt, daß einer der Programmpunkte des Rabban Jochanan ben Zakkai war, das Gebet festzusetzen[17]. Die in Javne versammelten Weisen legten in der Tat ein Hauptaugenmerk auf die Erneuerung Israels durch ein gemeinsames, von allen Gemeinde-Mitgliedern täglich zu verrichtendes Gebet. Die wahre Gemeinschaft des Volkes des Ewigen wird auch durch ein gemeinsames Gebet konstituiert (vgl. Mt 6,5–13; Lk 11,1–4). Zusätzlich zu dem über die zwölfte Berakha des 18Gebets, den Ketzersegen, bereits Gesagten, soll hier die 16. Berakha der babylonischen Version des 18Gebets kurz angeschaut und in einen traditionsgeschichtlichen Zusammenhang hineingestellt werden. Die 16. Berakha lautet so:

---

15 Briefe und Tagebücher I 412 414.
16 Zur Entstehungsgeschichte des 18Gebets vgl. immer noch Elias Bickerman, The Civic Prayer for Jerusalem, in: ders. Studies II, 290–312.
17 Laut der Version ARN A, Kap. 4, Schechter S.23 über die Flucht Jochanans aus Jerusalem während des Aufstandes. q-b-ᶜ meint eine die Gemeinschaft verpflichtende Festsetzung.

„Höre, Ewiger, unser Gott, auf unsere Stimme, sei gnädig, und erbarme dich über uns! Nimm unser Gebet in Barmherzigkeit und Wohlgefallen an! Laß uns von dir, unserem König, nicht leer weggehen; du hörst ja das Gebet jedes Mundes! Gelobt seist du, Ewiger, der auf das Gebet hört (schômea^c tefilla)"[18]

In bAZ 7b–8a steht eine längere Diskussion über diese schômea^c tefilla-Berakha. Dabei wird eine Ansicht zweier Javne-Weisen, die schon vor 70 n. in Jerusalem als Ausleger von Schrift und Tradition tätig gewesen waren – nämlich Nachum der Meder[19] und Eliezer ben Hyrkanos – wiedergegeben. Von Nachum wird gesagt, er habe ebenso wie Eliezer ben Hyrkanos die Meinung vertreten, man solle zuerst um seine persönlichen Anliegen bitten und dann erst das Achtzehngebet mit seinen vielen Lobpreisungen Gottes, seinen Erinnerungen an frühere Gnadenerweise Gottes und seinen Hoffnungen auf eine endgültige Heilsordnung beten. Die schômea^c tefilla-Berakha solle Gott als erste 18Gebet-Berakha vorgetragen werden dürfen. Nachum brachte bei diesem Disput vermutlich verschiedene Beweise aus der Tradition vor 70 n. bei. Er habe, so drückt sich der Talmud aus, „sich an großen Stricken angehängt". Die Weisen von Javne aber widersprachen ihm. Sie kannten offenbar ebenfalls Traditionen, wonach früher die schômea^c tefilla-Berakha erst ziemlich am Schluß des 18Gebets gesprochen worden war. Tatsächlich berichtet Josephus Flavius über die Zeit des Tempelbestandes, daß es damals bei den Opferfeiern Pflicht war, zuerst die Gemeinschaftsanliegen betend vorzutragen und dann erst die privaten Bitten:

„Anläßlich der Darbringung von Opfern muß zuerst für die Wohlfahrt der Gemeinschaft (hyper tês koinês sôtêrias) gebetet werden, und erst danach darf für sich selbst gebetet werden. Wir sind nämlich für den Dienst an der Gemeinschaft (koinônia) geboren worden. Und wer immer die Bedürfnisse der Gemeinschaft über seine privaten Anliegen stellt, ist Gott besonders wohlgefällig" (Ap II 196).

Aufgrund ihrer Traditionskenntnisse aus der Zeit vor 70 n. sagten die Weisen laut bAZ 7b zu Nachum: „Die Sache (d. h. deine Traditionsaussage) ist vergeßen, wir wollen nicht mehr darüber reden". Und sie erließen die Verordnung: „Man soll zuerst die Tefilla beten, und erst dann soll man die

---

[18] Nach der palästinischen Version ist diese Berakha etwas kürzer. Außerdem steht sie nicht an sechzehnter Stelle, sondern an fünfzehnter.

[19] Zur Bedeutung Nachums vor der Tempelzerstörung vgl. u. a. mNaz 5,4. Nachum löste nach der Tempelzerstörung Gelübde auf, die vor der Tempelzerstörung im Zusammenhang mit dem Tempel abgelegt worden waren. Die Mischna bezeichnet dies als ein Irrtum.

privaten Anliegen vortragen". Die schômea[c] tefilla-Berakha verblieb damit im Schlußteil des 18Gebets.

Wir haben damit einen Einblick in die redaktionelle Arbeit der Schriftgelehrten von Javne gewonnen. Ähnliche Einblicke verschaffen uns auch die Neutestamentler in die redaktionellen Teile des Neuen Testaments. *Die Weisen von Javne taten im Grunde also dasselbe, was die neutestamentlichen Autoren ungefähr gleichzeitig taten:* Sie wogen alte Traditionen ab, sonderten Nebensächliches aus und bestimmten, welche Traditionen in Zukunft zu befolgen seien.

Diese redaktionelle Arbeit war nicht ohne Korrekturen möglich. Im rabbinischen Schrifttum begegnet uns öfter der Ausdruck „tîqqûn sôferîm": Verbesserung (oder Wiederherstellung) der Schriftgelehrten[20]. Es ist nicht zu übersehen, daß die führenden Javne-Weisen Jochanan ben Zakkai und Gamliel II ihre Verordnungen (taqqanôt) nach der Art von Schriftgelehrten begründeten. Sie verstanden sich als Schriftgelehrte. Sie schlüpften gleichsam in das Gewand von Schriftgelehrten. Jochanan ben Zakkai begründete z. B. seine taqqanôt zum Neujahrsfest damit, daß „die Erinnerung an den Tempel" (zekher la-miqdasch) wach bleiben müsse. Alle neuen Javne-Verordnungen haben Rücksicht zu nehmen auf Kult- und Gebetsgesetze, die zur Zeit des Tempels gegolten hatten (mRHSh 4,1–4). Die Verordnungen Rabban Gamliels II über das 18Gebet werden im rabbinischen Schrifttum stets mit vielen – teils kontrovers vorgetragenen – Bibelstellen begründet[21]. Die Javneaner können damit auch als eine Schriftgelehrtengemeinschaft gelten, der es darum ging, die Tora zeitgemäß zu verwirklichen, ohne daß Wertvolles aus der Vergangenheit verloren gehe. Ein Beleg dafür ist z. B. mBer 1,5, wo der Javne-Weise Eleazar ben Azarja gesteht, er sei bereits 70jährig und habe immer noch nicht verstanden, weshalb man sich *nachts* des Auszugs aus Ägypten erinnern müsse, bis ihn Ben Zoma auf Dtn 16,3 aufmerksam gemacht habe. Dort steht: ‚...damit du dich des Tages deines Auszugs aus Ägypten alle Tage deines Lebens erinnerst'. Mit ‚die Tage deines Lebens' seien die Tage gemeint, aber mit ‚*alle* Tage deines Lebens', seien die Nächte gemeint. Die Weisen aber hätten diesem Ergebnis der Schriftgelehrsamkeit Ben Zomas nicht zugestimmt: „Aber die Weisen sagen: Mit ‚die Tage deines Lebens' ist diese Welt gemeint. Mit ‚*alle* Tage deines Lebens' ist die messianische Zeit gemeint".

Die in Javne und später (ab 138 n. Chr.) in Uscha erlassenen Verordnungen zur Erneuerung des jüdischen Gebetslebens in tempelloser Zeit sind

---

[20] Dazu Lieberman, Hellenism 28–37.
[21] vgl. yBer 4,8a; bBer 28b u.ö.; dazu Safrai, The Literature 14–20.

nur bruchstückhaft überliefert. Theologisch gesehen ging es den Rabbinen darum, die Gemeindegottesdienste als Vergegenwärtigungen des Bundes Gottes mit Israel wieder transparent zu machen. Dasselbe hatten schon vor ihnen Jesus von Nazareth und die neutestamentlichen Hagiographen im Anschluß an Gottesdienstauffassungen in der Tora getan.

Der Gottesdienst Israels war schon in früher Zeit wesentlich eine Vergegenwärtigung und damit eine Erneuerung des überlieferten Bundes. Er war eine Bundeszeremonie und ein Dank für den zum Ereignis gewordenen Bund. Im Gottesdienst der Gemeinde wurde der Bund realisiert, vom Teilnehmer angenommen und bestätigt, und so neu ins Leben gesetzt. Der israelitische Gottesdienst, wie er in Dtn 26,1–11 geschildert wird, zeigt dies: Der Beter ist der lebende Beweis dafür, daß Gott seine Bundeszusagen eingehalten hat. Der Israelit ist ein Nachkomme Abrahams, Isaaks und Jakobs, wohnt im Land, das diesen Vätern versprochen worden ist und kann von dessen Früchten leben. Er kommt nun ins Heiligtum, bestätigt dort dankbar seine Existenz kraft des Bundes und entrichtet zum Zeichen dafür seine Abgaben. In einem längeren Glaubensbekenntnis VV 6–10 stellt er sich in den historischen und theologischen Zusammenhang mit seinen Vorfahren und mit dem Schicksal seines Volkes bis zum heutigen Tag. Kraft der Treue Gottes sei das Volk von der Heimatlosigkeit zur Beheimatung gelangt und von der Bedrängnis der Flucht zur Freude über das Land und seine Früchte.

Das Christusereignis – Tod-Auferstehung – wurde von seinen Jüngerinnen und Jüngern als Bundesereignis verstanden und von allem Anfang an gottesdienstlich gefeiert – ganz im Sinne der israelitischen Bundesfeiern. Damit wurde es zur Bundesvergegenwärtigung und zur Bundeserneuerung. Im Abendmahlstext des Lukas, Lk 22,15–20, heißt es:

> *„Und er sagte zu ihnen: Ich habe mich sehr danach gesehnt, dieses Pascha mit euch zu essen. Denn ich sage euch: ich werde es nicht mehr essen, bis es zur Fülle kommen wird im Reich Gottes. Er nahm den Becher, sprach die Berakha und sagte: Nehmt dies und teilt es unter euch! Ich sage euch nämlich: Von jetzt an werde ich nicht mehr von der Frucht des Weinstocks trinken, bis das Reich Gottes kommt. Und er nahm das Brot, sprach die Berakha und reichte es ihnen mit den Worten: Das ist mein Leib, der für euch hingegeben wird. Tut dies zu meinem Gedächtnis. Ebenso nahm er nach dem Mahl den Becher und sagte: Dieser Becher ist der neue Bund in meinem Blute, das für euch vergossen wird."*

An diesem vielschichtigen Text fällt die Bezugnahme auf Vergangenheit, Gegenwart und Zukunft auf, die mit den Worten zikkaron (anamnêsis / memoria / Erinnerung / Gedächtnis) und berît (diathêkê / Bund / Testament) verknüpft ist. Das Reich Gottes und die Erfüllung, die das Herrenmahl in ihm finden wird (V 16: plêrôo) steht für den Bezug zur *Zukunft*. Diese Linie auf die zukünftige Vollendung hin ist im Text besonders stark betont. Der Bezug auf die *Vergangenheit* liegt im Paschamahl, das auf den Auszug aus Ägypten hinweist und im Hinweis auf Ex 24,8 und Jer 31,31, der in V 20 mit dem Reden vom Neuen Bund verbunden wird. Der Ausdruck „Neuer Bund" ist keine Neuschöpfung des Neuen Testaments, sondern ein Zitat aus dem Ersten Testament, das zur Illustration der Vergegenwärtigung des israelitischen Bundes benützt wurde. Die im Verein mit Christus dem Gott Israels dankende Gebets- und Essensgemeinschaft stellt die *Gegenwart* und personale Realität des Bundes dar.

Auch das Judentum ist in seinen Gottesdiensten der Bundesexistenz verpflichtet geblieben. Als Beispiel einer gottesdienstlichen Vergegenwärtigung des Bundes kann die rabbinische Berakha yaᶜale we-yavoᵓ dienen, die auch noch heute nach der siebten Berakha des Achtzehngebets eingeschoben wird. Sie reicht ins frühe zweite Jahrhundert n. Chr. zurück[22] und stellt daher auch zeitlich gesehen eine bemerkenswerte Parallele zu Lk 22,15–20 par. dar:

> „Unser Gott und Gott unserer Väter! (Unser Gebet) steige auf und gelange (zu seinem Ziel). Möge es gesehen werden, möge Wohlgefallen darauf ruhen, möge es gehört und in Fürsorge angenommen werden. Möge unseres Gedächtnisses gedacht werden (Yizzakher zikhronenû), des Gedächtnisses unserer Väter, des Gedächtnisses des Messias, deines Knechtes, des Sohnes Davids, des Gedächtnisses Jerusalems, der Stadt deiner Heiligkeit und des Gedächtnisses des ganzen Hauses deines ganzen Volkes vor dir: zur Rettung, zum Wohl, zur Gnade, zur Gunst, zur Barmherzigkeit, zum Leben und zum Frieden"[23].

Die Diktion dieses Gebetes ist etwas schwierig. Ganz eindeutig liegt ihm aber die Vorstellung zugrunde, daß alle Bünde in Vergangenheit und Zukunft in der gegenwärtig betenden Gemeinde und im ganzen Volk Gottes zusammenkommen, sich bündeln und wirksam werden, weil Gott seines Bundes gedenkt. Das Gedenken/Gedächtnis betrifft Gott und die Gemeinde und ist formalinhaltlich eine Berakha, ein Preis, Gottes. Die memoria der Gemeinde kann nur durch Gott ermöglicht werden. Er muß sich ihrer dadurch annehmen, daß er sein vergangenes, gegenwärtiges und zukünftiges Heilswirken in der Gottesdienstgemeinde zur Wirkung bringt. Wenn es zu einem Anschluß von göttlichem und menschlichem Gedächtnis an die Heilstaten Gottes der Vergangenheit kommt, dann wird die Vergangenheit zur

---

[22] Nach Heinemann, Prayer in the Talmud, 57.
[23] Text nach Samson R. Hirsch, Israels Gebete, 146.

freudigen Gegenwart. Mit Vergangenheit ist das Wirken Gottes an den Vätern (Abraham, Isaak, Jakob) sowie die Erwählung und Aufgabe Israels gemeint. Aber auch der Zukunft wird gedacht; sie leuchtet in die Gegenwart hinein: Der Messias, der Sohn Davids, ist eine Gestalt der Zukunft. Die Stadt Jerusalem ist momentan, da der Tempel zerstört ist, nicht im Vollsinn „die Stadt deiner Heiligkeit". Es möge von der Zukunft her Rettung, Wohl, Gunst, Gnade, Barmherzigkeit, Leben und Frieden in diese jetzt jämmerlich darniederliegende Stadt einfließen, damit sie wieder zum vollen Ort der Heiligkeit Gottes und des Glückes seiner Bewohner werde. Dasselbe gilt von „deinem ganzen Volk Israel", das derzeit zerstreut, verfolgt und verwaist seine Existenz fristet. Das Gedächtnis ist eine gläubig zu erbittende Hereinnahme der Zukunft in die bedrängte Gegenwart hinein. Obwohl in der rabbinischen Berakha im Gegensatz zur neutestamentlichen Berakha das Wort Bund nicht vorkommt, handelt es auch da um Bundesvorstellungen. Nach Auskunft neutestamentlicher Fachexegeten fehlt das Wort „neuer Bund" in Lk 22,20 in mehreren maßgeblichen Handschriften. Es kann fehlen! Statt Bund können auch die Begriffe zikkaron (anamnêse, memoria), Frieden, Wohl, Gnade, Barmherzigkeit u.ä. verwendet werden. Immer handelt es sich um die vertrauensvolle preisende Bitte an Gott, er möge seine Wundertaten der Vergangenheit und seine verheißenen Gaben der zukünftigen Endvollendung in die Gegenwart hineinbündeln, er möge sich als zuverlässig und treu in seinem Wirken erweisen. Daran liege der ganze Fortschritt, das ganze Wohl der Menschen. Beim Herrenmahl mit seiner Aussage, daß beim Brotbrechen und beim Trinken des Bechers alle Heilstaten Gottes durch Christus dargestellt und präsent werden, geht es zentral um den Glauben, daß Gottes Bundesangebote zuverlässig bleiben, daß Gott an seine Bundesschlüsse denkt und daß er auch alles auf der Linie der Bünde zur Vollendung führen wird. Die Treue Gottes zu seinem Anfang und zu seinem Ringen mit seinem Volk und sein Wille, alles in seinem Sinne zum barmherzig-glücklichen Ende zu führen, ist der springende Punkt rabbinischer und neutestamentlicher Bundesaussagen und Gebetsintentionen.

3. Gegenseitiges Zeugnis

Es hat in den letzten Jahrzehnten erbitterte Streitigkeiten wegen der Judenmission gegeben. Juden reagieren äußerst sensibel, wenn Christen meinen, sie müßten sie zum Christentum bekehren. Eine traumatische Angst vor Zwangstaufen, Zwangspredigten, wie sie im Mittelalter vorkamen, geht immer noch durch das ganze jüdische Volk hindurch. „Alles was wir von den Christen wollen, ist, daß sie ihre Finger von uns und unsern Kindern lassen", meint der Holocaust-Theologe Eliezer Berkowitz im Zusammenhang mit dem Thema Judenmission[24]. Seit 1. April 1978 ist in Israel das „Antimissionsgesetz" in Kraft. Es bedroht alle mit fünf Jahren Gefängnis, die jemanden mit Geldangeboten oder andern materiellen Vergünstigungen zum Übertritt zu einer andern (sc. der christlichen) Religion überreden.

Solche Aussagen und Vorkehrungen sind nicht nur Ergebnis bitterer Erfahrungen aus der Vergangenheit mit ihren Zwängen zur Konversion. Sie zielen auch gegen Ehen, die zwischen Juden und Angehörigen einer andern Religion geschlossen werden, und die nach dem jüdischen Gesetz verboten sind. Dazu gesellt sich die in vielen frommen Kreisen eingewurzelte Vorstellung, eine Mischehe ziehe ziemlich automatisch den Austritt des jüdischen Ehepartners aus den lebendigen Verbindung mit der jüdischen Volks- und Religionsgemeinschaft nach sich. Paul van Buren gibt zu all dem ein christliches Echo:

> *„Wegen des Verlustes eines Drittels des Volkes Gottes im Holocaust sollte von seiten der Kirche für die voraussehbare Zukunft besondere Sorge getragen werden, das jüdische Volk nicht zu schwächen. Kurz, alle Anstrengungen sollten von seiten der Kirche – und hoffentlich auch von seiten des jüdischen Volkes – unternommen werden, unser konkurrierendes Nebeneinander kooperativ zu gestalten, um auf diese Weise der Absicht Gottes mit seiner ganzen Schöpfung zu dienen"*[25].

Vom Neuen Testament her läßt sich keine Form von Zwangsbekehrung rechtfertigen. Im Mittelalter wurde eine Rechtfertigung mit Hilfe der Wendung „compelle intrare, ut impleatur domus mea" („nötige die Leute, hineinzukommen, damit mein Haus voll wird") in Lk 14,23 versucht. Dieser Satz steht im Rahmen des Gleichnisses vom großen Gastmahl (Lk 14,15–24). Er gehört zur weltlichen Story (Maschal) des Gleichnisses. Jede Abbiegung für kirchenpolitische oder theologische Intentionen ist daher illegitim. Aber auch die angeblichen Kronzeugen, für eine christliche Judenmission, Act 1,5–8 und Mt 28,19f, geben nicht her, was sie hergeben sollten. Laut Act 1,5–8 fragten die Jünger Jesus bei ihrem letzten Zusammensein:

> *„Herr, willst du jetzt das Reich für Israel errichten? Jesus antwortete ihnen: Es steht euch nicht zu, die Zeiten und Fristen zu kennen, die der Vater in seiner eigenen Macht festgelegt hat. Aber ihr werdet die Kraft des Heiligen Geistes empfangen, der auf euch herabkommt, und ihr werdet meine Zeugen sein in Jerusalem, in Judaea, in Samaria bis an das Ende der Erde".*

---

[24] in Disputation and Dialogue, ed. E.F.Talmage 293.
[25] Theologie des jüd.-christl. Diskurses 74.

Der Inhalt dieses Textes ist nicht auf Konversionen von Juden zum Christentum ausgerichtet. Wohl aber ist die Hoffnung auf die Realisierung der Endherrschaft Gottes unter Juden und Völkern ausgedrückt. Die Jünger sollen Zeugen des von Gott gewirkten kommenden Reiches sein. Einen Taufbefehl gibt es nur in Mt 28,19f: „Gehet zu allen Völkern und macht sie zu Jüngern! Taufet sie auf den Namen des Vaters, des Sohnes und des Heiligen Geistes. Lehrt sie alles zu befolgen, was ich euch geboten habe. Seht, ich bin bei euch alle Tage bis zur Vollendung (synteleia) der Welt". Diese beiden Verse aus dem Schluß des Matthäusevangeliums waren wohl eine judenchristliche Taufformel. Die Juden werden darin aber nicht genannt, sondern nur die Völker. Die Völker sollen Jünger Christi werden. Aus dem Tauf- und Missionsbefehl läßt sich keine Verordnung zur Missionierung der Juden herauslesen. Anderseits schließen weder Mt 28,19f noch Act 1,5–8 noch andere Stellen aus, daß Jesus und seine Botschaft auch vor Juden bezeugt werden sollen – immer jedoch zusammen mit der Hoffnung auf die End-Herrschaft Gottes vom Himmel her. Ein Schlüsselsatz des Römerbriefes des Paulus drückt das so aus: „Ich schäme mich des Evangeliums nicht, denn es ist eine Kraft Gottes zur Rettung aller Glaubenden, zuerst der Juden, dann der Griechen" (Röm 1,16). Daß sich Christen des Evangeliums vor Juden schämen, es vor ihnen verstecken würden, entspricht nicht dem Geist Christi. Auch Juden verfehlen sich gegen den Geist, wenn sie den einen Gott Israels, die Tora und die jüdische Tradition vor Außerstehenden verleugnen. Zum Judentum gehört ähnlich wie zum Christentum ein Zeugnischarakter. Das Zeugesein, das Bezeugen soll in beiden Bewegungen nie Selbstzweck, nie Gruppenegoismus, nie Proselytismus sein. Vielmehr geht es um ein öffentliches, bekennendes Schreiten der Endvollendung entgegen. Dieses Schreiten soll so partnerschaftlich wie möglich sein, da es unterwegs viel zu tun gibt. Die Endvollendung (synteleia) wird nur geschenkt, wenn Juden und Völker nach ihrem je eigenen Charisma das ihrige dazu beitragen. Sie bringt das letzte Geschenk Gottes an Juden und Völker herbei: die erbarmende Vergebung aller Sünden (Röm 11,27.32).

Für die Kirchen geht es darum, die Akzente ihrer Verkündigung und ihres Handelns so zu legen, daß kein Mensch guten Willens daraus eine Verpflichtung zur Christianisierung der Juden ableiten kann. Die Akzentuierung kann etwa so geschehen: Zwischen der Kirche und dem jüdischen Volk besteht eine innere Verzahnung und eine wechselseitige Interdependenz in Funktion und Zeugnis. Trotz schwerwiegender Unterschiede in Glaube und Struktur sind Judentum und Christentum Bewegungen auf das Reich Gottes hin. Das jüdische Volk befindet sich dabei nach Gottes Willen auf einem Sonderweg, der in deutlichem Abstand zur Kirche verläuft. Nach

Röm 9–11 hat die Kirche das jüdische Volk in seiner offenbarungsgeschicht-lichen Eigenständigkeit anzuerkennen und sich nicht über dieses Volk zu erheben, da Gottes Bund mit ihm ungekündigt ist (Röm 11,28f). Sie kann, wie es die Synode der Evangelischen Kirche im Rheinland im Januar 1980 ausdrückte, „ihr Zeugnis dem jüdischen Volk gegenüber nicht wie ihre Mis-sion an die Völkerwelt wahrnehmen"[26]. Ihr Gegenüber zum jüdischen Volk bedeutet nicht kühle Distanz und nicht Verschlossenheit, sondern Mitsor-ge, Mithilfe, Offenheit, Umkehr und Lernwilligkeit. In der Karfreitagslitur-gie der Katholischen Kirche wird darum gebetet, daß das jüdische Volk „in der Treue zu seinem Bund fortschreite („in sui foederis fidelitate proficere") und daß es „zur Fülle der Erlösung gelange" („ad redemptionis mereatur plenitudinem pervenire").

Diese Gedanken, Fürbitten und Selbstbesinnungen werden in Zukunft sicher ihre Früchte tragen: Größeres Vertrauen füreinander, Zusammenar-beit für die Welt und Hoffnung auf die von Gott zu schenkende Fülle nach allem Leid und aller Zwietracht![27] Die jüdische Hoffnung geht ja in die gleiche Richtung. In der Pesikta Rabbati, einer rabbinischen Predigtsamm-lung für ausgezeichnete Sabbate heißt es (ed. Friedmann 2a):

> *„An jedem Neumond und an jedem Sabbat wird alles Fleisch kommen, um mir zu huldigen, spricht der Herr (Jes 66,23). Es heißt nicht, ganz Israel wird kommen, sondern ,alles Fleisch wird kommen'. Rabbi Pinchas sagte: Was bedeutet ,alles Fleisch'? Jeder, der seinen Trieb in dieser Welt unterdrückt, verdient es, das Antlitz der Schekhina zu sehen...Eine andere Auslegung: ,alles Fleisch wird kommen, um mir zu huldigen'. Auch die Heidenvölker? Nein, nicht alle Heidenvölker, sondern nur jene, die Israel nicht geknechtet haben; nur sie empfängt der König Messias!"*

Das Ereignis der endgültigen Annahme und Aufnahme Israels und der Völ-ker wird, wie Paulus meint, „nichts anderes sein als Leben aus dem Tod" (Röm 11,15). Es wird ein großes Wunder sein, wenn sich Juden und Chri-sten einmal voll verstehen werden. Dies wird in der Fülle der Zeiten eine beglückende Realität sein.

---

[26] Rendtorff/Henrix, Dokumente 595.
[27] Zu den Leitgedanken gegen die Judenmission und für offene Zeugenschaft vgl. u. a. Aring, Christen und Juden; Henrix, Exodus und Kreuz, bes. 199–202; Lenhardt, Auftrag und Unmöglichkeit; Mussner, Dieses Geschlecht; Schweikhart, Dialog und Mission; Petuchowski/Thoma, Lexikon 187–192.

Literaturverzeichnis

Abulafia Abraham, Perûsch sefer Jezira ‚almoni', Jerusalem 1984.

Adorno Theodor W., Negative Dialektik, Frankfurt 1966.

Agus Jacob B., The Jewish Quest, Essays on Basic Concepts of Jewish Theology, New York 1983.

Allegro John M. (ed.), Qumran Cave 4, I(158–186), DJD 5, Oxford 1968.

Almog Shmuel (Hg.), Antisemitism through the Ages, Oxford 1988.

Alon Gedalyahu, Mecheqarîm beToledot Yisra'el, Tel Aviv 1957.

Alon Gedalyahu, Jews, Judaism and the Classical World, Jerusalem 1977.

Altmann Alexander, Moses Mendelssohn, A Biographical Study, Philadelphia 1973.

Améry Jean, Jenseits von Schuld und Sühne, Bewältigunsversuche eines Überwältigten, Stuttgart 1980.

Amichai Yehuda, Schîrîm 1948–1962, Jerusalem 1977.

Amsee Andreas, Die Judenfrage, Luzern 1939.

Andersen Bernhard W. (Hg.), Faith Enacted into History, Essays in Biblical Theology, Philadelphia 1976.

Arendt Hannah, Eichmann in Jerusalem, München 1964.

Aring Paul G., Christen und Juden heute – und die ‚Judenmission', Geschichte und Theologie protestantischer Judenmission in Deutschland, dargestellt und untersucht am Beispiel des Protestantismus im mittleren Deutschland, Frankfurt 1987.

Aubry Rose, Jesus the Nazarene – A Jewish View, Common Ground 1990, 31f.

Backes Uwe / Jesse Eckhard / Zitelmann Rainer (Hg.), Die Schatten der Vergangenheit, Impulse zur Historisierung des Nationalsozialismus, Berlin 1990.

Baeck Leo, Das Wesen des Judentums, Berlin 1921.

Baras Zevi (ed.), Messianism and Eschatology, A Collection of Essays, Jerusalem 1983.

Baeck Leo, Wege im Judentum, Aufsätze und Reden, Berlin 1933.

Baigent Michael / Leigh Richard, Verschluß-Sache Jesus, Die Qumranrollen und die Wahrheit über das frühe Christentum, München 1991.

Bammel Ernst (Hg.), The Trial of Jesus, Napperville 1970.

Baras Zvi, Messianism and Eschatology, A Collection of Essays (hebr.), Jerusalem 1983.

Bauer Yehuda, The Jewish Emergence from Powerlessness, Toronto 1978.

Baumann U., Rom und die Juden, Die römisch-jüdischen Beziehungen von Pompeius bis zum Tode des Herodes (63 v. – 4 n. Chr.), Fankfurt 1983.

Baumbach Günter / Eckert Willehad P. / de Kruiff Theo / de Lange Nicholas R.M. / Müller Gerhard / Thoma Clemens / Weinzierl Erika, Antisemitismus, TRE 3, Berlin 1978, 113–168.

Becker Jürgen (üb.), Die Testamente der zwölf Patriarchen, JSHRZ III, Gütersloh 1974, 1–163.

Ben-Chorin Schalom, Weil wir Brüder sind, Zum christlich-jüdischen Dialog heute, Gerlingen 1989.

Ben Sasson Haim H., Geschichte des jüdischen Volkes, Bd 2, München 1979.

Ben Shlomo Joseph (ed.), Torat ha-Elohût schel Rabbi Moshe Cordovero, Jerusalem 1965.

Ben Shlomo Joseph (ed.), The Mystical Theology of Moses Cordovero (hebr.), Jerusalem 1965.

Benyoetz Elazar, Treffpunkt Scheideweg, München 1990.

Benz Wolfgang, Dimension des Völkermords, Die Zahl der jüdischen Opfer des Nationalsozialismus, Oldenburg 1991.

Berding Helmut, Moderner Antisemitismus in Deutschland, Frankfurt a. M. 1990.

Berger Klaus, Das Buch der Jubiläen, JSHRZ II 3, Gütersloh 1981, 275–575.

Berger Klaus, Die aramäischen Texte vom Toten Meer, Göttingen 1984.

Berkovits Eliezer, Faith after the Holocaust, New York 1973.

Berkovitz Eliezer, With God in Hell, New York 1979.

Bernd Martin / Schulin Ernst (Hg.), Die Juden als Minderheit in der Geschichte, München 1981, 3. Aufl. 1985.

Beyer Klaus, Die aramäischen Texte vom Toten Meer, Göttingen 1984.

Bickermann Elias, Ritualmord und Eselskult, Ein Beitrag zur Geschichte antiker Publizistik, MGWJ 71 (1927) 171–187.

Bickerman(n) Elias, Studies in Jewish and Christian History II, Leiden (Nachdr.) 1980.

Biemer Günter, Freiburger Leitlinien zum Lernprozeß Christen Juden, Düsseldorf 1981.

Biemer Günter u. a. (Hg.), Was Juden und Judentum für Christen bedeuten, (Lernprozeß Christen – Juden Bd 3), Freiburg i. Br. 1984.

Black Matthew, The Scrolls and Christianity, London 1969.

Black Matthew / Denis Albert M. (ed,), Fragmenta Pseudepigraphorum quae supersunt Graeca (PsVtGr) III. Leiden 1970.

Blinzler Josef, Der Prozeß Jesu, Regensburg, 4. Aufl. 1969.

Blonski Jan, The Poor Poles Look at the Ghetto, CJR 22 (1989) 5–20.

Blumenthal David R., Understanding Jewish Mysticism, A Source Reader, Bd 1, New York 1978.

Blumenthal David R., God at the Center, Meditations on Jewish Spirituality, San Francisco 1987.

Bokser Ben Zion (ed.), Abraham Isaak Kook – The Lights of Penitence, The Moral Principles, Lights of Holiness, Essays, Letters and Poems, New York 1978.

Bonheim Günther, Zeichendeutung und Natursprache, ein Versuch über Jakob Böhme, Würzburg 1992.

Bosch M. (Hg.), Antisemitismus, Nationalsozialismus und Neonazismus, Düsseldorf 1979.

Brakelmann Günter / Rosowski Martin (Hg.), Antisemitismus, Von religiöser Judenfeindschaft zur Rassenideologie, Göttingen 1989.

Brandenburger Egon (üb.), Himmelfahrt Moses, JSHRZ V, Göttingen 1976, 59–84.

Brandon S.G.F., The Trial of Jesus of Nazareth, New York 1968.

Braun McAfee R., Elie Wiesel, Zeuge für die Menschheit, Freiburg i. Br. 1990.

Braybrooke Marcus, The Suffering of God, New Perspectives in the Christian Understanding of God since the Holocaust, in: Remembering for the Future I, 702–708.

Brocke Michael / Jochum Herbert, Wolkensäule und Feuerschein, Jüdische Theologie des Holocaust, München 1982.

Brocke Michael / Petuchowski Jakob / Strolz Walter, Das Vaterunser, Gemeinsames Beten von Juden und Christen, Freiburg i. Br. 1974.

Broder Henryk M., Der ewige Antisemit, Über Sinn und Funktion eines beständigen Gefühls, Frankfurt 1986.

Brooks Roger, Unanswered Questions, Theological Views of Jewish-Catholic Relations, Univ. of Notre Dame Press 1988.

Bruners Wilhelm, Wie Jesus glauben lernte, Freiburg i.Br. 1988.

Buber Martin, Zion als Ziel und als Aufgabe, Berlin 1936.

Buber Martin, Königtum Gottes, Heidelberg, 3. Aufl. 1956.

Buber Martin, Werke, 3 Bde, München 1962–1964.

van Buren Paul M., A Theology of the Jewish-Christian Reality, Part 1: Discerning the Way, New York (1980), (deutsch: Eine Theologie des jüdisch-christlichen Diskurses, Darstellung der Aufgaben und Möglichkeiten, München 1988); Part 2: A Christian Theology of the People of Israel, New York 1983 (1987); Part 3: Christ in Context, New York 1988.

van Buren Paul M., Covenantal Pluralism, Common Ground, London 1990, Nr. 3, 21–27.

Bussmann Claus / Uehlein Friedrich A. (Hg.), Zur Geschichtlichkeit der Beziehungen von Glaube, Kunst und Umweltgestaltung, Würzburg 1992.

Caird G.B., Jesus and the Jewish Nation, London 1965.

Charles R. H., The Apocrypha and Pseudepigrapha of the Old Testament, 2 Bde, Oxford 1913 (Repr. 1969).

Charlesworth James H., The Pseudepigrapha and Modern Research; Missoula 1976.

Charlesworth James H., The Concept of the Messiah in the Pseudepigrapha, ANRW II, 19, 1, Berlin 1979.

Catchpole David R., The Trial of Jesus, A Study of the Gospels and Jewish Historiography from 1770 to the Present Day, Leiden 1971.

Chavel Charles B. (ed.), Ramban, Perûschê hat-tôra, Jerusalem 1959.

Chavel Charles B. (üb.), Ramban (Nachmanides), Commentary on the Torah, 5 Vol., New York 1971.

Chavel Charles B. (üb.), Ramban (Nachmanides), Writings and Discourses, 2 Vol. New York 1978.

Chazan Robert, European Jewry and the First Crusade, Berkely 1987.

Clément Olivier, Das Meer in der Muschel, Zeugnis eines unkonventionellen Christen, Freiburg i. Br. 1977.

Cohen Asher/Cochavi Yehoyakim/Gelber Yoav, Dapim, Studies on the Shoah, New York 1991.

Cohen Hermann, Religion der Vernunft aus den Quellen des Judentums, Köln, 2. Aufl. 1959.

Cohen Martin S. (ed.), The Shi^{c}ur Qomah: Texts and Recensions, Tübingen 1985.

Cohen Shaye , The Significance of Yavneh: Pharisees, Rabbis and the End of Sectarianism, HUCA 55 (1984) 27–53.

Cohn Norman, Das Ringen um das 1000 jährige Reich, Berlin 1961.

Cohn-Sherbok Dan, Holocaust Theology, London 1989.

Cook Bernard (ed.), The Papacy and the Church in the United States, New York 1989.

Croner Helga (Ed.), Stepping Stones to Further Jewish-Christian Documents, An Unabridged Collection of Christian Documents, New York 1977.

Croner Helga / Klenicki Leon (Hg.), Issues in the Jewish-Christian Dialogue, Jewish Perspectives on Convenant, Mission and Witness, New York 1979.

Croner Helga, More Stepping Stones to Jewish-Christian Relations, An Unabridged Collection of Christian Documents 1975–1983, New York 1985.

Czermak Gerhard, Christen gegen Juden, Geschichte einer Verfolgung, Nördlingen 1989.

Dahl N.A., The Crucified Messiah, Minneapolis Min. 1974.

Dalin David G. (Ed.), From Marxism to Judaism, The Collected Essays of Will Herberg, New York 1989.

Dalman Gustav, Die Worte Jesu, Leipzig 1898.

D'Costa Gavin, The Broken Mirror: Christian Theology after the Holocaust, in: Remembering for the Future, Vol 1, 709–719.

Denzinger H./Schönmetzer, Enchiridion Symbolorum, Definitionum et Declarationum, Freiburg i.Br., 36. Aufl. 1973.

Dexinger Ferdinand, Henochs Zehnwochenapokalypse und offene Probleme der Apokalyptikforschung, Leiden 1977.

Dschulnigg Peter, Rabbinische Gleichnisse und das Neue Testament, JudChr 12, Bern 1988.

Dubois Marcel J., Paradoxes et Mystères d'Israel, Jerusalem 1987.

Eben-Shemû'el Yehuda (ed.), Midreschê ge'ûlla, Jerusalem 1968.

Eckardt Alice L. / Eckardt A. Roy, Long Night's Journey into Day, Revised Retrospective on the Holocaust, Oxford 1990.

Eckardt Alice L. / Eckardt A. Roy, Jewś and Christians, The Convent at Auschwitz – Reflections, Common Ground 1990, 7f.

Eckert Willehad P. / Levinson Nathan P. / Stöhr Martin (Hg.), Antijudaismus im Neuen Testament?, Exegetische und systematische Beiträge, München 1967.

Ehrlich Ernst Ludwig / Bertold Klappert / Ursula Ast (Hg.), Wie gut sind deine Zelte Jaakow, FS Reinhold Mayer, Gerlingen 1986.

Eidelberg Shlomo (ed.), The Jews and the Crusaders, The Hebrew Chronicles of the First and Second Crusades, Madison 1977.

Eisenman Robert/Wise Michael, Jesus und die Urchristen, Die Qumranrollen entschlüsselt, München 1993.

Ellis Marc H., Holocaust and Latin American liberation theology, in: Remembering for the Future, 584–597.

Ellis Marc H., Toward a Jewish Theology of Liberation, The Uprising and the Future, Maryknoll 1978, 2. Aufl. 1989; deutsch: Zwischen Hoffnung und Verrat, Schritte auf dem Weg einer jüdischen Theologie der Befreiung, Luzern 1992.

Endres Elisabeth, Die gelbe Farbe, Die Entwicklung der Judenfeindschaft aus dem Christentum, München 1989.

Erb Rainer / Schmidt Michael (Hg.), Antisemitismus und jüdische Geschichte, Studien zu Ehren von Herbert A. Strauß, Berlin 1987.

Ernst Hanspeter, Die Schekhîna in rabbinischen Gleichnissen, Diss. Luzern 1993.

Ernst Josef, Das Evangelium nach Lukas, Regensburg 1977.

Eusèbe de Césarée, La Préparation Evangélique, Texte et trd. par Jean Sirinelli / Edouard des Places, SC 206, Paris 1974.

Fackenheim Emil, Quest for Past and Future, London 1968.

Fackenheim Emil, God's Presence in History, Jewish Affirmation and Philosophical Reflections, New York 1972.

Fackenheim Emil, Encounters between Judaism and Modern Philosophy, New York 1973.

Fackenheim Emil, To Mend the World, Foundations of Future Jewish Thought, New York 1982.

Falk Harvey, Jesus the Pharisee, New York 1985.

Feldman Louis H., Is the New Testament Anti-Semitic? Humanities, Christianity and Culture, Tokyo 21 (1987) 1–14.

Feldman Louis H., Art. Josephus, Anchor Bible Dictionary vol 3 (1992) 981–998.

Feldman Louis / Hata Gohei, Josephus, the Bible and History, Detroit 1989.

Feuer S. Louis, The Reasoning of Holocaust Theology, Judaism 35 (1986) 198–210.

Fiedler Peter / Reck Ursula / Minz Karl-H., Lernprozeß Christen Juden, Ein Lesebuch, Freiburg i. Br. 1984.

Fifteen Years of Catholic-Jewish Dialogue: 1970–1985, ed. International Catholic-Jewish Liaison Committee, Vatikan 1988.

Fischer Joseph A. (ed.), Die apostolischen Väter, Griechisch-Deutsch, München 1981.

Fisher Eugene (ed.), Interwoven Destinies, Jews and Christians through the Ages, New York 1993.

Fisher Eugene / Rudin James / Tannenbaum Marc (Ed.), Twenty Years of Jewish-Catholic Relations, New York 1986.

Fitzmyer Joseph A., Responses to 101 Questions on the Dead Sea Scrolls, Mahwah (N.J) 1992.

Flannery Edward H., The Anguish of the Jews, Twenty-Tree Centuries of Antisemitism, New York, 2. Aufl. 1985.

Fleischmann Lea, Dies ist nicht mein Land, Eine Jüdin verläßt die Bundesrepublik, Hamburg 1980.

Fleischner Eva (Hg), Auschwitz: Beginning of a New Era? Reflections on the Holocaust, New York 1977.

Flusser David, Jesus in Selbstzeugnissen und Bilddokumenten, Reinbeck 1968.

Flusser David, Die rabbinischen Gleichnisse und der Gleichniserzähler Jesus, 1. Teil: Das Wesen der Gleichnisse, JudChr 4, Bern 1981.

Flusser David, Judaism and the Origins of Christianity, Jerusalem 1988.

Flusser David, Messianology and Christianology in the Epistle to the Hebrews, in: ders., Judaism and the Origins of Christianity, Jerusalem 1988, 246–279.

Flusser David, Das Christentum – eine jüdische Religion, München 1990.

Flusser David / Safrai Shmuel, Shîrê David ha-chîzônyîm, in: ᶜIyûnîm bam-miqra 2, FS Yehoschua M. Grintz, Tel Aviv 1982, 83–105.

Fraenkel Annie, Aron Freimann: Katalog der Judaica und Hebraica, Stadtbibliothek Frankfurt am Main, Band Judaica, Graz 1968.

Frankemölle Hubert, Jüdische Messiaserwartung und christlicher Messiasglaube, Kairos 20 (1978) 97–109.

Freud Sigmund, Der Mann Moses und die monotheistische Religion, Ges. Werke 16, Frankfurt a. M., 3. Aufl. 1969.

Frey Robert S., The Holocaust and the Suffering of God, in: Remembering for the Future I 612–621.

Fricke Weddig, Standrechtlich gekreuzigt, Person und Prozeß des Jesus aus Galiläa, Frankfurt, 3. Aufl. 1987.

Friedländer Saul (ed.), Probing the Limits of Representation, Nazism and the „Final Solution", Cambridge (Maß.) 1992.

Friedmann Friedrich, Von Cohen zu Benjamin, Zum Problem deutsch-jüdischer Existenz, Einsiedeln 1981.

Friedmann M.(ed.), Pesikta Rabbati, Midrasch für den Fest-Cyclus und die ausgezeichneten Sabbathe, Wien 1880.

Friedrich Johann / Pöhlmann Wolfgang / Stuhlmacher Peter (Hg.), Rechtfertigung, FS für Ernst Käsemann zum 70. Geburtstag, Tübingen 1976.

Frohnhofen Herbert (Hg.), Christlicher Antijudaismus und jüdischer Antipaganismus, Hamburg 1990.

Fuchs Gotthard / Henrix Hans, Zeitgewinn – Messianische Denker nach Franz Rosenzweig, Frankfurt 1987.

Fujita Neil S., A Crack in the Jar, What Ancient Jewish Documents Tell us about the NT, New York, 1986.

Gafni Isaiah / Oppenheimer Aaron / Stern Menachem (ed.), Jews and Judaism in the Second Temple, Mishna and Talmud Period, FS Shmuel Safrai, hebr., Jerusalem 1993.

Gager J. G., The Origins of Anti-Semitism, Attitudes Toward Judaism in Pagan and Christian Antiquity, New York 1983.

Georgi Dieter (üb.), Weisheit Salomos, JSHRZ III, Gütersloh 1980, 391–478.

Gikatila Joseph ben Abraham, Scha ʿarê ʾôrah, ed. Joseph Schlomo, 2 Vol, Jerusalem 1981.

Ginzel Günter B. (Hg), Auschwitz als Herausforderung für Juden und Christen, Heidelberg 1980.

Goldberg Arnold, Untersuchungen über die Vorstellungen von der Schekhina in der frühen rabbinischen Literatur, Berlin 1969.

Goldberg Arnold, Die Namen des Messias in der rabbinischen Traditionsliteratur, Ein Beitrag zur Messianologie des rabbinischen Judentums FjBeitr. 7 (1979) 1–93.

Goldmann Nahum, Das jüdische Paradox, Zionismus und Judentum nach Hitler, Frankfurt, 3. Aufl. 1988.

Goldschmidt Daniel (ed.), Machzôr le-yamîm han-nôraʾîm, Bd 2, New York 1970.

Goldschmidt Lazarus, Sepher Jesirah, Das Buch der Schöpfung, Frankfurt 1884.

Goldstein Jonathan A., The Hasmonean Revolt and the Hasmonean Dynasty, in: The Cambridge History of Judaism, Vol. 2, ed. W.D. Davies / L. Finkelstein, Cambridge 1989, 292–351., The Hasmonean Revolt and the Hasmonean Dynasty, in: The Cambridge History of Judaism, Vol. 2, ed. W.D. Davies / L. Finkelstein, Cambridge 1989, 292–351.

Golser Karl, Verantwortung für die Schöpfung in den Weltreligionen, Innsbruck 1992.

Goodblatt D., The Place of the Pharisees in First Century Judaism: The State of the Debate, JSJ 20 (1989) 12–30.

Goodman Martin, The Ruling Class of Judaea: The Origins of the Jewish Revolt against Rom e A.D. 66–70, Cambridge 1987.

Görg Manfred u. a., Christen und Juden im Gespräch, Bilanz nach 40 Jahren Staat Israel, Regensburg 1989.

Gottfarstein Joseph (sic., ed.), Le Bahir, Le Livre de la Clarté, Paris 1983.

Gotto Klaus / Repgen Konrad (Hg), Kirche, Katholiken und Nationalsozialismus, Mainz 1980.

Gottschalk Alfred, From the Kingdom of Night to the Kingdom of God: Jewish-Christian Relations and the Search for Religious Authenticity after the Holocaust, Contemporary Jewry, Jerusalem 1984, 235–245.

Grayzel, Salomon / Stow Kenneth R. (ed.), The Church and the Jews in the XIIIth Century Vol II: 1254–1314, New York 1989.

Greely Andrew M., The Catholic Myth, The Behavior and Beliefs of American Catholics, New York 1989.

Greenberg Irving, On the Third Era in Jewish History: Power and Politics, Perspectives, New York 1981.

Greenberg Irving, The Relationship of Judaism and Christianity: Toward a New Organic Model, The National Jewish Center for Learning and Leadership, Quarterly Review 4 (1984).

Greive Hermann, Geschichte des modernen Antisemitismus in Deutschland, Darmstadt 1983.

Grözinger Karl E. (Hg.), Qumran, WdF 410, Darmstadt 1981.

Gruenwald Ithamar, From Apocalypticism, Merkavah, Mysticism and Gnosticism, Frankfurt 1988.

Gruenwald Ithamar / Shaked Paul / Stroumsa Gedaliahu G. (Ed.), Messiah and Christos, Studies in the Jewish Origins of Christianitiy, FS. David Flusser; Tübingen 1992.

Haag Herbert, Teufelsglaube, Tübingen 1974.

Haag Herbert, Das Buch des Bundes, Aufsätze zur Bibel und zu ihrer Welt, hgv. Bernhard Lang, Düßeldorf 1980.

Habermann, A.M. (ed.), Sefer gezerôt ʾaschkenaz wezarfat, Divrê zikhrônôt mib-benê had-dôrôt schebiteqûfat massaᶜê haz-zelav, Jerusalem 1945.

Hadas-Lebel Mireille, L'évolution de l'image de Rome auprès des Juifs en deux siecles de relation judéo-romaines, ANRW II 2, Berlin 1987.

Hagner Donald, The Jewish Reclamation of Jesus, An Analysis and Critique of the Modern Jewish Study of Jesus, Grand Rapids 1984.

Halpérin David, The Faces of Chariot, Tübingen 1988.

Harder Günther, Kirche und Israel, Arbeiten zum christlich-jüdischen Verhältnis, Einzel und hgv. Peter von der Osten-Sacken, Berlin 1986.

Hare Douglas / Harrington Daniel, ‚Make Disciples of all the Gentiles' (Mt 28,19), CBQ 37 (1975) 359–369.

Harnisch Wolfgang, Die Gleichniserzählungen Jesu, Göttingen 1985.

Hartman David, A Living Covenant, the innovative spirit in traditional Judaism, London 1985.

Häsler Alfred, Die älteren Brüder: Juden und Christen gestern und heute, Zürich 1986.

Häussling Angelus, Vom Sinn der Liturgie, Düsseldorf 1991.

Heinemann Josef, Prayer in the Talmud, Forms and Patterns SJ 9, Berlin 1977.

Heinz Hanspeter / Kienzler Klaus / Petuchowski Jakob J. (Hg.), Versöhnung in der jüdischen und christlichen Liturgie, QD 124, Freiburg i. Br. 1990.

Hengel Martin, Nachfolge und Charisma, Eine exegetisch-religionsgeschichtliche Studie zu Mt 8,21f und Jesu Ruf in die Nachfolge, ZNW Beih. 34, Berlin 1968.

Hengel Martin, Judentum und Hellenismus, Studien zu ihrer Begegnung unter besonderer Berücksichtigung Palästinas bis zur Mitte des 2. Jhs. v. Chr., Tübingen 1969, 2. Aufl. 1973.

Hengel Martin, Die Zeloten, Untersuchungen zur jüdischen Freiheitsbewegung in der Zeit von Herodes I. bis 70 n. Chr., Tübingen, 2. Aufl. 1976.

Hengel Martin / Heckel Ulrich, Paulus und das antike Judentum, Tübingen 1991.

Henrix Hans H., Ökumenische Theologie und Judentum, Gedanken zur Nichtexistenz, Notwendigkeit und Zukunft eines Dialogs, FrRu 38 (1976) 16–27.

Henrix Hans H. Exodus und Kreuz, Aachen 1978.

Henrix Hans H. (Hg.), Unter dem Bogen des Bundes, Beiträge aus jüd. und christl. Existenz, Aachen 1981.

Henrix Hans H. (Hg.), Verantwortung für den anderen und die Frage nach Gott, Zum Werk von Emanuel Levinas, Aachen 1984.

Henrix Hans H., Auschwitz und Gottes Selbstbegrenzung, Eine Würdigung des Gottesverständnisses bei Hans Jonas, Mönchengladbacher Manuskripte 1989.

Henrix Hans H. / Licharz Werner (Hg.), Welches Judentum steht welchem Christentum gegenüber? Frankfurt 1985.

Van Henten J. W. (Hg.), Die Entstehung der jüdischen Martyrologie, Leiden 1989.

Herford Travers R., Die Pharisäer, Leipzig 1924.

Herberg Will, Faith Enacted in History, Essays in Biblical Theology, Philadelphia 1976.

Heschel Abraham J., The Prophets, Part II, New York 1975.

Hirsch Samson R., Israels Gebete, Frankfurt, 3. Aufl. 1921.

Hirsch Samson R., Neunzehn Briefe, Zürich 1987.

Historiker Streit, Die Dokumentation der Kontroverse um die Einzigartigkeit der nationalsozialistischen Judenvernichtung, München 1987.

Hofius Otfried (Hg.), Reflexionen finsterer Zeit, Tübingen 1984.

Hoch Marie-T. / Dupuy Bernard (Ed.), Les Eglises devant le Judaisme, Documents officiels 1948–1978, Paris 1978.

Holm-Nielsen Svend (üb.), Die Psalmen Salomos, JSHRZ 4, 2, Gütersloh 1977, 51–112.

Holocaust and Genocide Studies, An International Journal, ed. Yehuda Bauer, Jerusalem (seit 1985).

Horch Hans O. / Denkler Horst (Hg), Conditio judaica, Judentum, Antisemitismus und Antisemitismus und deutschsprachige Literatur vom 18. Jh. bis zum ersten Weltkrieg, Interdisziplinäres Symposium, Tübingen 1988.

Hruby Kurt, Juden und Judentum bei den Kirchenvätern, Zürich 1970.

Hurwitz Emanuel, Bocksfuß, Schwanz und Hörner, Vergangenes und Gegenwärtiges über Antisemiten und ihre Opfer, Zürich 1986.

Hyamson Moses (ed.), Duties of the Heart by Bachya ben Joseph ibn Paquda 2 Vol., Jerusalem 1970.

Hyamson Moses (ed.), Maimonides, The Book of Knowledge, Jerusalem 1974.

Hyman Arthur, Maimonidean Studies, Vol 1, New York 1990.

Jacobs Louis, Jewish Mystical Testimonies, New York 1976.

Idel Moshe, Kabbalah, New Perspectives, New York 1988.

Idel Moshe, (ed.), Between the Lines, Kabbalah, Christian Kabbalah and Sabbatianism, by Chaim Wirszubski, Jerusalem 1990.

Jellinek Adolph (ed.), Bet ha-Midrasch 1–4, Leipzig 1853–1857.

Jeremias Joachim, Jerusalem zur Zeit Jesu, Göttingen 1962.

Jeremias Joachim, Abba, Studien zur ntl. Theologie und Zeitgeschichte, Göttingen 1966.

Jeremias Joachim , Die Sprache des Lukasevangeliums, Göttingen 1980.

ᶜIlem Yigael, Mim-melaᵓî hap-peqûdôt, Jerusalem 1991.

Jonas Hans, Der Gottesbegriff nach Auschwitz, Eine jüdische Stimme, (Tübingen 1984), Frankfurt 1987.

Irénéé de Lyon, Contre les Hérésies, SC 210. 211. 263. 264. 293. 294, Paris 1974–1982.

De Jonge M. (Ed.), The Testaments of the twelve Patriarchs, PsVTGr I, 2, Leiden 1978.

Josephson Elmer A., Israel Gods Key to the World Redemption, Hilsboro (Kansas) 1984.

Kafach Joseph D., Sefer han-nivchar be-ᵓemunôt uve-deᶜôt le rabbenû Saᶜadya ben Joseph Fayyumi, Jerusalem (o.J.).

Kaiser Alfred, Möglichkeiten und Grenzen einer Christologie ‚von unten', Münster 1992.

Kaiser J. / Gerschat M., Der Holocaust und die Protestanten, Analysen einer Verstrickung, Frankfurt 1988.

Kapera Zdzislaw J. (ed.), An Anonymously Received Pre-Publication of the 4QMMT, Cracow 1990.

Kasher Aryeh, The Jews in Hellenistic and Roman Egypt, The Struggle for Equal Rights, Tübingen 1985.

Katz Jakob, Exclusiveness and Tolerance, Jewish-Gentile Relations in Medieval and Modern Times, Oxford 1961.

Katz Jakob, From Prejudice to Destruction, Anti-Semitism, 1700–1938, Cambridge Mass. 1980.

Katz Jakob, Richard Wagner, Vorbote des Antisemitismus, Königstein/Ts 1985.

Katz Jakob, The Preparatory Stage of the Modern Antisemitic Movement/ 1973–1979, in Almog Shmuel, Antisemitism through the Ages, Oxford 1988, 279–289.

Katz Steven T., Post-Holocaust Dialogues, Critical Studies in Modern Jewish Thought, New York 1983.

Kautzsch Emil, Die Apokryphen und Pseudepigraphen des Alten Testamentes, Bd 2, Darmstadt 1962 (Nachdr.)

Kedar B. Z. / Mayer H. E. / Smail R. C., Outremer, Studies in the History of the Crusading Kingdom of Jerusalem, Jerusalem 1982.

Keel Othmar/Uehlinger Christoph, Göttinnen, Götter und Gottessymbole, QD 134, Freiburg i. Br. 1992.

Kemelman Reuven, Birkat Ha-Minim and the Lack of Evidence for an Anti-Christian Prayer in the Late Antiquity, in: Sanders E. P./ Baumgarten A. I./ Mendelson Alan, Jewish and Christian Self-Definition Vol 2: Aspects of Judaism in the Graeco-Roman Period, Philadelphia 1981, 226–244.

Kerényi Karl, Die Mythologie der Griechen, 2 Bde, München 1966.

Kersten Holger, Jesus lebte in Indien, München 1983.

Kertelge Karl (Hg.), Der Prozeß gegen Jesus: Historische Rückfrage und theologische Deutung, QD 112, Freiburg i. Br. 1988.

Kerygma und Dogma 27 (1981), Heft 3: Theologie nach Holocaust?

Kickel Walter, Das gelobte Land, Die religiöse Bedeutung des Staates Israel in jüdischer und christlicher Sicht, München 1984.

Kilian Rudolf, Jesaja 1–39, Darmstadt 1983.

Kippenberg Hans G., Religion und Klassenbildung im antiken Judäa, Eine religionszoziologische Studie zum Verhältnis von Tradition und gesellschaftlicher Entwicklung, Göttingen 1978.

Kirchberg Julie, Theo-logie in der Anrede als Weg zur Verständigung zwischen Juden und Christen, Innsbruck 1991.

Klappert B. / Strack H. (Hg.), Umkehr und Erneuerung, Erläuterungen zum Synodalbeschluß der Rheinischen Landessynode 1980 ‚Zur Erneuerung des Verhältnisses von Christen und Juden', Neukirchen 1980.

Klausner Josef, The Messianic Idea in Israel, From its Beginning to the Completation of the Mishnah, London 1956.

Klein Charlotte, Theologie und Anti-Judaismus, Eine Studie der deutschen theologischen Literatur der Gegenwart, München 1975.

Klein Th., Celsus gegen die Christen, Aus dem Griechischen, München 1984.

Klinzing Georg, Die Umdeutung des Kultes in der Qumrangemeinde und im Neuen Testament, Göttingen 1971.

Klopfenstein Martin (u. a.), Mitte der Schrift? Ein jüdisch-christliches Gespräch, Texte des Berner Symposions vom 6.–12-Jan. 1985, JudChr 11, Bern 1985.

Knibb Michael A. (üb.), The Ethiopic Book of Enoch, 2 Bde, Oxford 1978.

Knitter Paul F., Ein Gott - viele Religionen: Gegen den Absolutheits-Anspruch des Christentums, München 1988.

Kobelski Paul J., Mechizedek and Melchirescha, CBQ, Monograph Series 10, Washington 1981.

Koch Dietrich-A., Begegnungen zwischen Christentum und Judentum in Antike und Mittelalter, FS Heinz Schreckenberg, Göttingen 1993.

Koch Kurt, Gottlosigkeit oder Vergötterung der Welt? Sakramentale Gotteserfahrungen in Kirche und Gesellschaft, Zürich 1992.

Kogan Barry S., „Sorgt Gott sich wirklich"? – Saadja Gaon, Juda Halevi und Maimonides über das Problem des Bösen, in: Henrix Hans H., Unter dem Bogen des Bundes , Aachen 1981, 47–73.

Kogon Eugen / Metz Johann B., Gott nach Auschwitz, Die Dimensionen des Massenmordes am jüdischen Volk, Freiburg i. Br. 1979.

Kohn J., Haschoah, Christlich-jüdische Verständigung nach Auschwitz, Mainz 1986.

Kötsche Liselotte / von der Osten-Sacken Peter (Hg.), Wenn der Messias kommt, Das jüdisch-christliche Verhältnis im Spiegel mittelalterlicher Kunst, Berlin 1984.

Kraeling Carl H., The Synagogue, The Excavations at Dura Europos, Final Report, New York, 2. Aufl. 1979.

Kremer Jakob, Lukasevangelium NEB Würzburg 1988.

Küng Hans, Die Kirche, Freiburg i. Br. 1967.

Küng Hans, Projekt Weltethos, München 1990.

Küng Hans, Das Judentum, München 1991.

Kuhn Peter, Gottes Trauer und Klage in der Rabbinischen Überlieferung (Talmud und Midrasch) Leiden 1978.

Kuhn Peter, Offenbarungsstimmen im Antiken Judentum, Untersuchungen zur Bat Qol und verwandten Phänomenen, Tübingen 1989.

Kurfess Alfons (ed.), Sibyllinische Weissagungen, München 1951.

Kuschel Karl J., Der andere Jesus, Ein Lesebuch moderner literarischer Texte, München 1987.

Landmann Leo (ed.), Scholars and Scholarship. The Interaction between Judaism and other Cultures, New York 1990.

Langer Gerhard, Von Gott erwählt – Jerusalem, Klosterneuburg 1989.

Lapide Pinchas, Jesus – ein gekreuzigter Pharisäer, Gütersloh 1990.

Lasker Daniel, Jewish Philosophical Polemics aganist Christianity in the Midle Age, New York 1977.

Lee Bernhard J., The Galilean Jewishness of Jesus, Retrieving the Jewish Origins of Christianity, New York 1988.

Lehmann Johannes, Das Geheimnis des Rabbi J., Was die Urchristen versteckten, verfälschten und vertuschten, München 1985.

Leibowitz Yeshayahu, On Just about Everything, Talks with Michael Shashar (hebr.), Jerusalem 1987; deutsch: Gespräche über Gott und Welt, Frankfurt 1990.

Lenhardt Pierre, Auftrag und Unmöglichkeit eines legitimen christlichen Zeugnisses gegenüber den Juden, Berlin 1980.

Lenhardt Pierre / von der Osten-Sacken Peter, Rabbi Akiva, Texte und Interpretationen zum rabbinischen Judentum und Neuen Testament, Berlin 1987.

Levine L.I. (ed.), The Synagogue in Late Antiquity, Philadelphia 1987.

Levison John R., Portraits of Adam in Early Judaism, From Sirach to Baruch, Sheffield 1988.

Lewin Binyamin M. (ed.), ʾIggeret Rav Sherêra Gaon, Jerusalem (Nachdr.) 1972.

Lewis Bernhard / Niewohner Friedrich (Hg.), Religionsgespräche im Mittelalter, Wiesbaden 1992.

Licht Jakob, Biblisches Geschichtsdenken und apokalyptische Spekulation, Jud. 46 (1990) 208–224.

Lichtenstein Hans, Die Fastenrolle, Eine Untersuchung zur jüdisch-hellenistischen Geschichte HUCA 8/9 (1931/1932) 257–371.

Lieberman Saul, Hellenism in Jewish Palestine, New York 1962.

Liebeschütz Hans, Synagoge und Ecclesia, Religionsgeschichtliche Studien über die Auseinandersetzung der Kirche mit dem Judentum im Hochmittelalter, Heidelberg 1983 (Nachdr. von 1938).

Linder A., The Jews in Roman Imperial Legislation, Detroit 1987.

Lindeskog Gösta, Die Jesusfrage im neuzeitlichen Judentum, Ein Beitrag zur Geschichte der Leben-Jesu-Forschung, Uppsala 1938, Nachdr. Darmstadt 1973.

Lindeskog Gösta, Das jüdisch-christliche Problem, Randglossen zu einer Forschungsepoche, Uppsala 1986.

Littell Franklin H., The Crucifixion of the Jews, New York 1975.

Lodahl Michael E., Shekhinah / Spirit, Divine Presence in Jewish and Christian Religion, New York 1992.

Lohfink, Gerhard, Wem gilt die Bergpredigt? Beiträge zu einer christlichen Ethik, Freiburg i.Br. 1988.

Lohfink Norbert, Methoden der Schriftauslegung unter besonderer Berücksichtigung der das Judentum betreffenden Stellen, in: Clemens Thoma, Judentum und christlicher Glaube, Zum Dialog zwischen Christen und Juden, Klosterneuburg 1965, 19–41.

Lohfink Norbert, Das Jüdische am Christentum, Die verlorene Dimension, Freiburg i. Br. 1987.

Lowe Malcolm, The New Testament and Christian-Jewish Dialogue, Studies in Honor of David Flusser, Immanuel 24/25, 1990.

Lowe Macolm / Flusser David, Evidence Corroborating a Modified Proto-Matthean Synoptic Theory, NTSt 29(1983) 25–47.

Luria David (ed.), Pirqê de Rabbi Eliezer, Warschau 1852, Neudr. Jerusalem 1963.

Maccoby Hyam, Judaism on Trial, Jewish-Christian Disputations in the Middle Ages, East Brunswick (N.J.) 1982.

Maccoby Hyam, The Mythmaker, Paul and the Invention of Christianity, San Francisco 1986.

Maier Charles S., The Unmasterable Past, History, Holocaust and German National Identity, Cambridge (Maß.) 1988.

Maier Johann (üb.), Die Tempelrolle vom Toten Meer, München 1978.

Maier Johann, Jesus von Nazareth in der talmudischen Überlieferung, EdF 82, Darmstadt 1978.

Maier Johann, Jüdische Auseinandersetzung mit dem Christentum in der Antike EdF 177, Darmstadt 1982.

Maier Johann, Geschichte des Judentums im Altertum, Darmstadt, 2. Aufl. 1989.

Maier Johann, Zwischen den Testamenten, Geschichte und Religion in der Zeit des zweiten Tempels, NEB Erg.Bd.3 zum AT, Würzburg 1990.

Maier Johann, Zu Kult und Liturgie der Qumrangemeinde, RdQ 14 (1990) 543–586.

Maier Johann, Geschichte der jüdischen Religion, Von der Zeit Alexanders des Großen bis zur Aufklärung mit einem Ausblick auf das 19./20. Jh., Freiburg i.Br. 2. Aufl. 1992.

Margalioth Mordecai (ed.), Sepher Ha-Razim, A Newly Recovered Book of Magic from the Talmudic Period, Jerusalem 1966.

Margalioth Reuven (ed.), Sefer haz-Zohar ʿal chamischa chumschê tôra, 3 Vol., Jerusalem 1942.

Margulies Mordecai (ed.), Midrasch Wayyikra Rabbah, 3 Bde, Jerusalem 1972.

Marquardt Friedrich-W., Die Juden und ihr Land, Hamburg 1975.

Marquardt Friedrich-W., Von Elend und Heimsuchung der Theologie, Prolegomena zur Dogmatik, München 1988.

Marquardt Friedrich-W., Das christliche Bekenntnis zu Jesus, dem Juden, Eine Dogmatik, 2 Bde, München 1990–1991.

Mason Steve, Flavius Josephus on the Pharisees, A Compositional-Critical Study, Studia Post-Biblica 39, Leiden 1991.

Martini Raymundi, Pugio fidei adversus Mauros et Judaeos, ed. J.B. Carpzov, Leipzig 1687.

Matera Frank J., The Trial of Jesus, Problems and Proposals, Interpretation 45 (1991) 5–16.

Matt David Ch., Zohar, The Book of Enlightenment, New York 1983.

Maybaum Ignaz, The face of God after Auschwitz, Amsterdam 1965.

Maza Bernard, With God's Fury Poured Aut, New York 1984.

McGarry Michael B., Christology after Auschwitz, New York 1977.

Memmi Albert, Le racisme. Description, definition, traitement, Paris 1982. deutsch: Rassismus, Frankfurt 1987.

Menasseh ben Israel, The Hope of Israel, The English Translation by Moses Wall, 1662; ed. Henri Méchoulan / Gerhard Nahon, Oxford 1987.

Mendelssohn Moses, Gesammelte Schriften, Jubiläumsausgabe Bd 7, Stuttgart 1974.

Milik Josef T. (ed.), The Books of Enoch, Aramaic Fragments of Qumran Cave 4, Oxford 1976.

Miller Judith, On by one, Facing the Holocaust, New York 1990.

Momigliano M., Ricerche sull' Organizzazione della Giudea sotto il dominio romano 63 a. C.–70 d. C., Amsterdam 1967.

Mopsik Charles (üb.), Le Zohar, 2 Vol., Paris 1981–1983.

Müller K./Wittstadt W., Geschichte u. Kultur des Judentums, Würzburg 88.

Müller Karlheinz, Das Judentum in der religionsgeschichtlichen Arbeit am Neuen Testament, Frankfurt a. M. 1983.

Müller P.G. / Stenger W. (Hg.), Kontinuität und Einheit, FS Franz Mussner, Freiburg 1981.

Mulder Martin / Sysling Harry (ed.), Mikra: Text, Translation, Reading and Interpretation of the Hebrew Bible in Ancient Judaism and Early Christianity, CRI II/1, Assen 1988.

Mussner Franz, Traktat über die Juden, München 1979, (21988).

Mussner Franz, Die Kraft der Wurzel, Judentum – Jesus – Kirche, Freiburg i. Br. 1987.

Mussner Franz, Dieses Geschlecht wird nicht vergehen, Judentum und Kirche, Freiburg i. Br. 1991.

Nachama Andreas u. a., Jüdische Lebenswelten, Essays, Frankfurt 1991.

Neusner Jacob, A Life of Yochanan ben Zakkai, Studia Post-Biblica 6, Leiden, 2. Aufl. 1970.

Neusner Jacob, The Rabbinic Traditions about the Pharisees before 70 A.D., 3 Bde, Leiden 1971.

Neusner Jacob, The Implications of the Holocaust, Journal of Religion 53 (1973) 293–308).

Neusner Jacob, The Pharisees, Rabbinic Perspectives, Hoboken 1973.

Neusner Jacob (ed.), Understanding Jewish Theology, Classical Issues and Modern Perspectives, New York 1973.

Neusner Jacob, From Politics to Piety, The Emergence of Pharisaic Judaism, New York 1979.

Neusner Jacob (ed.), The Study of Judaism, 2 Vol New York 1981.

Neusner Jacob, Messiah in Context, Israels History and Destiny in Formative Judaism, Philadelphia 1984.

Neusner Jacob, Josephus' Pharisees: A Complete Repertoire, in: Louis H. Feldman / Gohei Hata, Josephus, Judaism and Christianity, Detroit 1987, 274–292.

Neusner Jacob / Green William / Frerichs Ernst (Hg.), Judaisms and Their Messiahs at the Turn of the Christian Era, Cambridge 1987.

Newman Yacov / Sivan Gavriel, Judaism A-Z, Lexicon of Terms and Concepts, Jerusalem 1980.

Neuzeit Paul, Juden und Christen auf neuen Wegen zum Gespräch, Würzburg 1990.

Newsom Carol (ed.), Songs of the Sabbath Sacrifice, A Critical Edition, Harvard Semitic Studies, Atlanta, Georgia 1985.

Nickelsburg George W. E., Jewish Literature between the Bible and the Mishnah, New York 1981.

Nigg Walter, Das ewige Reich, Zürich 1954.

Nipperdey Thomas / Rürup Heinrich, Antisemitismus, in: Geschichtliche Grundbegriffe, Historisches Lexikon, Bd 1, Stuttgart 1972, 129–153.

Novak David, Jewish-Christian Dialogue, A Jewish Justification, Oxford 1989.

Oesterreicher Johannes, Die Wiederentdeckung des Judentums durch die Kirche, Meitingen 1971.

Oesterreicher Johannes, The New Encounter between Christians and Jews, New York 1986.

Oshry Ephraim, Responsa from the Holocaust, New York 1989.

von der Osten-Sacken Peter, Grundzüge einer Theologie im christlich-jüdischen Gespräch, München 1982.

Pawlikowski John T., Christ in the Light of the Christian- Jewish- Dialogue, New York 1983.

Pawlikowski John T., Judentum und Christentum, TRE XVII, Berlin 1988, 386–403.

Pawlikowski John T., The Shoah: Its Challenges for Religious and Secular Ethics, in: Remembering for the Future, Bd. 1, 736–746

People, Land and State of Israel, Jewish and Christian Perspectives, (versch. Autoren) Immanuel 22/23, Jerusalem 1989.

Perelmuter Haim G., Siblings, Rabbinic Judaism and Early Christianity at their Beginnings, New York 1989.

Perelmuter Haim G. / Wuellner Wilhelm (Hg.), Paul the Jew: Jewish/Christian Dialogue, Berkeley (Calif.) 1990.

Peruschê Rav Saʿadya Gaʾon li-Vereʾschît ed. Mordechai Zucker, New York 1984.

Petuchowski Jakob J., Judentum und Christentum in jüdischer Sicht, CGG 26, Freiburg 1980, 136–151.

Petuchowski Jakob J., Gottesdienst des Herzens, Eine Auswahl aus dem Gebetsschatz des Judentums, Freiburg i. Br. 1981.

Petuchowski Jakob J. (Hg), When Jews and Christians Meet, New York 1988.

Petuchowski Jakob J. / Thoma Clemens, Lexikon der jüdisch-christlichen Begegnung, Freiburg i. Br. 1989.

Pichler Karl, Streit um das Christentum, Der Angriff des Kelsos und die Antwort des Origenes, Frankfurt 1980.

Picht Georg, Hier und jetzt, Philosophieren nach Auschwitz und Hiroshima, Stuttgart 1980.

Pittner Bertram, Studien zum lukan. Sondergut, Erfurter Theol. Schriften 18, Leipzig 1991.

Pixner Bargil, Wege des Messias und Stätten der Urkirche, Jesus und das Judenchristentum im Lichte archäologischer Erkenntnisse, hgv. Rainer Riesner, Gießen 1991.

Plaskow Judith, Und wieder stehen wir am Sinai, Eine jüdisch-feministische Theologie, Luzern 1992.

Pope John Paul II on Jews and Judaism 1979–1986, with Introduction and Commentary by Eugene J. Fisher and Leon Klenicki, Editors, Washington DC, National Conference of Catholic Bishops-Committee for Ecumenical and Interreligious Affairs and the Anti-Defamation League of B'nai B'rith, 1987.

Posnanski A., Schiloh, Ein Beitrag zur Geschichte der Messiaslehre, 1. Teil:

Die Auslegung von Gen 49,10 im Altertum bis zum Ende des Mittelalters, Leipzig 1904.

Rajak Teßa, Josephus, The Historian and his Society, Philadelphia 1984.

Rappaport Uriel, A History of Israel in the Period of the Second Temple (hebr.), Jerusalem 1984.

Reicke Bo, Neutestamentliche Zeitgeschichte, Die biblische Welt 500 v.–100 n. Chr., Berlin 1965.

Reifenberg A., Ancient Jewish Coins, Jerusalem 21947.

Remembering for the Future, Working Papers and Addenda, Bd. 1: Jews and Christians During and After the Holocaust, Bd. 2: The Impact of the Holocaust on the Contemporary World, Bd. 3: The impact of the Holocaust and Genocide on Jews and Christians, ed. Bauer Yehuda u.a., Oxford 1989.

Rendtorff Rolf / Henrix Hans H. (Hg.), Die Kirchen und das Judentum, Dokumente von 1945–1985, München 1988.

Rengstorf Karl H. / Kortzfleisch Siegfried v. (Hg.), Kirche und Synagoge, 2 Bde, Stuttgart 1968–1970.

Richter Klemens (Hg.), Die katholische Kirche und das Judentum, Dokumente von 1945–1982, Freiburg i. Br. 1982.

Rokeach David (ed.), Judaism and Christianity in Pagan Polemics, „Kuntresim" Texts and Studies 72–73 (hebr.), Jerusalem 1991.

Rosenblatt Samuel (übers.), Saadia Gaon, The Book of Beliefs and Opinions, New Haven 2. Aufl. 1976.

Rosenbloom Joseph R., Conversion to Judaism, From the Biblical Period to the Present, Cincinnati 1978.

Rosenzweig Franz, Briefe und Tagebücher, Gesammelte Schriften, 2 Bde, hgv. Rosenzweig Rachel / Rosenzweig-Scheinmann Edith, Haag 1979.

Rosenzweig Franz, Gesammelte Schriften III: Zweistromland, hgv. Reinhold und Annemarie Mayer, Dordrecht 1984.

Rosenzweig Franz, Der Stern der Erlösung, hgv. Nahum Glatzer, Frankfurt 2. Aufl. 1930; Weitere Auflagen erschienen 1976 (Haag; hgv. Reinhold Mayer) und 1988 (Suhrkamp Verlag, Frankfurt).

Rotenstreich Nathan, Essays on Zionism and the Contemporary Jewish Condition, New York 1980.

Roth Cecil, The Pharisees in the Jewish Revolution of 66–73, JSS 7 (1962) 63–80.

Rotschild E., König Davids Kinder – Ein Heimkehrchronik, Mainz 1982.

Roth John K. / Berenbaum Michael, Holocaust, Religious and Philosophical implications, New York 1989.

Rubenstein Richard, After Auschwitz, Radical Theology and Contemporary Judaism, New York 1966; 2. Auflage erschien 1992 in Baltimore und

London mit dem Titel: After Auschwitz, History, Theology und Contemporary Judaism.

Rubenstein Richard, The Cunning of History, Mass Death and the American Future, New York 1975.

Rudolph Kurt, Die Gnosis, Wesen und Geschichte einer spätantiken Religion, Leipzig 1977.

Ruether Rosemary R., Faith and Fratricide: The Christian Theological Roots of Anti-Semitism, New York 1974; deutsch: Nächstenliebe und Brudermord, Die theologischen Wurzeln des Antisemitismus, München 1978.

Ruether Rosemary R. und Hermann J., The Wrath of Jonah, The Crisis of Religions Nationalism in the Israeli-Palestinian Conflict, San Francisco 1989.

Sacchi Paolo, Henochgestalt/Henochliteratur, TRE XV, Berlin 1986, 42–54.

Safrai Shmuel (ed.), The Literature of the Sages, First Part: Oral Tora, Halakha, Mishna, Tosefta, Talmud, External Tractates, CRI II/3, Assen 1987.

Saladrini A.J., Pharisees, Scribes and Sadducees in Palestinian Society, A Sociological Approach, Wilmingon DE 1988.

Samuel Maurice, The Great Hatred, New York 1940.

Sanders E. P. / Baumgarten A. I. / Mendelson Alan (Hg.), Jewish and Christian Self-Definition, Vol. II: Aspects of Judaism in the Graeco-Roman Period, Philadelphia 1981.

Sanders E. P., Jesus and Judaism, Philadelphia 1985.

Sanders J. A. (ed.), The Psalms Scroll of Qumran Cave 11, DJD IV, Oxford 1965.

Santale Risto, The Messiah in the Old Testament and Rabbinical Writings (hebr.), Jerusalem 1980.

Sarachek Joseph, The Doctrine of the Messiah in the Medieval Jewish Literature, New York 1968.

Schäfer Peter, Die Vorstellung vom heiligen Geist in der rabbinischen Literatur, München 1972.

Schäfer Peter, Rivalität zwischen Engeln und Menschen, Untersuchungen zur rabbinischen Engelvorstellung, SJ 8, Berlin 1975.

Schäfer Peter, Die messianischen Hoffnungen des rabbinischen Judentums zwischen Naherwartung und religiösem Pragmatismus, JudChr 1, Bern 1976, 95–125.

Schäfer Peter, Die Flucht Johanan ben Zakkais aus Jerusalem und die Gründung des ,Lehrhauses' im Jabne, ANRW II Principat 19/2, Berlin 1979, 43–101.

Schäfer Peter, Der Bar Kokhba-Aufstand, TStAJ 1, Studien zum zweiten jüdischen Krieg gegen Rom, Tübingen 1981.

Schäfer Peter, Geschichte der Juden Palästinas von Alexander dem Großen bis zur arabischen Eroberung, Stuttgart 1983.

Schäfer Peter, Der vorrabbinische Pharisäismus, in: Martin Hengel/Ulrich Heckel, Paulus und das antike Judentum, Tübingen 1991, 125–175.

Schäfer Peter u. a. (ed.), Synopse zur Hekhalot-Literatur, Tübingen 1981.

Schäfer Peter u. a. (ed.), Konkordanz zur Hekhalot-Literatur, 2 Bde, Tübingen 1986–1988.

Schäfer Peter u. a. (ed.), Übersetzung der Hekhalot-Literatur, Tübingen 1987–1991.

Schalit Abraham, König Herodes, Der Mann und sein Werk, Berlin 1969.

Schechter Solomon (ed.), Aboth de Rabbi Nathan, New York 1967.

Schaschar Michael, Ha-charedim, hasch-Schôᶜa we-haz-Zîônût, Kîwwûnîm 2 (1990) 127–131.

Schindler Pesach, Hasidic Responses to the Holocaust in the Light of Hasidic Thought, Hoboken 1990.

Schlichting Günter, Ein jüdisches Leben Jesu: Die verschollene Toledot-Jeschu-Fassung, Tübingen 1982.

Schmidt Francis (ed.), Le Testament grec d'Abraham, Texte und Studien zum antiken Judentum 11, Tübingen 1986.

Schmitt Samuel, Am Rande notiert, Anmerkungen zum christlich-jüdischen Zusammenleben, Schriesheim 1980.

Schoeps Hans- J., Jüdisch-christliches Religionsgespräch in neunzehn Jahrhunderten (zuerst Frankfurt 1949), Königstein T. 1984.

Scholem Gerschom, Die jüd. Mystik in ihren Hauptströmungen, Zürich 1959.

Scholem Gerschom, Ursprung und Anfänge der Kabbala, Berlin 1962.

Scholem Gerschom, Von der mystischen Gestalt der Gottheit, Studien zu den Grundbegriffen des Judentums, Frankfurt 1970.

Scholem Gerschom, The Messianic Idea in Judaism, New York 1971.

Scholem Gerschom, Sabbatai Sevi, The Mystical Messiah 1626–1676, Transl. R.J.Zwi Werblowsky, Princeton Univ. Preß 1973.

Scholem Gerschom, Von Berlin nach Jerusalem, Frankfurt 1977.

Scholem Gerschom, Zur Kabbala und ihrer Symbolik, Darmstadt 1965, Frankfurt 1977.

Scholem Gerschom, Studien zur jüd. Mystik, Judaica 3, Frankfurt 1970 (1981).

Scholz Harald, Erziehung und Unterricht unterm Hakenkreuz, Göttingen 1985.

Schreckenberg Heinz, Die christlichen Adversus Judaeos-Texte Bd 1: Beginn bis 10. Jh.; Bd 2: 11.–13. Jh., Bern 1982–1988.

Schubert Kurt, Die Religion des Judentums, Leipzig 1992.

Schürer Emil, The History of the Jewish People in the Age of Jesus Christ (135 B.C. – A.D. 135), revised Edition by Geza and Pamela Vermes, Fergus Millar, Matthew Black, Edinburgh, Bd 1: 1973; Bd 2: 1979; Bd 3/1: 1986; Bd 3/2: 1987.

Schupp Franz, Schöpfung und Sünde, Von der Verheißung einer wahren und gerechten Welt, vom Versagen der Menschen und vom Widerstand gegen die Zerstörung, Düsseldorf 1990.

Schwartz Daniel R., Josephus and Nicolaus on the Pharisees, JSS 14 (1983) 157–171.

Schwartz Daniel R., Agrippa I, The Last King of Judaea, Tübingen 1990.

Schwartz Daniel R., Studies in the Jewish Background of Christianity, Tübingen 1992.

Schweizer Eduard, Das Evanglium nach Lukas, NTD 3, Göttingen 1982.

Schweikhart Wilfried, Zwischen Dialog und Mission, Zur Geschichte und Theologie der christlich-jüdischen Beziehungen seit 1945, Berlin 1980.

Schwertner Siegfried M., Internationales Abkürzungsverzeichnis für Theologie und Grenzgebiete, Berlin 1992.

Schwier Helmut, Tempel und Tempelzerstörung, Untersuchungen zu den theologischen und ideologischen Faktoren im ersten jüdisch-römischen Krieg (66–74 n. Chr.), NTOA 11, Freiburg 1989.

Segal Alan F., Rebeccas Children, Judaism and Christianity in the Roman World, Harvard Univ. Preß, Cambridge 1986.

Sevenster J.N., The Roots of Pagan Anti-Semitism in the Ancient World, Suppl. to NT 41 (1975).

Seybold Klaus, Bilder zum Tempelbau, SBS 70, Stuttgart 1974.

Shachar Isaiah, The ,Judensau', A Medieval Anti-Jewish Motif and its History, London 1974.

Siegert Folker, Drei hellenistische Predigten, WUNT 61, Tübingen: I 1980, II 1992.

Silbermann Alfons, Sind wir Antisemiten? Köln 1982.

Silbermann Alfons / Schoeps Julius H. (Hg.), Antisemitismus nach dem Holocaust, Köln 1986.

Silver A.H., A History of Messianic Speculation in Israel, Boston 1959.

Smallwood E. Mary (ed.), Philonis Alexandrini Legatio ad Gaium, Leiden 1961.

Smallwood E. Mary (ed.), The Jews under Roman Rule, From Pompey to Diocletian, Leiden 1976.

Smiga George M., Pain and Polemic, Anti-Judaism in the Gospels, New York 1992.

Smith Morton, Palestinian Judaism in the First Century, in: M. Davis (Ed.), Israel, Its Role in Civilisation, New York 1956, 67–81.

Smith Morton, What is Implied by the Variety of Messianic Figures? JBL 78 (1995) 66–72.

Sölle Dorothea, Es muß doch mehr als alles geben, Nachdenken über Gott, Hamburg 1992.

Solomon Norman, Jewish Responses to the Holocaust, Birmingham 1988.

Solomon Norman, The Convent at Auschwitz – Reflections, Common Ground 1990, 7f.

Soloveitchik Joseph B., The Halakhic Mind, An Essay on Jewish Tradition and Modern Thought, New York 1986.

Strack Hermann L., Jesus, die Häretiker und die Christen, Nach den ältesten jüd. Angaben, Leipzig 1990.

Stadelmann Helge, Ben Sira als Schriftgelehrter, Tübingen 1980.

Stegemann Wolfgang, Zwischen Synagoge und Obrigkeit, Zur historischen Situation der lukanischen Christen, Göttingen 1991.

Steiger Sebastian, Die Kinder von Schloß La Hille, Basel 1992.

Stemberger Günter, Geschichte der jüdischen Literatur, München 1977.

Stemberger Günter, Die Beurteilung Roms in der rabbinischen Literatur, ANRW II/19,2, Berlin 1979, 338–396.

Stemberger Günter, Der Talmud, Einführung, Texte, Erläuterungen, München 1982.

Stemberger Günter, Die römische Herrschaft im Urteil der Juden, EdF 195, Darmstadt 1983.

Stemberger Günter, Juden und Christen im Heiligen Land, Palästina unter Konstantin und Theodosius, München 1987.

Stemberger Günter, Pharisäer, Sadduzäer, Essener, SBS 144, Stuttgart 1991.

Stemberger Günter, Einleitung in Talmud und Midrasch, München, 8. Aufl. 1992.

Stern David, Rhetorik and Midrash, The Case of the Mashal, Prooftexts 1, Baltimore 1981.

Stern Menachem (ed.), Greek and Latin Authors on Jews and Judaism, 3 Bde, Jerusalem 1976–1984.

Stöhr Martin (Hg.), Jüdische Existenz und die Erneuerung der christlichen Theologie, Versuch der Bilanz des christl.-jüd. Dialogs für die Systematische Theologie, München 1981.

Strack Hermann L./ Stemberger Günter, Einleitung in Talmud und Midrasch, München, 7. Aufl. 1982.

Strauß H.A. / Kape N. (Hg.), Antisemitismus, Von der Judenfeindschaft zum Holocaust, Bonn 1985.

Strauß Herbert A. / Bergmann Werner / Hoffmann Christhard (Hg.), Der Antisemitismus der Gegenwart, Frankfurt a. M. 1990.

Stroumsa Gedaliahu, Savoir et salut, Patrimoines, Paris 1992.

Synan Edward A., The Popes and the Jews in the Middle Ages, New York 1965.

Talmage E.F.(ed.), Disputation and Dialogue, New York 1975.

Talmon Shemaryahu (ed.), Jewish Civilisation in the Hellenistic Period, Sheffield 1991.

Talmon Shemaryahu, Juden und Christen im Gespräch, Gesammelte Aufsätze Bd 2, Neukirchen 1992.

Taylor Charles (ed.), Sayings of the Jewish Fathers, Comprising Pirqe Aboth, New York 1969.

*Teitelbaum Joel,*ʿAl hag-geʾûlla weʿal hat-temûra, New York 1967.

Theologische Berichte 7: Zugänge zu Jesus, Zürich 1978.

Thoma Clemens (Hg.), Zukunft in der Gegenwart, JudChr 1, Bern 1976.

Thoma Clemens, Verhängnis, Mißverständnis und Schuld beim frühen Eindringen der Judenfeindschaft in die christliche Botschaft, in: Goldstein Horst, Gottesverächter und Menschenfeinde? Juden zwischen Jesus und frühchristlicher Kirche, Düsseldorf 1979, 13–27.

Thoma Clemens, Christliche Theologie des Judentums, Aschaffenburg 1978. (engl.: A Christian Theology of Judaism, New York 1980; ital: Teologia Cristiana dell' Ebraismo, Casale Monferrato 1983.

Thoma Clemens, Judentum und Christentum in christlicher Sicht, CGG 26, Freiburg i. Br. 1980, 152–164.

Thoma Clemens, Gott im Judentum, TRE XIII, Berlin 1984, 626–645.

Thoma Clemens, The High Priesthood in the Judgment of Josephus Flavius, in: Louis H. Feldmann/Gohei Hata, Josephus, the Bible and History, Detroit 1989, 196–215.

Thoma Clemens, Theologische Beziehungen zwischen Christentum und Judentum, Darmstadt, 2. Aufl. 1989.

Thoma Clemens, Lexikon der jüdisch-christlichen Begegnung, Freiburg i. Br. 1989.

Thoma Clemens, Eingegrenzte Versöhnung – ausgegrenzte Menschen, in: Heinz Hanspeter/Kienzler Klaus/Petuchowski Jakob J. Versöhnung in der jüdischen und christlichen Liturgie, QD 124, Freiburg i. Br. 1990, 220–231.

Thoma Clemens, Literatur und Religion: Judentum, TRE XXI, Berlin 1991, 240–261.

Thoma Clemens / Lauer Simon (Hg.), Die Gleichnisse der Rabbinen, 2 Bde, Erster Teil: Pesiqta deRav Kahana (PesK), Zweiter Teil: Von der Erschaffung der Welt bis zum Tod Abrahams: Bereschît Rabba 1–63, Judaica et Christiana 10 und 13, Bern 1986–1992.

Thoma Clemens / Wyschogrod Michael (Hg.), Das Reden vom einen Gott bei Juden und Christen, JudChr 7, Bern 1984.

Thoma Clemens / Wyschogrod Michael (Hg.), Understanding Scripture, Explorations of Jewish and Christian Traditions of Interpretation, New York 1987.

Thoma Clemens / Wyschogrod Michael, Parable and Story in Judaism and Christianity, New York 1989.

Thoma Clemens / Stemberger Günter / Maier Johann, Judentum – Ausblicke und Einsichten, FS. Kurt Schubert, Judentum und Umwelt 43, Frankfurt 1993.

Tishby Isaiah, Mishnat ha-Sohar – Die Weisheit des Sohar, 2 Vol., Jerusalem 1959–1961.

Twersky Isidore, Rabad aus Posquières, A Twelfth Century Talmudist, Philadelphia 1980.

Uhlig Siegbert (üb.), Das äthiopische Henochbuch, JSHRZ V 6, Gütersloh 1984, 463–780.

Vermes Geza, Jesus the Jew, A Historian Reading of the Gospels, New York 1973. Deutsch: Jesus der Jude, Ein Historiker liest die Evangelien, Neukirchen 1993.

Vermes Geza, The Religion of Jesus the Jew, Minneapolis 1993.

Vermes Geza and Pamela / Millar Fergus / Black Matthew / Goodman Martin (ed.), The History of the Jewish People in the Age of Jesus Christ (175 B.C. – A.D. 135, by Emil Schürer, A New Version, 3 Bde, Edinburgh 1973–1987.

Vogler Werner, Jüdische Jesusinterpretationen in christlicher Sicht, Weimar 1988.

Völker W., Quellen zur Geschichte der christlichen Gnosis, Tübingen 1932.

Volkov Shulamit, Jüdisches Leben und Antisemitismus im 19. und 20. Jahrhundert, München 1990.

Werblowsky R.J. Zwi, Joseph Karo, Lawyer and Mystic, Philadelphia 1977.

Weder Hans, Die Gleichnisse Jesu als Metaphern, Traditions- und redaktionsgeschichtliche Analysen und Interpretationen, Göttingen 1978.

Weinberg Werner, Wunden die nicht heilen dürfen, Die Botschaft eines Überlebenden, Freiburg i. B. 1988.

Weiß Hans-F., Judentum in Alexandrien, TRE 2, Berlin 1978, 262–264.

Wengst Klaus (ed.), Didache, Barnabasbrief, 2. Klemensbrief, Schrift an Diognet, München 1984.

Wengst Klaus, Bedrängte Gemeinde und verherrlichter Christus. Ein Versuch über das Johannesevangelium, München 1990.

Wewers Gerd A., Geheimnis und Geheimhaltung im rabbinischen Judentum, Berlin 1975.

Wigoder Geoffrey, Jewish-Christian Relations since Second World War, Manchester 1988.

Will Edouard / Orrieux Claude, Prosélytisme Juif? Histoire d'une erreuer, Paris 1992.

Willebrands Johannes Cardinal, Church and Jewish People, New Considerations, New York 1992.

Wilson Marvin R., Our Father Abraham, Jewish Roots of the Christian Faith, Grand Rapids 1989.

Wilson William R., The Execution of Jesus, A Juridical and Historical Interpretation, New York 1970.

Winter Paul, On the Trial of Jesus, Berlin 1974.

Wirszubiski Chaim, Pico della Mirandola's Encounter with Jewish Mysticism, Jerusalem 1989.

Wistinetzki Yehuda (ed.), Das Buch der Frommen, nach der Rezension in Cod. de Rossi No. 1133, Frankfurt 1924.

Wittaker Molly, Jews and Christians: Graeco-Roman Views, Cambridge Commentaries on Writings of the Jewish and Christian World 200 BC to AD 200, Vol. 6, Cambridge 1984.

Wolffsohn Michael, Ewige Schuld? 40 Jahre deutsch-jüdisch-israelische Beziehungen, München 1988.

van der Woude Adam S., Die messianischen Vorstellungen der Gemeinde von Qumrân, Assen 1957.

van der Woude Adam S. (üb.), Die fünf syrischen Psalmen (einschließlich Ps 151), JSHRZ IV, Göttingen 1974, 31–47.

Wyschogrod Michael, Faith and the Holocaust, A Review Essay of Emil Fackenheim's God's Presence in History, Judaism 20 (1971) 286–294.

Wyschogrod Michael, Auschwitz: Beginning of a New Era? Reflection on the Holocaust, Tradition 16 (1977) 63–78.

Wyschogrod Michael, The Body of Faith, Judaism as Corporeal Election, New York 1983.

Yadin Yigael (ed.), The Temple Scroll, 3 Bde, Jerusalem 1977.

Young Brad H., Jesus and His Jewish Parables, Rediscovering the Roots of Jesus' Teaching, New York 1989.

Young James E., Beschreiben des Holocaust, Frankfurt 1992.

Zenger Erich, Das Erste Testament, Düsseldorf 1991.

*Zuckermandel M.S. (ed.),*Tosephta, Jerusalem 1970.

Register

Das Register enthält Sachwörter und Personen der Geschichte. Moderne Sekundärautoren werden nur im Text und in den Anmerkungen wiedergegeben. Die Abkürzungen richten sich nach Siegfried M. Schwertner, Internationales Abkürzungsverzeichnis für Theologie und Grenzgebiete, 2. Aufl. Berlin 1992. Bei den Sachwörtern sind nur ausführliche Erörterungen berücksichtigt.